nova gramática do português contemporâneo

Lexikon | *obras de referência*

CELSO CUNHA & LINDLEY CINTRA

nova gramática do português contemporâneo

8ª edição

Texto atualizado com a nova ortografia, determinada pelo DECRETO Nº 6.583, DE 29 DE SETEMBRO DE 2008 que promulga o Acordo Ortográfico da Língua Portuguesa, com início de sua vigência em 1º de janeiro de 2009.

Lexikon Editora Digital
Av. Rio Branco, 103 sala 1711 - Centro
20040-905 - Rio de Janeiro - RJ - Brasil
Tel.: (21) 2560 2601 – WhatsApp: (11) 94044 4620
http://www.lexikon.com.br - sac@lexikon.com.br

Veja também www.aulete.com.br – seu dicionário na internet

7ª edição – 2016
7ª edição – 2ª impressão – 2017
7ª edição – 3ª impressão – 2019
7ª edição – 4ª impressão – 2021
7ª edição – 5ª impressão – 2023

Editor
Paulo Geiger

Revisão
Ana Lúcia Kronemberger

Diagramação
Ilustrarte Design e Produção Editorial

Produção
Sonia Hey

Capa
Luis Saguar

CIP-BRASIL. CATALOGAÇÃO NA FONTE
SINDICATO NACIONAL DOS EDITORES DE LIVROS, RJ.

C977n
8. ed.

Cunha, Celso, 1917-1989
Nova gramática do português contemporâneo / Celso Cunha, Lindley Cintra. - 8. ed. - Rio de Janeiro : Lexikon, 2024.
800 p. ; 23 cm.

Apêndice
Inclui índice
"Texto atualizado com a nova ortografia, determinada pelo Decreto nº 6.583, de 29 de setembro de 2008 que promulga o Acordo Ortográfico da Língua Portuguesa, com início de sua vigência em 1º de janeiro de 2009."
ISBN 978-65-88871-63-8

1. Língua portuguesa - Gramatica. I. Cintra, Luis F. Lindley (Luis Filipe Lindley), 1925-1991. II. Título.

CDD: 469.5
24-93262 CDU: 811.134.3'36

Meri Gleice Rodrigues de Souza - Bibliotecária - CRB-7/6439
12/08/2024 14/08/2024

À memória de Serafim da Silva Neto,
amigo comum e mestre da
Filologia Portuguesa.

A Joseph M. Piel,
Jacinto do Prado Coelho,
José V. de Pina Martins,
companheiros e amigos.

Sumário

Prefácio

Esta gramática foi idealizada há muito tempo, quando, unida a forte amizade, já nos ligava uma convergência de formação, interesses e objetivos. Sentíamo-la como uma urgente necessidade para o ensino da língua portuguesa não só em Portugal, no Brasil e nas nações lusófonas da África, mas em todos os países em que se estuda o nosso idioma.

Parecia-nos faltar uma descrição do português contemporâneo que levasse em conta, simultaneamente, as diversas normas vigentes dentro do seu vasto domínio geográfico (principalmente as admitidas como padrão em Portugal e no Brasil) e servisse, assim, fosse de fonte de informação, tanto quanto possível completa e atualizada, sobre elas, fosse de guia orientador de uma expressão oral e, sobretudo, escrita que, para o presente momento da evolução da língua, se pudesse considerar "correta", de acordo com o conceito de "correção" que adotamos no capítulo 1.

De então para cá várias descrições importantes do português se foram publicando, entre as quais é justo destacar a *Estrutura da língua portuguesa*, de Joaquim Matoso Câmara Júnior (1969); a *Gramática simbólica do português*, de Óscar Lopes (1971); a *Gramática portuguesa*, de Pilar Vázquez Cuesta e Maria Albertina Mendes da Luz, mormente a partir da 3.ª edição refundida (1971), sobre a qual se fez a tradução portuguesa (1980); e a *Gramática da língua portuguesa*, de Maria Helena Mira Mateus, Ana Maria Brito, Inês Silva Duarte e Isabel Hub Faria (1983). Nenhuma no entanto, e por diversas razões, correspondia ao nosso objetivo inicial. A de Pilar Vázquez Cuesta e Maria Albertina Mendes da Luz, apesar do seu rigor e qualidade, considerava as características do português do ponto de vista de um falante da língua espanhola, com todos os inconvenientes (e também as vantagens) que isso implica. A de Matoso Câmara Júnior baseava-se no padrão do português do

Brasil[1]; as outras duas levavam em conta fundamentalmente a norma de Portugal e tinham como objetivo, não propriamente o ensino da língua portuguesa, mas análises e reflexões, do maior interesse, sobre a sua estrutura e funcionamento interno, expostas numa linguagem técnica de difícil acesso para os não iniciados.

Digno também de particular menção pelo seu alto nível é o *Manuel de la langue portugaise (Portugal — Brésil)*[2], de Paul Teyssier, obra em que pela primeira vez se apresentam sistematicamente em confronto as normas europeia e americana do português.

Por outro lado, um de nós, Celso Cunha, elaborou e publicou em sucessivas edições a sua *Gramática do português contemporâneo* (1.ª ed., 1970 — 10.ª ed., 1983) e a sua *Gramática da língua portuguesa* (1.ª ed., 1972 — 10.ª ed., 1983), que, embora amplamente baseadas, quanto à linguagem escrita, tanto em autores portugueses como brasileiros, tinham principalmente em conta a variedade americana e ainda não correspondiam, portanto, ao projeto primitivo.

Foi esse projeto que há pouco mais de três anos resolvemos retomar, e o resultado do esforço conjunto é a obra que agora apresentamos ao público.

As características gerais desta *Nova gramática do português contemporâneo* são fáceis de definir.

Trata-se de uma tentativa de descrição do português atual na sua forma culta, isto é, da língua como a têm utilizado os escritores portugueses, brasileiros e africanos do Romantismo para cá, dando naturalmente uma situação privilegiada aos autores dos nossos dias. Não descuramos, porém, dos fatos da linguagem coloquial, especialmente ao analisarmos os empregos e os valores afetivos das formas idiomáticas.

Não desejamos discorrer sobre o plano da obra, mas não podemos deixar de fazer uma breve referência a alguns aspectos metodológicos.

Como esta gramática pretende mostrar a superior unidade da língua portuguesa dentro da sua natural diversidade, particularmente do ponto de vista diatópico, uma acurada atenção se deu às diferenças no uso entre as modalidades nacionais e regionais do idioma, sobretudo às que se observam entre a variedade nacional europeia e a americana.

No estudo da fonética e da fonologia, procurou-se estabelecer, sempre que possível, a equivalência entre os conceitos e a terminologia tradicionais e os da fonética acústica e da fonologia moderna; no estudo das classes de palavras,

---

1 Duas gramáticas de inegáveis méritos e de larga difusão no Brasil – a *Gramática da língua portuguesa*, de Rocha Lima (23.ª ed., 1983), e a *Moderna gramática portuguesa*, de Evanildo Bechara (27.ª ed., 1982) – são bem anteriores ao nosso projeto.

2 Paris, Klincksieck, 1976.

examinou-se a palavra em sua forma e, a seguir, em sua função, de acordo com os princípios da morfossintaxe.

Notar-se-á, por outro lado, uma permanente preocupação de salientar e valorizar os meios expressivos do idioma, o que torna este livro não apenas uma gramática, mas, de certo modo, uma introdução à estilística do português contemporâneo.

Embora, a rigor, o estudo da versificação não faça parte de uma descrição gramatical, incluiu-se um capítulo final sobre o enunciado em verso, complementar, a nosso ver, do estudo da entoação da prosa, a que se deu atenção no capítulo 7.

Toda a obra foi objeto de exame conjunto e de troca de sugestões entre os seus autores. Cumpre-nos, no entanto, dizer, para resguardar as responsabilidades de autoria, que a Lindley Cintra se deve a redação do capítulo 2, da maior parte do capítulo 3 e do tratamento contrastivo do capítulo 13. A Celso Cunha cabe a redação dos demais capítulos, bem como a exemplificação aduzida.

Queremos, por fim, expressar a nossa gratidão a todos os que contribuíram para que esta obra saísse com menos imperfeições, em particular os nossos colegas Joram Pinto de Lima, Maria do Carmo P. Machado, Edila Viana da Silva, Sílvia Figueiredo Brandão e Cilene da Cunha Pereira.

Um agradecimento especial endereçamos a Cinira, permanente animadora da obra, pelo penoso trabalho de ajuda na revisão das provas tipográficas e de confronto textual da versão brasileira com a portuguesa, assim como pela elaboração do Índice Onomástico; a Maurício Marchevsky, por algumas das ilustrações; a Sérgio e Sebastião Lacerda, pela confiança e interesse demonstrados desde o início na execução do projeto.

Rio de Janeiro, 28 de fevereiro de 1985.

CELSO CUNHA
LUÍS F. LINDLEY CINTRA

Advertência

Esta edição da *Nova Gramática do Português Contemporâneo* vem acrescida do capítulo "Do Latim ao Português", de autoria de Celso Cunha, publicado originalmente sob o título "Noções históricas", na *Gramática da Língua Portuguesa*, editada pela Fundação de Assistência ao Estudante (FAE), do Ministério da Educação, na década de 1970.

Ao incorporar ao estudo da gramática o relato do processo de formação e difusão do nosso idioma, espera-se propiciar, além da compreensão da estrutura, da funcionalidade e do uso, a percepção de seu papel no contexto linguístico universal e de como o processo histórico influenciou seus aspectos internos.

Num mundo cada vez mais partilhado e em interação, a visão histórica da Língua Portuguesa – hoje a língua oficial de cerca de 200 milhões de pessoas em oito países – é fundamental para compreender sua atual importância geopolítica, social e cultural.

A presente edição está atualizada segundo as mudanças na ortografia implementadas pelo Acordo Ortográfico de 1990, em vigor no Brasil a partir de janeiro de 2009.

Rio de Janeiro, dezembro de 2008

Cilene da Cunha Pereira

Advertência

Nota do Editor

O **Acordo Ortográfico da Língua Portuguesa de 1990** é um tratado internacional cujo objetivo é unificar a ortografia do português, para uso de todos os países que têm o português como língua oficial. O acordo foi assinado por representantes de Angola, Brasil, Cabo Verde, Guiné-Bissau, Moçambique, Portugal e São Tomé e Príncipe em Lisboa, em 16 de Dezembro de 1990, ao fim de uma negociação iniciada em 1980 entre a Academia de Ciências de Lisboa e a Academia Brasileira de Letras. Depois de obter a sua independência, Timor-Leste aderiu ao Acordo em 2004. O acordo teve ainda a presença de uma delegação de observadores da Galícia.

O Acordo Ortográfico de 1990 institui uma ortografia oficial única da língua portuguesa e com isso interrompe a existência de duas normas ortográficas oficiais diferentes: uma no Brasil e outra nos restantes países de língua portuguesa. Os proponentes do Acordo dão como exemplo motivador a língua espanhola (o castelhano), que apresenta grande variação, quer na pronúncia quer no vocabulário, entre a Espanha e a América hispânica, mas sujeita a uma só forma de escrita, regulada pela Associação de Academias da Língua Espanhola.

A adoção da nova ortografia, de acordo com os dados da Nota Explicativa do Acordo Ortográfico da Língua Portuguesa de 1990 (que se baseiam exclusivamente numa lista de 110.000 palavras da Academia das Ciências de Lisboa), irá acarretar alterações na grafia de cerca de 1,6% do total de palavras na norma euro-afro-asiático-oceânica (em Portugal, PALOP, Timor-Leste e Região Administrativa Especial de Macau) e de cerca de 0,5% na brasileira.

A NOVA ORTOGRAFIA

GUIA RÁPIDO E SIMPLIFICADO

Este é um resumo, em linguagem e organização simples, das disposições do Acordo Ortográfico da Língua Portuguesa, aprovado pelos oito países lusófonos (que falam o português como sua língua nacional) em 16 de dezembro de 1990. O texto completo do Acordo está disponível no *site www.filologia.org.br/acordo_ortografico.pdf.* Este resumo trata apenas das mudanças inequívocas, e refere-se somente àquelas que dizem respeito à ortografia adotada no Brasil (em parte, serão outras as mudanças em relação à ortografia até então adotada em Portugal e outros países lusófonos).

AS MUDANÇAS

ALFABETO

Ao alfabeto da língua portuguesa acrescem-se as letras *K*, *W* e *Y*, e ele passa a ter 26 letras*:

A B C D E F G H I J K L M N O P Q R S T U V W X Y Z

USO DE VOGAIS ÁTONAS *E* E *I*

Em palavras com sufixos *-ano* e *-ense* que se combinam com um *i* que pertence ao tema (havaiano [de Hava**í**], italiano [de Itál**ia**], etc.) ou derivadas de palavras que têm na última sílaba um *e* átono (Acre, Açores), escreve-se antes da sílaba tônica *-iano* e não *-eano*: acriano, açoriano, sofocliano, torriense. Mas escreve-se *-eano* se a última sílaba da palavra de origem tiver *e* tônico: daomeano, guineano ou guineense, etc.

MUDANÇAS NA ACENTUAÇÃO E NO USO DO TREMA

Os ditongos abertos tônicos *éi* e *ói* perdem o acento agudo quando caem na penúltima sílaba (portanto, de palavras paroxítonas):

---

* Na prática, essas letras já se usavam como símbolos de medidas (km, kg, W) e em palavras estrangeiras e suas derivadas em português: know-how, Kant, kantiano, yin-yang, walkman.

idéia(s)	*passa a ser*	ideia(s)
jóia(s)	*passa a ser*	joia(s)
geléia(s)	*passa a ser*	geleia(s)
tramóia(s)	*passa a ser*	tramoia(s)
epopéia(s)	*passa a ser*	epopeia(s)
apóia	*passa a ser*	apoia
diarréico(s)	*passa a ser*	diarreico(s)
heróico(s)	*passa a ser*	heroico(s)
hebréia(s)	*passa a ser*	hebreia(s)
debilóide(s)	*passa a ser*	debiloide(s)

◆ **Cuidado:** o acento não cai se incide nesses ditongos em sílabas tônicas de palavras oxítonas (com acento tônico na última sílaba) ou proparoxítonas (com acento tônico na antepenúltima sílaba):

anéis	*continua*	anéis
herói(s)	*continua*	herói(s)
fiéis	*continua*	fiéis
anzóis	*continua*	anzóis
axóideo(s)	*continua*	axóideo(s)

Cai o acento circunflexo de palavras paroxítonas terminadas em *ôo* e em *êem*:

vôo	*passa a ser*	voo
dêem	*passa a ser*	deem
enjôo	*passa a ser*	enjoo
vêem	*passa a ser*	veem
acôo	*passa a ser*	acoo
crêem	*passa a ser*	creem
abençôo	*passa a ser*	abençoo
lêem	*passa a ser*	leem

◆ **Cuidado**: As flexões dos verbos *ter* e *vir* na 3ª pess. pl. do pres. do indic. mantêm o acento: *têm*, *vêm*, diferençando das flexões de 3ª pess. sing. *tem*, *vem*, bem como os derivados desses verbos, como *mantém* e *mantêm*, *provém* e *provêm*, *retém* e *retêm*, *convém* e *convêm*, etc.

Não se usa acento gráfico (agudo ou circunflexo) em palavras paroxítonas para diferençá-las de outras palavras delas homógrafas (com a mesma grafia). São estas as palavras afetadas:

pára (flexão de parar)		
e para (preposição)	*passam a ser*	para
péla(s) (subst. fem.),		
pelas (flexão de pelar) e		
pela(s) contração por + a(s)	*passam a ser*	pela(s)
pélo (fexão de pelar),		
pêlo (subst. masc.) e		
pelo (contração por + o)	*passam a ser*	pelo(s)
péra(s) (subst, fem.= pedra),		
pêra(s) (subst. fem.) e		
pera (prep. = para)	*passam a ser*	pera(s)
pólo(s) (subst. masc.) e		
polo(s) (comb. de por + lo(s)	*passam a ser*	polo(s)

◆ **Lembre-se**: o v. *pôr* (infinitivo) e *pôde* (flexão na 3ª pes. sing. pret. perf. do v. poder) mantêm o acento, diferençando respectivamente da preposição *por* e da flexão de 3ª pess. sing. do pres. indic. *pode*.
É facultativo usar ou não circunflexo em *fôrma* (com *o* fechado) para diferençar de *forma* (com *o* aberto).

Perdem o acento agudo as vogais tônicas *i* e *u* de palavras paroxítonas, quando antecedidas de ditongo:

boiúno	*passa a ser*	boiuno
feiúra	*passa a ser*	feiura
baiúca	*passa a ser*	baiuca
alauíta	*passa a ser*	alauita

◆ **Cuidado**: mantém-se o acento quando a palavra é proparoxítona (*feiíssimo*, *bauínia*) ou oxítona (*tuiuiú*, *teiú*, *teiús*).

Nos verbos *arguir* e *redarguir* deixa-se de usar o acento agudo no *u* tônico nas flexões rizotônicas (ou seja, nas quais o acento tônico cai em sílaba do radical), no caso *argu* e *redargu*:

argúo	*passa a ser*	arguo
redargúo	*passa a ser*	redarguo
argúis	*passa a ser*	arguis
redargúis	*passa a ser*	redarguis
argúi	*passa a ser*	argui
redargúi	*passa a ser*	redargui
argúem	*passa a ser*	arguem

redargúem	*passa a ser*	redarguem
argúa	*passa a ser*	argua
redargúa	*passa a ser*	redargua
reargúas	*passa a ser*	redarguas
reargúam	*passa a ser*	redarguam

Nos verbos terminados em *-guar*, *-quar*, e *-quir* (aguar, apaziguar, enxaguar, obliquar, delinquir, etc.), as flexões podem ser pronunciadas com acento tônico na sílaba do *u* ou, como no Brasil, na sílaba anterior. No primeiro caso cai o acento agudo do *ú*, no segundo, a vogal tônica da sílaba anterior recebe acento agudo:

agúo	*passa a ser*	aguo ou águo
averigúo	*passa a ser*	averiguo ou averíguo
apropinqúo	*passa a ser*	apropinquo ou apropínquo
delinqúo	*passa a ser*	delinquo ou delínquo

O trema deixa de ser usado para assinalar a pronúncia do *u** em sílabas como *güe*, *güi*, *qüe* e *qüi*. Permanece em palavras estrangeiras e suas derivadas:

agüentar	*passa a ser*	aguentar
sagüi	*passa a ser*	sagui
freqüência	*passa a ser*	frequência
tranqüilo	*passa a ser*	tranquilo
mülleriano	*continua*	mülleriano

MUDANÇAS NO USO DO HÍFEN EM PALAVRAS COMPOSTAS

Usa-se o hífen em palavras compostas cujos elementos, de natureza nominal, adjetival, numeral ou verbal compõem uma unidade sintagmática e de significado e mantêm cada um sua acentuação própria (o primeiro elemento pode estar em forma reduzida):

ano-luz, arco-íris, decreto-lei, médico-ortopedista, segundo-tenente, guarda--noturno, mato-grossense, afro-brasileiro, quarta-feira, vermelho-claro, primeira-dama, conta-gotas, marca-passo, tira-teima, bota-fora, etc.

◆ **Atenção**: o Acordo menciona explicitamente as exceções (em compostos nos quais se perdeu em certa medida a noção de composição) que se grafam aglutinadamente:

---

*mesmo sem o trema, o **u** continua a ser pronunciado

girassol, madressilva, mandachuva, pontapé, paraquedas, paraquedista, etc.

◆ **Comentário**: a definição do conceito da exceção ('em certa medida', 'noção de recomposição') e o 'etc.' final tornam a aplicação desta regra um tanto vaga. A nova edição do Vocabulário Ortográfico define as dúvidas porventura subsistentes. A posição da ABL, no processo de edição do V.O., portanto antes de sua publicação, era de que o *etc.* deve ser desconsiderado valendo como exceção apenas as explicitamente mencionadas (acima). Todas as outras, portanto, manteriam o hífen: para-lama, para-brisa, lero-lero, marca-passo, tira-teima, cata-vento, etc. Outra exceção (ABL): passatempo.

Já vigentes na prática, são agora definidos como **regras**:

a) Nos topônimos (nomes de lugares geográficos) usa-se hífen com os prefixos *Grão-* e *Grã-*, em nomes cujo primeiro elemento é **verbal** e quando os elementos estão ligados por **artigos**:

   Grão-Pará, Grã-Bretanha, Passa-Quatro, Trás-os-Montes, Todos-os-Santos

b) Têm hífen palavras compostas que designam espécies **botânicas** e **zoológicas**:

   couve-flor, erva-doce, andorinha-do-mar, bem-te-vi, leão-marinho

Usa-se hífen (e não travessão) entre elementos que formam não uma palavra, mas um **encadeamento vocabular**:

ponte Rio-Niterói, Alsácia-Lorena, Liberdade-Igualdade-Fraternidade

Não se usa hífen em locuções (alguns exemplos):

substantivas: café da manhã, fim de semana, cão de guarda
adjetivas: cor de açafrão, cor de vinho
pronominais: cada um, ele mesmo, quem quer que seja
adverbiais: à vontade, à parte, depois de amanhã
prepositivas: a fim de, acerca de, por meio de, a par de
conjuncionais: contanto que, no entanto, logo que

◆ **Exceções consagradas pelo uso:** água-de-colônia, arco-da-velha, cor-de-rosa, mais-que-perfeito, pé-de-meia, ao deus-dará, à queima-roupa

◆ **Comentário**: Também é um tanto vaga a noção de 'consagrada pelo uso', o que implica que só com a publicação do V.O. foram definidas todas as locuções em que se usa (ou não) hífen, como, p.ex., água que passarinho não bebe, arco da aliança, água de cheiro, etc. Pressupõe-se que, na lógica de só serem válidas as exceções explicitamente mencionadas no Acordo, todas perderam o hífen. Mantêm os hifens locuções que formam nomes de plantas e animais.

MUDANÇAS NO USO DO HÍFEN EM PALAVRAS COMPOSTAS POR PREFIXAÇÃO E RECOMPOSIÇÃO

Geralmente, a não ser nas exceções que serão estabelecidas na regras seguintes, em palavras compostas com prefixos ou falsos prefixos (radicais gregos ou latinos que ganharam o significado das palavras das quais faziam parte, como aero, radio, tele, etc.) usa-se hífen se o segundo elemento começa por *h*:

anti-histórico, super-homem, multi-horário, mini-habitação

◆ **Atenção**: quando se usam os prefixos *des-* e *in-* caem o *h* e o *hífen*: des*u*mano, *in*abitável, des*o*nra, *inâ*bil
Também com os prefixos *co-* e *re-* caem o *h* e o **hífen**: co*e*rdar, co*a*bitar, re*a*bilitar, re*a*bitar

Passa a se usar hífen entre o prefixo e o segundo elemento quando o prefixo termina na mesma vogal pela qual começa o segundo elemento:

antiinflacionário	*passa a ser*	anti-inflacionário
teleeducação	*passa a ser*	tele-educação
neoortodoxia	*passa a ser*	neo-ortodoxia

Obs.: nos prefixos terminados em *a*, já era o uso vigente, agora consolidado pela regra: contra-almirante, extra-articular, ultra-alto.

◆ **Exceção**: o prefixo *co-* se aglutina com segundo elemento começado por <u>o</u>: cooptar, coobrigação.
re- se aglutina com palavras começadas por *e*: reeleição, reestudar. reerguer.

Usa-se hífen com *circum-* e *pan-* quando seguidos de elemento que começa por **vogal**, *m* e *n*, além do já citado *h*:

circunavegação	*passa a ser*	circum-navegação
circumediterrâneo	*passa a ser*	circum-mediterrâneo
circumeridiano	*passa a ser*	circum-meridiano

Obs.: já era uso vigente para *pan-* e alguns usos de *circum-*, agora ratificados como regra, como por exemplo: pan-africano, circum-adjacente.

Quando o prefixo ou falso prefixo termina **em consoante** usa-se hífen quando o segundo elemento começa com a mesma consoante, ou começa por *r* ou *h*.

Obs.: São casos desta regra, e também de regra específica do Acordo, o uso de hífen com os prefixos hiper-, inter-, super, ciber- e nuper- quando o segundo elemento começa por *r* ou *h* (hiper-requintado, inter-resistente, super-radical, inter-hospitalar); **não** se usa hífen em outros casos nos quais o prefixo termina em **consoante** e o segundo elemento começa por **vogal** ou **consoante diferente de *h* ou *r***: subsequência, sublinear, interativo, hiperativo, superabundante, hiperacidez, interlocução.

Quando o prefixo ou falso prefixo termina em **vogal** e o segundo elemento começa por *r* ou *s* **não se usa mais o hífen** e a consoante *r* ou *s* é **duplicada**:

ultra-som	*passa a ser*	ultrassom
anti-semita	*passa a ser*	antissemita
eco-sistema	*passa a ser*	ecossistema
mini-saia	*passa a ser*	minissaia
maxi-resultado	*passa a ser*	maxirresultado
contra-regra	*passa a ser*	contrarregra
co-seno	*passa a ser*	cosseno
semi-reta	*passa a ser*	semirreta

Não se usa hífen quando o prefixo ou falso prefixo termina em **vogal** e o segundo elemento começa por **vogal diferente** ou **consoante** (se esta for *r* ou *s*, como visto acima, se duplica):

auto-escola	*passa a ser*	autoescola
extra-escolar	*passa a ser*	extraescolar
co-piloto	*passa a ser*	copiloto
supra-estrutura	*passa a ser*	supraestrutura
auto-imune	*passa a ser*	autoimune
contra-ordem	*passa a ser*	contraordem

Obs.: Alguns desses usos (antiaéreo, plurianual, prefixo seguido de consoante, etc.) já eram vigentes, outros não (exemplos acima), agora todos estão submetidos à regra.

Alguns casos que não mudam, mas convém lembrar:

Com os prefixos ou falsos prefixos *ex-*, *sota-*, *soto-*, *vice-*, *vizo-*, *pré-*, *pró-* e *pós-* sempre se usa hífen.

Usa-se hífen antes dos sufixos de função adjetiva de origem tupi-guarani *-açu*, *-guaçu* e *-mirim*, quando o primeiro elemento acaba em vogal tônica(cajá-mirim, cipó-guaçu) ou quando se necessita separar a pronúncia da vogal final da do sufixo (anda-açu).

Usa-se hífen nas formas verbais com pronomes átonos (diga-me, vestir-se, vingá-lo, dizer-lhes).

Se a quebra de linha ocorre onde há um hífen gramatical, recomenda-se repetir o hífen no início da linha seguinte.

LOCUÇÕES

Como já foi apontado na página XXXIV, não se usa hífen em locuções de qualquer tipo (nominais, adjetivas, pronominais, adverbiais, prepositivas, conjuncionais), com as seguintes exceções: água-de-colônia, arco-da-velha, cor-de-rosa, mais-que-perfeito, pé-de-meia, ao deus-dará, à queima-roupa.

Assim:

nominais:

água-de-coco,	*passam a ser*	água de coco,
café-da-manhã		café da manhã, etc.

adjetivas:

cor-de-abóbora,	*passam a ser*	cor de abóbora,
cor-de-açafrão		cor de açafrão, etc.

pronominais:
nós mesmos, ela própria

adverbiais:

à-vontade,	*passam a ser*	à vontade,
antes-de-ontem		antes de ontem

prepositivas:
por cima de, a fim de

conjuncionais
ao passo que, logo que

Introdução

Conceitos gerais

LINGUAGEM, LÍNGUA, DISCURSO, ESTILO

1. LINGUAGEM é "um conjunto complexo de processos — resultado de uma certa atividade psíquica profundamente determinada pela vida social — que torna possível a aquisição e o emprego concreto de uma LÍNGUA qualquer"[1]. Usa-se também o termo para designar todo sistema de sinais que serve de meio de comunicação entre os indivíduos. Desde que se atribua valor convencional a determinado sinal, existe uma LINGUAGEM. À linguística interessa particularmente uma espécie de LINGUAGEM, ou seja, a LINGUAGEM FALADA ou ARTICULADA.

2. LÍNGUA é um sistema gramatical pertencente a um grupo de indivíduos. Expressão da consciência de uma coletividade, a LÍNGUA é o meio por que ela concebe o mundo que a cerca e sobre ele age. Utilização social da faculdade da linguagem, criação da sociedade, não pode ser imutável; ao contrário, tem de viver em perpétua evolução, paralela à do organismo social que a criou.

3. DISCURSO é a língua no ato, na execução individual. E, como cada indivíduo tem em si um ideal linguístico, procura ele extrair do sistema idiomático de que se serve as formas de enunciado que melhor lhe exprimam o gosto e o pensamento. Essa escolha entre os diversos meios de expressão

---

[1] Tatiana Slama-Casacu. *Langage et contexte*. Haia, Mouton, 1961, p. 20.

que lhe oferece o rico repertório de possibilidades, que é a língua, denomina-se ESTILO.[2]

4. A distinção entre LINGUAGEM, LÍNGUA e DISCURSO, indispensável do ponto de vista metodológico, não deixa de ser em parte artificial. Em verdade, as três denominações aplicam-se a aspectos diferentes, mas não opostos, do fenômeno extremamente complexo que é a comunicação humana.

A interdependência desses aspectos, salienta-a Tatiana Slama-Casacu, ao escrever: "A LÍNGUA é a criação, mas também o fundamento da LINGUAGEM — que não poderia funcionar sem ela —; é, simultaneamente, o instrumento e o resultado da atividade de comunicação. Por outro lado, a LINGUAGEM não pode existir, manifestar-se e desenvolver-se a não ser pelo aprendizado e pela utilização de uma LÍNGUA qualquer. A mais frequente forma de manifestação da LINGUAGEM — constituída de uma complexidade de processos, de mecanismos, de meios expressivos — é a LINGUAGEM FALADA, concretizada no DISCURSO, ou seja, a realização verbal do processo de comunicação. O DISCURSO é um dos aspectos da LINGUAGEM — o mais importante — e, ao mesmo tempo (...), a forma concreta sob a qual se manifesta a LÍNGUA. O DISCURSO define-se, pois, como o ato de utilização individual e concreto da LÍNGUA no quadro do processo complexo da LINGUAGEM. Os três termos estudados — LINGUAGEM, LÍNGUA, DISCURSO — designam no fundo três aspectos, diferentes mas estritamente ligados, do mesmo processo unitário e complexo."[3]

LÍNGUA E SOCIEDADE: VARIAÇÃO E CONSERVAÇÃO LINGUÍSTICA

Embora desde princípios deste século linguistas como Antoine Meillet e Ferdinand de Saussure tenham chegado a configurar a língua como um fato social, rigorosamente enquadrado na definição dada por Emile Durkheim[4], só nos últimos vinte anos, com o desenvolvimento da SOCIOLINGUÍSTICA, as relações entre a língua e a sociedade passaram a ser caracterizadas com maior precisão.

---

[2] Aceitando a distinção de Jules Marouzeau, podemos dizer que a LÍNGUA é "a soma dos meios de expressão de que dispomos para formar o enunciado" e o ESTILO "o aspecto e a qualidade que resultam da escolha entre esses meios de expressão" (*Précis de stylistique française*, 2.ª ed. Paris, Masson, 1946, p. 10).

[3] *Obra cit.*, p. 20.

[4] Vejam-se Antoine Meillet. *Linguistique historique et linguistique générale*, 2.ª ed. Paris, Champion, 1926, p. 16, 230 *passim*; Ferdinand de Saussure. *Cours de linguistique générale*, édition critique préparée par Tullio de Mauro. Paris, Payot, 1973, p. 31.

A sociolinguística, ramo da linguística que estuda a língua como fenômeno social e cultural, veio mostrar que estas inter-relações são muito complexas e podem assumir diferentes formas. Na maioria das vezes, comprova-se uma covariação do fenômeno linguístico e social. Em alguns casos, no entanto, faz mais sentido admitir uma relação direcional: a influência da sociedade na língua, ou da língua na sociedade.

É, pois, recente a concepção de língua como instrumento de comunicação social, maleável e diversificado em todos os seus aspectos, meio de expressão de indivíduos que vivem em sociedades também diversificadas social, cultural e geograficamente. Nesse sentido, uma língua histórica não é um sistema linguístico unitário, mas um conjunto de sistemas linguísticos, isto é, um DIASSISTEMA, no qual se inter-relacionam diversos sistemas e subsistemas. Daí o estudo de uma língua revestir-se de extrema complexidade, não podendo prescindir de uma delimitação precisa dos fatos analisados para controle das variáveis que atuam, em todos os níveis, nos diversos eixos de diferenciação. A variação sistemática está, hoje, incorporada à teoria e à descrição da língua.

Em princípio, uma língua apresenta, pelo menos, três tipos de diferenças internas, que podem ser mais ou menos profundas:

1º) diferenças no espaço geográfico, ou VARIAÇÕES DIATÓPICAS (falares locais, variantes regionais e, até, intercontinentais);

2º) diferenças entre as camadas socioculturais, ou VARIAÇÕES DIASTRÁTICAS (nível culto, língua padrão, nível popular, etc.);

3º) diferenças entre os tipos de modalidade expressiva, ou VARIAÇÕES DIAFÁSICAS[5] (língua falada, língua escrita, língua literária, linguagens especiais, linguagem dos homens, linguagem das mulheres, etc.).

A partir da nova concepção da língua como DIASSISTEMA, tornou-se possível o esclarecimento de numerosos casos de polimorfismo, de pluralidade de normas e de toda a inter-relação dos fatores geográficos, históricos, sociais e psicológicos que atuam no complexo operar de uma língua e orientam a sua deriva.

Condicionada de forma consistente dentro de cada grupo social e parte integrante da competência linguística dos seus membros, a variação é, pois, inerente ao sistema da língua e ocorre em todos os níveis: fonético, fonológico, morfológico, sintático, etc. E essa multiplicidade de realizações do sistema em nada prejudica as suas condições funcionais.

[5] Veja-se Eugenio Coseriu. Structure lexicale et enseignement du vocabulaire. In *Actes du premier Colloque International de Linguistique Appliquée*. Nancy, Université de Nancy, 1966, p. 199.

Todas as variedades linguísticas são estruturadas, e correspondem a sistemas e subsistemas adequados às necessidades de seus usuários. Mas o fato de estar a língua fortemente ligada à estrutura social e aos sistemas de valores da sociedade conduz a uma avaliação distinta das características das suas diversas modalidades diatópicas, diastráticas e diafásicas. A língua padrão, por exemplo, embora seja uma entre as muitas variedades de um idioma, é sempre a mais prestigiosa, porque atua como modelo, como norma, como ideal linguístico de uma comunidade. Do valor normativo decorre a sua função coercitiva sobre as outras variedades, com o que se torna uma ponderável força contrária à variação.

Numa língua existe, pois, ao lado da força centrífuga da inovação, a força centrípeta da conservação, que, contrarregrando a primeira, garante a superior unidade de um idioma como o português, falado por povos que se distribuem pelos cinco continentes.

DIVERSIDADE GEOGRÁFICA DA LÍNGUA: DIALETO E FALAR

As formas características que uma língua assume regionalmente denominam-se DIALETOS.

Alguns linguistas, porém, distinguem, entre as variedades diatópicas, o FALAR do DIALETO.

DIALETO seria "um sistema de sinais desgarrado de uma língua comum, viva ou desaparecida; normalmente, com uma concreta delimitação geográfica, mas sem uma forte diferenciação diante dos outros da mesma origem". De modo secundário, poder-se-iam também chamar dialetos "as estruturas linguísticas, simultâneas de outra, que não alcançam a categoria de língua"[6].

FALAR seria a peculiaridade expressiva própria de uma região e que não apresenta o grau de coerência alcançado pelo dialeto. Caracterizar-se-ia, do ponto de vista diacrônico, segundo Manuel Alvar, por ser um dialeto empobrecido, que, tendo abandonado a língua escrita, convive apenas com as manifestações orais. Poder-se-iam ainda distinguir, dentro dos FALARES REGIONAIS, os FALARES LOCAIS, que, para o mesmo linguista, corresponderiam a subsistemas idiomáticos "de traços pouco diferenciados, mas com matizes próprios dentro da estrutura regional a que pertencem e cujos usos estão limitados a pequenas circunscrições geográficas, normalmente com caráter administrativo"[7].

---

6 Manuel Alvar. Hacia los conceptos de lengua, dialecto y hablas. *Nueva Revista de Filología Hispánica*, 15:57, 1961.

7 *Id.*, *ibid.*, p. 60.

No entanto, à vista da dificuldade de caracterizar na prática as duas modalidades diatópicas, empregaremos neste livro — e particularmente no capítulo seguinte — o termo DIALETO no sentido de variedade regional da língua, não importando o seu maior ou menor distanciamento com referência à língua padrão.

A NOÇÃO DE CORRETO

Uma gramática que pretenda registrar e analisar os fatos da língua culta deve fundar-se num claro conceito de norma e de correção idiomática. Permitimo-nos, por isso, uma ligeira digressão a respeito deste controvertido tema.

Os progressos dos estudos linguísticos vieram mostrar a falsidade dos postulados em que a gramática logicista e a latinizante esteavam a correção idiomática e, com isso, deixaram o preceptismo gramatical inerme diante da reação anticorretista que se iniciou no século passado e que vem assumindo, em nossos dias, atitudes violentas, não raro contaminadas de radicalismo ideológico.[8]

Por outro lado, à ideia, sempre renovada, de que o povo tem o poder criador e a soberania em matéria de linguagem associa-se, naturalmente, outra — a de considerar elemento perturbador ou estéril a interferência da força conservadora ou repressiva dos setores cultos.

Contra essa concepção demolidora do edifício gramatical, pacientemente construído desde a época alexandrina com base na analogia, levantam-se alguns linguistas modernos, procurando fundamentar a correção idiomática em fatores mais objetivos.

Dessa nova linha de preocupações foi precursor Adolf Noreen, o linguista sueco a cujas ideias geniais hoje se começa a fazer justiça.[9]

Para Noreen há três critérios principais de correção, por ele denominados *histórico-literário*, *histórico-natural* e *racional*, o último, obviamente, o seu preferido.

De acordo com o critério *histórico-literário*, "a correção estriba-se essencialmente em conformar-se com o uso encontrado nos escritores de uma época

---

[8] Veja-se, a propósito, Angel Rosenblat. *El criterio de corrección lingüística: unidad y pluralidad de normas en el español de España y América*. Separata de P.I.L.E.I. *El Simposio de Indiana*. Bogotá, Instituto Caro y Cuervo, 1967, p. 27. Consulte-se também Celso Cunha. *Língua portuguesa e realidade brasileira*, 8.ª ed. Rio de Janeiro, Tempo Brasileiro, 1981, p. 35-39, texto em parte aqui reproduzido.

[9] Leiam-se Björn Collinder, *Les origines du structuralisme*, Stockholm – Göteborg – Upsala, Almqvist & Wiksell, 1962, p. 6 e ss.; Bertil Malmberg. *Les nouvelles tendances de la linguistique*, trad. por Jacques Gengoux. Paris, P.U.F., 1966, p. 42, 52-55, 130, 184-186, 197, 279.

pretérita", em geral escolhida arbitrariamente. É o critério tradicional de correção, fundado no exemplo dos clássicos.

O segundo critério, o *histórico-natural* de Noreen e que Jespersen prefere chamar *anárquico*, baseia-se na doutrina, a que nos referimos, de que a linguagem é um organismo que se desenvolve muito melhor em estado de completa liberdade, sem entraves. Dentro desse ponto de vista não pode haver, em princípio, nada correto ou incorreto na língua.

Depois de deixar patente o caráter arbitrário do primeiro critério e o absurdo do segundo, se levado a suas naturais consequências, Noreen tenta justificar o único que resta, o dele Noreen, expresso na fórmula: "o melhor é o que pode ser apreendido mais exata e rapidamente pela audiência presente e pode ser produzido mais facilmente por aquele que fala"; ou no enunciado mais sintético de Flodström: "o melhor é a forma de falar que reúne a maior simplicidade possível com a necessária inteligibilidade."[10]

Jespersen considera a fórmula de Noreen oportunista, individualista, atomística, "pois que divide demasiado a comunidade linguística em indivíduos particulares e olvida excessivamente o conjunto"[11].

Em nome de que princípio se corrige, então, o falar de uma pessoa? Por que uma criança aprende de seus pais que não deve dizer *sube* por *soube*, *fazerei* por *farei* e, à medida que vai crescendo em anos, continua a ter o seu comportamento linguístico ora corrigido por outros, ora por esforço próprio?

Para Jespersen nenhum dos critérios anteriormente lembrados — e enumera sete: o da autoridade, o geográfico, o literário, o aristocrático, o democrático, o lógico e o estético — o explica. É evidente, no entanto, que existe algo que justifica a correção, "algo comum para o que fala e para o que ouve", e que lhes facilita a compreensão. Este elemento comum é "a norma linguística que ambos aceitaram de fora, da comunidade, da sociedade, da nação"[12].

Todo o nosso comportamento social está regulado por normas a que devemos obedecer, se quisermos ser corretos. O mesmo sucede com a linguagem, apenas com a diferença de que as suas normas, de um modo geral, são mais complexas e mais coercitivas. Por isso, e para simplificar as coisas, Jespersen define o "linguisticamente correto" como aquilo que é exigido pela comunidade linguística a que se pertence. O que difere é o "linguisticamente incorreto". Ou, com suas palavras: "*falar correto* significa o falar que a comunidade espera, e *erro* em linguagem equivale a desvios desta norma, sem relação alguma com o

---

[10] Citados por Otto Jespersen. Humanidad, nación, individuo, desde el punto de vista lingüístico, trad. por Fernando Vela. Buenos Aires, *Revista de Occidente*, 1947, p. 113 e 114.

[11] *Obra cit.*, p. 120.

[12] *Ibid.*, p. 120 e ss.

valor interno das palavras ou formas." Reconhece, porém, que, independentemente disso, "existe uma valorização da linguagem na qual o seu valor se mede com referência a um ideal linguístico", para cuja formação colabora eficazmente a "fórmula energética de que o mais facilmente enunciado é o que se recebe mais facilmente"[13].

Entre as atitudes extremadas — dos que advogam o rompimento radical com as tradições clássicas da língua e dos que aspiram a sujeitar-se a velhas normas gramaticais —, há sempre lugar para uma posição moderada, termo médio que represente o aproveitamento harmônico da energia dessas forças contrárias e que, a nosso ver, melhor consubstancia os ideais de uma sã e eficaz política educacional e cultural dos países de língua portuguesa.

"Na linguagem é importante o polo da variedade, que corresponde à expressão individual, mas também o é o da unidade, que corresponde à comunicação interindividual e é garantia de intercompreensão. A linguagem expressa o indivíduo por seu caráter de criação, mas expressa também o ambiente social e nacional, por seu caráter de repetição, de aceitação de uma norma, que é ao mesmo tempo histórica e sincrônica: existe o falar porque existem indivíduos que pensam e sentem, e existem 'línguas' como entidades históricas e como sistemas e normas ideais, porque a linguagem não é só expressão, finalidade em si mesma, senão também comunicação, finalidade instrumental, expressão para outro, cultura objetivada historicamente e que transcende ao indivíduo."[14]

A hipótese da "linguagem monolítica" não se assenta numa realidade, e a sua corporificação nas gramáticas não tem sido benéfica ao ensino dos diversos idiomas. "Sem nenhuma dúvida", escreve Roman Jakobson, "para qualquer comunidade linguística, para todo indivíduo falante existe uma unidade de língua, mas esse código global representa um sistema de subcódigos em comunicação recíproca; cada língua abarca vários sistemas simultâneos, cada um dos quais se caracteriza por uma função diferente".[15]

Se uma língua pode abarcar vários sistemas, ou seja, as formas ideais de sua realização, a sua dinamicidade, o seu modo de fazer-se, pode também admitir várias normas, que representam modelos, escolhas que se consagraram dentro das possibilidades de realizações de um sistema linguístico. Mas — pondera

---

[13] *Ibid.*, p. 178.

[14] Eugenio Coseriu. *La geografía lingüística*. Montevideo. Universidad de la República, 1956, p. 44-45. A propósito, consultem-se também os magistrais estudos do autor: *Sistema, norma y habla* e *Determinación y entorno*, agora enfeixados no volume *Teoría del lenguaje y lingüística general*. Madrid, Gredos, 1962, p. 11-113 e 282-323.

[15] Closing Statement: Linguistics and Poetics. In *Style in Language*. Edited by Thomas A. Sebeok. New York-London, M.I.T. & John Wiley, 1960, p. 352.

Eugenio Coseriu, o lúcido mestre de Tübingen — se "é um sistema de realizações obrigatórias, consagradas social e culturalmente", a norma não corresponde, como pensam certos gramáticos, ao que se pode ou se deve dizer, mas "ao que já se disse e tradicionalmente se diz na comunidade considerada"[16].

A norma pode variar no seio de uma mesma comunidade linguística, seja de um ponto de vista diatópico (português de Portugal / português do Brasil / português de Angola), seja de um ponto de vista diastrático (linguagem culta / linguagem média / linguagem popular), seja, finalmente, de um ponto de vista diafásico (linguagem poética / linguagem da prosa).[17]

Este conceito linguístico de norma, que implica um maior liberalismo gramatical, é o que, em nosso entender, convém adotarmos para a comunidade de fala portuguesa, formada hoje por sete nações soberanas, todas movidas pela legítima aspiração de enriquecer o patrimônio comum com formas e construções novas, a patentearem o dinamismo do nosso idioma, o meio de comunicação e expressão, nos dias que correm, de mais de cento e cinquenta milhões de indivíduos.

"Não se repreende de leve num povo o que geralmente agrada a todos", disse com singeleza o poeta Gonçalves Dias. Com efeito, por cima de todos os critérios de correção — aplicáveis nuns casos, inaplicáveis noutros — paira o da aceitabilidade social, a *consuetudo* de Varrão, o único válido em qualquer circunstância.

É justamente para chegarem a um conceito mais preciso de "correção" em cada idioma que os linguistas atuais vêm tentando estabelecer métodos que possibilitem a descrição minuciosa de suas variedades cultas, seja na forma falada, seja na escrita. Sem investigações pacientes, sem métodos descritivos aperfeiçoados nunca alcançaremos determinar o que, no domínio da nossa língua ou de uma área dela, é de emprego obrigatório, o que é facultativo, o que é tolerável, o que é grosseiro, o que é inadmissível; ou, em termos radicais, o que é e o que não é correto.

---

16 *Sincronía, diacronía e historia: el problema del cambio lingüístico*, 2.ª ed. Madrid, Gredos, 1973, p. 55.

17 Veja-se Celso Cunha. *Língua, nação, alienação*. Rio de Janeiro, Nova Fronteira, 1981, p. 73-74 e ss.

Capítulo 1

Do latim ao português atual

O LATIM E A EXPANSÃO ROMANA

A língua portuguesa provém do latim, que se entronca, por sua vez, na grande família das línguas indo-europeias, representada hoje em todos os continentes.

De início, simples falar de um povo de cultura rústica, que vivia no centro da Península Itálica (o Lácio), a língua latina veio, com o tempo, a desempenhar um extraordinário papel na história da civilização ocidental, "menos por suas virtudes intrínsecas do que pelo êxito político do povo que dela se servia".[1]

Foram as vitórias de seus soldados e o espírito de organização de seus homens de governo que estenderam e, em parte, consolidaram o enorme império, que, no auge de sua expansão, ia da Lusitânia à Mesopotâmia, e do Norte da África à Grã-Bretanha.

Enumeremos, cronologicamente, as conquistas que dilataram de tal forma os domínios do Império Romano.

Até meados do IV século antes de Cristo, os romanos pouco haviam ampliado as fronteiras do antigo Lácio. Foi com a guerra contra os samnitas, iniciada em 326 a.C. e terminada com a decisiva batalha de Sentino (295 a.C.), que começou a irresistível penetração romana na parte meridional da Península Itálica, concluída em 272 a.C., com a anexação de Tarento.

Principia, então, o longo período das conquistas externas. Sucessivamente, vão sendo subjugados os territórios da Sicília (241 a.C.), da Sardenha e da

[1] Edouard Bourciez. *Éléments de Linguistique romane.* 4e éd. Paris: Klincksieck, 1946, p. 26. Com razão, afirma Antoine Meillet: "A história política de Roma e a história da civilização romana explicam a história da língua latina." (*Esquisse d'une histoire de la langue latine.* 3e éd. Paris: Hachette, 1933, p. 5.)

Córsega (238 a.C.), da Ilíria (229 a.C.), da costa este e sul da Península Ibérica (218-197 a.C.), dos reinos helenísticos do Oriente (200-168 a.C.), da Gália Cisalpina (191 a.C.), da Ligúria (154 a.C.), de Cartago e Norte da África (146 a.C.), da Macedônia e da Grécia (146 a.C.), da Gália Narbonense (118 a.C.), da Gália do Norte (50 a.C.), da Mésia (29 a.C.), do Noroeste da África (25 a.C.), do resto da Península Ibérica (19 a.C.), da Nórica (16 a.C.), da Récia (15 a.C.), da Panônia (10 d.C.), do resto da Mauritânia (42 d.C.), da Bretanha (43 d.C.), da Trácia (46 d.C.), da Dácia (107 d.C.), da Arábia Petreia, da Armênia e da Mesopotâmia (107 d.C.).

Com a anexação da Dácia (Romênia) e, sem caráter permanente, dessas regiões da Ásia Menor, o Império atingia, sob o governo de Trajano, o máximo de sua expansão geográfica.

Ao mesmo tempo que estendiam os seus domínios, os romanos levavam para as regiões conquistadas os seus hábitos de vida, as suas instituições, os padrões de sua cultura. Em contato com outras terras, outras gentes e outras civilizações, ensinavam, mas também aprendiam. Aprenderam, por exemplo, muito com os gregos, e isso desde épocas antigas, através dos etruscos e, principalmente, das colônias helênicas do Sul da Itália, que formavam a Magna Grécia. Lívio Andrônico, o primeiro que tentou elevar à altura de língua poética aquele rude idioma de agricultores e pastores, que era então o latim, procurou diretamente em Homero e nos trágicos gregos os modelos para suas experiências de tradução e adaptação literárias. Ele próprio era um grego de Tarento. E, na sua trilha, Plauto, Ênio, Névio e todos os que, pioneiramente, se impuseram a árdua tarefa de criar obras de arte na língua nacional não deixaram de inspirar-se nos estimulantes exemplos da Hélade, cuja influência vai ampliar-se mais ainda, a partir de 146 a.C., quando, vencida pelas armas, acabou dominando pelo espírito o cruel vencedor.

"Graecia capta ferum victorem cepit et artes
Intulit agresti Latio",[2]

LATIM LITERÁRIO E LATIM VULGAR

Desde o século III a.C., pois, sob a benéfica influência grega, o latim escrito com intenções artísticas foi sendo progressivamente apurado até atingir, no século I a.C., a alta perfeição da prosa de Cícero e César, ou da poesia de Vergílio e Horácio. Em consequência, acentuou-se com o tempo a separação entre essa língua literária, praticada por uma pequena elite, e o latim corrente,

---

[2] Entenda-se: "A Grécia subjugada subjugou o cruel vencedor e introduziu as artes no agreste Lácio."

a língua usada no colóquio diário pelos mais variados grupos sociais da Itália e das províncias.

Tal diferença era já sentida pelos romanos que opunham ao conservador latim literário ou clássico (*sermo litterarius*) o inovador latim vulgar (*sermo vulgaris*), compreendidas nesta denominação as inúmeras variedades da língua falada,[3] que vão do colóquio polido às linguagens profissionais, e até às gírias (*sermo quotidianus, urbanus, plebeius, rusticus, ruralis, pedestris, castrensis,* etc.).

Foi esse matizado latim vulgar que os soldados, colonos e funcionários romanos levaram para as regiões conquistadas e, sob o influxo de múltiplos fatores, diversificou-se com o tempo nas chamadas línguas românicas.

AS LÍNGUAS ROMÂNICAS

Se dos gregos os romanos foram discípulos atentos, dos outros povos vencidos souberam ser eles os mestres imitados. Não só na Itália, mas também na Gália, na Hispânia, na Récia e na Dácia, as tribos mais diversas cedo assimilaram os seus costumes e instituições, adotaram como própria a língua latina, *romanizaram-se.*

É fácil concluir que, falado em tamanha área geográfica, por povos de raças tão diversas, o latim vulgar não poderia conservar a sua relativa unidade, já precária como a de toda língua que serve de meio de comunicação a vastas e variadas comunidades de analfabetos.

Nos centros urbanos mais importantes, o ensino do latim difundia o padrão literário e, com isso, retardava até certo ponto os efeitos das forças de diferenciação. Mas no campo ou nas vilas e aldeias a língua, sem nenhum controle normativo, ia voando com suas próprias asas.

A partir do século III da nossa era, podemos dizer que a unidade linguística do Império não mais existia, embora continuassem os contatos políticos entre as suas diversas partes, interligadas por uma certa comunidade de civilização.[4] É o que se entende por *Romania*, em contraste com *Barbaria*, as regiões habitadas por outros povos.

---

[3] A denominação latim vulgar, embora um tanto imprópria, tornou-se termo técnico da linguística. Por ela devemos entender, de acordo com B. E. Vidos, "a língua falada por todas as camadas da população e em todos os períodos da latinidade". (*Manuale de linguistica romanza*. Traduzione dall'olandese di G. Francescato. Firenze: Olschki, 1959, p. 201.)

[4] Vj. Georges Straka. Observations sur la chronologie et les dates de quelques modifications phonétiques en roman et en français prélittéraire. In: *Revue des Langues Romanes*. Montpellier, 1953, p. 307; Idem, La dislocation linguistique de la Romania et la formation des langues romanes à la lumière de la chronologie relative des changements phonétiques. In: *Revue de Linguistique Romane*, XX, 1956, p. 249-267.

Alguns fatos históricos vieram contribuir para ativar o processo de dialetalização. Enumeremos os principais.

Desde 212, o edito de Caracala estendera o direito de cidadania a todos os indivíduos livres do Império, com o que Roma e a Itália perderam a situação privilegiada que desfrutavam.

Diocleciano, que governou de 284 a 305, instituiu a obrigatoriedade do latim como língua da administração. Mas, contraditoriamente, anulou os efeitos dessa medida unificadora ao descentralizar política e administrativamente o Império em doze dioceses, caminho aberto para o aguçamento de nacionalismos regionais e locais.[5] Não sendo mais capital, Roma deixou, consequentemente, de exercer a função reitora da norma linguística.

Em 330, Constantino, que se tornara defensor do Cristianismo, transferiu a sede do Império para Bizâncio, a nova Constantinopla.

Com a morte de Teodósio em 395, o vasto domínio foi dividido entre os seus dois filhos, cabendo a Honório o Ocidente, e a Arcádio o Oriente. O Império do Oriente teve vida longa. Conservou-se até 1453. O do Ocidente, porém, depois de sucessivas invasões de hunos, visigodos, ostrogodos, burguinhões, suevos, alanos e vândalos, sucumbe em 476, quando Odoacro destrona o imperador fantoche Romulus Augustus, apelidado com o diminutivo *Augustulus*, "Augustinho".

As forças linguísticas desagregadoras puderam então agir livremente, e de tal forma que, em fins do século V, os falares regionais já estariam mais próximos dos idiomas românicos do que do próprio latim. Começa então o período do romance ou romanço, denominação que se dá à língua vulgar nessa fase de transição que termina com o aparecimento de textos redigidos em cada uma das línguas românicas: francês (séc. IX), espanhol (séc. X), italiano (séc. X),[6] sardo (séc. XI), provençal (séc. XII), rético (séc. XII), catalão (séc. XII, ou princípios

---

[5] "O Império foi então dividido em doze dioceses, e é uma coisa surpreendente ver nascer nesse momento as nacionalidades modernas: houve uma África, uma Espanha, uma Grã-Bretanha, duas Franças (a de Trèves e a de Viena), duas Itálias (a de Milão e a de Roma)." (André Piganiol. *Histoire de Rome*. Paris, 1939, p. 446.)

[6] O primeiro texto em que o vulgar italiano aparece conscientemente contraposto ao latim é uma carta capuana de 960 (vj. Bruno Migliorini. Storia della lingua italiana. Firenze: Sansoni, 1960, p. 93). Em 1924, porém, Luigi Schiaparelli descobriu o texto de uma adivinha popular (o chamado "Indovinello Veronese"), de fins do séc. VIII ou princípios do séc. IX, que pode ser considerado o mais antigo monumento redigido em um dialeto românico. Sobre os numerosos problemas que encerra o precioso códice da Biblioteca Capitolare di Verona, leia-se o informativo estudo de Matilde Matarazzo Gargiulo, O "Indovinello Veronese". *Estudos em homenagem a Cândido Jucá (filho)*. Rio de Janeiro [s. d.], p. 117 158.

do séc. XIII), português (séc. XIII), franco-provençal (séc. XIII), dálmata (séc. XIV) e romeno (séc. XVI).

A ROMANIZAÇÃO DA PENÍNSULA

Os romanos chegaram à Península Ibérica no século III a.C., por ocasião da 2ª Guerra Púnica, mas só conseguiram dominá-la por completo, ao fim de longas e cruentas lutas, em 19 a.C., quando Augusto venceu a resistência dos altivos povos das Astúrias e da Cantábria.

Muito pouco se sabe das antigas populações ibéricas. No início da romanização habitava a Península uma complexa mistura racial: celtas, iberos, púnico-fenícios, lígures, gregos e outros grupos mal identificados.

Das línguas desses povos quase nada conservaram os idiomas hispânicos. Com relativa segurança, atribui-se origem pré-romana apenas a uns quantos sufixos — como *-arra* (*bocarra*), *-orro* (*beatorro*), *-asco* (*penhasco*) e *-ego* (*borrego*) — e algumas palavras de significação concreta: *arroio, balsa, barro, braga(s), carrasco, gordo, lama, lança, lousa, manteiga, tamuge, tojo, veiga,* etc.

A romanização da Península não se processou uniformemente. Das três províncias em que Agripa (27 a.C.) dividiu a Hispânia — a Tarraconense, correspondente à antiga Hispânia Citerior, a Bética e a Lusitânia, desmembradas da Hispânia Ulterior — foi a Bética a que mais cedo assimilou a civilização romana. No alvorecer da nossa era, o geógrafo grego Estrabão testemunhava que "os turdetanos, especialmente os que habitavam as margens do Bétis, haviam adotado os costumes romanos, e até já nem se lembravam da própria língua". E acrescentava: "Não falta muito para que todos se convertam em romanos."[7]

Por esse tempo, nas outras províncias a romanização estava atrasada. Nas regiões do Norte, em terras da Galiza, das Astúrias e da Cantábria, ainda não se fazia sentir a presença de Roma: os seus habitantes conservavam intactos os rudes costumes transmitidos através de gerações que se perdiam na noite dos séculos.

Em 216, a *Gallaecia et Asturia*, que desde a época de Antonino Pio era uma subdivisão militar e financeira da antiga *Hispânia Citerior*, tornou-se uma província à parte, com o nome de *Nova Hispania Citerior Antoniniana*. Compreendia então o Noroeste peninsular até a Cantábria.

Com a reforma de Diocleciano, todas essas províncias — e mais a Baleárica, a Tingitana e a Cartaginense, destacada da Tarraconense — passaram a constituir a diocese da Hispânia, que dependia da prefeitura das Gálias.

---

[7] Cf. Rafael Lapesa. *Historia de la lengua española*. 5. ed. Madrid: Escelicer, 1962, p. 41.

LÍNGUAS ROMÂNICAS

ROMENO
ITALIANO
MACEDO
ROMENO
ITALIANO

O DOMÍNIO VISIGÓTICO

Tal a organização administrativa da Península, quando, em 409, foi invadida por um grupo heterogêneo de povos germânicos — vândalos, suevos e alanos. Os alanos desapareceram rapidamente; os vândalos, depois de se haverem fixado na Bética, transportaram-se, em 429, para a África, onde fundaram um reino, que durou cem anos; os suevos estabeleceram-se na Galécia e na Lusitânia, mas no século VI foram absorvidos pelos visigodos. Estes, que eram os mais civilizados dos povos germânicos, já mantinham antigos contatos com os romanos. Desde 425 estavam sediados na Aquitânia, ao sudoeste da Gália. Daí atravessaram os Pirineus e se estenderam por toda a Península, que iriam dominar durante dois séculos e meio.

Os visigodos cedo se fundiram com a população românica. Três fatos concorreram poderosamente para isso: *a)* a abolição da lei que proibia o casamento de godos com hispanos, ato de Leovegildo; *b)* a conversão, em 586, de Recaredo ao Cristianismo; *c)* o código, promulgado por Recesvindo em 654, que não mais distinguia os direitos das comunidades goda e hispana. Assim, quando Rodrigo, o último rei godo, não pôde deter, em 711, a invasão árabe, com ele ruía não apenas o império visigótico, mas o império romano-visigótico, que tinha como religião o Cristianismo e como língua o hispano-românico, legítimo continuador do latim vulgar.

Excluindo os nomes próprios de pessoas e de lugares, a contribuição goda para a formação do léxico português não ascende a mais de quarenta termos,[8] dos quais cerca de trinta se encontram em outras línguas românicas.

Seguindo o exemplo de Gamillscheg, o professor Joseph M. Piel distribui por quatro grupos as palavras godas que se conservaram em português:

1º) palavras de origem gótica que já pertenciam ao latim vulgar ou medieval: *albergue, arrear, bramar, bando, elmo, espora, guarda, guerra, rapar, trégua*;

2º) palavras comuns a todas as regiões primitivamente ocupadas pelos godos: *aspa, espeto, espia, estala, garbo, mofo, mofino, roca, taco, ufanar-se*;

3º) palavras peculiares à Península Ibérica e à França, ou à Península e à Itália: *agasalhar, brotar, estaca, fato, roupa, sítio, triscar*;

4º) palavras privativas dos idiomas ibero-românicos: *aio, aia, aleive, enguiçar, escanção, ganso, guarecer, íngreme, luva, malado* (arc.), *tascar*.[9]

---

[8] Cf. Joseph M. Piel. *O patrimônio visigodo da língua portuguesa*. Coimbra, Coimbra Editora, 1942, p. 18.

[9] Ibidem, p. 13-17.

O DOMÍNIO ÁRABE

Movidas pela guerra santa, as tribos árabes conquistam o Norte da África e, em 711, desembarcam na Península. Sete anos depois, com exclusão do pequeno reino do Duque Teodomiro, que por meio século ainda conservou sua autonomia, e de alguns focos de resistência nas montanhas das Astúrias, de onde partiria o movimento de Reconquista, o domínio muçulmano cobria toda a anterior Espanha visigótica.

"Os árabes, sírios e berberes que invadem a Península não trazem mulheres: casam com hispano-godas, têm escravas galegas e bascas. Entre os muçulmanos permanecem muitos hispano-godos, os moçárabes, conservadores do saber isidoriano: uns conseguem certa autonomia; os mais exaltados sofrem perseguições e martírio; outros se islamizam; mas todos influem na Espanha moura, onde se fala romance ao lado do árabe."[10]

Com os árabes floresceram na Península as ciências e as artes: houve grande incremento da agricultura, da indústria e do comércio; introduziram-se inúmeras palavras para designar novos e variados conhecimentos. Calcula-se em quatro mil o número de vocábulos espanhóis de origem árabe, excluídos os topônimos. Em português o léxico de proveniência árabe tem sido estimado entre quatrocentos e mil termos.

As palavras portuguesas de origem árabe, quase todas substantivos, referem-se, em geral:

a) à organização guerreira: *acicate, adail, adarga, alcaide, alfange, alferes, algarada, aljava, ameia, arrebatar, atalaia, ronda, zaga,* entre outras;
b) à agricultura e à jardinagem: *açafrão, açúcar, açucena, alcachofra, alecrim, alface, alfafa, alfazema, algodão, almécega, benjoim, berinjela,* etc.;
c) ao comércio, a pesos e medidas: *aduana, armazém, arroba, quilate, quintal,* etc.;
d) a ofícios, cargos: *adail, alfageme, alfaiate, algibebe, almocreve, almotacel, almoxarife, arrais, califa, emir,* etc.;
e) a instrumentos musicais: *adufe, alaúde, anafil, arrabil, tambor,* etc.;
f) às ciências: *álgebra, algoritmo, cifra, zênite, nadir, álcool, álcali,* etc.

Em alguns casos os árabes foram apenas os intermediários de palavras que haviam tomado a outras línguas. São, por exemplo, de origem grega: *alambique, alcaparra, alfândega, alquimia, acelga* e *arroz*; de origem sânscrita: *alcanfor* e *xadrez*; de origem persa: *azul, escarlate, jasmim* e *laranja*. Do próprio latim há uma série de palavras introduzidas sob forma arabizada: *abricó, alcácer, albornoz, almude, alporão*.

---

[10] Rafael Lapesa. *Op. cit.*, p. 95-96.

O PORTUGUÊS PRIMITIVO

Foi durante o domínio árabe que se acentuaram as características distintivas dos romances peninsulares.

Na região que compreendia a Galiza e a faixa lusitana entre o Douro e o Minho constituiu-se uma unidade linguística particular que conservaria relativa homogeneidade até meados do século XIV — o galego-português.

O galego-português, provavelmente, teria contornos definidos desde o século VI, mas é só a partir do século IX que podemos atestar a sua existência através de palavras que se colhem em textos de latim bárbaro.[11]

PERÍODOS EVOLUTIVOS DA LÍNGUA PORTUGUESA

Datam do século XIII os primeiros documentos que chegaram até nós integralmente redigidos em galego-português. Inicia-se então a fase propriamente histórica de nossa língua, que, como todo idioma dotado de vitalidade, não se tem mantido uniforme nem no tempo, nem no espaço.

Baseando-nos em parte numa conhecida periodização proposta pelo sábio linguista José Leite de Vasconcelos,[12] distinguiremos as seguintes etapas na evolução do latim ao português atual:

a) latim lusitânico, língua falada na Lusitânia, desde a implantação do latim até o século V;

b) romance lusitânico, língua falada na Lusitânia, do século VI ao século IX, da qual, como da fase anterior, não temos nenhum documento escrito;

c) português proto-histórico, língua falada na Lusitânia, do século IX até fins do século XII, e da qual podemos vislumbrar algumas características nas palavras intercaladas em textos do latim bárbaro;

---

[11] Chama-se latim bárbaro a língua dos documentos forenses da Idade Média, em que, no texto latino, se inserem vocábulos do romance regional.

[12] Cf. *Lições de Filologia Portuguesa*. 2. ed. Lisboa, Biblioteca Nacional, 1926, p. 16-17. Advirta-se que Leite de Vasconcelos situava o começo da fase histórica da língua portuguesa em fins do século XII com fundamento em dois textos, originários do Mosteiro de Vairão, datados respectivamente de 1192 e 1193: o primeiro, um *Auto de Partilhas* dos bens herdados de seus pais pelos irmãos Sánchez; o segundo, o *Testamento* pelo qual Elvira Sánchez deixava todos os seus bens ao Mosteiro de Vairão. Estudo posterior do ilustre filólogo português Luís Filipe Lindley Cintra (Cf. Les anciens textes portugais non littéraires — classement et bibliographie. In: *Les anciens textes romans non littéraires*. Paris, Klincksieck, 1963, p. 169-187), para o qual solicitou a ajuda de dois eminentes paleógrafos, Rui de Azevedo e o Padre Avelino Costa, veio provar que os textos em causa não passam de falsificações de fins do século XIII, ou mesmo do século XIV.

A Península Ibérica no século V, depois de consolidado o domínio político dos invasores germânicos com a formação do Reino dos Suevos e dos Visigodos.

A Península Ibérica no século X, no auge do domínio árabe através do Califado de Córdoba, com os cristãos confinados ao norte no Reino de Leão, Castela, Navarra, Urgelo e Condado de Barcelona.

A Península Ibérica em meados do século XII, com os progressos da Reconquista Cristã. Portugal já ocupa uma faixa do Minho ao Tejo, depois da Tomada de Lisboa aos árabes por D. Afonso Henriques (1147).

A Península Ibérica em meados do século XV. O domínio árabe reduzido ao Reino de Granada, que ruiria em 1492. Portugal, depois da conquista do Algarve (1249) por D. Afonso III, havia atingido praticamente o território atual.

d) português arcaico, que vai de princípios do século XIII até a primeira metade do século XVI, quando a língua começa a ser codificada gramaticalmente;[13]
e) português moderno, que se estende da segunda metade do século XVI até os dias que correm.

Os períodos arcaico e moderno da língua portuguesa comportam subdivisões, como reconhecia o próprio Leite de Vasconcelos.

Parece-nos particularmente aconselhável distinguir duas épocas no período compreendido entre o século XIII e a primeira metade do século XVI; uma, a do português arcaico propriamente dito, que abarcaria a língua dos séculos XIII e XIV; outra, a do português médio, que iria do século XV a fins da primeira metade do século XVI e representaria a fase de transição entre a antiga e a moderna do idioma.

Com os descobrimentos marítimos dos séculos XV e XVI, os portugueses ampliaram enormemente o império de sua língua, levada que foi para os vastos territórios por eles conquistados na África, na América, na Ásia e na Oceânia. Ainda hoje, apesar das consideráveis perdas sofridas, o seu domínio político abarca mais de dez milhões de quilômetros quadrados, aproximadamente a sétima parte da Terra. É o português a língua oficial do Brasil, de Portugal, de Angola, de Cabo Verde, de Guiné-Bissau, de Moçambique, de São Tomé e Príncipe, e de Timor Leste.

Fora das regiões pertencentes ao domínio político de Portugal, do Brasil, das Repúblicas africanas e de Timor Leste, o português é falado em povoações espanholas da zona raiana, tal o caso de Ermisende, na província de Zamora; em Alamedilla, na província de Salamanca; em San Martín de Trevejo, Eljas, Valverde del Fresno, Herrera de Alcântara e Cedillo, na província de Cáceres; em Olivenza e arredores, na província de Badajoz. Também nas áreas fronteiriças do Brasil a língua portuguesa tem penetrado em território de língua espanhola, formando não raro um dialeto misto, como o falado nos departamentos uruguaios de Artigas, Rivera, Cerro Largo, Salto e Tacuarembó.[14]

Não levando em linha de conta os usuários desses falares fronteiriços, nem os do crioulo de Surinam e do papiamento de Curaçau, que o têm por base, nem os do galego, sua covariante; abstraindo-nos também dos núcleos de imigrantes, por vezes consideráveis, como acontece nos Estados Unidos, na França e na Alemanha, ainda assim o português é o meio natural de comunicação de mais

[13] A primeira gramática de nossa língua — a *Grammatica da lingoagem portuguesa*, de Fernão de Oliveira — foi impressa em Lisboa,1536.

[14] Este dialeto foi descoberto pelo sábio linguista José Pedro Rona, que dele nos deu uma excelente descrição em *El dialecto "fronterizo" del norte del Uruguay*. Montevideo, Adolfo Linardi, 1965.

de duzentos milhões de pessoas, o que vale dizer situar-se entre as dez línguas mais faladas do mundo.

A língua portuguesa no mundo

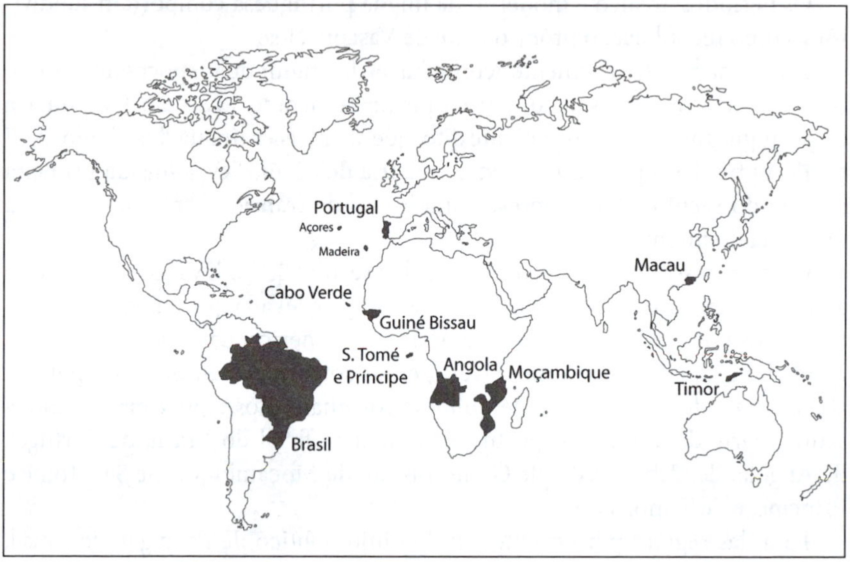

Capítulo 2

Domínio atual da língua portuguesa

UNIDADE E DIVERSIDADE

Na área vastíssima e descontínua em que é falado, o português apresenta-se, como qualquer língua viva, internamente diferenciado em variedades que divergem de maneira mais ou menos acentuada quanto à pronúncia, à gramática e ao vocabulário.

Embora seja inegável a existência de tal diferenciação, não é ela suficiente para impedir a superior unidade de nosso idioma, fato, aliás, salientado até pelos dialectólogos.

Com relação a Portugal, observa o professor Manuel de Paiva Boléo: "Uma pessoa, mesmo alheia a assuntos filológicos, que haja percorrido Portugal de norte a sul e conversado com gente do povo, não pode deixar de ficar impressionada com a excepcional homogeneidade linguística do País e a sua escassa diferenciação dialectal — ao contrário do que sucede noutros países, quer de língua românica, quer germânica."[1]

Com referência à situação linguística do Brasil, escreve Serafim da Silva Neto: "É preciso ter na devida conta que *unidade* não é *igualdade*; no tecido linguístico brasileiro, há, decerto, gradações de cores. Minucioso estudo de campo determinaria, com segurança, várias *áreas*. O que é certo, porém, é que o conjunto dos falares brasileiros se coaduna com o princípio da *unidade* na *diversidade e* da *diversidade* na *unidade*."[2]

---

[1] Manuel de Paiva Boléo e Maria Helena Santos Silva. O "Mapa dos dialectos e falares de Portugal Continental". *Boletim de Filologia*, 20:85, 1961.

[2] *Introdução ao estudo da língua portuguesa no Brasil*, 2.ª ed. Rio de Janeiro, MEC/INL, 1963, p. 271.

AS VARIEDADES DO PORTUGUÊS

Excetuando-se o caso especial dos CRIOULOS, que estudaremos adiante, temos, pois, de reconhecer esta verdade: apesar da acidentada história que foi a sua expansão na Europa e, principalmente, fora dela, nos distantes e extensíssimos territórios de outros continentes, a língua portuguesa conseguiu manter até hoje apreciável coesão entre as suas variedades por mais afastadas que se encontrem no espaço.

A diversidade interna, contudo, existe e dela importa dar uma visão tanto quanto possível ordenada.[3]

OS DIALETOS DO PORTUGUÊS EUROPEU

A faixa ocidental da Península Ibérica ocupada pelo galego-português apresenta-nos um conjunto de DIALETOS que, de acordo com certas características diferenciais de tipo fonético, podem ser classificados em três grandes grupos:

a) DIALETOS GALEGOS;
b) DIALETOS PORTUGUESES SETENTRIONAIS;
c) DIALETOS PORTUGUESES CENTRO-MERIDIONAIS.[4]

Esta classificação parece ser apoiada pelo sentimento dos falantes comuns do português-padrão europeu, isto é, dos que seguem a NORMA ou conjunto dos usos linguísticos das classes cultas da região Lisboa–Coimbra, e que distinguirão pela fala um galego, um homem do Norte e um homem do Sul.

A distinção funda-se principalmente no sistema das SIBILANTES.

---

[3] Veja-se, sobre o conjunto das variedades do português, a *Bibliografia dialectal galego-portuguesa*. Lisboa, Centro de Estudos Filológicos, 1974. Sobre o português do Brasil, em particular, possuímos hoje uma bibliografia muito completa: Wolf Dietrich. *Bibliografia da língua portuguesa do Brasil*. Tübingen, Gunter Narr, 1980.

[4] Quanto à classificação dialetal aqui adotada, veja-se Luís Filipe Lindley Cintra. Nova proposta de classificação dos dialectos galego-portugueses. *Boletim de Filologia*, 22: 81-116, Lisboa, 1971. Entre as classificações anteriores, duas merecem realce particular: a de José Leite de Vasconcelos e a de Manuel de Paiva Boléo e Maria Helena Santos Silva. A de Leite de Vasconcelos, baseada na divisão de Portugal em províncias, é mais geográfica do que linguística. Foi publicada, inicialmente, no seu *Mappa dialectologico do continente português* (Lisboa, Guillard, Aillaud, 1897), depois reproduzida na *Esquisse d'une dialectologie portugaise* (Paris-Lisboa, Aillaud, 1901; 2.ª ed., com aditamentos e correções do autor, preparada por Maria Adelaide Valle Cintra, Lisboa, Centro de Estudos Filológicos, 1970) e, com alterações, nos *Opúsculos*, IV, Filologia, parte II (Coimbra, 1929, p. 791-796). A de Manuel de Paiva Boléo e Maria Helena Santos Silva, exposta em: O "Mapa dos dialectos e falares de Portugal Continental" (*Boletim de Filologia*, 20: 85-112, Lisboa, 1961), assenta-se em fatos linguísticos, principalmente fonéticos, que se fossem apresentados numa certa e possível hierarquização permitiriam talvez um mais claro agrupamento das variedades.

Assim:

1. Nos dialetos galegos não existe a sibilante sonora /z/: *rosa* articula-se com a mesma sibilante [ṣ] ou [s] (surda) de *passo*; *fazer*, com a mesma sibilante [θ] ou [s] (surda) de *caça*. Inexiste também a fricativa palatal sonora [ʒ] grafada em português *j* ou *g* (antes de *e* ou *i*). Em galego, *hoxe* tem a mesma fricativa [ʃ] de *enxada*.

2. Nos dialetos portugueses setentrionais existe a sibilante ápico-alveolar [ṣ], idêntica à do castelhano setentrional e padrão, em palavras como *seis*, *passo*. A ela corresponde a sonora [ẓ] de *rosa*.
Em alguns dialetos mais conservadores coexistem com estas sibilantes as pré-dorsodentais [s] (em *cinco*, *caça*) e [z] (em *fazer*), que, noutros dialetos, com elas se fundiram, provocando a igualdade da sibilante de *cinco* e *caça* com a que aparece em *seis* e *passo*, ou seja [ṣ], bem como a da de *fazer* com a que se ouve em *rosa*, isto é [ẓ].

3. Nos dialetos portugueses centro-meridionais só aparecem as sibilantes pré-dorsodentais que caracterizam a língua padrão:
a) a surda [s], tanto em *seis* e *passo* como em *cinco* e *caça*;[5]
b) a sonora [z], tanto em *rosa* como em *fazer*.

As fronteiras entre as três zonas mencionadas atravessam a faixa galego-portuguesa de oeste a leste, ou, mais precisamente, no caso da fronteira entre dialetos portugueses setentrionais e centro-meridionais, de noroeste a sueste.

Mas há outros traços importantes em que a referida distinção se fundamenta, sem que, no entanto, as suas fronteiras coincidam perfeitamente com as das características já indicadas.

São eles:
a) a pronúncia como [b] ou [β] do *v* gráfico (emitido como labiodental na pronúncia padrão e na centro-meridional) na maior parte dos dialetos portugueses setentrionais e na totalidade dos dialetos galegos: *binho*, *abó* por *vinho*, *avó*;
b) a pronúncia como africada palatal [tʃ] do *ch* da grafia (emitido como fricativa [ʃ] na pronúncia padrão e em quase todos os dialetos centro-meridionais) na maior parte dos dialetos portugueses setentrionais e na totalidade dos dialetos galegos: *tchave*, *atchar* por *chave*, *achar*;

5 Pronúncia semelhante à do francês ou do italiano padrão, do castelhano meridional e do hispano-americano.

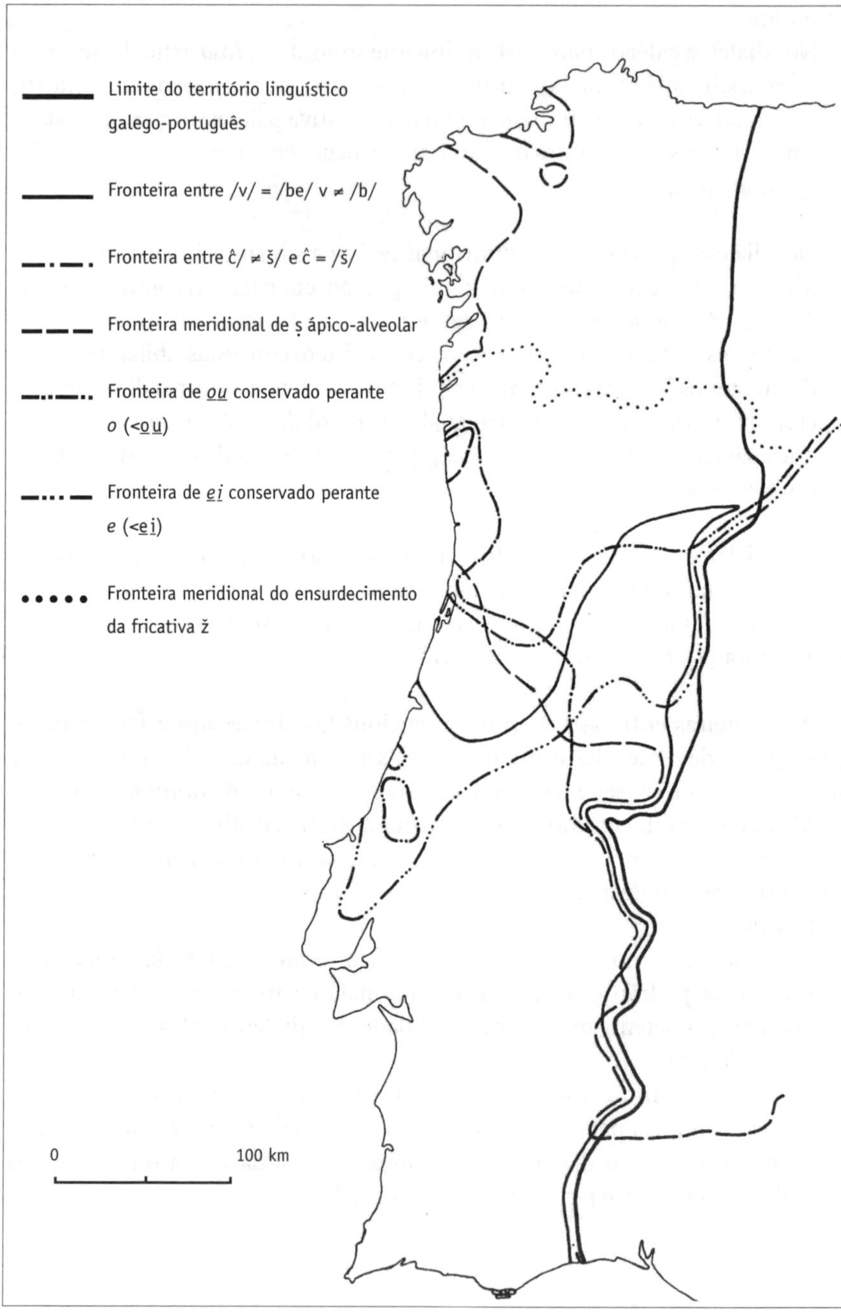

Alguns traços fonéticos diferenciados dos dialetos galego-portugueses

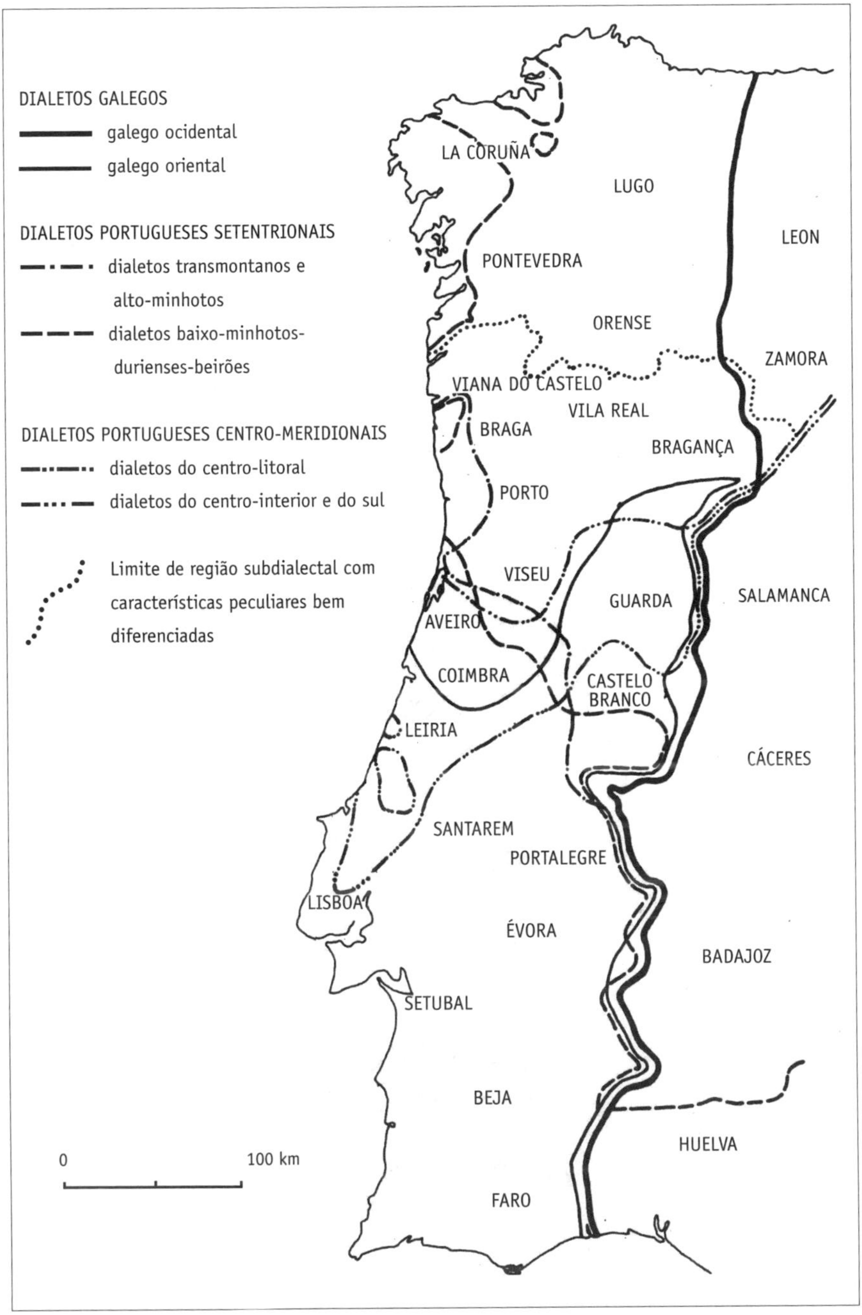

Classificação dos dialetos galego-portugueses

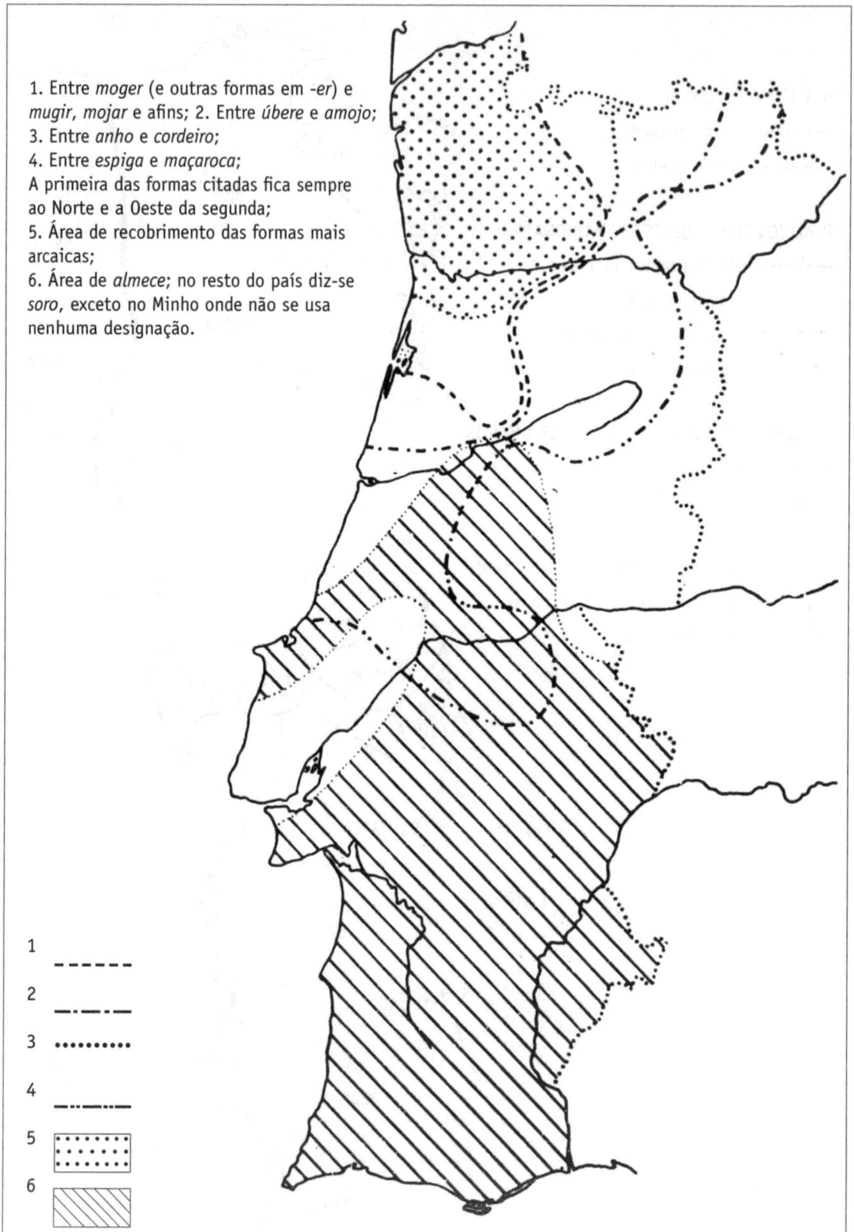

Alguns limites lexicais

c) a monotongação ou não monotongação dos ditongos [ow] e [ej]: a pronúncia [o] e [e] desses ditongos (por exemplo: *ôru* por *ouro*, *ferrêro* por *ferreiro*) caracteriza os dialetos portugueses centro-meridionais e, no caso de [o], a pronúncia padrão perante os dialetos portugueses setentrionais e os dialetos galegos.[6]

Merecem menção especial — mesmo numa apresentação panorâmica dos dialetos portugueses — três regiões em que, a par dos traços gerais que acabamos de apontar, aparecem características fonéticas peculiares que afastam muito vincadamente os dialetos nelas falados de todos os outros do mesmo grupo.

Trata-se, em primeiro lugar, de uma região (dentro da zona dos dialetos setentrionais) em que se observa regularmente a ditongação de [e] e [o] acentuados: *pjeso* por *peso*, *pworto* por *porto*. Abrange uma grande parte do Minho e do Douro Litoral, incluindo o falar popular da cidade do Porto e de seus arredores.

Em segundo lugar, temos uma extensa área da Beira Baixa e do Alto Alentejo (compreendendo uma faixa pertencente aos dialetos setentrionais, mas, principalmente, uma vasta zona dos dialetos centro-meridionais) em que se registra uma profunda alteração do timbre das vogais. Os traços mais salientes são: *a*) a articulação do *u* tônico como [ü] (próximo do *u* francês), por exemplo: [tü], [ˈmüla], por *tu*, *mula*; *b*) a representação do antigo ditongo grafado *ou* por [ö] (também semelhante ao som correspondente do francês), por exemplo: [ˈpöka] por *pouca*; *c*) a queda da vogal átona final grafada *-o* ou sua redução ao som [ə], por exemplo: *cop* (*ə*), *cop* (*ə*)s, por *copo*, *copos*; *tüd* (*ə*) por *tudo*.

Por fim, no ocidente do Algarve situa-se outra região em que se observam coincidências com a anteriormente mencionada, no que se refere às vogais. Em lugar de *u*, encontramos [ü]: [tü], [ˈmüla] (mas o *ou* está representado por [o]). Por outro lado, o *a* tônico evolveu para um som semelhante ao *o* aberto: *bata* é pronunciado quase *bota*, alteração de timbre que não é estranha a alguns lugares da mencionada zona da Beira Baixa e Alto Alentejo, embora seja aí mais frequente a passagem, em determinados contextos fonéticos, de *a* a um som [ä] semelhante a *e* aberto [e], por exemplo: *afilhédo* por *afilhado*, *fumér* por *fumar*. A vogal átona grafada *o* também cai ou se reduz a [ə]: *cop*(*ə*), *cop*(*ə*)s, por *copo*, *copos*; *tüd*(*ə*) por *tudo*.

---

[6] Com referência ao ditongo [ej], a pronúncia padrão e a de Lisboa (neste caso uma ilhota de conservação ao sul) coincidem com os dialetos setentrionais na sua manutenção. Note-se contudo que, devido a um fenômeno de diferenciação entre os dois elementos do ditongo, este se transformou na referida pronúncia em [ɑj].

Não são, porém, apenas traços fonéticos que permitem opor os diversos grupos de dialetos galego-portugueses. Se, no que diz respeito a particularidades morfológicas e sintáticas, a grande variedade e irregularidade na distribuição parece impedir um delineamento de áreas que as tome como base[7], já no que se refere à distribuição do léxico podemos observar, ainda que num restrito número de setores e casos, certas regularidades. Não é raro, por exemplo, que os dialetos centro-meridionais se oponham aos setentrionais e aos galegos por neles se designar um objeto ou noção com um termo de origem árabe enquanto nos últimos permanece o descendente da palavra latina ou visigótica. É o caso da oposição *almece / soro* (do queijo), *ceifar / segar*.

Talvez ainda mais frequente seja a oposição lexical entre os dialetos do sul e leste de Portugal, caracterizados por inovações vocabulares de vários tipos, e os dialetos do noroeste e centro-norte, que, como os galegos, se distinguem pelo conservadorismo, pela manutenção de termos mais antigos na língua. É o caso da oposição de *ordenhar* a *moger*, *mugir* e *amojar*; de *amojo* a *úbere*; de *borrego* a *cordeiro* e a *anho*; de *chibo* a *cabrito*; de *maçaroca* a *espiga* (de milho), etc.

Advirta-se, por fim, que em relação a muitas outras noções é grande a variedade terminológica na faixa galego-portuguesa, sem que se observe este ou qualquer outro esquema regular de distribuição. É que a distribuição dos tipos lexicais depende de numerosíssimos fatores, não só linguísticos, mas sobretudo histórico-culturais e sociais, que variam de caso para caso. A regularidade atrás observada parece depender, em alguns casos, da ação de um mesmo fator histórico: a Reconquista aos mouros do Centro e do Sul do território português, movimento que teria criado o contraste entre uma Galiza e um Portugal do Noroeste para Oeste mais conservadores, porque de povoamento antigo, e um Portugal do Nordeste, Este e Sul mais inovador, justamente o que foi repovoado em consequência daquele acontecimento histórico.[8] Trata-se, aliás, de um contraste que tem o seu paralelo na história da arte. Ao Norte, resistência do estilo romântico, enquanto ao Sul, a partir do século XIII, se acentua progressivamente a penetração e a expansão do estilo gótico.

---

[7] Quando muito, poder-se-á dizer, por exemplo, que certos traços, como os perfeitos em *-i* da 1.ª conjugação (*lavi* por *lavei*, *canti* por *cantei*), são exclusivamente centro-meridionais.

[8] Veja-se, a este respeito, principalmente, Luís F. Lindley Cintra. Áreas lexicais no território português. *Boletim de Filologia*, 20: 273-307, 1961; e Orlando Ribeiro. A propósito de áreas lexicais no território português. *Boletim de Filologia*, 21: 177-205, 1962-1963 (artigos reproduzidos em Luís F. Lindley Cintra. *Estudos de dialectologia portuguesa*. Lisboa, Sá da Costa, 1983, p. 55-94 e 165-202).

OS DIALETOS DAS ILHAS ATLÂNTICAS

Os dialetos falados nos arquipélagos atlânticos dos Açores e da Madeira representam — como era de esperar da história do povoamento destas ilhas, desertas no momento em que os portugueses as descobriram — um prolongamento dos dialetos portugueses continentais.

Considerando a maior parte das características fonéticas que neles se observam, pode-se afirmar, com maior precisão, que prolongam o grupo dos dialetos centro-meridionais. Com efeito, não se encontram nos dialetos açorianos e madeirenses nem o [ṣ] ápico-alveolar, nem a neutralização da oposição entre [v] e [b], nem a africada [tʃ] dos dialetos setentrionais do continente. Quanto à monotongação dos ditongos decrescentes [ow] e [ej], observam-se as mesmas tendências da língua padrão: o ditongo [ow] reduz-se normalmente a [o], mas a redução de [ej] a [e] é fenômeno esporádico; só ocorre como norma na ilha de São Miguel.

Esta ilha, assim como a da Madeira, constituem casos excepcionais dentro do português insular. Independentemente uma da outra, ambas se afastam do que se pode chamar a norma centro-meridional por acrescentar-lhe um certo número de traços muito peculiares.

No que se refere à ilha de São Miguel, os mais característicos dentre os traços que afastam os seus dialetos dos das outras ilhas coincidem, curiosamente, com os traços que, na Península, distinguem a região da Beira Baixa e do Alto Alentejo (e também, parcialmente, com os que se observam no ocidente do Algarve): *a*) o *u* tônico é articulado como [ü]: *tü*, *müla*; *b*) o antigo ditongo *ou* pronuncia-se como [ö]: *pöca*, *löra*; *c*) o *a* tônico tende para o *o* aberto [ɔ]: quase *bota* por *bata*; *d*) a vogal final grafada *-o* cai ou reduz-se a [ə]: *cop(ə)*, *cop(ə)s*, *tüd(ə)*, *pök(ə)*, por *copo*, *copos*, *tudo*, *pouco*.

Quanto à ilha da Madeira, os seus dialetos apresentam características fonéticas singulares, que só esporadicamente (e não todas) aparecem em dialetos continentais. Assim, o *u* tônico apresenta-se ditongado em [ɑw], por exemplo: [ˈlɑwɑ] por *lua*; o *i* tônico em [ɑj], por exemplo:[ˈfɑjʎɑ] por *filha*. Por outro lado, a consoante *l*, precedida de *i*, palatiza-se: [ˈvɑjʎɑ] por *vila*, [ˈfɑjʎɑ] por *fila* (confundindo-se, portanto, desse modo *fila* com *filha*).

OS DIALETOS BRASILEIROS

Com relação ao extensíssimo território brasileiro da língua portuguesa, a insuficiência de informações rigorosamente científicas sobre as diferenças de natureza fonética, morfossintática e lexical que separam as variedades regionais nele existentes não permite classificá-las em bases semelhantes às que foram adotadas na classificação dos dialetos do português europeu. Deve-se reconhecer, contudo, que a publicação de dois atlas prévios regionais — o do Estado da Bahia[9] e o do Estado de Minas Gerais[10] — e a anunciada impressão do já concluído *Atlas dos falares de Sergipe*[11], bem como a elaboração de algumas monografias dialetais, são passos importantes no sentido de suprir a lacuna apontada.

Entre as classificações de conjunto, propostas em caráter provisório, sobreleva, pela indiscutível autoridade de quem a fez, a de Antenor Nascentes, fundada em observações pessoais colhidas em suas viagens por todos os estados do país.

A base desta proposta reside — como no caso do português europeu — em diferenças de pronúncia.

De acordo com Antenor Nascentes, é possível distinguir dois grupos de dialetos[12] brasileiros — o do Norte e o do Sul —, tendo em conta dois traços fundamentais:

a) a abertura das vogais pretônicas, nos dialetos do Norte, em palavras que não sejam diminutivos nem advérbios em *-mente*: *pègar* por *pegar*, *còrrer* por *correr*;
b) o que ele chama um tanto impressionisticamente a "cadência" da fala: fala "cantada" no Norte, fala "descansada" no Sul.

A fronteira entre os dois grupos de dialetos passa por "uma zona que ocupa uma posição mais ou menos equidistante dos extremos setentrional e meridional do país. Esta zona se estende, mais ou menos, da foz do rio Mucuri, entre Espírito Santo e Bahia, até a cidade de Mato Grosso, no estado do mesmo nome"[13].

Em cada grupo, distingue Antenor Nascentes diversas variedades a que chama SUBFALARES. E enumera dois no grupo Norte:

a) O AMAZÔNICO;
b) O NORDESTINO;

---

[9] Nelson Rossi. *Atlas prévio dos falares baianos*. Rio de Janeiro, MEC/INL, 1963.

[10] José Ribeiro *et alii*. *Esboço de um atlas linguístico de Minas Gerais*. V.1. Rio de Janeiro, MEC/Casa de Rui Barbosa/UFJF, 1977.

[11] Elaborado por Nelson Rossi, com a colaboração de um grupo de professores da Universidade Federal da Bahia.

[12] Empregamos o termo DIALETO pelas razões aduzidas no capítulo 1 e para mantermos o paralelismo com a designação adotada para as variedades regionais portuguesas. Ao que chamamos aqui DIALETO Nascentes denomina SUBFALAR.

[13] Antenor Nascentes. *O linguajar carioca*, 2.ª ed. completamente refundida. Rio de Janeiro, Simões, 1953, p. 25. Por ser quase despovoada, considerava ele incaracterística a área compreendida entre a parte da fronteira boliviana e a fronteira de Mato Grosso com Amazonas e Pará.

Áreas linguísticas do Brasil (divisão proposta por Antenor Nascentes)

e quatro no grupo Sul:

a) O BAIANO;
b) O FLUMINENSE;
c) O MINEIRO;
d) O SULISTA.

Assinale-se, por fim, que as condições peculiares da formação linguística do Brasil revelam uma dialectalização que não parece tão variada e tão intensa como a portuguesa. Revelam, também, estas condições que a referida dialectalização é muito mais instável que a europeia.

O PORTUGUÊS DE ÁFRICA, DA ÁSIA E DA OCEÂNIA

No estudo das formas que veio a assumir a língua portuguesa em África, na Ásia e na Oceânia, é necessário distinguir, preliminarmente, dois tipos de variedades: as CRIOULAS e as NÃO CRIOULAS.

As variedades CRIOULAS resultam do contacto que o sistema linguístico português estabeleceu, a partir do século XV, com sistemas linguísticos indígenas. Talvez todas elas derivem do mesmo PROTOCRIOULO ou LÍNGUA FRANCA que, durante os primeiros séculos da expansão portuguesa, serviu de meio de comunicação entre as populações locais e os navegadores, comerciantes e missionários ao longo das costas da África Ocidental e Oriental, da Arábia, da Pérsia, da Índia, da Malásia, da China e do Japão. Aparecem-nos, atualmente, como resultados muito diversificados, mas com algumas características comuns — ou, pelo menos, paralelas —, que se manifestam numa profunda transformação da fonologia e da morfossintaxe do português que lhes deu origem. O grau de afastamento em relação à língua-mãe é hoje de tal ordem que, mais do que como DIALETOS, os crioulos devem ser considerados como línguas derivadas do português.

Os crioulos de origem portuguesa na África, que são os de maior vitalidade, podem ser distribuídos espacialmente em três grupos:

1. Crioulos das ilhas do Golfo da Guiné:
a) de São Tomé;
b) do Príncipe;
c) de Ano Bom (ilha que pertence à Guiné Equatorial).

2. Crioulos do arquipélago de Cabo Verde, com as duas variedades:
a) de Barlavento, ao norte, usada nas ilhas de Santo Antão, São Vicente, São Nicolau, Sal e Boa Vista;
b) de Sotavento, ao sul, utilizada nas ilhas de Santiago, Maio, Fogo e Brava.

3. Crioulos continentais:
a) da Guiné-Bissau;
b) de Casamance (no Senegal).

Dos crioulos da Ásia subsistem apenas:
a) o de Malaca, conhecido pelas denominações de *papiá cristão*, *malaqueiro*, *malaquês*, *malaquenho*, *malaquense*, *serani*, *bahasa geragau* e *português basu*;
b) o de Macau, *macaísta* ou *macauenho*, ainda falado por algumas famílias de Hong-Kong;
c) o de Sri-Lanka, falado por famílias de Vaipim e Batticaloa;
d) os de Chaul, Korlai, Tellicherry, Cananor e Cochim, no território da União Indiana.

Na Oceânia, sobrevive ainda o crioulo de Tugu, localidade perto de Jacarta, na ilha de Java.[14]

Quanto às variedades NÃO CRIOULAS, há que considerar não só a presença do português, que é a língua oficial das repúblicas de Angola, de Cabo Verde, da Guiné-Bissau, de Moçambique e de São Tomé e Príncipe, mas as variedades faladas por uma parte da população destes Estados e, também, de Goa, Damão, Diu e Macau, na Ásia, e Timor, na Oceânia. Trata-se de um português com base na variedade europeia, porém mais ou menos modificado, sobretudo pelo emprego de um vocabulário proveniente das línguas nativas, e a que não faltam algumas características próprias no aspecto fonológico e gramatical.

Estas características, no entanto, que divergem de região para região, ainda não foram suficientemente observadas e descritas, embora muitas delas — principalmente no que se refere a Angola, Cabo Verde e Moçambique — transpareçam na obra de alguns dos modernos escritores desses países.[15]

---

[14] Sobre o estado atual dos crioulos portugueses, veja-se Celso Cunha. *Língua, nação, alienação*. Rio de Janeiro, Nova Fronteira, 1981, p. 37-106, onde se remete à bibliografia especializada; veja-se, também, José Gonçalo Herculano de Carvalho. Deux langues créoles: le *criôl* du Cap Vert et le *forro* de S. Tomé. *Biblos*, 57: 1-15, Coimbra, 1981.

[15] Sobre a linguagem de um deles, do maior significado, o angolano Luandino Vieira, leiam-se: Michel Laban. *L'œuvre litteraire de Luandino Vieira*, tese de 3.º ciclo, apresentada em 1979 à Universidade de Paris-Sorbonne; e Salvato Trigo. *Luandino Vieira, o logoteta*. Porto, Brasília Editora, 1981.

Capítulo 3

Fonética e fonologia

OS SONS DA FALA

Os sons de nossa fala resultam quase todos da ação de certos órgãos sobre a corrente de ar vinda dos pulmões.

Para a sua produção, três condições se fazem necessárias:

a) a corrente de ar;
b) um obstáculo encontrado por essa corrente de ar;
c) uma caixa de ressonância.

Estas condições são criadas pelos ÓRGÃOS DA FALA, denominados, em seu conjunto, APARELHO FONADOR.

O APARELHO FONADOR

É constituído das seguintes partes:

a) os PULMÕES, os BRÔNQUIOS e a TRAQUEIA – órgãos respiratórios que fornecem a corrente de ar, matéria-prima da fonação;
b) a LARINGE, onde se localizam as CORDAS VOCAIS, que produzem a energia sonora utilizada na fala;
c) as CAVIDADES SUPRALARÍNGEAS (FARINGE, BOCA e FOSSAS NASAIS), que funcionam como caixas de ressonância. A cavidade bucal pode variar profundamente de forma e de volume, graças aos movimentos dos órgãos ativos, sobretudo da LÍNGUA, que, de tão importante na fonação, se tornou sinônimo de "idioma".

Observação:

Quase todos os sons de nossa fala são produzidos na expiração. A inspiração normalmente funciona para nós como um instante de silêncio, um momento de pausa na elocução. Línguas há, porém, como o hotentote, o zulo, o boximane e outros idiomas africanos, que apresentam uma série de consoantes articuladas na inspiração, os ruídos que se denominam CLIQUES. Em português praticamos alguns CLIQUES, mas sem valor fonético: o beijo, que é uma bilabial inspiratória; o muxoxo, um clique linguoalveolar; o estalido linguodental com que animamos o andar das cavalgaduras; e uns poucos mais. Sobre o assunto consulte-se Rodrigo de Sá Nogueira. *Temas de linguística banta: dos cliques em geral.* Lisboa, Agência Geral do Ultramar, 1957.

FUNCIONAMENTO DO APARELHO FONADOR

O ar expelido dos PULMÕES, por via dos BRÔNQUIOS, penetra na TRAQUEIA e chega à LARINGE, onde, ao atravessar a GLOTE, costuma encontrar o primeiro obstáculo à sua passagem.

A GLOTE, que fica na altura do chamado *pomo de adão* ou *gogó*, é a abertura entre duas pregas musculares das paredes superiores da LARINGE, conhecidas pelo nome de CORDAS VOCAIS. O fluxo de ar pode encontrá-la fechada ou aberta, em virtude de estarem aproximados ou afastados os bordos das CORDAS VOCAIS. No primeiro caso, o ar força a passagem através das CORDAS VOCAIS retesadas, fazendo-as vibrar e produzir o som musical característico das articulações SONORAS. No segundo caso, relaxadas as CORDAS VOCAIS, o ar se escapa sem vibrações laríngeas. As articulações produzidas denominam-se, então, SURDAS.

A distinção entre SONORA e SURDA pode ser claramente percebida na pronúncia de duas consoantes que no mais se identificam. Assim:

/b/ [= SONORO] /p/ [= SURDO]

Ao sair da LARINGE, a corrente expiratória entra na CAVIDADE FARÍNGEA, uma encruzilhada, que lhe oferece duas vias de acesso ao exterior: o CANAL BUCAL e o NASAL. Suspenso no entrecruzar desses dois canais fica o VÉU PALATINO, órgão dotado de mobilidade capaz de obstruir ou não o ingresso do ar na CAVIDADE NASAL e, consequentemente, de determinar a natureza ORAL ou NASAL de um som.

Quando levantado, o VÉU PALATINO cola-se à parede posterior da FARINGE, deixando livre apenas o CONDUTO BUCAL. As articulações assim obtidas denominam-se ORAIS (adjetivo derivado do latim *os, oris*, "a boca"). Quando abaixado, o VÉU PALATINO deixa ambas as passagens livres. A corrente expiratória então divide-se, e uma parte dela escoa-se pelas FOSSAS NASAIS, onde adquire a ressonância característica das articulações, por este motivo, também chamadas NASAIS.

(A LARINGE E AS CAVIDADES SUPRALARÍNGEAS)

produção da fala

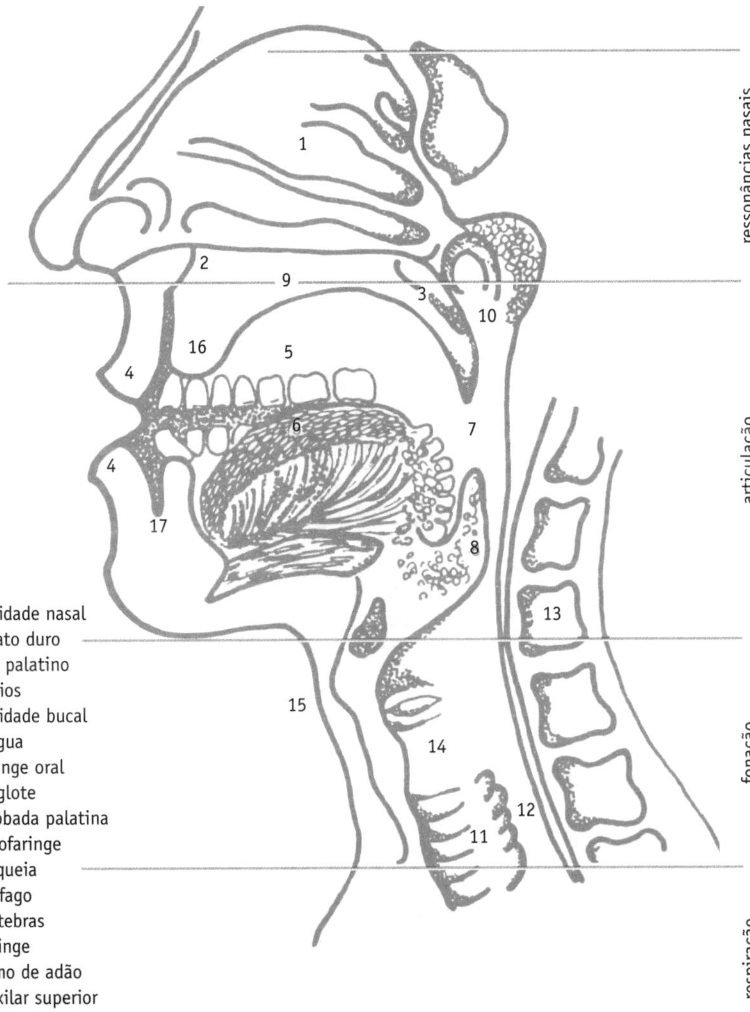

1. Cavidade nasal
2. Palato duro
3. Véu palatino
4. Lábios
5. Cavidade bucal
6. Língua
7. Faringe oral
8. Epiglote
9. Abóbada palatina
10. Rinofaringe
11. Traqueia
12. Esôfago
13. Vértebras
14. Laringe
15. Pomo de adão
16. Maxilar superior
17. Maxilar inferior

O APARELHO FONADOR

Compare-se, por exemplo, a pronúncia das vogais:

/a/ [= ORAL] /ã/ [= NASAL]

em palavras como:

lá / lã mato / manto

É, porém, na CAVIDADE BUCAL que se produzem os movimentos fonadores mais variados, graças à maior ou menor separação dos MAXILARES, das BOCHECHAS e, sobretudo, à mobilidade da LÍNGUA e dos LÁBIOS.

CORDAS VOCAIS

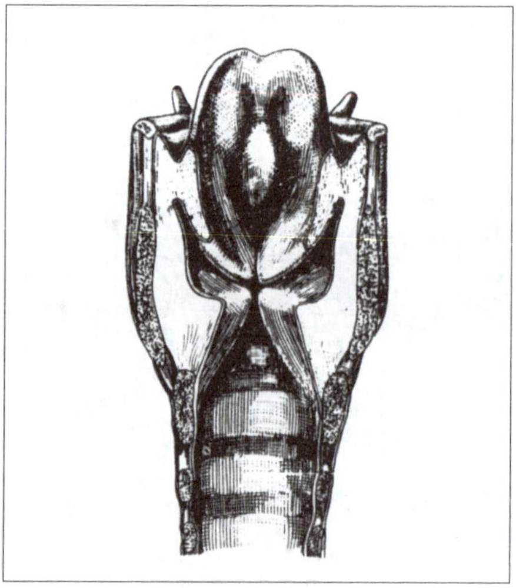

SOM E FONEMA

Nem todos os sons que pronunciamos em português têm o mesmo valor no funcionamento de nossa língua.

Alguns servem para diferenciar palavras que no mais se identificam.

Por exemplo, em:

erro

a diversidade de timbre (fechado ou aberto) da vogal tônica é suficiente para estabelecer uma oposição entre substantivo e verbo.

Na série:

dia	**v**ia	**m**ia
tia	**f**ia	**p**ia

temos seis palavras que se distinguem apenas pelo elemento consonântico inicial.

Toda distinção significativa entre duas palavras de uma língua estabelecida pela oposição ou contraste entre dois sons revela que cada um desses sons representa uma unidade mental sonora diferente. Essa unidade de que o som é representação (ou realização) física recebe o nome de FONEMA.

Correspondem, pois, a FONEMAS diversos os sons vocálicos e consonânticos diferenciadores das palavras atrás mencionadas.

A disciplina que estuda minuciosamente os sons da fala, as múltiplas realizações dos FONEMAS, chama-se FONÉTICA.

A parte da gramática que estuda o comportamento dos FONEMAS numa língua denomina-se FONOLOGIA, FONEMÁTICA ou FONÊMICA.

DESCRIÇÃO FONÉTICA E FONOLÓGICA

A descrição dos SONS DA FALA (DESCRIÇÃO FONÉTICA), para ser completa, deveria considerar sempre:
a) como eles são produzidos;
b) como são transmitidos;
c) como são percebidos.

Sobre a impressão auditiva deveria concentrar-se o interesse maior da descrição, pois é ela que nos deixa perceber a variedade dos sons e o seu funcionamento em representação dos FONEMAS. A DESCRIÇÃO FONOLÓGICA mal se compreende que não seja de base acústica.

Acontece, porém, que a descrição do efeito acústico de um fonema não se faz com termos precisos, semelhantes aos que se usam para descrever os movimentos dos órgãos que participam da produção de um som. Os progressos da FONÉTICA ACÚSTICA são, aliás, relativamente recentes.[1]

---

[1] Data de 1952, com o trabalho *Preliminaries to Speech Analysis*, de R. Jakobson, C. G. M. Fant e M. Halle, a primeira tentativa convincente de uma classificação acústica dos fonemas. De então para cá, a utilização de uma nova aparelhagem e, principalmente, o esforço coordenado de foneticistas e engenheiros do som têm permitido progressos sensíveis no particular, de que nos dão mostras as penetrantes análises acústicas de Pierre Delattre, enfeixadas em *Studies in French and Comparative Phonetics* (London – The Hague – Paris, Mouton, 1966), e os estudos recentes sobre a fonética portuguesa de Maria

A FONÉTICA FISIOLÓGICA, de base articulatória, é uma especialidade antiga e muito desenvolvida, porque bem conhecidos são os órgãos fonadores e o seu funcionamento. Daí serem os fonemas frequentemente descritos e classificados em função das suas características articulatórias, embora se note, modernamente, uma tendência de associar a descrição acústica à fisiológica, ou de realizá-las paralelamente.

TRANSCRIÇÃO FONÉTICA E FONOLÓGICA

Para simbolizar na escrita a pronúncia real de um som usa-se um alfabeto especial, o ALFABETO FONÉTICO.

Os sinais fonéticos são colocados entre colchetes: [ ].

Por exemplo: [ˈkaw], pronúncia popular carioca, [ˈkal], pronúncia portuguesa normal e brasileira do Rio Grande do Sul, para a palavra sempre escrita *cal*.

Os fonemas transcrevem-se entre barras oblíquas: / /.

Por exemplo: o fonema /s/ pode ser representado ortograficamente por *s*, como em *saco*; por *ss*, como em *osso*; por *c*, como em *cera*; por *ç*, como em *poço*; por *x*, como em *próximo*; e pode ser realizado como [s], no português normal de Portugal e do Brasil, ou como [ṣ], em regiões do Norte de Portugal e da Galiza, conforme se disse no capítulo 2.

ALFABETO FONÉTICO UTILIZADO

Empregamos nas nossas transcrições fonéticas, sempre que possível, o Alfabeto Fonético Internacional. Tivemos, no entanto, de fazer certas adaptações e acrescentar alguns sinais necessários para a transcrição de sons de variedades da língua portuguesa para os quais não existe sinal próprio naquele Alfabeto.[2]

Raquel Delgado Martins, principalmente *Aspects de l'accent en portugais. Voyelles toniques et atones* (Thèse de doctorat de troisième cycle, Strasbourg, 1977), publicada em *Hamburger Phonetische Beiträge* (Hamburg, Buske Verlag, 1982), e *Sept études sur la perception. Accent et intonation du portugais* (2.ª ed., Lisboa, Laboratório de Fonética da Faculdade de Letras da Universidade de Lisboa, 1983) e de Mirian Therezinha da Matta Machado, *Étude articulatoire et acoustique des voyelles nasales du portugais de Rio de Janeiro* (Thèse de doctorat de troisième cycle, Strasbourg, 1981). Os dois últimos trabalhos são dissertações policopiadas.

2 Nessas adaptações e acréscimos seguimos, em geral, o alfabeto fonético utilizado pelo grupo do Centro de Linguística da Universidade de Lisboa, encarregado da elaboração do *Atlas linguístico-etnográfico de Portugal e da Galiza.*

Eis o elenco dos sinais aqui adotados:

1. Vogais:

[a] português normal de Portugal e do Brasil: **pá**, g**a**to
português normal do Brasil: pedr**a**, f**a**zer

[ɑ] português normal de Portugal: c**a**ma, c**a**na, pedr**a**, f**a**zer; português de Lisboa: l**e**i, l**e**nha
português normal do Brasil: c**a**ma, c**a**na

[ɛ] português normal de Portugal e do Brasil: p**é**, f**e**rro

[e] português normal de Portugal e do Brasil: m**e**do, sab**e**r
português normal do Brasil: r**e**gar, s**e**dento

[ə] português normal de Portugal: sed**e**, corr**e**, r**e**gar, s**e**dento

[ɔ] português normal de Portugal e do Brasil: p**ó**, c**o**la

[o] português normal de Portugal e do Brasil: m**o**rro, f**o**rça
português normal do Brasil: c**o**rrer, m**o**rar

[i] português normal de Portugal e do Brasil: v**i**r, b**i**co
português normal do Brasil: sed**e**, corr**e**

[u] português normal de Portugal e do Brasil: bamb**u**, s**u**l, car**o**
português normal de Portugal: c**o**rrer, m**o**rar

2. Semivogais:

[j] português normal de Portugal e do Brasil: pa**i**, fe**i**to, vár**i**o

[w] português normal de Portugal e do Brasil: pa**u**, ág**u**a

3. Consoantes:

[b] português normal de Portugal e do Brasil: **b**ravo (!), am**b**os
português normal do Brasil: **b**oi, a**b**a, bar**b**a, a**b**rir

[β] português normal de Portugal: **b**oi, a**b**a, bar**b**a, a**b**rir

[d] português normal de Portugal e do Brasil: **d**ar (!), an**d**ar
português normal do Brasil: i**d**a, espa**d**a

[ð] português normal de Portugal: **d**ar, i**d**a, espa**d**a

[d'] português do Rio de Janeiro, de São Paulo e de extensas zonas do Brasil: **d**ia, se**d**e

[dʒ] português popular do Rio de Janeiro e de algumas zonas próximas: **d**ia, se**d**e
português dialectal europeu de zonas fronteiriças muito restritas: **J**esus, **j**aqueta

[g] português normal de Portugal e do Brasil: **g**uarda (!), fran**g**o
português normal do Brasil: **g**uarda, a**g**ora, a**g**rado

[ɣ] português normal de Portugal: **g**uarda, a**g**ora, a**g**rado

[p] português normal de Portugal e do Brasil: **p**ai, ca**p**rino

[t] português normal de Portugal e do Brasil: **t**u, can**t**o

[t'] português do Rio de Janeiro, de São Paulo e de extensas zonas do Brasil: **t**io, se**t**e

[tʃ] português de extensas zonas do Norte de Portugal e de áreas não bem delimitadas de Mato Grosso e regiões circunvizinhas, no Brasil: **ch**ave, en**ch**er
português popular do Rio de Janeiro e de algumas zonas próximas: **t**io, se**t**e

[k] português normal de Portugal e do Brasil: **c**asa, por**c**o, **qu**e

[m] português normal de Portugal e do Brasil: **m**ar, a**m**igo

[n] português normal de Portugal e do Brasil: **n**ada, ca**n**o

[ɲ] português normal de Portugal e do Brasil: vi**nh**a, cami**nh**o

[l] português normal de Portugal e do Brasil: **l**ama, ca**l**o

[ɫ] português normal de Portugal e de certas zonas do Sul do Brasil: a**l**to, Brasi**l**

[ʎ] português normal de Portugal e do Brasil: fi**lh**o, **lh**e

[r] português normal de Portugal e do Brasil: ca**r**o, co**r**es, da**r**

[r̄] português normal de várias regiões de Portugal, do Rio Grande do Sul e outras regiões do Brasil: **r**oda, ca**rr**o

[R] português normal de Portugal (principalmente de Lisboa), do Rio de Janeiro e de várias zonas costeiras do Brasil: **r**oda, ca**rr**o

[f] português normal de Portugal e do Brasil: **f**ilho, a**f**iar

[v] português normal de Portugal e do Brasil: **v**inho, u**v**a

[s] português normal de Portugal e do Brasil: **s**aber, po**ss**o, **c**éu, ca**ç**a

[z] português normal de Portugal e do Brasil: a**z**ar, ca**s**a

[ş] português de certas zonas do Norte de Portugal: **s**aber, po**ss**o; e, noutras zonas, também: **c**éu, ca**ç**a

[z̧] português de certas zonas do Norte de Portugal: ca**s**a; e, noutras zonas, também: a**z**ar

[θ] galego normal: **c**éu, fa**c**er (port. fazer), ca**z**a (port. caça), a**z**ar

[ʃ] português normal de Portugal e do Brasil: **ch**ave, **x**arope
português normal de Portugal, do Rio de Janeiro e de algumas zonas costeiras do Brasil: e**s**te

[ʒ] português normal de Portugal e do Brasil: **j**á, **g**enro
português normal de Portugal, do Rio de Janeiro e de algumas zonas costeiras do Brasil: me**s**mo

CLASSIFICAÇÃO DOS SONS LINGUÍSTICOS

Os sons linguísticos classificam-se em VOGAIS, CONSOANTES e SEMIVOGAIS.

VOGAIS E CONSOANTES

1. Do ponto de vista articulatório, as vogais podem ser consideradas sons formados pela vibração das cordas vocais e modificados segundo a forma das cavidades supralaríngeas, que devem estar sempre abertas ou entreabertas à passagem do ar. Na pronúncia das consoantes, ao contrário, há sempre na cavidade bucal obstáculo à passagem da corrente expiratória.

2. Quanto à função silábica – outro critério de distinção – cabe salientar que, na nossa língua, as vogais são sempre centro de sílaba, ao passo que as consoantes são fonemas marginais: só aparecem na sílaba junto a uma vogal.

SEMIVOGAIS

Entre as vogais e as consoantes situam-se as semivogais, que são os fonemas /i/ e /u/ quando, juntos a uma vogal, com ela formam sílaba. Foneticamente estas vogais assilábicas transcrevem-se [j] e [w]. Exemplificando:

Em *riso* [ˈrizu] e *viu* [ˈviw] o /i/ é vogal, mas em *rei* [ˈrej] e *vário* [ˈvarju] é semivogal. Também é vogal o /u/ em *muro* [ˈmuru] e *rua* [ˈrua], mas semivogal em *meu* [ˈmew] e *quatro* [ˈkwatru].

CLASSIFICAÇÃO DAS VOGAIS

1. Segundo a classificação tradicional, de base fundamentalmente articulatória, as vogais da língua portuguesa podem ser:

a) quanto à região de articulação
   - anteriores ou palatais
   - centrais ou médias
   - posteriores ou velares

b) quanto ao grau de abertura
   - abertas
   - semiabertas
   - semifechadas
   - fechadas

c) quanto ao papel das cavidades bucal e nasal
   - orais
   - nasais

É de base acústica a classificação em:

d) quanto à intensidade [tônicas / átonas]

2. Tem-se difundido recentemente uma classificação das vogais com base em certo número de traços que são "distintivos" numa perspectiva fonológica ou fonemática, isto é, que apresentam características capazes por si só de opor um segmento fônico a outro segmento fônico.
Por exemplo: o traço distintivo ABERTURA, ligado, do ponto de vista fisiológico, à maior ou menor elevação ou altura da língua no momento da articulação, opõe só por si *peso* (substantivo) a *peso* (forma verbal) e a *piso* (substantivo ou verbo). A presença ou a ausência de cada traço é, neste tipo de classificação, assinalada pelos sinais matemáticos (+) e (–). Assim: /e/ de *peso* (verbo) será [+ baixo], e /e/ de *peso* (substantivo) será [– alto], mas também [– baixo], ao passo que /i/ de *piso* será [+ alto].
Por vezes, torna-se necessário mais do que um traço para descrever a oposição entre duas vogais. Por exemplo, a oposição entre /a/ de *carro* e /o/ de *corro* implica a presença em /a/ de um traço distintivo — a maior abertura e correlativa menor altura da língua [+ baixo] — e a ausência de outro traço, o arredondamento dos lábios durante a articulação [– arredondado].
Os traços distintivos que devem ser considerados na classificação dos fonemas vocálicos portugueses dependem: *a*) da maior ou menor elevação da língua; *b*) do recuo ou avanço da região de articulação; *c*) do arredondamento ou não arredondamento dos lábios.
De acordo com esta classificação, as vogais da língua portuguesa podem ser:

a) quanto à maior ou menor elevação da língua [+ altas / – altas / – baixas / + baixas]

b) quanto ao recuo ou avanço da articulação [+ recuadas / – recuadas]

c) quanto ao arredondamento ou não arredondamento dos lábios [+ arredondadas / – arredondadas]

ARTICULAÇÃO

Dissemos que as vogais são sons que se pronunciam com a via bucal livre. Mas, como acabamos de ver ao apresentar os vários critérios de classificação, isto não significa que seja irrelevante para distingui-las o movimento dos diversos órgãos articulatórios. Pelo contrário. Esses critérios baseiam-se na diversidade de tal movimento.

Assim:

Ao elevarmos a língua na parte anterior da cavidade bucal, aproximando-a do palato duro, produzimos a série das vogais ANTERIORES ou PALATAIS, ou seja [– RECUADAS]:

[ɛ], [e], [i].

Ao elevarmos a língua na parte posterior da cavidade bucal, aproximando-a do véu palatino, produzimos a série das vogais POSTERIORES ou VELARES, isto é, [+ RECUADAS]:

[ɔ], [o], [u].

Dentro da classificação tradicional, que considera a boca dividida em duas regiões (anterior e posterior), as vogais [a] e [ɑ], articuladas com a língua baixa, em posição de repouso, são denominadas MÉDIAS ou CENTRAIS. De acordo com a classificação mais recente, devem ser incluídas entre as [+ RECUADAS].

Também importante como elemento distintivo na articulação das vogais é a posição assumida pelos lábios durante a passagem da corrente de ar expirada. Podem eles dispor-se de modo tal que formem uma saída arredondada para essa corrente, e teremos a série das vogais [+ ARREDONDADAS]:

[ɔ], [o], [u].

ou permanecer numa posição quase de repouso, e teremos a série das vogais [– ARREDONDADAS]:

[a], [e], [ɛ], [i].

TIMBRE

Para a distinção do TIMBRE das vogais – qualidade acústica que resulta de uma composição do tom fundamental com os harmônicos – é ainda determinante, do ponto de vista articulatório, a forma tomada pela cavidade faríngea e, sobretudo, pela cavidade bucal, que funcionam como tubo de ressonância.

A maior largura do tubo de ressonância, provocada principalmente pela menor elevação do dorso da língua em direção ao palato (quer duro, quer mole), produz as vogais chamadas ABERTAS e SEMIABERTAS [+ BAIXAS]:

ABERTA [a]

SEMIABERTAS [ɛ], [ɔ].

O estreitamento do tubo de ressonância, causado principalmente pela maior elevação do dorso da língua, produz as vogais chamadas SEMIFECHADAS [– ALTAS, – BAIXAS] e FECHADAS [+ ALTAS]:

SEMIFECHADAS [e], [ɑ], [o].

FECHADAS [i], [u].

INTENSIDADE E ACENTO

A INTENSIDADE é a qualidade física da vogal que depende da força expiratória e, portanto, da amplitude da vibração das cordas vocais. As vogais que se encontram nas sílabas pronunciadas com maior intensidade chamam-se TÔNICAS, porque sobre elas recai o ACENTO TÔNICO, que se caracteriza em português principalmente por um reforço da energia expiratória. As vogais que se encontram em sílabas não acentuadas denominam-se ÁTONAS.

VOGAIS ORAIS E VOGAIS NASAIS

Finalmente, é de grande importância na produção e caracterização das vogais, do ponto de vista articulatório, a posição do véu palatino durante a passagem da corrente expiratória. Se, durante essa passagem, o véu palatino estiver levantado contra a parede posterior da faringe, as vogais produzidas serão ORAIS:

[i], [ɛ], [e], [a], [ɔ], [o], [u].

Se, pelo contrário, essa passagem se der com o véu palatino abaixado, uma parte da corrente expiratória ressoará na cavidade nasal e as vogais produzidas serão NASAIS:

[ĩ], [ẽ], [ɑ̃], [õ], [ũ].

VOGAIS TÔNICAS ORAIS

Para o português normal de Portugal e do Brasil é o seguinte o quadro das vogais orais em posição tônica:

	ANTERIORES OU PALATAIS	MÉDIAS OU CENTRAIS	POSTERIORES OU VELARES	
Fechadas	[i]		[u]	+ altas
Semifechadas	[e]	[ɑ]	[o]	– altas – baixas
Semiabertas	[ɛ]		[ɔ]	+ baixas
Aberta		[a]		
.	– recuadas – arredondadas	+ recuadas – arrendondadas	+ recuadas + arredondadas	

Exemplos: *li / lê, peso* (s.) / *peso* (v.), *pé / pá, saco / soco, poça / possa, todo / tudo.*

Observação:

No português normal do Brasil a vogal [ɑ] só aparece em posição tônica antes de consoante nasal. Por exemplo: *cama* [ˈkɑma], *cana* [ˈkɑna], *sanha* [ˈs ɑɲa]. Não ocorre nunca em oposição a [a] para distinguir segmentos fônicos de significado diverso. Do ponto de vista fonológico, funciona, pois, como variante do mesmo fonema, e não como fonema autônomo.

No português europeu normal, [ɑ], quando tônico, também aparece, na maioria dos casos, antes de consoante nasal, a exemplo de *cama, cana* e *sanha.* Mas nessa mesma situação tônica existe uma oposição de pequeno rendimento entre [ɑ] e [a]. É a que se observa, nos verbos da 1.ª conjugação, entre as primeiras pessoas do plural do presente (ex.: *amamos* [ɑˈmɑmuʃ] e do pretérito perfeito do indicativo (ex.: *amamos* [ɑˈmamuʃ]). Neste caso, temos, pois, de considerar a existência de fonemas diferentes. Além disso, no falar de Lisboa e de outras zonas de Portugal encontra-se [ɑ] em sílaba tônica antes de semivogal ou de consoante palatal: *rei* [ˈrɑj], *tenho* [ˈtɑɲu], *telha* [ˈtɑʎɑ].

Advirta-se, por fim, que no português de Portugal, como veremos adiante, o fonema /a/em posição átona é normalmente realizado como [ɑ].

VOGAIS TÔNICAS NASAIS

Além das VOGAIS ORAIS que acabamos de examinar – correspondentes a oito fonemas no português normal de Portugal, e a sete no do Brasil –, possui o nosso idioma, tanto na sua variante portuguesa como na brasileira, cinco VOGAIS NASAIS, que podem ser assim classificadas:

	ANTERIORES OU PALATAIS	MÉDIA OU CENTRAL	POSTERIORES OU VELARES	
Fechadas	[□]		[ũ]	+ altas
Semifechadas	[ẽ]	[ɑ̃]	[õ]	– altas – baixas
	– recuadas – arredondadas	+ recuada – arrendondada	+ recuadas + arredondadas	

Exemplos: *rim*, *senda*, *canta*, *lã*, *bomba*, *atum*.

Como se vê no quadro acima, as vogais nasais da língua portuguesa são sempre fechadas ou semifechadas. Só em variedades regionais aparecem vogais abertas ou semiabertas como as francesas.

Observação:

Do ponto de vista fonológico ou fonemático, as vogais nasais do português têm sido interpretadas como realizações dos fonemas orais correspondentes em contacto com um fonema consonântico nasal, que, acusticamente, é imperceptível ou quase imperceptível. Vejam-se J. Mattoso Câmara Jr. *Para o estudo da fonêmica portuguesa*, 2.ª ed. Rio de Janeiro, Padrão, 1977, p. 67-72; Jorge Morais Barbosa. Les Voyelles nasales portugaises: interpretation phonologique. In *Proceedings of the Fourth International Congress of Phonetic Sciences*. The Hague, Mouton, 1962, p. 691-708; ——. *Études de phonologie portugaise*. Lisboa, Junta de Investigações do Ultramar, 1965, p. 91-104; Maria Helena Mira Mateus. *Aspectos da fonologia portuguesa*, 2.ª ed. Lisboa, INIC, 1982, p. 44-71 e 87-95.

VOGAIS ÁTONAS ORAIS

Em posição átona, o quadro das vogais orais do português apresenta diferenças consideráveis em relação à posição tônica, diferenças que, por nem sempre coincidirem nas duas normas principais da língua, serão estudadas separadamente.

1. No português normal do Brasil, em posição átona não final, anulou-se a distinção entre [ɛ] e [e], tendo-se mantido apenas [e] e [i], na série das vogais anteriores ou palatais; paralelamente, anulou-se a distinção entre [ɔ]

e [o], com o que ficou reduzida a [o] e [u] a série das vogais posteriores ou velares.

É, pois, o seguinte o quadro das vogais átonas em posição não final absoluta, particularmente em posição PRETÔNICA:

	ANTERIORES OU PALATAIS	MÉDIA OU CENTRAL	POSTERIORES OU VELARES
Fechadas	[i]		[u]
Semifechadas	[e]		[o]
Aberta		[ɑ]	

Exemplos: *ligar* [li´gar], *legar* [le´gar], *lagar* [la´gar], *lograr* [lo´grar], *lugar* [lu´gar]; *álamo* [´alɑmu], *véspera* [´vɛspera], *cíclotron* [´siklotron], *diálogo* [di´alugu].

2. Em posição final absoluta, a série anterior ou palatal apresenta-se reduzida a uma única vogal [i], grafada *e*; e a série posterior ou velar também a uma só vogal [u], escrita *o*.
   Temos, assim, três vogais em situação POSTÔNICA FINAL ABSOLUTA:

	ANTERIOR OU PALATAL	MÉDIA OU CENTRAL	POSTERIOR OU VELAR
Fechadas	[i]		[u]
Aberta		[ɑ]	

Exemplos: *tarde* [´tardi], *povo* [´povu], *casa* [´kaza].

3. No português normal de Portugal, em posição átona não final, também se anulou a distinção entre [ɛ] e [e], mas, em lugar de qualquer destas vogais da série das anteriores ou palatais, aparece geralmente a vogal [ə], média ou central, fechada [+ alta + recuada – arredondada], realização que não ocorre em posição tônica e é completamente estranha ao português do Brasil. A série fica, assim, representada apenas pela vogal [i]. Por outro lado, tendo desaparecido a distinção entre [ɔ], [o] e [u], toda a série das vogais posteriores ou velares está hoje reduzida a [u], grafado *o* ou *u*. Finalmente, à vogal média

ou central [a], aberta, corresponde a vogal também média ou central, mas semifechada [ɑ][3], grafada naturalmente *a*.

O que foi dito pode ser expresso no seguinte quadro:

	Anterior ou Palatal	Médias ou Centrais	Posterior ou Velar
Fechadas	[i]	[ə]	[u]
Semifechada		[ɑ]	

Exemplos: *ligar* [li´gar], *legar* [lə´gar], *lagar* [lɑ´gar], *lugar* [lu´gar], *lograr* [lu´grar]; *álamo* [´alɑmu], *véspera* [´vɛʃperɑ], *diálogo* [di´alugu].

4. Em posição final absoluta, a série anterior ou palatal desaparece e em seu lugar surge a vogal já descrita [∂], grafada *e*; e a série posterior ou velar reduz-se à vogal [u], escrita *o*. Donde o quadro:

	Média ou Palatais	Posterior ou Velar
Fechadas	[e]	[u]
Semifechada	[ɑ]	

Exemplos: *tarde* [´tard∂], *povo* [´povu], *casa* [´kazɑ].

Observação:

Cumpre advertir que o fenômeno de REDUÇÃO, ou ELEVAÇÃO, ou CENTRALIZAÇÃO das vogais átonas, que afastou o português europeu do português do Brasil, é um fato que seguramente só se generalizou em Portugal no decurso do século XVIII, embora dele haja claros indícios em séculos anteriores.

Necessário é ainda ressaltar que algumas vogais átonas, por razões em geral relacionadas com a história dos sons ou com a sua posição na palavra, não sofreram esta REDUÇÃO no português de Portugal. Assim aconteceu com as vogais que provêm:

a) da crase entre duas vogais idênticas do português antigo; é o caso do [a] de *padeiro* (< paadeiro), do [ɛ] de *esquecer* (< esqueecer), do [ɔ] de *corar* (< coorar);

[3] Veja-se o que dissemos sobre VOGAIS TÔNICAS.

b) da monotongação de um antigo ditongo, como o [o] que se ouve na pronúncia normal de *dourar*, *doutrina*.

Também não se reduziram as vogais átonas de cultismos, como o [a] de *actor*; o [ɛ] de *director*; o [ɔ] de *adopção*, e bem assim o [o] inicial absoluto de *ovelha*, *obter*, *opinião*; o [e] inicial absoluto de *enorme*, *erguer*, que se pronuncia geralmente [i], e as vogais [a], [ɛ], [o] protegidas por *l* implosivo de *altar*, *delgado*, *soldado*, *colchão*, *Setúbal* e *amável*.

Finalmente, também não sofreram, em geral, redução as vogais tônicas de palavras simples nos vocábulos delas derivados, particularmente com os sufixos *-mente* ou *-inho* (*-zinho*): *avaramente*, *brevemente*, *docilmente*, *docemente*, *pezinho*, *avezinha*, *amorzinho*. Comparem-se, no entanto, *casinha*, *mesinha*, *folhinha*, com [α], [ə] e [u].

CLASSIFICAÇÃO DAS CONSOANTES

1. As consoantes da língua portuguesa, em número de dezenove, são tradicionalmente classificadas em função de quatro critérios, de base essencialmente articulatória:

a) quanto ao modo de articulação, em
- oclusivas
- constritivas
  - fricativas
  - laterais
  - vibrantes

b) quanto ao ponto de articulação, em
- bilabiais
- labiodentais
- linguodentais
- alveolares
- palatais
- velares

c) quanto ao papel das cordas vocais, em
- surdas
- sonoras

d) quanto ao papel das cavidades bucal e nasal, em
- orais
- nasais

2. Recentemente, porém, difundiu-se, como para as vogais, outro sistema de classificação, com base em certos TRAÇOS DISTINTIVOS.
   Os traços que se têm em conta neste sistema relacionam-se também com características da articulação, mas nem sempre coincidem com os que estão na base da classificação anterior.
   Segundo o novo sistema classificatório, as consoantes podem ser:

a) quanto ao modo de articulação
- [+ contínuas]
- [– contínuas]
- [+ laterais]
- [– laterais]

b) quanto à zona de articulação
- [+ anteriores]
- [– anteriores]
- [+ coronais]
- [– coronais]

c) quanto ao papel das cordas vocais
- [+ sonoras]
- [– sonoras]

d) quanto ao papel das cavidades bucal e nasal
- [+ nasais]
- [– nasais]

É de base mais acústica do que articulatória a classificação:

e) quanto ao efeito acústico mais ou menos próximo ao de uma vogal
- [+ soante]
- [– soante]

MODO DE ARTICULAÇÃO

A articulação das consoantes não se faz, como a das vogais, com a passagem livre do ar através da cavidade bucal. Na sua pronúncia, a corrente expiratória encontra sempre, em alguma parte da boca, ou um obstáculo total, que a interrompe momentaneamente, ou um obstáculo parcial, que a comprime sem, contudo, interceptá-la. No primeiro caso, as consoantes dizem-se OCLUSIVAS ou [– CONTÍNUAS]; no segundo, CONSTRITIVAS ou [+ CONTÍNUAS].

São OCLUSIVAS as consoantes [p], [b], [t], [d], [k], [g]: *pala, bala, tala, dá-la, cala, gala.*

Entre as CONSTRITIVAS, distinguem-se as:

1. FRICATIVAS, caracterizadas pela passagem do ar através de uma estreita fenda formada no meio da via bucal, o que produz um ruído comparável ao de uma fricção.
   São fricativas as consoantes [f], [v], [s], [z], [ʃ], [ʒ]: *fala*, *vala*, *selo* (*passo*, *céu*, *caça*, *próximo*), *zelo* (*rosa*, *exame*), *xarope* (*encher*), *já* (*gelo*).[4]

2. LATERAIS, caracterizadas pela passagem da corrente expiratória pelos dois lados da cavidade bucal, em virtude de um obstáculo formado no centro desta pelo contacto da língua com os alvéolos dos dentes ou com o palato.
   São laterais as consoantes [l] e [λ]: *fila*, *filha*.

3. VIBRANTES, caracterizadas pelo movimento vibratório rápido de um órgão ativo elástico (a língua ou o véu palatino), que provoca uma ou várias brevíssimas interrupções da passagem da corrente expiratória.

São vibrantes as consoantes [r] e [r̄] ou [ʀ]: *caro*, *carro*.

Observação:

Do ponto de vista acústico, as consoantes LATERAIS e VIBRANTES têm em comum um traço que as opõe a todas as outras consoantes: a sua maior proximidade dos sons vocálicos, o que, em certas línguas, chega a ponto de poderem servir de centro de sílaba. Esta qualidade, reconhecida desde tempos antigos, trouxe-lhes as denominações de LÍQUIDAS ou SOANTES. A fonética moderna atribui-lhes o traço distintivo [+ SOANTES]. Acresce salientar que, pelo caráter lateral de sua articulação, [l] e [λ] opõem-se às vibrantes [r], [r̄] ou [ʀ]. Esta diferença explicita-se pela indicação [+ LATERAL] para [l] e [λ], que contrasta com a de [– LATERAL] para as vibrantes [r], [r̄] ou [ʀ].

O PONTO OU ZONA DE ARTICULAÇÃO

O obstáculo (total ou parcial) necessário à articulação das consoantes pode produzir-se em diversos lugares da cavidade bucal. Daí o conceito de PONTO DE ARTICULAÇÃO, segundo o qual as consoantes se classificam em:

1. BILABIAIS, formadas pelo contacto dos lábios. São as consoantes [p], [b], [m]: *pato*, *bato*, *mato*.

2. LABIODENTAIS, formadas pela constrição do ar entre o lábio inferior e os dentes incisivos superiores. São as consoantes [f], [v]: *faca*, *vaca*.

---

[4] Como dissemos, na pronúncia normal de Portugal, do Rio de Janeiro e de alguns pontos da costa do Brasil, a fricativa palatal surda [ʃ] aparece em formas como *três* e *dez*, e a sonora [ʒ] em formas como *desde* e *mesmo*.

3. LINGUODENTAIS (ou DORSODENTAIS), formadas pela aproximação do pré-dorso da língua à face interna dos dentes incisivos superiores, ou pelo contacto desses órgãos. São as consoantes [s], [z], [t], [d]: *cinco, zinco, tardo, dardo.*

4. ALVEOLARES (ou ÁPICO-ALVEOLARES), formadas pelo contacto da ponta da língua com os alvéolos dos dentes incisivos superiores. São as consoantes [n], [l], [r], [r̄]: *nada, cala, cara, carro* (na pronúncia de certas regiões de Portugal e do Brasil).

5. PALATAIS, formadas pelo contacto do dorso da língua com o palato duro, ou céu da boca. São as consoantes [ʃ], [ʒ], [λ], [ɲ]: *acho, ajo, alho, anho.*

6. VELARES, formadas pelo contacto da parte posterior da língua com o palato mole, ou véu palatino. São as consoantes [k], [g], [ʀ]: *calo, galo, ralo.*

Se considerarmos a zona em que se situam o contacto ou a constrição que caracterizam a consoante, a classificação com base nos traços distintivos será a seguinte:

1. CONSOANTES [+ ANTERIORES], formadas na zona anterior da cavidade bucal: [p], [b], [f], [v], [m], [t], [d], [s], [z], [n], [l], [r] e [r̄];

2. CONSOANTES [– ANTERIORES], formadas na zona posterior da cavidade bucal: [ʃ], [ʒ], [ɲ], [λ], [ʀ];

3. CONSOANTES [+ CORONAIS], formadas com a intervenção da "coroa", ou seja, do dorso (pré-dorso, médio dorso) da língua: [t], [d], [s], [z], [ʃ], [ʒ], [n], [ɲ], [l], [λ], [r];

4. CONSOANTES [– CORONAIS], formadas sem a intervenção do dorso da língua: [p], [b], [m], [k], [g], [f], [v], [ʀ].

O PAPEL DAS CORDAS VOCAIS

Enquanto as vogais são normalmente sonoras (só excepcionalmente aparecem ensurdecidas), as consoantes podem ser ou não produzidas com vibração das cordas vocais.

São SURDAS [– SONORAS] as consoantes: [p], [t], [k], [f], [s], [ʃ].

São SONORAS [+ SONORAS] as consoantes: [b], [d], [g], [v], [z], [ʒ], [l], [λ], [r], [r̄], [ʀ], [m], [n], [ɲ].

O PAPEL DAS CAVIDADES BUCAL E NASAL

Como as vogais, as consoantes podem ser ORAIS [– NASAIS] ou NASAIS [+ NASAIS]. Por outras palavras: na sua emissão, a corrente expiratória pode passar apenas pela cavidade bucal, ou ressoar na cavidade nasal, caso encontre abaixado o véu palatino.

São NASAIS as consoantes [m], [n], [ɲ]: *amo*, *ano*, *anho*.

Todas as outras são ORAIS.

Observação:

Quanto ao modo de articulação (bucal), as consoantes nasais são OCLUSIVAS [– CONTÍNUAS]. Atendendo, no entanto, à forte individualidade que lhes confere o seu traço nasal, costuma-se isolá-las das outras oclusivas, tratando-as como classe à parte.

QUADRO DAS CONSOANTES

Resumindo, podemos dizer que o conjunto das consoantes da língua portuguesa é constituído por dezenove unidades, cuja classificação se expõe esquematicamente no quadro seguinte:

PAPEL DAS CAVIDADES BUCAL E NASAL	ORAIS [– NASAIS]						NASAIS [+ NASAIS]
MODO DE ARTICULAÇÃO	OCLUSIVAS [- contínuas]		CONSTRITIVAS [+ contínuas]				OCLUSIVAS [-contínuas]
			FRICATIVAS [- soantes] [- laterais]		LATERAIS [+ soantes] [+ laterais]	VIBRANTES [+ soantes] [- laterais]	
PAPEL DAS CORDAS VOCAIS	SURDAS [- sonoras]	SONORAS [+ sonoras]	SURDAS [- sonoras]	SONORAS [+ sonoras]	SONORAS [+sonoras]	SONORAS [+sonoras]	SONORAS [+ sonoras]
Ponto ou zona de articulação: Bilabiais [+ anteriores] [- coronais]	[p]	[b]					[m]
Labiodentais [+ anteriores] [- coronais]			[f]	[v]			
Linguodentais [+ anteriores] [+ coronais]	[t]	[d]	[s]	[z]			

Papel das cavidades bucal e nasal	Orais [– nasais]						Nasais [+ nasais]
Modo de articulação	Oclusivas [– contínuas]		Constritivas [+ contínuas]				Oclusivas [–contínuas]
			Fricativas [– soantes] [– laterais]		Laterais [+soantes] [+laterais]	Vibrantes [+soantes] [–laterais]	
Papel das cordas vocais	Surdas [– sonoras]	Sonoras [+ sonoras]	Surdas [– sonoras]	Sonoras [+ sonoras]	Sonoras [+ sonoras]	Sonoras [+ sonoras]	Sonoras [+ sonoras]
Ponto ou zona de articulação: Alveolares [+ anteriores] [+ coronais]					[l]	[r]	[n]
Palatais [– anteriores] [+ coronais]			[ʃ]	[ʒ]	[λ]		[ɲ]
Velares [– anteriores] [– coronais]	[k]	[g]				[R]	

Observações:

1.ª) Neste quadro, procuramos integrar a classificação por traços distintivos e a classificação tradicional de base articulatória. Para se fazer a análise em traços distintivos de qualquer som consonântico do português, bastará juntar os vários traços associados no quadro à sua classificação articulatória corrente.

Por exemplo: as consoantes [p] e [b] serão analisadas deste modo:

$$[p]\ \begin{bmatrix} -\text{contínua} \\ -\text{sonora} \\ -\text{nasal} \\ +\text{anterior} \\ -\text{coronal} \end{bmatrix} \qquad [b]\ \begin{bmatrix} -\text{contínua} \\ +\text{sonora} \\ -\text{nasal} \\ +\text{anterior} \\ -\text{coronal} \end{bmatrix}$$

e as consoantes [l] e [λ], do seguinte:

$$[l]\ \begin{bmatrix} +\text{contínua} \\ +\text{soante} \\ +\text{lateral} \\ -\text{nasal} \\ +\text{anterior} \\ +\text{coronal} \end{bmatrix} \qquad [\lambda]\ \begin{bmatrix} +\text{contínua} \\ +\text{soante} \\ +\text{lateral} \\ -\text{nasal} \\ -\text{anterior} \\ +\text{coronal} \end{bmatrix}$$

2.ª) Classificamos a vibrante forte ou múltipla [R] como VELAR ou [– ANTERIOR, – CORONAL], por ser esta a sua pronúncia mais corrente no português de Lisboa[5] e do Rio de Janeiro[6]. A antiga VIBRANTE ALVEOLAR MÚLTIPLA [r̄] mantém-se, no entanto, viva na maior parte de Portugal e em extensas zonas do Brasil, como, por exemplo, o Rio Grande do Sul. Uma realização DORSO-UVULAR MÚLTIPLA ocorre também por vezes em Lisboa e no português popular do Rio de Janeiro. Aponte-se, por fim, a realização LINGUOPALATAL VELARIZADA, que se observa na região Norte de São Paulo, Sul de Minas e outras áreas do Brasil[7] e é conhecida por *r-caipira*. Em Portugal é característica da fala popular de Setúbal, não só a realização VIBRANTE UVULAR do *r* múltiplo de *rua*, *carro*, como a do *r* simples de *caro*, *andar*.

3.ª) Na pronúncia normal do português europeu, a consoante *l*, quando final de sílaba, é velarizada; a sua articulação aproxima-se, pelo recuo da língua, à de um [u] ou [w]. Na transcrição fonética, é costume distinguir este *l* do *l* inicial de sílaba, representando-se o último por [l] e a consoante velarizada por [ɫ]: *lado* [ˈlaδu], *alto* [ˈaɫtu], *mal* [ˈmaɫ]. Na pronúncia normal do Rio de Janeiro e de vastas zonas do Brasil, por perder-se o contacto entre os órgãos da articulação, o *l* final de sílaba vocaliza-se, ou seja, transforma-se na semivogal [w]: *alto* [ˈawtu], *mal* [ˈmaw]. Anulam-se, deste modo, as oposições entre *alto* / *auto*, *mal* / *mau*.

4.ª) No português do Brasil, as consoantes *t* e *d*, antes de *i* vogal ou semivogal, sofrem a sua influência e palatalizam-se em grau maior ou menor, conforme as regiões e até as pessoas de cada região. Podem ser pronunciadas [t'], [d'], ou realizar-se como africadas palatais [tʃ] e [dʒ]: *noite* [ˈnojt'i] ou [ˈnojtʃi], *tio* [ˈt'iju] ou [ˈtʃiju], *dia* [ˈd'ija] ou [ˈdʒija], *ódio* [ˈɔd'ju] ou [ˈɔdʒju], *sede* [ˈsed'i] ou [ˈsedʒi].

A POSIÇÃO DAS CONSOANTES

Só em posição intervocálica é possível encontrar as dezenove consoantes portuguesas que acabamos de descrever e classificar. Noutras posições, o número de consoantes possíveis reduz-se sensivelmente.

---

5 Pode-se dizer mesmo que é a pronúncia mais corrente no português normal contemporâneo, ao contrário do que sucedia há poucos anos, segundo a descrição dos foneticistas.

6 É a pronúncia normal do Rio de Janeiro e de extensas áreas do país. Sobre o assunto, leia-se a importante contribuição de Dinah Maria Isensee Callou: *Variação e distribuição da vibrante na fala urbana culta do Rio de Janeiro*. Rio de Janeiro, 1979 (Tese de doutorado policopiada).

7 O professor Brian F. Head vem estudando, ultimamente, a vitalidade do *r-caipira* em várias regiões do Brasil. Leiam-se, a propósito, os seus trabalhos: O estudo do "r-caipira" no contexto social. *Revista de Cultura Vozes*: 67(8): 43-49, ano 67, 1973; *Subsídios do* Atlas prévio dos falares baianos *para o estudo de uma variante dialetal controvertida* (texto policopiado).

Assim, em posição inicial de palavra, além das consoantes OCLUSIVAS e FRICATIVAS, só aparecem: das LATERAIS, o [l]; das VIBRANTES, o [R] ou o[r̄]; das NASAIS, o [m] e o [n]. São casos isolados os de empréstimos, principalmente do espanhol, em que ocorrem [λ] ou [ɲ]: *lhano*, *lhama*, *nhato*.

Em posição final de sílaba ou de palavra, só se encontram normalmente as consoantes:

a) *l*, a que correspondem as pronúncias atrás mencionadas [ɫ] ou [w];
b) *r*, a que corresponde, nas pronúncias normais de Portugal e do Brasil, o [r] simples apical, algumas vezes perdido na pronúncia popular brasileira, quando em final absoluta;
c) *s* ou *z* (esta só em final de palavra), a que correspondem, na pronúncia normal de Portugal, na do Rio de Janeiro e de outras zonas costeiras do Brasil, as realizações [ʃ], em posição final absoluta ou se se lhes segue uma consoante surda, e [ʒ], se antepostas a uma consoante sonora.

As grafias *m* e *n* nesta posição representam normalmente apenas a nasalidade da vogal anterior.

Outras consoantes podem ainda aparecer em final de sílaba ou de palavra, principalmente em formas cultas ou estrangeiras (por exemplo: *ritmo*, *apto*, *club*, *chic*). Manifesta-se, então, particularmente no português do Brasil, uma tendência para apoiar a sua articulação numa breve vogal epentética ou paragógica (por exemplo: [ˈritimu], [ˈapitu], [ˈklubi], [ˈʃiki]. Paralelamente, é possível encontrar, em final absoluta de palavras cultas, a articulação ápico-alveolar da consoante *n*: *abdômen*, *dólmen*, *regímen*.

ENCONTROS VOCÁLICOS

DITONGOS

O encontro de uma VOGAL + uma SEMIVOGAL, ou de uma SEMIVOGAL + uma VOGAL recebe o nome de DITONGO.

Os ditongos podem ser:

a) DECRESCENTES e CRESCENTES;
b) ORAIS e NASAIS.

Ditongos decrescentes e crescentes

Quando a vogal vem em primeiro lugar, o DITONGO se denomina DECRESCENTE. Assim:

pai céu muito

Quando a semivogal antecede a vogal, o DITONGO diz-se CRESCENTE. Assim:

q**ua**l	ling**ui**ça	fre**quen**te

Em português apenas os DECRESCENTES são DITONGOS estáveis. Os DITONGOS CRESCENTES aparecem com frequência no verso. Mas na linguagem do colóquio normal só apresentam estabilidade aqueles que têm a semivogal [w] precedida de [k] (grafado *q*) ou de [g]. Assim:

q**ua**se	ig**ua**l	q**uan**do	enxag**uan**do
eq**ue**stre	g**oe**la	ling**ue**ta	q**uin**q**uê**nio
q**uo**ta	q**ui**proq**uó**	tranq**ui**lo	sag**ui**g**ua**çu

Ditongos orais e nasais

Como as vogais, os DITONGOS podem ser ORAIS e NASAIS, segundo a natureza oral ou nasal dos seus elementos.

1. São os seguintes os DITONGOS ORAIS DECRESCENTES:

[aj] p**ai**
[ɑj] **sei**, no português normal de Portugal
[aw] m**au**
[ej] **sei**, no português normal do Brasil
[ɛj] pap**éi**s
[ew] m**eu**
[ɛw] c**éu**
[iw] v**iu**
[oj] b**oi**
[ɔj] her**ói**
[uj] az**ui**s

Observações:

1.ª) Nem na pronúncia normal de Portugal nem na do Brasil se conserva o antigo ditongo [ow], que ainda se mantém vivo em falares regionais do Norte de Portugal e no galego. Na pronúncia normal reduziu-se a [o], desaparecendo assim a distinção de formas como *poupa* / *popa*, *bouba* / *boba*.

2.ª) No português do Rio de Janeiro e de algumas outras regiões do Brasil, devido à vocalização do *l* em final absoluta ou em final de sílaba, ouvem-se os ditongos [ow] e [ɔw] em palavras como *gol* [ˈgow], *soltar* [sowˈtar], *sol* [ˈsɔw], *molde* [ˈmɔwdi].

3.ª) Normalmente, se representam por *i* e *u* as semivogais dos ditongos orais. Observe-se, porém, que:

a) as 1.ª, 2.ª e 3.ª pessoas do singular do presente do subjuntivo, bem como a 3.ª pessoa do singular do imperativo dos verbos terminados em *-oar* escrevem-se com *-oe*, e não *-oi*:

abençoe amaldiçoes perdoe

b) as mesmas pessoas dos verbos terminados em *-uar* escrevem-se com *-ue*, e não *-ui*:

cultue habitues preceitue

2. Existem os seguintes DITONGOS NASAIS DECRESCENTES:

[ɑ̃j] correspondente às grafias *ãe*, *ãi* e, no português normal de Portugal, *em* (em posição final absoluta) e *en* (no interior de palavras derivadas): m**ãe**, c**ãi**bra; no português normal de Portugal: v**em**, lev**em**, b**en**zinho.

[ɑ̃w] correspondente às grafias *ão* e *am*: m**ão**, vej**am**.

[ẽj] correspondente, no português do Brasil e em falares meridionais de Portugal, às grafias *em* (em posição final de palavra) e *en* (no interior de palavras derivadas): v**em**, lev**em**, b**en**zinho.

[õj] correspondente à grafia *õe*: p**õe**, serm**õe**s.

[ũj] correspondente à grafia *ui*: m**ui**to.

TRITONGOS

Denomina-se TRITONGO o encontro formado de SEMIVOGAL + VOGAL + SEMIVOGAL. De acordo com a natureza (oral ou nasal) dos seus componentes, classificam-se também os TRITONGOS em ORAIS e NASAIS.

1. São TRITONGOS ORAIS:

[waj] Urug**uai**

[wɑj] enxag**uei**, no português normal de Portugal

[wej] enxag**uei**, no português normal do Brasil e em falares meridionais de Portugal.

[wiw] delinq**uiu**

2. São TRITONGOS NASAIS:

[wɑ̃w] correspondente às grafias *uão*, *uam*: sag**uão**, enxág**uam**.

[wɑ̃j] correspondente, no português normal de Portugal, à grafia *uem* (em posição final de palavra): delinq**uem**.

[wẽj] correspondente, no português normal do Brasil e em falares meridionais de Portugal, à grafia *uem* (em posição final de palavra): delinq**uem**.

[wõj] correspondente à grafia *uõe*: sag**uõe**s.

HIATOS

Dá-se o nome de HIATO ao encontro de duas vogais. Assim, comparando-se as palavras *pais* (plural de *pai*) e *país* (região), verificamos que:

a) na primeira, o encontro *ai* soa numa só sílaba: [ˈpajʃ].

b) na segunda, o *a* pertence a uma sílaba e o *i* a outra: [paˈiʃ].

Observação:

Quando átonos finais, os encontros escritos *-ia*, *-ie*, *-io*, *-oa*, *-ua*, *-ue* e *-uo* são normalmente DITONGOS CRESCENTES: *gló-ria*, *cá-rie*, *vá-rio*, *má-goa*, *á-gua*, *tê-nue*, *ár-duo*. Podem, no entanto, ser emitidos com separação dos dois elementos, formando assim um HIATO: *gló-ri-a*, *cá-ri-e*, *vá-ri-o*, etc. Ressalte-se, porém, que na escrita, em hipótese alguma, os elementos desses encontros vocálicos se separam no fim da linha, como salientamos no capítulo 4.

ENCONTROS INTRAVERBAIS E INTERVERBAIS

Os ENCONTROS VOCÁLICOS podem ocorrer no interior do vocábulo ou entre dois vocábulos, isto é, podem ser INTRAVERBAIS (= INTRAVOCABULARES) ou INTERVERBAIS (= INTERVOCABULARES).

Há ENCONTROS absolutamente estáveis. Assim, quer no verso, quer na prosa, a palavra *lua* possuirá sempre duas sílabas, ao passo que as palavras *mau* e *quais* terão invariavelmente uma. O hiato [ua], da primeira, bem como o ditongo [aw], da segunda, e o tritongo [waj], da terceira, são, pois, as únicas pronúncias que a língua admite para tais ENCONTROS nessas palavras.

Muitos, porém, são instáveis. Por exemplo: numa pronúncia normal, as palavras *luar* e *reais* são dissílabos: [luˈar], [Riˈajʃ]. Emitidas rapidamente, podem elas, no entanto, passar a monossílabos pela transformação do hiato [ua] no ditongo [wa] e pela criação do tritongo [jaj]. Por outro lado, palavras como *vaidade* e *saudade*, trissílabos na língua viva atual, costumam aparecer no verso com quatro sílabas métricas.

À passagem de um hiato a ditongo no interior da palavra dá-se o nome de SINÉRESE. E chama-se DIÉRESE o fenômeno contrário, ou seja, a transformação de um ditongo normal em hiato.

Quando a ditongação do hiato se verifica entre vocábulos, diz-se que há SINALEFA.

Esses fenômenos têm importância particular no verso, e deles tratamos com o necessário desenvolvimento no capítulo 22.

ENCONTROS CONSONANTAIS

Dá-se o nome de ENCONTRO CONSONANTAL ao agrupamento de consoantes num vocábulo. Entre os ENCONTROS CONSONANTAIS, merecem realce, pela frequência com que se apresentam, aqueles inseparáveis cuja segunda consoante é *l* ou *r*.

Assim:

ENCONTRO CONSONANTAL	EXEMPLIFICAÇÃO		ENCONTRO CONSONANTAL	EXEMPLIFICAÇÃO	
bl	**bl**oco,	a**bl**uir	**gl**	**gl**utão,	a**gl**utinar
br	**br**anco,	ru**br**o	**gr**	**gr**ande,	re**gr**a
cl	**cl**aro,	te**cl**a	**pl**	**pl**ano,	tri**pl**o
cr	**cr**avo,	A**cr**e	**pr**	**pr**ato,	so**pr**o
dr	**dr**agão,	vi**dr**o	**tl**	—,	a**tl**as
fl	**fl**or,	ru**fl**ar	**tr**	**tr**ibo,	a**tr**ás
fr	**fr**ancês,	re**fr**ão	**vr**	—,	pala**vr**a

ENCONTROS CONSONANTAIS como *gn*, *mn*, *pn*, *ps*, *pt*, *tm* e outros não aparecem em muitos vocábulos.

Quando iniciais, são naturalmente inseparáveis:

gno-mo	**pn**eu-má-ti-co	**pt**i-a-li-na
mne-mô-ni-co	**ps**i-có-lo-go	**tm**e-se

Quando mediais, em pronúncia tensa, podem ser articulados numa só sílaba, ou em sílabas distintas:

a-**pt**o	di-**gn**o	ri-**tm**o
a**p**-**t**o	di**g**-**n**o	ri**t**-**m**o

Na linguagem coloquial brasileira há, porém, como dissemos, uma acentuada tendência de destruir estes encontros de difícil pronúncia pela intercalação da vogal *i* (ou *e*):

dí-gu**i**-no	p**e**-neu	rí-t**i**-mo

Não raro, temos de admitir a existência desta vogal epentética, embora não escrita, para que versos de poetas brasileiros conservem a regularidade. Por exemplo, nestes setissílabos:

> Deixa-me ouvir teus cantores,
> Admirar teus verdores.
> (Gonçalves Dias, *PCPE*, 376.)

> A tua carne não fremia
> A ideia da dança inerte
> Que teu corpo dançaria
> No pélago submerso?
> (V. de Moraes, *PCP*, 342.)

as palavras *admirar* e *submerso* devem ser emitidas em quatro sílabas (*a-di-mi-rar* e *su-bi-mer-so*) para que os versos a que pertencem mantenham aquela medida.

DÍGRAFOS

Não é demais recordar ainda uma vez que não se devem confundir CONSOANTES e VOGAIS com LETRAS, que são sinais representativos daqueles sons.

Assim, nas palavras *carro*, *pêssego*, *chave*, *malho* e *canhoto* não há ENCONTRO CONSONANTAL, pois as letras *rr*, *ss*, *ch*, *lh* e *nh* representam uma só consoante. Também não se pode afirmar que exista ENCONTRO CONSONANTAL em palavras como *campo* e *ponto*, embora a análise de palavras como estas, em fonética experimental, revele a existência de um resíduo de consoante nasal imperceptível ao ouvido; o *m* e o *n* funcionam portanto nelas essencialmente como sinal de nasalidade da vogal anterior, equivalendo, no caso, a um TIL (*cãpo*, *põto*).

A esses grupos de letras que simbolizam apenas um som dá-se o nome de DÍGRAFOS.

São DÍGRAFOS, pois:

a) *ch*, que simboliza a palatal [ʃ] também representada por *x*: *ficha* (compare-se com *lixa*);
b) *lh* e *nh*, únicas formas de representar na língua a lateral [λ] e a nasal palatal [ɲ]: *velho*, *tenho*;
c) *rr* e *ss*, que só se empregam entre letras-vogais para representar os mesmos sons ([ʀ] ou [r] e [s]) que se escrevem com *r* e *s* simples no início de palavra: *prorrogar* (compare-se com *rogar*), *assimetria* (comparece-se com *simetria*).

Entre os DÍGRAFOS devem ainda ser incluídas as combinações de letras:

a) *gu* e *qu* antes de *e* e *i*, quando representam os mesmos sons oclusivos que se escrevem, respectivamente, *g* e *c* antes de *a*, *o* e *u*: *guerra*, *seguir* (comparar a: *galo*, *gole*, *gula*); *querer*, *quilo* (comparar a: *calar*, *cobre*, *cubro*);
b) *sc*, *sç* e *xc*, que, entre letras-vogais, podem representar, no português normal do Brasil e no de algumas regiões de Portugal, o mesmo som que se transcreve também por *c* ou *ç*: *florescer* (comparar a: *amanhecer*), *desça* (comparar a: *pareça*), *exceder* (comparar a: *preceder*);
c) *am*, *an*, *em*, *en*, *im*, *in*, *om*, *on*, *um*, *un*, que servem para representar as vogais nasais: *tampo*, *tanto*, *tempo*, *tento*, *limbo*, *lindo*, *pombo*, *tonto*, *comum*, *mundo*.

SÍLABA

Quando pronunciamos lentamente uma palavra, sentimos que não o fazemos separando um som de outro, mas dividindo a palavra em pequenos segmentos fônicos que serão tantos quantos forem as vogais. Assim, uma palavra como

alegrou,

não será por nós emitida

a-l-e-g-r-o-u

mas sim:

a-le-grou

A cada vogal ou grupo de sons pronunciados numa só expiração damos o nome de SÍLABA.

A SÍLABA pode ser formada:

a) por uma vogal, um ditongo ou um tritongo:

é eu uai!

b) por uma vogal, um ditongo ou um tritongo acompanhados de consoantes:

a-plau-dir trans-por U-ru-guai

SÍLABAS ABERTAS E SÍLABAS FECHADAS

1. Chama-se ABERTA a sílaba que termina por uma vogal:

a-pa-ga-do

2. Diz-se FECHADA a sílaba que termina por uma consoante:

al-tar	op-tar

CLASSIFICAÇÃO DAS PALAVRAS QUANTO AO NÚMERO DE SÍLABAS

Quanto ao número de SÍLABAS, classificam-se as palavras em MONOSSÍLABAS, DISSÍLABAS, TRISSÍLABAS e POLISSÍLABAS.

MONOSSÍLABAS, quando constituídas de uma só sílaba:

a	eu	mão
ti	grou	quais

DISSÍLABAS, quando constituídas de duas sílabas:

ru-a	he-rói	sa-guão
á-gua	li-vro	so-nhar

TRISSÍLABAS, quando constituídas de três sílabas:

a-lu-no	Eu-ro-pa	ban-dei-ra
cri-an-ça	por-tu-guês	en-xa-guou

POLISSÍLABAS, quando constituídas de mais de três sílabas:

es-tu-dan-te	u-ni-ver-si-da-de
li-ber-da-de	em-pre-en-di-men-to

Observação:

Embora a sua unidade seja normalmente percebida pela competência linguística dos usuários de um idioma, a sílaba não é uma noção caracterizada de modo pacífico pelos foneticistas. Uma breve introdução à problemática da sílaba pode ler-se em Bohuslav Hála. *La sílaba: su naturaleza, su origen y sus transformaciones*. Trad. de E. R. Palavecino y A. Quilis. Madrid, C.S.I.C., 1966.

ACENTO TÔNICO

Examinemos este período de Raul Bopp:

Dias e **noi**tes os hori**zon**tes se re**pe**tem.

Nele distinguimos, numa análise fonética elementar, as sílabas ACENTUADAS (em negrito) das INACENTUADAS (em romano).

A percepção distinta das sílabas acentuadas (tônicas) das inacentuadas (átonas) provém da dosagem maior ou menor de certas qualidades físicas que, vimos, caracterizam os sons da fala humana:

a) a INTENSIDADE, isto é, a força expiratória com que são pronunciados;
b) o TOM (ou altura musical), isto é, a frequência com que vibram as cordas vocais em sua emissão;
c) o TIMBRE (ou metal de voz), isto é, o conjunto sonoro do tom fundamental e dos tons secundários produzidos pela ressonância daquele nas cavidades por onde passa o ar;
d) a QUANTIDADE, isto é, a duração com que são emitidos.

Assim, pela INTENSIDADE, os sons podem ser FORTES (tônicos) ou FRACOS (átonos); pelo TOM, serão AGUDOS (altos) ou GRAVES (baixos); pelo TIMBRE, ABERTOS ou FECHADOS; pela QUANTIDADE, LONGOS ou BREVES.

Em geral, porém, esses elementos estão intimamente associados, e o conjunto deles, com predominância da intensidade, do tom e da quantidade, é que se chama ACENTO TÔNICO.

Observações:

1.ª) Tanto a *Nomenclatura Gramatical Brasileira* como a *Nomenclatura Gramatical Portuguesa* classificam as sílabas, quanto à intensidade, em TÔNICAS, SUBTÔNICAS e ÁTONAS (PRETÔNICAS e POSTÔNICAS). Pela nomenclatura aconselhada nos dois países, TOM é, pois, o mesmo que ACENTO DE INTENSIDADE. Cabe advertir, no entanto, que, se na maioria dos casos os dois elementos vêm unidos, por vezes eles não coincidem. "Na linguagem, como na música, qualquer som, seja *agudo* ou *grave*, pode tornar-se *forte* ou *débil*, segundo convenha" (Navarro Tomás. *Manual de pronunciación española*, 14.ª ed., Madrid, C.S.I.C., 1968, p. 25, nota 1).

2.ª) A quantidade longa ou breve das vogais, fundamental em latim, não tem valor distintivo em português. Os contrastes que nos oferecem, numa pronúncia tensa, pares de formas como *caatinga* / *catinga*, *coorte* / *corte* explicam-se não pela oposição de quantidade vocálica, mas pela de duas vogais em face de uma vogal. Sobre fenômeno semelhante em espanhol, veja-se A. Quilis. Phonologie de la quantité en espagnol. *Phonetica*, 13:82-85, 1965.

Em nosso idioma, como nas demais línguas românicas, a duração maior de uma vogal é recurso de ênfase, e está condicionada pelo acento, pelo contexto fonético ou por múltiplas razões de ordem afetiva.

CLASSIFICAÇÃO DAS PALAVRAS QUANTO AO ACENTO TÔNICO

1. Quanto ao ACENTO, as palavras de mais de uma sílaba classificam-se em OXÍTONAS, PAROXÍTONAS e PROPAROXÍTONAS.
OXÍTONAS, quando o acento recai na última sílaba:

ca**fé** fu**nil** Nite**rói**

PAROXÍTONAS, quando o acento recai na penúltima sílaba:

ba**í**a es**co**la re**tor**no

PROPAROXÍTONAS, quando o acento recai na antepenúltima sílaba:

e**xér**cito **pên**dulo qui**lô**metro

2. Quando se combinam certas formas verbais com pronomes átonos, formando um só vocábulo fonético, é possível o acento recuar mais uma sílaba. Diz-se BISESDRÚXULA a acentuação dessas combinações:

a**má**vamo-lo **fa**ça-se-lhe

3. Os MONOSSÍLABOS podem ser ÁTONOS ou TÔNICOS.
ÁTONOS são aqueles pronunciados tão fracamente que, na frase, precisam apoiar-se no acento tônico de um vocábulo vizinho, formando, por assim dizer, uma sílaba deste. Por exemplo:

Diga-**me** / **o** preço / **do** livro.

São MONOSSÍLABOS ÁTONOS:
a) o artigo definido (*o*, *a*, *os*, *as*) e o indefinido (*um*, *uns*);
b) os pronomes pessoais oblíquos *me*, *te*, *se*, *o*, *a*, *lhe*, *nos*, *vos*, *os*, *as*, *lhes* e suas combinações: *mo*, *to*, *lho*, etc.;
c) o pronome relativo *que*;
d) as preposições *a*, *com*, *de*, *em*, *por*, *sem*, *sob*;
e) as combinações de preposição e artigo: *à*, *ao*, *da*, *do*, *na*, *no*, *num*, etc.;
f) as conjunções *e*, *mas*, *nem*, *ou*, *que*, *se*;
g) as formas de tratamento *dom*, *frei*, *são*, *seu* (= *senhor*).

TÔNICOS são aqueles emitidos fortemente. Por terem acento próprio, não necessitam apoiar-se noutro vocábulo. Exemplos: *cá*, *flor*, *mau*, *mão*, *mês*, *mim*, *pôr*, *vou*, etc.

OBSERVAÇÕES SOBRE A PRONÚNCIA CULTA

1. Atente-se na exata pronúncia das seguintes palavras, para evitar uma SILABADA, que é a denominação que se dá ao erro de prosódia:

a) são OXÍTONAS:

aloés	Nobel	recém	sutil
Gibraltar	novel	refém	ureter

b) são PAROXÍTONAS:

alanos	efebo	inaudito	pletora
avaro	erudito	leucemia	policromo
avito	estalido	maquinaria	pudico
aziago	êxul	matula	quiromancia
barbaria	filantropo	misantropo	refrega
batavo	gólfão	mercancia	rubrica
cartomancia	grácil	menúfar	Salonica
ciclope	gratuito (úi)	Normandia	táctil
decano	hosana	onagro	têxtil
diatribe	Hungria	opimo	Tibulo
edito (lei)	ibero	pegada	tulipa

c) são PROPAROXÍTONAS:

ádvena	areópago	égide	númida
aeródromo	aríete	etíope	ômega
aerólito	arquétipo	êxodo	páramo
ágape	autóctone	fac-símile	Pégaso
álacre	azáfama	fagócito	périplo
álcali	azêmola	farândula	plêiade
alcíone	bátega	férula	prístino
alcoólatra	bávaro	gárrulo	prófugo
âmago	bígamo	héjira	protótipo
amálgama	bímano	hipódromo	quadrúmano
anátema	bólido (-e)	idólatra	revérbero
andrógino	brâmane	ímprobo	sátrapa
anêmona	cáfila	ínclito	Tâmisa
anódino	cânhamo	ínterim	trânsfuga
antífona	Cérbero	invólucro	végeto
antífrase	cotilédone	leucócito	zéfiro
antístrofe	édito (ordem judicial)	Niágara	zênite

Prefiram-se ainda as pronúncias:

barbárie   boêmia   estratégia   sinonímia

2. Para alguns vocábulos há, mesmo na língua culta, oscilação de pronúncia. É o caso de:

ambrosia ou ambrósia	ortoepia ou ortoépia
anidrido ou anídrido	projetil ou projétil
crisantemo ou crisântemo	reptil ou réptil
hieroglifo ou hieróglifo	soror ou sóror
Oceania ou Oceânia	zangão ou zângão

Observação:

Há por vezes discordância na pronúncia mais corrente entre Portugal e o Brasil. Os portugueses dizem comumente *púdico* e *rúbrica*; os brasileiros, apegados à acentuação que a etimologia recomenda, pronunciam *pudico* e *rubrica*.

VALOR DISTINTIVO DO ACENTO TÔNICO

Pela variabilidade de sua posição, o acento pode ter em português valor distintivo, fonológico.

Comparando, por exemplo, os vocábulos:

dúvida / duvida

percebemos que a posição do acento tônico é suficiente para estabelecer uma oposição, uma distinção significativa.

Observação:

Este fato ocorre com mais frequência no português do Brasil, pois, no de Portugal, a mudança de posição do acento se faz acompanhar normalmente de uma alteração no timbre das vogais tônicas que passam a átonas. Assim sendo, a distinção significativa assenta também nessa variação. Por exemplo, no português do Brasil *correram* opõe-se a *correrão*, *válido* a *valido*, apenas pela posição do acento; no português de Portugal, porém, a oposição se dá entre [ku´ʀerɑ̃w] e [kuʀə´rɑ̃w], [´validu] e [vɑ´lidu].

ACENTO PRINCIPAL E ACENTO SECUNDÁRIO

Normalmente os vocábulos de pequeno corpo só possuem uma sílaba acentuada em que se apoiam as demais, átonas. Os vocábulos longos, principalmente os derivados, costumam no entanto apresentar, além da sílaba tônica fundamental, uma ou mais subtônicas.

Dizemos, por exemplo, que as palavras *decididamente* e *inacreditavelmente* são PAROXÍTONAS, porque sentimos que em ambas o acento básico recai na penúltima sílaba (*men*). Mas percebemos também que, nas duas palavras, as sílabas restantes não são igualmente átonas. Em *decididamente*, a sílaba *-di-*, mais fraca do que a sílaba *-men-*, é sem dúvida mais forte do que as outras. Em *inacreditavelmente*, as sílabas *-cre-* e *-ta-*, embora mais débeis do que a sílaba *-men-*, são sensivelmente mais fortes do que as demais. Daí considerarmos PRINCIPAL o acento que recai sobre a sílaba *-men-* (nos dois exemplos) e SECUNDÁRIOS os que incidem sobre a sílaba *-di-* (em *decididamente*) ou sobre as sílabas *-cre-* e *-ta-* (em *inacreditavelmente*).

GRUPO ACENTUAL (OU DE INTENSIDADE)

As palavras não costumam vir isoladas. Geralmente se unem, articulando-se umas com as outras, para formar frases, que são as verdadeiras unidades da fala.

Materialmente, a frase constitui uma cadeia sonora com seus acentos principais e secundários a que pode estar subordinado mais de um vocábulo. Cada segmento de frase dependente de um acento tônico chama-se GRUPO ACENTUAL OU DE INTENSIDADE.

Por exemplo, no período atrás mencionado:

> Dias e noites os horizontes se repetem.

há sete vocábulos que, de acordo com a rapidez ou lentidão da pronúncia, podem agrupar-se debaixo de três ou quatro acentos principais.

Numa emissão pausada, que ressalte os elementos significativos, o período em exame terá quatro grupos acentuais:

> / Dias / e noites / os horizontes / se repetem./

Se imprimirmos, porém, ritmo acelerado à pronúncia dos dois primeiros grupos:

> — / Dias / e noites/ —,

verificamos que a sílaba tônica da palavra *dias* se enfraquece, e esse enfraquecimento impede que ela continue a servir de suporte fônico de um grupo acentual. O acento que nela recai de principal torna-se secundário e, consequentemente, o grupo que o tinha por centro de apoio passa a integrar o seguinte, subordinado ao acento da palavra *noites*:

> / Dias e noites /

ÊNCLISE E PRÓCLISE

Denomina-se ÊNCLISE a situação de uma palavra que depende do acento tônico da palavra anterior, com a qual forma, assim, um todo fonético. PRÓCLISE é a situação contrária: a vinculação de uma palavra átona à palavra seguinte, a cujo acento tônico se subordina. São PROCLÍTICOS, por exemplo, o artigo, as preposições e as conjunções monossilábicas. São geralmente ENCLÍTICOS os pronomes pessoais átonos.

A ÊNCLISE e, sobretudo, a PRÓCLISE são responsáveis por frequentes alterações vocabulares. Perdendo o seu acento tônico (a "alma da palavra", no dizer de Diomedes), um vocábulo perde o seu centro de resistência e fica sujeito a reduções violentas.[8] Vejam-se, por exemplo, estes versos de Raul Bopp:

> — Vamos **prás** Índias!
> — Olha! Melhor mesmo é buscar vento mais **pro** fundo.

em que aparecem as formas *prás* e *pro*, abreviações de *para as* e *para o* provocadas pela PRÓCLISE. Também a forma *seu* (por *senhor*), que ocorre neste passo de Marques Rebelo:

> Segura esta, **seu** Fagundes!...

é um caso de redução proclítica. Se disséssemos, por exemplo:

> Fagundes, o **senhor** segura esta!...

não seria mais possível a substituição de *senhor* por *seu*, já que a autonomia acentual da palavra a resguardaria de qualquer mutilação.

ACENTO DE INSISTÊNCIA

Além dos acentos normais (PRINCIPAL e SECUNDÁRIO), uma palavra pode receber outro, chamado de INSISTÊNCIA, que serve para realçá-la em determinado contexto, quer impregnando-a de afetividade (emoção), quer dando ênfase à ideia que expressa. Daí distinguirmos dois tipos de ACENTO DE INSISTÊNCIA: o ACENTO AFETIVO e o ACENTO INTELECTUAL.

---

[8] Explicam-se também como consequência da PRÓCLISE as formas *cem* (por *cento*), *grão* (por *grande*), *quão* (por *quanto*), *são* (por *santo*), *tão* (por *tanto*) e frequentes elisões, sinalefas e sinéreses, que se observam no enunciado versificado ou na linguagem popular. Veja-se, a propósito, Sousa da Silveira. *Fonética sintática*. Rio de Janeiro, Simões, 1952, especialmente p. 86-125.

Acento afetivo

Se enunciarmos calmamente, sem intenção particular, a frase:

> É um homem miserável,

a pronúncia da palavra *miserável* caracteriza-se por apresentar acentuada apenas a sílaba *-rá-*. É ela emitida com maior intensidade, com maior altura e, às vezes, com maior duração que as demais.

Mas a mesma frase pode ser enunciada num momento em que nos achamos presos de certa emoção. Podemos, por exemplo, estar possuídos de um sentimento de cólera ou de desprezo em relação ao indivíduo que consideramos *miserável*. Esse nosso sentimento exprime-se então foneticamente por um realce particular dado à sílaba inicial *mi-*, que passa a competir na palavra com a tônica *-rá-*. Chega a igualá-la, quanto à intensidade e à altura, e até a superá-la, quanto à duração da vogal e, principalmente, da consoante que a antecede.

No primeiro caso, a palavra recebe apenas um acento; no segundo, ela possui dois, quase equivalentes. A esse novo acento, de caráter emocional, chamamos ACENTO AFETIVO.

Acento intelectual

Com o ACENTO AFETIVO impressionamos determinada palavra de emoção particular. É ele uma espécie de comentário sentimental que fazemos a um elemento do enunciado.

Mas nem sempre o realce sonoro de uma sílaba diversa da tônica normal põe em jogo a nossa sensibilidade aguçada. É por vezes um recurso eficaz de que dispomos para valorizar uma noção, para defini-la, para caracterizá-la, geralmente contrastando-a com outra. Por sua função, denominamos ACENTO INTELECTUAL a esse tipo de ACENTO DE INSISTÊNCIA.

Exemplifiquemos com os seguintes dizeres:

> Esta medida é arbitrária.
> Fez uso exclusivo e abusivo do carro.
> Não se trata de um ato imoral, mas amoral.
> Quero razões objetivas e não subjetivas.

Se quisermos dar relevo significativo às palavras *arbitrária*, *exclusivo*, *abusivo*, *imoral*, *amoral*, *objetivas* e *subjetivas*, imprimimos à sílaba inicial de cada uma delas maior duração, maior altura e, sobretudo, maior intensidade.

Tal como o ACENTO AFETIVO, o ACENTO INTELECTUAL é inesperado, brusco, violento, características que os estremam do acento tônico normal, suporte do grupo rítmico e, portanto, esperado, regular. São justamente essas peculiaridades dos dois tipos de ACENTO DE INSISTÊNCIA que fazem ressaltar vivamente num contexto as palavras sobre as quais eles incidem.

Distinções fundamentais

O ACENTO INTELECTUAL distingue-se do ACENTO AFETIVO não só pela função, mas também por particularidades fonéticas.

Assim:

a) O ACENTO INTELECTUAL recai sempre na primeira sílaba da palavra, seja ela iniciada por consoante, seja por vogal. O ACENTO AFETIVO incide na primeira sílaba da palavra quando esta se inicia por consoante, mas pode recair na sílaba seguinte, se ela começar por vogal. Nas palavras de pequeno corpo o ACENTO AFETIVO costuma coincidir com o acento tônico normal. Comparem-se:

ACENTO INTELECTUAL	ACENTO AFETIVO
São razões **sub**jetivas!	É um homem **mi**serável!
Foi uma ação **ar**bitrária!	É uma pessoa a**bo**minável!
Trata-se de ato **i**legal!	Esta criança é um a**mor**!

b) Ambos reforçam a consoante inicial da sílaba sobre que recaem, mas o realce que dão à vogal seguinte é de natureza diversa. O ACENTO INTELECTUAL aumenta-a em duração, em altura e, sobretudo, em *intensidade*. O ACENTO AFETIVO aumenta-a em intensidade, mas principalmente em *duração* e *altura*.

Capítulo 4

Ortografia
(segundo o Acordo Ortográfico de 1990)

LETRA E ALFABETO

1. Para reproduzirmos, na escrita, as palavras de nossa língua, empregamos certo número de sinais gráficos chamados LETRAS.
   O conjunto ordenado das letras de que nos servimos para transcrever os sons da linguagem falada denomina-se ALFABETO.

2. O ALFABETO da língua portuguesa consta fundamentalmente das seguintes letras:

   a b c d e f g h i j k l m n o p q r s t u v w x y z

   As letras **k**, **w**, e **y**, só se empregam em dois casos:

a) na transcrição de nomes próprios estrangeiros e de seus derivados portugueses:

Franklin	Wagner	Byron
frankliniano	wagneriano	byroniano

b) nas abreviaturas e nos símbolos de uso internacional:

K (= potássio)	kg (= quilograma)	km (= quilômetro)
W. (= oeste)	w (= watt)	yd. (= jarda)

Observações:

O *h* usa-se apenas:

a) no início de certas palavras:

haver	hoje	homem

b) no fim de algumas interjeições:

ah!	oh!	uh!

c) no interior de palavras compostas, em que o segundo elemento, iniciado por *h*, se une ao primeiro por meio de hífen:

anti-higiênico	pré-histórico	super-homem

d) nos dígrafos *ch*, *lh* e *nh*:

chave	talho	banho

NOTAÇÕES LÉXICAS

Além das letras do alfabeto, servimo-nos, na língua escrita, de certo número de sinais auxiliares, destinados a indicar a pronúncia exata da palavra. Esses sinais acessórios da escrita, chamados NOTAÇÕES LÉXICAS, são os seguintes:

O ACENTO

O ACENTO pode ser AGUDO (´), GRAVE (`) e CIRCUNFLEXO (^).

1. O ACENTO AGUDO é empregado para assinalar:

a) as vogais tônicas fechadas *i* e *u*:

a**í**	horr**í**vel	f**í**sico
ba**ú**	aç**ú**car	l**ú**gubre

b) as vogais tônicas abertas e semiabertas *a*, *e* e *o*:

h**á**	am**á**vel	p**á**lido
p**é**	tiv**é**sseis	ex**é**rcito
p**ó**	her**ó**i	in**ó**spito

2. O ACENTO GRAVE é empregado para indicar a crase da preposição *a* com a forma feminina do artigo (*a*, *as*) e com os pronomes demonstrativos *a*(*s*), *aquele*(*s*), *aquela*(*s*), *aquilo*:

à	**à**quele(s)	**à**quilo
às	**à**quela(s)	

3. O ACENTO CIRCUNFLEXO é empregado para indicar o timbre semifechado das vogais tônicas *a*, *e* e *o*:

câmara	**cânhamo**	hispânico
mês	têxtil	fêmea
avô	pôs	cômoro

O TIL

O TIL (~) emprega-se sobre o *a* e *o* para indicar a nasalidade dessas vogais:

maçã	mãe	pão
caixões	põe	sermões

O TREMA

Não se usa TREMA (¨) na ortografia da língua portuguesa, a não ser em nomes e palavras estrangeiras e suas derivadas em português. Assim:

	aguentar	tranquilo	frequente	sanguíneo,
mas	Mülller e mülleriano		Günter	stürmer

O APÓSTROFO

O APÓSTROFO (') serve para assinalar a supressão de um fonema — geralmente a de uma vogal — no verso, em certas pronúncias populares e em palavras compostas ligadas pela preposição *de*:

c'roa	esp'rança	'tá bem! (popular)
pau-d'alho	pau-d'arco	galinha-d'água

A CEDILHA

A CEDILHA (¸) coloca-se debaixo do *c*, antes de *a*, *o* e *u*, para representar a fricativa linguodental surda [s]:

caçar	maciço	açúcar
praça	poço	muçulmano

O HÍFEN

O HÍFEN (-) usa-se:

a) para ligar os elementos de palavras compostas ou derivadas por prefixação:

couve-flor	guarda-marinha	beija-flor
pré-escolar	super-homem	ex-diretor

b) para unir pronomes átonos a verbos:

ofereceram-me	retive-o	levá-la-ei

c) para, no fim da linha, separar uma palavra em duas partes, ou seja, translinear uma sílaba:

estudan- / te	estu- / dante	es- / tudante

Emprego do hífen nos compostos

O emprego do HÍFEN é uma convenção. Estabeleceu-se que "só se ligam por HÍFEN os elementos das palavras compostas em que se mantém a noção da composição, isto é, os elementos das palavras compostas que guardam a sua independência fonética, conservando cada um a sua própria acentuação, porém formando o conjunto perfeita unidade de sentido". Dentro desse princípio, deve-se empregar o HÍFEN:

1.º) nos compostos cujos elementos, reduzidos ou não, perderam a sua significação própria: *água-marinha, arco-íris, para-choque, bel-prazer, és-sueste, monta-carga, marca-passo, lero-lero, mata-mata* etc.;

Nos seguintes casos os elementos se aglutinam, sem hífen portanto: *girassol, madressilva, mandachuva, passatempo, pontapé, paraquedas, paraquedismo, paraquedista*;

2.º) nos compostos com o primeiro elemento de forma adjetiva, reduzida ou não: *afro-asiático, dólico-louro, galego-português, greco-romano, histórico-geográfico, ínfero-anterior, latino-americano, luso-brasileiro, lusitano-castelhano*;

3.º) nos topônimos compostos iniciados pelos adjetivos Grã, Grão, ou por forma verbal, ou quando os elementos estão ligados por artigo: *Grã-Bretanha, Grão-Pará, Passa-Quatro, Todos-os-Santos, mas Belo Horizonte, Cabo Verde, Santa Catarina* (estes sem hífen porque não se enquadram na regra) etc.;

4.º) em palavras compostas que designam espécies botânicas e zoológicas estejam ou não ligadas por preposição ou por qualquer outro elemento: *bem-me-quer, ervilha-de-cheiro, formiga-branca, bem-te-vi* etc.

Obs.: *malmequer* já se escrevia aglutinadamente, e essa exceção é mantida;

5.º) nos compostos com os advérbios *bem-* e *mal-*, quando o elemento seguinte começa por *vogal* ou *h*: *bem-educado, bem-humorado, mal-agradecido, mal-habituado*;

O advérbio *bem*, ao contrário de *mal*, pode não se aglutinar com o segundo elemento quando ele começa por consoante: *bem-nascido, malnascido, bem-falante, malfalante, bem-mandado, malmandado* etc.; mas, em muitos compostos, *bem* aglutina-se com o segundo elemento: *benfazejo, benfeito, benfeitor, benquerença* etc.;

6.º) nos compostos com *sem, além, aquém e recém*: *sem-cerimônia, além-mar, aquém-fronteiras, recém-casado*;

7.º) **não** se usa HÍFEN em locuções de qualquer tipo, sejam, substantivas, adjetivas, pronominais, adverbiais, prepositivas ou conjuncionais, salvo as seguintes exceções: *água-de-colônia, arco-da-velha, cor-de-rosa, mais-que-perfeito, pé-de-meia* (pecúlio), *ao deus-dará, à queima-roupa.* Portanto: *fim de semana, sala de jantar, cor de café, cada um, quem quer que seja, à vontade, depois de amanhã, a fim de, acerca de, contanto que, visto que* etc.

Emprego do hífen nas formações por prefixação, recomposição e sufixação

1.º) Nas formações com prefixos, como *ante-, anti-, circum-, co-, contra-, entre- extra-, hiper-, infra-, intra-, pós-, pré-, sobre-, sub-, super-, ultra-* etc., e em formações por recomposição com falsos prefixos ou pseudoprefixos (de origem grega ou latina) como *aero-, agro-, arqui-, auto-, hio-, eletro-, geo-, hidro-, inter-, macro-, maxi-, micro-, mini-, multi-, neo-, pan-, pluri-, proto-, pseudo-, retro-, semi-, tele-* etc, só se usa HÍFEN;

a) nas formações em que o segundo elemento começa por *h*: *anti-histamínico, pan-helênico, sobre-humano, sub-hepático, super-homem* etc.;
   Obs.: como exceção a essa regra, *co-, des-, dis-, in-* e *re* se aglutinam com o segundo elemento, eliminando o *h*: *coabitar, coerdeiro, desumano, disidria, inábil, reabilitar, reospitalizar* etc.;

b) nas formações em que o prefixo ou pseudoprefixo termina na mesma vogal pela qual começa o segundo elemento: *anti-inflacionário, neo-ortodoxo, semi-interno, supra-auricular, arqui-inimigo, sobre-edificar, ante-estreia*;
   Obs.: são exceções a essa regra *co- e re-*: *coordenar, coobrigação, reeleição, reerguer* etc;

c) nas formações com o prefixo circum- e o pseudoprefixo pan- quando o segundo elemento começa por vogal, *m* ou *n* (além do *h* já mencionado na regra geral): *circum-navegação, circum-mediterrâneo, circum-oceânico, pan-oftálmico, pan-nacionalismo*;

d) nas formações com os prefixos *hiper-, inter-* e *super-*, quando o segundo elemento começa por *r*: *hiper-religioso, inter-relacionado, super-resistente*;

e) nas formações com os prefixos *ex-* (estado anterior, cessamento), *sota-, soto-, vice-* (ou *vizo*): *ex-aluno, ex-presidente, sota-piloto, soto-mestre, vice-almirante, vice-governador, vizo-rei*

f) nas formações com os prefixos tônicos *pós-, pré-* e *pró-* (as formas átonas se aglutinam com o segundo elemento): *pós-graduação* (mas *pospor*), *pré-universitário* (mas *predizer*), *pró-africano* (mas *proativo*);

g) com *ab-*, *ad-*, *ob-*, *sob-*, *e sub-*, quando seguidos de radical iniciado por *r* ou pela mesma consoante em que termina o prefixo: *ab-rogar, ad-rogação, ob-reptício, sob-roda sub-reino, ad-digital, sub-bibliotecário;*

2.º) Não se usa HÍFEN:

a) nas formações em que o prefixo ou pseudoprefixo termina em vogal, e o segundo elemento começa por r ou s, que devem ser duplicados: *contrarregra, suprarrenal, pseudorreação, antisséptico, ultrassom, minissaia*;

b) nas formações em que o prefixo ou pseudoprefixo termina em vogal, e o segundo elemento começa por vogal diferente ou consoante (com exceção dos casos particulares já mencionados de *h, r* e *s*: *extraescolar, antiaéreo, autoeducação, autodidata, extracurricular, supramencionado, hidroeletricidade, microcâmera, intracelular* etc.

c) em locuções, de qualquer tipo, com exceção de água-de-colônia, arco-da-velha, cor-de-rosa, mais-que-perfeito, pé-de-meia, ao deus-dará, à queima-roupa e em nomes de plantas ou animais.

3.º) Nas formações por sufixação, só se emprega o HÍFEN em vocábulos terminados em sufixos de origem tupi-guarani que representam formas adjetivas (como *-açu*, *-guaçu*, *-mirim*) quando o primeiro elemento termina em vogal acentuada graficamente ou quando a pronúncia exige a distinção gráfica dos dois elementos: *amoré-guaçu, andá-açu, Ceará-Mirim, capim-açu.*

Emprego do hífen na ênclise, na mesóclise e com as formas do verbo haver

1.º) Emprega-se o HÍFEN na ênclise e na mesóclise (ou tmese): *amá-lo, faz-se, dizer-lhe, amá-lo-emos, enviar-lhe-ei.*

2.º) Usa-se HÍFEN nas ligações de formas pronominais enclíticas ao advérbio *eis* e nas combinações de formas pronominais quando em próclise:

eis-me, ei-lo, eis-nos;

no-lo, vo-las.

3.º) Não se usa HÍFEN nas ligações da preposição *de* às formas monossilábicas do presente do indicativo do verbo *haver: hei de, hás de, há de, hão de.*

Partição das palavras no fim da linha

Quando não há espaço no fim da linha para escrevermos uma palavra inteira, podemos dividi-la em duas partes. Essa separação, que se indica por meio de um HÍFEN, obedece às regras de silabação. São inseparáveis os elementos constituintes de cada sílaba.

Convém, portanto, serem respeitadas as seguintes normas:

1.ª) Não se separam as letras com que representamos:

a) os ditongos e os tritongos, bem como os grupos *ia, ie, io, oa, ua, ue* e *uo*, que, quando átonos finais, soam normalmente numa sílaba (DITONGO CRESCENTE), mas podem ser pronunciados em duas (HIATO):

au-ro-ra	Pa-ra-guai	má-goa
mui-to	gló-ria	ré-gua
par-tiu	cá-rie	tê-nue
a-guen-tar	Má-rio	con-tí-guo

b) os encontros consonantais que iniciam sílaba e os dígrafos *ch*, *lh* e *nh*:

pneu-má-ti-co	a-bro-lhos	ra-char
psi-có-lo-go	es-cla-re-cer	fi-lho
mne-mô-ni-co	re-gre-dir	ma-nhã

2.ª) Separam-se as letras com que representamos:

a) as vogais de hiatos:

co-or-de-nar	fi-el	ra-i-nha
ca-í-eis	mi-ú-do	sa-ú-de

b) as consoantes seguidas que pertencem a sílabas diferentes:

ab-di-car	bis-ne-to	sub-ju-gar
abs-tra-ir	oc-ci-pi-tal	subs-cre-ver

3.ª) Separam-se também as letras dos dígrafos *rr*, *ss*, *sc*, *sç* e *xc*:

ter-ra	des-cer	cres-ça
pro-fes-sor	abs-ces-so	ex-ce-der

Observações:

1.ª) Quando a palavra já se escreve com HÍFEN – quer por ser composta, quer por ser uma forma verbal seguida de pronome átono –, e coincidir o fim da linha com o lugar onde está o hífen, recomenda-se repeti-lo, por clareza, no início da linha seguinte.

Assim:

couve-flor = couve- / -flor
unamo-nos = unamo- / -nos

Observe-se a diferença de significado que ocorre em separação do pronome sem a indicação do hífen:

Prazer de ver- -me	e não	Prazer de ver- me

2.ª) Embora o sistema ortográfico vigente o permita, não se deve escrever no princípio ou no fim da linha uma só vogal. Evite-se, por conseguinte, a partição de vocábulos como *água, aí, aqui, baú, rua*, etc. Melhor será também que se dividam vocábulos como *abrasar, aguentar, agradar, equidade, ortografia, pavio* e outros apenas nos lugares indicados pelo HÍFEN:

abra-sar	aguen-tar	agra-dar
equi-da-de	or-to-gra-fia	pa-vio

REGRAS DE ACENTUAÇÃO

A acentuação gráfica obedece às seguintes regras:

1.ª) Assinalam-se com acento agudo os vocábulos oxítonos que terminam em *a* aberto, *e* e *o* semiabertos, e com acento circunflexo os que acabam em *e* e *o* semifechados, seguidos, ou não, de *s*: *cajá, hás, jacaré, pés, seridó, sós*; *dendê, lês, trisavô*; etc.

Observação:

Nesta regra se incluem as formas verbais em que, depois de *a, e, o*, se assimilaram o *r*, o *s* e o *z* ao *l* dos pronomes *lo, la, los, las*, caindo depois o primeiro *l*: *dá-lo, contá-la, fá-lo-á, fê-los, movê-las-ia, pô-los, qué-los, sabê-lo-emos, trá-lo-ás*, etc.

2.ª) Todas as palavras proparoxítonas devem ser acentuadas graficamente: recebem acento agudo as que têm na antepenúltima sílaba as vogais *a* aberta, *e* ou *o* semiabertas, *i* ou *u*; e levam acento circunflexo aquelas em que figuram na sílaba predominante as vogais *a, e* ou *o* semifechadas: *árabe, exército, gótico, límpido, louvaríamos, público, úmbrico; lâmina, lâmpada, devêssemos, lêmures, pêndula, fôlego, recôndito*, etc.

Observações:

1.ª) Incluem-se neste preceito os vocábulos terminados em encontros vocálicos que costumam ser pronunciados como ditongos crescentes: *área, espontâneo, ignorância, imundície, lírio, mágoa, régua, vácuo*, etc.

2.ª) Nas palavras proparoxítonas que têm, na antepenúltima sílaba, as vogais *a, e* e *o* seguidas de *m* ou *n*, estas são, no português-padrão do Brasil, sempre semifechadas (em geral nasalizadas), razão por que levam acento circunflexo. No português-padrão de Portugal, podem ser semifechadas ou semiabertas, pelo que a ortografia em vigor faculta que se lhes ponha acento circunflexo, se forem semifechadas, e acento agudo, se semiabertas. Por isso, de acordo com a pronúncia-padrão, escrevem-se no Brasil: *âmago, ânimo, fêmea, sêmola, cômoro* e, da mesma forma, *acadêmico, anêmona, cênico, Amazônia, Antônio, fenômeno, quilômetro*; ao passo que em Portugal, também de acordo com a pronúncia-padrão, se adotam as grafias *âmago, ânimo, fêmea, sêmola, cômoro*, mas *académico, anémona, cénico, Amazónia, António, fenómeno, quilómetro*.

3.ª) Os vocábulos paroxítonos finalizados em *i* ou *u*, seguidos, ou não, de *s*, marcam-se com acento agudo quando na sílaba tônica figuram *a* aberto, *e* ou *o* semiabertos, *i* ou *u fechados*; e com circunflexo quando nela figuram *a, e* e *o* semifechados: *lápis, beribéri, miosótis, íris, júri, dândi, tênis, bônus.*

Observações:

1.ª) Paralelamente ao que ocorre com as palavras proparoxítonas, nas paroxítonas, que têm na penúltima sílaba as vogais *a, e* e *o* seguidas de *m* ou *n*, estas são, no português-padrão do Brasil, sempre semifechadas (em geral nasalizadas), pelo que levam acento circunflexo. No português-padrão de Portugal podem ser ou semifechadas ou semiabertas, pelo que recebem acento circunflexo, se são semifechadas, e acento agudo, se semiabertas – essas as razões por que se adotam, no Brasil, as grafias *ânus, certâmen*, e também *fêmur, Fênix, tênis, ônus, bônus*; ao passo que, em Portugal, se escrevem *ânus, certâmen (como no Brasil)*, mas *fémur, Fénix, ténis, ónus, bónus.*

2.ª) Entre as palavras paroxítonas, cumpre ressaltar o caso da 1.ª pessoa do plural dos verbos da 1.ª conjugação, que, no presente e no pretérito perfeito do indicativo, apresentam *a* tônico seguido de *m*. No português-padrão do Brasil (e em vários dialetos portugueses meridionais) a vogal é igualmente semifechada nos dois tempos, enquanto no português-padrão de Portugal ela é semifechada no presente e aberta no pretérito perfeito do indicativo.[1] Assim sendo, nenhuma das formas é acentuada no Brasil, mas admite-se, facultativamente, o acento agudo na 1ª pessoa do plural do pretérito perfeito: *amamos* (presente), *amámos* (pretérito perfeito).

3.ª) Também no português-padrão do Brasil, a forma *demos* pronuncia-se com *e* semifechado [e], seja ela 1.ª pessoa do presente do subjuntivo ou do pretérito perfeito do indicativo, razão por que não recebe nenhum acento gráfico. É facultativa a forma *dêmos* no presente do subjuntivo. Já no português-padrão europeu, a vogal é semifechada no presente do subjuntivo [e] e semiaberta no pretérito perfeito do indicativo [ɛ], pelo que a ortografia portuguesa admite apor-lhe um acento agudo no segundo caso. Daí as grafias *demos* (presente do subjuntivo) e *démos* (pretérito perfeito do indicativo).

4.ª) No português-padrão do Brasil, não há mais acento gráfico nas vogais *e* e *o* semiabertas dos ditongos *ei* e *oi* quando em sílaba tônica de palavras paroxítonas: *assembleia, hebreia, ideia, epopeico, joia, tipoia, heroico, apoio*; as mesmas vogais, quando semifechadas, tampouco recebem acento: *meia, cheia, maneira, apoio, joio, açoite.*

No português-padrão de Portugal, não se diferenciam fonicamente *éi* e *ei*, razão por que o *e* nunca foi acentuado. O ditongo é no caso sempre pronunciado [ɑj].

Os ditongos semiabertos *éi, éu, ói*, quando tônicos em palavras oxítonas, proparoxítonas e paroxítonas terminadas em ditongos crescentes, recebem o acento: *bacharéis, chapéu, rouxinóis, herói, aracnóideo*, etc.

5.ª) As palavras paroxítonas terminadas em *-oo*, que têm a mesma pronúncia (fechada) em todo o domínio do idioma, não são acentuadas graficamente: *enjoo, voo.*

6.ª) Emprega-se o acento circunflexo sobre a vogal tônica semifechada da forma *pôde*, do pretérito perfeito do indicativo, para distingui-la de *pode*, do presente do indicativo, com vogal tônica semiaberta. Também recebe acento o verbo *pôr* para distingui-lo da preposição *por*. É facultativo o acento circunflexo em *fôrma(s)*, para distinguir do substantivo *formas* e das flexões *formas* e *forma*, do verbo *formar*.

---

[1] Em certos dialetos portugueses setentrionais, a vogal *a* é, em geral, aberta nos dois tempos.

7.ª) As palavras paroxítonas terminadas em *-um, -uns* recebem acento agudo na sílaba tônica: *álbum, álbuns*, etc.

8.ª) Não se acentuam os pseudoprefixos paroxítonos terminados em *-i*: *semi-oficial*, etc.

4.ª) Põe-se acento agudo no *i* e no *u* tônicos que não formam ditongo com a vogal anterior: *aí, balaústre, cafeína, caís, contraí-la, distribuí-lo, egoísta, faísca, heroína, juízo, país, peúga, saía, saúde, timboúva, viúvo*, etc.

Observações:

1.ª) Não se coloca o acento agudo no *i* e no *u* quando, precedidos de vogal que, com eles, não forma ditongo, e são seguidos de *l, m, n, r* ou *z* que não iniciam sílabas e, ainda, *nh*: *adail, contribuinte, demiurgo, juiz, paul, retribuirdes, ruim, tainha, ventoinha*, etc.

2.ª) Quando as vogais *i* e *u* ocorrem na sílaba tônica de palavras paroxítonas, não recebem acento gráfico se são precedidas de ditongo: *baiuca, boiuno, feiura.*

Atenção: essa regra não incide em palavras oxítonas e proparoxítonas, como *aiúbida, bauínia, teiú, tuiuiús.*

3.ª) Também não se assinala com acento agudo a base dos ditongos tônicos *iu* e *ui* quando precedidos de vogal: *atraiu, contribuiu, pauis*, etc.

5.ª) Não recebe acento agudo o *u* tônico precedido de *g* ou *q* e seguido de *e* ou *i* nas flexões rizotônicas dos verbos *arguir, redarguir, aguar, apaniguar, apaziguar, apropinquar, averiguar, obliquar, desaguar, enxaguar, obliquar, delinquir* e afins: *argui, arguis, redargui, redarguem* etc.

Nos verbos *aguar, apaniguar, apaziguar, apropinquar, averiguar, obliquar, desaguar, enxaguar, obliquar, delinquir*, as formas rizotônicas ou são acentuadas no *u* , mas sem acento gráfico (como em *arguir* e *redarguir*) ou têm as formas *averíguo, averígues, enxáguo, enxágues, delínquo, delínquem* etc.

6.ª) Marca-se com o acento agudo o *e* da terminação *em* ou *ens* das palavras oxítonas: *alguém, armazém, convém, convéns, detém-no, mantém-na, parabéns, retém-no, também*, etc.

Observação:

1.ª) Não se acentuam graficamente os vocábulos paroxítonos finalizados por *em* ou *ens*: *ontem, origem, imagens, jovens, nuvens*, etc.

2.ª) A terceira pessoa do plural do presente do indicativo dos verbos *ter, vir* e seus compostos recebe acento circunflexo no *e* da sílaba tônica: (*eles*) *contêm*, (*elas*) *convêm*, (*eles*) *têm*, (*elas*) *vêm*, etc.

3.ª) Não recebem acento circunflexo oriundo do singular *crê, dê, lê, vê* as formas plurais desses verbos e de seus compostos: *creem, deem, leem, veem, descreem, desdeem, releem, reveem*, etc.

7.ª) Sobrepõe-se o acento agudo ao *a* aberto, ao *e* ou *o* semiabertos e ao *i* ou *u* da penúltima sílaba dos vocábulos paroxítonos que acabam em *l*, *n*, *r*, e *x*; e o acento circunflexo ao *a*, *e* e *o* semifechados: *açúcar*, *afável*, *alúmen*, *córtex*, *éter*, *hífen*, *aljôfar*, *âmbar*, *cânon*, *êxul*, etc.

Observações:

Não se acentuam graficamente os prefixos paroxítonos terminados em *r*: *inter-humano*, *super-homem*, etc.

8.ª) Marca-se com o competente acento, agudo ou circunflexo, a vogal da sílaba tônica dos vocábulos paroxítonos acabados em ditongo oral: *ágeis*, *devêreis*, *escrevêsseis*, *faríeis*, *férteis*, *fósseis*, *fôsseis*, *imóveis*, *jóquei*, *pênseis*, *pusésseis*, *quisésseis*, *tínheis*, *túneis*, *úteis*, *variáveis*, etc.

9.ª) Usa-se o til para indicar a nasalização, e vale como acento tônico se outro acento não figura no vocábulo: *afã*, *capitães*, *coração*, *devoções*, *põem*, etc.

Observação:

Se é átona a sílaba onde figura o til, acentua-se graficamente a predominante: *acórdão*, *bênção*, *órfã*, etc.

10.ª) Como já mencionado, não se usa trema para indicar a pronúncia do *u* quando precedido de *g* e de *q*, a não ser em palavras e nomes estrangeiros e suas derivadas em português; mantém-se a pronúncia do *u* mas grafa-se: *aguentar*, *arguição*, *eloquente*, *tranquilo*, *frequente* etc.

11.ª) Não têm acento diferencial as palavras homógrafas paroxítonas
para (flexão de *parar*), *para* (preposição)
pela(s) (s.f.), *pela(s)* (flexão de *pelar*), *pela(s)* [ê] (por+a[s])
pelo (flexão de *pelar*), *pelo(s)[ê]* (s.m.), *pelo(s)[ê]* (por+o[s])
pera(s)[é] (s.f.), *pera(s)[ê]* (s.f.), *pera [é]* (prep. *para*)
polo(s)[ó] (s.m.), *polo(s)[ô]* (por+lo[s]), *polo(s)[ô] (s.m.)* ('falcão', 'gavião')

---

[2] Em Portugal, a ortografia oficialmente adotada é a do *Acordo ortográfico* de 1945, assinado em Lisboa, a 10 de agosto de 1945, por uma Comissão composta de membros da Academia das Ciências de Lisboa e da Academia Brasileira de Letras. Esse *Acordo* não entrou em vigor no Brasil por não ter sido ratificado pelo Congresso Nacional.

[3] No Brasil vigoram oficialmente as normas do *Formulário ortográfico* de 1943, consubstanciadas no *Vocabulário ortográfico*, publicado no mesmo ano, com as leves alterações determinadas pela Lei n.º 5.765, de 18 de dezembro de 1971.

[4] Há, porém, no português-padrão de Portugal, vogais pretônicas, provenientes de antiga crase, que conservam o timbre aberto ([a]) ou semiaberto ([e], [ɔ]), sem que o fato seja assinalado na escrita. Assim: *padeiro*, *pegada*, *corar*.

12.ª) O acento grave assinala as contrações da preposição *a* com o artigo *a* e com os pronomes demonstrativos *a*, *aquele*, *aqueloutro*, *aquilo*, as quais se escreverão assim: *à*, *às*, *àquele*, *àqueles*, *àquelas*, *àquilo*, *àqueloutro*, *àqueloutra*, *àqueloutros*, *àqueloutras*.

DIVERGÊNCIAS ENTRE AS ORTOGRAFIAS OFICIALMENTE ADOTADAS EM PORTUGAL E NO BRASIL

Além das divergências atrás mencionadas que dizem respeito à diversidade de pronúncia de certas vogais tônicas – em virtude da qual admite-se a dupla grafia —, persiste ainda uma importante diferença entre os sistemas ortográficos oficialmente adotados em Portugal e no Brasil[1]: o tratamento das chamadas "consoantes mudas"

No Brasil, por disposição do *Formulário ortográfico* de 1943, as consoantes etimológicas finais de sílaba (implosivas), quando não articuladas — ou seja, quando "mudas" — deixaram de se escrever. Em Portugal, no entanto, em conformidade com o texto do *Acordo* de 1945, continuaram a ser grafadas sempre que se seguem às vogais átonas *a* (aberta), *e* ou *o* (semiabertas), como forma de indicar a abertura dessas vogais. Por uma razão de coerência, mantêm-se tais consoantes em sílaba tônica nas palavras pertencentes à mesma família ou flexão.

Essa forma de distinguir, no português europeu, as pretônicas abertas ou semiabertas das reduzidas não se justifica no Português do Brasil, em cuja pronúncia-padrão não há pretônicas reduzidas, tendo-se as vogais nesta posição neutralizado num *a* aberto e num *e* ou num *o* semifechados. Daí escrever-se em Portugal: *acto*, *acção*, *accionar*, *accionista*, *baptismo*, *baptizar*, *director*, *correcto*, *correcção*, *óptimo*, *optimismo*, *adoptar*, *adopção*; e no Brasil: *ato*, *ação*, *acionar*, *acionista*, *batismo*, *batizar*, *diretor*, *correto*, *correção*, *ótimo*, *otimismo*, *adotar*, *adoção*.

Existe, no entanto, certo número de palavras em que a consoante final de sílaba é articulada tanto em Portugal como no Brasil e, nesse caso, a ortografia dos dois países é uniforme. Assim: *autóctone*, *compacto*, *apto*, *inepto*, etc.

Raríssimos são os exemplos que se apontam em que esta consoante é efetivamente pronunciada em Portugal e não no Brasil, como *facto* (em Portugal) e *fato* (no Brasil).

Finalmente, há casos em que se verifica uma oscilação em ambas as variantes do português e nos quais a ortografia brasileira (e não a portuguesa) admite grafias duplas: *aspecto* / *aspeto*, *dactilografia* / *datilografia*, *infecção* / *infeção*, etc. (em Portugal as únicas grafias admitidas são *aspecto*, *dactilografia*, *infecção* etc.)

---

[5] As regras ortográficas para o Brasil, Portugal e todos os países lusófonos foram modificadas pelo Acordo Ortográfico de 1990, que entrou em vigor no Brasil a partir de 2009, e que admite esses casos de dupla grafia.

Capítulo 5

Classe, estrutura e formação de palavras

PALAVRA E MORFEMA

1. Uma língua é constituída de um conjunto infinito de frases. Cada uma delas possui uma face sonora, ou seja a cadeia falada, e uma face significativa, que corresponde ao seu conteúdo. Uma frase, por sua vez, pode ser dividida em unidades menores de som e significado — as PALAVRAS — e em unidades ainda menores, que apresentam apenas a face significante — os FONEMAS.
As palavras são, pois, unidades menores que a frase e maiores que o fonema. Assim, na frase

> Évora! Ruas ermas sob os céus
> Cor de violetas roxas...
> (F. Espanca, *S*, 149)

distinguimos dez palavras, todas com independência ortográfica. E em cada uma dessas palavras identificamos um certo número de fonemas.
Por exemplo, cinco em *Évora*:

/e/ /v/ /o/ /r/ /a/,

e quatro em *ruas*:

/r/ /u/ /a/ /s/

2. Existem, no entanto, unidades de som e conteúdo menores que as palavras. Assim, em *ruas* temos de reconhecer a existência de duas unidades significati-

vas: *rua* e *-s*. O primeiro elemento – *rua* – também se emprega como palavra isolada ou serve para formar outras palavras isoladas: *arruaça*, *arruamento*, etc. Já a forma plural *-s*, que vai aparecer no final de muitas outras palavras (*ermas*, *céus*, *violetas*, *roxas*, etc.), nunca poderá realizar-se como palavra individual, autônoma.

A essas unidades significativas mínimas dá-se o nome de MORFEMA.

3. Os morfemas podem apresentar variação, por vezes acentuada, em suas realizações fonéticas. É o caso do morfema plural do português, cuja pronúncia está sempre condicionada à natureza do som seguinte.

   Nos falares de Lisboa e do Rio de Janeiro, por exemplo, o *-s* plural de *casas* assume forma fonética diferente em cada um dos três enunciados:

   > Casas amarelas.
   > Casas bonitas.
   > Casas pequenas.

   Realiza-se:

a) como [z], ao ligar-se à vogal inicial da palavra *amarelas*;
b) como [ʒ], antes da palavra *bonitas*, iniciada por consoante sonora;
c) como [ʃ], antes da palavra *pequenas*, iniciada por consoante surda.

A última realização [ʃ] é também a que apresenta o morfema de plural diante de pausa, como podemos observar nas formas *amarelas*, *bonitas* e *pequenas* dos exemplos citados.

A essas manifestações fonéticas diferentes de um único morfema dá-se o nome de VARIANTE DE MORFEMA ou ALOMORFE.

TIPOS DE MORFEMAS

1. Quando, na análise da palavra *ruas*, distinguimos dois morfemas, observamos que um deles – *rua* – forma por si só um vocábulo, enquanto o morfema *-s* não tem existência autônoma, aparecendo sempre ligado a um morfema anterior. Os linguistas costumam chamar MORFEMAS LIVRES os que podem figurar sozinhos como vocábulos, e MORFEMAS PRESOS aqueles que não se encontram nunca isolados, com autonomia vocabular.

2. Quanto à natureza da significação, os morfemas classificam-se em LEXICAIS e GRAMATICAIS.

   Os morfemas lexicais têm significação *externa*, porque referente a fatos do mundo extralinguístico, aos símbolos básicos de tudo o que os falantes distinguem na realidade objetiva ou subjetiva.

Assim:

Évora	céu	roxa	tristeza
erma	cor	rua	violeta

Já a significação dos morfemas gramaticais é *interna*, pois deriva das relações e categorias levadas em conta pela língua. Assim, em nossa frase-exemplo, o artigo *o*, as preposições *de* e *sob*, a marca de feminino *-a* (*rox-a, erm-a*) e a de plural *-s* (*rua-s, erma-s, o-s, céu-s, violeta-s, roxa-s*).

3. Outras características, não semânticas, opõem os morfemas lexicais aos gramaticais. Aqueles são de número elevado, indefinido, em virtude de constituírem uma classe aberta, sempre passível de ser acrescida de novos elementos; estes pertencem a uma série fechada, de número definido e restrito no idioma. Em decorrência, se os examinarmos num dado texto, verificaremos que os primeiros apresentam frequência média baixa, em contraste com a frequência média alta dos últimos.

Observações:

1.ª) Os morfemas lexicais são também chamados LEXEMAS ou SEMANTEMAS. Aos morfemas gramaticais linguistas modernos costumam dar o nome de GRAMEMAS ou de FORMANTES.

2.ª) Não se deve confundir o conceito de significação linguística interna, aplicável aos morfemas gramaticais, com a ideia de morfema vazio, desprovido de conteúdo, infelizmente muito vulgarizada. Basta atentarmos nos efeitos que a autora do texto abaixo obtém da oposição entre as preposições *em, com, para* e *por* para nos certificarmos de que os morfemas gramaticais têm a sua significação própria:

> Hoje eu queria andar lá em cima,
> nas nuvens,
> com as nuvens,
> pelas nuvens,
> para as nuvens.
>
> (C. Meireles, Q, I, 119.)

CLASSES DE PALAVRAS

1. Estabelecida a distinção entre morfema lexical e morfema gramatical, podemos agora relacionar cada um deles com as CLASSES DE PALAVRAS.
São morfemas lexicais os substantivos, os adjetivos, os verbos e os advérbios de modo. São morfemas gramaticais os artigos, os pronomes, os numerais,

as preposições, as conjunções e os demais advérbios, bem como as formas indicadoras de número, gênero, tempo, modo ou aspecto verbal.

2. As classes de palavras podem ser também agrupadas em VARIÁVEIS e INVARIÁVEIS, de acordo com a possibilidade ou a impossibilidade de se combinarem com os morfemas flexionais ou desinências.
São variáveis os substantivos, os adjetivos, os artigos e certos numerais e pronomes, que se combinam com morfemas gramaticais que expressam o gênero e o número; o verbo, que se liga a morfemas gramaticais denotadores do tempo, do modo, do aspecto, do número e da pessoa.
São invariáveis os advérbios, as preposições, as conjunções e certos pronomes, classes que não admitem se lhes agregue uma desinência.
A interjeição, vocábulo-frase, fica excluída de qualquer das classificações.

ESTRUTURA DAS PALAVRAS

RADICAL

Ao que chamamos até agora MORFEMA LEXICAL dá-se tradicionalmente o nome de RADICAL. É o radical que irmana as palavras da mesma família e lhes transmite uma base comum de significação.

A ele se agregam, como vimos, os MORFEMAS GRAMATICAIS, que podem ser uma DESINÊNCIA (ou MORFEMA FLEXIONAL), um AFIXO (ou MORFEMA DERIVACIONAL) ou uma VOGAL TEMÁTICA.

DESINÊNCIA

As DESINÊNCIAS, ou MORFEMAS FLEXIONAIS, servem para indicar:

a) o gênero e o número dos substantivos, dos adjetivos e de certos pronomes;
b) o número e a pessoa dos verbos.

Assim, no adjetivo *ermas* e numa forma verbal como *renovamos*, temos as seguintes desinências:

-a, para caracterizar o feminino (em *ermas*);
-s, para denotar o plural (em *ermas*);
-mos, para expressar a 1.ª pessoa do plural (em *renovamos*).

Há, por conseguinte, em português DESINÊNCIAS NOMINAIS e DESINÊNCIAS VERBAIS.

DESINÊNCIAS NOMINAIS. São:

GÊNERO		NÚMERO	
Masculino	**Feminino**	**Singular**	**Plural**
-o	-a	–	-s

O SINGULAR caracteriza-se pela ausência de qualquer desinência, ou melhor, pela DESINÊNCIA-ZERO, pois a falta, no caso, é um sinal particularizante.

DESINÊNCIAS VERBAIS. As flexões de pessoa e número são expressas nos verbos por desinências especiais, que podemos distribuir por três grupos: desinências do presente do indicativo, do pretérito perfeito do indicativo e do infinitivo pessoal (= futuro do subjuntivo):

	PRESENTE		PRETÉRITO PERFEITO		INFINITIVO PESSOAL FUT. DO SUBJUNTIVO	
Pessoa	**Singular**	**Plural**	**Singular**	**Plural**	**Singular**	**Plural**
1.ª	-o	-mos	-i	-mos	–	-mos
2.ª	-s	-is (-des)	-ste	-stes	-es	-des
3.ª	–	-m	-u	-ram	–	-em

Nas outras formas finitas, as desinências são as mesmas do presente do indicativo, salvo na primeira pessoa do singular, que, como a terceira, se caracteriza pela falta de qualquer desinência.

Observação:

Para facilitar a aprendizagem, dissemos que a DESINÊNCIA da 3.ª pessoa do plural é *-m* (ou *-ram, -em*). Mas, em verdade, o *-m* que aí aparece é um mero símbolo gráfico, pois nestas formas verbais as terminações *-am* e *-em* são apenas modos de representar, na escrita, os ditongos nasais átonos [ɐ̃w] e [ẽj].

AFIXO

Os AFIXOS, ou MORFEMAS DERIVACIONAIS, são elementos que modificam geralmente de maneira precisa o sentido do radical a que se agregam. Os AFIXOS que se antepõem ao radical chamam-se PREFIXOS; os que a ele se pospõem denominam-se SUFIXOS.

Assim, em *desterrar* e *renovamos* aparecem os PREFIXOS:

des-, que empresta ao primeiro verbo a ideia de separação;
re-, que ao segundo acrescenta o sentido de repetição de um fato.

Os SUFIXOS, como as desinências, unem-se à parte final do radical. Mas, enquanto estas caracterizam apenas o gênero, o número ou a pessoa da palavra, sem lhe alterar o sentido lexical ou a classe, os SUFIXOS transformam substancialmente o radical a que se juntam.

Assim, em *terroso, terreiro, novinho* e *novamente*, encontramos os SUFIXOS:

-oso, que do substantivo *terra* forma um adjetivo (*terroso*);
-eiro, que do substantivo *terra* forma outro substantivo (*terreiro*);
-inho, que do adjetivo *novo* forma um diminutivo (*novinho*);
-mente, que do feminino do adjetivo *novo* forma um advérbio (*novamente*).

Observação:

Esta distinção entre sufixo e desinência, nem sempre observada pelos linguistas modernos, pertence à análise mórfica tradicional.

Poderíamos simplificar a classificação desses morfemas gramaticais:

1.º) considerando-os apenas sob o aspecto formal, caso em que a denominação de sufixo, com abarcá-la, dispensaria a de desinência;

2.º) distinguindo-os pelo aspecto funcional: as desinências identificar-se-iam com os morfemas flexionais, e os sufixos seriam somente morfemas derivacionais.

Nesta última hipótese, as características de tempo e modo e, por extensão, as das formas nominais do verbo ficariam incluídas nas desinências.

VOGAL TEMÁTICA

Na análise da forma verbal *renovamos*, distinguimos três elementos formativos:

a) o RADICAL: *nov-*
b) a DESINÊNCIA NÚMERO-PESSOAL: *-mos*
c) o PREFIXO: *re-*

Falta identificarmos apenas a vogal *a*, que aparece entre o radical *nov-* e a desinência *-mos*, vogal que encontramos também na forma de infinitivo *fumar*, entre o radical *fum-* e a desinência *-r*.

Nos dois casos, vemos, ela está indicando que os verbos em causa pertencem à 1.ª conjugação. A essas vogais que caracterizam a conjugação dos verbos dá-se o nome de VOGAIS TEMÁTICAS. São elas:

-a- , para os verbos da 1.ª conjugação (fum-**a**-r, renov-**a**-mos);
-e- , para os da 2.ª (dev-**e**-r, faz-**e**-mos);
-i- , para os da 3.ª (part-**i**-r, constru-**í**-mos).

O RADICAL acrescido de uma VOGAL TEMÁTICA, isto é, pronto para receber uma desinência (ou um sufixo), denomina-se TEMA.

Observação:

Não há acordo entre os linguistas quanto à inclusão das VOGAIS TEMÁTICAS entre os morfemas. Parece-nos que, assim como as desinências, elas fazem parte dos morfemas gramaticais categóricos, pois também distribuem os radicais em classes. Por si mesmas nada significam, mas poder-se-ia talvez dizer que, no caso, a função é a significação.

VOGAL E CONSOANTE DE LIGAÇÃO

Os elementos mórficos até aqui estudados entram sempre na estrutura do vocábulo com determinado valor significativo externo ou interno. Há, porém, outros que são insignificativos, e servem apenas para evitar dissonâncias (hiatos, encontros consonantais) na juntura daqueles elementos.

Se examinarmos, por exemplo, os vocábulos *gasômetro* e *cafeteira*, verificaremos que:

a) o primeiro é formado de dois radicais *gás-* + *-metro*, ligados pela vogal *-o-*, sem valor significativo;
b) o segundo é constituído do radical *café-* + o sufixo *-eira*, entre os quais aparece a consoante insignificativa *-t-* para evitar o desagradável hiato *-éê-*.

A esses sons, empregados para tornar a pronúncia das palavras mais fácil ou eufônica, dá-se o nome de VOGAIS e CONSOANTES DE LIGAÇÃO.

Observação:

Observa-se na linguística moderna a tendência generalizada de não isolar tais elementos na análise mórfica, preferindo-se considerá-los como parte do radical ou do afixo, que, então, se apresentariam sob a forma de variantes (ou ALOMORFES) relativamente a outras ocorrências suas em contextos diversos. Com efeito, à semelhança dos fonemas, os morfemas podem apresentar variantes em sua forma, embora se mantenham semântica e funcionalmente inalterados. Assim, do prefixo *in-* (*im-*) há uma variante *i-*, fonologicamente condicionada, porquanto ocorre tão somente antes de consoante nasal, lateral e vibrante: *infeliz*, *imbatível*, mas *imoral*, *ilegal*, *irregular*.

FORMAÇÃO DE PALAVRAS

PALAVRAS PRIMITIVAS E DERIVADAS

Chamam-se PRIMITIVAS as palavras que não se formam de nenhuma outra e que, pelo contrário, permitem que delas se originem novas palavras no idioma.

Assim:

fumo	mar	novo	pedra

Denominam-se DERIVADAS as que se formam de outras palavras da língua mediante o acréscimo ao seu radical de um prefixo ou um sufixo.

Assim:

fumoso	marinha	novinho	pedreiro
defumar	marear	renovar	empedrar

PALAVRAS SIMPLES E COMPOSTAS

As palavras que possuem apenas um radical, sejam primitivas, sejam derivadas, denominam-se SIMPLES.

Assim:

mar	marinha	pedra	pedreiro

São COMPOSTAS as que contêm mais de um radical:

quebra-mar	guarda-marinha	pedra-sabão	pedreiro-livre
aguardente	pernalta	pontapé	vaivém

Observação:

Note-se que, na língua atual, muitas formas compostas não são mais sentidas como tais pelos falantes. É o caso de *aguardente*, de *pontapé*, etc.

FAMÍLIAS DE PALAVRAS

Denomina-se FAMÍLIA DE PALAVRAS o conjunto de todas as palavras que se agrupam em torno de um radical comum, do qual se formaram pelos processos de derivação ou de composição que estudaremos desenvolvidamente no capítulo seguinte.

Capítulo 6

Derivação e composição

FORMAÇÃO DE PALAVRAS

Deixando de lado a viva controvérsia entre linguistas contemporâneos sobre a área a que efetivamente pertence a FORMAÇÃO DE PALAVRAS – se à morfologia, o seu domínio tradicional, se ao léxico ou à semântica, ou, mesmo, se à sintaxe –, procuraremos tratar a matéria deste capítulo interligada com a do anterior e com respaldo na seguinte conceituação:

"Chama-se FORMAÇÃO DE PALAVRAS o conjunto de processos morfossintáticos que permitem a criação de unidades novas com base em morfemas lexicais. Utilizam-se assim, para formar as palavras, os afixos de derivação ou os procedimentos de composição" [1].

Observação:

Cumpre advertir que a DERIVAÇÃO e a COMPOSIÇÃO não são os únicos processos de formação de palavras. Como bem salienta um estudioso do assunto, além destes dois processos mais comuns, há outros de uso restrito, sendo particularmente curiosos os ONIÔNIMOS, os ACRÔNIMOS e as AMÁLGAMAS. (Veja-se a respeito J. R. Fontenele Bessa. Por uma conceituação do termo "opacidade". *Educação, 31*: 17-22, Brasília, julho/setembro, 1979.)

DERIVAÇÃO PREFIXAL

Os PREFIXOS são mais independentes que os SUFIXOS, pois se originam, em geral, de advérbios ou de preposições que têm ou tiveram vida autônoma na língua.

---

[1] Jean Dubois *et alii*. *Dictionaire de linguistique*. Paris, Larousse, 1973, s. v.

A rigor, poderíamos até discernir as formações em que entram prefixos que são meras partículas, sem existência própria no idioma (como *des-* em *desfazer*, ou *re-* em *repor*), daquelas de que participam elementos prefixais que costumam funcionar também como palavras independentes (assim: *contra-* em *contradizer*, *entre-* em *entreabrir*). No primeiro caso haveria DERIVAÇÃO; no segundo, seria justo falar-se em COMPOSIÇÃO.

Mas nem sempre é fácil estabelecer tal diferença, razão por que preferimos considerar a formação de palavras mediante o emprego de prefixos um tipo de derivação — a DERIVAÇÃO PREFIXAL. Tanto os sufixos como os prefixos formam novas palavras que conservam de regra uma relação de sentido com o radical derivante; processo distinto da composição, que forma palavras não raro dissociadas pelo sentido dos radicais componentes.

Feitas estas considerações, passemos ao exame dos prefixos que aparecem em palavras portuguesas.[2]

São eles de origem latina ou grega, embora normalmente não sejam sentidos como tais. Alguns sofrem apreciáveis alterações em contacto com a vogal e, principalmente, com a consoante inicial da palavra derivante. Assim, o prefixo grego *an-*, que indica "privação" (*an-ônimo*), assume a forma *a-* antes de consoante: *a-patia; in-*, o seu correspondente latino, toma a forma *i-* antes de *l* e *m*: *in-feliz, in-ativo*; mas *i-legal, i-moral.*

Não se devem confundir tais alterações com as formas vernáculas, oriundas de evolução normal de certos prefixos latinos. Assim: *a-*, de *ad-* (*a-doçar*); *em-* ou *en-*, de *in-* (*em-barcar, en-terrar*).

Na lista abaixo, colocaremos em chave as formas que pode assumir o mesmo prefixo: em primeiro lugar, daremos a forma originária; em último, a vernácula, quando houver.

Prefixos de origem latina

PREFIXO	SENTIDO	EXEMPLIFICAÇÃO
ab- **abs-** **a-**	afastamento, separação	abdicar, abjurar abster, abstrair amovível, aversão
ad- **a- (ar-, as-)**	aproximação, direção	adjunto, adventício abeirar, arribar, assentir

[2] Quanto à vitalidade dos prefixos utilizados na língua contemporânea, leia-se Li Ching. Sobre a formação de palavras com prefixos no português atual. *Boletim de Filologia, 22*: 117-176 e 197-234, Lisboa, 1971-1973.
A exemplo de alguns linguistas, os autores observam a distinção entre PREFIXOS e PSEUDOPREFIXOS, como se verá adiante.

Prefixo	Sentido	Exemplificação
ante- **ante-**	anterioridade anterioridade	antebraço, antepor
circum- **(circun-)**	movimento em torno	circum-adjacente, circunvagar
cis-	posição aquém	cisalpino, cisplatino
com- (con-) **co- (cor-)**	contiguidade, companhia	compor, conter cooperar, corroborar
contra-	oposição, ação conjunta	contradizer, contrasselar
de-	movimento de cima para baixo	decair, decrescer
des-	separação, ação contrária	desviar, desfazer
dis- **di- (dir-)**	separação, movimento para diversos lados, negação	dissidente, distender dilacerar, dirimir
entre-	posição intermediária	entreabrir, entrelinha
ex- **es-** **e-**	movimento para fora, estado anterior	exportar, extrair escorrer, estender emigrar, evadir
extra-	posição exterior (fora de)	extraoficial, extraviar
in-[1] (im-) **i- (ir-)** **em- (en-)**	movimento para dentro	ingerir, impedir imigrar, irromper embarcar, enterrar
in-[2] (im-) **i- (ir-)**	negação, privação	inativo, impermeável ilegal, irrestrito
intra-	posição interior	intradorso, intravenoso
intro-	movimento para dentro	introversão, intrometer
justa-	posição ao lado	justapor, justalinear
ob- **o-**	posição em frente, oposição	objeto, obstáculo ocorrer, opor
per-	movimento através	percorrer, perfurar
pos-	posterioridade	pospor, postônico
pre-	anterioridade	prefácio, pretônico

Prefixo	Sentido	Exemplificação
pro-	movimento para a frente	progresso, prosseguir
re-	movimento para trás, repetição	refluir, refazer
retro-	movimento mais para trás	retroceder, retrospectivo
soto- **sota-**	posição inferior	soto-mestre, sotopor sota-vento, sota-voga
sub- **sus-** **su-** **sob-** **so-**	movimento de baixo para cima, inferioridade	subir, subalterno suspender, suster suceder, supor sobestar, sobpor soerguer, soterrar
super- **sobre-**	posição em cima, excesso	superpor, superpovoado sobrepor, sobrecarga
supra-	posição acima, excesso	supradito, suprassumo
trans- **tras-** **tres-**	movimento para além de, posição além de	transpor, transalpino trasladar, traspassar tresvariar, tresmalhar
ultra-	posição além do limite	ultrapassar, ultrassom
vice- **vis- (vizo-)**	substituição, em lugar de	vice-reitor, vice-cônsul visconde, vizo-rei

Observações:

1.ª) As alterações sofridas pelos prefixos são provocadas quase sempre pelo fenômeno chamado ASSIMILAÇÃO, que consiste em absorver um fonema as características de outro que lhe está contíguo. Como, em geral, a ASSIMILAÇÃO identifica os dois fonemas, é comum o desaparecimento de um deles: *in-legal* > *il-legal* > *ilegal*.

Advirta-se, em tempo, que a ASSIMILAÇÃO é um fato fonético, e não deve ser confundida com as acomodações que, na escrita, sofrem certos prefixos por exigência do nosso sistema ortográfico. Assim, *in-fiel*, mas *im-produtivo*; *i-migrar*, mas *ir-romper*; etc. São essas variantes puramente gráficas que colocamos entre parênteses.

2.ª) Cumpre não confundir os dois prefixos que aparecem sob a mesma forma *in-* (ou *i-*). Um indica "movimento para dentro" (*ingerir, imigrar*); o outro denota "privação, negação" (*inativo, ilegal*).

3.ª) As formas numerais *uni-* (*unipessoal*), *bis-* ou *bi-* (*bisneto, bimestral*) e semelhantes são, pela maioria dos gramáticos, tidas por prefixos. Como, pelo emprego, não se diferenciam substancialmente dos elementos numerais que ocorrem em compostos aritméticos e geométricos — a exemplo de *deci-*, *centi-* (latinos), *deca-*, *quilo-* (gregos) — julgamos mais acertado considerá-los verdadeiros RADICAIS, e o processo formativo de que participam um caso de COMPOSIÇÃO.

Prefixos de origem grega

Eis os principais prefixos de origem grega com as formas que assumem em português:

PREFIXO	SENTIDO	EXEMPLIFICAÇÃO
an- (a-)	privação, negação	anarquia, ateu
aná-	ação ou movimento inverso, repetição	anagrama, anáfora
anfi-	de um e outro lado, em torno	anfíbio, anfiteatro
anti-	oposição, ação contrária	antiaéreo, antípoda
apó-	afastamento, separação	apogeu, apóstata
arqui- (arc-, arque-, arce-)	superioridade	arquiduque, arcanjo arquétipo, arcebispo
catá-	movimento de cima para baixo, oposição	catadupa, catacrese
diá- (di-)	movimento através de, afastamento	diagnóstico, diocese
dis-	dificuldade, mau estado	dispneia, disenteria
ec- (ex-)	movimento para fora	eclipse, êxodo
en- (em-, e-)	posição interior	encéfalo, emplastro, elipse
endo- (end-)	posição interior, movimento para dentro	endotérmico, endosmose
epi-	posição superior, movimento para, posterioridade	epiderme, epílogo
eu- (ev-)	bem, bom	eufonia, evangelho
hiper-	posição superior, excesso	hipérbole, hipertensão
hipó-	posição inferior, escassez	hipodérmico, hipotensão
metá- (met-)	posterioridade, mudança	metacarpo, metátese
pará- (par-)	proximidade, ao lado de	paralogismo, paramnésia
peri-	posição ou movimento em torno	perímetro, perífrase
pró-	posição em frente, anterior	prólogo, prognóstico
sin- (sim-, si-)	simultaneidade, companhia	sinfonia, simpatia, sílaba

Observação:

Para um estudo do prefixo *anti-* em relação com os seus concorrentes no âmbito do francês, mas com possibilidade de aplicação ao português, consulte-se A. Rey. Un champ préfixal: les mots français en *anti*. *Cahiers de Lexicologie, 12*: 37-57, Paris, 1968.

DERIVAÇÃO SUFIXAL

Pela DERIVAÇÃO SUFIXAL[3] formaram-se, e ainda se formam, novos substantivos, adjetivos, verbos e, até, advérbios (os advérbios em *-mente*). Daí classificar-se o sufixo em:

a) NOMINAL, quando se aglutina a um radical para dar origem a um substantivo ou a um adjetivo: *pont-eira*, *pont-inha*, *pont-udo*;
b) VERBAL, quando, ligado a um radical, dá origem a um verbo: *bord-ejar*, *suav-izar*, *amanh-ecer*;
c) ADVERBIAL, que é o sufixo *-mente*, acrescentado à forma feminina de um adjetivo: *bondosa-mente*, *fraca-mente*, *perigosa-mente*.

Sufixos nominais

Entre os SUFIXOS NOMINAIS, mencionaremos em primeiro lugar os SUFIXOS AUMENTATIVOS e DIMINUTIVOS, cujo valor é mais afetivo do que lógico.

Sufixos aumentativos

Eis os principais SUFIXOS AUMENTATIVOS usados em português:

Sufixo	Exemplificação	Sufixo	Exemplificação
-ão	caldeirão, paredão	**-anzil**	corpanzil
-alhão	grandalhão, vagalhão	**-aréu**	fogaréu, povaréu
-(z)arrão	gatarrão, homenzarrão	**-arra**	bocarra, naviarra
-eirão	asneirão, toleirão	**-orra**	beiçorra, cabeçorra
-aça	barbaça, barcaça	**-astro**	medicastro, poetastro
-aço	animalaço, ricaço	**-az**	lobaz, roaz
-ázio	copázio, gatázio	**-alhaz**	facalhaz
-uça	dentuça, carduça	**-arraz**	pratarraz

[3] Sobre a origem e a vitalidade dos sufixos empregados em português, veja-se especialmente Joseph H. D. Allen Jr. Portuguese Word-Formation with Suffixes. Supplement to *Language*, vol. 17, n.º 2. Baltimore, 1941.

Observação:

Nem sempre o sufixo aumentativo se junta ao radical de um substantivo. Há derivações feitas sobre adjetivos (*ricaço*, de *rico*; *sabichão*, de *sábio*) e também sobre radicais verbais (*chorão*, de *chorar*; *mandão*, de *mandar*).

Valor e emprego dos sufixos aumentativos

1. **-ão**. É, por excelência, o formador dos aumentativos em português. Pode juntar-se a radicais de substantivos (*papel-ão*), de adjetivos (*solteir-ão*) e de verbos (*chor-ão*), quer diretamente, como nos exemplos citados, quer por intermédio de consoantes de ligação (*chape-l-ão*) ou de outros sufixos (*-alho, -arro, -eiro, -il*), donde os sufixos compostos *-alhão* (*grand-alhão*), *-arrão* (*gat-arrão*), *-eirão* (*voz-eirão*), *-ilão* (*com-ilão*).
   Advirta-se também que, nos aumentativos em *-ão*, o gênero normal é o masculino, mesmo quando a palavra derivante é feminina.
   Assim:

a parede – o paredão	uma mulher – um mulherão

   Só os adjetivos fazem diferença entre o masculino e o feminino, diferença que, naturalmente, conservam quando substantivados:

solteirão – solteirona	chorão – chorona

2. **-aça**, **-aço**, **-uça** e **-ázio**. Formam substantivos com força aumentativa e pejorativa. Prendem-se a radicais de outros substantivos e, mais raramente, a de adjetivos, sendo de notar que *-uça* apresenta acentuado valor coletivo. Saliente-se ainda que *-ázio* parece ser adaptação do espanhol *-azo*.[4]

3. **-anzil**. Este sufixo, que ocorre em *corpanzil*, deve ser composto de *-ão* + *-il*, com a consoante de ligação *-z-*. Quanto ao valor, é nitidamente pejorativo.

4. **-aréu**. De origem obscura, este sufixo nem sempre é aumentativo. Em *mastaréu* (= pequeno mastro suplementar), por exemplo, é antes diminutivo. Em *fogaréu*, *fumaréu*, *mundaréu* e *povaréu* sente-se que o valor aumentativo está associado ao coletivo.

---

[4] Sobre o assunto, veja-se o fundamental estudo de Y. Malkiel. The Two Sources of the Hispanic Suffix *-azo, -aço*. *Language*, *35*: p. 193-258, 1959.

5. **-arra** e **-orra**. Formas femininas dos sufixos *-arro* e *-orro*, ligam-se a radicais de substantivos de qualquer gênero:

   bocarra naviarra beiçorra cabeçorra

   Nas formações de adjetivos, com base em radicais de verbos ou de outros adjetivos, há, segundo a regra geral, oposição de gênero:

   bebarro – bebarra beatorro – beatorra

   Em épocas mais antigas, estes sufixos não tinham o forte valor depreciativo de hoje. A forma *-orro*, por exemplo, aparece em *cachorro*, palavra que, na acepção primitiva de "filhote de cão e de algumas feras", deveria ter sido um diminutivo.

6. **-astro**. Neste sufixo, que aparece em poucas palavras portuguesas, o valor pejorativo é o mais saliente: *medicastro* "médico ruim, charlatão"; *poetastro* "mau poeta, versejador ordinário". O sufixo assume a forma *-asto*, *-asta*, em *padrasto* e *madrasta*.

7. **-az**. Como o sufixo *-ão*, pode juntar-se diretamente ao radical (*lob-az*), ou admitir a inserção de uma consoante eufônica (*ladra-v-az*), ou de outros sufixos (*-alho*, *-arro*), com os quais passa a formar os compostos: *-alhaz* (*fac-alhaz*), *-arraz* (*prat-arraz*).

Sufixos diminutivos

São estes os principais SUFIXOS DIMINUTIVOS empregados em português[5]:

SUFIXO	EXEMPLIFICAÇÃO	SUFIXO	EXEMPLIFICAÇÃO
-inho, -a	toquinho, vozinha	**-elho, -a**	folhelho, rapazelho
-zinho, -a	cãozinho, ruazinha	**-ejo**	animalejo, lugarejo
-ino, -a	pequenino, cravina	**-ilho, -a**	pecadilho, tropilha
-im	espadim, fortim		

[5] Sobre a formação dos diminutivos nas línguas românicas em geral, leiam-se: Reino Hakamies. *Étude sur l'origine et l'évolution du diminutif latin et sa survie dans les langues romanes*. Helsinki, Academiae Scientiarum Fennicae, 1951; Bengt Hasserlot. *Études sur la formation diminutive dans les langues romanes*. Upsala, Acta Universitatis Upsaliensis, 1957. Quanto ao seu valor e emprego na língua portuguesa, consultem-se especialmente: Silvia Skorge. Os sufixos diminutivos em português. *Boletim de Filologia*, *16*: 50-90 e 222-305, 1956-1957; *17*: 20-53, 1958; Max Leopold Wagner. Das Diminutiv in Portugiesischen.

SUFIXO	EXEMPLIFICAÇÃO	SUFIXO	EXEMPLIFICAÇÃO
-acho, -a	fogacho, riacho	**-ete**	artiguete, lembrete
-icho, a	governicho, barbicha	**-eto, -a**	esboceto, saleta
-ucho, -a	papelucho, casucha	**-ito, -a**	rapazito, casita
		-zito, -a	jardinzito, florzita
-ebre	casebre	**-ote, -a**	velhote, velhota
-eco, -a	livreco, soneca	**-isco, -a**	chuvisco, talisca
-ico, -a	burrico, marica(s)	**-usco, -a**	chamusco, velhusco
-ela	ruela, viela	**-ola**	fazendola, rapazola

Valor e emprego dos sufixos diminutivos

1. **-(z)inho, -ino, -im**. Os sufixos *-inho* e *-ino* provêm do latim *-inus*. A forma tipicamente portuguesa é *-inho*; *-ino*, variante erudita, só aparece com valor diminutivo em um restrito número de palavras; *-im* é importação do francês *-in*, ou do italiano *-ino*, através da forma francesa. Compare-se: *tamborim*, do francês *tambourin*; *festim*, do francês *festin*, por sua vez derivado do italiano *festino*.
   O sufixo *-inho* (*-zinho*) é de enorme vitalidade na língua[6], desde tempos antigos. Junta-se não só a substantivos e adjetivos, mas também a advérbios e outras palavras invariáveis:

   agorinha devagarinho sozinho adeusinho!

Orbis, *1*: 460-476, 1952; Delmira Maçãs. O sufixo *-inho* junto a adjetivos na linguagem familiar portuguesa. *Boletín de Filología de la Universidad de Chile*, *8*: 219-232, 1954-1955; Th. Henrique Maurer Jr. Um sufixo de comportamento original: o diminutivo em *-zinho*. In *Estudos em homenagem a Cândido Jucá (filho)*. Rio de Janeiro, Simões, s./d., p. 233-246. De importante leitura, à vista da relação com o português, são os seguintes estudos sobre os diminutivos espanhóis: Amado Alonso. Noción, emoción, acción y fantasía en los diminutivos. In *Estudios linguísticos: temas españoles*. Madrid, Gredos, 1951, p. 195-229; Fernando González Ollé. *Los sufijos diminutivos en castellano medieval*. Madrid, C.S.I.C., 1962; Emilio Náñez Fernández. *El diminutivo: historia y funciones en el español clásico y moderno*. Madrid, Gredos, 1973. (As duas últimas obras trazem extensa bibliografia.)

6 J. G. Herculano de Carvalho propõe a designação de SUFIXOIDE para o sufixo -(*z*)*inho* pelas razões que o levaram a adotar a de PREFIXOIDE para certos elementos formativos que não se comportam como prefixos (vj. adiante nossas considerações sobre os PSEUDO-PREFIXOS). Lembra o ilustre linguista o caráter sintagmático deste sufixo, evidenciado morfologicamente pelas variações de gênero e número, que se manifestam duplamente nos derivados: *corpozinho – corpozinhos*, *cãozinho – cãezinhos*, *bonzinho – boazinha* (cf. *Teoria da linguagem*, t. II, Coimbra, Atlântida, 1974, p. 551-552).

Excetuando-se o caso das palavras terminadas em *-s* e *-z*, que naturalmente exigem a forma *-inho* (*pires-inho*, *rapaz-inho*), não é fácil indicar as razões que comandam a escolha entre *-inho* e *-zinho*. Sente-se que muitas vezes a seleção está ligada ao ritmo da frase. Por outro lado, verifica-se uma preferência na linguagem culta pelas formações com *-zinho*, no evidente intuito de manter íntegra a pronúncia da palavra derivante; a linguagem popular, no entanto, simplificadora por excelência, tende para as formações com *-inho*. Camparem-se, por exemplo, as formas alternantes *baldezinho – baldinho*, *xicarazinha – xicrinha*, etc.

Do ponto de vista morfológico, acentue-se que, ao contrário dos aumentativos em *-ão*, os diminutivos em *-inho* (e também em *-ito*) não sofrem mudança de gênero. O diminutivo conserva o gênero da palavra derivante:

casa – casinha – casita   cão – cãozinho – canito

Em formações com outros sufixos, não é, porém, estranha tal mudança:

ilha – ilhote – ilhéu   chuva – chuvisco

Convém notar ainda que nas formações em que o sufixo *-inho* se junta a particípios, caso estes sejam irregulares, tornam-se regulares.

Exemplo:

Esse dinheiro foi bem *ganhadinho* e bem *gastadinho* por mim.

2. **-acho, -icho, ucho**. Originam-se da acumulação dos sufixos latinos *-ascu* (*-iscu* e *-uscu*) + *-ulus*, e têm geralmente valor pejorativo. As variantes *-echo* e *-ocho* são de emprego raro. Ocorrem em formas dialetais portuguesas, como *ventrecha* "posta de peixe imediata à cabeça", *bagocho* "novelo pequeno" e *realocho* "moeda antiga". A última provavelmente entra no brasileirismo *cabrocha* "moça mestiça escura".

3. **-ebre**. O sufixo *-ebre*, de origem desconhecida, aparece apenas em *casebre*, onde tem caráter pejorativo.

4. **-eco, -ico**. Também não está suficientemente esclarecida a origem dos sufixos *-eco* e *-ico*. O primeiro tem acentuado valor pejorativo: *folheca*, *jornaleco*, *livreco*, etc. Não possui, no entanto, a mesma conotação em *guatemalteco*, provavelmente empréstimo do espanhol. O segundo aparece como diminutivo afetivo não só de substantivos comuns (*abanico*, *amorico*, *burrico*), mas também de nomes próprios: *Anica*, *Joanico*, etc.

5. **-ela**. Continua o latim *-ella*, que tinha força diminutiva e largo emprego na língua vulgar (assim: *dominicella* "senhorita" > port. *donzela*). No português moderno é pouco produtivo; só nas formas nominais em *-dela* apresenta vitalidade: *entaladela*, *mordidela*, etc.

6. **-elho**, **-ilho**. Os sufixos *-elho* e *-ilho* representam, em português, a evolução normal dos sufixos diminutivos latinos *-ĭculus* e *-īculus*, respectivamente. A forma *-ejo* é o desenvolvimento de *-ĭculus* para o espanhol. Importada dessa língua, tornou-se, em certos casos, autônoma em português. Assim: *lugarejo*, *quintalejo*, etc.

7. **-ete**, **-eto**, **-(z)ito**, **-ote**. É um tanto obscura a origem destes sufixos. Deles o mais usado, principalmente em Portugal e no Sul do Brasil, é *-ito*, com a variante *-zito*. O sufixo *-eto*, como diminutivo, não apresenta vitalidade em português; as palavras que o possuem são, em geral, empréstimos do italiano: *poemeto*, *verseto*, etc. Já as formas *-ete* e *-ote*, provavelmente originárias do francês, aparecem hoje em derivações genuinamente portuguesas: *artiguete*, *lembrete*, *malandrete*, *meninote*, *serrote*, *velhote*, etc. As formas *-ato* e *-oto* são de emprego raro e, hoje, praticamente improdutivas. Ocorrem nuns poucos substantivos que, de regra, designam crias de animais. Assim: *chibato*, *lobato*, *lebroto* e *perdigoto* são nomes que se dão, respectivamente, ao filhote da *chiba* (= *cabra nova*), do *lobo*, da *lebre* e da *perdiz* (masculino = *perdigão*). *Perdigoto* emprega-se também na acepção de "salpico de saliva que se lança ao falar".

8. **-isco**, **-usco**. O sufixo *-isco* é forma erudita do latim *-iscus*, provavelmente originado da fusão do grego *-iskós* com o germânico *-isk*. O descendente popular é *-esco*, que forma adjetivos denotadores de "referência ou semelhança" (*burlesco*, *principesco*), sentido que também possui *-isco* em palavras como *levantisco*, *mourisco*. Por analogia com *-isco*, a língua criou *-usco*: *chamusco*.

9. **-ola**. Este sufixo não deve ser em português o representante direto do latim *-ola*. Chegou-nos provavelmente por intermédio do italiano *-ola*, ou do francês *-ole*. Comparem-se, por exemplo, as palavras portuguesas *bandeirola* e *camisola* às italianas *banderuola* e *camiciuola*, ou às francesas *banderole* e *camisole*. Hoje, porém, generalizou-se o emprego de *-ola* no idioma, principalmente na formação de substantivos sobrecomuns de caráter irônico-pejorativo: *gabarola*, *mariola*, etc.

Diminutivos eruditos

Na língua literária e culta, especialmente na terminologia científica, aparecem formações modeladas no latim em que entram os sufixos *-ulo* (*-ula*) e *-culo* (*-cula*), com as variantes *-áculo* (*-ácula*), *-ículo* (*-ícula*), *-úsculo* (*-úscula*) e *-únculo* (*-úncula*):

corpo	–	corpúsculo	nota	–	nótula
febre	–	febrícula	obra	–	opúsculo
globo	–	glóbulo	parte	–	partícula
gota	–	gotícula	pele	–	película
grão	–	grânulo	questão	–	questiúncula
homem	–	homúnculo	raiz	–	radícula
modo	–	módulo	rei	–	régulo
monte	–	montículo	verme	–	vermículo
nó	–	nódulo	verso	–	versículo

Observações:

1.ª) Como vemos, nestas formações latinas, ou feitas em idênticos moldes, o sufixo *-culo*(*-a*) e sua variante *-únculo*(*-a*) podem juntar-se ao radical diretamente (*mús-culo, hom-únculo*), ou por intermédio da vogal de ligação *-i-* (*vers-í-culo, quest-i-úncula*).

2.ª) A forma primitiva deste sufixo latino, derivado do indo-europeu **-lo *-olo*, era *-ulo*, que encontramos empregado com substantivos (*ancillula*) e adjetivos (*acutulus*). O acréscimo do *-c* ao sufixo é geralmente explicado como "um reforço da expressividade, fenômeno comum nos diminutivos". Ernout, porém, acha que foi a existência de muitas palavras de radical em *-c* que provocou uma falsa análise do sufixo diminutivo, dando origem a *-culus* (Veja-se Fernando González Ollé. *Obra cit.*, p. 177-179).

Outros sufixos nominais

1. Que formam substantivos de outros substantivos:

Sufixo	Sentido	Exemplificação
-ada	a) multidão, coleção	boiada, papelada
	b) porção contida num objeto	bocada, colherada
	c) marca feita com um instrumento	penada, pincelada
	d) ferimento ou golpe	dentada, facada
	e) produto alimentar, bebida	bananada, laranjada
	f) duração prolongada	invernada, temporada
	g) ato ou movimento enérgico	cartada, saraivada

Sufixo	Sentido	Exemplificação
-ado	a) território subordinado a titular b) instituição, titulatura	bispado, condado almirantado, doutorado
-ato	a) instituição, titulatura b) na nomenclatura química = sal	baronato, cardinalato carbonato, sulfato
-agem	a) noção coletiva b) ato ou estado	folhagem, plumagem aprendizagem, ladroagem
-al	a) ideia de relação, pertinência b) cultura de vegetais c) noção coletiva ou de quantidade	dedal, portal arrozal, cafezal areal, pombal
-alha	coletivo-pejorativo	canalha, gentalha
-ama	noção coletiva e de quantidade	dinheirama, mourama
-ame	noção coletiva e de quantidade	vasilhame, velame
-aria	a) atividade, ramo de negócio b) noção coletiva c) ação própria de certos indivíduos	carpintaria, livraria gritaria, pedraria patifaria, pirataria
-ário	a) ocupação, ofício, profissão b) lugar onde se guarda algo	operário, secretário herbário, vestiário
-edo	a) lugar onde crescem vegetais b) noção coletiva	olivedo, vinhedo lajedo, passaredo
-eiro(a)	a) ocupação, ofício, profissão b) lugar onde se guarda algo c) árvore e arbusto d) ideia de intensidade, aumento e) objeto de uso f) noção coletiva	barbeiro, copeira galinheiro, tinteiro laranjeira, craveiro nevoeiro, poeira cinzeiro, pulseira berreiro, formigueiro
-ia	a) profissão, titulatura b) lugar onde se exerce uma atividade c) noção coletiva	advocacia, baronia delegacia, reitoria cavalaria, clerezia
-io	noção coletiva, reunião	gentio, mulherio
-ite	inflamação	bronquite, gastrite
-ugem	semelhança (pejorativo)	ferrugem, penugem
-ume	noção coletiva e de quantidade	cardume, negrume

Observação:

Na terminologia científica empregam-se sufixos com valor particular. Na química, por exemplo, usam-se:

a) **-ato**, **-eto**, **-ito** – na formação dos nomes de sais: *clorato, cloreto, clorito*;
b) **-ina** – na dos alcaloides e álcalis artificiais: *cafeína, anilina*;
c) **-io** – na dos corpos simples: *potássio, sódio*;
d) **-ol** – na dos derivados de hidrocarbonetos: *fenol, naftol.*

A nomenclatura da mineralogia e da geologia adota os sufixos:

a) **-ita** – para os nomes das espécies minerais: *pirita*;
b) **-ito** – para os das rochas: *granito*;
c) **-ite** – para os dos fósseis: *amonite.*

A linguística moderna faz largo uso do sufixo *-ema* com o sentido de "menor unidade distintiva" ou "significativa": *fonema*, "menor segmento distintivo numa enunciação"; *morfema*, "menor unidade gramatical de forma".

2. Que formam substantivos de adjetivos:
Os substantivos derivados, geralmente nomes abstratos, indicam qualidade, propriedade, estado ou modo de ser:

SUFIXO	EXEMPLIFICAÇÃO	SUFIXO	EXEMPLIFICAÇÃO
-dade	crueldade, dignidade	**-ice**	tolice, velhice
-(i)dão	gratidão, mansidão	**-ície**	calvície, imundície
-ez	altivez, honradez	**-or**	alvor, amargor
-eza	beleza, riqueza	**-(i)tude**	altitude, magnitude
-ia	alegria, valentia	**-ura**	alvura, doçura

Observações:

1.ª) Antes de receberem o sufixo *-dade*, os adjetivos terminados em *-az, -iz, -oz* e *-vel* retomam a forma latina em *-ac*(*i*), *-ic*(*i*), *-oc*(*i*) e *-bil*(*i*):

sagaz > sagacidade — atroz > atrocidade
feliz > felicidade — amável > amabilidade

2.ª) O sufixo *-ície* só aparece em palavras modeladas sobre o latim: *calvície* (latim *calvities*), *planície* (latim *planities*), etc. Também *justiça* não apresenta propriamente o sufixo *-iça*, porque a palavra é continuação do latim *justitia*. Da mesma forma *cobiça* (do baixo-latim *cupiditia*), *preguiça* (do latim *pigritia*), etc.

3. Que formam substantivos de substantivos e de adjetivos:

Sufixo	Sentido		Exemplificação
-ismo	a) doutrinas ou sistemas	artísticos filosóficos políticos religiosos	realismo, simbolismo kantismo, positivismo federalismo, fascismo budismo, calvinismo
	b) modo de proceder ou pensar		heroísmo, servilismo
	c) forma peculiar da língua		galicismo, neologismo
	d) na terminologia científica		daltonismo, reumatismo

4. Que formam substantivos e adjetivos de outros substantivos e adjetivos:

Sufixo	Sentido		Exemplificação
-ista	a) partidários ou sectários de doutrinas ou sistemas (em **-ismo**)	artísticos filosóficos políticos religiosos	realista, simbolista kantista, positivista federalista, fascista budista, calvinista
	b) ocupação, ofício		dentista, pianista
	c) nomes pátrios e gentílicos		nortista, paulista

Observação:

Nem todos os designativos de sectários ou partidários de doutrinas ou sistemas em *-ismo* se formam com o sufixo *-ista*. Por exemplo: a *protestantismo* corresponde *protestante*; a *maometismo*, *maometano*; a *islamismo*, *islamita*.

5. Que formam substantivos de verbos:

Sufixo	Sentido	Exemplificação
-ança **-ância** **-ença** **-ência**	ação ou o resultado dela, estado	lembrança, vingança observância, tolerância descrença, diferença anuência, concorrência
-ante **-ente** **-inte**	agente	estudante, navegante afluente, combatente ouvinte, pedinte

Sufixo	Sentido	Exemplificação
-(d)or **-(t)or** **-(s)or**	agente, instrumento da ação	jogador, regador inspetor, interruptor agressor, ascensor
-ção **-são**	ação ou o resultado dela	nomeação, traição agressão, extensão
-douro **-tório**	lugar ou instrumento da ação	bebedouro, suadouro lavatório, vomitório
-(d)ura **-(t)ura** **-(s)ura**	resultado ou instrumento da ação, noção coletiva	pintura, atadura formatura, magistratura clausura, tonsura
-mento	a) ação ou resultado dela b) instrumento da ação c) noção coletiva	acolhimento, ferimento ornamento, instrumento armamento, fardamento

Observações:

1.ª) Os sufixos *-ância* e *-ência* são semieruditos. Aparecem em palavras de criação recente e modeladas sobre o latim.

2.ª) Os sufixos *-ante*, *-ente* e *-inte* procedem das terminações do particípio presente latino, com aglutinação da vogal temática da conjugação correspondente.

3.ª) Em *-dor*, *-tor* e *-sor*, bem como em *-dura*, *-tura* e *-sura*, os sufixos são propriamente *-or* e *-ura*. As consoantes *d*, *t* e *s* pertencem ao tema do particípio latino. Apenas as formas *-dor* e *-dura* são evolutivas; as demais são eruditas: só ocorrem em palavras latinas ou formadas sobre o seu modelo.

4.ª) Os sufixos *-ção* e *-são* depreendem-se de substantivos deverbais, quase todos formados no próprio latim.

6. Que formam adjetivos de substantivos:

Sufixo	Sentido	Exemplificação
-aco	estado íntimo, pertinência, origem	maníaco, austríaco
-ado	a) provido ou cheio de b) que tem o caráter de	barbado, denteado adamado, amarelado
-aico	referência, pertinência	judaico, prosaico
-al **-ar**	relação, pertinência	campal, conjugal escolar, familiar

Sufixo	Sentido	Exemplificação
-ano	a) proveniência, origem, pertença b) sectário ou partidário de c) semelhante ou comparável a	romano, serrano luterano, parnasiano bilaquiano, camoniano
-ão	proveniência, origem	alemão, beirão
-ário **-eiro**	relação, posse, origem	diário, fracionário caseiro, mineiro
-engo **-enho** **-eno**	relação, pertinência, posse semelhança, procedência, origem referência, origem	mulherengo, solarengo ferrenho, estremenho terreno, chileno
-ense **-ês**	relação, procedência, origem	forense, parisiense cortês, norueguês
-(l)ento	a) provido ou cheio de b) que tem o caráter de	ciumento, corpulento barrento, vidrento
-eo	relação, semelhança, matéria	róseo, férreo
-esco **-isco**	referência, semelhança	burlesco, dantesco levantisco, mourisco
-este **-estre** **-eu** **-ício** **-ico** **-il** **-ino** **-ita** **-onho** **-oso** **-tico** **-udo**	relação relação relação, procedência, origem referência participação, referência referência, semelhança relação, origem, natureza pertinência, origem propriedade, hábito constante provido ou cheio de relação provido ou cheio de	agreste, celeste campestre, terrestre europeu, hebreu alimentício, natalício geométrico, melancólico febril, senhoril londrino, cristalino ismaelita, israelita enfadonho, risonho brioso, venenoso aromático, rústico pontudo, barbudo

Observações:

1.ª) Alguns desses sufixos servem também para formar adjetivos de outros adjetivos. Por exemplo: *-al* junta-se a *angélico*, formando *angelical*; *-ento* liga-se a *cinza*, originando *cinzento*; *-onho* acrescenta-se a *triste*, produzindo *tristonho*.

2.ª) São peculiares aos adjetivos os sufixos eruditos *-imo* e *-íssimo*, que se ligam a radicais latinos: *humíl-imo*, *fidel-íssimo*. Do seu valor e emprego tratamos no capítulo 10, em GRAUS DO ADJETIVO.

7. Que formam adjetivos de verbos:

Sufixo	Sentido	Exemplificação
-ante **-ente** **-inte**	ação, qualidade, estado	semelhante, tolerante doente, resistente constituinte, seguinte
-(á)vel **-(í)vel**	possibilidade de praticar ou sofrer uma ação	durável, louvável perecível, punível
-io **-(t)ivo**	ação, referência, modo de ser	fugidio, tardio afirmativo, pensativo
-(d)iço **-(t)ício**	possibilidade de praticar ou sofrer uma ação, referência	movediço, quebradiço acomodatício, factício
-(d)ouro **-(t)ório**	ação, pertinência	duradouro, casadouro preparatório, emigratório

Observação:

Os sufixos *-ante*, *-ente* e *-inte* provêm, como dissemos, das terminações do particípio presente latino com aglutinação da vogal temática de cada uma das conjugações. Servem para formar substantivos e, com mais frequência, adjetivos, que se substantivam facilmente.

Sufixos verbais

Os verbos novos da língua formam-se em geral pelo acréscimo da terminação *-ar* a substantivos e adjetivos.

Assim:

esqui-ar	radiograf-ar	(a)doç-ar	(a)frances-ar
nivel-ar	telefon-ar	(a)fin-ar	(a)portugues-ar

A terminação *-ar*, já o sabemos, é constituída da vogal temática *-a-*, característica dos verbos da 1.ª conjugação, e do sufixo *-r*, do infinitivo impessoal.

Por vezes, a vogal temática *-a-* liga-se não ao radical propriamente dito, mas a uma forma dele derivada, ou, melhor dizendo, ao radical com a adição de um sufixo. É o caso, por exemplo, dos verbos:

afug-ent-ar	lamb-isc-ar	ded-ilh-ar	salt-it-ar
bord-ej-ar	cusp-inh-ar	depen-ic-ar	amen-iz-ar,

em que encontramos alguns sufixos anteriormente estudados: *-ent(o)*, *-ej(o)*, *-isc(o)*, *-inh(o)*, *-ic(o)*, e *-it(o)*.

São tais sufixos que transmitem a esses verbos matizes significativos especiais: FREQUENTATIVO (ação repetida), FACTITIVO (atribuição de uma qualidade ou modo de ser), DIMINUTIVO e PEJORATIVO. Mas, como neles a combinação de SUFIXO + VOGAL TEMÁTICA (*-a-*) + SUFIXO DO INFINITIVO (*-r*) vale por um todo, costuma-se considerar não o sufixo em si, mas o conjunto daqueles elementos mórficos, o verdadeiro SUFIXO VERBAL. Esta conceituação, por simplificadora, apresenta evidentes vantagens didáticas, razão por que a adotamos aqui.

Eis os principais SUFIXOS VERBAIS, com a indicação dos matizes significativos que denotam:

Sufixo	**Sentido**	**Exemplificação**
-ear	frequentativo, durativo	cabecear, folhear
-ejar	frequentativo, durativo	gotejar, velejar
-entar	factitivo	aformosentar, amolentar
-(i)ficar	factitivo	clarificar, dignificar
-icar	frequentativo-diminutivo	bebericar, depenicar
-ilhar	frequentativo-diminutivo	dedilhar, fervilhar
-inhar	frequentativo-diminutivo-pejorativo	escrevinhar, cuspinhar
-iscar	frequentativo-diminutivo	chuviscar, lambiscar
-itar	frequentativo-diminutivo	dormitar, saltitar
-izar	factitivo	civilizar, utilizar

Das outras conjugações apenas a 2.ª possui um sufixo capaz de formar verbos novos em português. É o sufixo *-ecer* (ou *-escer*), característico dos verbos chamados INCOATIVOS, ou seja, dos verbos que indicam o começo de um estado e, às vezes, o seu desenvolvimento:

alvor-ecer	amadur-ecer	envelh-ecer	flor-escer
anoit-ecer	embranqu-ecer	escur-ecer	rejuven-escer

Em verdade, também *-ecer* não é sufixo. Decompõe-se esta terminação em: SUFIXO (*-e[s]c-*) + VOGAL TEMÁTICA (*-e-*) + SUFIXO (*-r*).

Sufixo adverbial

O único SUFIXO ADVERBIAL que existe em português é *-mente*, oriundo do substantivo latino *mens, mentis* "a mente, o espírito, o intento". Com o sentido de "intenção" e, depois, com o de "maneira", passou a aglutinar-se a adjetivos para indicar circunstâncias, especialmente a de modo.

Assim:

boamente = com boa intenção, de maneira boa.

Como o substantivo latino *mens* era feminino (compare-se o português *a mente*), junta-se o sufixo à forma feminina do adjetivo:

bondosa-mente	nervosa-mente
fraca-mente	pia-mente

Desta norma excetuam-se os advérbios que se derivam de adjetivos terminados em *-ês*: *burgues-mente, portugues-mente*, etc. Mas o fato tem explicação histórica: tais adjetivos eram outrora uniformes, uniformidade que alguns deles, como *pedrês* e *montês*, ainda hoje conservam. Assim: *um galo pedrês, uma galinha pedrês; um cabrito montês, uma cabra montês.* A formação adverbial continua a seguir o antigo modelo.

DERIVAÇÃO PARASSINTÉTICA

Numa análise morfológica do adjetivo *desalmado* e do verbo *repatriar*, verificamos imediatamente que:

a) o primeiro é constituído do PREFIXO *des-* + o RADICAL *alm(a)* + o SUFIXO *-ado*.
b) o segundo é formado do PREFIXO *re-* + o RADICAL *pátri(a)* + o SUFIXO *-ar*.

Um exame mais cuidadoso mostra-nos, porém, que, nos dois casos, o prefixo e o sufixo se aglutinaram a um só tempo aos radicais *alm(a)* e *pátri(a)*, pois que não existem – e não existiram nunca – os substantivos *desalma* e *repátria*, nem tampouco o adjetivo *almado* e o verbo *patriar*.

Os vocábulos formados pela agregação simultânea de prefixo e sufixo a determinado radical chamam-se PARASSINTÉTICOS, palavra derivada do grego *pará-* (= justaposição, posição ao lado de) e *synthetikós* (= que compõe, que junta, que combina).

A PARASSÍNTESE é particularmente produtiva nos verbos, e a principal função dos prefixos vernáculos *a-* e *em-* (*en-*) é a de participar desse tipo especial de derivação:

abotoar	amanhecer
embainhar	ensurdecer

DERIVAÇÃO REGRESSIVA

Nos tipos de derivação até aqui estudados a palavra nova resulta sempre do acréscimo de AFIXOS (PREFIXOS ou SUFIXOS) a determinado RADICAL. Neles há, pois, uma constante: a palavra derivada amplia a primitiva.

Existe, porém, um processo de criação vocabular exatamente contrário. É a chamada DERIVAÇÃO REGRESSIVA, que consiste na redução da palavra derivante por uma falsa análise da sua estrutura.

Um exemplo: proveniente da linguagem dos ciganos espanhóis, entrou na gíria portuguesa o termo *gajão* com o significado de "indivíduo finório, velhaco". Por causa deste sentido pejorativo e da presença da final *-ão*, passou ele, com o tempo, a ser considerado simples aumentativo de um suposto substantivo *gajo*, que é hoje a forma corrente.

A DERIVAÇÃO REGRESSIVA tem importância maior na criação dos SUBSTANTIVOS DEVERBAIS ou PÓS-VERBAIS, formados pela junção de uma das vogais *-o*, *-a* ou *-e* ao radical do verbo.

Exemplos:

VERBO	DEVERBAL	VERBO	DEVERBAL	VERBO	DEVERBAL
abalar	abalo	amostrar	amostra	alcançar	alcance
adejar	adejo	aparar	apara	atacar	ataque
afagar	afago	buscar	busca	cortar	corte
amparar	amparo	caçar	caça	debater	debate
apelar	apelo	censurar	censura	enlaçar	enlace
arrimar	arrimo	ajudar	ajuda	levantar	levante
chorar	choro	comprar	compra	rebater	rebate
errar	erro	perder	perda	resgatar	resgate
recuar	recuo	pescar	pesca	tocar	toque
sustentar	sustento	vender	venda	sacar	saque

Alguns deverbais possuem forma masculina e feminina:

VERBO	DEVERBAL		VERBO	DEVERBAL	
ameaçar	ameaço	ameaça	gritar	grito	grita
custar	custo	custa	trocar	troco	troca

Observação:

Nem sempre é fácil saber se o substantivo se deriva do verbo ou se este se origina do substantivo. Há um critério prático para a distinção, sugerido pelo filólogo Mário Barreto: "Se o substantivo denota ação, será palavra derivada, e o verbo palavra primitiva; mas, se o nome denota algum objeto ou substância, verificar-se-á o contrário". (*De Gramática e de linguagem*, II, Rio de Janeiro, 1922, p. 247.) Assim: *dança, ataque* e *amparo*, denotadores, respectivamente, das ações de *dançar, atacar* e *amparar*, são formas derivadas; *âncora, azeite* e *escudo*, ao contrário, são as formas primitivas, que dão origem aos verbos *ancorar, azeitar* e *escudar*.

Há, no entanto, quem não considere relevante a origem da base, mas a relação geral VERBO / NOME, que obedeceria, em princípio, a um padrão derivacional, segundo o qual, "dada a existência de um verbo no léxico do Português, é previsível uma relação lexical entre este verbo e um nome X' ". Este padrão pode ser assim formalizado:

$$[X]_V \text{———} [X]_V \text{———} [X']_N$$

Acrescente-se ainda que esse padrão derivacional "pode abarcar o fato de que os verbos muitas vezes se relacionam a nomes morfologicamente básicos, e não apenas a nomes deverbais" (cf. Margarida Basílio. Padrões derivacionais gerais — o fenômeno da nominalização em português. *Revista Brasileira de Linguística*, 5(1):80-81, 1978).

DERIVAÇÃO IMPRÓPRIA

As palavras podem mudar de classe gramatical sem sofrer modificação na forma. Basta, por exemplo, antepor-se o artigo a qualquer vocábulo da língua para que ele se torne um substantivo.

Assim:

> Ele examinou **os prós** e **os contras** da proposta.
> Esperava **um sim** e recebeu **um não**.

A este processo de enriquecimento vocabular pela mudança de classe das palavras dá-se o nome de DERIVAÇÃO IMPRÓPRIA, e por ele se explica a passagem:

a) de substantivos próprios a comuns: *damasco, macadame* (de MacAdam), *quixote*;
b) de substantivos comuns a próprios: *Coelho, Leão, Pereira*;
c) de adjetivos a substantivos: *capital, circular, veneziana*;
d) de substantivos a adjetivos: *burro*, (café)-*concerto*, (colégio)-*modelo*;
e) de substantivos, adjetivos e verbos a interjeições: *silêncio! bravo! viva!*
f) de verbos a substantivos: *afazer, jantar, prazer*;
g) de verbos e advérbios a conjunções: *quer... quer, já... já*;

h) de particípios (presentes e passados) a preposições: *mediante, salvo*;
i) de particípios (passados) a substantivos e adjetivos: *conteúdo, resoluto.*

Observação:

A rigor, a DERIVAÇÃO IMPRÓPRIA (também denominada CONVERSÃO, HABILITAÇÃO ou HIPÓSTASE por linguistas modernos) não deve ser incluída entre os processos de formação de palavras que estamos examinando, pois pertence à área da semântica, e não à da morfologia.

FORMAÇÃO DE PALAVRAS POR COMPOSIÇÃO

A COMPOSIÇÃO, já o sabemos, consiste em formar uma nova palavra pela união de dois ou mais radicais. A palavra composta representa sempre uma ideia única e autônoma, muitas vezes dissociada das noções expressas pelos seus componentes. Assim, *criado-mudo* é o nome de um móvel; *mil-folhas*, o de um doce; *vitória-régia*, o de uma planta.

Tipos de composição

1. Quanto à FORMA, os elementos de uma palavra composta podem estar:
a) simplesmente justapostos, conservando cada qual a sua integridade:

beija-flor	bem-me-quer	madrepérola
segunda-feira	pé-de-meia	tira-teima

b) intimamente unidos, por se ter perdido a ideia da composição, caso em que se subordinam a um único acento tônico e sofrem perda de sua integridade silábica:

aguardente (água + ardente)	pernalta (perna + alta)
embora (em + boa + hora)	viandante (via + andante)

Daí distinguir-se a COMPOSIÇÃO POR JUSTAPOSIÇÃO da COMPOSIÇÃO POR AGLUTINAÇÃO, diferença que a escrita procura refletir, pois que na JUSTAPOSIÇÃO os elementos componentes vêm em geral ligados por hífen, ao passo que na AGLUTINAÇÃO eles se juntam num só vocábulo gráfico.

Observação:

Reitere-se que o emprego do hífen é uma simples convenção ortográfica. Nem sempre os elementos justapostos vêm ligados por ele. Há os que se escrevem unidos:

passatempo, varapau, etc.; como há outros que conservam a sua autonomia gráfica: *pai de família, fim de semana, Idade Média*, etc.

2. Quanto ao SENTIDO, distingue-se numa palavra composta o elemento DETERMINADO, que contém a ideia geral, do DETERMINANTE, que encerra a noção particular. Assim, em *escola-modelo*, o termo *escola* é o DETERMINADO, e *modelo* o DETERMINANTE. Em *mãe-pátria*, ao inverso, *mãe* é o DETERMINANTE, e *pátria* o DETERMINADO.

   Nos compostos tipicamente portugueses, o DETERMINADO de regra precede o DETERMINANTE, mas naqueles que entraram por via erudita, ou se formaram pelo modelo da composição latina, observa-se exatamente o contrário – o primeiro elemento é o que exprime a noção específica, e o segundo a geral. Assim:

agricultura	=	cultivo do campo,
suaviloquência	=	linguagem suave,
mundividência	=	visão do mundo,
etc.		

Observação:

Como o DETERMINANTE encerra a noção mais característica, muitas vezes por si só designa o objeto. Assim: *capital* (por *cidade capital*), *vapor* (por *barco a vapor*).

3. Quanto à CLASSE GRAMATICAL dos seus elementos, uma palavra composta pode ser constituída de:

   1.º) SUBSTANTIVO + SUBSTANTIVO:

   manga-rosa   porco-espinho   tamanduá-bandeira

   2.º) SUBSTANTIVO + PREPOSIÇÃO + SUBSTANTIVO:

   pé-de-meia   arco-da-velha   cor-de-rosa

   3.º) SUBSTANTIVO + ADJETIVO:

   a) com o adjetivo posposto ao substantivo:

   aguardente   amor-perfeito   criado-mudo

   b) com o adjetivo anteposto ao substantivo:

   alto-forno   belas-artes   gentil-homem

4.º) ADJETIVO + ADJETIVO:

azul-marinho	luso-brasileiro	tragicômico

5.º) NUMERAL + SUBSTANTIVO:

mil-folhas	segunda-feira	trigêmeo

6.º) PRONOME + SUBSTANTIVO:

meu-bem	nossa-amizade	Nosso Senhor

7.º) VERBO + SUBSTANTIVO:

beija-flor	guarda-roupa	cata-vento

8.º) VERBO + VERBO:

corre-corre	perde-ganha	vaivém

9.º) ADVÉRBIO + ADJETIVO:

bem-bom	mal-educado	sempre-viva

10.º) ADVÉRBIO (OU ADJETIVO EM FUNÇÃO ADVERBIAL) + VERBO:

bem-aventurar	maldizer	vangloriar-se

Observações:

1.º) No último grupo poderíamos incluir os numerosos compostos de *bem* e *mal* + SUBSTANTIVO OU ADJETIVO, porque, neles, tanto o substantivo como o adjetivo são quase sempre derivados de verbos, cuja significação ainda conservam. Assim: *bem--aventurança, bem-aventurado, benquerença, bem-vindo, maldizente, mal-encarado, malfeitor, malsoante*, etc.

2.º) Nem todos os compostos da língua se distribuem pelos tipos que enumeramos. Há, ainda, uma infinidade de combinações, por vezes curiosas, como as seguintes: *bem-te-vi, bem-te-vi-do-bico-chato, louva-a-deus, malmequer, não-me-deixes, não-me-toques, não-te-esqueças-de-mim* (miosótis), etc.

3.º) Empregamos muitas palavras compostas que não são, propriamente, formações portuguesas. Assim, *couve-flor* é tradução do francês *chou-fleur*; *café-concerto* é também de origem francesa; *bancarrota* provém do italiano *bancarotta*; *vinagre* chegou-nos, provavelmente, por intermédio do espanhol *vinagre*, originário, por sua vez, de uma forma catalã idêntica.

4.º) Algumas palavras de importação que aparentam forma simples são compostas nas línguas de origem. É o caso, por exemplo, de *oxalá*, derivado do árabe *wa sa llâh* (= e queira Deus); e de *aleluia*, proveniente do hebraico *hallelu Yah* (= louvai ao Senhor).

COMPOSTOS ERUDITOS

A nomenclatura científica, técnica e literária é fundamentalmente constituída de palavras formadas pelo modelo da composição greco-latina, que consistia em associar dois termos, o primeiro dos quais servia de determinante do segundo.

Examinaremos, a seguir, os principais radicais latinos e gregos que participam dessas formações, distribuindo-os por dois grupos, de acordo com a posição que ocupam no composto.

Radicais latinos

1. Entre outros, funcionam como primeiro elemento da composição os seguintes radicais latinos, em geral terminados em *-i*:

Forma	Origem latina	Sentido	Exemplo
ambi-	ambo	ambos	ambidestro
arbori-	arbor, -oris	árvore	arborícola
avi-	avis, -is	ave	avifauna
bis- **bi-**	bis	duas vezes	bisavô bípede
calori-	calor, -oris	calor	calorífero
cruci-	crux, -ucis	cruz	crucifixo
curvi-	curvus, -a, -um	curvo	curvilíneo
equi-	aequus, -a, -um	igual	equilátero
ferri- **ferro-**	ferrum, -i	ferro	ferrífero ferrovia
igni-	ignis, -is	fogo	ignívomo
loco-	locus, -i	lugar	locomotiva
morti-	mors, mortis	morte	mortífero

Forma	Origem latina	Sentido	Exemplo
olei- **oleo-**	oleum, -i	azeite, óleo	oleígeno oleoduto
oni-	omnis, -e	todo	onipotente
pedi-	pes, pedis	pé	pedilúvio
pisci-	piscis, -is	peixe	piscicultor
quadri- **quadru-**	quattuor	quatro	quadrimotor quadrúpede
reti-	rectus, -a, -um	reto	retilíneo
sesqui-	sesqui-	um e meio	sesquicentenário
tri-	tres, tria	três	tricolor
uni-	unus, -a, -um	um	uníssono
vermi-	vermis, -is	verme	vermífugo

2. Como segundo elemento da composição, empregam-se:

Forma	Sentido	Exemplos
-cida	que mata	regicida, fratricida
-cola	que cultiva, ou habita	vitícola, arborícola
-cultura	ato de cultivar	apicultura, piscicultura
-fero	que contém, ou produz	aurífero, flamífero
-fico	que faz, ou produz	benéfico, frigorífico
-forme	que tem forma de	cuneiforme, uniforme
-fugo	que foge, ou faz fugir	centrífugo, febrífugo
-gero	que contém, ou produz	armígero, belígero
-paro	que produz	multíparo, ovíparo
-pede	pé	palmípede, velocípede
-sono	que soa	horríssono, uníssono
-vomo	que expele	fumívomo, ignívomo
-voro	que come	carnívoro, herbívoro

Radicais gregos

1. Mais numerosos são os compostos eruditos formados de elementos gregos, fonte de quase todos os neologismos filosóficos, literários, técnicos e científicos.

Entre os mais usados, podemos indicar os seguintes, que servem geralmente de primeiro elemento da composição:

Forma	Sentido	Exemplos
anemo-	vento	anemógrafo, anemômetro
antropo-	homem	antropófago, antropologia
arqueo-	antigo	arqueografia, arqueologia
biblio-	livro	bibliografia, biblioteca
caco-	mau	cacofonia, cacografia
cali-	belo	califasia, caligrafia
cosmo-	mundo	cosmógrafo, cosmologia
cromo-	cor	cromolitografia, cromossomo
crono-	tempo	cronologia, cronômetro
da(c)tilo-	dedo	da(c)tilografia, da(c)tiloscopia
deca-	dez	decaedro, decalitro
di-	dois	dipétalo, dissílabo
enea-	nove	eneágono, eneassílabo
etno-	raça	etnografia, etnologia
farmaco-	medicamento	farmacologia, farmacopeia
fisio-	natureza	fisiologia, fisionomia
helio-	sol	heliografia, helioscópio
hemi-	metade	hemisfério, hemistíquio
hemo- **hemato-**	sangue	hemoglobina, hematócrito
hepta-	sete	heptágono, heptassílabo
hexa-	seis	hexágeno, hexâmetro
hipo-	cavalo	hipódromo, hipopótamo
hom(e)o-	semelhante	homeopatia, homógrafo
ictio-	peixe	ictiófago, ictiologia
iso-	igual	isócrono, isóscele(s)
lito-	pedra	litografia, litogravura
mega(lo)-	grande	megatério, megalomaníaco
melo-	canto	melodia, melopeia
meso-	meio	mesóclise, Mesopotâmia

FORMA	SENTIDO	EXEMPLOS
miria-	dez mil	miriâmetro, miríade
miso-	que odeia	misógino, misantropo
mito-	fábula	mitologia, mitômano
necro-	morto	necrópole, necrotério
neo-	novo	neolatino, neologismo
neuro- **nevro-**	nervo	neurologia, nevralgia
octo-	oito	octossílabo, octaedro
odonto-	dente	odontologia, odontalgia
oftalmo-	olho	oftalmologia, oftalmoscópio
onomato-	nome	onomatologia, onomatopeia
oro-	montanha	orogenia, orografia
orto-	reto, justo	ortografia, ortodoxo
oxi-	agudo, penetrante	oxígono, oxítono
paleo-	antigo	paleografia, paleontologia
pan-	todos, tudo	panteísmo, pan-americano
pato-	(sentimento) doença	patogenético, patologia
pedo-	criança	pediatria, pedologia
potamo-	rio	potamografia, potamologia
psico-	alma, espírito	psicologia, psicanálise
quilo-	mil	quilograma, quilômetro
quiro-	mão	quiromancia, quiróptero
rino-	nariz	rinoceronte, rinoplastia
rizo-	raiz	rizófilo, rizotônico
sidero-	ferro	siderólita, siderurgia
taqui-	rápido	taquicardia, taquigrafia
teo-	deus	teocracia, teólogo
tetra-	quatro	tetrarca, tetraedro
tipo-	figura, marca	tipografia, tipologia
topo-	lugar	topografia, toponímia
xeno-	estrangeiro	xenofobia, xenomania
xilo-	madeira	xilógrafo, xilogravura
zoo-	animal	zoógrafo, zoologia

Observação:

Como vemos, a maioria destes radicais assume na composição uma forma terminada em *-o*. Alguns empregam-se também como segundo elemento do composto. É o caso, por exemplo, de *-antropo* (*filantropo*), *-crono* (*isócrono*), *-dáctilo* (*pterodáctilo*), *-filo* (*germanófilo*), *-lito* (*aerólito*), *-pótamo* (*hipopótamo*) e outros.

2. Funcionam, preferentemente, como segundo elemento da composição, entre outros, estes radicais gregos:

Forma	Sentido	Exemplos
-agogo	que conduz	demagogo, pedagogo
-algia	dor	cefalalgia, nevralgia
-arca	que comanda	heresiarca, monarca
-arquia	comando, governo	autarquia, monarquia
-astenia	debilidade	neurastenia, psicastenia
-céfalo	cabeça	dolicocéfalo, microcéfalo
-cracia	poder	democracia, plutocracia
-doxo	que opina	heterodoxo, ortodoxo
-dromo	lugar para correr	hipódromo, velódromo
-edro	base, face	pentaedro, poliedro
-fagia	ato de comer	aerofagia, antropofagia
-fago	que come	antropófago, necrófago
-filia	amizade	bibliofilia, lusofilia
-fobia	inimizade, ódio, temor	fotofobia, hidrofobia
-fobo	que odeia, inimigo	xenófobo, zoófobo
-foro	que leva ou conduz	electróforo, fósforo
-gamia	casamento	monogamia, poligamia
-gamo	que casa	bígamo, polígamo
-gêneo	que gera	heterogêneo, homogêneo
-glota, -glossa	língua	poliglota, isoglossa
-gono	ângulo	pentágono, polígono
-grafia	escrita, descrição	ortografia, geografia
-grafo	que escreve	calígrafo, polígrafo
-grama	escrito, peso	telegrama, quilograma
-logia	discurso, tratado, ciência	arqueologia, filologia

FORMA	SENTIDO	EXEMPLOS
-logo	que fala ou trata	diálogo, teólogo
-mancia	adivinhação	necromancia, quiromancia
-mania	loucura, tendência	megalomania, monomania
-mano	louco, inclinado	bibliômano, mitômano
-maquia	combate	logomaquia, tauromaquia
-metria	medida	antropometria, biometria
-metro	que mede	hidrômetro, pentâmetro
-morfo	que tem a forma	antropomorfo, polimorfo
-nomia	lei, regra	agronomia, astronomia
-nomo	que regula	autônomo, metrônomo
-peia	ato de fazer	melopeia, onomatopeia
-pólis, -pole	cidade	Petrópolis, metrópole
-ptero	asa	díptero, helicóptero
-scopia	ato de ver	macroscopia, microscopia
-scópio	instrumento para ver	microscópio, telescópio
-sofia	sabedoria	filosofia, teosofia
-stico	verso	dístico, monóstico
-teca	lugar onde se guarda	biblioteca, discoteca
-terapia	cura	fisioterapia, hidroterapia
-tomia	corte, divisão	dicotomia, nevrotomia
-tono	tensão, tom	barítono, monótono

RECOMPOSIÇÃO

Pseudoprefixos

Certos radicais latinos e gregos adquiriram sentido especial nas línguas modernas. Assim *auto-* (do grego *autós* = próprio, de si mesmo), que ainda se emprega com o valor originário em numerosos compostos (por exemplo: *autodidata* = que estudou por si mesmo; *autógrafo* = escrito do próprio autor), passou, com a vulgarização de *auto*, forma abreviada de *automóvel* (= veículo movido por si mesmo), a ter este significado em uma série de novos compostos: *autoestrada*, *autódromo*, etc. Também o radical *electro-* (do grego *eléctron* = âmbar), pela propriedade que apresenta o âmbar de atrair os corpos leves, veio a aplicar-se a tudo o que se relaciona com a "eletricidade": *electrodinâmica*, *electroscópio*, *electroterapia*, etc.

Estes radicais que assumem o sentido global dos vocábulos de que antes eram elementos componentes denominam-se PSEUDOPREFIXOS ou PREFIXOIDES.[7]

Os PSEUDOPREFIXOS caracterizam-se:

a) por apresentarem um acentuado grau de independência;
b) por possuírem "uma significação mais ou menos delimitada e presente à consciência dos falantes, de tal modo que o significado do todo a que pertencem se aproxima de um conceito complexo, e portanto de um sintagma";[8]
c) por terem, de um modo geral, menor rendimento do que os prefixos propriamente ditos.

Cumpre-nos, pois, fazer distinção entre os PSEUDOPREFIXOS e os RADICAIS ERUDITOS que não apresentam esse comportamento especial. O critério básico para tal distinção é a deriva semântica que se evidencia quando, processada a "decomposição", os elementos ingressam noutras formações com sentido diverso do etimológico.

A deriva semântica desses elementos decorre, portanto, de um procedimento especial, denominado RECOMPOSIÇÃO por André Martinet, termo que lhe pareceu necessário para batizar "uma situação linguística particular que não se identifica nem com a composição propriamente dita, nem tampouco, de um modo geral, com a derivação, que supõe a combinação de elementos de estatuto diferente".[9]

Eis uma lista de PSEUDOPREFIXOS, ilustrada com exemplos:

PSEUDOPREFIXO	EXEMPLOS
aero-	aeroclube, aeromoça
agro-	agroindustrial, agropecuária
arqui-	arquibanco, arquimilionário
astro-	astronauta, astronave
auto-	autoestrada, autopeça
bio-	biociência, biodegradável

[7] Leiam-se, a propósito, as considerações de Iorgu Iordan e Maria Manoliu. *Manual de linguística románica*. Revisión, reelaboración parcial y notas por Manuel Alvar, t. II, Madrid, Gredos, 1972, p. 44-49; J. G. Herculano de Carvalho. *Teoria da linguagem*, t. II, Coimbra, Atlântida, 1974, p. 547-554; Li Ching. *Boletim de Filologia*, 22:213-225.

[8] J. G. Herculano de Carvalho. *Obra cit.*, p. 554.

[9] *Eléments de linguistique générale*. Paris, Armand Colin, 1967, p. 135.

PSEUDOPREFIXO	EXEMPLOS
cine-	cineclube, cinerama
demo-	demofilia, demologia
electro-	electrodoméstico, electromagnético
fono-	fonoestilística, fonovisão
foto-	fotomontagem, fotonovela
geo-	geoeconômico, geopolítico
hetero-	heteroagressão, heterorrelação
hidro-	hidroeléctrica, hidrogenização
inter-	interestadual, inter-racial
macro-	macroeconomia, macrobiótica
maxi-	maxidesvalorização, maxissaia
micro-	microfilme, micro-onda
mini-	minifúndio, minissaia
mono-	monobloco, monomotor
moto-	motomecanização, motonave
multi-	multifacetado, multinacional
pluri-	pluripartidarismo, plurisseriado
poli-	policlínica, polimorfismo
proto-	proto-história, protomártir
pseudo-	pseudointelectual, pseudorrealismo
radio-	radiojornal, radioteatro
retro-	retrocontagem, retrovisor
semi-	semioficial, semivogal
tele-	teleguiado, televisão
termo-	termodinâmica, termonuclear

HIBRIDISMO

São PALAVRAS HÍBRIDAS, ou HIBRIDISMOS, aquelas que se formam de elementos tirados de línguas diferentes. Assim, em *automóvel* o primeiro radical é grego e o segundo latino, em *sociologia*, ao contrário, o primeiro é latino e o segundo grego.

As formações híbridas são em geral condenadas pelos gramáticos, mas existem algumas tão enraizadas no idioma que seria pueril pretender eliminá-las. É o caso das palavras mencionadas e de outras, como

bicicleta	endovenoso	neolatino
bígamo	monóculo	oleografia

Observação:

Com razão, observa Matoso Câmara Jr.: "Esses compostos decorrem, em princípio, da circunstância de os elementos se terem integrado no mecanismo da língua que faz a composição, e a sua origem diversa só ter um sentido diacrônico" (*Dicionário de filologia e gramática*, 2.ª ed., Rio de Janeiro, J. Ozon, 1964, p. 180).

ONOMATOPEIA

As ONOMATOPEIAS são palavras imitativas, isto é, palavras que procuram reproduzir aproximadamente certos sons ou certos ruídos:

tique-taque	zás-trás	zum-zum

Em geral, os verbos e os substantivos denotadores de vozes de animais têm origem onomatopeica.

Assim:

ciciar	cicio (da cigarra)
coaxar	coaxo (da rã, do sapo)

ABREVIAÇÃO VOCABULAR

O ritmo acelerado da vida intensa de nossos dias obriga-nos, necessariamente, a uma elocução mais rápida. Economizar tempo e palavras é uma tendência geral do mundo de hoje.

Observamos, a todo momento, a redução de frases e palavras até limites que não prejudiquem a compreensão. É o que sucede, por exemplo, com os vocábulos longos, e em particular com os compostos greco-latinos de criação recente: *auto* (por *automóvel*), *foto* (por *fotografia*), *moto* (por *motocicleta*), *ônibus* (por *auto-ônibus*), *pneu* (por *pneumático*), *quilo* (por *quilograma*), etc. Em todos eles a forma abreviada assumiu o sentido da forma plena.

Siglas

Também moderno – e cada vez mais generalizado – é o processo de criação vocabular que consiste em reduzir longos títulos a meras SIGLAS, constituídas das letras iniciais das palavras que os compõem.

Atualmente, instituições de natureza vária – como organizações internacionais, partidos políticos, serviços públicos, sociedades comerciais, associações operárias, patronais, estudantis, culturais, recreativas, etc. – são, em geral, mais conhecidas pelas SIGLAS do que pelas denominações completas. Assim:

AD	=	Aliança Democrática
APU	=	Aliança Povo Unido
CD	=	Compact Disc
CGT	=	Confédération Générale du Travail
DEM	=	Democratas
DVD	=	Digital Video Disc
Enem	=	Exame Nacional de Ensino Médio
EU (EU)	=	European Union (União Europeia)
FIFA	=	Fédération Internationale de Football Association
FRELIMO	=	Frente de Libertação de Moçambique
Inep	=	Instituto Nacional de Estudos e Pesquisas Educacionais
MPLA	=	Movimento Popular de Libertação de Angola
OEA	=	Organização dos Estados Americanos
ONU	=	Organização das Nações Unidas
OUA	=	Organização de Unidade Africana
PAIGC	=	Partido Africano da Independência da Guiné e Cabo Verde
PC	=	Personal Computer
PCP	=	Partido Comunista Português
PDS	=	Partido Democrático Social
PDT	=	Partido Democrático Trabalhista
PMDB	=	Partido do Movimento Democrático Brasileiro
PP	=	Partido Progressista
PPM	=	Partido Popular Monárquico
PPS	=	Partido Popular Socialista
PS	=	Partido Socialista
PSB	=	Partido Socialista Brasileiro
PSD	=	Partido Social Democrático
PSDB	=	Partido da Social Democracia Brasileira
PT	=	Partido dos Trabalhadores
PTB	=	Partido Trabalhista Brasileiro
PV	=	Partido Verde
STF	=	Supremo Tribunal Federal
TAP	=	Transportes Aéreos Portugueses
UNE	=	União Nacional dos Estudantes
UNESCO	=	United Nations Educational, Scientific and Cultural Organization

E não é só. Uma vez criada e vulgarizada, a SIGLA passa a ser sentida como uma palavra primitiva, capaz, portanto, de formar derivados: *cegetista*, *petebista*, etc.

Observação:

Nem sempre uma instituição é conhecida pela mesma sigla em Portugal e no Brasil. No Brasil, por exemplo, denomina-se OTAN (= Organização do Tratado do Atlântico Norte) o organismo que em Portugal se chama NATO (= North Atlantic Treaty Organization), por ter-se aí vulgarizado a sigla inglesa.

Por vezes há diferença de acentuação da sigla nos dois países. Diz-se, por exemplo, ONÚ em Portugal e ÔNU no Brasil.

Capítulo 7

Frase, oração, período

A FRASE E SUA CONSTITUIÇÃO

1. FRASE é um enunciado de sentido completo, a unidade mínima de comunicação.
   A parte da gramática que descreve as regras segundo as quais as palavras se combinam para formar FRASES denomina-se SINTAXE.

2. A FRASE pode ser constituída:
   1.º) de uma só palavra:

   Fogo! **Atenção!** **Silêncio!**

   2.º) de várias palavras, entre as quais se inclui ou não um verbo:
   a) com verbo:

   Alguns anos **vivi** em Itabira.
   (C. Drummond de Andrade, *R*, 45.)

   b) sem verbo:

   Que inocência! Que aurora! Que alegria!
   (Teixeira de Pascoaes, *OC*, III, 140.)

3. A FRASE é sempre acompanhada de uma melodia, de uma entoação. Nas frases organizadas com verbo, a entoação caracteriza o fim do enunciado, geralmente seguido de forte pausa. É o caso destes exemplos:

Bate o vento no postigo... /
Cai a chuva lentamente...
(Da Costa e Silva, *PC*, 307.)

Se a frase não possui verbo, a melodia é a única marca por que podemos reconhecê-la. Sem ela, frases como

Atenção! Que inocência! Que alegria!

seriam simples vocábulos, unidades léxicas sem função, sem valor gramatical.

Observação:

O estudo da frase e o da organização dos elementos que a constituem pressupõem o conhecimento de alguns conceitos nem sempre fáceis de definir. Essa dificuldade resulta não só da própria natureza do assunto, mas também das diferenças dos métodos e técnicas de análise adotados pela linguística clássica e pelas principais correntes da linguística contemporânea.

Neste capítulo, evitar-se-ão discussões teóricas que não tragam esclarecimentos ao estudo descritivo-normativo da sintaxe portuguesa, que é o nosso objetivo principal.

FRASE E ORAÇÃO

A FRASE pode conter uma ou mais ORAÇÕES.

1.º) Contém apenas uma oração, quando apresenta:

a) uma só forma verbal, clara ou oculta:

O dia **decorreu** sem sobressalto.
(J. Paço d'Arcos, *CVL*, 491.)

Na cabeça, aquela bonita coroa.
(J. Montello, *A*, 32.)

b) duas ou mais formas verbais, integrantes de uma LOCUÇÃO VERBAL:

— **Podem vir** os dois...
(V. Nemésio, *MTC*, 446.)

Tudo de repente **entrou a viver** uma vida secreta de luz.
(Autran Dourado, *TA*, 13.)

2.º) Contém mais de uma oração, quando há nela mais de um verbo (seja na forma simples, seja na locução verbal), claro ou oculto:

Fechei os olhos, / meu coração **doía**.
(Luandino Vieira, *NANV*, 75.)

Busco, / **volto**, / **abandono**, / e **chamo** de novo.
(A. Bessa Luís, *AM*, 38.)

O Negrinho **começou a chorar**, / enquanto os cavalos **iam pastando**.
(Simões Lopes Neto, *CGLS*, 332.)

Os anos **são** degraus; / a vida, a escada.
(F. de Castro, *ANE*, 73.)

Observação:

A LOCUÇÃO VERBAL é o conjunto formado de um VERBO AUXILIAR + um VERBO PRINCIPAL. Enquanto o último vem sempre numa FORMA NOMINAL (INFINITIVO, GERÚNDIO, PARTICÍPIO), o primeiro pode vir:

a) numa FORMA FINITA (INDICATIVO, IMPERATIVO, SUBJUNTIVO):

A viticultura **foi**-se **alargando** talvez a partir do terceiro século.
(A. Sérgio, E, *VIII*, 65.)

— **Vá deitar**-se, / **vá coçar** as pulgas / e **descansar**.
(G. Ramos, *AOH*, 117.)

— Você crê deveras que / **venhamos a ser** grandes homens?
(Machado de Assis, *OC*, I, 984.)

b) numa FORMA NOMINAL (INFINITIVO ou GERÚNDIO):

Ah, não **poder subir** na sombra
Como um ladrão que escala um muro!
(Ribeiro Couto, *PR*, 333.)

Doente, quase não **podendo andar**, fui ter com o Evaristo.
(A. Nobre, *CI*, 156.)

ORAÇÃO E PERÍODO

1. PERÍODO é a frase organizada em oração ou orações. Pode ser:

a) SIMPLES, quando constituído de uma só oração:

Cai o crepúsculo.
(Da Costa e Silva, *PC*, 281.)

> Nunca mais recobrou por inteiro a saúde.
> (A. Bessa Luís, *S*, 186.)

b) COMPOSTO, quando formado de duas ou mais orações:

> Não bulia uma folha, / não cintilava um luzeiro.
> (A. Ribeiro, *ES*, 211.)

> O senhor tirou o cigarro, / bateu-o na tampa da cigarreira, / levou-o ao canto dos lábios, / premiu a mola do isqueiro.
> (J. Montello, *SC*, 173.)

2. O PERÍODO termina sempre por uma pausa bem definida, que se marca na escrita com ponto, ponto de exclamação, ponto de interrogação, reticências e, algumas vezes, com dois-pontos.

A ORAÇÃO E OS SEUS TERMOS ESSENCIAIS

SUJEITO E PREDICADO

1. São termos essenciais da oração o SUJEITO e o PREDICADO.
O SUJEITO é o ser sobre o qual se faz uma declaração; o PREDICADO é tudo aquilo que se diz do SUJEITO. Assim, na oração

> Este aluno obteve ontem uma boa nota,

temos:

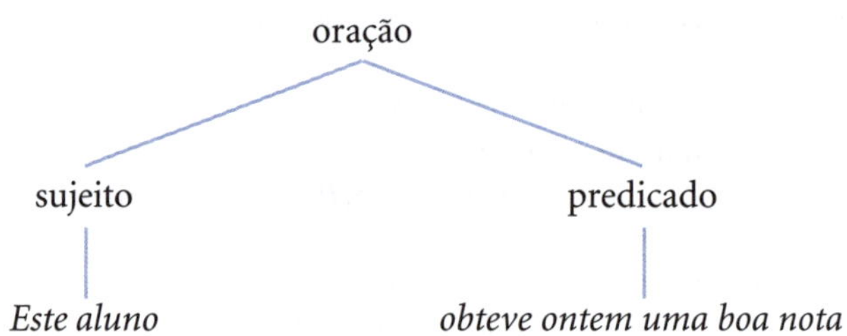

2. Nem sempre o SUJEITO e o PREDICADO vêm materialmente expressos. Assim, em

> Andei léguas de sombra
> Dentro em meu pensamento.
> (F. Pessoa, *OP*, 59.)

o sujeito de *andei* é *eu*, indicado apenas pela desinência verbal.

Já em

> Boa cidade, Santa Rita.
> (M. Palmério, *VC*, 298.)

é a forma verbal *é* que está subentendida.

Chamam-se ELÍPTICAS as orações a que falta um termo essencial. E, conforme o caso, diz-se que o SUJEITO ou o PREDICADO estão ELÍPTICOS.

SINTAGMA NOMINAL E VERBAL

1. Na oração:

> Este aluno obteve ontem uma boa nota,

distinguimos duas unidades maiores:

a) o SUJEITO: *este aluno*;
b) o PREDICADO: *obteve ontem uma boa nota.*

Examinando, porém, o SUJEITO, vemos que ele é formado de duas palavras:

> *este aluno*

O demonstrativo *este* é um determinante (DET) do substantivo (N) *aluno*, palavra que constitui o NÚCLEO da unidade.

Toda unidade que tem por núcleo um substantivo recebe o nome de SINTAGMA NOMINAL (SN).

A oração que estamos estudando apresenta, assim, dois SINTAGMAS NOMINAIS:

a) SN^1 = *este aluno*;
b) SN^2 = *uma boa nota.*

2. Podem ocorrer muitos SINTAGMAS NOMINAIS (SN) na oração, mas somente um deles será o SUJEITO. E, como veremos adiante, a sua posição, na ordem direta e lógica do enunciado, é à esquerda do verbo. Os demais SINTAGMAS NOMINAIS encaixam-se no PREDICADO.

3. O substantivo, núcleo de um sintagma nominal, admite a presença de DETERMINANTES (DET) — que são os artigos, os numerais e os pronomes adjetivos — e de MODIFICADORES (MOD), que, no caso, são os adjetivos ou expressões adjetivas.

Os dois sintagmas nominais da oração em exame podem ser assim esquematizados:

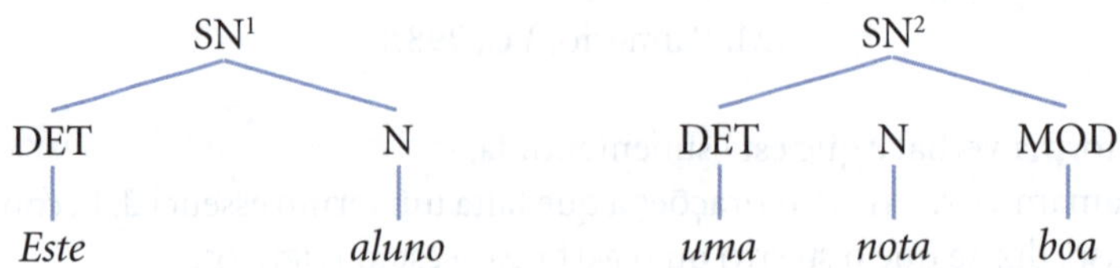

4. O SINTAGMA VERBAL (SV) constitui o predicado. Nele há sempre um verbo, que, quando SIGNIFICATIVO, é o seu núcleo.
   O SINTAGMA VERBAL pode ser complementado por sintagmas nominais e modificado por advérbios ou expressões adverbiais (MOD).
   A oração que nos serve de exemplo obedece, pois, ao seguinte esquema:

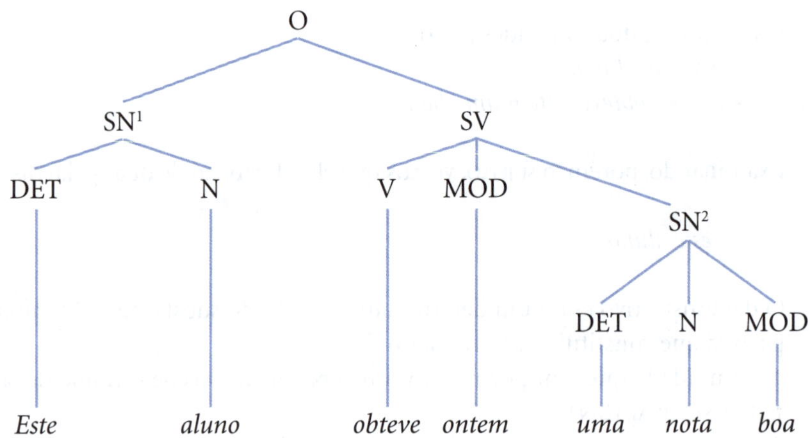

O SUJEITO

REPRESENTAÇÃO DO SUJEITO

Os SUJEITOS da 1.ª e da 2.ª pessoa são, respectivamente, os pronomes pessoais *eu* e *tu*, no singular; *nós* e *vós* (ou combinações equivalentes: *eu* e *tu*, *tu* e *ele*, etc.), no plural.

Os SUJEITOS da 3.ª pessoa podem ter como núcleo:

a) um substantivo:

> **Matilde** entendia disso.
> (A. Bessa Luís, *OM*, 170.)

Os **olhos** dela estavam secos.
(Machado de Assis, *OC*, I, 495.)

b) os pronomes pessoais *ele, ela* (singular); *eles, elas* (plural):

Estavam de braços dados, **ele** arrumava a gravata, **ela** ajeitava o chapéu.
(É. Veríssimo, *LS*, 128.)

— Esperam que **eles** as tomem?...
(Alves Redol, *BC*, 333.)

c) um pronome demonstrativo, relativo, interrogativo, ou indefinido:

Isto não lhe arrefece o ânimo?
(A. Abelaira, *NC*, 35.)

Achava consolo nos livros, **que** o afastavam cada vez mais da vida.
(É. Veríssimo, *LS*, 131.)

Quem disse isso?
(F. Botelho, *X*, 150.)

Tudo parara ao redor de nós.
(C. Lispector, *BF*, 81.)

d) um numeral:

Os **dois** riram-se satisfeitos.
(L. B. Honwana, *NMCT*, 65.)

Ambos alteraram os roteiros originais.
(N. Piñon, *FD*, 86.)

e) uma palavra ou uma expressão substantivada:

Infanta, no exílio amargo,
só o **existirdes** me consola.
(T. da Silveira, *PC*, 367.)

O **por fazer** é só com Deus.
(F. Pessoa, *OP*, 16.)

f) uma oração substantiva subjetiva:

> Era forçoso / **que fosse assim.**
> (A. Sérgio, E, *IV*, 245.)
>
> Valeria a pena / **discutir com o Benício**?
> (J. Montello, *SC*, 16.)

SUJEITO SIMPLES E SUJEITO COMPOSTO

SUJEITO SIMPLES. Quando o sujeito tem um só núcleo, isto é, quando o verbo se refere a um só substantivo, ou a um só pronome, ou a um só numeral, ou a uma só palavra substantivada, ou a uma só oração substantiva, o SUJEITO é SIMPLES. Esse o caso do sujeito de todos os exemplos atrás mencionados.

SUJEITO COMPOSTO. É COMPOSTO o sujeito que tem mais de um núcleo, ou seja, o sujeito constituído de:

a) mais de um substantivo:

> As **vozes** e os **passos** aproximam-se.
> (M. da Fonseca, *SV*, 248.)
>
> **Pai** jovem, **mãe** jovem não deixam menino solto.
> (G. Amado, *HMI*, 49.)

b) mais de um pronome:

> **Ele** e **eu** somos da mesma raça.
> (D. Mourão-Ferreira, *I*, 98.)
>
> Não vivo sem a sua sombra, **você** e **eu** sabemos.
> (N. Piñon, *CC*, 12.)

c) mais de uma palavra ou expressão substantivada:

> Falam por mim **os abandonados de justiça, os simples de coração**.
> (C. Drummond de Andrade, *R*, 148.)
>
> Quantos **mortos** e **feridos** não me precederam ali.
> (N. Piñon, *CC*, 16.)

d) mais de uma oração substantiva:

Era melhor **esquecer o nó** e **pensar numa cama igual à de seu Tomás da bolandeira**.
(G. Ramos, *VS*, 83.)

Dir-se-ia **que o pano do palco se havia levantado** e **que iam surgir, pelas entradas laterais, as demais figuras da peça**.
(J. Montello, *LE*, 108.)

Observação:

Outras combinações podem entrar na formação do SUJEITO COMPOSTO, sendo particularmente comum a de pronome + substantivo, ou vice-versa:

Éramos, meu **pai** e **eu**
E **um** negro, negro **cavalo**.
(V. de Morais, *PCP*, 286.)

SUJEITO OCULTO (DETERMINADO)

É aquele que não está materialmente expresso na oração, mas pode ser identificado. A identificação faz-se:

a) pela desinência verbal:

Fica**mos** um bocado sem falar.
(L. B. Honwana, *NMCT*, 10.)

[O sujeito de *ficamos*, indicado pela desinência *-mos*, é *nós*.]

b) pela presença do sujeito em outra oração do mesmo período ou de período contíguo:

Soropita ali viera, na véspera, lá dormira; e agora retornava a casa.
(Guimarães Rosa, *CB*, II, 467.)

[O sujeito de *viera*, *dormira* e *retornava* é *Soropita*, mencionado na primeira oração, antes de *viera*.]

Guilhermina bocejou. Iria adormecer? Pôs-se a calcular as horas.
(C. de Oliveira, *CD*, 115.)

[O sujeito de *bocejou, iria adormecer* e *pôs-se a calcular* é *Guilhermina*, mencionado no primeiro período, antes de *bocejou*.]

Observação:

Pode ocorrer que o verbo não tenha desinência pessoal e que o sujeito venha sugerido pela desinência de outro verbo. Por exemplo, neste período:

> Antes de comunicar-vos uma descoberta que considero de algum interesse para o nosso país, deixai que vos agradeça.

o sujeito de *considero*, indicado pela desinência *-o*, é *eu*, também sujeito de *comunicar*, verbo na forma infinitiva sem desinência pessoal.

Vejamos um caso similar, com o verbo na forma finita:

> Hoje, à tardinha, acabado o jantar, enquanto esperava a chegada de João, estirei-me no sofá e adormeci.

Eu, sujeito de *estirei-me* e *adormeci*, é também o sujeito de *esperava*, forma verbal finita sem desinência pessoal.

SUJEITO INDETERMINADO

Algumas vezes, o verbo não se refere a uma pessoa determinada, ou por se desconhecer quem executa a ação, ou por não haver interesse no seu conhecimento. Dizemos então, que o SUJEITO é INDETERMINADO.

Nestes casos em que o sujeito não vem expresso na oração nem pode ser identificado, põe-se o verbo:

a) ou na 3.ª pessoa do plural:

> — **Contaram**-me, quando eu era pequenina, a história duns náufragos, como nós.
>
> (A. Ribeiro, *SBAM*, 265.)

> **Reputavam**-no o maior comilão da cidade.
>
> (C. dos Anjos, *MS*, 44.)

b) ou na 3.ª pessoa do singular, com o pronome *se*:

> Ainda **se vivia** num mundo de certezas.
>
> (A. Bessa Luís, *OM*, 296.)

> **Precisa-se** do carvalho; não **se precisa** do caniço.
>
> (C. dos Anjos, *MS*, 381.)

Comia-se com a boca, com os olhos, com o nariz.
(Machado de Assis, *OC*, I, 520 P.)

Os dois processos de indeterminação podem concorrer num mesmo período:

Na Casa **pisavam** sem sapatos, e **falava-se** baixo.
(A. M. Machado, *JT*, 13.)

ORAÇÃO SEM SUJEITO

Não deve ser confundido o SUJEITO INDETERMINADO, que existe, mas não se pode ou não se deseja identificar, com a inexistência do sujeito.

Em orações como as seguintes

Chove.
Anoitece.
Faz frio.

interessa-nos o processo verbal em si, pois não o atribuímos a nenhum ser. Diz-se, então, que o verbo é IMPESSOAL; e o sujeito, INEXISTENTE.

Eis os principais casos de inexistência do sujeito:

a) com verbos ou expressões que denotam fenômenos da natureza:

Anoitecia e tinham acabado de jantar.
(É. Veríssimo, *LS*, 147.)

De volta, com a garrafa na mão, apenas **chuviscava.**
(L. Jardim, *MP*, 49.)

Amanheceu a chover.
(A. Botto, *AO*, 235.)

Era março e ainda **fazia frio.**
(M. Torga, *NCM*, 120.)

b) com o verbo *haver* na acepção de "existir":

Ainda **há** jasmins, ainda **há** rosas,
Ainda **há** violões e modinhas
Em certas ruas saudosas.
(Ribeiro Couto, *PR*, 315.)

Na sala **havia** ainda três quadros do pintor.
(F. Namora, *DT*, 206.)

c) com os verbos *haver*, *fazer* e *ir*, quando indicam tempo decorrido:

Morava no Rio **havia** muitos anos, desligado das coisas de Minas.
(C. dos Anjos, *MS*, 327.)

Faz hoje oito dias que comecei.
(A. Abelaira, *B*, 133.)

Vai para uns quinze anos escrevi uma crônica do Curvelo.
(M. Bandeira, *PP*, II, 338.)

d) com o verbo *ser*, na indicação do tempo em geral:

Era inverno na certa no alto sertão.
(J. Lins do Rego, *ME*, 57.)

Era por altura das lavouras.
(A. Bessa Luís, *S*, 187.)

Observações:

1.ª) Nas orações impessoais, o verbo *ser* concorda em número e pessoa com o predicativo. Veja-se, a propósito, o capítulo 13.

2.ª) Também ocorre a impessoalidade nas locuções verbais:

Como **podia haver** tantas casas e tanta gente?
(G. Ramos, *VS*, 114.)

Devo estar esfacelada, **deve haver** pedaços de mim por todos os cantos.
(M. J. de Carvalho, *AV*, 56.)

3.ª) Na linguagem coloquial do Brasil é corrente o emprego do verbo *ter* como impessoal, à semelhança de *haver*. Escritores modernos — e alguns dos maiores — não têm duvidado em alçar a construção à língua literária.

Comparem-se estes passos:

Hoje **tem** festa no brejo!
(C. Drummond de Andrade, *R*, 16.)

Em Pasárgada **tem** tudo,
É outra civilização...
(M. Bandeira, *PP*, 222.)

O uso de *ter* impessoal deve estender-se ao português das nações africanas. De sua vitalidade em Angola há abundante documentação na obra de Luandino Vieira.

Comparem-se, por exemplo, estes passos:

> Não **tem** morte para o riso, não **tem** morte.
> (*NM*, 74.)

> — Aqui **tem** galinha, **tem** quintal...
> (*L*, 63.)

> Verdes amores não **tem** mais, nunca mais.
> (*NM*, 62.)

4.ª) Em sentido figurado, os verbos que exprimem fenômenos da natureza podem ser empregados com sujeito:

> Dormiu mal, mas **amanheceu** alegre.
> (É. Veríssimo, *LS*, 146.)

> **Choviam os ditos** ao passo que ela seguia pelas mesas.
> (Almada Negreiros, *NG*, 92.)

DA ATITUDE DO SUJEITO

Com os verbos de ação

Quando o verbo exprime uma ação, a atitude do sujeito com referência ao processo verbal pode ser de atividade, de passividade, ou de atividade e passividade ao mesmo tempo.

Neste exemplo,

> **Maria** levantou o menino,

o sujeito *Maria* executa a ação expressa pela forma verbal *levantou*. O sujeito é, pois, o AGENTE.

Neste exemplo,

> **O menino** foi levantado por Maria,

a ação não é praticada pelo sujeito *o menino*, mas pelo agente da passiva — *Maria*. O sujeito, no caso, sofre a ação; é dela o PACIENTE.

Neste exemplo,

Maria levantou-se,

a ação é simultaneamente exercida e sofrida pelo sujeito *Maria*. O sujeito é então, a um tempo, o AGENTE e o PACIENTE dela.

Observação:

Como vemos, na voz ativa, o termo que representa o agente é o SUJEITO do verbo; o que representa o paciente é o OBJETO DIRETO. Na voz passiva, o OBJETO (paciente) torna-se o SUJEITO do verbo.

Com os verbos de estado

Quando o verbo evoca um estado, a atitude da pessoa ou da coisa que dele participa é de neutralidade. O sujeito, no caso, não é o agente nem o paciente, mas a sede do processo verbal, o lugar onde ele se desenvolve:

Pedro é magro.
Antônio permanece doente.
O porteiro ficou pálido.

Observação:

Incluem-se naturalmente entre os verbos que evocam um estado, ou melhor, uma mudança de estado, os incoativos como *adoecer, emagrecer, empalidecer*, equivalentes a *ficar doente, ficar magro, ficar pálido.*

O PREDICADO

O PREDICADO pode ser NOMINAL, VERBAL ou VERBO-NOMINAL.

PREDICADO NOMINAL

O PREDICADO NOMINAL é formado por um VERBO DE LIGAÇÃO + PREDICATIVO.

1. O VERBO DE LIGAÇÃO pode expressar:

a) estado permanente:

Hilário **era** o herdeiro da quinta.
(C. de Oliveira, *CD*, 90.)

Eu **sou** a tua sombra.
(N. Piñon, *FD*, 38.)

b) estado transitório:

O velho **esteve** entre a vida e a morte durante uma semana.
(Castro Soromenho, *TM*, 236.)

— Você não **anda** um pouco fatigado pelo excesso de trabalho?
(C. Drummond de Andrade, *CA*, 139.)

c) mudança de estado:

Receava que eu **me tornasse** ingrato.
(A. Abelaira, *NC*, 14.)

Amaro **ficou** muito perturbado.
(É. Veríssimo, *LS*, 137.)

d) continuidade de estado:

Calada estava, calada **permaneceu**.
(J. Condé, *C*, 4.)

O Barbaças **continuava** alheado e sorridente.
(F. Namora, *TJ*, 177.)

e) aparência de estado:

Ela **parecia** uma figura de retrato.
(Autran Dourado, *TA*, 14.)

Os ventos **pareciam** quietos naquela noite.
(Alves Redol, *BC*, 62.)

Observação:

Os VERBOS DE LIGAÇÃO (ou COPULATIVOS) servem para estabelecer a união entre duas palavras ou expressões de caráter nominal. Não trazem propriamente ideia nova ao sujeito; funcionam apenas como elo entre este e o seu predicativo.

Como há verbos que se empregam ora como copulativos, ora como significativos, convém atentar sempre no valor que apresentam em determinado texto a fim de classificá-los com acerto.

Comparem-se, por exemplo, estas frases:

Estavas triste.	Estavas em casa.
Andei muito preocupado.	Andei muito hoje.
Fiquei pesaroso.	Fiquei no meu posto.
Continuamos silenciosos.	Continuamos a marcha.

Nas primeiras, os verbos *estar, andar, ficar* e *continuar* são verbos de ligação; nas segundas, verbos significativos.

2. O PREDICATIVO pode ser representado:

a) por substantivo ou expressão substantivada:

> — O boato é um **vício** detestável.
> (C. de Oliveira, *AC*, 183.)

> Todo momento de achar é **um perder-se a si próprio**.
> (C. Lispector, *PSGH*, 12.)

b) por adjetivo ou locução adjetiva:

> A praia estava **deserta**.
> (Branquinho da Fonseca, *MS*, 11.)

> — Esta linha é **de morte**.
> (C. Drummond de Andrade, *CB*, 93.)

c) por pronome:

> Vou calar-me e fingir que eu sou **eu**...
> (A. Renault, *LSL*, XVIII.)

> O mito é o nada que é **tudo**.
> (F. Pessoa, *OP*, 8.)

d) por numeral:

> Nós éramos **cinco** e brigávamos muito, recordou Augusto, olhos perdidos num ponto X, quase sorrindo.
> (C. Drummond de Andrade, *CA*, 5.)

> Tua alma o um que são **dois** quando dois são **um**...
> (F. Pessoa, *OP*, 298.)

e) por oração substantiva predicativa:

> A verdade é / **que eu nunca me ralara muito com isso**.
> (M. J. de Carvalho, *AV*, 107.)

Uma tarefa fundamental é / **preservar a história humana**.
(N. Piñon, *FD*, 73.)

Observações:

1.ª) O pronome *o*, quando funciona como PREDICATIVO, é demonstrativo:

Cada coisa é **o** que é.
(F. Pessoa, *OP*, 175.)

Eu era **o** que eles me designassem.
(N. Piñon, *CC*, 13.)

2.ª) O PREDICATIVO pode referir-se ao OBJETO, aplicação esta que estudaremos adiante.

3.ª) Quando se deseja dar ênfase ao PREDICATIVO, costuma-se repeti-lo:

— **Arquiteto do Mosteiro de Santa Maria**, já **o** não sou.
(A. Herculano, *LN*, I, 282.)

Tive depois motivo para crer que **o perverso e a peste** fora-**o** ele próprio, na intenção de fazer valer um bom serviço.
(R. Pompeia, *A*, 50.)

É o que se chama PREDICATIVO PLEONÁSTICO.

PREDICADO VERBAL

O PREDICADO VERBAL tem como núcleo, isto é, como elemento principal da declaração que se faz do sujeito, um VERBO SIGNIFICATIVO.

VERBOS SIGNIFICATIVOS são aqueles que trazem uma ideia nova ao sujeito. Podem ser INTRANSITIVOS e TRANSITIVOS.

Verbos intransitivos

Nestas orações de Da Costa e Silva,

Sobe a névoa... A sombra **desce**...
(*PC*, 281.)

verificamos que a ação está integralmente contida nas formas verbais *sobe* e *desce*. Tais verbos são, pois, INTRANSITIVOS, ou seja, não TRANSITIVOS: a ação não vai além do verbo.

Verbos transitivos

Nestas orações de Fernanda Botelho,

> Ele não **me agradece**, / nem eu **lhe dou tempo**.
> (*X*, 41.)

vemos que as formas verbais *agradece* e *dou* exigem certos termos para completar-lhes o significado. Como o processo verbal não está integralmente contido nelas, mas se transmite a outros elementos (o pronome *me* na primeira oração, o pronome *lhe* e o substantivo *tempo* na segunda), estes verbos chamam-se TRANSITIVOS.

Os verbos TRANSITIVOS podem ser DIRETOS, INDIRETOS, ou DIRETOS E INDIRETOS ao mesmo tempo.

1. VERBOS TRANSITIVOS DIRETOS

Nestas orações de Agustina Bessa Luís,

> **Vou ver o doente.**
> (*OM*, 206.)

> Ela **invejava os homens.**
> (*OM*, 207.)

a ação expressa por *vou ver* e *invejava* transmite-se a outros elementos (*o doente* e *os homens*) diretamente, ou seja, sem o auxílio de preposição. São, por isso, chamados VERBOS TRANSITIVOS DIRETOS, e o termo da oração que lhes integra o sentido recebe o nome de OBJETO DIRETO.

2. VERBOS TRANSITIVOS INDIRETOS

Nestes exemplos,

> Da janela da cozinha, as mulheres **assistiam à cena.**
> (R. de Queirós, *TR*, 15.)

> **Perdoem ao pobre tolo.**
> (C. dos Anjos, *DR*, 235.)

a ação expressa por *assistiam* e *perdoem* transita para outros elementos da oração (*a cena* e *o pobre tolo*) indiretamente, isto é, por meio da preposição *a*. Tais verbos são, por conseguinte, TRANSITIVOS INDIRETOS. O termo da oração que completa o sentido de um verbo TRANSITIVO INDIRETO denomina-se OBJETO INDIRETO.

3. Verbos simultaneamente transitivos diretos e indiretos

Nestes exemplos,

> O sucesso do seu gesto não **deu paz ao Lomba**.
> (M. Torga, *NCM*, 51.)

> Apenas **lhe aconselho prudência**.
> (C. de Oliveira, *CD*, 94.)

a ação expressa por *deu* e *aconselho* transita para outros elementos da oração, a um tempo, direta e indiretamente. Por outras palavras: estes verbos requerem simultaneamente objeto direto e indireto para completar-lhes o sentido.

Observação:

Seguimos aqui a distinção estabelecida pela Nomenclatura Gramatical Brasileira. Não é pacífica, ainda hoje, a conceituação de objeto indireto, embora desde o século XVIII gramáticos, filólogos e linguistas tenham procurado precisá-la. Leia-se, a propósito, o que escreve André Chervel, na *Histoire de la grammaire scolaire*. Paris, Payot, 1981, p. 76, 120, 121, 172-176, 178-184, 245, 268.

PREDICADO VERBO-NOMINAL

Não são apenas os verbos de ligação que se constroem com predicativo do sujeito. Também verbos significativos podem ser empregados com ele.

Nestes exemplos,

> Paulo **riu despreocupado**.
> (A. Peixoto, *RC*, 191.)

> Amélia **saiu** da igreja, **muito fatigada, muito pálida**.
> (Eça de Queirós, *OC*, I, 421.)

os verbos *rir* e *sair* são significativos. Na primeira oração, *despreocupado* refere-se ao sujeito *Paulo*, qualificando-o. Também *muito fatigada* e *muito pálida* são qualificações de *Amélia*, o sujeito da segunda oração.

A este predicado misto, que possui dois núcleos significativos (um verbo e um predicado), dá-se o nome de verbo-nominal.

Observação:

No predicado verbo-nominal, o predicativo anexo ao sujeito pode vir antecedido de preposição, ou do conectivo *como*:

> O ato foi acusado **de ilegal**.
> Carlos saiu estudante e voltou **como doutor**.

VARIABILIDADE DA PREDICAÇÃO VERBAL

A análise da transitividade verbal é feita de acordo com o texto e não isoladamente. O mesmo verbo pode estar empregado ora intransitivamente, ora transitivamente, ora com objeto direto, ora com objeto indireto.

Comparem-se estes exemplos:

Perdoai sempre.	[= INTRANSITIVO]
Perdoai **as ofensas.**	[= TRANSITIVO DIRETO]
Perdoai **aos inimigos.**	[= TRANSITIVO INDIRETO]
Perdoai **as ofensas aos inimigos.**	[= TRANSITIVO DIRETO E INDIRETO]
Por que sonhas, ó jovem poeta?	[= INTRANSITIVO]
Sonhei **um sonho guinholesco.**	[= TRANSITIVO DIRETO]

A ORAÇÃO E OS SEUS TERMOS INTEGRANTES

Examinemos as partes assinaladas nas orações abaixo:

Alguns colegas mostravam **interesse por ele.**
(R. Pompeia, *A*, 234.)

Tinha os olhos **rasos de lágrimas.**
(A. Bessa Luís, *QR*, 272.)

Tenho escrito bastantes poemas.
(F. Pessoa, *OP*, 175.)

Não sei que diga do marido **relativamente ao baile da ilha.**
(Machado de Assis, *OC*, I, 935.)

No primeiro exemplo, o pronome *ele* está relacionado com o substantivo *interesse* por meio da preposição *por*; no segundo, o substantivo *lágrimas* relaciona-se com o adjetivo *rasos* através da preposição *de*; no terceiro, o substantivo *poemas*, modificado pelo adjetivo *bastantes*, integra o sentido da forma verbal *tenho escrito*; no quarto, *o baile da ilha* prende-se ao advérbio *relativamente* por intermédio da preposição *a*.

Vemos, pois, que há palavras que completam o sentido de substantivos, de adjetivos, de verbos e de advérbios. As que se ligam por preposição a substantivo, adjetivo ou advérbio chamam-se COMPLEMENTOS NOMINAIS. Denominam-se COMPLEMENTOS VERBAIS as que integram o sentido do verbo.

COMPLEMENTO NOMINAL

O COMPLEMENTO NOMINAL vem, como dissemos, ligado por preposição ao substantivo, ao adjetivo ou ao advérbio cujo sentido integra ou limita. A palavra que tem o seu sentido completado ou integrado encerra "uma ideia de relação e o complemento é o objeto desta relação"[1].

O COMPLEMENTO NOMINAL pode ser representado por:

a) substantivo (acompanhado ou não dos seus modificadores):

> O pior é a demora **do vapor**.
> (V. Nemésio, *MTC*, 361.)

> Só Joana parecia alheia **a toda essa atividade**.
> (F. Namora, *TJ*, 231.)

b) pronome:

> Tinha nojo **de si mesma**.
> (Machado de Assis, *OC*, I, 487.)

> Ninguém teve notícia **dele**.
> (J. Condé, *TC*, 101.)

c) numeral:

> A vida dele era necessária **a ambas**.
> (Machado de Assis, *OC*, I, 393.)

> Era um repasto de lágrimas **de ambos**.
> (C. Castelo Branco, *OS*, I, 563.)

d) palavra ou expressão substantivada:

> Passo, fantasma do meu ser presente,
> Ébrio, por intervalos, **de um Além**.
> (F. Pessoa, *OP*, 392)

> Os dois adversários na luta **do sim** e **do não** trataram do que então lhes interessava, numa conversa breve.
> (A. F. Schmidt, *AP*, 105.)

---

[1] Jean Dubois *et alii*. *Dictionnaire de linguistique*. Paris, Larousse, 1973, p. 103.

e) oração completiva nominal:

> Comprei a consciência **de que sou**
> **Homem de trocas com a natureza.**
> (M. Torga, *CH*, 11.)

> Estou com vontade **de suprimir este capítulo.**
> (Machado de Assis, *OC*, I, 509.)

Observações:

1.ª) O COMPLEMENTO NOMINAL pode estar integrando o sujeito, o predicativo, o objeto direto, o objeto indireto, o agente da passiva, o adjunto adverbial, o aposto e o vocativo.

2.ª) Convém ter presente que o nome cujo sentido o COMPLEMENTO NOMINAL integra corresponde, geralmente, a um verbo transitivo de radical semelhante:

amor **da pátria**	amar **a pátria**
ódio **aos injustos**	odiar **os injustos**

COMPLEMENTOS VERBAIS

OBJETO DIRETO

1. OBJETO DIRETO é o complemento de um verbo transitivo direto, ou seja, o complemento que normalmente vem ligado ao verbo sem preposição e indica o ser para o qual se dirige a ação verbal.
Pode ser representado por:

a) substantivo:

> Vou descobrir **mundos**, quero **glória** e **fama**!...
> (Guerra Junqueiro, *S*, 12.)

> Não recebo **dinheiro** nenhum.
> (C. Drummond de Andrade, *CB*, 82.)

b) pronome (substantivo):

> Os jornais **nada** publicaram.
> (C. Drummond de Andrade, *CA*, 135.)

> Nunca **o** interrompi.
> (Alves Redol, *BSL*, 68.)

— Visto-**me** num instante e vou **te** levar de carro.
(Vianna Moog, *T*, 80.)

c) numeral:

— Já tenho **seis** lá em casa, que mal faz inteirar **sete**?
(C. Drummond de Andrade, *CB*, 31.)

Nunca achou **dois** ou **três**?
(A. Abelaira, *NC*, 62.)

d) palavra ou expressão substantivada:

Tem **um quê** de inexplicável.
(Gonçalves Dias, *PCPE*, 230.)

Como quem compõe roupas
O **outrora** compúnhamos.
(F. Pessoa, *OP*, 206)

Perscrutava na quietude o **inútil de sua vida**.
(Autran Dourado, *TA*, 36.)

e) oração substantiva (objetiva direta):

Não quero **que fiques triste**.
(J. Régio, *SM*, 295.)

Veja **se consegue o mapa dos caminhos**.
(A. M. Machado, *CJ*, 244.)

2. Saliente-se, ainda, que na constituição do OBJETO DIRETO podem entrar mais de um substantivo ou mais de um dos seus equivalentes:

Tomara-lhe **a mulher e a terra**, mas mandara-lhe entregar **o milho e as abóboras** que nela encontrara.
(Castro Soromenho, *C*, 3.)

Discreto e cauteloso, raramente diz "**sim**" ou "**não**" categóricos; prefere o **vamos ver** protelatório e reflexivo.
(A. M. Machado, *JT*, LI.)

OBJETO DIRETO PREPOSICIONADO[2]

1. O OBJETO DIRETO costuma vir regido da preposição *a*:
a) com os verbos que exprimem sentimentos:

> Não amo **a ninguém**, Pedro.
> (C. dos Anjos, *M*, 196.)

> Só não amava **a Jorge** como amava **ao filho**.
> (J. Paço d'Arcos, *CVL*, 156.)

b) para evitar ambiguidade:

> Sabeis, que **ao Mestre** vai matá-lo.
> (M. Mesquita, *LT*, 66.)

c) quando vem antecipado, como nos provérbios seguintes:

> **A homem pobre** ninguém roube.
> **A médico, confessor e letrado** nunca enganes.

2. O OBJETO DIRETO é obrigatoriamente preposicionado quando expresso por pronome pessoal oblíquo tônico:

> Não **a ti**, Cristo, odeio ou te não quero.
> (F. Pessoa, *OP*, 218.)

> Rubião viu em duas rosas vulgares uma festa imperial, e esqueceu a sala, a mulher e **a si.**
> (Machado de Assis, *OC*, I, 679.)

OBJETO DIRETO PLEONÁSTICO

1. Quando se quer chamar atenção para o OBJETO DIRETO que precede o verbo, costuma-se repeti-lo. É o que se chama OBJETO DIRETO PLEONÁSTICO, em cuja constituição entra sempre um pronome pessoal átono:

---

[2] Sobre o emprego do OBJETO DIRETO PREPOSICIONADO em português, veja-se a excelente monografia de Karl Heinz Delille. *Die geschichtliche Entwicklung des präpositionalen Akkusativs im Portugiesischen.* Bonn, Romanisches Seminar der Universität, 1970.

Palavras cria-**as** o tempo e o tempo **as** mata.
(J. Cardoso Pires, *D*, 300.)

Árvore, filho e livro, queria-**os** perfeitos.
(Vianna Moog, *T*, 330.)

2. O OBJETO DIRETO PLEONÁSTICO pode também ser constituído de um pronome átono e de uma forma pronominal tônica preposicionada:

A mim, ninguém **me** espera em casa.
(J. Régio, *CL*, 52.)

Quantas vezes, viandante, esta incolor paisagem
Não **te** mirou **a ti, a ti** também sem cor!
(A. de Guimaraens, *OC*, 194.)

Mas não encontrou Marcelo nenhum. Encontrou-**nos a nós.**
(D. Mourão-Ferreira, *I*, 23.)

OBJETO INDIRETO

1. OBJETO INDIRETO é o complemento de um verbo transitivo indireto, isto é, o complemento que se liga ao verbo por meio de preposição.
Pode ser representado por:

a) substantivo:

Duvidava **da riqueza da terra**.
(N. Piñon, *CC*, 190.)

Necessitamos **de uma cabeça bem firme na terra, bem fincada na terra**!
(A. Abelaira, *NC*, 74.)

b) pronome (substantivo):

Que ela afaste **de ti** aquelas dores
Que fizeram **de mim** isto que sou!
(F. Espanca, *S*, 24.)

Inserir-se em Roma é mais difícil do que incorporar **a si** o sentimento de Roma.
(A. A. de Melo Franco, *AR*, 25.)

c) numeral:

Os domingos, porém, pertenciam **aos dois**.
(F. Namora, *CS*, 113.)

Se o meu barbeiro é, como creio, verdadeiro, a viúva do defunto compôs-se com o matador, e o ministério público **com ambos**, de modo que o homicida granjeou pacificamente suas terras.
(C. Castelo Branco, *OS*, I, 93.)

d) palavra ou expressão substantivada:

Mas — quem daria dinheiro **aos pobres**?
(C. Lispector, *BF*, 138.)

Seu formidável vulto solitário
Enche **de estar presente** o mar e o céu.
(F. Pessoa, *OP*, 14.)

e) oração substantiva (objetiva indireta):

— Não te esqueças **de que a obediência é o primeiro voto das noviças**.
(J. Montello, *DP*, 236.)

A mãe contava e recontava as duas malas tentando convencer-se **de que ambas estavam no carro**.
(C. Lispector, *LF*, 90.)

2. Como o OBJETO DIRETO, o OBJETO INDIRETO pode ser constituído de mais de um substantivo ou mais de um dos seus equivalentes:

Fechada a porta da Casa Verde, entregou-se **ao estudo e à cura** de si mesmo.
(Machado de Assis, *OC*, II, 288.)

Embora, não perceba grande coisa do que ouve, está sempre a precisar **disto e daquilo**.
(M. J. de Carvalho, *AV*, 54.)

Observação:

Não vem precedido de preposição o OBJETO INDIRETO representado pelos pronomes pessoais oblíquos *me*, *te*, *lhe*, *nos*, *vos*, *lhes*, e pelo reflexivo *se*. Note-se que o pronome oblíquo *lhe* (*lhes*) é essencialmente OBJETO INDIRETO:

— Você não **me** está insinuando que não vai aceitar?
(Vianna Moog, *T*, 390.)

As noites não **lhe** trouxeram repouso, mas deram-**lhe**, em contrapartida, tempo para a meditação.
(J. Paço d'Arcos, *CVL*, 1177.)

Luís Garcia dera-**se** pressa em visitar o filho de Valéria.
(Machado de Assis, *OC*, I, 336.)

A propósito do emprego dos pronomes oblíquos (tônicos e átonos), bem como do modo por que se podem combinar, leia-se o que dizemos no capítulo 11.

OBJETO INDIRETO PLEONÁSTICO

Com a finalidade de realçá-lo, costuma-se repetir o OBJETO INDIRETO. Neste caso, uma das formas é obrigatoriamente um pronome pessoal átono. A outra pode ser um substantivo ou um pronome oblíquo tônico antecedido de preposição:

A mim ensinou-**me** tudo.
(F. Pessoa, *OP*, 145.)

— Quem **lhe** disse **a você** que estavam no palheiro?
(C. de Oliveira, *AC*, 119.)

Aos meus escritos, não **lhes** dava importância nenhuma.
(G. Amado, *HMI*, 190.)

Observação:

Enquanto a preposição que encabeça um ADJUNTO ADVERBIAL possui claro valor significativo, a que introduz um OBJETO INDIRETO apresenta acentuado esvaziamento de sentido. Comparem-se estes exemplos:

Cantava **para os amigos.**
Viajou **para São Paulo.**

Não duvides **de mim.**
Não saias **de casa.**

Nas duas primeiras orações, em que introduzem OBJETO INDIRETO, as preposições *para* e *de* são simples elos sintáticos. Nas duas últimas, introduzindo ADJUNTOS ADVERBIAIS, servem para indicar, respectivamente, o *lugar para onde* e o *lugar donde.*

A propósito, leia-se o que escrevemos no capítulo 15.

PREDICATIVO DO OBJETO

1. Tanto o OBJETO DIRETO como o INDIRETO podem ser modificados por PREDICATIVO. O PREDICATIVO DO OBJETO só aparece no predicado VERBO--NOMINAL, e é expresso:

a) por substantivo:

> Uns **a** nomeiam **primavera**. Eu **lhe** chamo **estado de espírito**.
> (C. Drummond de Andrade, *FA*, 125.)

> Chamo-**me Aldemiro.**
> (I. Lisboa, *MCN*, 94.)

b) por adjetivo:

> Os trabalhadores da Gamboa julgam-**no assombrado.**
> (O. Mendes, *P*, 140.)

> Naquele ano Ismael achou **o avô mais macambúzio.**
> (Autran Dourado, *TA*, 41.)

2. Como o PREDICATIVO DO SUJEITO, o DO OBJETO pode vir antecedido de preposição, ou do conectivo *como*:

> Quaresma então explicou porque **o** tratavam **por major.**
> (Lima Barreto, *TFPQ*, 215.)

> Considero-**o como o primeiro dos precursores do espírito moderno.**
> (A. de Quental, *C*, 313.)

Observação:

Somente com o verbo *chamar* pode ocorrer o PREDICATIVO DO OBJETO INDIRETO:

> A gente só ouvia o Pancário chamar-**lhe ladrão e mentiroso.**
> (Castro Soromenho, *V*. 220.)

> Chamam-**lhe fascista** por toda a parte.
> (C. dos Anjos, *M*, 277.)

Com os demais verbos que admitem esse predicativo (por exemplo: *crer*, *eleger*, *encontrar*, *estimar*, *fazer*, *julgar*, *nomear*, *proclamar* e sinônimos), ele é sempre um modificador do OBJETO DIRETO. Baseados nesse fato, filólogos como Epifânio da Silva Dias e Martinz de Aguiar preferem considerar o complemento no caso — seja expresso pelo pronome *lhe*, seja por um substantivo antecedido de preposição — como OBJETO DIRETO.

AGENTE DA PASSIVA

1. AGENTE DA PASSIVA é o complemento que, na voz passiva com auxiliar, designa o ser que pratica a ação sofrida ou recebida pelo sujeito. Este complemento verbal — normalmente introduzido pela preposição *por* (ou *per*) e, algumas vezes, por *de* — pode ser representado:

a) por substantivo ou palavra substantivada:

> — Esta carta foi escrita **por** um **marinheiro** americano.
> (F. Namora, *DT*, 120.)

> Um jornal é lido **por** muita **gente**.
> (C. Drummond de Andrade, *CB*, 30.)

b) por pronome:

> Ele **dela** é ignorado.
> Ela para ele é ninguém.
> (F. Pessoa, *OP*, 117.)

> A mesma oração foi **por mim** proferida em São José dos Campos, minha cidade natal.
> (Cassiano Ricardo, *VTE*, 26.)

c) por numeral:

> Tudo quanto os leitores sabem de um e de outro foi ali exposto **por ambos**, e **por ambos** ouvido entre abatimento e cólera.
> (Machado de Assis, *OC*, II, 212-213.)

> Não devem ser escutadas por todos; têm de ser ouvidas **por um**.
> (J. Paço d'Arcos, *CVL*, 350.)

d) por oração substantiva:

> E se a primeira pode não encontrar partidários incondicionais, a segunda é certamente subscrita **por quantos tenham uma experiên-**

cia análoga, e não pensam a América, mas se incorporam nela, sem deixarem de ser Europeus.

(M. Torga, *TU*, 48.)

Mariana era apreciada **por todos quantos iam a nossa casa, homens e senhoras**.

(Machado de Assis, *OC*, II, 746.)

TRANSFORMAÇÃO DA ORAÇÃO ATIVA EM PASSIVA

1. Quando uma oração contém um verbo construído com objeto direto, ela pode assumir a forma passiva, mediante as seguintes transformações:

a) o objeto direto passa a ser sujeito da passiva;
b) o verbo passa à forma passiva analítica do mesmo tempo e modo;
c) o sujeito converte-se em agente da passiva.

Tomando-se como exemplo a seguinte oração ativa,

A inflação corrói os salários,

poderíamos colocá-la no esquema:

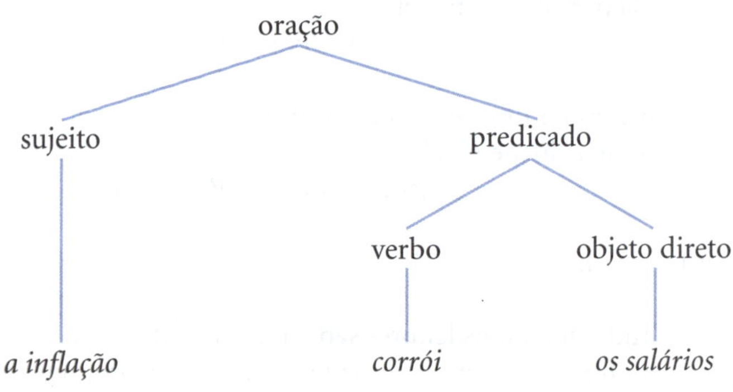

Convertida na oração passiva, teríamos:

Os salários são corroídos pela inflação.

O seu esquema seria então:

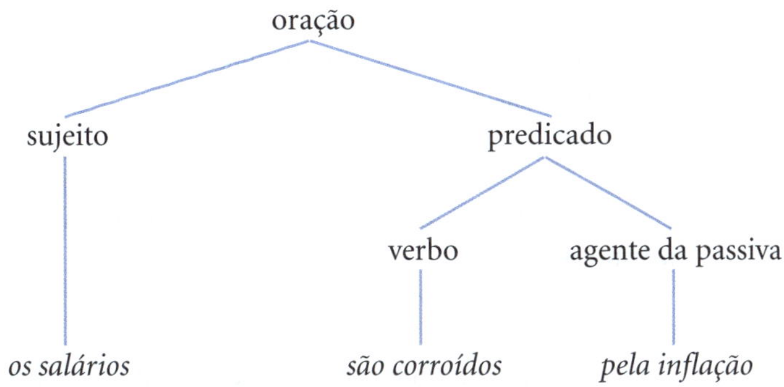

2. Se numa oração da voz ativa o verbo estiver na 3.ª pessoa do plural para indicar a indeterminação do sujeito, na transformação passiva cala-se o agente. Assim:

VOZ ATIVA	VOZ PASSIVA
Aumentaram os salários.	Os salários foram aumentados.
Contiveram a inflação.	A inflação foi contida.

Observações:

1.ª) Cumpre não esquecer que, na passagem de uma oração da voz ativa para a passiva, ou vice-versa, o agente e o paciente continuam os mesmos; apenas desempenham função sintática diferente.

2.ª) Na voz passiva pronominal, a língua moderna omite sempre o agente:

> **Aumentou-se** o salário dos gráficos.
> **Conteve-se** a inflação em níveis razoáveis.

A ORAÇÃO E OS SEUS TERMOS ACESSÓRIOS

Chamam-se ACESSÓRIOS OS TERMOS que se juntam a um nome ou a um verbo para precisar-lhes o significado. Embora tragam um dado novo à oração, não são eles indispensáveis ao entendimento do enunciado. Daí a sua denominação.

São TERMOS ACESSÓRIOS:

a) O ADJUNTO ADNOMINAL;
b) O ADJUNTO ADVERBIAL;
c) O APOSTO.

ADJUNTO ADNOMINAL

Adjunto adnominal é o termo de valor adjetivo que serve para especificar ou delimitar o significado de um substantivo, qualquer que seja a função deste.

O adjunto adnominal pode vir expresso por:

a) adjetivo:

> Na areia podemos fazer até castelos **soberbos**, onde abrigar o nosso **íntimo** sonho.
>
> (R. Braga, *CCE*, 251.)

> — Tenho pensado que toda esta geringonça **social** precisa de uma **grande** volta.
>
> (C. de Oliveira, *CD*, 93.)

b) locução adjetiva:

> Tinha uma memória **de prodígio**.
>
> (J. Lins do Rego, *ME*, 104.)

> Era um homem **de consciência**.
>
> (A. Abelaira, *NC*, 15.)

> O homem já estava acamado
> Dentro da noite **sem cor**.
>
> (M. Bandeira, *PP*, I, 339.)

c) artigo (definido ou indefinido):

> **O** ovo é **a** cruz que **a** galinha carrega n**a** vida.
>
> (C. Lispector, *FC*, 51.)

> **As** ondas rebentavam com estrondo, formando **uma** muralha de espuma, para lá da qual **o** mar era **um** lago sereno e azul.
>
> (Branquinho da Fonseca, *MS*, 10.)

d) pronome adjetivo:

> Deposito a **minha** dona no limiar da **sua** moradia.
>
> (F. Botelho, *X*, 118.)

Vários vendedores de artesanato expunham **suas** mercadorias.
(R. Fonseca, *C*, 76-77.)

e) numeral:

Casara-se havia **duas** semanas.
(C. Drummond de Andrade, *CB*, 29.)

Tinha uns **seis** a **oito** meses e eu, proporcionalmente, devia orçar pela sua idade.
(A. Ribeiro, *CRG*, 17.)

f) oração adjetiva:

Os cabelos, **que tinha fartos e lisos**, caíram-lhe todos.
(M. J. de Carvalho, *AV*, 116.)

Venho cumprir uma missão do sacerdócio **que abracei**.
(Machado de Assis, *OC*, II, 155.)

Observação:
O mesmo substantivo pode estar acompanhado por mais de um ADJUNTO ADNOMINAL:

Ante **o meu** embezerramento, o paizinho sorria **um** sorriso **benévolo** e **desenfadado**.
(A. Ribeiro, *CRG*, 11.)

Um Cristo **barroco** pendia da cruz, **num** altar **lateral**.
(Vianna Moog, *T*, 86.)

ADJUNTO ADVERBIAL

ADJUNTO ADVERBIAL é, como o nome indica, o termo de valor adverbial que denota alguma circunstância do fato expresso pelo verbo, ou intensifica o sentido deste, de um adjetivo, ou de um advérbio.

O ADJUNTO ADVERBIAL pode vir representado por:

a) advérbio:

Aqui não passa ninguém.
(F. Namora, *TJ*, 205.)

Amou-a **perdidamente**.
(L. Fagundes Telles, *DA*, 118.)

b) por locução ou expressão adverbial:

De súbito, eu, o Barão e a criada começamos a dançar **no meio da sala**.
(Branquinho da Fonseca, *B*, 61.)

Lá embaixo aparece Jacarecanga **sob o sol do meio-dia**.
(É. Veríssimo, *ML*, 13.)

c) por oração adverbial:

Fechemos os olhos **até que o sol comece a declinar**.
(A. M. Machado, *CJ*, 82.)

Quando acordou, já Lisa ali estava.
(M. J. de Carvalho, *AV*, 141.)

Classificação dos adjuntos adverbiais

É difícil enumerar todos os tipos de ADJUNTOS ADVERBIAIS. Muitas vezes, só em face do texto se pode propor uma classificação exata. Não obstante, convém conhecer os seguintes:

a) DE CAUSA:

Por que lhes dais tanta dor?!
(A. Gil, *LJ*, 25.)

Não havia de perder o esforço daqueles anos todos, **por causa de um exame só, o derradeiro**.
(C. dos Anjos, *MS*, 343.)

b) DE COMPANHIA:

Lanchas, ide **com Deus**! Ide e voltai **com ele**
Por esse mar de Cristo...
(A. Nobre, *S*, 32.)

Vivi **com Daniel** perto de dois anos.
(C. Lispector, *BF*, 79.)

c) DE DÚVIDA:

> **Talvez** Nina tivesse razão...
> (V. Nemésio, *MTC*, 105.)

> **Acaso** meu pai entenderia mesmo de poemas?
> (L. Jardim, *MPM*, 89.)

d) DE FIM:

> Há homens **para nada**, muitos **para pouco**, alguns **para muito**, nenhum **para tudo**.
> (Marquês de Maricá, *M*, 87.)

> Viaja então para se contrafazer, **por penitência**?
> (A. Abelaira, *NC*, 19.)

e) DE INSTRUMENTO:

> Anastácio estava no alto, na orla do mato, juntando, **a ancinho**, as folhas caídas.
> (Lima Barreto, *TFPQ*, 156.)

> Dou-te **com o chicote**, ouviste!
> (Luandino Vieira, *L*, 41.)

f) DE INTENSIDADE:

> Gosto **muito** de ti.
> (M. Torga, *NCM*, 32.)

> — Ou ele estuda **demais**, ou não come **bastante** de manhã, disse a mãe.
> (C. Lispector, *LF*, 104.)

g) DE LUGAR AONDE[3]:

> Cheguei **à taberna do velho** ao fim da tarde.
> (Alves Redol, *BSL*, 330.)

---

[3] Sobre o emprego indiscriminado de *onde* e *aonde*, veja-se p. 355-6.

Veja **aonde** vai.

(A. M. Machado, *CJ*, 243.)

h) DE LUGAR ONDE:

No mês passado estive algumas horas **em Cartago**.

(A. Abelaira, *NC*, 19.)

O vulto escuro entrou **no jardim**, sumiu-se **em meio às árvores**.

(É. Veríssimo, *LS*, 133.)

i) DE LUGAR DONDE:

Dos mares da China não mais virão as quinquilharias.

(M. Rubião, *D*, 144.)

— Some-te **daqui**, ingrato!

(F. Namora, *TJ*, 99.)

j) DE LUGAR PARA ONDE:

Levaram a defunta numa rede **para o cemitério de S. Caetano**.

(L. Jardim, *MP*, 25.)

A chuva levou-os **para casa.**

(C. de Oliveira, *AC*, 166.)

l) DE LUGAR POR ONDE:

Atravessou o Campo da Aclamação, enfiou **pela Rua de São Pedro** e meteu-se **pelo Aterrado acima.**

(Machado de Assis, *OC*, II, 569.)

Por sobre o navio voejavam ainda gaivotas, com movimentos lentos, ritmados.

(J. Paço d'Arcos, *CVL*, 593.)

m) DE MATÉRIA:

Obra de finado. Escrevi-a **com a pena da galhofa e a tinta da melancolia.**

(Machado de Assis, *OC*, I, 413.)

Cheguei de Paris, e encontrei uma carta de Irene, escrita na véspera do casamento. Era um adeus **com raiva e lágrimas**.
(C. Castelo Branco, *OS*, II, 298.)

n) DE MEIO:

Estarei talvez confundindo as coisas, mas Aníbal ainda viajava **de bicicleta**, imaginem!
(A. Abelaira, *NC*, 19.)

Voltamos **de bote** para a ponta do Caju.
(Lima Barreto, *REIC*, 287.)

o) DE MODO:

Vagarosamente ela foi recolhendo o fio.
(L. Fagundes Telles, *ABV*, 7.)

Henriqueta subiu a escada, **pé ante pé**, como um ladrão.
(V. Nemésio, *MTC*, 79.)

p) DE NEGAÇÃO:

— **Não**, senhor Cônego, vejo. Mas **não** concordo, **não** aceito.
(B. Santareno, *TPM*, 109.)

— **Não** partas, **não**. Aqui todos te querem!
(Castro Alves, *EF*, 154.)

q) DE TEMPO:

Todas as manhãs ele sentava-se **cedo** a essa mesa e escrevia **até as dez, onze horas**.
(P. Nava, *BO*, 330.)

A Custódia esteve **cinco anos** na clausura.
(A. Ribeiro, *CRG*, 28.)

APOSTO

1. APOSTO é o termo de caráter nominal que se junta a um substantivo, a um pronome, ou a um equivalente destes, a título de explicação ou de apreciação:

Eles, **os pobres desesperados**, tinham uma euforia de fantoches.
(F. Namora, *DT*, 237.)

Mas como explicar que, logo em seguida, fossem recolhidos José Borges do Couto Leme, **pessoa estimável**, o Chico das Cambraias, **folgazão emérito**, o escrivão **Fabrício**, e ainda outros?
(Machado de Assis, *OC*, II, 269.)

2. Entre o APOSTO e o termo a que ele se refere há em geral pausa, marcada na escrita por uma vírgula, como nos exemplos acima.
Mas pode também não haver pausa entre o APOSTO e a palavra principal, quando esta é um termo genérico, especificado ou individualizado pelo APOSTO.
Por exemplo:

A cidade **de Lisboa**
O poeta **Bilac**
O rei **D. Manuel**
O mês **de junho**

Este APOSTO, chamado de ESPECIFICAÇÃO, não deve ser confundido com certas construções formalmente semelhantes, como

O clima **de Lisboa**
O soneto **de Bilac**
A época **de D. Manuel**
As festas **de junho**

em que *de Lisboa*, *de Bilac*, *de D. Manuel* e *de junho* equivalem a adjetivos (= *lisboeta*, *bilaquiano*, *manuelina* e *juninas*) e funcionam, portanto, como ATRIBUTOS ou ADJUNTOS ADNOMINAIS.

3. O APOSTO pode também:
a) ser representado por uma oração:

A outra metade tocara aos sobrinhos, com uma condição expressa: **que o legado só lhes fosse entregue trinta anos depois**.
(J. Montello, *LE*, 202.)

A verdade é esta: **não fala a bem dizer com acento algum**.
(M. de Sá-Carneiro, *CF*, 108.)

b) referir-se a uma oração inteira:

Pediu que lhe fornecessem papel de carta e que lhe restituíssem a sua caneta, **o** que lhe foi concedido.
(J. Paço d'Arcos, *CVL*, 1183.)

O importante é saber para onde puxa mais a corredeira — **coisa**, aliás, **sem grandes mistérios**.
(M. Palmério, *VC*, 375.)

c) ser enumerativo, ou recapitulativo:

Tudo o fazia lembrar-se dela: **a manhã**, **os pássaros**, **o mar**, **o azul do céu**, **as flores**, **os campos**, **os jardins**, **a relva**, **as casas**, **as fontes**, **sobretudo as fontes**, **principalmente as fontes**!
(Almada Negreiros, *NG*, 112.)

Os porcos do chiqueiro, as galinhas, os pé de bogari, o cardeiro da estrada, as cajazeiras, o bode manso, **tudo** na casa de seu compadre parecia mais seguro do que dantes.
(J. Lins do Rego, *FM*, 289.)

Valor sintático do aposto

O APOSTO tem o mesmo valor sintático do termo a que se refere. Pode, assim, haver:

a) aposto no sujeito:

Ela, **Dora**, foi, de resto, muitíssimo discreta.
(M. J. de Carvalho, *AV*, 105.)

A espingarda lazarina, **a melhor espingarda do mundo**, não mentia fogo e alcançava longe, alcançava tanto quanto a vista do dono; a mulher, **Cesária**, fazia renda e adivinhava os pensamentos do marido.
(G. Ramos, *AOH*, 25.)

b) aposto no predicativo:

As escrituras eram duas: **a do distrate da hipoteca e a da venda das propriedades**.
(J. Paço d'Arcos, *CVL*, 550.)

O meu projeto é este: **podíamos obrigar toda a gente a ter manchas no rosto.**
(G. Ramos, *AOH*, 143.)

c) aposto no complemento nominal:

João Viegas está ansioso por um amigo que se demora, **o Calisto**.
(Machado de Assis, *OC*, II, 521.)

A vida é um contínuo naufrágio de tudo: **de seres e de coisas, de paixões e de indiferenças, de ambições e temores.**
(A. F. Schmidt, *F*, 72.)

d) aposto no objeto direto:

Assim, apontou com especialidade alguns personagens célebres, **Sócrates**, que tinha um demônio familiar, **Pascal**, que via um abismo à esquerda, **Maomé**, **Caracala**, **Domiciano**, **Calígula**...
(Machado de Assis, *OC*, II, 262.)

Jogamos uma partida de xadrez, **uma luta renhida**, quase duas horas...
(A. Abelaira, *NC*, 54.)

e) aposto no objeto indireto:

Devorador da vida lhe chamaram,
A ele, **artista, sábio e pensador**,
Que denodadamente se procura!
(M. Torga, *CH*, 79.)

Meu pai cortava cana para a égua, **sua montaria predileta**.
(J. Amado, *MG*, 13.)

Foi o que sucedeu ao seu maior amigo, **ao Abel**, quando andavam na traineira do Domingos Peixe.
(Alves Redol, *FM*, 173.)

f) aposto no agente da passiva:

Esta frase foi proposta por Sebastião Freitas, **o vereador dissidente**, cuja defesa dos Canjicas tanto escandalizara os colegas.
(Machado de Assis, *OC*, II, 274.)

As paredes foram levantadas por Tomás Manuel, **avô do Engenheiro.**
(J. Cardoso Pires, *D*, 63.)

g) aposto no adjunto adverbial:

Uma vez empossado da licença começou a construir a casa. Era na rua nova, **a mais bela de Itaguaí.**
(Machado de Assis, *OC*, II, 256-257.)

Foi em 14 de maio de 1542, **uma segunda-feira.**
(A. Ribeiro, *PST*, 272.)

h) aposto no aposto:

As crônicas da vila de Itaguaí dizem que em tempos remotos vivera ali um certo médico, o Dr. Simão Bacamarte, **filho da nobreza da terra e o maior dos médicos do Brasil, de Portugal e das Espanhas.**
(Machado de Assis, *OC*, II, 255.)

No Recolhimento morreram umas, ficaram desfeadas outras para todo o sempre, cegou a filha do Floriano, fidalgo de Rape, **cunhado de meu padrinho**, D. Nicéforo da Ula Monterroso Barbaleda Fernandes, **moço fidalgo da Casa Real e par do Reino.**
(A. Ribeiro, *CRG*, 29.)

i) aposto no vocativo:

Razão, **irmã do Amor e da Justiça,**
Mais uma vez escuta a minha prece.
(A. de Quental, *SC*, 71.)

Tu, Deus, **o Inspirador, Taumaturgo e Adivinho,**
Dá-me alívio ao pesar, prodigando-me o Vinho
Que é o néctar celestial da eterna Moradia.
(A. de Guimaraens, *OC*, 313.)

Aposto predicativo

Com o APOSTO atribui-se a um substantivo a propriedade representada por outro substantivo. Os dois termos designam sempre o mesmo ser, o mesmo objeto, o mesmo fato ou a mesma ideia.

Por isso, o APOSTO não deve ser confundido com o adjetivo que, em função de PREDICATIVO, costuma vir separado do substantivo que modifica por uma pausa sensível (indicada geralmente por vírgula na escrita). Numa oração como a seguinte

> E a noite vai descendo **muda e calma**...
> (F. Espanca, *S*, 60.)

que também poderia ser enunciada

> E a noite, **muda e calma**, vai descendo...

ou

> E, **muda e calma**, a noite vai descendo...,

muda e calma é PREDICATIVO de um predicado verbo-nominal.

O mesmo raciocínio aplica-se à análise de orações elípticas, cujo corpo se reduz a um adjetivo, que nelas desempenha a função de PREDICATIVO.

É o caso de frases do tipo:

> **Rico**, desdenhava dos humildes.

em que *rico* não é APOSTO. Equivale a uma oração adverbial de causa [= *porque era rico*], dentro da qual exerce a função de PREDICATIVO.

O adjetivo, enquanto adjetivo, "não pode exercer a função de APOSTO, porque ele designa *uma característica* do ser ou da coisa, e não o próprio ser ou a própria coisa"[4].

VOCATIVO

1. Examinando estes versos de A. Nobre,

> **Manuel**, tens razão. Venho tarde. Desculpa.
> (*S*, 51.)

> **Ó sinos de Santa Clara**,
> Por quem dobrais, quem morreu?
> (*S*, 47.)

---

[4] Georges Galichet. *Grammaire structurale du français moderne.* 2.ª ed. Paris–Limoges, Charles-Lavauzelle, 1968, p. 135.

vemos que, neles, os termos *Manuel* e *Ó sinos de Santa Clara* não estão subordinados a nenhum outro termo da frase. Servem apenas para invocar, chamar ou nomear, com ênfase maior ou menor, uma pessoa ou coisa personificada.

A estes termos, de entoação exclamativa e isolados do resto da frase, dá-se o nome de VOCATIVO.

2. Embora não subordinado a nenhum outro termo da oração e isolado do resto da frase, o VOCATIVO pode relacionar-se com algum dos termos.

Assim, neste exemplo,

> E, ao vê-la, acordarei, **meu Deus de França!**
> (A. Nobre, *S*, 43.)

o VOCATIVO *meu Deus de França!* não tem relação alguma com os demais termos da frase.

Já nestes exemplos,

> Dizei-me vós, **Senhor Deus!**
> (Castro Alves, *OC*, 281.)

> **Ó lanchas**, Deus vos leve pela mão!
> (A. Nobre, *S*, 31.)

o VOCATIVO *Senhor Deus!* relaciona-se com o sujeito *vós*, da primeira oração; e o VOCATIVO *Ó lanchas* com o objeto direto *vos*, da segunda.

Observações:

1.ª) Quando se quer dar maior ênfase à frase, costuma-se preceder o VOCATIVO da interjeição *ó!*, como neste exemplo de Vinícius de Morais:

> **Ó minha amada**,
> Que olhos os teus!
> (PCP, 334.)

2.ª) Na escrita, o VOCATIVO vem normalmente isolado por vírgula, ou seguido de ponto de exclamação, como nos mostram os exemplos acima.

3.ª) Cumpre distinguir o VOCATIVO do substantivo que, acompanhado ou não de determinação, constitui por si mesmo o predicado em frases exclamativas do tipo:

> **Silêncio!** [= Faça silêncio!]
> **Mãos ao alto!** [= Ponha as mãos ao alto!]

COLOCAÇÃO DOS TERMOS NA ORAÇÃO

ORDEM DIRETA E ORDEM INVERSA

1. Em português, como nas demais línguas românicas, predomina a ORDEM DIRETA, isto é, os termos da oração dispõem-se preferencialmente na sequência:

    SUJEITO + VERBO + OBJETO DIRETO + OBJETO INDIRETO

    ou

    SUJEITO + VERBO + PREDICATIVO

    Essa preferência pela ORDEM DIRETA é mais sensível nas ORAÇÕES ENUNCIATIVAS ou DECLARATIVAS (afirmativas ou negativas). Assim:

    Carlos ofereceu um livro ao colega.
    Carlos é gentil.
    Paulo não perdoou a ofensa do colega.
    Paulo não é generoso.

2. Ao reconhecermos a predominância da ordem direta em português, não devemos concluir que as inversões repugnem ao nosso idioma. Pelo contrário, com muito mais facilidade do que outras línguas (do que o francês, por exemplo), ele nos permite alterar a ordem normal dos termos da oração. Há mesmo certas inversões que o uso consagrou, e se tornaram para nós uma exigência gramatical.

INVERSÕES DE NATUREZA ESTILÍSTICA

Dos fatores que normalmente concorrem para alterar a sequência lógica dos termos de uma oração, o mais importante é, sem dúvida, a ênfase.

Assim, o realce do SUJEITO provoca geralmente a sua posposicão ao VERBO:

Quero levar-te a dédalos profundos,
Onde refervem **sóis... e céus... e mundos...**
(Castro Alves, *EF*, 44.)

És **tu**! És **tu**! Sempre vieste, enfim!
(F. Espanca, *S*, 140.)

Não vês o que te dou **eu**?
(V. de Morais, *PCP*, 297.)

Ao contrário, o realce do PREDICATIVO, do OBJETO (DIRETO ou INDIRETO) e do ADJUNTO ADVERBIAL é expresso de regra por sua antecipação ao verbo:

Fraca foi a resistência.
(C. dos Anjos, *MS*, 313.)

Minha espada, pesada a braços lassos,
Em mãos viris e calmas entreguei.
(F. Pessoa, *OP*, 67.)

A ela devia o meu estado psíquico cinzento e melindroso.
(F. Namora, *DT*, 59.)

Acolá, na entrada do Catongo, é uma festa de mutirão.
(Adonias Filho, *LP*, 30.)

INVERSÕES DE NATUREZA GRAMATICAL

Em outros lugares deste livro tratamos da colocação de termos da oração. Nos capítulos 10, 11 e 14 estudamos, respectivamente, a posição:

a) do ADJETIVO como ADJUNTO ADNOMINAL;
b) dos PRONOMES, em particular dos PRONOMES PESSOAIS ÁTONOS que servem de OBJETO DIRETO ou INDIRETO;
c) do ADVÉRBIO e de outras classes de palavras em sua função oracional.

No capítulo 19 examinamos as figuras de sintaxe denominadas HIPÉRBATO, ANÁSTROFE e SÍNQUISE. Por isso, vamos restringir-nos aqui apenas a algumas considerações quanto à posição do VERBO relativamente ao SUJEITO e ao PREDICATIVO.

Inversão verbo + sujeito

1. A inversão VERBO + SUJEITO verifica-se em geral:

a) nas orações interrogativas:

Que **fazes tu** de grande e bom, contudo?
(A. de Quental, *SC*, 64.)

Onde **está a estrela da manhã**?
(M. Bandeira, *PP*, I, 233.)

b) nas orações que contêm uma forma verbal imperativa:

> **Ouve tu**, meu cansado coração,
> O que te diz a voz da natureza:
> (A. de Quental, *SC*, 51.)

> **Dize**-me **tu**, ó céu deserto,
> **dize**-me **tu** se é muito tarde.
> (C. Meireles, *OP*, 502.)

c) nas orações em que o verbo está na passiva pronominal:

> **Formam-se bolhas** na água...
> (F. Pessoa, *OP*, 160.)

> **Servia-se o almoço** às dez.
> (C. dos Anjos, *MS*, 4.)

d) nas orações absolutas construídas com o verbo no subjuntivo para denotar uma ordem, um desejo:

> — Que **venha essa coisa melhor**!
> (M. Rubião, *D*, 17.)

> **Chovam lírios e rosas** no teu colo!
> (A. de Quental, *SC*, 35.)

> **Durma**, de tuas mãos nas palmas sacrossantas,
> **O meu remorso**.
> (O. Bilac, *T*, 192.)

e) nas orações construídas com verbos do tipo *dizer, sugerir, perguntar, responder* e sinônimos que arrematam enunciados em DISCURSO DIRETO ou neles se inserem:

> — Isso não se faz, moço, **protestou Fabiano**.
> (G. Ramos, *VS*, 66.)

> — Traz-se-lhe as duas coisas — **disse o Barão** aflorando a cabeça no ombro da consorte, de mão na porta escura.
> (V. Nemésio, *MTC*, 363.)

f) nas orações reduzidas de infinitivo, de gerúndio e de particípio:

> Pelas madrugadas de São João, **ao começarem a morrer as fogueiras**, mocinhas postavam-se diante do Solar.
> (G. França de Lima, *JV*, 5.)

> **Tendo adoecido o nosso professor de português, padre Faria**, ele o substituiu.
> (J. Amado, *MG*, 112.)

> **Acabada a lenga-lenga**, pretendi que bisasse.
> (A. Ribeiro, *CRG*, 16.)

g) nas orações subordinadas adverbiais condicionais construídas sem conjunção:

> **Tivesse eu** tomado em meus braços a rapariga e pagaria dentro em pouco em amarguras os momentos fugazes de felicidade.
> (A. F. Schmidt, *AP*, 68.)

> **Viesse a ocasião**, e ele havia de mostrar de que pau era a canoa...
> (Machado de Assis, *OC*, I, 505.)

h) em certas construções com verbos unipessoais:

> Aconteceu no Rio, como **acontecem tantas coisas**.
> (C. Drummond de Andrade, *CB*, 30.)

> **Basta o amor ao trabalho**...
> (A. Abelaira, *NC*, 14.)

> Zuzé aproveitou para meter a parte dele, ainda **doía-lhe** no coração **a cabeçada antiga**.
> (Luandino Vieira, *L*, 48.)

i) nas orações que se iniciam pelo predicativo, pelo objeto (direto ou indireto) ou por adjunto adverbial:

> Este **é o destino dos versos**.
> (F. Pessoa, *OP*, 165.)

Essa justiça vulgar, porém, não me **soube fazer o meu velho mestre**.
(R. Barbosa, *R*, 86.)

A nós, homens de letras, **impõe-se o dever da direção deste movimento**.
(O. Bilac, *DN*, 112.)

Num paquete como este não **existe a solidão**!
(A. Abelaira, *NC*, 41.)

2. A oração subordinada substantiva subjetiva coloca-se normalmente depois do verbo da principal:

É provável **que te sintas logo muito melhor**.
(A. O'Neill, *SO*, 37.)

Parece **que vamos ter um belo dia de sol, depois de uma noite de vento e chuva**.
(J. Montello, *A*, 178.)

É preciso **que eles nos temam**.
(Castro Soromenho, *V*, 116.)

3. Em princípio, os verbos intransitivos podem vir sempre antepostos ao seu sujeito:

Desponta a lua. Adormeceu o vento,
Adormeceram vales e campinas...
(A. de Quental, *SC*, 114.)

Correm as horas, vem o Sol descambando; **refresca a brisa**, e **sopra** rijo **o vento**. Não **ciciam** mais **os buritis**...
(Visconde de Taunay, *I*, 33.)

Observações:

1.ª) Embora nos casos mencionados a tendência da língua seja manifestamente pela inversão VERBO + SUJEITO, em quase todos eles é possível — e perfeitamente correta — a construção SUJEITO + VERBO.

2.ª) O pronome relativo coloca-se no princípio da oração, quer desempenhe a função de sujeito, quer a de objeto.

Inversão predicativo + verbo

1. O PREDICATIVO segue normalmente o verbo de ligação. Pode, no entanto, precedê-lo:

a) nas orações interrogativas e exclamativas:

> **Que monstro seria** ela?
> (J. Lins do Rego, *E*, 255.)
>
> **Que lindos eram** os lagartos nos terraços de suas luras a divisar-me com as duas gotas de ônix líquido dos olhos pequeninos!
> (A. Ribeiro, *CRG*, 91.)

b) em construções afetivas do tipo:

> **Orgulhoso, apaixonado pela própria imagem — isso** ele **o foi**!
> (A. F. Schmidt, *F*, 131.)
>
> **Probidade — essa foi** realmente a qualidade primacial de Veríssimo.
> (M. Bandeira, *PP*, II, 415.)

2. Na voz passiva analítica, o PARTICÍPIO vem normalmente posposto às formas do auxiliar *ser*. Costuma, no entanto, precedê-las em frases afetivas denotadoras de um desejo:

> **Abençoados sejam** os nossos maiores, que nos deram esta Pátria livre e formosa!
> (O. Bilac, *DN*, 81.)
>
> **Amaldiçoados sejam** eles, caiam-lhes as almas nas profundezas do inferno.
> (J. Saramago, *LC*, 121.)

ENTOAÇÃO ORACIONAL

1. Dos elementos constitutivos da voz humana é o TOM, ou altura musical, o mais sensível às modificações emocionais. Agrada-nos ou desagrada-nos o tom de voz de uma pessoa. Percebemos imediatamente se ela fala em *tom alto* ou *baixo*, ou se, pobre de inflexões, a sua elocução é *monótona*, isto é, de um "só tom", o que vale dizer "enfadonha". A fala expressiva exige variedade de tons e sua adequação ao pensamento.

A linha ou curva melódica descrita pela voz ao pronunciar palavras, orações e períodos chama-se ENTOAÇÃO.

2. Os diferentes problemas suscitados pelas tentativas de interpretação da curva melódica têm posto à prova a argúcia dos linguistas contemporâneos.
Entre esses problemas de solução delicada, sobreleva o de caracterizar o valor da entoação na frase, isto é, o de saber se nela a entoação desempenha uma função linguística (significativa ou distintiva) determinada. Por outras palavras: interessa-nos saber preliminarmente se, pela simples diversidade da curva melódica, duas mensagens — no mais foneticamente idênticas — podem ser interpretadas de maneira distinta pelos usuários de uma mesma língua.
Pelas razões que aduziremos a seguir, parece-nos lícito reconhecer a funcionalidade linguística da entoação em nosso idioma.

GRUPO ACENTUAL E GRUPO FÔNICO

Dissemos que GRUPO ACENTUAL é todo segmento de frase que se apoia em um acento tônico principal. A um ou vários grupos acentuais compreendidos entre duas pausas (lógicas, expressivas, ou respiratórias) dá-se o nome de GRUPO FÔNICO.

Por exemplo, numa elocução lenta, o seguinte período de Marques Rebelo

O aguaceiro / desabou, / com estrépito, / mas a folia / persistiu.

apresenta cinco GRUPOS ACENTUAIS, cujos limites marcamos com um traço inclinado. Mas encerra apenas três GRUPOS FÔNICOS:

O aguaceiro desabou, // com estrépito, // mas a folia persistiu.

que separamos por dois traços.

Já numa elocução rápida, que omitisse a pausa (indicada pela vírgula) entre o verbo *desabou* e o seu adjunto adverbial *com estrépito*, o período em exame passaria a ter somente dois GRUPOS FÔNICOS:

O aguaceiro desabou com estrépito, // mas a folia persistiu.

O GRUPO FÔNICO, UNIDADE MELÓDICA

A UNIDADE MELÓDICA é o segmento mínimo de um enunciado com sentido próprio e com forma musical determinada. Os seus limites coincidem com os do GRUPO FÔNICO. Podemos, pois, considerar o GRUPO FÔNICO o equivalente da UNIDADE MELÓDICA.[5]

Observação:

Em poesia, os versos curtos (até sete sílabas) constam geralmente de um só grupo fônico. Os versos longos costumam apresentar internamente uma deflexão da voz (CESURA), que os divide em hemistíquios. Cada hemistíquio corresponde, de regra, a um grupo fônico.

O GRUPO FÔNICO E A ORAÇÃO

Caracterizada a unidade melódica, passemos à análise das diferenças que se observam na curva tonal descrita por três tipos de oração: a DECLARATIVA, a INTERROGATIVA e a EXCLAMATIVA.

Oração declarativa

1. Examinando a seguinte oração, constituída de um só grupo fônico:

Os alunos chegaram tarde

observamos que a voz descreve, aproximadamente, esta curva melódica:

lu ga tar
nos che ram
a
Os
de

que poderíamos simplificar no esquema:

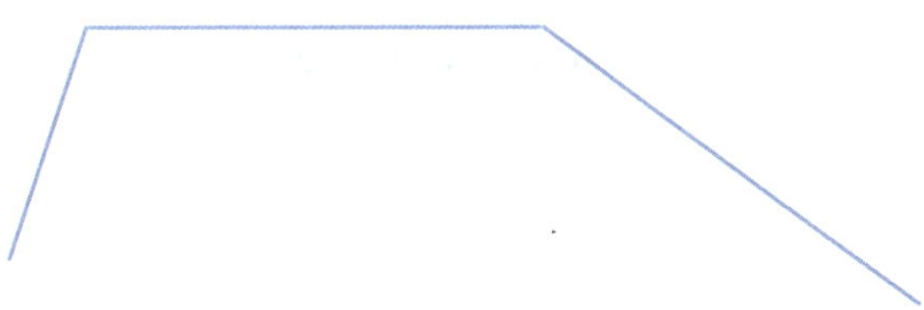

[5] Sobre a identificação do grupo fônico à unidade melódica leiam-se especialmente os estudos de T. Navarro Tomás: El grupo fónico como unidad melódica. *Revista de Filología Hispánica*. Buenos Aires–New York, *1*(1):3-19, 1939; *Manual de entonación española*. New York, Hispanic Institute, 1948, particularmente p. 37 e ss.

2. Notamos, com base no traçado acima, que o grupo fônico em exame compreende três partes distintas:

a) a parte inicial (ou ASCENDENTE), que começa em um nível tonal médio, característico das frases afirmativas, e apresenta, em seguida, uma ascensão da voz, que atinge o seu ponto culminante na primeira sílaba tônica (*lu*);

b) a parte medial, em que a voz, com ligeiras ondulações, permanece, aproximadamente, no nível tonal alcançado;

c) a parte final (ou DESCENDENTE), em que a voz cai progressivamente a partir da sílaba (*tar*), atingindo um nível tonal baixo no final da frase.

3. Dessas três partes, a inicial e a final são as mais importantes da figura da entoação. Toda ORAÇÃO DECLARATIVA completa encerra uma parte inicial *ascendente* e uma parte final *descendente*, ambas muito nítidas.

4. No caso de ser a oração declarativa constituída de mais de um grupo fônico, o primeiro grupo começa por uma parte ascendente, e o último finaliza com uma descendente.

Oração interrogativa

No estudo da ENTOAÇÃO INTERROGATIVA, temos de considerar previamente o fato de iniciar-se ou não a frase por pronome ou advérbio interrogativo, pois que a curva tonal é distinta nos dois casos.

Orações não iniciadas por pronome ou advérbio interrogativo

1. Tomando como exemplo a mesma oração declarativa, enunciada, porém, de forma interrogativa,

Os alunos chegaram tarde?

observamos que ela descreve a curva melódica

tar
ga
ram
che de
lu
nos
a
Os

que poderíamos assim representar esquematicamente:

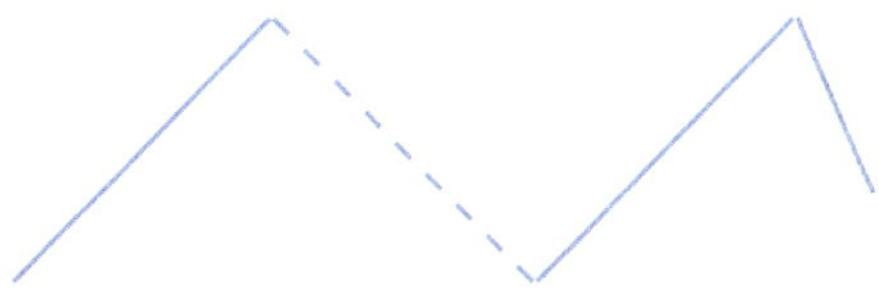

2. São características deste tipo de interrogação, em que se espera sempre uma resposta categórica *sim*, ou *não*:
a) o ataque da frase começar por um nível tonal mais alto do que na oração declarativa;
b) na parte medial do segmento melódico, haver uma queda da voz, que, embora seja mais acentuada do que nas orações declarativas, não altera o caráter ascendente desta modalidade de interrogação;
c) subir a voz acentuadamente na última vogal tônica, ponto culminante da frase; em seguida, sofrer uma queda brusca, apesar de se manter em nível tonal elevado.

3. Comparando esta curva à da oração declarativa estudada, verificamos que elas se assemelham por terem ambas a parte inicial ascendente e a parte medial relativamente uniforme.
Distinguem-se, porém:
a) quanto à parte final: descendente, na declarativa; ascendente, na interrogativa;
b) quanto ao nível tonal: médio e baixo, na declarativa; alto e altíssimo, na interrogativa;
c) quanto à queda da voz a partir da última sílaba tônica: progressiva, na declarativa; brusca, na interrogativa.

4. Por ser a curva melódica descrita pela voz o único elemento que, na frase em exame, contribui para o caráter interrogativo da mensagem, temos de reconhecer que, em casos tais, a entoação apresenta inequívoco valor funcional em nossa língua.

Orações iniciadas por pronome ou advérbio interrogativo

Tomemos como exemplo a oração:

Como soube disto?

Em sua enunciação, a voz descreve a seguinte curva melódica,

```
Co        sou
     mo          be
                      dis
                            to
```

que poderíamos assim esquematizar:

São características das orações interrogativas deste tipo:

a) o ataque da frase que, iniciado em um nível tonal muito alto, sobe, às vezes, bruscamente, até a primeira sílaba tônica, sílaba esta que, na maioria dos casos, pertence ao pronome ou ao advérbio interrogativo, ou seja, ao elemento que realiza a função interrogativa da oração;
b) a curva melódica, que, após a primeira sílaba tônica, decresce progressivamente e de maneira mais acentuada do que nas frases declarativas.

Interrogação direta e indireta

1. Vimos que a interrogação pode ser expressa:

a) ou por meio de uma oração em que a parte final apresenta entoação ascendente, como em:

> Os alunos chegaram tarde?

b) ou por uma oração iniciada por pronome ou advérbio interrogativo, em que a parte final apresenta entoação descendente, pelo exemplo:

> Como soube disto?

Nestes casos dizemos que a interrogação é DIRETA.

2. Existe, porém, um outro tipo de interrogação, chamada INDIRETA, que se faz por meio de um período composto, em que a pergunta está contida numa oração subordinada de entoação descendente.
Exemplo:

> Diga-me como soube disto.

3. Nas orações INTERROGATIVAS INDIRETAS a entoação apresenta as seguintes características:

a) o ataque da frase começa por um nível tonal alto; há uma elevação da voz na primeira sílaba tônica, seguida de um lento declínio da curva melódica até o final da frase;

b) o nível tonal da frase é, em geral, mais baixo que o da interrogação direta;

c) a queda da curva melódica é progressiva, semelhante à que se observa nas orações declarativas.

4. A escrita procura refletir a diferença tonal entre essas formas de interrogação com adotar o PONTO DE INTERROGAÇÃO para marcar o término da interrogação direta, e o simples PONTO, para o da indireta.

Oração exclamativa

Nas exclamações, a entoação depende de múltiplos fatores, especialmente do grau e da natureza da emoção de quem fala.

É a expressão emocional que faz variar o tom, a duração e a intensidade de uma interjeição monossilábica, tal como acontece com a interjeição *oh!* nestes dois versos de Castro Alves:

> **Oh!** que doce harmonia traz-me a brisa!
> **Oh!** ver não posso este labéu maldito!

Nas formas exclamativas de maior corpo, a expressão emocional concentra-se fundamentalmente ou na sílaba que recebe o acento de insistência (se houver), ou na sílaba em que recai o acento normal. Como o primeiro não tem valor rítmico, é o acento normal o ápice da curva melódica.

Assim, nas exclamações,

> **Bandido**! **Insolente**! **Fantástico**!

a voz eleva-se até a sílaba tônica e, depois de alguma demora, decai bruscamente. Obedecem elas, pois, ao esquema

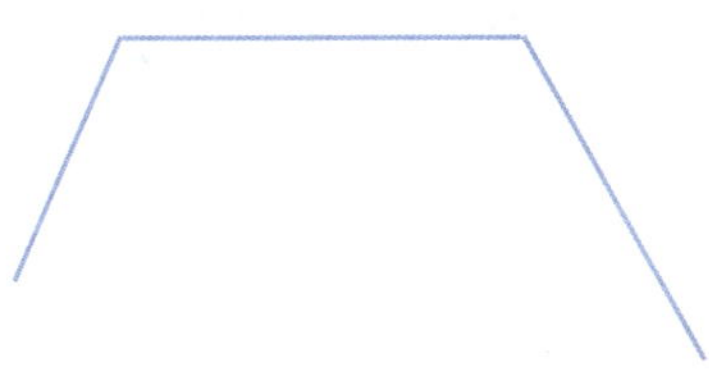

semelhante ao da entoação declarativa.

Já em exclamações como

Jesus! Adeus! Imbecil!

o grupo fônico é ascendente e aproxima-se do esquema da entoação interrogativa:

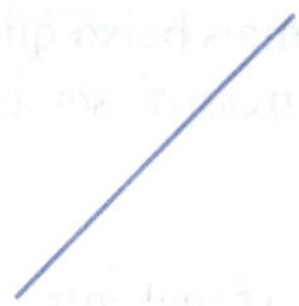

2. Maior variedade em matizes de entoação encontramos, naturalmente, nas frases exclamativas constituídas de duas ou mais palavras. A curva melódica dependerá sempre da posição da palavra de maior conteúdo expressivo, porque é sobre a sua sílaba acentuada que irão incidir o tom agudo, a intensidade mais forte e a maior duração.
   Como a sílaba forte da palavra de maior valor expressivo pode ocupar a posição inicial, medial ou final da oração, três soluções devem ser consideradas:

1.ª) Se a sílaba em causa for a inicial, todo o resto do enunciado terá entoação descendente.

Exemplo:

Deus de minha alma!

2.ª) Se for a final, a frase inteira terá entoação ascendente:

Meu a**mor!**

3.ª) Se for uma das sílabas mediais, a entoação será ascendente até a referida sílaba e descendente dela até a final, como nos mostram estes exemplos colhidos em obra de Marques Rebelo:

Sai da **fren**te!
Todo o **mun**do!!!

A linha tonal de cada um desses casos poderia ser assim esquematizada:

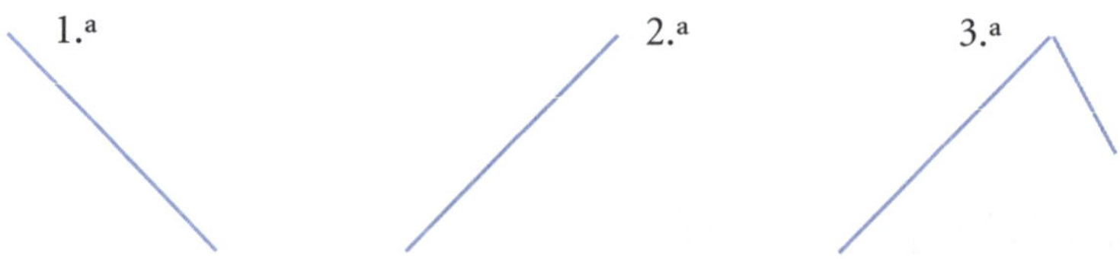

Conclusão

Do exposto, verificamos que a linha melódica tem uma função essencialmente oracional. Com uma simples mudança de tom, podemos reforçar, atenuar ou, mesmo, inverter o sentido literal do que dizemos. É, por exemplo, a entoação particular que permite uma forma imperativa exprimir todos os matizes que vão da ordem à súplica. Pela entoação que lhes dermos, frases como:

> Pois não!
> Pois sim!

podem ter ora valor afirmativo, ora negativo.
Enfim a entoação reflete e expressa nossos pensamentos e sentimentos. Se o acento é a "alma da palavra", devemos considerá-la a "a alma da oração".[6]

---

[6] As características da entoação portuguesa estão hoje melhor conhecidas graças sobretudo às infatigáveis pesquisas do eminente foneticista de Coimbra, o professor Armando de Lacerda, que em 1975 publicou a sua obra-mestra no particular: *Objectos verbais e significado elocucional. Toemas e entoemas. Entoação*. Coimbra, Instituto de Alta Cultura. Mais recentemente, a mesma matéria voltou a ser tratada, numa nova perspectiva e segundo métodos diversos, por Maria Raquel Delgado Martins na sua obra, anteriormente citada, *Sept études sur la perception. Accent et intonation du portugais*. Lisboa, Laboratório de Fonética da Faculdade de Letras, 1983.

Capítulo 8

Substantivo

1. SUBSTANTIVO é a palavra com que designamos ou nomeamos os seres em geral.
São, por conseguinte, substantivos:

a) os nomes de pessoas, de lugares, de instituições, de um gênero, de uma espécie ou de um dos seus representantes:

homem	cidade	Senado	árvore	cedro
Pedro	Lisboa	Fórum	animal	cavalo
Maria	Brasil	clero	Acaiaca	Rocinante

b) os nomes de noções, ações, estados e qualidades, tomados como seres:

justiça	colheita	velhice	largura	bondade
verdade	viagem	doença	otimismo	doçura
glória	opinião	limpeza	caridade	ira

2. Do ponto de vista funcional, o substantivo é a palavra que serve, *privativamente*, de núcleo do sujeito, do objeto direto, do objeto indireto e do agente da passiva. Toda palavra de outra classe que desempenhe uma dessas funções equivalerá forçosamente a um substantivo (pronome substantivo, numeral ou qualquer palavra substantivada).

CLASSIFICAÇÃO DOS SUBSTANTIVOS

SUBSTANTIVOS CONCRETOS E ABSTRATOS

Chamam-se CONCRETOS os substantivos que designam os seres propriamente ditos, isto é, os nomes de pessoas, de lugares, de instituições, de um gênero, de uma espécie ou de um dos seus representantes:

homem	cidade	Senado	árvore	cedro
Pedro	Lisboa	Fórum	animal	cavalo
Maria	Brasil	clero	Acaiaca	Rocinante

Dá-se o nome de ABSTRATOS aos substantivos que designam noções, ações, estados e qualidades, considerados como seres:

justiça	colheita	velhice	largura	bondade
verdade	viagem	doença	otimismo	doçura
glória	opinião	limpeza	caridade	ira

SUBSTANTIVOS PRÓPRIOS E COMUNS

Os substantivos podem designar a totalidade dos seres de uma espécie (DESIGNAÇÃO GENÉRICA) ou um indivíduo de determinada espécie (DESIGNAÇÃO ESPECÍFICA).

Quando se aplica a todos os seres de uma espécie ou quando designa uma abstração, o substantivo é chamado COMUM.

Quando se aplica a determinado indivíduo da espécie, o substantivo é PRÓPRIO.

Assim, os substantivos *homem*, *país* e *cidade* são comuns, porque se empregam para nomear todos os seres e todas as coisas das respectivas classes. *Pedro*, *Brasil* e *Lisboa*, ao contrário, são substantivos próprios, porque se aplicam a um determinado homem, a um dado país e a uma certa cidade.

SUBSTANTIVOS COLETIVOS

COLETIVOS são os substantivos comuns que, no singular, designam um conjunto de seres ou coisas da mesma espécie.

Comparem-se, por exemplo, estas duas afirmações:

> **Cento e vinte milhões** de brasileiros pensam assim.
> O **povo** brasileiro pensa assim.

Na primeira enuncia-se um número enorme de brasileiros, mas representados como uma *quantidade de indivíduos*. Na segunda, sem indicação de número, sem indicar gramaticalmente a multiplicidade, isto é, com uma forma de singular, consegue-se agrupar maior número ainda de elementos, ou seja, *todos* os brasileiros como um conjunto harmônico.

Além desses coletivos que exprimem um todo, há na língua outros que designam:

a) uma parte organizada de um todo, como, por exemplo, *regimento*, *batalhão*, *companhia* (partes do coletivo geral *exército*);
b) um grupo acidental, como *grupo*, *multidão*, *bando*: *bando de andorinhas*, *bando de salteadores*, *bando de ciganos*;
c) um grupo de seres de determinada espécie: *boiada* (de bois), *ramaria* (de ramos).

Costuma-se também incluir entre os coletivos os nomes de corporações sociais, culturais e religiosas, como *assembleia*, *congresso*, *congregação*, *concílio*, *conclave* e *consistório*. Tais denominações afastam-se, no entanto, do tipo normal dos coletivos, pois não são simples agrupamentos de seres, antes representam instituições de natureza especial, organizadas em uma entidade superior para determinado fim.

Eis alguns coletivos que merecem ser conhecidos:

alcateia (de lobos)
armento (de gado grande: bois, búfalos, etc.)
arquipélago (de ilhas)
atilho (de espigas)
banca (de examinadores)
banda (de músicos)
bando (de aves, de ciganos, de malfeitores, etc.)
cacho (de bananas, de uvas, etc.)
cáfila (de camelos)
cambada (de caranguejos, de chaves, de malandros, etc.)
cancioneiro (conjunto de canções, de poesias líricas)
caravana (de viajantes, de peregrinos, de estudantes, etc.)
cardume (de peixes)
choldra (de assassinos, de malandros, de malfeitores)
chusma (de gente, de pessoas)
constelação (de estrelas)
corja (de vadios, de tratantes, de velhacos, de ladrões)
coro (de anjos, de cantores)
elenco (de atores)
falange (de soldados, de anjos)
farândula (de ladrões, de desordeiros, de assassinos, de maltrapilhos e de vadios)
fato (de cabras)
feixe (de lenha, de capim)
frota (de navios mercantes, de ônibus)
girândola (de foguetes)
horda (de povos selvagens nômades, de desordeiros, de aventureiros, de bandidos, de invasores)
junta (de bois, de médicos, de credores, de examinadores)
legião (de soldados, de demônios, etc.)
magote (de pessoas, de coisas)
malta (de desordeiros)

manada (de bois, de búfalos, de elefantes)
matilha (de cães de caça)
matula (de vadios, de desordeiros)
mó (de gente)
molho (de chaves, de verdura)
multidão (de pessoas)
ninhada (de pintos)
penca (de bananas, de chaves)
plêiade (de poetas, de artistas)
quadrilha (de ladrões, de bandidos)
ramalhete (de flores)
rebanho (de ovelhas)
récua (de bestas de carga)
réstia (de cebolas, de alhos)
roda (de pessoas)
romanceiro (conjunto de poesias narrativas)
súcia (de velhacos, de desonestos)
talha (de lenha)
tropa (de muares)
turma (de estudantes, de trabalhadores, de médicos)
vara (de porcos)

Observações:

1.ª) Excluímos dessa lista os NUMERAIS COLETIVOS, como *novena, década, dúzia,* etc., que designam um número de seres absolutamente exato. Leia-se, a propósito, o que dizemos na p. 384.

2.ª) O coletivo especial geralmente dispensa a enunciação da pessoa ou coisa a que se refere. Tal omissão é mesmo obrigatória quando o coletivo é um mero derivado do substantivo a que se aplica. Assim, dir-se-á:

> A ramaria balouçava ao vento.
> A papelada estava em ordem.

Quando, porém, a significação do coletivo não for específica, deve-se nomear o ser a que se refere:

> Uma junta de médicos, de bois, etc.
> Um feixe de capim, de lenha, etc.

FLEXÕES DOS SUBSTANTIVOS

Os substantivos podem variar em NÚMERO, GÊNERO e GRAU.

NÚMERO

Quanto à flexão de NÚMERO, os substantivos podem estar:

a) no SINGULAR, quando designam um ser único, ou um conjunto de seres considerados como um todo (SUBSTANTIVO COLETIVO):

aluno	povo
cão	manada
mesa	tropa

b) no PLURAL, quando designam mais de um ser, ou mais de um desses conjuntos orgânicos:

alunos	povos
cães	manadas
mesas	tropas

Formação do plural

Substantivos terminados em vogal ou ditongo

REGRA GERAL: O plural dos substantivos terminados em vogal ou ditongo forma-se acrescentando-se *-s* ao singular.

SINGULAR	PLURAL	SINGULAR	PLURAL
mesa	mesas	pai	pais
estante	estantes	pau	paus
tinteiro	tinteiros	lei	leis
rajá	rajás	chapéu	chapéus
boné	bonés	camafeu	camafeus
javali	javalis	herói	heróis
cipó	cipós	boi	bois
peru	perus	mãe	mães

Incluem-se nesta regra os substantivos terminados em vogal nasal. Como a nasalidade das vogais /e/, /i/, /o/ e /u/, em posição final, é representada graficamente por *-m*, e não se pode escrever *-ms*, muda-se o *-m* em *-n*. Assim: *bem* faz no plural *bens*; *flautim* faz *flautins*; *som* faz *sons*; *atum* faz *atuns*.

REGRAS ESPECIAIS:

1. Os substantivos terminados em -ão formam o plural de três maneiras:

a) a maioria muda a terminação *-ão* em *-ões*:

SINGULAR	PLURAL	SINGULAR	PLURAL
balão	balões	gavião	gaviões
botão	botões	leão	leões
canção	canções	nação	nações
confissão	confissões	operação	operações
coração	corações	opinião	opiniões
eleição	eleições	questão	questões
estação	estações	tubarão	tubarões
fração	frações	vulcão	vulcões

Neste grupo se incluem todos os aumentativos:

Singular	Plural	Singular	Plural
amigalhão	amigalhões	moleirão	moleirões
bobalhão	bobalhões	narigão	narigões
casarão	casarões	paredão	paredões
chapelão	chapelões	pobretão	pobretões
dramalhão	dramalhões	rapagão	rapagões
espertalhão	espertalhões	sabichão	sabichões
facão	facões	vagalhão	vagalhões
figurão	figurões	vozeirão	vozeirões

b) um reduzido número muda a terminação *-ão* em *-ães*:

Singular	Plural	Singular	Plural
alemão	alemães	charlatão	charlatães
bastião	bastiães	escrivão	escrivães
cão	cães	guardião	guardiães
capelão	capelães	pão	pães
capitão	capitães	sacristão	sacristães
catalão	catalães	tabelião	tabeliães

c) um número pequeno de oxítonos e todos os paroxítonos acrescentam simplesmente um *-s* à forma singular:

Singular	Plural	Singular	Plural
cidadão	cidadãos	acórdão	acórdãos
cortesão	cortesãos	bênção	bênçãos
cristão	cristãos	gólfão	gólfãos
desvão	desvãos	órfão	órfãos
irmão	irmãos	órgão	órgãos
pagão	pagãos	sótão	sótãos

Observações:

1.ª) Neste grupo se incluem os monossílabos tônicos *chão, grão, mão* e *vão*, que fazem no plural *chãos, grãos, mãos* e *vãos.*

2.ª) *Artesão*, quando significa “artífice”, faz no plural *artesãos*; no sentido de “adorno arquitetônico”, o seu plural pode ser *artesãos* ou *artesões.*

2. Para alguns substantivos finalizados em *-ão*, não há ainda uma forma de plural definitivamente fixada, notando-se, porém, na linguagem corrente, uma preferência sensível pela formação mais comum, em *-ões*. É o caso dos seguintes:

Singular	Plural	Singular	Plural
alão	alãos alões alães	ermitão	ermitães ermitãos ermitões
alazão	alazães alazões	hortelão	hortelãos hortelões
aldeão	aldeãos aldeões aldeães	refrão	refrães refrãos
anão	anãos anões	rufião	rufiães rufiões
ancião	anciãos anciões anciães	sultão	sultões sultãos sultães
castelão	castelãos castelões	truão	truães truões
corrimão	corrimãos corrimões	verão	verões verãos
deão	deães deões	vilão	vilãos vilões

Observação:

Corrimão, como composto de *mão*, devia apresentar apenas o plural *corrimãos*; a par desse, existe também *corrimões*, por esquecimento da formação original da palavra.

Plural com alteração de timbre da vogal tônica

1. Alguns substantivos, cuja vogal tônica é *o* fechado, além de receberem a desinência *-s*, mudam, no plural, o *o* fechado [o] para aberto [ɔ]. Apontem-se os seguintes:

abrolho	escolho	olho	rogo
caroço	esforço	osso	sobrolho

contorno	estorvo	ovo	socorro
corcovo	fogo	poço	tijolo
coro	forno	porco	toco
corno	foro	porto	tojo
corpo	fosso	posto	tordo
corvo	imposto	povo	torno
despojo	jogo	reforço	troco
destroço	miolo	renovo	troço

2. Note-se, porém, que muitos substantivos conservam no plural o o fechado do singular. Entre outros, não alteram o timbre da vogal tônica:

acordo	encosto	moço	potro
adorno	engodo	molho	reboco
bojo	estojo	morro	repolho
bolo	ferrolho	mosto	restolho
cachorro	globo	namoro	rolo
coco	golfo	piloto	rosto
colmo	gosto	piolho	sopro
consolo	lobo	poldro	suborno
dorso	logro	polvo	topo

3. Por vezes diverge, na formação desses plurais, a norma culta de Portugal e a do Brasil. É o caso, por exemplo, dos substantivos almoço, bolso e sogro, que, no plural, apresentam a vogal aberta [ɔ] em Portugal e fechada [o] no Brasil.[1]

Cumpre advertir, por fim, que, no curso histórico da língua, certos substantivos alteraram o timbre da vogal tônica no plural e que outros, ainda hoje, vacilam no preferir uma das duas soluções.

Observação:

Atente-se na distinção entre *molho* "condimento" (por ex.: *o molho da carne*) e *molho* "feixe" (por ex.: *um molho de chaves*), palavras que conservam no plural a mesma diferença de timbre da vogal tônica: *môlhos* e *mólhos*.

---

[1] A propósito da formação desses plurais, vejam-se, especialmente: A. d'Almeida Cavacas. *A língua portuguesa e a sua metafonia*. Coimbra, Imprensa da Universidade, 1921; Edwaldo Cafezeiro. *A metafonia portuguesa: aspectos sincrônicos e diacrônicos*. Rio de Janeiro, Universidade Federal do Rio de Janeiro, 1981 (texto policopiado).

Substantivos terminados em consoante

1. Os substantivos terminados em *-r*, *-z* e *-n* formam o plural acrescentando *-es* ao singular:

Singular	Plural	Singular	Plural	Singular	Plural
mar	mares	rapaz	rapazes	abdômen	abdômenes
açúcar	açúcares	xadrez	xadrezes	cânon	cânones
colher	colheres	raiz	raízes	dólmen	dólmenes
reitor	reitores	cruz	cruzes	líquen	líquenes

Observações:

1.ª) O plural de *caráter* (escrito *carácter* na ortografia portuguesa) é, tanto no Brasil como em Portugal, *caracteres*, com deslocação do acento tônico e articulação do *c* que possuía de origem.

2.ª) Também com deslocação do acento é o plural dos substantivos *espécimen*, *Júpiter* e *Lúcifer*: *especímenes*, *Jupíteres* e *Lucíferes*.

Advirta-se, porém, que, a par de *Lúcifer*, há *Lucifer*, forma antiga no idioma, cujo plural é, naturalmente, *Luciferes*.

2. Os substantivos terminados em *-s*, quando oxítonos, formam o plural acrescentando também *-es* ao singular; quando paroxítonos, são invariáveis:

Singular	Plural	Singular	Plural
o ananás	os ananases	o atlas	os atlas
o português	os portugueses	o pires	os pires
o revés	os reveses	o lápis	os lápis
o país	os países	o oásis	os oásis
o retrós	os retroses	o ônibus	os ônibus

Observações:

1.ª) O monossílabo *cais* é invariável. *Cós* é geralmente invariável, mas documenta-se também o plural *coses*.

2.ª) Como os paroxítonos terminados em *-s*, os poucos substantivos existentes finalizados em *-x* são invariáveis: *o tórax — os tórax, o ônix — os ônix*.

3. Os substantivos terminados em *-al*, *-el*, *-ol* e *-ul* substituem no plural o *-l* por *-is*:

Singular	Plural	Singular	Plural
animal	animais	farol	faróis
papel	papéis	lençol	lençóis
móvel	móveis	álcool	álcoois
níquel	níqueis	paul	pauis

Observação:

Excetuam-se as palavras *mal, real* (moeda), *cônsul* e seus derivados, que fazem, respectivamente, *males, réis, cônsules* e, por este, *procônsules, vice-cônsules.*

4. Os substantivos oxítonos terminados em *-il* mudam o *-l* em *-s*:

Singular	Plural	Singular	Plural
ardil	ardis	funil	funis
barril	barris	fuzil	fuzis
covil	covis	redil	redis

5. Os substantivos paroxítonos terminados em *-il* substituem esta terminação por *-eis*:

Singular	Plural	Singular	Plural
fóssil	fósseis	réptil	répteis

Observações:

1.ª) Além de *projetil*, pronúncia mais generalizada no Brasil, há na língua a variante paroxítona *projétil*, com o plural *projéteis*, que é a pronúncia normal portuguesa.

2.ª) *Réptil*, pronúncia que postula a origem latina da palavra, tem a variante *reptil*, cujo plural é, naturalmente, *reptis*.

6. Nos diminutivos formados com os sufixos *-zinho* e *-zito*, tanto o substantivo primitivo como o sufixo vão para o plural, desaparecendo, porém, o *-s* do plural do substantivo primitivo.
Assim:

Singular	Plural
balãozinho	balõe(s) + zinhos > balõezinhos
papelzinho	papéi(s) + zinhos > papeizinhos
colarzinho	colare(s) + zinhos > colarezinhos
cãozito	cãe(s) + zitos > cãezitos

Substantivos de um só número

1. Há substantivos que só se empregam no plural.
   Assim:

alvíssaras	cãs	fezes	primícias
anais	condolências	matinas	víveres
antolhos	esponsais	núpcias	copas (naipe)
arredores	exéquias	óculos	espadas (naipe)
belas-artes	fastos	olheiras	ouros (naipe)
calendas	férias	pêsames	paus (naipe)

2. Outros substantivos existem que se usam habitualmente no singular. Assim os nomes de metais e os nomes abstratos: *ferro, ouro, cobre*; *fé, esperança, caridade*. Quando aparecem no plural, têm de regra um sentido diferente. Comparem-se, por exemplo, *cobre* (metal) a *cobres* (dinheiro), *ferro* (metal) a *ferros* (ferramentas, aparelhos).

Substantivos compostos

Não é fácil a formação do plural dos substantivos compostos. Observem-se, porém, as seguintes normas, com fundamento na grafia:

1.ª) Quando o substantivo composto é constituído de palavras que se escrevem ligadamente sem hífen, forma o plural como se fosse um substantivo simples:

aguardente(s)	claraboia(s)	malmequer(es)	lobisomem(-mens)
varapau(s)	ferrovia(s)	pontapé(s)	vaivém(-véns)

2.ª) Quando os termos componentes se ligam por hífen, podem variar todos ou apenas um deles:

Singular	Plural	Singular	Plural
couve-flor	couves-flores	grão-mestre	grão-mestres
obra-prima	obras-primas	guarda-marinha	guardas-marinha
salvo-conduto	salvos-condutos	guarda-roupa	guarda-roupas

Note-se, porém, que:

a) quando o primeiro termo do composto é verbo ou palavra invariável e o segundo substantivo ou adjetivo, só o segundo vai para o plural:

SINGULAR	PLURAL	SINGULAR	PLURAL
guarda-chuva	guarda-chuvas	bate-boca	bate-bocas
sempre-viva	sempre-vivas	abaixo-assinado	abaixo-assinados
vice-presidente	vice-presidentes	grão-duque	grão-duques

b) quando os termos componentes se ligam por preposição, só o primeiro toma a forma de plural:

SINGULAR	PLURAL	SINGULAR	PLURAL
chapéu de sol	chapéus de sol	peroba-do-campo	perobas-do-campo
pão de ló	pães de ló	joão-de-barro	joões-de-barro
pé de cabra	pés de cabra	mula sem cabeça	mulas sem cabeça

c) também só o primeiro toma a forma de plural quando o segundo termo da composição é um substantivo que funciona como determinante específico:

SINGULAR	PLURAL	SINGULAR	PLURAL
navio-escola	navios-escola	banana-prata	bananas-prata
salário-família	salários-família	manga-espada	mangas-espada

d) geralmente ambos os elementos tomam a forma de plural quando o composto é constituído de dois substantivos, ou de um substantivo e um adjetivo:

SINGULAR	PLURAL	SINGULAR	PLURAL
carta-bilhete	cartas-bilhetes	gentil-homem	gentis-homens
tenente-coronel	tenentes-coronéis	água-marinha	águas-marinhas
amor-perfeito	amores-perfeitos	vitória-régia	vitórias-régias

GÊNERO

1. Há dois gêneros em português: o MASCULINO e o FEMININO.
   O masculino é o termo não marcado; o feminino o termo marcado.

2. Pertencem ao gênero masculino todos os substantivos a que se pode antepor o artigo *o*:

o aluno   o pão   o poema   o jabuti

Pertencem ao gênero feminino todos os substantivos a que se pode antepor o artigo *a*:

a casa	a mão	a ema	a juriti

3. O gênero de um substantivo não se conhece, de regra, nem pela sua significação, nem pela sua terminação.
Para facilidade de aprendizado, convém, no entanto, saber:

Quanto à significação

1. São geralmente masculinos:

a) os nomes de homens ou de funções por eles exercidas:

João	mestre	padre	rei

b) os nomes de animais do sexo masculino:

cavalo	galo	gato	peru

c) os nomes de lagos, montes, oceanos, rios e ventos, nos quais se subentendem as palavras *lago*, *monte*, *oceano*, *rio* e *vento*, que são masculinas:

o Amazonas	[= o rio Amazonas]
o Atlântico	[= o oceano Atlântico]
o Ládoga	[= o lago Ládoga]
o Minuano	[= o vento Minuano]
os Alpes	[= os montes Alpes]

d) os nomes de meses e dos pontos cardeais:

março findo	o Norte
setembro vindouro	o Sul

2. São geralmente femininos:

a) os nomes de mulheres ou de funções por elas exercidas:

Maria	professora	freira	rainha

b) os nomes de animais do sexo feminino:

égua	galinha	gata	perua

c) os nomes de cidades e ilhas, nos quais se subentendem as palavras *cidade* e *ilha*, que são femininas:

a antiga Ouro Preto	a Sicília	as Antilhas

Observação:

Alguns nomes de cidades, como *Rio de Janeiro*, *Porto*, *Cairo*, *Havre*, são masculinos pelas razões que aduzimos no capítulo seguinte, ao tratarmos do EMPREGO DO ARTIGO.

Quanto à terminação

1. São masculinos os nomes terminados em *-o* átono:

o aluno	o livro	o lobo	o banco

2. São geralmente femininos os nomes terminados em *-a* átono:

a aluna	a caneta	a loba	a mesa

Excetuam-se, porém, *clima*, *cometa*, *dia*, *fantasma*, *mapa*, *planeta*, *telefonema*, *fonema* e outros mais, que serão estudados adiante.

3. Dos substantivos terminados em *-ão*, os concretos são masculinos e os abstratos femininos:

o agrião	o algodão	a educação	a opinião
o balcão	o feijão	a produção	a recordação

Excetua-se *mão*, que, embora concreto, é feminino.
Fora desses casos, é sempre difícil conhecer-se pela terminação o gênero de um dado substantivo.

Formação do feminino

Os substantivos que designam pessoas e animais costumam flexionar-se em gênero, isto é, têm geralmente uma forma para indicar os seres do sexo masculino e outra para indicar os do sexo feminino.

Assim:

MASCULINO	FEMININO	MASCULINO	FEMININO
homem	mulher	bode	cabra
aluno	aluna	galo	galinha
cidadão	cidadã	leitão	leitoa
cantor	cantora	barão	baronesa
profeta	profetisa	lebrão	lebre

Dos exemplos acima verifica-se que a forma do feminino pode ser:

a) completamente diversa da do masculino, ou seja, proveniente de um radical distinto:

bode cabra homem mulher

b) derivada do radical do masculino, mediante a substituição ou o acréscimo de desinências:

aluno aluna cantor cantora

Examinemos, pois, à luz desses dois processos, a formação do feminino dos substantivos de nossa língua.

Masculinos e femininos de radicais diferentes

Convém conhecer os seguintes:

MASCULINO	FEMININO	MASCULINO	FEMININO
bode	cabra	genro	nora
boi (ou touro)	vaca	homem	mulher
cão	cadela	macho	fêmea
carneiro	ovelha	marido	mulher
cavalheiro	dama	padrasto	madrasta
cavalo	égua	padrinho	madrinha
compadre	comadre	pai	mãe
frei	sóror (ou soror)	zangão	abelha

Femininos derivados de radical do masculino

REGRAS GERAIS:

1.ª) Os substantivos terminados em *-o* átono formam normalmente o feminino substituindo essa desinência por *-a*:

MASCULINO	FEMININO	MASCULINO	FEMININO
gato	gata	pombo	pomba
lobo	loba	aluno	aluna

Observação:

Além das formações irregulares que vimos, há um pequeno número de substantivos terminados em *-o* que, no feminino, substituem essa final por desinências especiais.

Assim:

MASCULINO	FEMININO	MASCULINO	FEMININO
diácono	diaconisa	maestro	maestrina
galo	galinha	silfo	sílfide

2.ª) Os substantivos terminados em consoante formam normalmente o feminino com o acréscimo da desinência *-a*.

Exemplos:

MASCULINO	FEMININO	MASCULINO	FEMININO
camponês	camponesa	leitor	leitora
freguês	freguesa	pintor	pintora

REGRAS ESPECIAIS:

1.ª) Os substantivos terminados em *-ão* podem formar o feminino de três maneiras:

a) mudando a terminação *-ão* em *-oa*:

MASCULINO	FEMININO	MASCULINO	FEMININO
ermitão	ermitoa	leitão	leitoa
hortelão	horteloa	patrão	patroa

b) mudando a terminação *-ão* em *-ã*:

Masculino	Feminino	Masculino	Feminino
aldeão	aldeã	castelão	castelã
anão	anã	cidadão	cidadã
ancião	anciã	cirurgião	cirurgiã
anfitrião	anfitriã	cortesão	cortesã
campeão	campeã	irmão	irmã

c) mudando a terminação *-ão* em *-ona*:

Masculino	Feminino	Masculino	Feminino
bonachão	bonachona	moleirão	moleirona
comilão	comilona	paspalhão	paspalhona
espertalhão	espertalhona	pobretão	pobretona
figurão	figurona	sabichão	sabichona
folião	foliona	solteirão	solteirona

Observações:

1.ª) Como se vê, os substantivos que fazem o feminino em *-ona* são os aumentativos ou adjetivos substantivados.

2.ª) Além dos anômalos *cão* e *zangão*, a que já nos referimos, não seguem estes três processos de formação os substantivos seguintes:

Masculino	Feminino	Masculino	Feminino
barão	baronesa	maganão	magana
ladrão	ladra	perdigão	perdiz
lebrão	lebre	sultão	sultana

Usa-se às vezes *ladrona* por *ladra*.

2.ª) Os substantivos terminados em *-or* formam normalmente o feminino, como dissemos, com o acréscimo da desinência *-a*:

Masculino	Feminino	Masculino	Feminino
pastor	pastora	remador	remadora

Alguns, porém, fazem o feminino em *-eira*. Assim: *cantador – cantadeira*, *cerzidor – cerzideira*.

Outros, dentre os finalizados em *-dor* e *-tor*, mudam estas terminações em *-triz*. Assim: *ator – atriz*, *imperador – imperatriz*.

Observação:

De *embaixador* há, convencionalmente, dois femininos: *embaixatriz* (a esposa de embaixador) e *embaixadora* (funcionária chefe de embaixada).

3.ª) Certos substantivos que designam títulos de nobreza e dignidades formam o feminino com as terminações *-esa*, *-essa* e *-isa*:

Masculino	Feminino	Masculino	Feminino
abade	abadessa	diácono	diaconisa
barão	baronesa	duque	duquesa
conde	condessa	sacerdote	sacerdotisa

Observação:

De *prior* há o feminino *prioresa* (superiora de certas ordens) e *priora* (irmã de Ordem Terceira). *Príncipe* faz no feminino *princesa*.

4.ª) Os substantivos terminados em *-e*, não incluídos entre os que acabamos de mencionar, são geralmente uniformes. Essa igualdade formal para os dois gêneros é, como veremos adiante, quase que absoluta nos finalizados em *-nte*, de regra originários de particípios presentes e de adjetivos uniformes latinos. Há, porém, um pequeno número que, à semelhança da substituição *-o* (masculino) por *-a* (feminino), troca o *-e* por *-a*.

Assim:

Masculino	Feminino	Masculino	Feminino
elefante	elefanta	mestre	mestra
governante	governanta	monge	monja
infante	infanta	parente	parenta

Observação:

Os femininos *giganta* (de *gigante*), *hóspeda* (de *hóspede*) e *presidenta* (de *presidente*) têm ainda curso restrito no idioma.

5.ª) São dignos de nota os femininos dos seguintes substantivos:

Masculino	Feminino	Masculino	Feminino
avô	avó	maestro	maestrina
cônsul	consulesa	píton	pitonisa
czar	czarina	poeta	poetisa
felá	felaína	profeta	profetisa

MASCULINO	FEMININO	MASCULINO	FEMININO
frade	freira	rajá	rani
grou	grua	rapaz	rapariga, moça
herói	heroína	rei	rainha
jogral	jogralesa	réu	ré

Observação:

Rapariga é o feminino de *rapaz* mais usado em Portugal. No Brasil, prefere-se *moça* em razão do valor pejorativo que, em certas regiões, o primeiro termo adquiriu.

Substantivos uniformes

Substantivos epicenos

Denominam-se EPICENOS os nomes de *animais* que possuem um só gênero gramatical para designar um e outro sexo.

Assim:

a águia	a mosca	o besouro	o polvo
a baleia	a onça	o condor	o rouxinol
a borboleta	a pulga	o crocodilo	o tatu
a cobra	a sardinha	o gavião	o tigre

Observação:

Quando há necessidade de especificar o sexo do animal, juntam-se então ao substantivo as palavras *macho* e *fêmea*: *crocodilo macho, crocodilo fêmea*; o *macho* ou a *fêmea do jacaré*.

Substantivos sobrecomuns

Chamam-se SOBRECOMUNS os substantivos que têm um só gênero gramatical para designar *pessoas* de ambos os sexos.

Assim:

o algoz	o cônjuge	a criança	a testemunha
o apóstolo	o indivíduo	a criatura	a vítima
o carrasco	o verdugo	a pessoa	

Observação:

Neste caso, querendo-se discriminar o sexo, diz-se, por exemplo: *o cônjuge feminino*; *uma pessoa do sexo masculino*.

Substantivos comuns de dois gêneros

Alguns substantivos apresentam uma só forma para os dois gêneros, mas distinguem o masculino do feminino pelo gênero do artigo ou de outro determinativo acompanhante. Chamam-se COMUNS DE DOIS GÊNEROS estes substantivos.

Exemplos:

MASCULINO	FEMININO	MASCULINO	FEMININO
o agente	a agente	o herege	a herege
o artista	a artista	o imigrante	a imigrante
o camarada	a camarada	o indígena	a indígena
o colega	a colega	o intérprete	a intérprete
o colegial	a colegial	o jovem	a jovem
o cliente	a cliente	o jornalista	a jornalista
o compatriota	a compatriota	o mártir	a mártir
o dentista	a dentista	o selvagem	a selvagem
o estudante	a estudante	o servente	a servente
o gerente	a gerente	o suicida	a suicida

Observações:

1.ª) São COMUNS DE DOIS GÊNEROS todos os substantivos ou adjetivos substantivados terminados em *-ista*: *o pianista, a pianista*; *um anarquista, uma anarquista.*

2.ª) Diz-se, indiferentemente, *o personagem* ou *a personagem* com referência ao protagonista homem ou mulher.

Mudança de sentido na mudança de gênero

Há um certo número de substantivos cuja significação varia com a mudança de gênero:

MASCULINO	FEMININO	MASCULINO	FEMININO
o cabeça	a cabeça	o guarda	a guarda
o caixa	a caixa	o guia	a guia
o capital	a capital	o lente	a lente
o cisma	a cisma	o língua	a língua
o corneta	a corneta	o moral	a moral
o cura	a cura	o voga	a voga

Substantivos masculinos terminados em *-a*

Vimos que, embora a terminação *-a* seja de regra denotadora do feminino, há vários masculinos com essa terminação: *artista, camarada, colega, poeta, profeta,* etc. Alguns destes substantivos apresentam uma forma própria para o feminino, como *poeta* (*poetisa*) e *profeta* (*profetisa*); a maioria, no entanto distingue o gênero apenas pelo determinativo empregado: *o compatriota, a compatriota*; *este jornalista, aquela jornalista*; *meu camarada, minha camarada.*

Um pequeno número de substantivos em *-a* existe, todavia, que só se usa no masculino por designar profissão ou atividade própria do homem.

Assim:

jesuíta	nauta	patriarca	heresiarca
monarca	papa	pirata	tetrarca

Observações:

1.ª) Entre os substantivos que designam *coisas*, são masculinos os terminados em *-ema* e *-oma* que se originam de palavras gregas:

anátema	edema	sistema	diploma
cinema	estratagema	telefonema	idioma
diadema	fonema	tema	aroma
dilema	poema	teorema	axioma
emblema	problema	trema	coma

2.ª) Embora a palavra *grama* se use também no gênero feminino (*quinhentas gramas*), os seus compostos mantêm-se no gênero masculino: *um miligrama, o quilograma.*

Substantivos de gênero vacilante

Substantivos há em cujo emprego se nota vacilação de gênero. Eis alguns, para os quais se recomenda a seguinte preferência:

a) GÊNERO MASCULINO:

ágape	clã	gengibre	sanduíche
antílope	contralto	lança-perfume	soprano
caudal	diabete(s)	praça (soldado)	suéter

b) GÊNERO FEMININO:

abusão	áspide	jaçanã	ordenança
alcíone	fácies	juriti	sentinela
aluvião	filoxera	omoplata	sucuri

GRAU

Um substantivo pode apresentar-se:

a) com a sua significação normal: *chapéu, boca*;
b) com a sua significação exagerada, ou intensificada disforme ou desprezivelmente (GRAU AUMENTATIVO): *chapelão, bocarra*; *chapéu grande, boca enorme*;
c) com a sua significação atenuada, ou valorizada afetivamente (GRAU DIMINUTIVO): *chapeuzinho, boquinha*; *chapéu pequeno, boca minúscula.*

Vemos, portanto, que a GRADAÇÃO do significado de um substantivo se faz por dois processos:

a) SINTETICAMENTE, mediante o emprego de sufixos especiais, que estudamos no capítulo 6; assim: *chape-l-ão, boc-arra*; *chapeu-zinho, boqu-inha*;
b) ANALITICAMENTE, juntando-lhe um adjetivo que indique aumento ou diminuição, ou aspectos relacionados com essas noções: *chapéu grande, boca enorme*; *chapéu pequeno, boca minúscula.*

Valor das formas aumentativas e diminutivas

Convém ter presente que o que denominamos AUMENTATIVO e DIMINUTIVO nem sempre indica o aumento ou a diminuição do tamanho de um ser. Ou melhor, essas noções são expressas em geral pelas formas analíticas, especialmente pelos adjetivos *grande* e *pequeno*, ou sinônimos, que acompanham o substantivo.

Os sufixos aumentativos de regra emprestam ao nome as ideias de desproporção, de disformidade, de brutalidade, de grosseria ou de coisa desprezível. Assim: *narigão, beiçorra, pratalhaz* ou *pratarraz, atrevidaço, porcalhão*, etc. Ressalta, pois, na maioria dos aumentativos, esse valor depreciativo ou PEJORATIVO.

"O emprego dos sufixos diminutivos indica ao leitor ou interlocutor que aquele que fala ou escreve põe a linguagem afetiva no primeiro plano. Não quer comunicar ideias ou reflexões, resultantes de profunda meditação, mas o que quer é exprimir, de modo espontâneo e impulsivo, o que sente, o que o comove ou impressiona — quer seja carinho, saudade, desejo, prazer, quer, digamos, um impulso negativo: troça, desprezo, ofensa. Assim se encontra no sufixo diminutivo um meio estilístico que elide a objetividade sóbria e a severidade da linguagem, tornando-a mais flexível e amável, mas às vezes também mais vaga." [2]

---

[2] Silvia Skorge. *Boletim de Filologia*, Lisboa, 17: 50-51, 1958.

Observação:

A rigor, a flexão de GRAU é pertinente ao adjetivo. Admitimos, porém, a existência de três graus para o substantivo — o NORMAL, o AUMENTATIVO e o DIMINUTIVO — em consonância com a Nomenclatura Gramatical Brasileira e a Nomenclatura Gramatical Portuguesa, que, neste ponto, seguem uma longa tradição no ensino do idioma.

Especialização de formas

Muitas formas originariamente aumentativas e diminutivas adquiriram, com o correr do tempo, significados especiais, por vezes dissociados do sentido da palavra derivante. Nestes casos, não se pode mais, a rigor, falar em aumentativo ou diminutivo. São, na verdade, palavras em sua acepção normal.

Assim:

cartão	portão	corpete	lingueta
ferrão	cartilha	flautim	pastilha
florão	cavalete	folhinha (= calendário)	vidrilho

EMPREGO DO SUBSTANTIVO

FUNÇÕES SINTÁTICAS DO SUBSTANTIVO

O SUBSTANTIVO pode figurar na oração como:

1. SUJEITO:

> **Samuel** está desolado.
> (C. Drummond de Andrade, *CA*, 127.)

> O **pasmo** e a **felicidade** transtornaram-no.
> (C. de Oliveira, *AC*, 122.)

2. PREDICATIVO:

a) DO SUJEITO:

> Eu já não sou **funcionário**.
> (Castro Soromenho, *TM*, 243.)

> De maneiras finas, era um **fidalgo**.
> (N. Piñon, *FD*, 61.)

b) DO OBJETO DIRETO:

De toda parte, aclamavam-no **herói**.
(R. Pompeia, *A*, 108.)

O amor... Como adora o marido, como deve ser bom tê-la **por esposa**.
(A. Abelaira, *NC*, 25.)

c) DO OBJETO INDIRETO:

Eram capazes de me chamar **sacristão**.
(F. Namora, *TJ*, 214.)

Irmão lhe chamaria, mas irmão
por quê, se a vida nova
se nutre de outros sais, que não sabemos?
(C. Drummond de Andrade, *R*, 169-170.)

3. OBJETO DIRETO:

Eu arranjo umas **velinhas**.
(A. de Alcântara Machado, *NP*, 203).

O velho não desvia os **olhos**.
(Alves Redol, *FM*, 195.)

4. OBJETO INDIRETO:

O que Amélia, naquele instante, pediria a **Deus**?
(J. Lins do Rego, *FM*, 236.)

Aos **marteleiros**, dá-se um salário, aos **estivadores** e **saibreiros** outro, negócio de "pinchas" outro.
(A. Ribeiro, *V*, 41.)

5. COMPLEMENTO NOMINAL:

O talento é um complexo de virtudes, às vezes inseparáveis de **defeitos**.
(F. Namora, *E*, 119.)

Lúcia era particularmente sensível à **nota** humana.
(A. Peixoto, *RC*, 49.)

6. Adjunto adverbial:

De **Braga** voltamos às **Caldas**.
(C. Castelo Branco, *OS*, I, 11.)

Contemplaram-se em **silêncio**.
(É. Veríssimo, *LS*, 153.)

7. Agente da passiva:

Fomos apresentados um ao outro por **Silva Jardim**.
(R. Correia, *PCP*, 559.)

A investida é observada de longe pelos **sitiantes**.
(J. Paço d'Arcos, *CVL*, 355.)

8. Aposto:

Ia haver um baile na Faculdade de Direito, o **baile** dos calouros, o meu **baile**.
(C. dos Anjos, *MS*, 345.)

Os dois, **governador e filho**, encarregaram-se de todos os aprestos da sua viagem para o Paraguai.
(J. Cortesão, *IHB*, II, 104.)

9. Vocativo:

— **Prima**, venha conhecer o compadre.
(J. C. de Carvalho, *CL*, 69.)

Eu tenho, **Amor**, a cinta esbelta e fina...
(F. Espanca, *S*, 96.)

SUBSTANTIVO COMO ADJUNTO ADNOMINAL

1. Precedido de preposição, pode o substantivo formar uma locução adjetiva, que funciona como adjunto adnominal.
Assim:

uma vontade **de ferro** [= férrea]
um menino **às direitas** [= correto]
uma pessoa **sem entranhas** [= perversa]
uma força **de Hércules** [= hercúlea]

2. Em função de ADJUNTO ADNOMINAL, pode também o SUBSTANTIVO referir-se diretamente a outro SUBSTANTIVO.
Comparem-se expressões do tipo:

um riso **canalha**	uma recepção **monstro**
um ar **província**	uma atitude **povo**

Exemplos literários:

Durante essas ruas **paris**
de Barcelona, tão **avenida**
entre uma gente meio **londres**
urbanizada em mansas filas,
chegava a desafio
seu caminhar **sevilha**:
que é levando a cabeça
em flor que fosse espiga.
(J. Cabral de Melo Neto, *PC*, 87-88.)

Évora! Ruas ermas sob os céus
Cor de violetas roxas... Ruas **frades**
Pedindo em triste penitência a Deus
Que nos perdoe as míseras vaidades!
(F. Espanca, *S*, 149)

SUBSTANTIVO CARACTERIZADOR DE ADJETIVO

Os adjetivos referentes a cores podem ser modificados por um SUBSTANTIVO que melhor precise uma de suas tonalidades, um de seus matizes.
Assim:

amarelo-**canário**	verde-**garrafa**
azul-**petróleo**	roxo-**batata**

Neste emprego o substantivo equivale a uma advérbio de modo.[3]

[3] Cf. R. L. Wagner – J. Pinchon. *Grammaire du français classique et moderne*. Paris, Hachette, 1962, p. 76. Sobre a interpretação e a duvidosa vernaculidade das expressões do tipo *ramagens verde-garrafa*, *olhos verde-mar*, leiam-se as observações de Mário Barreto, em

SUBSTANTIVO CARACTERIZADO POR UM NOME

Recurso expressivo, generalizado nas línguas românicas[4], é a caracterização de um SUBSTANTIVO por meio de um NOME (substantivo ou adjetivo) anteposto, ligado pela preposição *de*, num sintagma nominal do tipo:

O raio do menino
A desgraçada da mulher

Em que pese às divergências quanto à interpretação dos valores semânticos e sintáticos que entram em jogo nessa estrutura nominal, todos reconhecem a intensidade afetiva de sua caracterização antecipada. A feição particular desta parece advir de, ao mesmo tempo, estar ligada pelo estreito vínculo de uma preposição e gozar do realce significativo que seria o de um aposto ou de uma predicação nominal.

O SUBSTANTIVO COMO NÚCLEO DAS FRASES SEM VERBO

As FRASES NOMINAIS, organizadas sem verbo, têm o substantivo como centro. É o que se verifica, por exemplo:

a) nas exclamações:

Ó minha amada,
Que olhos os teus!
(V. de Morais, *PCP*, 334.)

Novos estudos da língua portuguesa, 2.ª ed. Rio de Janeiro, Francisco Alves, 1921, p. 375-377; e de Sousa da Silveira, em *Trechos seletos*, 4.ª ed. São Paulo, Companhia Editora Nacional, 1938, p. 68.

4 É já numerosa a bibliografia relativa a esta construção. Citamos aqui apenas as contribuições mais importantes: Alf Lombard. Li fel d'anemis. Ce fripon de valet. *Studier i Modern Sparakvetenskap*, Upsala, 2: 145-215, 1931; André Eskénazi. Quelques remarques sur le type *ce fripon de valet* et sur certaines fonctions syntaxiques de la préposition *de*. *Le Français Moderne*, 35: 184-200, 1967; Mariana Tutescu. Le Type nominal *ce fripon de valet*. *Revue de Linguistique Romane*, 33: 299-316, 1969; M. Regula. Encore une fois "ce fripon de valet". *Ibid.* 36: 107-111, 1972.
Sobre o uso da construção em espanhol, veja-se Rafael Lapesa. Sobre las construcciones *El diablo del toro, El bueno de Minaya, ¡Ay de mí!, ¡Pobre de Juan!, Por malos de pecados*. *Filología*, 8: 169-184, 1962. Quanto ao emprego em português, consulte-se M. M. Moreno de Oliveira. *Processos de intensificação no português contemporâneo*. Lisboa, Centro de Estudos Filológicos, 1962, p. 111-121.

Ó bendita paisagem! Terra estranha
De antigos pinheirais e alegres campos,
Ei-la silêncio, solidão, montanha!
(Teixeira de Pascoaes, *OC*, IV, 34.)

b) nas indicações sumárias:

Fim da tarde, boquinha da noite
com as primeiras estrelas
e os derradeiros sinos.
(J. de Lima, *OC*, I, 225.)

Canto litúrgico em latim abastardado: vozes rurais e gritadas, quase todas femininas. Sobe o pano. Escuro total. Silêncio.
(B. Santareno, *TPM*, 9.)

c) em títulos como:

Amanhã, Benfica e Flamengo no Maracanã.
Nova crise no Oriente Médio.
Terremoto no Japão.

Capítulo 9

Artigo

ARTIGO DEFINIDO E INDEFINIDO

Dá-se o nome de ARTIGOS às palavras *o* (com as variações *a, os, as*) e *um* (com as variações *uma, uns, umas*), que se antepõem aos substantivos para indicar:

a) que se trata de um ser já conhecido do leitor ou ouvinte, seja por ter sido mencionado antes, seja por ser objeto de um conhecimento de experiência, como nestes exemplos:

> Levanta-se, vai **à** mesa, tira um cigarro d**a** caixa de laca, acende **o** cigarro n**o** isqueiro, larga **o** isqueiro, volta a**o** sofá.
> (F. Botelho, *X*, 183.)

> Atravessaram **o** pátio, deixaram n**a** escuridão **o** chiqueiro e **o** curral, vazios, de porteiras abertas, **o** carro de bois que apodrecia, **os** juazeiros.
> (G. Ramos, *VS*, 161.)

b) que se trata de um simples representante de uma dada espécie ao qual não se fez menção anterior:

> Vi que estávamos n**um** velho solar, de certa imponência. **Uma** fachada de muitas janelas perdia-se na escuridão da noite. No alto da escada saía das sombras **um** alpendre assente em grossas colunas.
> (Branquinho da Fonseca, *B*, 21.)

> Era **uma** casinha nova, a meia encosta, com trepadeiras pela varanda. Tinha **um** pomar pequeno de laranjeiras e marmeleiros e mais **uma** hortazinha, ao longo do rego que descia do morro.
> (R. M. F. de Andrade, *V*, 119.)

No primeiro caso, dizemos que o artigo é DEFINIDO; no segundo, INDEFINIDO.

Observação:

"O artigo é um signo que exige a presença de outro (ou outros) com o qual se associa em sintagma: um signo dependente. Por outra parte, pertence ao tipo de signos que se agrupam em paradigmas ou inventários limitados, fechados: os signos morfológicos, cujos conteúdos — os morfemas — constituem o sistema gramatical, em oposição aos signos léxicos, caracterizados por constituírem inventários abertos, ilimitados" (E. Alarcos Llorach. El artículo en español. In *To Honor Roman Jakobson*: Essays on the Occasion of His Seventieth Birthday, 1. The Hague-Paris, Mouton, 1967, p. 19).

FORMAS DO ARTIGO

Formas simples

1. São estas as formas simples do artigo:

	ARTIGO DEFINIDO		ARTIGO INDEFINIDO	
	Singular	**Plural**	**Singular**	**Plural**
Masculino	o	os	um	uns
Feminino	a	as	uma	umas

2. No português antigo havia as formas *lo* (*la*, *los*, *las*) e *el* do artigo definido. *Lo* (e suas variações) só aparece hoje, como artigo, em construções estereotipadas do tipo *mai-lo* (= *mais o*), ocorrentes em falares de Portugal, e que alguns escritores têm incorporado a suas obras, como nos mostra este passo:

   Veio da terra, **mai-lo** seu moinho.
   (A. Nobre, *S*, 26.)

   Há resquício da antiga forma feminina *la* em *alfim* (aglutinação de *a la fim*), mas em certas expressões como *a la cria*, *a la fresca*, usadas por alguns escritores gaúchos, o artigo é um mero espanholismo, de introdução moderna. Veja-se este exemplo:

   A la fresca!... que ninho!
   (Simões Lopes Neto, *CGLS*, 185.)

3. A forma arcaica *el* do artigo masculino fossilizou-se na titulatura *el-rei*, talvez por influência da conservadora linguagem da Corte:

> Então o terceiro a **El-Rei** rogou
> Licença de os buscar, e **El-Rei** negou.
> (F. Pessoa, *OP*, 25.)

Vejam-se topônimos atuais, como *São João del-Rei*, e outros antigos, como *São José del-Rei* (hoje *Tiradentes*) e *Sergipe del-Rei*:

> Dos Azevedos, família antiga na província de **Sergipe d'El-Rei**, viviam na Estância três irmãs, Felicidade, Turíbia, Umbelina e um irmão padre.
> (G. Amado, *HMI*, 4.)

Formas combinadas do artigo definido

1. Quando o substantivo, em função de complemento ou de adjunto, se constrói com uma das preposições *a, de, em* e *por*, o ARTIGO DEFINIDO que o acompanha combina-se com essas preposições, dando:

PREPOSIÇÕES	**ARTIGO DEFINIDO**			
	o	**a**	**os**	**as**
a	ao	à	aos	às
de	do	da	dos	das
em	no	na	nos	nas
por (per)	pelo	pela	pelos	pelas

2. **Crase**. O artigo definido feminino quando vem precedido da preposição *a*, funde-se com ela, e tal fusão (= CRASE) é representada na escrita por um acento grave sobre a vogal (*à*).
Assim:

Vou **a**	+	**a** cidade	=	Vou **à** cidade
preposição que introduz o adjunto adverbial do verbo *ir*.		artigo que determina o substantivo cidade		*a* craseado, a que se aplica o acento grave.

Não raro, o *à* vale como redução sintática da expressão *à moda de* (= *à maneira de, ao estilo de*):

> As bordaduras e os recamos de oiro, os veludos e sedas de fora, talhados **à francesa**, resplandeciam constelados de pérolas e diamantes.
> (Rebelo da Silva, *CL*, 175.)

> Mas o major? Por que não ria **à inglesa**, nem **à alemã**, nem **à francesa**, nem **à brasileira**? Qual o seu gênero?
> (Monteiro Lobato, *U*, 117.)

Observação:

Como se vê, o conhecimento do emprego da forma feminina do artigo definido é de grande importância para se aplicar acertadamente o acento grave denotador da crase com a preposição *a*. Tal conhecimento torna-se mesmo imprescindível no caso dos falantes do português do Brasil, que não distinguem, pela pronúncia, a vogal singela *a* (do artigo ou da preposição) daquela proveniente de crase. Convém, por isso, atentar-se sempre na construção de determinada palavra com outras preposições para se saber se ela exige ou dispensa o artigo. Assim, escreveremos:

> Vou **à feira** e, depois, irei **a Copacabana.**

porque também diremos:

> Vim **da feira** e, depois, passei **por Copacabana.**

3. Quando a preposição antecede o artigo definido que faz parte do título de obras (livros, revistas, jornais, contos, poemas, etc.), não há uma prática uniforme. Na língua escrita, porém, deve-se neste caso:

a) ou evitar a contração, pelo modelo:

> Camões é o autor **de Os Lusíadas.**
> A notícia saiu **em O Globo.**

b) ou indicar pelo apóstrofo a supressão da vogal da preposição:

> Camões é o autor **d'Os Lusíadas.**
> A notícia saiu **n'O Globo.**

Tenha-se presente que as grafias *dos Lusíadas* e *no Globo* — talvez as mais frequentes — deturpam o título do poema e do jornal em causa.

Observação:

As duas soluções apontadas são admitidas pela ortografia portuguesa. No Brasil, porém, o Formulário Ortográfico de 1943 não preceitua o emprego do apóstrofo para indicar a supressão da vogal da preposição.

4. Quando a preposição que antecede o artigo está relacionada com o verbo, e não com o substantivo que o artigo introduz, é aconselhável que os dois elementos fiquem separados, embora não faltem exemplos de sua aglutinação na prática dos melhores escritores:

   A circunstância **de as** vindimas juntarem a família prestava-se a uma reunião anual na Junceda.
   (M. Torga, *V*, 159.)

   — Estou-me esforçando, Sr. Juiz, por conservar o jeito especial **de o** garoto falar.
   (A. M. Machado, *HR*, 27.)

   Dona Rosa, Dona Rosa,
   Quando eras inda botão
   Disseram-te alguma cousa
   De a flor não ter coração?
   (F. Pessoa, *QGP*, nº. 160.)

5. A antiga preposição *per* contraía-se com *lo*(*s*), *la*(*s*), formas primitivas do artigo definido, produzindo *pelo*(*s*), *pela*(*s*). Estas contrações vieram substituir *polo*(*s*) e *pola*(*s*), de emprego normal no português clássico, como ilustram estes versos camonianos:

   Pois **polos** doze pares dar-vos quero
   Os doze de Inglaterra, e o seu Magriço.
   (*L*, I, 12.)

   Da Lua os claros raios rutilavam
   Polas argênteas ondas Neptuninas.
   (*L*, I, 58.)

Formas combinadas do artigo indefinido

1. O ARTIGO INDEFINIDO pode contrair-se com as preposições *em* e *de*, originando:

numa	numa	nuns	numas
dum	duma	duns	dumas

2. As preposições *em* e *de*, antepostas ao artigo indefinido que integra o título de obras, separam-se dele na escrita:

   Sofríamos do que, **em Um Olhar sobre a Vida**, qualifiquei de "insônia internacional".
   (Genolino Amado, *RP*, 21.)

   Ou no caso da outra Maria, a **de Um Capitão de Voluntários**, criatura esta "mais quente e mais fria do que ninguém".
   (A. Meyer, *SE*, 45.)

3. Também não é aconselhável a contração do artigo indefinido com a preposição que se relaciona com o verbo, e não com o substantivo que o artigo introduz:

   A obra atrasou-se em virtude **de uns operários** se terem acidentado.

VALORES DO ARTIGO

A DETERMINAÇÃO

1. Comparando-se esta frase de Alceu Amoroso Lima,

   Foi chegando **um** caboclinho magro, com **uma** taquara na mão.
   (*AA*, 40.)

   às seguintes,

   Foi chegando **o** caboclinho magro, com **a** taquara na mão.
   Foi chegando **este** caboclinho magro, com **esta** taquara na mão.

   verifica-se que a determinação dos substantivos *caboclinho* e *taquara* se vai tornando mais precisa, à medida que se passa do ARTIGO INDEFINIDO (*um*, *uma*) para o ARTIGO DEFINIDO (*o*, *a*) e, depois, para o DEMONSTRATIVO (*este*, *esta*). No primeiro caso, indica-se apenas a *espécie* dos substantivos que são apresentados ao ouvinte. No segundo, restringe-se a extensão do significado dos substantivos, com *individualizá-los*, *defini-los*. No terceiro, limita-se ainda mais o sentido dos substantivos, que aparecem situados no *espaço* e no *tempo*. Exemplificando: *este caboclinho magro* não é *um caboclinho magro qualquer* (INDEFINIDO), nem *o caboclinho magro*, que o interlocutor conhece (DEFINIDO), mas o que está no momento perto da pessoa que fala.

Por outras palavras: o ARTIGO DEFINIDO é, essencialmente, um sinal de notoriedade, de conhecimento prévio, por parte dos interlocutores, do ser ou do objeto mencionado: o ARTIGO INDEFINIDO, ao contrário, é por excelência um sinal da falta de notoriedade, de desconhecimento individualizado, por parte de um dos interlocutores (o ouvinte), do ser ou do objeto em causa.

2. Quer seja DEFINIDO (*o* e suas variações *a*, *os*, *as*), quer seja INDEFINIDO (*um* e suas variações *uma*, *uns*, *umas*), o ARTIGO caracteriza-se por ser a palavra que introduz o substantivo indicando-lhe o gênero e o número.

Assim sendo:

a) qualquer palavra ou expressão antecedida de artigo se torna substantivo:

> O ato literário é o conjunto d**o escrever** e d**o ler**.
> (F. Namora, *E*, 111.)

> Tudo no mundo começou com **um sim**.
> (C. Lispector, *HE*, 15.)

> Que motivo é este d**o "não sei quê"**, pergunta o Leitor.
> (A. Meyer, *CM*, 79.)

b) o artigo faz aparecer o gênero e o número do substantivo:

o Amazonas	as amazonas	o cliente	a cliente
o pires	os pires	as bibliotecas	os astecas
o pianista	a pianista	um pirata	uma gravata
um quilograma	a ama	o jabuti	a juriti
o pão	a mão	um barão	a produção
o clã	a irmã	um poema	a ema

Com isso, permite a distinção de substantivos homônimos, tais como:

o cabeça	a cabeça	o guarda	a guarda
o caixa	a caixa	o guia	a guia
o capital	a capital	o lente	a lente
o cisma	a cisma	o língua	a língua
o corneta	a corneta	o moral	a moral
o cura	a cura	o voga	a voga

EMPREGO DO ARTIGO DEFINIDO

COM OS SUBSTANTIVOS COMUNS

Na língua de nossos dias, o ARTIGO DEFINIDO é, em geral, um mero designativo. Anteposto a um substantivo comum, serve para determiná-lo, ou seja, para apresentá-lo isolado dos outros indivíduos ou objetos da espécie.

Assim:

> **O** aparelho de chá, **o** faqueiro, **os** cristais e **os** tapetes tinham ficado com ele.
>
> (L. Fagundes Telles, *ABV*, 13.)

> Sumiu-se **a** rapariga.
>
> (C. de Oliveira, *AC*, 123.)

Este seu valor costuma ser enfatizado, quando se pretende acentuar o caráter único ou universal do elemento representado pelo substantivo, como nestes passos:

> Tive, há alguns meses, um momento crítico, ou talvez, por certos lados, **o** momento crítico, da minha vida.
>
> (A. de Quental, *C*, 357.)

> Não era uma loja qualquer: era **a** Loja.
>
> (C. dos Anjos, *MS*, 350.)

É o que se chama ARTIGO DE NOTORIEDADE.

Empregos particulares

Entre os empregos particulares do ARTIGO DEFINIDO devem ser mencionados os seguintes:

Emprego como demonstrativo

1. O artigo definido provém do pronome demonstrativo latino *ille*, *illa*, *illud* (= aquele, aquela, aquilo). Este valor demonstrativo foi-se perdendo pouco a pouco, mas subsiste ainda, embora enfraquecido, em alguns casos. É o que se observa em frases do tipo:

Permaneceu **a** [= esta, ou aquela] semana inteira em casa.
Partimos **no** [= neste] momento para São Paulo.
Levarei produtos **da** [= desta] região.

2. É também sensível o valor demonstrativo do artigo que faz evocar o substantivo como algo presente no espírito do locutor ou do ouvinte, situado, portanto, no tempo e no espaço.
Sirva de exemplo esta frase:

Pedro foi um ativista desde **a** Faculdade.

[Isto é: aquela Faculdade que os interlocutores sabem qual seja.]

Emprego do artigo pelo possessivo

Este emprego do ARTIGO DEFINIDO é frequente antes de substantivos que designam:

a) partes do corpo:

Passei **a mão** pel**o queixo**.
(L. Fagundes Telles, *ABV*, 15.)

Ela repeliu-o então e firmou-se n**os cotovelos**, enfurnando **a cara** n**as mãos**.
(U. Tavares Rodrigues, *TO*, 71.)

b) peças de vestuário ou objetos de uso marcadamente pessoal:

Abel Matias, calado, veste **as calças** e **a camisa**.
(O. Mendes, *P*, 130.)

Ao anoitecer vestiu **o impermeável**, enfiou **o chapéu** e saiu.
(É. Veríssimo, *LS*, 138.)

c) faculdades do espírito:

Chegou a tomar balanço para **as** habituais **meditações**.
(A. Abelaira, *D*, 19.)

O velho embalava **o pensamento**.
(Autran Dourado, *TA*, 42.)

d) relações de parentesco:

> Nunca mais pude separar a lembrança d**a prima** da sensação cromática das escalas musicais.
>
> (P. Nava, *BO*, 365.)
>
> — Já não chamou pel**a mãe**!...
>
> (M. Torga, *V*, 186.)

Observação:

Não se emprega, porém, o artigo quando estes nomes formam com as preposições *de* ou *a* uma locução adverbial.

> Pus-me **de joelhos**.
> Emagrece **a olhos vistos**.

Emprego do artigo antes dos possessivos

Antes de pronome substantivo possessivo

Em português, o emprego ou a omissão do artigo definido antes de possessivos que funcionam como pronomes substantivos não tem apenas valor estilístico, mas corresponde a uma clara distinção significativa.

Comparem-se, por exemplo, as frases seguintes:

> Este cinto é **meu**.
> Este cinto é **o meu**.

Com a primeira, pretende-se acentuar a simples ideia de posse. Equivale a dizer-se: "Este cinto pertence-me, é de minha propriedade".

Com a segunda, porém, faz-se convergir a atenção para o objeto possuído, que se evidencia como distinto de outros da mesma espécie, não pertencentes à pessoa em causa. O seu sentido será: "Este é o meu cinto, o que possuo".

Antes de pronome adjetivo possessivo

1. Quando trazem claros os seus substantivos, os possessivos podem usar-se com artigo ou sem ele:

> **Meu amor** é só teu.
> **O meu amor** é só teu.

A presença do artigo antes de pronome adjetivo possessivo ocorre com menos frequência no português do Brasil do que no de Portugal, onde, com exceção dos casos adiante mencionados, ela é praticamente obrigatória.

Comparem-se estes exemplos:

> — **A minha irmã** e **o meu cunhado** costumam receber **os seus amigos** mais íntimos.
>
> (A. Abelaira, *D*, 107.)

> **Meu avô materno** foi verdadeiramente **minha primeira amizade**, companheiro de brinquedo d**a minha primeira infância.**
>
> (G. Amado, *HMI*, 4.)

2. O artigo é sistematicamente omitido quando o possessivo:

a) é parte integrante de uma fórmula de tratamento ou de expressões como *Nosso Pai* (referente ao Santíssimo), *Nosso Senhor*, *Nossa Senhora*:

> **Sua Excelência Reverendíssima** escusou-se de recebê-los pessoalmente.
>
> (B. Santareno, *TPM*, 37.)

> **V. Exª.** é sempre lisonjeiro.
>
> (Castro Alves, *OC*, 604.)

> **Nosso Senhor** tinha o olhar em pranto.
> Chorava **Nossa Senhora**.
>
> (A. de Guimaraens, *OC*, 121.)

b) faz parte de um vocativo:

> — Morrer, **meu Amo**, só uma vez!
>
> (A. Nobre, *S*, 106.)

> — É neto, **meu padrinho**?
>
> (J. Lins do Rego, *MVA*, 251.)

c) pertence a certas expressões feitas: *em minha opinião*, *em meu poder*, *a seu bel-prazer*, *por minha vontade*, *por meu mal*, etc.

d) vem precedido de um demonstrativo:

> — Não aguento mais **esse teu silêncio** antipático.
>
> (U. Tavares Rodrigues, *TO*, 162.)

— Isto, aliás, seria benefício a **este seu criado.**
(C. dos Anjos, *M*, 173.)

Observação:

Se o possessivo estiver posposto ao substantivo, este virá normalmente precedido de ARTIGO:

Quanto mistério
Nos olhos teus...
(V. de Morais, *PCP*, 334.)

Pode, no entanto, dispensá-lo, quando nos referimos a algo de modo impreciso ou vago:

Tenho estado à espera **de notícias tuas**, mas vejo que não chegam nunca.
(A. Nobre, *CI*, 117.)

Emprego genérico

Usa-se às vezes o ARTIGO DEFINIDO junto a um substantivo no singular para exprimir a totalidade específica de um gênero, de uma categoria, de um grupo, de uma substância:

O guarani fez-se aliado d**o espanhol.**
(J. Cortesão, *IHB*, II, 126.)

O relógio é um objeto torturante: parece algemado ao tempo.
(C. Lispector, *SV*, 113.)

Este emprego é frequente nos provérbios:

O homem não é propriedade d**o homem.**
O avarento não tem e **o pródigo** não terá.

Se o substantivo é abstrato, o ARTIGO serve, ademais, para personalizá-lo:

Sacrificou um pouco, sobretudo no exórdio, a articulação do seu discurso para evitar **o brilho, a saliência, a ênfase.**
(M. Bandeira, *AA*, 306.)

Era o deus vivo que os tinha na sua mão, o amigo-inimigo donde lhes vinha todo **o bem** e todo **o mal, a miséria** e **o pão, o luto** e **a alegria.**
(Branquinho da Fonseca, *MS*, 173.)

Entre os abstratos incluem-se naturalmente os adjetivos substantivados:

Eu trabalho com **o inesperado**.
(C. Lispector, *SV*, 14.)

O pior é que nos apareceram outros doentes.
(F. Namora, *CS*, 157.)

Observação:

Nestes casos pode-se dispensar o artigo, principalmente quando o substantivo é abstrato, ou quando faz parte de provérbios, frases sentenciosas e comparações breves:

Pobreza não é **vileza**.
Cão que ladra não morde.
Homem não é **bicho**.
Preto como **azeviche**.

Emprego em expressões de tempo

1.º) Os nomes de meses não admitem ARTIGO, a menos que venham acompanhados de qualificativo:

Estou seguro de ir até o Rio em fins **de junho** ou princípios **de julho**.
(M. de Andrade, *CMB*, 102.)

Descobria afinal a manhã carioca, n**o abril de Botafogo**, manhã que antes nunca me dera o ar de sua graça.
(Genolino Amado, *RP*, 22.)

Era **um setembro puro**.
(M. Torga, *NCM*, 63.)

Observação:

Omite-se em geral o ARTIGO antes das datas do mês:

A 28 de setembro, por vinte e sete votos, sai ele vitorioso.
(J. Montello, *PMA*, 276.)

O parecer é **de 28 de janeiro** de 1640.
(J. Cortesão, *IHB*, II, 218.)

Costuma-se, no entanto, usá-lo:

a) antes de datas célebres (que adquirem o valor de um substantivo composto de NUMERAL + PREPOSIÇÃO + SUBSTANTIVO):

> Por ser precisamente um dos feriados extintos, **o 19 de Novembro** faz lembrar hoje, aos marmanjos do começo do século, não só a bandeira como a própria infância, tão perdida quanto esse feriado.
> (C. Drummond de Andrade, *FA*, 116.)

b) antes de datas mencionadas no curso de uma narração:

> Constituiu-se assim livremente a Academia e a primeira sessão se realizou **aos 15 de dezembro de 1896**, aclamados presidente Machado de Assis e secretários Rodrigo Otávio e Pedro Rabelo.
> (M. Bandeira, *PP*, II, 1132.)

2.º) Os nomes dos dias da semana vêm precedidos de ARTIGO, principalmente quando enunciados no plural:

> Queres ir comigo à Itália **no domingo**?
> (A. Abelaira, *D*, 45.)

> **Aos domingos** saíam cedo para a missa.
> (Coelho Netto, *OS*, I, 33.)

Mas podem dispensá-lo (juntamente com a preposição a que se aglutinam), quando funcionam como adjunto adverbial.

Assim:

> **Sexta-feira** fui vê-la sair.
> (Machado de Assis, *OC*, III, 593.)

> — **Domingo** à tarde. **Domingo** será a vez do teu moinho...
> (F. Namora, *DT*, 221.)

3.º) Não se usa o ARTIGO nas designações das horas do dia, nem com as expressões *meio-dia* e *meia-noite*:

> O relógio marcava **meio-dia e dez**...
> (A. Abelaira, *D*, 124.)

Meia-noite? Não se teria enganado?
(J. Montello, *SC*, 25-26.)

O ARTIGO é, porém, de regra quando, antecedidas de preposição, tais formas se empregam adverbialmente:

Já não se almoça **às 9 da manhã**
e não se janta **às 4**.
(C. Drummond de Andrade, *MA*, 99.)

Ao meio-dia já as águas do porto eram prata fundida.
(U. Tavares Rodrigues, *JE*, 47.)

4.º) Os nomes das quatro estações do ano são precedidos de artigo:

As névoas anunciam **o Inverno**.
(R. Brandão, *P*, 52.)

Talvez tenha acabado **o verão**.
(R. Braga, *CCE*, 293.)

Será goivo **no outono**, assim como era,
Eternamente mal-aventurada,
A alma, que lírio foi **na primavera**...
(A. de Guimaraens, *OC*, 342.)

Podem, no entanto, dispensá-lo quando, antecedidos da preposição *de*, funcionam como complemento nominal ou como adjunto adnominal:

Que noite **de inverno**! Que frio, que frio!
Gelou meu carvão:
Mas boto-o à lareira, tal qual pelo estio,
Faz sol **de verão**!
(A. Nobre, *S*, 13.)

Num meio-dia de fim **de primavera**
Tive um sonho como uma fotografia.
(F. Pessoa, *OP*, 143.)

Hora sagrada dum entardecer
De outono, à beira-mar, cor de safira.
(F. Espanca, *S*, 22.)

5.º) Os nomes de datas festivas dizem-se com ARTIGO:

o ano-bom	**o Natal**
o carnaval	**a Páscoa**

É, porém, de regra a omissão do ARTIGO quando estes nomes funcionam como adjunto adnominal das palavras *dia*, *noite*, *semana*, *presente*, etc.:

O primeiro **dia de carnaval.**
A **noite de Natal.**
A **semana de Páscoa.**
Um **presente de ano-bom.**

Emprego com expressões de peso e medida

O ARTIGO DEFINIDO é usado com força distributiva em frases do tipo

O feijão está a cento e trinta cruzeiros **o quilo** (= cada quilo)

Este tecido custa dois mil escudos **o metro** (= cada metro),

nas quais se expressa por unidade de peso ou medida o custo ou o valor de determinada coisa.

Com a palavra casa

1. Dispensam o ARTIGO os adjuntos adverbiais de lugar em que entra a palavra *casa*:

a) desacompanhada de determinação ou qualificação, no sentido de "residência", "lar":

Às quatro da madrugada entrou **em casa.**
(M. Torga, *CM*, 32.)

Voltou **para casa** e ficou à espera da hora insuportável.
(C. Drummond de Andrade, *CA*, 105.)

b) em sentido vago, embora acompanhada de qualificação:

Estava **em casa própria** lá para Ipanema.
(A. Ribeiro, *M*, 356.)

A vida na casa de Sinhô era mesquinha como **em casa de pobre**, mas havia lá dentro a bela Pérola.

(J. Lins do Rego, *MVA*, 306.)

2. Mas a palavra *casa* vem de regra antecedida de ARTIGO:

a) quando usada na acepção própria de "prédio", "edifício", "estabelecimento":

J[osé] O[lympio] em geral não emprega a primeira pessoa; diz: **a casa**. **A casa** não pode editar um livro nessas condições, **a casa** ficou magoada, **a casa** está feliz...

(C. Drummond de Andrade, *FA*, 52.)

Estou cansado, preciso de um sócio, alguém que me dirija **a casa**.

(A. Abelaira, *D*, 28.)

b) quando está particularizada por adjunto adnominal:

Foi um golpe esta carta; não obstante, apenas fechou a noite, corri **à casa de Virgília**.

(Machado de Assis, *OC*, I, 484.)

Na sua própria casa, Horácio pressentia que a mãe lhe ocultava alguma coisa.

(Ferreira de Castro, *OC*, I, 451.)

Observação:

Diz-se *o dono* (ou *a dona*) **da casa** para indicar, com precisão, seja o proprietário do prédio, seja o chefe da família. Em sentido vago, dir-se-á, porém: *uma boa dona* **de casa**.

Com a palavra palácio

1. A palavra *palácio* usa-se com ARTIGO:

Absorvendo-me nos exames, suspendi as idas **ao Palácio**.

(Genolino Amado, *RP*, 124.)

Só perto **do palácio** enxugou os olhos.

(Alves Redol, *BC*, 342.)

2. Costuma, no entanto, dispensá-lo, no português do Brasil, quando, em função de adjunto adverbial, designa a residência ou o local de despacho do chefe da

Nação ou do Estado e vem desacompanhada da competente determinação ou qualificação. Poder-se-á dizer, por conseguinte:

> O Governador chamou-o **a Palácio**, pedindo-lhe que desse um termo à luta.
>
> (J. Lins do Rego, *MVA*, 134-135.)

> — Olhe, nos Governos de gente nossa, não se pode nem comer **em Palácio**...
>
> (A. Deodato, *POBD*, 55.)

Mas dir-se-á sempre com artigo, quando determinada ou qualificada:

> Paladino do amor, busco anelante
> **O palácio encantado da Ventura**!
>
> (A. de Quental, *SC*, 42.)

> Benício tornou a acercar-se da janela, alongou a vista na direção **do Palácio Laranjeiras**.
>
> (J. Montello, *SC*, 25.)

Emprego com o superlativo relativo

O ARTIGO DEFINIDO é de emprego obrigatório com o superlativo relativo. Pode preceder o substantivo:

> Era **o** aluno **mais estudioso da** turma.

ou o superlativo:

> Era **o mais estudioso** aluno **da** turma.
> Era aluno **o mais estudioso da** turma.

Mas não deve ser repetido antes do superlativo quando já acompanha o substantivo, como neste exemplo:

> Era **o** aluno **o mais estudioso da** turma.

Observações:

1.ª) É lícita, no entanto, a repetição do ARTIGO antes do superlativo reforçado pela palavra *ainda* ou sinônima, pois neste caso se pode subentender o substantivo depois do segundo artigo:

Essa façanha **os** marinheiros **ainda os mais audazes** não ousariam cometê-la.

isto é: *ainda os [marinheiros] mais audazes.*

2.ª) O ARTIGO aparece por vezes com valor intensivo em frases da linguagem coloquial de entoação particular. Por exemplo:

Ele é **o** fim!

COM OS NOMES PRÓPRIOS

Sendo por definição individualizante, o nome próprio deveria dispensar o ARTIGO. Mas, no curso da história da língua, razões diversas concorreram para que esta norma lógica nem sempre fosse observada e, hoje, há mesmo grande número de nomes próprios que exigem obrigatoriamente o acompanhamento do ARTIGO DEFINIDO. Entre essas razões, devem ser mencionadas:

a) a intenção de reforçar a ideia de individualidade, de um todo intimamente unido, como se concebe, em geral, um país, um continente, um oceano:

o Brasil	a América	o Atlântico
a França	a Europa	o Pacífico

b) a de ser o nome próprio originariamente um substantivo comum, construído com o ARTIGO:

a Guarda	o Cairo (árabe *El-Kahira* = a vitoriosa)
o Porto	o Havre (francês *Le Havre* = o porto)

c) a influência sintática do italiano, língua em que os nomes de família, quando empregados isoladamente, vêm precedidos de ARTIGO:

o Tasso	o Ticiano	a Besanzoni

d) a de cercar o nome próprio de uma atmosfera afetiva ou familiar:

(...) **A Carlota! A Carlota!**
Boa velhinha, como ela é meiga e devota!
(A. Nobre, *S*, 166.)

— Aqui é **o Custódio**. Olhe, achei melhor dizer **ao Cantídio** que você tinha chegado e queria vê-lo.
(C. dos Anjos, *M*, 160.)

Feitas essas considerações preliminares, particularizemos, agora, os principais casos de emprego do artigo definido com os nomes próprios.

Com os nomes de pessoas

Os nomes próprios de pessoas (de batismo e de família) não levam ARTIGO, principalmente quando se aplicam a personagens muito conhecidos:

Camões Dante Napoleão

Emprega-se, porém, o ARTIGO DEFINIDO:
1.º) quando o nome de pessoa vem precedido de qualificativo:

O romântico Alencar.
O divino Dante.

2.º) quando o nome de pessoa vem acompanhado de determinativo ou qualificativo denotadores de um aspecto, de uma época, de uma circunstância da vida do indivíduo:

Era **o Daniel de outrora** que eu tinha diante de mim.
(J. Montello, *DVP*, 237.)

Estas palavras eram de Raul, **o Raul adolescente**.
(A. Abelaira, *D*, 130.)

3.º) quando se pretende atribuir ao nome próprio um sentido depreciativo, como neste passo de A. Nobre, em que *o Carlos* é o rei D. Carlos I, de Portugal:

Nada me importas, País! seja meu Amo
O Carlos ou **o Zé da T'resa**...
(*S*, 118.)

4.º) quando o nome de pessoa vem enunciado no plural:
a) seja para indicar indivíduos do mesmo nome:

Os dois Plínios.
Os três Horácios.

b) seja para designar uma coletividade familiar:

Os Andradas.
Os Braganças.

c) seja para caracterizar, enfaticamente, classes ou tipos de indivíduos que se assemelham a um vulto ou personagem célebre, caso em que o nome próprio vale por um nome comum:

Eu vejo **os Cipiões**, vejo **os Emílios**.
(C. M. da Costa, *OP*, II, 122.)

Que importa isso tudo, se, aqui, **os Clemenceaus** andam a monte, **os Hindemburgos** rolam aos tombos, **os Gladstones** pululam aos cardumes, **os Bismarcks** se multiplicam em ninhadas, e **os Thiers** cobrem o sol como nuvens de gafanhotos.
(R. Barbosa, *EDS*, 484.)

d) para designar obras de um artista (geralmente quadros de um pintor):

Os Goyas do Museu do Prado.

Observações:

1.ª) Na linguagem popular e no trato familiar é muito frequente no Brasil e está praticamente generalizada na linguagem corrente de Portugal a anteposição do ARTIGO DEFINIDO a nomes de batismo de pessoas, o que lhes dá, como dissemos, um tom de afetividade ou de familiaridade. Comparem-se, por exemplo, estas duas frases:

Geraldo saiu agora.
O Geraldo saiu agora.

Na primeira (só possível, em Portugal, na linguagem escrita), a pessoa mencionada vem envolta de certa distinção, sentimo-la mais distante. Na segunda, apontamos a pessoa como conhecida dos presentes, como um elemento familiar, caseiro.

2.ª) As alcunhas são comumente precedidas de ARTIGO:

— Morreu **o Palhaça**...
(M. Torga, *NCM*, 59.)

Gomes Ribeiro, que não se misturava com quem quer que fosse, era conhecido como **o Fonema**.
(A. F. Schmidt, *GB*, 107.)

3.ª) O artigo definido antecede as palavras *senhor, senhora* e *senhorita* quando citamos uma pessoa por seu nome ou por seu título:

O senhor Fontes está adoentado.
Falei com **a senhora Baronesa.**
Não vi **a senhorita Joana.**

Não empregamos, porém, o artigo quando nos dirigimos à própria pessoa:

— Como vai, **senhor Fontes**?
— Adeus, **senhora Baronesa.**
— Obrigado, **senhorita Joana.**

4.ª) O adjetivo *santo* (ou *são* e *santa*) não vem precedido de artigo quando acompanha um nome próprio do qual consideramos ser parte integrante:

Assim conversam, gloriosos,
Santa Clara e **São Francisco.**
(C. Meireles, *OP*, 903.)

— O senhor formulara um conceito heterodoxo das epístolas de **São Paulo** e do evangelho de **São Marcos**...
(A. Ribeiro, *ES*, 17.)

O artigo é, porém, de regra, se com o nome do santo, precedido do adjetivo em causa, quisermos designar a época em que se festeja:

Já a trago debaixo de olho desde **o Santo Antônio.**
(M. Torga, *V*, 21.)

Ainda há um ano precisamente, assistia eu no Porto **ao São João** mais fantástico deste mundo.
(A. F. Schmidt, *GB*, 146.)

Com os nomes geográficos

O estado atual do uso do ARTIGO com os nomes geográficos é o seguinte:

1.º) Emprega-se normalmente o artigo definido:

a) com os nomes de países, regiões, continentes, montanhas, vulcões, desertos, constelações, rios, lagos, oceanos, mares e grupos de ilhas:

o Brasil	o Himalaia	o Nilo
a França	os Alpes	o Lemano
os Estados Unidos	o Teide	o Atlântico

a Guiné	o Atacama	o Báltico
o Nordeste	o Saara	o Mediterrâneo
a África	o Cruzeiro do Sul	os Açores

b) com os nomes dos pontos cardeais e os dos colaterais, quer no sentido próprio, quer no de regiões ou ventos:

O promontório tapava para **o norte**.
(Branquinho da Fonseca, *MS*, 104.)

Os nossos companheiros de viagem — gente d**o Sul** — tasquinhavam, cantavam e beberricavam.
(U. Tavares Rodrigues, *JE*, 21.)

Também os ventos nordestinos se acharam presentes: **o Nordeste** e **o Sudeste**...
(J. Cardoso, *SE*, 60.)

Observações:

1.ª) Certos nomes de países e regiões costumam, no entanto, rejeitar o artigo. Entre outros: *Portugal, Angola, Moçambique, Cabo Verde, São Tomé e Príncipe, Macau, Timor, Andorra, Israel, São Salvador, Aragão, Castela, Leão.*

2.ª) Alguns nomes de países, como *Espanha, França, Inglaterra, Itália* e poucos mais, podem construir-se sem ARTIGO, principalmente quando regidos de preposição:

Viveu muito tempo **em Espanha**, casada.
(F. Namora, *CS*, 93.)

Aquela que reside na esperança
Foi quem me recompôs o sonho antigo
Numa canção de músico mendigo
Pelas estradas líricas **de França**.
(J. Cardoso, *SE*, 49.)

3.ª) Quando indicam apenas direção, os nomes de pontos cardeais podem vir sem ARTIGO:

Marcha **para oeste** Vento **de leste**

2.º) Não se usa em geral o ARTIGO DEFINIDO:

a) com os nomes de cidades, de localidades e da maioria das ilhas:

Barbacena	Águeda	Creta
Lisboa	Campo Grande	Cuba
Paris	Topázio	Malta

b) com os nomes de planetas e de estrelas:

Marte	Canópus
Saturno	Sírius
Vênus	Vega

Observações:

1.ª) Alguns nomes de cidades que se formaram de substantivos comuns conservam o ARTIGO: *a Guarda, o Porto, o Rio de Janeiro, a Figueira da Foz.* O mesmo se dá, como vimos, com o nome de certas cidades estrangeiras: *o Cairo, a Haia, o Havre.*

2.ª) À semelhança dos nomes de países, usam-se com artigo alguns nomes de ilhas: *a Córsega, a Madeira, a Sardenha, a Sicília.*

3.º) Não é uniforme o emprego do ARTIGO DEFINIDO com os nomes dos estados brasileiros e das províncias portuguesas. A maioria leva ARTIGO. Assim:

o Acre	o Pará	o Alentejo
o Amazonas	a Paraíba	o Algarve
a Bahia	o Paraná	a Beira
o Ceará	o Piauí	o Douro
o Espírito Santo	o Rio de Janeiro	a Estremadura
o Maranhão	o Rio Grande do Norte	o Minho
o Mato Grosso do Sul	o Rio Grande do Sul	o Ribatejo

Não se usam, porém, com artigo:

Alagoas	Pernambuco	Sergipe
Goiás	Rondônia	Trás-os-Montes
Mato Grosso	Santa Catarina	
Minas Gerais	São Paulo	

Observação:

Diz-se também *as Alagoas.*

4.º) Como os nomes de pessoas, os nomes geográficos passam a admitir o artigo desde que acompanhados de qualificação ou de determinação:

Ai canta, canta ao luar, minha guitarra,
A Lisboa dos Poetas Cavaleiros!
(A. Nobre, *D*, 68.)

Gosto d**a Ouro Preto de Guignard**.
(M. Bandeira, *AA*, 57.)

De novo, ungindo-me de Europa, alastrando-me da sua vibração, se encapelava dentro de mim Paris — **o meu Paris, o Paris dos meus vinte e três anos**...
(M. de Sá-Carneiro, *CL*, 131.)

Patriota, desejava sem dúvida nos fazer conscientes da grandeza de Portugal, **o Portugal das descobertas e dos clássicos**.
(J. Amado, *MG*, 113.)

Com os nomes de obras literárias e artísticas

Emprega-se em geral o artigo, mesmo quando não pertença ao título:

Ontem, à noite, comecei a ler **a Ana Karenina**.
(A. Abelaira, *D*, 64.)

A chegada de José Veríssimo ao Rio, em 1891, coincide com o aparecimento d**o Quincas Borba**, primeiro romance de Machado de Assis depois d**as Memórias Póstumas**.
(J. Montello, *PMA*, 216.)

CASOS ESPECIAIS

Antes da palavra *outro*

1. Emprega-se o artigo definido quando a palavra *outro* tem sentido determinado:

Tirei do colégio os meus dois filhos: o mais velho era um demônio, **o outro** um anjo.
(C. Castelo Branco, *OS*, I, 290.)

Não era **pela outra**, não, dizia ela consigo, pela centésima vez, era por ele, era **pelo outro**.
(A. Peixoto, *RC*, 517.)

Um era careca, **o outro** tinha bigode.
(A. M. Machado, *HR*, 72.)

2. Cala-se, porém, o artigo quando o seu sentido é indeterminado:

A uns amei, a **outros** estimei, aborreci alguns e alguns mal conheci — mas todos! ai! todos, me impregnaram de suas vidas.
(P. Nava, *BC*, 228.)

Na estrada, os homens apartaram-se, uns grupos para a Covilhã, **outros** para a Aldeia do Carvalho, como nos demais dias.
(Ferreira de Castro, *OC*, I, 463.)

Depois das palavras *ambos* e *todo*

Ambos e *todo* são as únicas palavras que, em português, antecedem o artigo pertencente ao mesmo sintagma.

1. Se o substantivo determinado pelo numeral *ambos* estiver claro, é de regra o emprego do artigo definido:

Eram centenares de pessoas de **ambos os sexos.**
(C. Castelo Branco, *OS*, I, 573.)

Vasco apoiou os cotovelos nela e segurou o rosto com **ambas as mãos.**
(É. Veríssimo, *LS*, 166.)

2. A presença ou a ausência do artigo depois da palavra *todo* depende, obviamente, de admitir ou rejeitar o substantivo aquela determinação.
Diremos, por exemplo:

Todo o Brasil pensa assim.
Todo Portugal pensa assim.

por se construírem de modo diverso esses dois nomes geográficos.

3. Há casos, porém, que precisam de ser considerados particularmente.
Assim:
1.º) No PLURAL, anteposto ou posposto ao substantivo, *todos* vem acompanhado de artigo, a menos que haja um determinativo que o exclua:

Conheceu **todos os salões** e **todos os antros.**
(C. Castelo Branco, *OS*, II, 302.)

Os discípulos amavam-na, prontos a **todos os obséquios**.
(A. Ribeiro, *CRG*, 100.)

Iam-se-me **as esperanças todas**; terminava a carreira política.
(Machado de Assis, *OC*, I, 536.)

Mas:

Todos estes costumes vão desaparecer.
(R. Brandão, *P*, 165.)

Todos esses dons do meu amigo ficarão perdidos para sempre.
(A. F. Schmidt, *AP*, 98.)

2.º) Não se usa o artigo antes do numeral em aposição a *todos*:

Vi-os felizes a **todos quatro**.
(Machado de Assis, *OC*, I, 1126.)

Elas são, **todas duas**, minhas irmãs que eu ajudei a criar.
(R. M. F. de Andrade, *V*, 67.)

Se, no entanto, o substantivo estiver claro, o artigo é de regra:

Vi-os felizes a **todos os quatro meninos**.
Todas as duas irmãs eu ajudei a criar.

3.º) No SINGULAR, *todo*:

a) virá acompanhado de artigo, quando indicar a totalidade das partes:

Toda a praia é um único grito de ansiedade.
(Alves Redol, *FM*, 306.)

Estela assistiu **à lição toda**, com a paciência da curiosidade.
(Machado de Assis, *OC*, I, 373.)

b) poderá vir ou não acompanhado de artigo quando exprimir a totalidade numérica:

Falava bem como **todo francês**.
(G. Amado, *PP*, 168.)

— Verdade, a atribuição é lógica: **todo o homem** é bicho, embora nem **todo o bicho** seja homem.
(A. Ribeiro, *AFPB*, 33.)

Neste último caso é obrigatória a sua anteposição ao substantivo.

Observação:

Advirta-se que o uso do artigo neste último caso é muito mais frequente na língua contemporânea de Portugal do que na do Brasil, onde, no ensino médio, de um modo geral, os professores procuram estabelecer uma distinção entre *todo* "qualquer", "cada" e *todo o* "inteiro", "total", pelo modelo:

Toda casa [= qualquer casa] cedo ou tarde precisa de reforma.
Toda a casa [= a casa inteira] foi reformada.

4.º) Anteposto ao artigo indefinido, *todo* significa "inteiro", "completo":

Para conseguir o seu intento cobriu de ridículo **toda uma geração**, e lançou as bases de **toda uma remodelação social**.
(G. Amado, *TL*, 29.)

Pelo chão, pelos sofás, alastrava-se **toda uma literatura** em rumas de volumes graves.
(Eça de Queirós, *OF*, II, 71.)

5.º) Quando *todo* (ou *toda*) está empregado com força adverbial, não admite naturalmente o acompanhamento do artigo:

Todo barbeado de fresco, as cordoveias do pescoço luziam-lhe grossas como calabres.
(A. Ribeiro, *CRG*, 228.)

Vi então um homem **todo amarrado** de cordas a carregar uma cruz, com outro de chicote na mão batendo nele.
(J. Rins de Rego, *MVA*, 13.)

6.º) Em numerosas locuções do português contemporâneo, *todo* (ou *toda*) vem seguido de artigo. Entre outras, mencionam-se as seguintes:

a todo o custo
a todo o galope
a todo o instante
a todo o momento
em todo o caso

a toda a brida
a toda a hora
a toda a pressa
em toda a parte
por toda a parte

Observação:

Quanto a outros valores e empregos do indefinido *todo*, veja-se p. 380-1.

REPETIÇÃO DO ARTIGO DEFINIDO

Com substantivos

1. Quando empregado antes do primeiro substantivo de uma série, o artigo deve anteceder os substantivos seguintes, ainda que sejam todos do mesmo gênero e do mesmo número:

> Cantava para **os** anjos, para **os** presos, para **os** vivos e para **os** mortos.
> (J. Lins do Rego, *MVA*, 347.)
>
> Para ganhar **o céu**, vendeste **a ira, a luxúria,**
> **A gula, a inveja, o orgulho, a preguiça** e **a avareza**.
> (Olavo Bilac, *T*, 239.)
>
> Depois, **a** iniciação, **a** mudança de traje, **o** banho, **o** perfume, **a** visita de belos cavalheiros, **o** primeiro café, **o** licor, **a** queda e algumas lágrimas.
> (J. de Araújo Correia, *FX*, 93.)

2. Mas a alternância de sequências com artigo e sem ele pode, em certos casos, apresentar efeitos estilísticos apreciáveis:

> Não viram **sumo bem** ao derredor,
> Mas sim **o mal, a tentação, o crime,**
> **Orgulho, humilhações, remorso** e **dor**.
> (A. Corrêa d'Oliveira, *VSVA*, 213.)

Observação:

Não se repete, porém, o artigo:

a) quando o segundo substantivo designa o mesmo ser ou a mesma coisa que o primeiro:

> Presenteou-me este livro **o** compadre e amigo Carlos.
> **A** fruta-de-conde, ou ata, é deliciosa.

b) quando, no pensamento, os substantivos se representam como um todo estreitamente unido:

O estudo [do folclore] era necessitado pela existência d**as** histórias, contos de fadas, fábulas, apólogos, superstições, provérbios, poesia e mitos recolhidos da tradição oral.

(J. Ribeiro, *Fl*, 6.)

Com adjetivos

1. Repete-se o artigo antes de dois adjetivos unidos por uma das conjunções *e* e *ou* quando os adjetivos acentuam qualidades opostas de um mesmo substantivo:

Conhecia **o** novo e **o** velho Testamento.
A boa ou **a** má fortuna não o alteraram.

2. Não se repete, porém, o artigo se os dois adjetivos ligados pelas conjunções *e*, *ou* (e *mas*) se aplicam a um substantivo com o qual formam um conceito único:

Mas por que não lhe telefona logo à noite, por que não recomeçam **a velha e quase esquecida** amizade?

(A. Abelaira, *D*, 22.)

Esqueceu que já não tinha mais **a sua tristonha mas bela** solidão.

(É. Veríssimo, *LS*, 148.)

3. Se os adjetivos não vêm unidos pelas conjunções *e* e *ou*, deve-se repetir o artigo. Tal construção empresta ao enunciado ênfase particular:

Era **o próprio, o exato, o verdadeiro** Escobar.

(Machado de Assis, *OC*, I, 867.)

É o povo, **o verdadeiro, o nobre, o austero** povo português.

(A. F. Schmidt, *F*, 102.)

4. Se um mesmo substantivo vem qualificado por uma série de superlativos relativos, deve-se antepor o artigo a cada membro da série:

Que **o mais belo, o mais forte, o mais ardente**
Destes sujeitos é precisamente
O mais triste, o mais pálido, o mais feio.

(E. da Cunha, *OC*, I, 659.)

Vi pela primeira vez a Eleita de minh'alma,
a grande Flor subtil, inigualável alma,
A Maior, a mais Bela, a mais Amada, a Única!
(E. de Castro, *OP*, I, 30.)

OMISSÃO DO ARTIGO DEFINIDO

Do que foi estudado nas páginas anteriores, verificamos que o artigo definido limita sempre a noção expressa pelo substantivo.

1. O seu emprego é, pois, evitado em certos casos:

1.º) Quando o gênero e o número do substantivo já estão claramente determinados por outras classes de palavras (pronomes demonstrativos, numerais, etc.).

Assim, diremos:

> Na revolução de 17 muito sofrera **este padre**.
> (J. Lins do Rego, *MVA*, 281.)

> Antes, ainda no automóvel, Ramiro achara **duas novas pérolas**.
> (A. Abelaira, *D*, 121.)

2.º) Quando queremos indicar a noção expressa pelo substantivo de um modo geral, isto é, na plena extensão do seu significado.

Comparem-se, por exemplo, estas três frases:

> Foi acusado **do crime** [acusação precisa].
> Foi acusado **de um crime** [acusação vaga].
> Foi acusado **de crime** [acusação mais vaga ainda].

3.º) Quando, nas enumerações, pretendemos obter um efeito:

a) de acumulação:

> Samuel, a princípio com relutância, depois com fúria, finalmente com resignação, pôs-se a morder e a mastigar tudo: **lápis, borrachas, pedacinhos de pau, gomos de cana-de-açúcar**.
> (C. Drummond de Andrade, *CA*, 143-144.)

b) de dispersão:

> Volteiam dentro de mim,
> Em rodopio, em novelos,

Milagres, uivos, castelos,
Forças de luz, pesadelos,
Altas torres de marfim.
(M. de Sá-Carneiro, *P*, 75.)

Observação:

No exemplo acima, o poeta português M. de Sá-Carneiro procura conjugar num sentido superior (o tema da "incoerência" ou "dispersão") coisas apresentadas em série desconexa. Trata-se de um caso da chamada ENUMERAÇÃO CAÓTICA, recurso estilístico de alto efeito expressivo em alguns escritores modernos. Leia-se a propósito Leo Spitzer. *La enumeración caótica en la poesía moderna.* Trad. de Raimundo Lida, Buenos Aires, Instituto de Filología, 1945.

2. Além desses casos gerais e de outros particulares, anteriormente examinados, omite-se o artigo definido:

a) nos vocativos:

Oh! **dias da minha infância**!
Oh! **meu céu de primavera**!
(C. de Abreu, *O*, 94.)

b) nos apostos que indicam simples apreciação:

Tardes da minha terra, **doce encanto,**
Tardes duma pureza de açucenas.
(F. Espanca, *S*, 35.)

c) antes de palavras que designam matéria de estudo, empregadas com os verbos *aprender, estudar, cursar, ensinar* e sinônimos:

Aprender **inglês.**
Cursar **direito.**
Estudar **latim.**
Ensinar **geometria.**

d) antes das palavras *tempo, ocasião, motivo, permissão, força, valor, ânimo* (para alguma coisa), complementos dos verbos *ter, dar, pedir* e seus sinônimos:

Não houve **tempo** para descanso.
Não dei **motivo** à crítica.
Pedimos **permissão** para sair.
Não tive **ânimo** para viajar.

EMPREGO DO ARTIGO INDEFINIDO

O artigo indefinido provém do numeral latino *unus, una, unum*, que exprime a unidade.

Esse valor numeral, embora enfraquecido em "um certo", transparece ainda hoje nos diversos empregos das formas do singular (*um, uma*), principalmente no mais comum deles, qual seja, o de apresentar o ser ou o objeto expresso pelo substantivo de maneira imprecisa, indeterminada ou desconhecida.

Desse valor fundamental decorrem certos empregos particulares do artigo indefinido, alguns dos quais devem ser conhecidos.

Com os substantivos comuns

1. O artigo indefinido — já o dissemos — serve principalmente para a apresentação de um ser ou de um objeto ainda não conhecido do ouvinte ou do leitor.

   Retomemos o exemplo de A. Amoroso Lima anteriormente citado:

   > Pouco depois, atraído também pelo espetáculo, foi chegando **um caboclinho** magro, com **uma taquara** na mão.
   >
   > (*AA*, 40.)

   Uma vez apresentados o ser e o objeto, não há mais razão para o emprego do artigo indefinido, e o escritor ou o locutor deverá usar daí por diante o artigo definido. É o que se observa na continuação do texto em causa:

   > Pupilas acesas vinham espiar entre as árvores, como que também atraídas pela melodia d**a taquara** d**o caboclinho**.
   >
   > (*Ibid.*)

2. Para se precisar a classe ou a espécie de um substantivo já determinado por artigo definido, costuma-se repeti-lo, na aposição, com o artigo indefinido:

   > Ele sentia o cheiro do impermeável dela: **um cheiro doce de fruta madura**.
   >
   > (É. Veríssimo, *LS*, 140.)

   > A chuva continuava, **uma chuva mansa e igual, quase lenta, sem interesse em tombar**.
   >
   > (M. J. de Carvalho, *AV*, 153.)

3. Por sua força generalizadora, o artigo indefinido pode atribuir a um substantivo no singular a representação de toda a espécie:

> — Aquele, digo-vos eu, aquele é **um homem**.
> (Branquinho da Fonseca, *MS*, 165.)

> **Uma mulher** não gosta de profissão nenhuma. **Uma mulher** só gosta sinceramente de duas coisas: casar e ter filhos.
> (I. Losa, *EO*, 106.)

4. A anteposição do plural *uns, umas*, a cardinais é a forma preferida do idioma para indicar a aproximação numérica:

> O sítio em que nos instalamos ficava a **uns oito quilômetros** de Barbacena, pela estrada que vai para Remédios.
> (R. M. F. de Andrade, *V*, 119.)

> Teria, quando muito, **uns doze anos**.
> (U. Tavares Rodrigues, *PC*, 168.)

Com o mesmo sentido aparece a forma singular *uma* antes da fracionária *meia*:

> Decorreu **uma** boa **meia-hora**.
> (J. de Alencar, *OC*, II, 569.)

> Indaguei de Virgília, depois ficamos a conversar **uma meia hora**.
> (Machado de Assis, *OC*, I, 507.)

5. Antes dos nomes de partes do corpo ou de objetos que se consideram aos pares, usa-se o plural do artigo indefinido para designar um só par:

> Ao parar nos últimos degraus da escada para conversar com alguém que conhecia, dei com **uns pés** enormes ao nível de meus olhos.
> (A. M. Machado, *HR*, 146.)

> Trazia **uns sapatos** rasos, **uns olhos** verdes.
> (A. Abelaira, *CF*, 207.)

Observação:

O artigo indefinido aparece com acentuado valor intensivo em certas frases da linguagem coloquial caracterizadas por uma entoação particular:

Ela é de **uma candura**!...
Tens **umas ideias**!...

A suspensão final da voz faz subentender um adjetivo denotador de qualidade ou defeito de caráter excepcional. Equivale a dizer-se:

Ela é de **uma candura admirável** (ou **comovente**).
Tens **umas ideias estapafúrdias** (ou **ótimas**).

Ressalte-se que a força intensiva do indefinido permite que se complete a estrutura consecutiva com o aparecimento de uma oração iniciada por *que*:

Ela é de **uma candura, que comove.**

Entenda-se:

Ela é de **uma candura tal, que comove.**

Com os nomes próprios

1. Emprega-se o artigo indefinido antes de um nome de pessoa:
a) para acentuar a semelhança ou a conformidade de alguém com um vulto ou um personagem célebre, caso em que o nome próprio passa a ser um nome comum:

Papai era **um Quixote**.
(C. dos Anjos, *MS*, 298.)

— É **uma Ofélia**, mas, depravada...
(J. de Araújo Correia, *FX*, 128.)

b) para indicar ser o indivíduo verdadeiro símbolo de uma espécie:

A fortuna, toda nossa, é que não temos **um Kant**.
(J. Ribeiro, *F*, 36.)

Nazaré merecia bem **um Cézanne** ou outro grande pintor a rondar-lhe os sítios, a pintar-lhe os tipos.
(A. F. Schmidt, *F*, 103.)

c) para designar um indivíduo pertencente a determinada família:

José Bonifácio era **um Andrada.**
D. Pedro I do Brasil, que foi D. Pedro IV de Portugal, era **um Bragança.**

d) para evocar aspectos geralmente imprevistos de uma pessoa:

Apesar disso tudo, **um Joaquim risonho**, a satisfação em pessoa.
(Genolino Amado, *RP*, 115.)

Raul Brandão, nas *Memórias*, evocou **um Fialho torturado**, através do estilo imprevisto, "escorrendo sangue, aflição, miséria".
(J. do Prado Coelho, *PHL*, 247.)

e) para designar obras de um artista (geralmente quadros de um pintor):

Também disse, é verdade, como era necessário aprender a distinguir o fado de uma sinfonia, **um Picasso** de um calendário.
(V. Ferreira, *A*, 28.)

2. Como o artigo definido, o indefinido pode acompanhar os nomes geográficos, se qualificados:

Mais tarde, haveria de ouvir-lhe pessoalmente a sua visão **dum Egeu de deuses vivos.**
(L. Forjaz Trigueiros, *ME*, 269.)

Numa Europa mecanizada, a Espanha surge-nos intemporal.
(U. Tavares Rodrigues, *JE*, 21.)

OMISSÃO DO ARTIGO INDEFINIDO

Apesar de sua generalização crescente, há circunstâncias que, ainda hoje, pedem ou favorecem a omissão do artigo indefinido.

Assim:

1.º) A existência de outro elemento determinativo anteposto ao nome, como, por exemplo, uma forma de identidade ou de comparação:

De você não esperava **semelhante gesto.**
Não é possível **pior exemplo do que** esse.

2.º) O fato de um substantivo ser empregado no singular para exprimir não a ideia de unidade, mas uma noção partitiva, ou para designar toda a espécie ou categoria a que pertence:

A grande parte do público irritou a cena.
Amigo fiel e prudente é melhor que **parente.**

Observação:

Não existe propriamente omissão do artigo indefinido, mas casos onde ele nunca se empregou de forma regular.

Na fase primitiva das línguas românicas, o artigo indefinido era de uso restrito. Com o correr do tempo, esse determinativo foi-se introduzindo em numerosas construções e, hoje, os variados matizes do seu emprego constituem uma inestimável riqueza estilística de todas elas.

Contra essa generalização e valorização progressiva do indefinido se manifestaram sempre os nossos gramáticos, que nela veem uma simples e desnecessária influência do francês, onde, em verdade, poucas são atualmente as interdições ao uso do determinativo em causa. Mas tal guerra se tem revelado inútil, e inútil precisamente porque não se trata, no caso, de um mero galicismo extirpável, e sim de uma tendência geral dos idiomas neolatinos em busca de formas mais expressivas, de maior clareza e vigor para o enunciado.

Em expressões de identidade

1. Evita-se, em geral, empregar o artigo indefinido quando já existe, anteposto ao substantivo, um dos pronomes demonstrativos *igual*, *semelhante* e *tal*; ou um dos indefinidos *certo*, *outro*, *qualquer* e *tanto*:

   Certo amigo meu já usou de **igual argumento.**
   Em **outra circunstância** eu aprovaria **semelhante atitude.**
   Se continuares com **tal inapetência** e com **tanta febre**, podes tomar o remédio a **qualquer hora.**

2. Advirta-se, porém, que algumas dessas formas, quando pospostas a um substantivo, passam a ser adjetivos, caso em que se constroem normalmente com artigo indefinido:

   Ele disse **uma coisa certa.**
   Quero **um livro igual** a esse.
   Uma hora qualquer irei vê-lo.
   Tens **um modo semelhante** de falar.

   Costuma-se, no entanto, calar o artigo indefinido, quando a frase é negativa ou interrogativa:

Nunca li **coisa igual**.
Jamais se ouviu **barbaridade tal**!
Já viste **trejeitos semelhantes**?

Em expressões comparativas

1. Em princípio, as fórmulas comparativas podem admitir a exclusão do artigo indefinido. É o caso:
a) dos comparativos de igualdade formados com *tão* ou *tanto*:

Nunca passei por **lugar tão perigoso como** aquele.
Trabalhava com **tanto cuidado como** o pai.

b) dos comparativos de superioridade ou de inferioridade, principalmente quando expressos sob a forma negativa ou interrogativa:

Não encontrarias **melhor amigo** nesta emergência.
Conseguiste **maior renda** este mês?

2. É dispensável também o artigo indefinido em comparações do tipo:

Qual furacão, revolveu tudo.
Bailava **como nume da floresta**.

Em expressões de quantidade

Costuma-se evitar o artigo indefinido antes de expressões denotadoras de quantidade indeterminada, constituídas seja por substantivos (como: *coisa*, *gente*, *infinidade*, *multidão*, *número*, *parte*, *pessoa*, *porção*, *quantia*, *quantidade*, *soma* e equivalentes), seja por adjetivos (como: *escasso*, *excessivo*, *suficiente* e sinônimos):

Havia **grande número de pessoas** no casamento.
Reservou para si **boa parte do lucro**.
Disponho de **escasso capital** para o empreendimento.
Não há **suficiente espaço** para o móvel.

Observação:

A presença do numeral fracionário *meio* exclui normalmente a do artigo indefinido:

Comprou **meio quilo** de pão.
Tomou **meia dose** do remédio.

Mas, como vimos, o feminino *meia* constrói-se com o indefinido nas designações de quantidade aproximada. E também pode admiti-lo quando forma com o substantivo uma unidade de uso corrente:

> Só tenho **uma meia libra**.
> No caso, basta **uma meia-palavra** sua.

Com substantivo denotador da espécie

Quando um substantivo no singular é concebido sob o aspecto de categoria de espécie, e não sob o de unidade, pode-se calar o artigo indefinido. Esta omissão aparece frequentemente em provérbios:

> **Cão ladrador** nunca é **bom caçador**.
> **Espada** na mão de **sandeu, perigo** de quem lha deu.

Advirta-se que, na língua de nossos dias, esta construção é mais frequente no Brasil do que em Portugal.

Comparem-se estes exemplos:

> **Criança** tem amigos e inimigos.
> (G. Amado, *HMI*, 8.)

> — **Noivo** não se deixa na solta.
> (J. Lins do Rego, *MVA*, 270.)

> **Vida** não tem adjetivo.
> (C. Lispector, *SV*, 18.)

Outros casos de omissão do artigo indefinido

Além dos casos mencionados, a língua portuguesa admite a omissão do artigo indefinido em muitos outros. Como o artigo definido, ele pode faltar:

a) nas enumerações:

> Desde aí, os campos-santos não cessaram de recolher os mortos meus: **avô, tios, amigos de infância, companheiros queridos** — a lista é aterradora...
> (A. F. Schmidt, *GB*, 151.)

> **Casas, árvores, nuvens** desagregavam-se numa melancólica paisagem de Outono.
> (F. Namora, *TJ*, 232.)

b) nos apostos:

> Meu pai, **homem de boa família**, possuía fortuna grossa, como não ignoram.
>
> (G. Ramos, *AOH*, 28.)

> Chega, hoje, aqui o meu amigo Costa Cabral, **filho do Conde de Tomar, meu antigo condiscípulo em Coimbra e no Laranjo.**
>
> (A. Nobre, *CI*, 74.)

E sempre que a clareza ou a ênfase não o exigirem.

Capítulo 10

Adjetivo

O ADJETIVO é essencialmente um modificador do substantivo. Serve:

1.º) para caracterizar os seres, os objetos ou as noções nomeadas pelo substantivo, indicando-lhes:

a) uma qualidade (ou defeito):

inteligência **lúcida** homem **perverso**

b) o modo de ser:

pessoa **simples** rapaz **delicado**

c) o aspecto ou aparência:

céu **azul** vidro **fosco**

d) o estado:

casa **arruinada** laranjeira **florida**

2.º) para estabelecer com o substantivo uma relação de tempo, de espaço, de matéria, de finalidade, de propriedade, de procedência, etc. (ADJETIVO DE RELAÇÃO):

nota **mensal** (= nota relativa ao mês)
movimento **estudantil** (= movimento feito por estudantes)
casa **paterna** (= casa onde habitam os pais)
vinho **português** (= vinho proveniente de Portugal)

Observação:

Os adjetivos de relação, derivados de substantivos, são de natureza classificatória, ou seja, precisam o conceito expresso pelo substantivo, restringindo-lhe, pois, a extensão do significado. Não admitem graus de intensidade e vêm normalmente pospostos ao substantivo. A sua anteposição, no caso, provoca uma valorização de sentido muito sensível.

NOME SUBSTANTIVO E NOME ADJETIVO

É muito estreita a relação entre o SUBSTANTIVO (termo determinado) e o ADJETIVO (termo determinante). Não raro, há uma única forma para as duas classes de palavras e, nesse caso, a distinção só poderá ser feita na frase.

Comparem-se, por exemplo:

Uma **preta velha** vendia laranjas.
Uma **velha preta** vendia laranjas.

Na primeira oração, *preta* é substantivo, porque é a palavra-núcleo, caracterizada por *velha*, que, por sua vez, é adjetivo na medida em que é a palavra caracterizadora do termo-núcleo. Na segunda oração, ao contrário, *velha* é substantivo e *preta* adjetivo.

Como vemos, a subdivisão dos nomes portugueses em substantivos e adjetivos obedece a um critério basicamente sintático, funcional.

SUBSTANTIVAÇÃO DO ADJETIVO

Sempre que a qualidade referida a um ser, objeto ou noção for concebida com grande independência, o adjetivo que a representa deixará de ser um termo subordinado para tornar-se o termo nuclear do sintagma nominal. Dá-se, então, o que se chama SUBSTANTIVAÇÃO DO ADJETIVO, fato que se exprime, gramaticalmente, pela anteposição de um determinativo (em geral, do artigo) ao adjetivo.[1]

Comparem-se, por exemplo, estas orações:

O céu **cinzento** indica chuva.
O **cinzento** do céu indica chuva.

Na primeira, *cinzento* é adjetivo; na segunda, substantivo.

---

[1] Veja-se o que a respeito dissemos no capítulo 9.

SUBSTITUTOS DO ADJETIVO

1. Palavras ou expressões de outra classe gramatical podem também servir para caracterizar o substantivo, ficando a ele subordinadas na frase. Valem, portanto, por verdadeiros adjetivos, semântica e sintaticamente falando. Costuma-se, por exemplo, com tal finalidade:
a) associar ao substantivo principal outro substantivo em forma de aposto:

O tio **Joaquim** Moça **cabeça de vento**

b) empregar locuções formadas quer de PREPOSIÇÃO + SUBSTANTIVO:

barco **a vela** (= veleiro)
coração **de anjo** (= angélico)
indivíduo **sem coragem** (= medroso)

quer de PREPOSIÇÃO + ADVÉRBIO:

jornal **de hoje** (= hodierno)
patas **de trás** (= traseiras)

c) substituir o adjetivo por um substantivo abstrato, que passa a ter como complemento nominal o antigo substantivo nuclear.
Comparem-se, por exemplo, estas frases:

Sofreu **o destino cruel**.
Sofreu **a crueldade do destino.**

2. A caracterização do substantivo pode fazer-se ainda por meio de uma oração:
a) seja desenvolvida (quando encabeçada por pronome relativo):

Susana, **que não se sentia bem**, estava de cama.
(M. Torga, *V*, 178.)

Há homens **que não acham nunca a sua expressão.**
(G. Amado, *TL*, 9.)

b) seja reduzida:

Jorge via a dor **andando no corpo**, a febre **queimando**, o pai já apodrecia por dentro.
(Adonias Filho, *LP*, 53.)

Surge ao longe um bananal, **oscilando** suas folhas tostadas de vento frio.
(A. M. Machado, *HR*, 73.)

MORFOLOGIA DOS ADJETIVOS

Poucos são os adjetivos que podemos considerar PRIMITIVOS, ou seja, "que designam por si mesmos uma qualidade, sem referência a uma substância ou ação que a representem"[2]. É, por exemplo, o caso de, entre outros, *brando*, *claro*, *curto*, *grande*, *largo*, *liso*, *livre*, *triste* e de boa parte dos adjetivos referentes a cor: *azul*, *branco*, *preto*, *verde*, etc.

A maioria dos adjetivos é constituída por aqueles que derivam de um substantivo ou de um verbo, com os quais continuam a relacionar-se do ponto de vista semântico.[3]

ADJETIVOS PÁTRIOS

Entre os adjetivos derivados de substantivos cumpre salientar os que se referem a continentes, países, regiões, províncias, estados, cidades, vilas e povoados, bem como aqueles que se aplicam a raças e povos. Os primeiros chamam-se PÁTRIOS; os segundos, GENTÍLICOS, denominações estas que foram omitidas na *Nomenclatura Gramatical Brasileira* e na *Nomenclatura Gramatical Portuguesa*, mas que nos parecem necessárias.

PÁTRIOS BRASILEIROS

REFERENTES AO PAÍS E AOS ESTADOS:

Brasil – *brasileiro*, *-a*
Acre – *acriano*, *-a*
Alagoas – *alagoano*, *-a*
Amazonas – *amazonense* (m. e f.)
Bahia – *baiano*, *-a*
Ceará – *cearense* (m. e f.)
Espírito Santo – *espírito-santense* (m. e f.)
Goiás – *goiano*, *-a*
Maranhão – *maranhense* (m. e f.)
Mato Grosso – *mato-grossense* (m. e f.)
Mato Grosso do Sul – *mato-grossense-do-sul* (m. e f.)
Minas Gerais – *mineiro*, *-a*
Pará – *paraense* (m. e f.)
Paraíba – *paraibano*, *-a*
Paraná – *paranaense* (m. e f.)
Pernambuco – *pernambucano*, *-a*

[2] Gonzalo Sobejano. *El epíteto en la lírica española*. 2.ª ed. Madrid, Gredos. 1970, p. 83.

[3] Quanto aos sufixos que entram na formação destes adjetivos, veja-se o que dissemos no capítulo 6, p. 112-3.

Piauí – *piauiense* (m. e f.)
Rio de Janeiro – *fluminense* (m. e f.)
Rio Grande do Norte – *norte-rio-grandense* (m. e f.)
Rio Grande do Sul – *sul-rio-grandense* (m. e f.)
Rondônia – *rondoniano, -a*
Santa Catarina – *catarinense* (m. e f.)
São Paulo – *paulista* (m. e f.)
Sergipe – *sergipano, -a*

PÁTRIOS PORTUGUESES

Referentes ao país e a algumas regiões:

Portugal – *português, -a*
Alentejo – *alentejano, -a*
Algarve – *algarvio, -a*
Beira – *beirão, -oa*
Douro – *duriense* (m. e f.)
Estremadura – *estremenho, -a*
Minho – *minhoto, -a*
Ribatejo – *ribatejano, -a*
Trás-os-Montes – *trasmontano, -a* ou *transmontano, -a*

PÁTRIOS AFRICANOS

Angola – *angolano, -a*
Cabo Verde – *cabo-verdiano, -a*
Guiné-Bissau – *guineense* (m. e f.)
Moçambique – *moçambicano, -a*
São Tomé – *são-tomeense* ou *são-tomense* (m. e f.)

Observações:

1.ª) Além de *brasileiro*, que é o pátrio normal, há as formas alatinadas, de emprego mais raro: *brasiliano*, *brasílico* e *brasiliense*. Sirvam de exemplo: Coleção *Brasiliana*, da Companhia Editora Nacional; *Corografia Brasílica*, livro de Aires do Casal; *Correio Brasiliense*, nome do célebre jornal de Hipólito José da Costa.

2.ª) *Fluminense* é derivado do latim *flumen*, *fluminis* "rio".

3.ª) Chamamos também *rio-grandense-do-norte* e *rio-grandense-do-sul* os naturais dos Estados do Rio Grande do Norte e do Rio Grande do Sul, mais conhecidos pelas alcunhas coletivas de *potiguar* e *gaúcho*, que normalmente não têm, como outras, valor pejorativo.

ADJETIVOS PÁTRIOS COMPOSTOS

Quando dizemos:

a civilização **portuguesa**

referimo-nos à civilização própria do povo português. Se, no entanto, quisermos indicar aquela civilização que é comum ao povo português e ao brasileiro, diremos:

a civilização **luso-brasileira**

assumindo o primeiro adjetivo uma forma alatinada e reduzida.

Entre as formas alatinadas e reduzidas que se empregam como primeiro elemento desses pátrios compostos, as mais frequentes são:

anglo (= inglês)	Amizade **anglo-americana**
austro (= austríaco)	Império **austro-húngaro**
euro (= europeu)	Relações **euro-africanas**
franco (= francês)	Falares **franco-provençais**
greco (= grego)	Antiguidade **greco-romana**
hispano (= hispânico, espanhol)	Literatura **hispano-americana**
indo (= indiano)	Línguas **indo-europeias**
ítalo (= italiano)	Atlas **ítalo-suíço**
galaico (= galego)	Trovadores **galaico-portugueses**
luso (= lusitano, português)	Glossário **luso-asiático**
nipo (= nipônico, japonês)	Comércio **nipo-brasileiro**
sino (= chinês)	Guerra **sino-japonesa**
teuto (= teutônico, alemão)	Ginásio **teuto-brasileiro**

Observação:

Hispano e *hispânico*, embora usados frequentemente como sinônimos de *espanhol* (isto é, relativo à *Espanha*, país), são, em verdade, equivalentes de *ibérico*, pois se referem à *Hispania*, nome que os romanos davam à província que abarcava toda a Península Ibérica.

FLEXÕES DOS ADJETIVOS

Como os substantivos, os adjetivos podem flexionar-se em NÚMERO, GÊNERO e GRAU.

NÚMERO

O adjetivo toma a forma SINGULAR ou PLURAL do substantivo que ele qualifica:

aluno **estudioso**	alunos **estudiosos**
mulher **hindu**	mulheres **hindus**
perfume **francês**	perfumes **franceses**

Plural dos adjetivos simples

Na formação do plural, os adjetivos simples seguem as mesmas regras a que obedecem os substantivos.

Plural dos adjetivos compostos

Nos adjetivos compostos, apenas o último elemento recebe a forma de plural:

consultórios **médico-cirúrgicos**
institutos **afro-asiáticos**
letras **anglo-germânicas**

Observação:

Excetuam-se:

a) *surdo-mudo*, que faz *surdos-mudos*;
b) os adjetivos referentes a cores, que são invariáveis quando o segundo elemento da composição é um substantivo:

uniformes **verde-oliva**
saias **azul-ferrete**
canários **amarelo-ouro**
blusas **vermelho-sangue**

GÊNERO

O substantivo tem sempre um GÊNERO, o que não sucede com o adjetivo, que assume o gênero do substantivo.

Do ponto de vista morfológico, o único traço que, na verdade, singulariza o adjetivo como uma parte do discurso diversa das demais é o de poder, na maioria das vezes, apresentar duas terminações de gênero, sem que, com isso, seja uma palavra de gênero determinado e sem que o conceito por ele designado corresponda a um gênero real.

Observação:

Assinale-se que mesmo os adjetivos uniformes, quando no superlativo absoluto sintético, passam a apresentar os morfemas de gênero *-o*, *-a*. Assim:

um **exercício fácil**	um **exercício facílimo**
uma **questão fácil**	uma **questão facílima**
o **momento feliz**	o **momento felicíssimo**
a **solução feliz**	a **solução felicíssima**

Formação do feminino

1. Como dissemos, os adjetivos são geralmente BIFORMES, isto é, possuem duas formas, uma para o masculino e outra para o feminino:

MASCULINO	FEMININO	MASCULINO	FEMININO
bom	boa	mau	má
formoso	formosa	nu	nua
lindo	linda	português	portuguesa

2. O processo de formação do feminino destes adjetivos é idêntico ao dos substantivos. Assim:

1.º) Os terminados em *-o* átono formam o feminino mudando o *-o* em *-a*:

belo	bela	ligeiro	ligeira

2.º) Os terminados em *-u*, *-ês* e *-or* formam geralmente o feminino acrescentando *-a* ao masculino:

cru	crua	nu	nua
francês	francesa	inglês	inglesa
encantador	encantadora	morador	moradora

Excetuam-se, porém:

a) dos finalizados em *-u*: os gentílicos *hindu* e *zulu*, que são invariáveis;
b) dos finalizados em *-ês*: *cortês*, *descortês*, *montês* e *pedrês*, que são invariáveis;
c) dos finalizados em *-or*: os comparativos *melhor*, *pior*, *maior*, *menor*, *superior*, *inferior*, *interior*, *exterior*, *anterior*, *posterior*, *ulterior*, *citerior* e, ainda, formas como *multicor*, *incolor*, *sensabor* e poucas mais, que são invariáveis; *gerador*, *motor* e outros terminados em *-dor* e *-tor*, que mudam estas sílabas em *-triz*: *geratriz*, *motriz*, etc.; e um pequeno número que substitui *-or* por *-eira*: *trabalhador*, *trabalhadeira*, etc.

3.º) Os terminados em *-ão* formam o feminino em *-ã* ou em *-ona*:

são	sã	chorão	chorona

Beirão, no entanto, faz no feminino *beiroa*.

4.º) Os terminados em *-eu* (com *e* fechado) formam o feminino em *-eia*:

europeu	europeia	plebeu	plebeia
hebreu	hebreia	pigmeu	pigmeia

Excetuam-se *judeu* e *sandeu*, que fazem, respectivamente, *judia* e *sandia*.

5.º) Os terminados em *-éu* (com *e* aberto) formam o feminino em *-oa*:

ilhéu	ilhoa	tabaréu	tabaroa

6.º) Alguns adjetivos que no masculino possuem *o* tônico fechado [o], além de receberem a desinência *-a*, mudam o *o* fechado para aberto [ɔ], no feminino:

brioso	briosa	formoso	formosa
disposto	disposta	grosso	grossa

Outros, porém, conservam no feminino o *o* fechado [o] do masculino:

chocho	chocha	fosco	fosca
fofo	fofa	oco	oca

Adjetivos uniformes

Há adjetivos que têm uma só forma para os dois gêneros.

São de regra UNIFORMES os adjetivos:

a) terminados em *-a*, muitos dos quais funcionam também como substantivos: *hipócrita, homicida, indígena; asteca, celta, israelita, maia, persa; agrícola, silvícola, vinícola, cosmopolita*, etc.;

b) terminados em *-e*: *árabe, breve, cafre, doce, humilde, terrestre, torpe, triste* e muitos outros, entre os quais se incluem todos os formados com os sufixos *-ense, -ante, -ente* e *-inte*: *cearense, constante, crescente, pedinte*, etc.;

c) terminados em *-l*: *cordial, infiel, amável, pueril, ágil, reinol, azul, êxul*, etc.;

d) terminados em *-ar* e em *-or* (neste caso apenas os comparativos em *-or*): *exemplar, ímpar, maior, superior*, etc.;

e) paroxítonos terminados em *-s*: *reles, simples*, etc.;

f) terminados em *-z*: *audaz, feliz, atroz*, etc.;

g) terminados em *-m* gráfico: *virgem, ruim, comum*, etc.

Observação:

Fazem exceção: *andaluz*, fem. *andaluza*; *bom*, fem. *boa*; *espanhol*, fem. *espanhola*; e a maior parte dos terminados em *-ês* e *-or*.

Feminino dos adjetivos compostos

Nos ADJETIVOS COMPOSTOS, apenas o segundo elemento pode assumir a forma feminina:

> a literatura **hispano-americana**
> uma intervenção **médico-cirúrgica**

A única exceção é *surdo-mudo*, que faz no feminino *surda-muda*:

> um menino **surdo-mudo**
> uma criança **surda-muda**

GRAUS DO ADJETIVO

A gradação pode ser expressa em português por processos sintáticos ou morfológicos.

Comparativo e superlativo

Dois são os GRAUS do adjetivo: o COMPARATIVO e o SUPERLATIVO.

1. O COMPARATIVO pode indicar:

a) que um ser possui determinada qualidade em grau *superior*, *igual* ou *inferior* a outro:

> Pedro é **mais estudioso do que** Paulo.
> Álvaro é **tão estudioso como** [ou **quanto**] Pedro.
> Paulo é **menos estudioso do que** Álvaro.

b) que num mesmo ser determinada qualidade é *superior*, *igual* ou *inferior* a outra que possui:

> Paulo é **mais inteligente que estudioso.**
> Pedro é **tão inteligente quanto estudioso.**
> Álvaro é **menos inteligente do que estudioso.**

Daí a existência de um COMPARATIVO DE SUPERIORIDADE, de um COMPARATIVO DE IGUALDADE e de um COMPARATIVO DE INFERIORIDADE.

2. O SUPERLATIVO pode denotar:

a) que um ser apresenta em elevado grau determinada qualidade (SUPERLATIVO ABSOLUTO):

Paulo é **inteligentíssimo**.
Pedro é **muito inteligente**.

b) que, em comparação à totalidade dos seres que apresentam a mesma qualidade, um se sobressai por possuí-la em grau maior ou menor que os demais (SUPERLATIVO RELATIVO):

Carlos é **o** aluno **mais estudioso do** Colégio.
João é **o** aluno **menos estudioso do** Colégio.

No primeiro exemplo, o SUPERLATIVO RELATIVO é DE SUPERIORIDADE; no segundo, DE INFERIORIDADE.

Formação do grau comparativo

1. Forma-se o COMPARATIVO DE SUPERIORIDADE antepondo-se o advérbio *mais* e pospondo-se a conjunção *que* ou *do que* ao adjetivo:

Pedro é **mais idoso do que** Carlos.
João é **mais nervoso que desatento**.

2. Forma-se o COMPARATIVO DE IGUALDADE antepondo-se o advérbio *tão* e pospondo-se a conjunção *como* ou *quanto* ao adjetivo:

Carlos é **tão jovem como** Álvaro.
José é **tão nervoso quanto desatento**.

3. Forma-se o COMPARATIVO DE INFERIORIDADE antepondo-se o advérbio *menos* e pospondo-se a conjunção *que* ou *do que* ao adjetivo:

Paulo é **menos idoso que** Álvaro.
João é **menos nervoso do que desatento**.

Formação do grau superlativo

Vimos que há duas espécies de SUPERLATIVO: ABSOLUTO e RELATIVO.

O SUPERLATIVO ABSOLUTO pode ser:

a) SINTÉTICO, se expresso por uma só palavra (adjetivo + sufixo):

amicíssimo	acérrimo
estudiosíssimo	facílimo
tristíssimo	salubérrimo

b) ANALÍTICO, se formado com a ajuda de outra palavra, geralmente um advérbio indicador de excesso – *muito, imensamente, extraordinariamente, excessivamente, grandemente*, etc.:

muito estudioso	excessivamente fácil
imensamente triste	extraordinariamente salubre
grandemente prejudicial	excepcionalmente cheio

Superlativo absoluto sintético

1. Forma-se pelo acréscimo ao adjetivo do sufixo *-íssimo*:

fértil	fertilíssimo
original	originalíssimo
vulgar	vulgaríssimo

Se o adjetivo terminar em vogal, esta desaparece ao aglutinar-se o sufixo:

belo	belíssimo
lindo	lindíssimo
triste	tristíssimo

2. Muitas vezes o adjetivo, ao receber o sufixo *-íssimo*, reassume a primitiva forma latina.
Assim:

a) os adjetivos terminados em *-vel* formam o superlativo em *-bilíssimo*:

amável	amabilíssimo
indelével	indelebilíssimo
terrível	terribilíssimo
móvel	mobilíssimo
volúvel	volubilíssimo

b) os terminados em *-z* fazem o superlativo em *-císsimo*:

capaz	capacíssimo
feliz	felicíssimo
atroz	atrocíssimo

c) os terminados em vogal nasal (representada com *-m* gráfico) formam o superlativo em *-níssimo*:

comum	comuníssimo

d) os terminados no ditongo *-ão* fazem o superlativo em *-aníssimo*:

pagão	paganíssimo
vão	vaníssimo

3. Não raro a forma portuguesa do adjetivo difere sensivelmente da latina, da qual se deriva o superlativo. Assim:

Normal	Superlativo	Normal	Superlativo
amargo	amaríssimo	magnífico	magnificentíssimo
amigo	amicíssimo	maléfico	maleficentíssimo
antigo	antiquíssimo	malévolo	malevolentíssimo
benéfico	beneficentíssimo	miúdo	minutíssimo
benévolo	benevolentíssimo	nobre	nobilíssimo
cristão	cristianíssimo	pessoal	personalíssimo
cruel	crudelíssimo	pródigo	prodigalíssimo
doce	dulcíssimo	sábio	sapientíssimo
fiel	fidelíssimo	sagrado	sacratíssimo
frio	frigidíssimo	simples	simplicíssimo (ou simplíssimo)
geral	generalíssimo		
inimigo	inimicíssimo	soberbo	superbíssimo

4. Também os superlativos em *-imo* e *-rimo* representam formações latinas. Com exclusão de *facílimo, dificílimo* e *paupérrimo* (superlativos de *fácil, difícil* e *pobre*), que pertencem à linguagem coloquial, são todos de uso literário e um tanto precioso. Anotem-se os seguintes:

Normal	Superlativo	Normal	Superlativo
acre	acérrimo	magro	macérrimo (ou magríssimo)
célebre	celebérrimo		
humilde	humílimo (ou humildíssimo)	negro	nigérrimo (ou negríssimo)
íntegro	integérrimo	pobre	paupérrimo (ou pobríssimo)
livre	libérrimo		
salubre	salubérrimo		

Observação:

Em lugar das formas superlativas *seriíssimo, necessariíssimo* e outras semelhantes, a língua atual prefere *seríssimo, necessaríssimo*, com um só *i*.

Outras formas de superlativo

Pode-se também formar o SUPERLATIVO com:

a) o acréscimo de um prefixo ou de um pseudoprefixo, como *arqui-, extra-, hiper-, super-, ultra-*, etc. (*arquimilionário, extrafino, hipersensível, superexaltado, ultrarrápido*):

> Manuel Torres saiu-lhe ao encontro, prazenteiro, como **ultraprazenteiro** caminhava para ele o eclesiástico.
>
> (A. Ribeiro, *V*, 32.)

b) a repetição do próprio adjetivo:

> É um Abril de pureza: — é **lindo, lindo**!
>
> (A. Patrício, *P*, 130.)

> A avó, que tem oitenta anos,
> está tão fraca e velhinha...
> Teve tantos desenganos:
> ficou **branquinha, branquinha**,
> com os desgostos humanos. —
>
> (O. Bilac, *PI*, 7.)

c) uma comparação breve:

> — Isso é **claro como água.**
>
> (Castro Soromenho, *TM*, 101.)

> — Estava **escuro como breu,** e à distância de dez passos um vulto mal se via a negrejar.
>
> (A. Ribeiro, *V*, 393.)

d) certas expressões fixas, como *podre de rico* [= riquíssimo], *de mão cheia* [= excelente, de grandes recursos técnicos], e outras semelhantes:

> A Zorilda era uma pianista **de mão cheia.**
>
> (H. Sales, *DBFM*, 120.)

Podre de rico! Nem sabe o que tem de seu!
(V. Nemésio, *NPM*, 102.)

e) o artigo definido, marcado por uma tonicidade e uma duração particular, em frases do tipo:

Ela não é apenas uma excelente cantora, ela é **a cantora** [= **a incomparável, a melhor de todas**].

Diz-se, como vimos, **de notoriedade** este emprego do artigo.

Superlativo relativo

1. O SUPERLATIVO RELATIVO é sempre analítico.
O DE SUPERIORIDADE forma-se pela anteposição do artigo definido ao comparativo de superioridade:

Este aluno é **o mais estudioso do** Colégio.
João foi **o** colega **mais leal que** conheci.

O DE INFERIORIDADE forma-se pela anteposição do artigo definido ao comparativo de inferioridade:

Este aluno é **o menos estudioso do** Colégio.
Jorge foi **o** colega **menos leal que** conheci.

2. O termo da comparação é expresso por um complemento nominal introduzido pela preposição *de* (e também *entre, em* e *sobre*), ou por uma oração adjetiva restritiva, como nos exemplos mencionados.

3. O superlativo relativo denotador dos limites da possibilidade forma-se com a posposição da palavra *possível* ou uma expressão (ou oração) de sentido equivalente[4]:

O arraial era **o mais monótono possível.**
(Guimarães Rosa, *S*, 264.)

---

[4] Sobre os diversos processos de intensificação do superlativo relativo no português contemporâneo, veja-se Maria Manuela Moreno de Oliveira. *Processos de intensificação no português contemporâneo.* Lisboa, Centro de Estudos Filológicos, 1962, p. 191-202.

Era **a** pessoa **mais cortês deste mundo**, e não deu corpo às suas aversões.
(A. Ribeiro, *V*, 34.)

Nos livros que eu lia estes todos eram **os mais ricos que se conhecia**.
(Simões Lopes Neto, *CGLS*, 297.)

Observação:

A função de superlativo relativo pode ser também desempenhada por um numeral ordinal ou por adjetivos que denotem posições extremas. Assim:

Bartolomeu Dias foi **o primeiro** navegante que dobrou o cabo das Tormentas.
O Amazonas é **o principal** rio do Brasil.

Comparativos e superlativos anômalos

Quatro adjetivos – *bom, mau, grande* e *pequeno* – formam o comparativo e o superlativo de modo especial:

Adjetivo	Comparativo de Superioridade	Superlativo	
		Absoluto	Relativo
bom	melhor	ótimo	o melhor
mau	pior	péssimo	o pior
grande	maior	máximo	o maior
pequeno	menor	mínimo	o menor

Observações:

1.ª) Quando se compara a qualidade de dois seres, não se deve dizer *mais bom, mais mau* e *mais grande*; e sim: *melhor, pior* e *maior*. Possível é, no entanto, usar as formas analíticas desses adjetivos quando se confrontam duas qualidades do mesmo ser:

Ele foi **mais mau do que desgraçado**.
Ele é bom e inteligente; **mais bom do que inteligente**.

Em lugar de *menor* usa-se também *mais pequeno*, que é a forma preferida em Portugal.

2.ª) A par de *ótimo, péssimo, máximo* e *mínimo*, existem os superlativos absolutos regulares: *boníssimo* e *muito bom, malíssimo* e *muito mau, grandíssimo* e *muito grande, pequeníssimo* e *muito pequeno*.

3.ª) *Grande* e *pequeno* possuem dois superlativos: *o maior* ou *o máximo* e *o menor* ou *o mínimo*.

4.ª) Alguns comparativos e superlativos não têm forma normal usada:

COMPARATIVO	SUPERLATIVO
superior	supremo (ou sumo)
inferior	ínfimo
anterior	—
posterior	póstumo
ulterior	último

As formas *superior* e *inferior*, *supremo* (ou *sumo*) e *ínfimo* podem ser empregadas como comparativo e superlativo de *alto* e *baixo*, respectivamente.

Adjetivos que não se flexionam em grau

Vimos que os chamados ADJETIVOS DE RELAÇÃO não se flexionam em grau. O mesmo se dá com os outros adjetivos de tipo classificatório, entre os quais se incluem os pertencentes às terminologias científicas, que se caracterizam por seu sentido específico, unívoco. Assim: *atmosférico, morfológico, ovíparo, ruminante, sincrônico*, etc.

Para que um adjetivo tenha comparativo e superlativo, é obviamente indispensável que o seu sentido admita variação de intensidade.

EMPREGO DO ADJETIVO

Funções sintáticas do adjetivo[5]

A rigor, o ADJETIVO só existe referido a um substantivo. Conforme se estabeleça a relação entre os dois termos na frase, o ADJETIVO desempenhará as funções sintáticas de ADJUNTO ADNOMINAL ou de PREDICATIVO.

Adjetivo em função de adjunto adnominal

Neste caso, o ADJETIVO refere-se, *sem intermediário*, ao substantivo, a que pode vir posposto ou anteposto. Formam ambos um conjunto significativo, marcado pela *unidade de acento* e *entoação* e pela *identidade de função sintática*.

[5] Sobre a sintaxe do adjetivo em português, veja-se o trabalho fundamental de João Malaca Casteleiro. *Sintaxe transformacional do adjectivo: regência das construções completivas*. Lisboa, INIC, 1981.

Assim, no exemplo

> **Seus olhos negros** me encantam,

o sujeito da oração é não apenas *olhos*, mas toda a *unidade significativa e acentual*

> **Seus olhos negros.**

É dentro deste conjunto que o ADJETIVO desempenhará a função sintática ACESSÓRIA, portanto secundária, de ADJUNTO ADNOMINAL do substantivo *olhos*, núcleo do sujeito.

Adjetivo em função predicativa

Neste caso, a qualidade expressa pelo ADJETIVO transmite-se ao substantivo por intermédio de um verbo, que pode estar explícito ou implícito.

Temos o ADJETIVO em função PREDICATIVA nas seguintes construções:

1. PREDICATIVO DO SUJEITO, com verbo de ligação explícito:

> A cidade parece **encantada**.
> (C. Drummond de Andrade, *CM*, 138.)

> **Doce e brando** era o seio de Jesus...
> (A. de Quental, *SC*, 57.)

2. PREDICATIVO DO SUJEITO, com verbo de ligação implícito:

> **Misterioso e mau**, o Urucanã. **Traiçoeiro**, aquele jeito inofensivo de correr macio entre os barrancos altos.
> (M. Palmério, *VC*, 27.)

> **Estranho** aquele casal.
> (J. Condé, *TC*, 33.)

3. PREDICATIVO DO OBJETO DIRETO, com verbo nocional transitivo:

> Afasto-me para que ele não se sinta tolhido, quero-o **livre**.
> (L. Fagundes Telles, *DA*, 144.)

> Alguns julgaram-no **inocente** do crime assacado.
> (C. Castelo Branco, *OS*, I, 1127.)

4. PREDICATIVO DO OBJETO INDIRETO, com verbo nocional transitivo:

> Na escola a professora também lhe chama **teimoso**.
> (Alves Redol, *C*, 24.)

> A mulher, Juliana Gouveia, toma ar aborrecido e chama-lhe **antipático**.
> (C. dos Anjos, *DR*, 10.)

5. PREDICATIVO DO SUJEITO, com verbo nocional intransitivo:

> A casa-grande respirava **tranquila**.
> (J. Lins do Rego, *MVA*, 275.)

> As palavras rolaram **nítidas, desamparadas**.
> (C. de Oliveira, *AC*, 10.)

> O mar palpita **enorme**.
> (A. F. Schmidt, *GB*, 411.)

Nesta última construção, o ADJETIVO encerra sempre, mais ou menos acentuada, uma noção adverbial.

Diferença fundamental:

A diferença entre o ADJETIVO em função de ADJUNTO ADNOMINAL e o ADJETIVO em função de PREDICATIVO baseia-se, principalmente em dois pontos:

1.º) O primeiro é TERMO ACESSÓRIO da oração, parte de um TERMO ESSENCIAL ou INTEGRANTE dela; o segundo é, por si próprio, um TERMO ESSENCIAL da oração.

Se disséssemos, por exemplo:

> O campo é **imenso**,

o adjetivo predicativo não poderia faltar, pois, sendo TERMO ESSENCIAL, sem ele a oração não teria sentido.

Se disséssemos, no entanto:

> O campo **imenso** está alagado,

o adjetivo *imenso* seria parte do sujeito, uma dispensável qualificação do substantivo que lhe serve de núcleo, um TERMO, por conseguinte, ACESSÓRIO da oração.

2.º) A qualidade expressa por um adjetivo em função PREDICATIVA vem marcada no tempo, e por essa relação cronológica entre a qualidade e o ser é responsável o verbo que liga o adjetivo ao substantivo.

Comparem-se estas frases:

> O **bom** aluno estuda.
> Ele está **nervoso**, mas era **calmo**.

Na primeira, acrescentamos a noção de *bom* à de *aluno* sem termos em mente qualquer referência à ideia de tempo. Já, na segunda, as noções expressas pelos adjetivos *nervoso* e *calmo* são por nós atribuídas ao sujeito com a situação de tempo marcada pelo verbo: *nervoso*, no presente; *calmo*, no passado.

Emprego adverbial do adjetivo

1. Examinemos as seguintes orações:

> O menino dorme **tranquilo**.
> A menina dorme **tranquila**.
> Os meninos dormem **tranquilos**.
> As meninas dormem **tranquilas**.

Vemos que, nelas, o adjetivo em função predicativa concorda em gênero e número com o substantivo sujeito. Mas verificamos, por outro lado, que, servindo embora de predicativo do sujeito, com o qual concorda, o adjetivo modifica em todas elas a ação expressa pelo verbo e assume, de alguma forma, um valor também adverbial.

Esse valor naturalmente será preponderante se, em lugar daquelas construções, usarmos as seguintes:

> O menino dorme **tranquilamente**.
> A menina dorme **tranquilamente**.
> Os meninos dormem **tranquilamente**.
> As meninas dormem **tranquilamente**.

Aqui, a forma adverbial, invariável, impede a possibilidade de concordância, justamente o elo que prendia o adjetivo ao sujeito, e, com isso, faz aflorar com toda a nitidez o modo por que se processa a ação indicada pelo verbo *dormir*.

2. É esse emprego do adjetivo em predicados verbo-nominais, com valor fronteiriço de advérbio, que nos vai explicar o fenômeno, hoje muito generalizado, da adverbialização de adjetivos sem o acréscimo do sufixo *-mente*.

Por exemplo, nestas orações,

> D. Felismina sorriu **amarelo.**
> (Machado de Assis, *OC*, II, 519.)
>
> Tinham-se habituado a falar **baixo.**
> (C. de Oliveira, *CD*, 56.)

as palavras **amarelo** e **baixo** são advérbios.

Observação:

Embora o adjetivo adverbializado deva permanecer invariável, não faltam abonações, mesmo em bons autores, de sua concordância com o sujeito da oração, fato justificável pela ampla zona de contacto existente, no caso, entre o adjetivo e o advérbio.

O adjetivo *meio*, por exemplo, tornado advérbio quando modifica outro adjetivo, aparece não raro em concordância com um substantivo da oração:

> Estes homens rudes combatiam **meios nus** e desprezavam todas as precauções de guerra.
> (A. Herculano, *E*, 93.)
>
> Maria necessitava de apoio, **meia espantada, meia grata**, deixou-se levar.
> (M. de Andrade, *OI*, 64.)

Valor estilístico do adjetivo

Como elemento fundamental para a caracterização dos seres, o ADJETIVO (ou qualquer expressão adjetiva) desempenha importante papel naquilo que falamos ou escrevemos.

É ele que nos permite configurar os seres ou os objetos tal como a nossa inteligência os distingue, nomeando-lhes as peculiaridades objetivamente apreensíveis. Ex.:

rapaz **alto**	mesa **redonda**
muro **de pedra**	templo **barroco**

É ele que nos permite expressar os seres e os objetos enriquecidos pelo que nossa imaginação e sensibilidade lhes atribui. Assim:

moça **exuberante**	**estupenda** paisagem
caráter **difícil**	ambiente **acolhedor**

Portanto, quer para a *precisão* do enunciado, quer para a sua *expressividade*, o adjetivo impõe-se como termo imprescindível, mas a exigir de quem dele se utilize cuidados especiais, principalmente bom senso e bom gosto.

Colocação do adjetivo adjunto adnominal

1. Sabemos que, na oração declarativa, prepondera a ORDEM DIRETA, que corresponde à sequência progressiva do enunciado lógico.
   Como elemento acessório da oração, o adjetivo em função de ADJUNTO ADNOMINAL deverá, portanto, vir com maior frequência depois do substantivo que ele qualifica.

2. Mas sabemos, também, que ao nosso idioma não repugna a ORDEM chamada INVERSA, principalmente nas formas afetivas da linguagem, e que a anteposição de um termo é, de regra, uma forma de realçá-lo.

3. Podemos, então, estabelecer previamente que:

a) sendo a sequência SUBSTANTIVO + ADJETIVO a predominante no enunciado lógico, deriva daí a noção de que o adjetivo posposto possui valor objetivo:

noite **escura**	dia **triste**
rapaz **bom**	campos **verdes**

b) sendo a sequência ADJETIVO + SUBSTANTIVO provocada pela ênfase dada ao qualificativo, decorre daí a noção de que, anteposto, o adjetivo assume um valor subjetivo:

escura noite	**triste** dia
bom rapaz	**verdes** campos

Adjetivo posposto ao substantivo

Colocam-se normalmente depois do substantivo:

a) os adjetivos de natureza classificatória, como os técnicos e os de relação, que indicam uma categoria na espécie designada pelo substantivo:

animal **doméstico**	água **mineral**
flor **silvestre**	deputado **estadual**

b) os adjetivos que designam características muito salientes do substantivo, tais como forma, dimensão, cor e estado:

terreno **plano** | calça **preta**
homem **baixo** | mamoeiro **carregado**

c) os adjetivos seguidos de um complemento nominal:

um programa **fácil de cumprir**
uma providência **necessária ao ensino**

Adjetivo anteposto ao substantivo

1. De um modo constante, só se colocam antes do substantivo:

a) os superlativos relativos: *o melhor, o pior, o maior, o menor*:

O melhor meio de ganhar é poupar.
O maior castigo da injúria é havê-la feito.

b) certos adjetivos monossilábicos que formam com o substantivo expressões equivalentes a substantivos compostos:

O pior cego é o que não quer ver.
O menor descuido pode ser fatal.
O mar palpita **enorme.**
bom dia | **má hora**

c) adjetivos que nesta posição adquiriram sentido especial, como *simples* (= mero, só, único); comparem-se:

Nessa ocasião ele era um **simples** escrevente [= um mero escrevente].
Este escritor tem um estilo **simples** [= um estilo não complexo].

2. Afora esses casos, o adjetivo anteposto assume, em geral, um sentido figurado. Comparem-se, por exemplo:

um **grande** homem [= grandeza figurada]
um homem **grande** [= grandeza material]
uma **pobre** mulher [= uma mulher infeliz]
uma mulher **pobre** [= uma mulher sem recursos]

Colocação do epíteto retórico

O chamado EPÍTETO RETÓRICO serve:

a) para acentuar uma parte do significado do substantivo com o qual se relaciona (EPÍTETO DE NATUREZA), e, neste caso, pode vir posposto ou anteposto ao substantivo, embora a primeira colocação seja a mais frequente:

a **branca** neve a noite **escura**

b) para exprimir uma conhecida qualidade distintiva e individual de um nome próprio (EPÍTETO CARACTERÍSTICO), caso em que vem sempre anteposto ao substantivo:

o **sábio** Nestor a **fiel** Penélope

A posposição do qualificativo, nesses exemplos, transformaria o epíteto característico num mero adjetivo classificatório.

Observação:

Encontrar o adjetivo preciso e colocá-lo adequadamente junto ao substantivo que qualifica é sempre uma operação artística. Com razão dizia o poeta Vicente Huidobro:

"O adjetivo, quando não dá vida, mata."

A propósito, convém meditar nesta advertência de Samuel Gili y Gaya: "A preferência por uma ou outra posição [do adjetivo], quando as condições lógicas não exigem colocação fixa, é um elemento de caracterização de um estilo, sempre que esteja internamente vivida; ocorre não raro, porém, que apenas pelo afã de dar à linguagem um matiz literário, próprio do estilo elevado e declamatório, alguns escritores principiantes, ou pouco sinceros, antepõem sistematicamente os adjetivos." (*Curso superior de sintaxis española*, 5.ª ed., Barcelona, Ediciones Spes, 1955, p. 195.)

Outras formas de realce do adjetivo

1. Para realçar a caracterização do ser ou do objeto, costumam os escritores não só antepor o adjetivo ao substantivo, mas também:

a) estabelecer uma pausa entre o adjetivo e o substantivo, o que se marca, na escrita, pela colocação do adjetivo entre vírgulas:

A 15 de novembro Floriano Peixoto, **doente**, deixou o governo.
(G. Ramos, *AOH*, 183.)

E o Negrinho, **sarado e risonho**, pulando de em pelo e sem rédeas, no baio, chupou o beiço e tocou a tropilha a galope.
(Simões Lopes Neto, *CGLS*, 334.)

b) repetir intencionalmente o adjetivo, que é, como vimos, uma das formas de superlativá-lo:

Por teus olhos **negros, negros**
Trago eu negro o coração
(Almeida Garrett, *O*, II, 127.)

Oh que **duro, duro, duro**
ofício de se exprimir!
(C. Drummond de Andrade, *R*, 160.)

c) separar o adjetivo do substantivo, colocando-o no fim da frase:

D. Quitéria levou a mão ao bolso, **pensativa**.
(F. Namora, *TJ*, 215.)

Baleia ficou passeando na calçada, olhando a rua, **inquieta**.
(G. Ramos, *VS*, 109.)

d) acentuar o sentido do adjetivo por meio de um advérbio:

Deixo nessas pobres linhas a minha saudade do homem Camus, **tão simples, tão simpático, tão despretensioso** na sua glória mundial.
(M. Bandeira, *AA*, 342.)

Trá-la **muito bem tratada, muito bem fechada**, restos da vida moura.
(R. Brandão, *P*, 164.)

2. O adjetivo, ou particípio, que modifica um pronome substantivo vem sempre numa situação enfática, em razão da pausa nítida que separa os dois termos. Por isso, escreve-se isolado por vírgulas:

Eu, **louco**, amara-te, estátua!
(Guimarães Passos, *VS*, 37.)

Mas eu, Senhor!... Eu, **triste**, abandonada
Em meio das areias esgarrada,
Perdida marcho em vão!
(Castro Alves, *OC*, 291.)

CONCORDÂNCIA DO ADJETIVO COM O SUBSTANTIVO

O ADJETIVO, dissemos, varia em gênero e número de acordo com o gênero e o número do SUBSTANTIVO ao qual se refere.

É por essa correspondência de flexões que os dois termos se acham inequivocamente relacionados, mesmo quando distantes um do outro na frase.

Assim:

Eu amo a **noite solitária** e **muda**;
Como **formosa dona** em **régios paços**,
Trajando ao mesmo tempo luto e galas
Majestosa e **sentida**.
(Gonçalves Dias, *PCP*, 250.)

Disse o **mostrengo**, e rodou três vezes,
Três vezes rodou **imundo** e **grosso**...
(F. Pessoa, *OP*, 17.)

Os **homens** continuam a passar, **indiferentes**.
(O. Mendes, *P*, 124.)

Adjetivo referido a um substantivo

O ADJETIVO, quer em função de ADJUNTO ADNOMINAL, quer em função de PREDICATIVO, desde que se refira a *um único substantivo*, com ele concorda em gênero e número.

Assim:

O Barão continuava a contar aventuras, **pequenos casos** que revivia com um **prazer doentio**.
(Branquinho da Fonseca, *B*, 27.)

Saiu de **cabeça baixa**, as **mãos cerradas** no fundo dos bolsos.
(L. Fagundes Telles, *ABV*, 51.)

O **Antunes** andava **encantado** por todas as razões.
(Almada Negreiros, *NG*, 70.)

A **casa** ficou **vazia**.
(A. M. Machado, *HR*, 231.)

Adjetivo referido a mais de um substantivo

Quando o ADJETIVO se associa *a mais de um substantivo*, importa considerar:

a) o GÊNERO dos substantivos;
b) a FUNÇÃO do adjetivo (ADJUNTO ADNOMINAL ou PREDICATIVO);
c) a POSIÇÃO do adjetivo (anteposto ou posposto aos substantivos), condições essas que permitem a concordância do adjetivo com os substantivos englobados, ou apenas com o mais próximo.

Examinemos as diversas possibilidades, exemplificando-as.

Adjetivo adjunto adnominal

O adjetivo vem antes dos substantivos

REGRA GERAL: O ADJETIVO concorda em gênero e número com o substantivo mais próximo, ou seja, com o primeiro deles:

> Vivia em **tranquilos bosques** e montanhas.
> Vivia em **tranquilas montanhas** e bosques.
> Tinha por ele **alto respeito** e admiração.
> Tinha por ele **alta admiração** e respeito.

Observação:

Quando os substantivos são nomes próprios ou nomes de parentesco, o ADJETIVO vai sempre para o plural:

> Conheci ontem **as gentis irmã e cunhada** de Laura.
> Portugal cultua os feitos **dos heroicos Diogo Cão e Bartolomeu Dias.**

O adjetivo vem depois dos substantivos

Neste caso, a concordância depende do gênero e do número dos substantivos.

1. Se os substantivos são do *mesmo gênero* e do *singular*, o adjetivo toma o gênero (masculino ou feminino) dos substantivos e, quanto ao número, vai:

a) para o singular (concordância mais comum):

> A professora estava com um **vestido e** um **chapéu escuro.**
> Estudo a **língua e** a **literatura portuguesa.**

b) para o plural (concordância mais rara):

> A professora estava com um **vestido e** um **chapéu escuros.**
> Estudo a **língua e** a **literatura portuguesas.**

2. Se os substantivos são de *gêneros diferentes* e do *singular*, o adjetivo pode concordar:

a) com o substantivo mais próximo (concordância mais comum):

> A professora estava com uma **saia e** um **chapéu escuro.**
> Estudo o **idioma e** a **literatura portuguesa.**

b) com os substantivos em conjunto, caso em que vai para o masculino plural (concordância mais rara):

> A professora estava com uma **saia e** um **chapéu escuros.**
> Estudo o **idioma e** a **literatura portugueses.**

3. Se os substantivos são do *mesmo gênero*, mas de *números diversos*, o adjetivo toma o gênero dos substantivos, e vai:

a) para o plural (concordância mais comum):

> Ela comprou dois **vestidos e** um **chapéu escuros.**
> Estudo as **línguas e** a **civilização ibéricas.**

b) para o número do substantivo mais próximo (concordância mais rara):

> Ela comprou dois **vestidos e** um **chapéu escuro.**
> Estudo as **línguas e** a **civilização ibérica.**

4. Se os substantivos são de *gêneros diferentes* e do *plural*, o adjetivo vai:

a) para o plural e para o gênero do substantivo mais próximo (concordância mais comum):

> Ela comprou **saias e chapéus escuros.**
> Estudo os **idiomas e** as **literaturas ibéricas.**

b) para o masculino plural (concordância mais rara):

> Ela comprou **chapéus e saias escuros.**
> Estudo os **idiomas e** as **literaturas ibéricos.**

5. Se os substantivos são de *gêneros* e *números diferentes*, o adjetivo pode ir:

a) para o masculino plural (concordância mais comum):

> Ela comprou **saias e chapéu escuros**.
> Estudo os **falares e** a **cultura portugueses.**

b) para o gênero e o número do substantivo mais próximo (concordância que não é rara quando o último substantivo é um feminino plural):

> Ela comprou **saias e chapéu escuro**.
> Estudo o **idioma e** as **tradições portuguesas.**

Observação:

Quando está em concordância apenas com o substantivo mais próximo, o adjetivo nem sempre caracteriza de forma precisa o substantivo dele distanciado. Por isso, em todas as hipóteses mencionadas, pode-se e deve-se, caso a concordância origine qualquer dúvida, repetir o adjetivo para cada um dos substantivos:

> Ela comprou uma **saia escura e** um **chapéu escuro**.
> Estudo os **falares portugueses e** a **cultura portuguesa**.

Adjetivo predicativo do sujeito composto

Quando o adjetivo serve de predicativo a um sujeito múltiplo, constituído de substantivos (ou expressões equivalentes), observa, na maioria dos casos, as mesmas regras de concordância a que está submetido o adjetivo que funciona como adjunto adnominal.

Convém salientar, no entanto, que:

a) se os substantivos sujeitos são do *mesmo gênero*, o adjetivo toma o gênero dos substantivos e vai, preferentemente, para o plural, ainda que os substantivos estejam no singular:

> O **livro e** o **caderno** são **novos**.
> A **porta e** a **janela** estavam **abertas**.

b) se os substantivos sujeitos são de *gêneros diversos*, o adjetivo vai, normalmente, para o masculino plural:

> O **livro e** a **caneta** são **novos**.
> A **janela e** o **portão** estavam **abertos**.

Mas, nos dois casos, é também possível que o adjetivo predicativo concorde com o núcleo do sujeito mais próximo se o VERBO DE LIGAÇÃO estiver no singular e anteposto ao sujeito composto, como nos exemplos abaixo:

> **Era novo** o **livro** e a caneta.
> **Estava aberta** a **janela** e o portão.

Observações:

1.ª) O adjetivo predicativo do objeto direto obedece, em geral, às mesmas regras de concordância observadas pelo adjetivo predicativo do sujeito.

2.ª) Como as orações, e as palavras tomadas materialmente, se consideram do número singular e do gênero masculino, quando o sujeito é expresso por uma oração (plena ou reduzida), o adjetivo predicativo fica no masculino singular:

> **É justo** que uma nação venere os seus poetas.
> **É honroso** morrer pela pátria.

Capítulo 11

Pronomes

PRONOMES SUBSTANTIVOS E PRONOMES ADJETIVOS

1. Os PRONOMES desempenham na oração as funções equivalentes às exercidas pelos elementos nominais.
Servem, pois:

a) para representar um substantivo:

> Os **campos, que** suportaram a longa presença solar a queimá-**los** incessantemente, recebem agora a água abundante com uma gula feliz.
> (A. Frederico Schmidt, *GB*, 294.)

b) para acompanhar um substantivo determinando-lhe a extensão do significado:

> — Quanto valem, és capaz de dizer? Leques espanhóis, de seda, de **alguma bisavó** do **meu tio** cônego, com **estas pérolas** de prata e oiro!
> (F. Namora, *TJ*, 103.)

No primeiro caso desempenham a função de um substantivo e, por isso, recebem o nome de PRONOMES SUBSTANTIVOS; no segundo chamam-se PRONOMES ADJETIVOS, porque modificam o substantivo, que acompanham, como se fossem adjetivos.

2. Facilmente, aliás, se distinguem na prática essas duas classes de pronomes, porque os PRONOMES SUBSTANTIVOS aparecem isolados na frase, ao passo que os PRONOMES ADJETIVOS se empregam sempre junto de um substantivo, com o qual concordam em gênero e número.

Assim, nas frases:

> Lembranças a todos **os teus**.
> (E. da Cunha, *OC*, II, 646.)

> **Teus olhos** são dois desejos.
> (R. Correia, *PCP*, 109.)

a palavra *teus* é pronome substantivo, na primeira, e pronome adjetivo, na segunda.

3. Há seis espécies de pronomes: PESSOAIS, POSSESSIVOS, DEMONSTRATIVOS, RELATIVOS, INTERROGATIVOS e INDEFINIDOS.

PRONOMES PESSOAIS

Os PRONOMES PESSOAIS caracterizam-se:

1.º) por denotarem as três pessoas gramaticais, isto é, por terem a capacidade de indicar no colóquio:
a) *quem fala* = 1.ª PESSOA: *eu* (singular), *nós* (plural);
b) *com quem se fala* = 2.ª PESSOA: *tu* (singular), *vós* (plural);
c) *de quem se fala* = 3.ª PESSOA: *ele*, *ela* (singular); *eles*, *elas* (plural);

2.º) por poderem representar, quando na 3.ª pessoa, uma forma nominal anteriormente expressa:

> Santas virtudes primitivas, ponde
> Bênçãos nesta **Alma** para que **ela** se una
> A Deus, e vá, sabendo bem por onde...
> (A. de Guimaraens, *OC*, 149.)

> Levantaram **Dona Rosário**, quiseram levantá-la, embora **ela** se opusesse, choramingasse um pouco, dissesse que não lhe era possível fazê-lo.
> (M. J. de Carvalho, *AV*, 137.)

3.º) por variarem de forma, segundo:
a) a função que desempenham na oração;
b) a acentuação que nela recebem.

Observação:

A pessoa com quem se fala pode ser expressa também pelos chamados PRONOMES DE TRATAMENTO, que se constroem com o verbo na 3.ª pessoa. Veja-se o que sobre essas formas e o seu emprego escrevemos adiante.

FORMAS DOS PRONOMES PESSOAIS

Quanto à **função**, as formas do pronome pessoal podem ser RETAS ou OBLÍQUAS. RETAS, quando funcionam como sujeito da oração; OBLÍQUAS, quando nela se empregam fundamentalmente como objeto (direto ou indireto).

Quanto à **acentuação**, distinguem-se nos pronomes pessoais as formas TÔNICAS das ÁTONAS.

O quadro abaixo mostra claramente a correspondência entre essas formas:

		Pronomes pessoais retos	Pronomes pessoais oblíquos não reflexivos	
			Átonos	Tônicos
Singular	1.ª pessoa	eu	me	mim, comigo
	2.ª pessoa	tu	te	ti, contigo
	3.ª pessoa	ele, ela	o, a, lhe	ele, ela
Plural	1.ª pessoa	nós	nos	nós, conosco
	2.ª pessoa	vós	vos	vós, convosco
	3.ª pessoa	eles, elas	os, as, lhes	eles, elas

FORMAS *O*, *LO* E *NO* DO PRONOME OBLÍQUO

Quando o pronome oblíquo da 3.ª pessoa, que funciona como objeto direto, vem antes do verbo, apresenta-se sempre com as formas *o*, *a*, *os*, *as*.

Assim:

> Não **o** ver para mim é um suplício.
> Nunca **a** encontramos em casa.
> João ainda não fez anos; ele **os** faz hoje.
> Eles **as** trouxeram consigo.

Quando, porém, está colocado depois do verbo e se liga a este por hífen (PRONOME ENCLÍTICO), a sua forma depende da terminação do verbo.

Assim:

1.º) Se a forma verbal terminar em VOGAL ou DITONGO ORAL, empregam-se *o*, *a*, *os*, *as*:

Louvo-**o**	Louvei-**os**
Louvava-**a**	Louvou-**as**

2.º) Se a forma verbal terminar em *-r*, -s ou *-z*, suprimem-se estas consoantes, e o pronome assume as modalidades *lo*, *la*, *los*, *las*, como nestes exemplos:

Vê-**lo** para mim é um suplício.
Encontramo-**la** em casa.
João ainda não fez anos; fá-**los** hoje.
Não quero vendê-**las**.

O mesmo se dá quando ele vem posposto ao designativo *eis* ou aos pronomes *nos* e *vos*:

Ei-lo sorridente.
O nome não **vo-lo** direi.

3.º) Se a forma verbal terminar em DITONGO NASAL, o pronome assume as modalidades *no*, *na*, *nos*, *nas*.

Dão-**no** Tem-**nos**
Põe-**na** Trouxeram-**nas**

São também estas as formas que o pronome costuma apresentar, na linguagem popular e na literária popularizante de Portugal, depois dos advérbios *não* e *bem*, assim como dos pronomes *quem*, *alguém*, *ninguém* e outras palavras terminadas em ditongo nasal:

E assim pedia, num dó tamanho,
Não no tirassem lá donde estava.
(A. Nobre, *S*, 77.)

Neto sou de **quem no** sou!
(J. Régio, *F*, 13.)

Observações:

1.ª) As formas antigas do pronome oblíquo objeto direto eram *lo*(*s*) e *la*(*s*), provenientes do acusativo do demonstrativo latino *ille*, *illa*, *illud* (= aquele, aquela, aquilo). Pospostas a formas verbais terminadas em *-r*, *-s* ou *-z*, o seu *l-* inicial assimilou aquelas consoantes, que depois desapareceram:

faze**r-lo**	>	faze**l-lo**	>	fazê-**lo**
faze**s-lo**	>	faze**l-lo**	>	faze-**lo**
fi**z-lo**	>	**fil-lo**	>	fi-**lo**

Igual assimilação sofreu o *-s* de *eis*, *nos* e *vos*, quando em contacto com o *l-* do pronome.

2.ª) Com as formas verbais terminadas em nasal, a nasalidade transmitiu-se ao *l-* do pronome, que passou a *n-*:

fa**zem-lo** > fa**zem-no**
fa**çam-lo** > fa**çam-no**

3.ª) No futuro do presente e no futuro do pretérito o pronome oblíquo não pode ser ENCLÍTICO, isto é, não pode vir depois do verbo. Dá-se, então, a MESÓCLISE do pronome, ou seja, a sua colocação no interior do verbo. Justifica-se tal colocação por terem sido estes dois tempos formados pela justaposição do infinitivo do verbo principal e das formas reduzidas, respectivamente, do presente e do imperfeito do indicativo do verbo *haver*. O pronome empregava-se depois do infinitivo do verbo principal, situação que, em última análise, ainda hoje conserva. E, como todo infinitivo termina em *-r*, também nos dois tempos em causa desaparece esta consoante e o pronome toma as formas *lo*, *la*, *los*, *las*.

Assim:

FUTURO DO PRESENTE		FUTURO DO PRETÉRITO	
vender-(h)ei	vendê-lo-ei	vender-(h)ia	vendê-lo-ia
vender-(h)ás	vendê-lo-ás	vender-(h)ias	vendê-lo-ias
vender-(h)á	vendê-lo-á	vender-(h)ia	vendê-lo-ia
vender-(h)emos	vendê-lo-emos	vender-(h)íamos	vendê-lo-íamos
vender-(h)eis	vendê-lo-eis	vender-(h)íeis	vendê-lo-íeis
vender-(h)ão	vendê-lo-ão	vender-(h)iam	vendê-lo-iam

4.ª) Quanto às normas que se observam no emprego proclítico, enclítico ou mesoclítico destes pronomes, veja-se o que dizemos adiante, ao tratarmos da COLOCAÇÃO DOS PRONOMES OBLÍQUOS ÁTONOS.

PRONOMES REFLEXIVOS E RECÍPROCOS

1. Quando o objeto direto ou indireto representa a mesma pessoa ou a mesma coisa que o sujeito do verbo, ele é expresso por um PRONOME REFLEXIVO.
   O REFLEXIVO apresenta três formas próprias — *se*, *si* e *consigo* —, que se aplicam tanto à 3.ª pessoa do singular como à do plural:

   Ele vestiu-**se** rapidamente.
   Ela fala sempre **de si**.
   O pintor não trouxe o quadro **consigo**.
   Eles vestiram-**se** rapidamente.
   Elas falam sempre **de si**.
   Os pintores não trouxeram os quadros **consigo**.

Nas demais pessoas, as suas formas identificam-se com as do pronome oblíquo: *me*, *te*, *nos* e *vos*.

Eu **me** feri.
Tu **te** lavas.
Nós **nos** vestimos.
Vós **vos** levantais.

2. As formas do REFLEXIVO nas pessoas do plural (*nos*, *vos* e *se*) empregam-se também para exprimir a reciprocidade da ação, isto é, para indicar que a ação é mútua entre dois ou mais indivíduos. Neste caso, diz-se que o pronome é RECÍPROCO.

Carlos e eu **nos** abraçamos.
Vós **vos** queríeis muito.
José e Antônio não **se** cumprimentam.

3. Como são idênticas as formas do pronome recíproco e do reflexivo, pode haver ambiguidade com um sujeito plural. Por exemplo, uma frase como a seguinte:

Joaquim e Pedro enganaram-**se**.

pode significar que o grupo formado por Joaquim e Pedro cometeu o engano, ou que Joaquim enganou Pedro e este a Joaquim.
Costuma-se remover a dúvida fazendo-se acompanhar tais pronomes de expressões reforçativas especiais.
Assim:

a) para marcar expressamente a ação reflexiva, acrescenta-se-lhes, conforme a pessoa, *a mim mesmo, a ti mesmo, a si mesmo*, etc.:

Joaquim e Pedro enganaram-**se a si mesmos**.

b) para marcar expressamente a ação recíproca, junta-se-lhes, ou uma expressão pronominal, como *um ao outro*, *uns aos outros*, *entre si*:

Joaquim e Pedro enganaram-**se entre si**.
Joaquim e Pedro enganaram-**se um ao outro**.

ou um advérbio como *reciprocamente, mutuamente*:

Joaquim e Pedro enganaram-se **mutuamente**.

Não raro, a reciprocidade da ação esclarece-se pelo emprego de uma forma verbal derivada com o prefixo *entre-*:

> As duas **entreolharam-se** e Luísa atendeu.
> (Coelho Netto, *OS*, I, 67.)

> Marido e mulher **entreolharam-se**.
> (V. Nemésio, *MTC*, 360.)

EMPREGO DOS PRONOMES RETOS

FUNÇÕES DOS PRONOMES RETOS

1. Os PRONOMES RETOS empregam-se como:

a) SUJEITO:

> **Eu** era a desdenhosa, a indiferente.
> (F. Espanca, *S*, 55.)

> **Nós** vamos em busca de luz.
> (Agostinho Neto, *SE*, 36.)

> Se és **tu**, meu pai, **eu** vou contigo...
> (A. de Guimaraens, *OC*, 58.)

b) PREDICATIVO DO SUJEITO:

> Trata-se do seguinte: eu não sou mais **eu**! Revoguei-me a mim mesmo.
> (A.M. Machado, *CJ*, 150.)

> Meu Deus!, quando serei **tu**?
> (J. Régio, *ED*, 157.)

2. *Tu* e *vós* podem ser VOCATIVOS:

> Ó **tu**, Senhor Jesus, o Misericordioso,
> De quem o Amor sublime enaltece o Universo...
> (A. de Guimaraens, *OC*, 313.)

> Ó **vós**, que, no silêncio e no recolhimento
> Do campo, conversais a sós, quando anoitece...
> (O. Bilac, *P*, 158.)

Observação:

Na linguagem popular ou popularizante de Portugal aparece por vezes um pronome *ele* expletivo, que funciona como sujeito gramatical de um verbo impessoal, à semelhança do francês *il* (*il y a*):

> — **Ele** haveria no mundo nada mais acertado.
>
> (M. Torga, *CM*, 24.)

> — Pois **ele** pode haver maior colondrina por esses mundos fora.
>
> (A. Ribeiro, *M*, 102.)

> — **Ele** há tanta mulher por aí!...
>
> (F. Namora, *TJ*, 258.)

É provável que este pronome expletivo tenha vitalidade em outras áreas do idioma, pois aparece na pena de um escritor angolano:

> **Ele** há tantas amarguras!
>
> (Agostinho Neto, *SE*, 99.)

Os raríssimos exemplos que dele se colhem em escritores brasileiros, como este de Machado de Assis:

> Que **ele** também há eleições no Amazonas; é o tempo da salga política, a quadra das barracas e dos regatões.
>
> (*OC*, II, 698.)

representam simples imitação da construção portuguesa.

OMISSÃO DO PRONOME SUJEITO

Os pronomes sujeitos *eu*, *tu*, *ele* (*ela*), *nós*, *vós*, *eles* (*elas*) são normalmente omitidos em português, porque as desinências verbais bastam, de regra, para indicar a pessoa a que se refere o predicado, bem como o número gramatical (singular ou plural) dessa pessoa:

and**o**	escreve**s**	dormi**u**
ri**mos**	parti**stes**	volta**ram**

PRESENÇA DO PRONOME SUJEITO

Emprega-se o pronome sujeito:

a) quando se deseja, enfaticamente, chamar a atenção para a pessoa do sujeito:

> **Eu**, náufraga da vida, ando a morrer!
> (F. Espanca, *S*, 31.)

> Sim! **tu** sabes ligar-me a todos os teus crimes. **Tu** me sopras todos os pensamentos maus, **tu** me apontas o abismo...
> (Castro Alves, *OC*, 643.)

b) para opor duas pessoas diferentes:

> Abraçamo-nos ambos contristados,
> **Ele**, porque há de ser, como **eu**, um velho,
> E **eu**, por ter sido já, como **ele**, um moço.
> (E. de Castro, *UV*, 68.)

> **Eu** calo-me — **tu** descantas,
> **Eu** rojo — **tu** te levantas,
> **Tu** és livre — escrava **eu** sou!...
> (Castro Alves, *OC*, 273.)

c) quando a forma verbal é comum à 1.ª e à 3.ª pessoa do singular e, por isso, se torna necessário evitar o equívoco:

> É preciso que **eu repita** o que **ele disse**?
> É preciso que **ele repita** o que **eu disse**?

EXTENSÃO DE EMPREGO DOS PRONOMES RETOS

Na linguagem formal, certos pronomes retos adquirem valores especiais. Enumeremos os seguintes:

1. **O plural de modéstia.** Para evitar o tom impositivo ou muito pessoal de suas opiniões, costumam os escritores e os oradores tratar-se por *nós* em lugar da forma normal *eu*. Com isso, procuram dar a impressão de que as ideias que expõem são compartilhadas por seus leitores ou ouvintes, pois que se expressam como porta-vozes do pensamento coletivo. A este emprego da 1.ª pessoa do plural pela correspondente do singular chamamos PLURAL DE MODÉSTIA.
   Comparem-se estes exemplos:

> Algumas [cantigas], mas poucas, foram por **nós** colhidas da boca do Povo.
> (J. Cortesão, *CP*, 12.)

> As ocupações oficiais em que **nos achamos** desde 1861 a 1867, quer nas repúblicas de Venezuela, Equador, Peru e Chile, quer nas próprias Antilhas, não **nos** deram muita ocasião de pensar em semelhante edição, para a qual até aí **nos** faltavam auxílios.
> (F. A. Varnhagen, *CTA*, 9.)

Advirta-se que, quando o sujeito *nós* é um PLURAL DE MODÉSTIA, o predicativo ou particípio, que com ele deve concordar, costuma ficar no singular, como se o sujeito fosse efetivamente *eu*. Assim, em vez de:

> **Fiquei perplexo** com o que ele disse.

podemos dizer:

> **Ficamos perplexo** com o que ele disse.

2. **O plural de majestade.** O pronome *nós* era usado outrora pelos reis de Portugal — e ainda hoje o é pelos altos dignitários da Igreja — como símbolo de grandeza e poder de suas funções:

> **Nós**, Dom Fernando, pela graça de Deus Rei de Portugal e do Algarve, **fazemos saber**...

É o que se chama PLURAL DE MAJESTADE.

Observação:

De início, o *nós majestático* deveria ser uma fórmula de modéstia: o rei a confundir-se com a nação, que falava por sua boca. Também na Igreja seria, no princípio, uma forma de humildade: os prelados a solidarizarem-se com os seus fiéis dentro de uma comunidade mediante o emprego do *nós*. Mas, perdido o valor originário, este plural com que superiores se dirigiam a inferiores veio a ser sentido como uma enfática expressão de grandeza, de poder, de majestade do cargo.

3. **Fórmula de cortesia (3.ª pessoa pela 1.ª).** Quando fazemos um requerimento, por deferência à pessoa a quem nos dirigimos, tratamo-nos a nós próprios pela 3.ª pessoa, e não pela 1.ª:

> **Fulano de tal**, aluno desse Colégio, **requer** a V. S.ª se digne de mandar passar por certidão as notas mensais por ele obtidas no presente ano letivo.

O emprego da 1.ª pessoa:

> **Eu**, Fulano de tal, **requeiro**...

soa-nos como uma descortesia de nossa parte para com aquele a quem nos endereçamos. Não seria propriamente um pedido que lhe faríamos, e sim uma exigência ríspida de igual para igual.

4. **O *vós* de cerimônia.** O pronome *vós* praticamente desapareceu da linguagem corrente do Brasil e de Portugal. Mas em discursos enfáticos alguns oradores ainda se servem da 2.ª pessoa do plural para se dirigirem cerimoniosamente a um auditório qualificado.
Veja-se este passo com que Olavo Bilac termina o seu discurso de ingresso na Academia das Ciências de Lisboa:

> Ainda de longe, pensarei **em vós**, e pensarei **convosco**. Serei um dos menores sacerdotes do culto que nos congrega: o da nossa história e da nossa língua. E, à míngua do brilho que **vos** posso dar, poderei dar-**vos** o fervor da minha crença e a honestidade do meu labor.
> (*DN*, 56.)

Observações:

1.ª) *Vós*, com referência a uma só pessoa, normal como tratamento de cerimônia em português antigo e clássico, emprega-se ainda, vez por outra, em linguagem literária de tom arcaizante, para expressar distância, apreço social:

> Por **vós** e todo o nosso temor. Por **vós**, que **sois** o nosso rei!
> (J. Régio, *ERS*, 93.)

> — Não **percebeis vós** que a prudência é para mim um dever?
> (Gonçalves Dias, *PCPE*, 709.)

2.ª) *Vós* foi, durante muito tempo, a forma normal por que os católicos portugueses e brasileiros se dirigiam a Deus, tratamento que ainda prevalece entre eles:

> Pai nosso que **estais** no Céu...

No culto reformado, adota-se a forma *tu*:

> Pai nosso que **estás** no céu...

Na linguagem poética, este tratamento alterna com *vós*, desde a época medieval, e é o predominante no português contemporâneo:[1]

---

[1] Veja-se, a propósito, Luís Filipe Lindley Cintra. *Sobre "formas de tratamento" na língua portuguesa*. Lisboa, Horizonte, 1972, p. 75-122.

Não é mortal o que eu em **ti** adoro.
Que **és tu** aqui? olhar de piedade,
Gota de mel em taça de venenos...
(A. de Quental, *S*, 3.)

Se **te** pedir piedade, **dá**-me lume a comer.
Que com pontas de fogo o podre se adormenta.
O **teu** perdão de Pai ainda não pode ser.
Mas lembre-**te** que é fraca a alma que aguenta.
(V. Nemésio, *VM*, 90.)

Tu, Senhor, **tu** meu Deus, **tu** me **recebes**
Na **tua** santa glória, **alarga** as asas
Do **teu** santo perdão, que ao **teu** conspecto
Humilhado me sinto, como a grama.
(Gonçalves Dias, *PCPE*, 467.)

Deus! ó Deus! onde **estás** que não **respondes**?
Em que mundo, em qu'estrela **tu t'escondes**
Embuçado nos céus?
(Castro Alves, *OC*, 290.)

Senhor Deus dos desgraçados!
Dizei-me vós, Senhor Deus!
Se é loucura... se é verdade
Tanto horror perante os céus...
(Castro Alves, *OC*, 281.)

REALCE DO PRONOME SUJEITO

Para dar ênfase ao pronome sujeito, costuma-se reforçá-lo:

a) seja com as palavras *mesmo* e *próprio*:

— **Tu mesmo** serás o novo Hércules.
(Machado de Assis, *OC*, II, 548.)

Muitas vezes **eu próprio** me sinto ser o que ela pensa que eu sou.
(A. Abelaira, *B*, 129.)

b) seja com a expressão invariável *é que*:

— Eu **é que** lhe devia pedir desculpas de minha irritação.
(R. M. F. de Andrade, *V*, 124.)

> Vocês **é que** morrem, meu alferes, mas nós **é que** pagamos.
> (Luandino Vieira, *NM*, 63.)
>
> As dores **é que** eram de matar...
> (M. Torga, *CM*, 72.)

PRECEDÊNCIA DOS PRONOMES SUJEITOS

Quando no sujeito composto há um da 1.ª pessoa do singular (*eu*), é boa norma de civilidade colocá-lo em último lugar:

> **Carlos, Augusto e eu** fomos promovidos.

Se, porém, o que se declara contém algo de desagradável ou importa responsabilidade, por ele devemos iniciar a série:

> **Eu, Carlos e Augusto** fomos os culpados do acidente.

Observação:

Convém usar com extrema parcimônia as formas pronominais da 1.ª pessoa do singular, especialmente a forma reta *eu*. O seu emprego imoderado deixa-nos sempre uma penosa impressão de imodéstia de quem o pratica.

Não nos devemos esquecer de que as palavras que designam sentimentos exagerados da própria personalidade começam sempre por *ego*, que era a forma latina do pronome *eu*.

Assim:

> *egoísmo, egocêntrico, ególatra, egotismo.*

EQUÍVOCOS E INCORREÇÕES

1. Como o pronome *ele* (*ela*) pode representar qualquer substantivo anteriormente mencionado, convém ficar bem claro a que elemento da frase ele se refere.
   Por exemplo, uma frase como:

   > Álvaro disse a Paulo que **ele** chegaria primeiro.

   é ambígua, pois *ele* pode aplicar-se tanto a *Álvaro* como a *Paulo.*

2. Por outro lado, não devemos empregar o pronome *ele* (*ela*) para substituir um substantivo que, com sentido indeterminado, se fixou em expressões feitas, como *falar verdade*, *pedir perdão*, etc.

Assim, não estariam bem construídas as frases:

Falaste verdade; **ela** me comoveu.
Pedi perdão; **ele** me foi concedido.

3. Se, no entanto, o substantivo estiver determinado, isto é, se não mais pertencer a uma daquelas fórmulas fixas, tem perfeito cabimento o emprego do pronome.
Assim:

Falaste **a verdade**; **ela** me comoveu.
Pedi **o seu perdão**; **ele** me foi concedido.

4. Na fala vulgar e familiar do Brasil[2] é muito frequente o uso do pronome *ele*(*s*), *ela*(*s*) como objeto direto em frases do tipo:

Vi **ele**. Encontrei **ela**.

Embora esta construção tenha raízes antigas no idioma, pois se documenta em escritores portugueses dos séculos XIII e XIV[3], deve ser hoje evitada.

5. Convém, no entanto, não confundir tal construção com outras, perfeitamente legítimas, em que o pronome em causa funciona como objeto direto.
Assim:

a) quando, antecedido da preposição *a*, repete o objeto direto enunciado pela forma normal átona (*o*, *a*, *os*, *as*):

Não sei se elas me compreendem
Nem se eu **as** compreendo **a elas**.
(F. Pessoa, *OP*, 160.)

---

[2] Veja-se especialmente J. Mattoso Câmara Jr. *Ele* comme un accusatif dans le portugais du Brésil. In *Miscelánea homenaje a André Martinet: estructuralismo e historia*, t. 1. La Laguna, Universidad de La Laguna, 1957, p. 39-46; artigo reproduzido, em tradução portuguesa, nos *Dispersos*. Rio de Janeiro, Fundação Getúlio Vargas, 1972, p. 47-53.

[3] Sobre o emprego do pronome *ele*(*s*), *ela*(*s*) como objeto direto em português arcaico, leiam-se: Epifânio Dias. *Syntaxe historica portuguesa*, 2.ª ed. Lisboa, Clássica Editora, 1953, p. 71; Joseph Huber. *Altportugiesisches Elementarburch*. Heidelberg, Carl Winter, 1933, p. 150; Sousa da Silveira, *Trechos seletos*, 4.ª ed., São Paulo, Companhia Editora Nacional, 1938, p. 40 e 50.

Temia-**a**, **a ela**, à mulher que o guiava.
(Guimarães Rosa, *PE*, 126.)

b) quando precedido das palavras *todo* ou *só*:

Ricas prendas! **Todas elas**
Me deu ele; sim, donzelas...
Que não vo-lo negarei!
(J. de Deus, *CF*, 65.)

— Conheço bem **todos eles**.
(H. Sales, *DBFM*, 150.)

CONTRAÇÃO DAS PREPOSIÇÕES *DE* E *EM* COM O PRONOME RETO DA 3.ª PESSOA

As preposições *de* e *em* contraem-se com o pronome reto da 3.ª pessoa *ele*(*s*), *ela*(*s*), dando, respectivamente, *dele*(*s*), *dela*(*s*) e *nele*(*s*), *nela*(*s*).

A pasta é **dele**, e **nela** está o meu caderno.

É de norma, porém, não haver a contração quando o pronome é sujeito; ou, melhor dizendo, quando as preposições *de* e *em* se relacionam com o infinitivo, e não com o pronome.

Assim:

O milagre **de ele** existir tinha-se dado já, no momento em que a mulher lhe anunciara a gravidez.
(M. Torga, *CM*, 74.)

— Para que há **de ele** desconfiar de nós e maltratar-te?
(Machado de Assis, *CO*, I, 690.)

Pouco depois **de eles** saírem, levantei-me da mesa.
(L. B. Honwana, *NMCT*, 96.)

PRONOMES DE TRATAMENTO

1. Denominam-se PRONOMES DE TRATAMENTO certas palavras e locuções que valem por verdadeiros pronomes pessoais, como: *você*, *o senhor*, *Vossa Excelência*.

Embora designem a pessoa a quem se fala (isto é, a 2.ª), esses pronomes levam o verbo para a 3.ª pessoa:

— Onde é que **vocês vão**?
(Luandino Vieira, *NM*, 78.)

— **Vossa Reverendíssima faz** isso brincando, disse o principal dos festeiros.
(Machado de Assis, *OC*, II, 550.)

— **Vossa Senhoria**, senhor Comendador, **terá** de perdoar.
(A. Ribeiro, *M*, 354.)

2. Convém conhecer as seguintes formas de tratamento reverente e as abreviaturas com que são indicadas na escrita:

Abreviatura	Tratamento	Usado para
V. A.	Vossa Alteza	Príncipes, arquiduques, duques
V. Em.ª	Vossa Eminência	Cardeais
V. Ex.ª	Vossa Excelência	No Brasil: altas autoridades do governo e oficiais generais das Forças Armadas; em Portugal: qualquer pessoa a quem se quer manifestar grande respeito.
V. Mag.ª	Vossa Magnificência	Reitores das universidades
V. M.	Vossa Majestade	Reis, imperadores
V. Ex.ª Rev.ᵐᵃ	Vossa Excelência Reverendíssima	Bispos e arcebispos
V. P.	Vossa Paternidade	Abades, superiores de conventos
V. Rev.ª V. Rev.ᵐᵃ	Vossa Reverência ou Vossa Reverendíssima	Sacerdotes em geral
V. S.	Vossa Santidade	Papa
V. S.ª	Vossa Senhoria	Funcionários públicos graduados, oficiais até coronel; na linguagem escrita do Brasil e na popular de Portugal, pessoas de cerimônia.

Observações:

1.ª) Como dissemos, estas formas aplicam-se à 2.ª pessoa, àquela com quem falamos; para a 3.ª pessoa, aquela de quem falamos, usam-se as formas *Sua Alteza*, *Sua Eminência*, etc. Mas as últimas podem empregar-se com o valor das primeiras, como expressão de máxima cerimônia, mormente quando seguidas de aposto que contenha um título determinado por artigo. Assim, em lugar de:

> **Vossa Excelência, Senhor Ministro,** aprova a medida?

é lícito dizer-se:

> **Sua Excelência, o Senhor Ministro,** aprova a medida?

2.ª) Em princípio, os pronomes de tratamento da 2.ª pessoa devem acompanhar o verbo para evitar confusão com o sujeito da 3.ª pessoa:

> Seu irmão cantava, e **você** acompanhava.
> **Vossa Reverência** já leu este livro?

Esta norma é naturalmente observada com maior rigor na linguagem escrita, pois na comunicação oral as possíveis dúvidas são muitas vezes eliminadas pela própria situação.

Não é, porém, necessário repetir tais pronomes quando funcionam como sujeito de vários verbos consecutivos.

> **Você parece** que não **está** com nenhuma vontade de **ver** aquele finório, não é?
> (A. Callado, *MC*, 104.)

> — **Quer V. Exa. dizer** que antes **queria escrever** uma bonita página do que **receber** assim perto de quinhentas libras?
> (Eça de Queirós, *O*, II, 176-177.)

EMPREGO DOS PRONOMES DE TRATAMENTO DA 2.ª PESSOA

1. **Tu e você.** No português europeu normal, o pronome *tu* é empregado como forma própria da intimidade. Usa-se de pais para filhos, de avós ou tios para netos e sobrinhos, entre irmãos ou amigos, entre marido e mulher, entre colegas de faixa etária igual ou próxima. O seu emprego tem-se alargado, nos últimos tempos, entre colegas de estudo ou da mesma profissão, entre membros de um partido político e até, em certas famílias, de filhos para pais, tendendo a ultrapassar os limites da intimidade propriamente dita,

em consonância com uma intenção igualitária ou, simplesmente, aproximativa.

No português do Brasil, o uso de *tu* restringe-se ao extremo Sul do país e a alguns pontos da região Norte, ainda não suficientemente delimitados.[4] Em quase todo o território brasileiro, foi ele substituído por *você* como forma de intimidade. *Você* também se emprega, fora do campo da intimidade, como tratamento de igual para igual ou de superior para inferior.

É este último valor, de tratamento igualitário ou de superior para inferior (em idade, em classe social, em hierarquia), e apenas este, o que *você* possui no português normal europeu, onde só excepcionalmente — e em certas camadas sociais altas — aparece usado como forma carinhosa de intimidade. No português de Portugal não é ainda possível, apesar de certo alargamento recente do seu emprego, usar *você* de inferior para superior, em idade, classe social ou hierarquia.

2. **O senhor.** *O senhor*, *a senhora* (e *a senhorita*, no Brasil, *a menina*, em Portugal, para a jovem solteira) são, nas variantes europeia e americana do português, formas de respeito ou de cortesia e, como tais, se opõem a *tu* e *você*, em Portugal, e a *você*, na maior parte do Brasil.

Em Portugal, quando uma pessoa se dirige a alguém que possui um título profissional ou exerce determinado cargo, costuma fazer acompanhar as formas *o senhor* e *a senhora* da menção do respectivo título ou cargo:

o senhor doutor	o senhor capitão
a senhora doutora	o senhor ministro
o senhor engenheiro	o senhor presidente

Mais raramente, usa-se como tratamento o título não precedido de *senhor*, *senhora*, o que é considerado menos respeitoso que a forma anterior:

o doutor	o engenheiro

Neste caso, é mais frequente apor-se ao título o nome próprio (primeiro nome — o que implica certa proximidade — ou o nome de família do interpelado):

o doutor Orlando	o engenheiro Silva

[4] Ressalte-se, porém, que o emprego das formas oblíquas *te*, *ti*, *contigo* apresenta uma difusão bastante maior.

No Brasil, estas formas de tratamento são inusitadas. Aliás, o emprego dos títulos específicos, no tratamento ou fora dele, é sensivelmente maior em Portugal do que no Brasil, onde só em casos especialíssimos vêm precedidos de *o senhor.*

Sistematicamente, só se mencionam no Brasil, seguidos dos nomes próprios:

a) a patente dos militares:

O Tenente Barroso
O Coronel Proença
O General Osório
O Major Fagundes
O Almirante Jaceguai
O Brigadeiro Eduardo Gomes

b) os altos cargos e títulos nobiliárquicos:

O Presidente Bernardes
O Príncipe D. João
O Embaixador Ouro Preto
A Condessa Pereira Carneiro

c) o título *Dom* (escrito abreviadamente *D.*), para os membros da família real ou imperial, para os nobres, para os monges beneditinos e para os dignitários da Igreja a partir dos bispos:

D. Pedro
D. Duarte
D. Clemente
D. Hélder

Observe-se que, se *Dom* tem emprego restrito no idioma, tanto em Portugal como no Brasil, o feminino *Dona* (também abreviado em *D.*) se aplica, em princípio, a senhoras de qualquer classe social.[5]

De uso bastante generalizado em Portugal e no Brasil é o título de *Doutor*. Recebem-no não só os médicos e os que defenderam tese de doutorado, mas, indiscriminadamente, todos os diplomados por escolas superiores.

Também o emprego de *Professor* é muito frequente tanto em Portugal como no Brasil. Mas, enquanto no Brasil se aplica ao docente de qualquer grau de ensino, em Portugal usa-se sobretudo para os docentes do ensino primário e do ensino superior.

Observações:

1.ª) As formas *você* e *o senhor* (*a senhora*) empregam-se normalmente nas funções de sujeito, de agente da passiva e de adjunto:

---

5 Em Portugal, omite-se ainda, por vezes, com os nomes de senhoras das classes sociais mais humildes.

— **Você** amanhã não vá às ceifas.
(A. Ribeiro, *M*, 354.)

Estava desfeiteado, um portador dele fora maltratado **pelo senhor**.
(J. Lins do Rego, *P*, 59.)

— Deixem-me ir **com vocês**!
(Luandino Vieira, *NM*, 78.)

As formas *você* (no Brasil) e *o senhor*, *a senhora* (tanto em Portugal como no Brasil) estendem-se também às funções de objeto (direto ou indireto), substituindo com frequência as correspondentes átonas *o*, *a* e *lhe*:

— Há uma hora estou esperando **você** sozinha, neste escritório.
(C. dos Anjos, *DR*, 32.)

— Devo **a você** e ao doutor Rodrigo.
(J. Amado, *MM*, 229.)

— Eu aprecio muito **o senhor** e era incapaz de ofendê-lo voluntariamente.
(R. M. F. de Andrade, *V*, 124.)

2.ª) O pronome *tu* era até bem pouco tempo, no português de Portugal, a forma própria de marcar as distâncias de superior para inferior hierárquico. Este tratamento caiu em quase total desuso e, hoje, tanto na variante idiomática brasileira como na portuguesa, é a forma *o senhor* que, na referida situação, se usa com este valor.

3.ª) Pelas razões aduzidas no capítulo 3, p. 73, quando anteposta a um nome próprio, a palavra *senhor* assume na linguagem corrente de Portugal e, principalmente, do Brasil a forma *seu*:

— **Seu Malhadas, seu Malhadas**, fosse você cavalheiro, não aceitava o meu copo!
(A. Ribeiro, *M*, 67.)

— **Seu Firmino**, o **senhor** duvida da minha palavra?
— Deus me livre, **seu Alexandre**. Quem é que duvida?
(G. Ramos, *AOH*, 111.)

— **Seu Coronel** não me verá mais, não **senhor**.
(A. Peixoto, *RC*, 938.)

Observe-se, nos dois últimos exemplos, a concorrência da forma proclítica e da forma plena, esta sob o acento tônico.

3. **Tratamento cerimonioso.** As formas de tratamento propriamente cerimonioso usam-se muito menos no Brasil do que em Portugal.

1.º) *Vossa Excelência* (*V. Ex.ª*). Embora o seu emprego, no português europeu, se tenha restringido bastante nas últimas décadas, e em particular nos últimos anos, ainda se usa a forma *Vossa Excelência*, na linguagem oral, em determinados ambientes (por ex.: academias, corpo diplomático) ou situações (empregado de comércio dirigindo-se a cliente, telefonista dirigindo-se a quem solicita uma ligação, etc.), sem que haja qualquer discriminação nítida quanto à categoria da pessoa interpelada. Por vezes aparece reduzida à forma coloquial *Vossência*.

Na linguagem escrita, sob a forma abreviada *V. Ex.ª*, é largo o seu uso, principalmente na correspondência oficial e comercial.

No Brasil só se emprega para o Presidente da República, ministros, governadores dos estados, senadores, deputados e oficiais-generais. E assim mesmo quase que exclusivamente na comunicação escrita e protocolar. Em requerimentos, petições, etc., o seu uso costuma estender-se a presidentes de instituições, diretores de serviço e altas autoridades em geral.

2.º) *Vossa Senhoria* (*V. S.ª*). É um tratamento praticamente inexistente na língua falada de Portugal e do Brasil. Na língua escrita, emprega-se ainda em ambas as variedades idiomáticas — mas cada vez menos — em cartas comerciais, em requerimentos, em ofícios, etc., quando não é próprio o tratamento de *Vossa Excelência*.

3.º) As outras formas — *Vossa Eminência*, *Vossa Magnificência*, *Vossa Santidade*, etc. — são protocolares e só se aplicam aos ocupantes dos cargos atrás indicados. Por vezes, no tratamento direto, é possível substituí-las por formas também respeitosas, mas menos solenes. A um sacerdote, por exemplo, é comum tratar-se, em lugar de *Vossa Reverência* ou *Vossa Reverendíssima*, por *o senhor*, ou, no português europeu, por *o senhor Padre*.

4. **Outras formas de tratamento.** Frequente no português de Portugal, e muito raro no do Brasil, é o emprego das formas nominais antecedidas de artigo em vez das formas pronominais ou pronominalizadas de tratamento.

São exemplos dessas formas nominais:

a) o nome próprio, seja o de batismo, seja o de família:

— **O Manuel** já leu este livro?
— **O Martins** já leu este livro?

b) os nomes de parentesco ou equivalentes:

— **O pai** já leu este livro?
— **A mãe** já leu este livro?
— **O meu filho** já leu este livro?

c) outros nomes que situam o interlocutor em relação à pessoa que fala:

> — **O meu amigo** já leu este livro?
> — **O patrão** já leu este livro?
> — **O cavalheiro** já leu este livro?

FÓRMULAS DE REPRESENTAÇÃO DA 1.ª PESSOA

No colóquio normal, emprega-se *a gente* por *nós* e, também, por *eu*:

> Houve um momento entre nós
> Em que **a gente** não falou.
> (F. Pessoa, *QGP*, n.º 270.)

> — Não culpes mais o Barbaças, compadre! **A gente** só queria gastar um bocadito do dinheiro.
> (F. Namora, *TJ*, 165.)

> — Você não calcula o que é **a gente** ser perseguida pelos homens. Todos me olham como se quisessem devorar-me.
> (C. dos Anjos, *DR*, 41.)

Como se vê dos exemplos acima, o verbo deve ficar sempre na 3.ª pessoa do singular. Também na 3.ª pessoa do singular deve ficar o verbo que tem por sujeito outras expressões substantivas que representam a 1.ª pessoa do singular, como o brasileirismo **o degas**, que às gerações mais novas já se afigura um tanto antiquado:

> — Então, adeus. Mande cá n**o degas**...
> (J. Amado, *MM*, 101.)

> Não sendo pexote, e soltando arame, que vida supimpa a d**o degas**!
> (C. Drummond de Andrade, *CJB*, 69.)

EMPREGO DOS PRONOMES OBLÍQUOS

FORMAS TÔNICAS

Sabemos que as formas oblíquas tônicas dos pronomes pessoais vêm acompanhadas de preposição. Como pronomes, são sempre termos da oração e, de acordo com a preposição que as acompanhe, podem desempenhar as funções de:

a) COMPLEMENTO NOMINAL:

Vou ver-me livre **de ti**...
(B. Santareno, *TPM*, 24.)

O meu ódio **a ela** crescia dia a dia.
(J. Lins do Rego, *ME*, 54.)

b) OBJETO INDIRETO:

— Posso mandar incumbi-la de mostrar **a ti** os pontos pitorescos de Piratininga...
(C. dos Anjos, *M*, 302.)

Não a diria a ninguém,
Nem **a ti** se eu a soubesse!
(A. Botto, *C*, 261.)

c) OBJETO DIRETO (antecedido da preposição *a* e dependente, em geral, de verbos que exprimem sentimento):

Paciente, obreira e dedicada, é **a ela** que em verdade eu amo.
(J. Rodrigues Miguéis, *GTC*, 159.)

Rubião viu em duas rosas vulgares uma festa imperial, e esqueceu a sala, a mulher e **a si**.
(Machado de Assis, *OC*, I, 679.)

d) AGENTE DA PASSIVA:

Eu sou daqueles que foram **por ele** consolados.
(Graça Aranha, *OC*, 79.)

Os nossos amores não serão esquecidos nunca — **por mim**, está claro, e estou certo que nem **por ti**.
(Machado de Assis, *OC*, I, 688.)

e) ADJUNTO ADVERBIAL:

Eu já te vejo amanhã a colher flores **comigo** pelos campos.
(F. Pessoa, *OP*, 167.)

Contigo, Antônio, Antônio Machado,
contigo quisera passear,
por manhã de serra, por noite de rio,
por nascer de luar.
(C. Meireles, *OP*, 344.)

Observação:

Do cruzamento das duas construções perfeitamente corretas:

Isto não é trabalho **para eu fazer**

e

Isto não é trabalho **para mim**,

surgiu uma terceira:

Isto não é trabalho **para mim fazer**,

em que o sujeito do verbo no infinitivo assume a forma oblíqua.

A construção parece ser desconhecida em Portugal, mas no Brasil ela está muito generalizada na língua familiar, apesar do sistemático combate que lhe movem os gramáticos e os professores do idioma.

Emprego enfático do pronome oblíquo tônico

Para se ressaltar o objeto (direto ou indireto), usa-se, acompanhando um pronome átono, a sua forma tônica regida da preposição *a*:

Ele não via nada, via-**se a si** mesmo.
(Machado de Assis, *OC*, I, 431.)

O Abravezes dava-**lhe** razão **a ela**, em princípio...
(U. Tavares Rodrigues, *PC*, 202.)

Pronomes precedidos de preposição

As formas oblíquas tônicas *mim*, *ti*, *ele* (*ela*), *nós*, *vós*, *eles* (*elas*) só se usam antecedidas de preposição.

Assim:

Fez isto **para mim**.
Gosto **de ti**.
A ele cabe decidir.

Orai **por nós.**
Confiamos **em vós.**
Não há discordância **entre elas.**

Se o pronome oblíquo for precedido da preposição *com*, dir-se-á *comigo*, *contigo*, *conosco* e *convosco*. É regular, no entanto, a construção *com ele* (*com ela*, *com eles*, *com elas*):

Estive **com ele** agora mesmo.
Fui **com elas** visitar o irmão.

Normal é também o emprego de *com nós* e *com vós* quando os pronomes vêm reforçados por *outros*, *mesmos*, *próprios*, *todos*, *ambos* ou qualquer numeral:

Terá de resolver **com nós mesmos.**
Estava **com vós outros.**
Saiu **com nós três.**
Contava **com todos vós.**

Observações:

1.ª) Empregam-se as formas *eu* e *tu* depois das preposições acidentais *afora*, *fora*, *exceto*, *menos*, *salvo* e *tirante*:

Afinal, todos **exceto eu**, sabem o que sou...
(C. dos Anjos, *DR*, 43.)

— Toda a gente desconfiava disso, **menos eu.**
(Alves Redol, *BC*, 336.)

2.ª) A tradição gramatical aconselha o emprego das formas oblíquas tônicas depois da preposição *entre*. Exemplo:

— Foi um duelo **entre mim** e a velhice.
(Machado de Assis, *OC*, I, 1085.)

Que diferença há **entre mim** e um fidalgo qualquer?
(Sttau Monteiro, *FL*, 29.)

Por que vens, pois, pedir-me adorações quando **entre mim e ti** está a cruz ensanguentada do calvário?
(A. Herculano, *E*, 44.)

Na linguagem coloquial predomina, porém, a construção com as formas retas, construção que se vai insinuando na linguagem literária:

Entre eu e tu,
Tão profundo é o contrato
Que não pode haver disputa.
(J. Régio, *ED*, 91.)

Entre eu e minha mãe existe o mar.
(Ribeiro Couto, *PR*, 365.)

3.ª) Com a preposição *até* usam-se as formas oblíquas *mim*, *ti*, etc.:

Curvam-se, agarram a rede, erguem-na **até si**.
(R. Brandão, *P*, 154.)

Um grito do velho Zé Paulino chegou **até mim**.
(J. Lins do Rego, *D*, 255.)

Se, porém, *até* denota inclusão, e equivale a *mesmo*, *também*, *inclusive*, constrói-se com a forma reta do pronome:

Pois é de pasmar, mas é verdade. E **até eu** já tive hoje quem me oferecesse champanhe.
(J. Régio, *SM*, 156.)

Até eu, que sou muito avesso a esses corre-corres, a esse espevitamento de tomar o cheiro dos famanazes em trânsito, saí-me dos meus cuidados e fui até o Ministério.
(M. Bandeira, *AA*, 341.)

FORMAS ÁTONAS

1. São formas próprias do OBJETO DIRETO *o*, *a*, *os*, *as*:

Eu avisei-**o**.
(B. Santareno, *TPM*, 20.)

Ele olhou-**a**, espantado.
(Ferreira de Castro, *OC*, I, 481.)

Ângela dominava-**os** a todos, vencia-**os**.
(R. Pompeia, *A*, 222.)

É preciso acompanhá-**las**.
(Coelho Netto, *OS*, I, 45.)

2. São formas próprias do OBJETO INDIRETO: *lhe*, *lhes*:

O capitão **lhe** garantira que tudo fora um mal-entendido.
(M. Palmério, *VC*, 286.)

Soube inspirar-**lhes** confiança.
(B. Santareno, *TPM*, 84.)

3. Podem empregar-se como OBJETO DIRETO ou INDIRETO: *me*, *te*, *nos* e *vos*.

a) OBJETO DIRETO:

Queres ouvir-**me** um instante, sensatamente?
(U. Tavares Rodrigues, *PC*, 153.)

Queria-**te** ver lá em cima.
(Luandino Vieira, *NM*, 3.)

Vinde e contemplai-**nos**, que entardece.
(C. Meireles, *OP*, 318.)

Ninguém **vos** abandona, senhor.
(J. Régio, *ERS*, 90.)

b) OBJETO INDIRETO:

Chamava-**me** o seu alferes.
(Machado de Assis, *OC*, II, 234.)

— Ninguém **te** vai agradecer.
(Alves Redol, *BSL*, 355.)

Só a leitura dos grandes livros **nos** pode trazer a compensação das misérias de certos homens de letras.
(A. F. Schmidt, *GB*, 331.)

— Ouvis o que **vos** pergunto?
(J. Régio, *ERS*, 186.)

O pronome oblíquo átono sujeito de um infinitivo

Se compararmos as duas frases:

> Mandei **que ele saísse**...
> Mandei-**o sair**.

verificamos que o objeto direto, exigido pela forma verbal *mandei*, é expresso:

a) na primeira, pela oração *que ele saísse*;
b) na segunda, pelo pronome seguido do infinitivo: *o sair*. E verificamos, também, que o pronome *o* está para o infinitivo *sair* como o pronome *ele* para a forma finita *saísse*, da qual é sujeito. Logo, na frase acima o pronome *o* desempenha a função de sujeito do verbo *sair*.

Construções semelhantes admitem os pronomes *me*, *te*, *nos*, *vos* (e o reflexivo *se*, que estudaremos à parte). Exemplo:

> Deixe-**me falar**.
> Mandam-**te entrar**.
> Fez-**nos sentar**.

Emprego enfático do pronome oblíquo átono

1. Para dar realce ao objeto direto, costuma-se colocá-lo no início da frase e, depois, repeti-lo com a forma pronominal *o* (*a*, *os*, *as*), como nestes passos:

> **Verdades**, quem é que **as** quer?
> (F. Pessoa, *OP*, 530.)

> **O meu avô**, nunca **o** vi rezando.
> (J. Lins do Rego, *ME*, 83.)

Note-se que, se o objeto direto for constituído de substantivos de gêneros diferentes, o pronome que os resume deve ir para o masculino plural — *os*:

> Se Paulo desejava mesmo **escândalo e agitação**, teve-**os** à vontade.
> (M. Palmério, *VC*, 307.)

> **Salas e coração**, habita-**os** a saudade!
> (A. de Oliveira, *P*, III, 109.)

2. Também o pronome *lhe* (*lhes*) pode reiterar o objeto indireto colocado no início da frase. Comparem-se os conhecidos provérbios:

> **Ao pobre** não **lhe** prometas e **ao rico** não **lhe** faltes.
> **Ao médico e ao abade**, fala-**lhes** sempre a verdade.

O pronome de interesse

Em frases como as seguintes:

> Olhem-**me** para ela: é o espelho das donas de casa!
> (A. Ribeiro, *M*, 101.)

> Ânimo, Brás Cubas, não **me** sejas palerma.
> (Machado de Assis, *OC*, I, 534.)

o pronome *me* não desempenha função sintática alguma. É apenas um recurso expressivo de que se serve a pessoa que fala para mostrar que está vivamente interessada no cumprimento da ordem emitida ou da exortação feita.

Este PRONOME DE INTERESSE, também conhecido por DATIVO ÉTICO ou DE PROVEITO, é de uso frequente na linguagem coloquial, mas não raro aparece na pena de escritores.

Por vezes o seu valor se dilui num *me* expletivo, produzindo belos efeitos:

> Desde menino **me** choro
> E ainda não **me** achei fim!
> (F. Pessoa, *OP*, 543.)

> Quem pagará o enterro e as flores
> Se eu **me** morrer de amores?
> (V. de Morais, *PCP*, 333.)

Pronome átono com valor possessivo

Os pronomes átonos que funcionam como objeto indireto (*me*, *te*, *lhe*, *nos*, *vos*, *lhes*) podem ser usados com sentido possessivo, principalmente quando se aplicam a partes do corpo de uma pessoa ou a objetos de seu uso particular:

> Escutaste-**lhe** a voz? Viste-**lhe** o rosto?
> Osculaste-**lhe** as plantas?
> Tocaste-**lhe** os vestidos resplendentes?
> (Fagundes Varela, *PC*, II, 272.)

O barro que em quimeras modelaste
Quebrou-se-**te** nas mãos.
(C. Pessanha, *C*, 64.)

Duas lágrimas toldam-**lhe** a vista, um soluço prende-se-**lhe** no peito.
(O. Mendes, *P*, 166.)

Pronomes complementos de verbos de regência distinta

Podemos empregar um só pronome como complemento de vários verbos quando estes admitem a mesma regência, ou seja, quando o pronome em causa desempenha idêntica função com referência a cada verbo.

Assim, a frase:

Só Roberto **me** viu e cumprimentou.

está perfeita, porque os verbos *ver* e *cumprimentar* pedem objeto direto, que, no caso, vem expresso pelo pronome *me*.

Se disséssemos, porém:

Só Roberto **me** viu e deu as costas,

a frase não estaria bem construída, porque o *me* ficaria sendo, a um tempo, objeto direto de *ver* e indireto de *dar*.

Nesse caso, é de boa norma repetirmos o pronome:

Só Roberto **me** viu e **me** deu as costas,

ainda que da construção abreviada se tenham servido alguns dos melhores escritores da língua.[6]

Observação:

Ainda quando complemento de verbos que tenham a mesma regência, o pronome só deve ser omitido com o segundo verbo e seguintes se estiver proclítico ao primeiro da série, como no exemplo citado:

---

[6] Com razão, diz Mário Barreto que esta regra "não é artificial, e não a combate, nem destrói a infração dela em certos casos, em que praticamente o autorizam os usos e modismos da língua, como as locuções *entrar e sair do carro*, *vão e vêm do campo*, *chegar ou sair de casa*, empregadas por muitos e bons escritores". (*Novíssimos estudos da língua portuguesa*. 2.ª edição revista. Rio de Janeiro, Francisco Alves, 1924, p. 112-113, nota).

Só Roberto **me** viu e cumprimentou.

Vindo enclítico ao primeiro, convém repeti-lo com os demais. Dir-se-á, pois:

Viu-**me** e cumprimentou-**me**

ou

Viu-**me** e **me** cumprimentou (construção desusada em Portugal)

e não

Viu-**me** e cumprimentou

O que se disse do pronome enclítico aplica-se ao mesoclítico. Assim:

Procurar-**me**-ão e encontrar-**me**-ão

ou

Procurar-**me**-ão e **me** encontrarão (desusada em Portugal)

e não

Procurar-**me**-ão e encontrarão

Valores e empregos do pronome *se*

O pronome *se* emprega-se como:

a) OBJETO DIRETO (emprego mais comum):

Ao sentir aquela robustez nos braços, meu pai tranquilizou-**se** e tranquilizou-o.

(G. Amado, *HMI*, 124.)

Viu-**se** ao espelho, cadavérico.

(U. Tavares Rodrigues, *NR*, 107.)

b) OBJETO INDIRETO:

Sofia dera-**se** pressa em tomar-lhe o braço.

(Machado de Assis, *OC*, I, 656.)

Perguntava-**se** a si mesma Teresa se aquela horrorosa situação seria um sonho.

(C. Castelo Branco, *OS*, I, 390.)

Emprego menos raro quando exprime a reciprocidade da ação:

Os nossos olhos muito perto, imensos
No desespero desse abraço mudo,
Confessaram-**se** tudo!
(J. Régio, *PDD*, 83.)

Os estudantes passavam diante dos examinadores aglomerados, chocando-**se** uns aos outros como gado saindo em redemoinho da porta do curral.
(G. Amado, *HMI*, 191.)

c) SUJEITO DE UM INFINITIVO:

Virgília deixou-**se cair**, no canapé, a rir.
(Machado de Assis, *OC*, I, 497.)

Moura Teles deixou-**se conduzir** passivamente.
(J. Paço d'Arcos, *CVL*, 607.)

d) PRONOME APASSIVADOR:

Ouve-**se** ainda o toque de rebate.
(B. Santareno, *TPM*, 121.)

Fez-**se** novo silêncio.
(Coelho Netto, *OS*, I, 97.)

e) SÍMBOLO DE INDETERMINAÇÃO DO SUJEITO (junto à 3.ª pessoa do singular de verbos intransitivos, ou de transitivos tomados intransitivamente):

Vive-**se** ao ar livre, come-**se** ao ar livre, dorme-**se** ao ar livre.
(R. Brandão, *P*, 165.)

Martelava-**se**, serrava-**se**, acepilhava-**se**.
(Coelho Netto, *OS*, I, 131.)

f) PALAVRA EXPLETIVA (para realçar, com verbos intransitivos, a espontaneidade de uma atitude ou de um movimento do sujeito):

As estrelas dirão: — "Ai! nada somos,
Pois ela **se morreu**, silente e fria..."
(A. de Guimaraens, *OC*, 258.)

Foi-se embora e à passagem, mascando o charuto, mediu Maria Antônia de alto a baixo.
(J. Paço d'Arcos, *CVL*, 929.)

...**Vão-se** as situações, e eles com elas.
(A. Magalhães, *OC*, 798.)

g) PARTE INTEGRANTE DE CERTOS VERBOS que geralmente exprimem sentimento, ou mudança de estado: *admirar-se*, *arrepender-se*, *atrever-se*, *indignar-se*, *queixar-se*; *congelar-se*, *derreter-se*, etc.

— **Atreva-se**. **Atreva-se**, e verá.
(M. Torga, *NCM*, 48.)

D. Adélia **queixava-se** baixinho.
(G. Ramos, *A*, 136.)

Leonel **arrependeu-se** da frase inútil e dura.
(J. Paço d'Arcos, *CVL*, 846.)

Observações:

1.ª) No português antigo e médio usava-se normalmente a passiva pronominal com agente expresso, como ilustra este passo camoniano:

Aqui **se escreverão** novas histórias
Por gentes estrangeiras que virão.
(*Lus.*, VII, 55.)

Na língua moderna evita-se tal prática. Daí soar-nos artificial uma construção como a seguinte:

Este verbo, em nossa língua, nunca **se usou pelos escritores vernáculos** senão como equivalente de amar.
(R. Barbosa, *R*, n.º 384.)

2.ª) Em frases do tipo:

Vendem-**se** casas.
Compram-**se** móveis.

consideram-se *casas* e *móveis* os sujeitos das formas verbais *vendem* e *compram*, razão por que na linguagem cuidada se evita deixar o verbo no singular.

Combinações e contrações dos pronomes átonos

Quando numa mesma oração ocorrem dois pronomes átonos, um objeto direto e outro indireto, podem combinar-se, observadas as seguintes regras:

1.ª) *Me, te, nos, vos, lhe* e *lhes* (formas de objeto indireto) juntam-se a *o, a, os, as* (de objeto direto), dando:

mo = me + o	ma = me + a	mos = me + os	mas = me + as
to = te + o	ta = te + a	tos = te + os	tas = te + as
lho = lhe + o	lha = lhe + a	lhos = lhe + os	lhas = lhe + as
no-lo = nos + [l]o	no-la = nos + [l]a	no-los = nos + [l]os	no-las = nos + [l]as
vo-lo = vos + [l]o	vo-la = vos + [l]a	vo-los = vos + [l]os	vo-las = vos + [l]as
lho = lhes + o	lha = lhes + a	lhos = lhes + os	lhas = lhes + as

2.ª) O pronome *se* associa-se a *me, te, nos, vos, lhe*, e *lhes* (e nunca a *o, a, os, as*). Na escrita, as duas formas conservam a sua autonomia, quando antepostas ao verbo, e ligam-se por hífen, quando lhe vêm pospostas:

> O coração **se me confrange**...
> (O. Mariano, *TVP*, I, 216.)

> A aventura **gorou-se-lhe** aos primeiros passos.
> (C. de Oliveira, *AC*, 155.)

3.ª) As formas *me, te, nos* e *vos*, quando funcionam como objeto direto, ou quando são parte integrante dos chamados verbos pronominais, não admitem a posposição de outra forma pronominal átona. O objeto indireto assume em tais casos a forma tônica preposicionada:

> — Como **me** hei de livrar **de ti**?
> (J. Régio, *JA*, 85.)

> Quantas vezes, Amor, já te esqueci,
> Para mais doidamente me lembrar,
> Mais doidamente **me** lembrar **de ti**!
> (F. Espanca, *S*, 71.)

Observações:

1.ª) As combinações *lho, lha* (equivalentes a *lhes + o, lhes + a*) e *lhos, lhas* (equivalentes a *lhes + os, lhes + as*) encontram sua explicação no fato de, na língua antiga, a forma *lhe* (sem *-s*) ser empregada tanto para o singular como para o plural. Originariamente, eram, pois, contrações em tudo normais.

2.ª) No Brasil, quase não se usam as combinações *mo*, *to*, *lho*, *no-lo*, *vo-lo*, etc. Da língua corrente estão de todo banidas e, mesmo na linguagem literária, só aparecem geralmente em escritores um tanto artificiais.

Colocação dos pronomes átonos

1. Em relação ao verbo, o pronome átono pode estar:

a) ENCLÍTICO, isto é, depois dele:

> Calei-**me**.

b) PROCLÍTICO, isto é, antes dele:

> Eu **me** calei.

c) MESOCLÍTICO, ou seja, no meio dele, colocação que só é possível com formas do FUTURO DO PRESENTE ou do FUTURO DO PRETÉRITO:

> Calar-**me**-ei.
> Calar-**me**-ia.

2. Sendo o pronome átono objeto direto ou indireto do verbo, a sua posição lógica, normal, é a ÊNCLISE:

> **Agarraram-na** conseguindo, a muito custo, **arrastá-la** do quarto.
> (Coelho Netto, *OS*, I, 43.)

> Na segunda-feira, ao ir ao Morenal, **parecera-lhe** sentir pelas costas risinhos a **escarnecê-la**.
> (Eça de Queirós, *O*, I, 124.)

Há, porém, casos em que, na língua culta, se evita ou se pode evitar essa colocação, sendo por vezes conflitantes, no particular, a norma portuguesa e a brasileira.

Procuraremos, assim, distinguir os casos de PRÓCLISE que representam a norma geral do idioma dos que são optativos e, ambos, daqueles em que se observa uma divergência de normas entre as variantes europeia e americana da língua.

Regras gerais

Com um só verbo

1. Quando o verbo está no FUTURO DO PRESENTE ou no FUTURO DO PRETÉRITO, dá-se tão somente a PRÓCLISE ou a MESÓCLISE do pronome:

   Eu **me** calarei.
   Eu **me** calaria.
   Calar-**me**-ei.
   Calar-**me**-ia.

2. É, ainda, preferida a PRÓCLISE:

a) Nas orações que contêm uma palavra negativa (*não, nunca, jamais, ninguém, nada*, etc.) quando entre ela e o verbo não há pausa:

— **Não lhes dizia** eu?
(M. de Sá-Carneiro, *CF*, 348.)

Nunca o vi tão sereno e obstinado.
(C. dos Anjos, *M*, 316.)

— **Ninguém me disse** que você estava passando mal!
(A. M. Machado, *JT*, 208.)

b) nas orações iniciadas com pronomes e advérbios interrogativos:

Quem me busca a esta hora tardia?
(M. Bandeira, *PP*, I, 406.)

— **Por que te assustas** de cada vez?
(J. Régio, *JA*, 98.)

Como a julgariam os pais se conhecessem a vida dela?
(U. Tavares Rodrigues, *NR*, 23.)

c) nas orações iniciadas por palavras exclamativas, bem como nas orações que exprimem desejo (optativas):

Que o vento **te leve** os meus recados de saudade.
(F. Namora, *RT*, 89.)

— Que Deus **o abençoe**!
(B. Santareno, *TPM*, 18.)

— Bons olhos **o vejam**! exclamou.
(Machado de Assis, *OC*, I, 483.)

d) nas orações subordinadas desenvolvidas, ainda quando a conjunção esteja oculta:

Quando me deitei, à meia-noite, os preços estavam à altura do pescoço.
(C. Drummond de Andrade, *BV*, 20.)

— Prefiro **que me desdenhem, que me torturem**, a **que me deixem só**.
(U. Tavares Rodrigues, *NR*, 115.)

— Que é que desejas **te mande** do Rio?
(A. Peixoto, *RC*, 174.)

e) com o gerúndio regido da preposição *em*:

Em se ela **anuviando**, **em a** não **vendo**,
Já se me a luz de tudo anuviava.
(J. de Deus, *CF*, 205.)

— **Em lhe cheirando** a homem chulo é com ele.
(Machado de Assis, *OC*, I, 755.)

3. Não se dá a ÊNCLISE nem a PRÓCLISE com os PARTICÍPIOS. Quando o PARTICÍPIO vem desacompanhado de auxiliar, usa-se sempre a forma oblíqua regida de preposição.
Exemplo:

Dada a mim a explicação, saiu.

4. Com os INFINITIVOS soltos, mesmo quando modificados por negação, é lícita a PRÓCLISE ou a ÊNCLISE, embora haja acentuada tendência para esta última colocação pronominal:

E ah! que desejo de **a tomar** nos braços...
(O. Bilac, *P*, 72.)

Canta-me cantigas para **me embalar**!
(Guerra Junqueiro, *S*, 118.)

Para **não fitá-lo**, deixei cair os olhos.
(Machado de Assis, *OC*, I, 807.)

Para **assustá-lo**, os soldados atiravam a esmo.
(C. Drummond de Andrade, *CA*, 82.)

A ÊNCLISE é mesmo de rigor quando o pronome tem a forma *o* (principalmente no feminino *a*) e o INFINITIVO vem regido da preposição *a*:

Se soubesse, não continuaria **a lê-lo.**
(R. Barbosa, *EDS*, 743.)

Logo os outros, Camponeses e Operários, começam **a imitá-la.**
(B. Santareno, *TPM*, 120.)

5. Pode-se dizer que, além dos casos examinados, a língua portuguesa tende à PRÓCLISE pronominal:

a) quando o verbo vem antecedido de certos advérbios (*bem*, *mal*, *ainda*, *já*, *sempre*, *só*, *talvez*, etc.) ou expressões adverbiais e não há pausa que os separe:

Até a voz, dentro em pouco, **já me parecia** a mesma.
(Machado de Assis, *OC*, I, 858.)

Só depois se senta no chão a chorar.
(Alves Redol, *MB*, 255.)

Ao despertar, **ainda as encontro** lá, **sempre se mexendo** e discutindo.
(A. M. Machado, *CJ*, 174.)

Talvez Elisabeth **se decidisse.**
(Ferreira de Castro, *OC*, II, 261.)

Nas pernas me fiava eu.
(A. Ribeiro, *M*, 88.)

b) quando a oração, disposta em ordem inversa, se inicia por objeto direto ou predicativo:

Tiram mais que na ceifa; **isso te digo** eu.
(Alves Redol, *G*, 108.)

— **A grande notícia te dou** agora.
(F. Namora, *NM*, 162.)

Razoável lhe parecia a solução proposta.

c) quando o sujeito da oração, anteposto ao verbo, contém o numeral *ambos* ou algum dos pronomes indefinidos (*todo*, *tudo*, *alguém*, *outro*, *qualquer*, etc.):

Ambos se sentiam humildes e embaraçados.
(F. Namora, *TJ*, 293.)

Alguém lhe bate nas costas.
(A. M. Machado, *JT*, 208.)

Todos os barcos **se perdem**,
entre o passado e o futuro.
(C. Meireles, *OP*, 37.)

d) nas orações alternativas:

— Das duas uma: **ou as faz** ela **ou as faço** eu.
(Sttau Monteiro, *APJ*, 39.)

Maria, **ora se atribulava, ora se abonançava.**
(Ó. Ribas, *EMT*, 18.)

6. Observe-se por fim que, sempre que houver *pausa* entre um elemento capaz de provocar a PRÓCLISE e o verbo, pode ocorrer a ÊNCLISE:

Pouco depois, detiveram-se de novo.
(Ferreira de Castro, *OC*, I, 403.)

A ênclise é naturalmente obrigatória quando aquele elemento, contíguo ao verbo, a ele não se refere, como neste exemplo:

— Sim, sim, disse ela desvairadamente, mas avisemos o cocheiro que nos leve até a casa de Cristiano.
— **Não, apeio-me** aqui...
(Machado de Assis, *OC*, I, 690.)

Observação:

Costumam os escritores do idioma, principalmente os portugueses, inserir uma ou mais palavras entre o pronome átono em próclise e o verbo, sendo mais comum a intercalação da negativa *não*:

> Era impossível que **lhe não deixasse** uma lembrança.
> (Machado de Assis, *OC*, I, 563.)

> Conformado pelas suas palavras, o tio calara-se, só para **lhe não dar** assentimento.
> (Alves Redol, *F*, 310.)

> Há tanto tempo que **o não via**!
> (Luandino Vieira, *CI*, 64.)

Com uma locução verbal

1. Nas LOCUÇÕES VERBAIS em que o verbo principal está no INFINITIVO ou no GERÚNDIO pode dar-se:
   1.º) *Sempre* a ÊNCLISE ao infinitivo ou ao gerúndio:

> O roupeiro **veio interromper-me.**
> (R. Pompeia, *A*, 37.)

> — Que **poderá dizer-nos** aquele rato de biblioteca?
> (A. Ribeiro, *AFPB*, 215.)

> Só **quero preveni-lo** contra as exagerações do Prólogo.
> (A. de Quental, *C*, 314.)

> Nós íamos seguindo; e, em torno, imensa,
> **Ia desenrolando-se** a paisagem.
> (R. Correia, *PCP*, 304.)

2.º) A PRÓCLISE ao verbo auxiliar, quando ocorrem as condições exigidas para a anteposição do pronome a um só verbo, isto é:

a) quando a locução verbal vem precedida de palavra negativa, e entre elas não há pausa:

> Tempo que navegaremos
> **Não se pode calcular.**
> (C. Meireles, *OP*, 141.)

Rita é minha irmã, **não me ficaria querendo** mal e acabaria rindo também.

(Machado de Assis, *OC*, I, 1051.)

— **Ninguém o havia de dizer**.

(A. Ribeiro, *M*, 68.)

Jamais me hão de chamar outro mais doce.

(F. Espanca, *S*, 49.)

b) nas orações iniciadas por pronomes ou advérbios interrogativos:

— **Que** mal **me havia de fazer**?

(M. Torga, *NCM*, 47.)

Que é que me podia acontecer?

(G. Ramos, *A*, 152.)

— **Em que lhe posso ser útil**, senhor Petra?

(A. Ribeiro, *M*, 268.)

Como te hei de receber em dia tão posterior?

(C. Meireles, *OP*, 406.)

c) nas orações iniciadas por palavras exclamativas, bem como nas orações que exprimem desejo (optativas):

Como se vinha trabalhando mal!
Deus **nos há de proteger**!

d) nas orações subordinadas desenvolvidas, inclusive quando a conjunção está oculta:

O sufrágio **que me vai dar** será para mim uma consagração.

(E. da Cunha, *OC*, II, 634.)

Ega subiu ao seu quarto, **onde** outro criado **lhe estava preparando** o banho.

(Eça de Queirós, *O*, II, 329.)

Eram orações extraordinariamente tocantes, que N. lamenta não ter guardado na memória, ou registrado **à proporção que as ia ouvindo**.

(A. F. Schmidt, *F*, 171.)

Ao cabo de cinco dias, minha mãe amanheceu tão transtornada que ordenou **me mandassem buscar** ao seminário.
(Machado de Assis, *OC*, I, 800.)

3.º) A ÊNCLISE ao verbo auxiliar, quando não se verificam essas condições que aconselham a PRÓCLISE:

Vão-me buscar, sem mastros e sem velas,
Noiva-menina, as doidas caravelas,
Ao ignoto País da minha infância...
(F. Espanca, *S*, 179.)

Ia-me esquecendo dela.
(G. Ramos, *AOH*, 40.)

A cidade **ia-se perdendo** à medida que o veleiro rumava para São Pedro.
(B. Lopes da Silva, *C*, 207.)

2. Quando o verbo principal está no PARTICÍPIO, o pronome átono não pode vir depois dele. Virá, então, PROCLÍTICO ou ENCLÍTICO ao verbo auxiliar, de acordo com as normas expostas para os verbos na forma simples:

— **Tenho-o trazido** sempre, só hoje é que o viste?
(M. J. de Carvalho, *TM*, 152.)

— Arrependa-se do que me disse, e **tudo lhe será perdoado**.
(Machado de Assis, *OC*, I, 645.)

Que se teria passado?
(Coelho Netto, *OS*, I, 1412.)

Queria mesmo dali adivinhar o **que se tinha passado** na noite da sua ausência.
(Alves Redol, *F*, 195.)

A colocação dos pronomes átonos no Brasil

A colocação dos pronomes átonos no Brasil, principalmente no colóquio normal, difere da atual colocação portuguesa e encontra, em alguns casos, similar na língua medieval e clássica.

Podem-se considerar como características do português do Brasil e, também, do português falado nas Repúblicas africanas:

a) a possibilidade de se iniciarem frases com tais pronomes, especialmente com a forma *me*:

> — **Me desculpe** se falei demais.
> (É. Veríssimo, *A*, II, 487.)

> **Me arrepio** todo...
> (Luandino Vieira, *NM*, 138.)

b) a preferência pela próclise nas orações absolutas, principais e coordenadas não iniciadas por palavra que exija ou aconselhe tal colocação:

> — Se Vossa Reverendíssima me permite, **eu me sento** na rede.
> (J. Montello, *TSL*, 176.)

> **O usineiro nos entregava** o açúcar pelo preço do dia, pagava a comissão e armazenagem e nós especulávamos para as praças do Rio e São Paulo.
> (J. Lins do Rego, *U*, 251.)

> — **A sua prima Júlia**, do Golungo, **lhe mandou** um cacho de bananas.
> (Luandino Vieira, *NM*, 54.)

c) a próclise ao verbo principal nas locuções verbais:

> Será que o pai **não ia se dar** ao respeito?
> (Autran Dourado, *SA*, 68.)

> — Não, não sabes e **não posso te dizer mais**, já não me ouves.
> (Luandino Vieira, *NM*, 46.)

> Outro **teria se metido** no meio do povo, teria terminado com aquela miséria, sem sangue.
> (J. Lins do Rego, *U*, 222.)

> Tudo **ia se escurecendo**.
> (J. Lins do Rego, *U*, 338.)

Justificando essa última colocação, escreve Martinz de Aguiar:

"Numa frase como *ele vem-me ver*, geral em Portugal, literária no Brasil, o fator lógico deslocou o pronome *me* do verbo *vem*, para adjudicá-lo ao verbo *ver*, por ser ele determinante, objeto direto, do segundo e, não, do primeiro. Isto é: deixou a língua falada no Brasil de dizer *vem-me ver* (fator histórico por ser mera continuação do esquema geral português), para dizer *vem me-ver*, que também vigia na língua, ligando-se o pronome ao verbo que o rege (fator lógico). Esta colocação de tal maneira se estabilizou, que pouco se diz *vem ver-me* e trouxe consequências imprevistas:

1.ª) Pôde-se juntar o pronome ao particípio procliticamente: *Aqueles haviam se-corrompido.*

2.ª) Pôde-se pôr o pronome depois dos futuros (do presente e do passado): *Poderá se-reduzir, poderia se-reduzir.* Deixando de ligar-se aos futuros, para unir-se ao infinitivo, deixou igualmente de interpor-se-lhes aos elementos constitutivos.

3.ª) Em frases como *vamo-nos encontrar*, deixando o pronome de pospor-se à forma verbal pura, para antepor-se à nominal, deixou igualmente de determinar a dissimilação das sílabas parafônicas, podendo-se então dizer *vamos nos-encontrar*".[7]

PRONOMES POSSESSIVOS

PRONOMES PESSOAIS, POSSESSIVOS E DEMONSTRATIVOS

Estreitamente relacionados com os pronomes pessoais estão os PRONOMES POSSESSIVOS e os DEMONSTRATIVOS.

Os PRONOMES PESSOAIS, vimos, denotam as pessoas gramaticais; os outros dois indicam algo determinado por elas:

a) os POSSESSIVOS, o que lhes cabe ou pertence;
b) os DEMONSTRATIVOS, o que delas se aproxima ou se distancia no espaço e no tempo.

Podemos, assim, estabelecer estas correspondências prévias:

	1.ª PESSOA	2.ª PESSOA	3.ª PESSOA
Pronome pessoal	eu	tu	ele
Pronome possessivo	meu	teu	seu
Pronome demonstrativo	este	esse	aquele

[7] *Notas de português de Filinto a Odorico.* Rio de Janeiro, Simões, 1955, p. 409.

FORMAS DOS PRONOMES POSSESSIVOS

Os PRONOMES POSSESSIVOS apresentam três séries de formas, correspondentes à pessoa a que se referem. Em cada série, estas formas variam de acordo com o gênero e o número da coisa possuída e com o número de pessoas representadas no possuidor.

		UM POSSUIDOR		VÁRIOS POSSUIDORES	
		UM OBJETO	VÁRIOS OBJETOS	UM OBJETO	VÁRIOS OBJETOS
1.ª pessoa	masc. fem.	meu minha	meus minhas	nosso nossa	nossos nossas
2.ª pessoa	masc. fem.	teu tua	teus tuas	vosso vossa	vossos vossas
3.ª pessoa	masc. fem.	seu sua	seus suas	seu sua	seus suas

VALORES E EMPREGOS DOS POSSESSIVOS

Os PRONOMES POSSESSIVOS acrescentam à noção de pessoa gramatical uma ideia de posse. São, de regra, pronomes adjetivos, equivalentes a um adjunto adnominal antecedido da preposição *de* (*de mim, de ti, de nós, de vós, de si*), mas podem empregar-se como pronomes substantivos:

Por exemplo:

> **Meu livro** é este.
> Este livro é o **meu**.
> Sempre com **suas histórias**!
> Fazer das **suas**.

Concordância do pronome possessivo

1. O PRONOME POSSESSIVO concorda em gênero e número com o substantivo que designa o objeto possuído; e, em pessoa, com o possuidor do objeto em causa:

> Cada um tratava de si, do **seu corpo**, da **sua alma**, dos **seus ódios**.
> (M. Torga, *NCM*, 204.)

> Eu estava na porta da **minha casa**, casa de passeio-alto, com a **minha mãe** e o **meu pai**.
> (Luandino Vieira, *NANV*, 178.)

> **Suas mudanças** súbitas, **seu jeito** provocante, **sua mímica** muito feminina me fazem lembrar a Jandira mulher, que tantas vezes desaparece a **meus olhos**, em **nossas conversações**.
> (C. dos Anjos, *DR*, 124.)

2. Quando um só POSSESSIVO determina mais de um substantivo, concorda com o que lhe esteja mais próximo:

> Rubião estacara o passo; ela pôde vê-lo bem, com os **seus gestos e palavras**, o peito alto, e uma barretada que deu em volta.
> (Machado de Assis, *OC*, I, 715.)

> E o meu corpo, **minh'alma e coração**,
> Tudo em risos poisei em tua mão...
> (F. Espanca, *S*, 177.)

Posição do pronome adjetivo possessivo

O PRONOME ADJETIVO POSSESSIVO precede normalmente o substantivo que determina, como nos mostram os exemplos até aqui citados.

Pode, no entanto, vir posposto ao substantivo:

1.º) quando este vem desacompanhado do artigo definido:

> Esperava **notícias tuas** para de novo te escrever.
> (A. Nobre, *CI*, 119.)

> Soube por José Veríssimo que estranhou a ausência de **cartas minhas**.
> (E. da Cunha, *OC*, II, 707.)

2.º) quando o substantivo já está determinado (pelo artigo indefinido ou por numeral, por pronome demonstrativo ou por pronome indefinido):

> Recebi, no Rio, no dia da posse no Instituto, **um telegrama seu**, de felicitações...
> (E. da Cunha, *OC*, II, 639.)

> Note **este erro seu**: não há em mim (que eu seja consciente) o menor espírito de renúncia ou de esquecimento de mim próprio.
> (J. de Figueiredo, *C*, 177.)

Como tu foste infiel
A **certas ideias minhas**!
(F. Pessoa, *QGP*, n.º 186.)

3.º) nas interrogações diretas:

Onde estais, **cuidados meus**?
(M. Bandeira, *PP*, 23.)

Em todo o caso... Agora ouve-se menos ou é **impressão minha**?
(A. Abelaira, *NC*, 15.)

4.º) quando há ênfase:

— Tu não lustras as unhas! tu trabalhas! tu és digna **filha minha**! pobre, mas honesta!
(Machado de Assis, *OC*, I, 672.)

Ninguém, **senhores meus**, que empreenda uma jornada extraordinária, primeiro que meta o pé na estrada, se esquecerá de entrar em conta com as suas forças, por saber se o levarão a cabo.
(R. Barbosa, *EDS*, 685.)

A alternância de colocações presta-se a efeitos estilísticos, como nos mostra este exemplo:

És **meu** único **desejo**,
Ah! fosse o **desejo teu**!
(Guimarães Passos, *VS*, 24.)

Emprego ambíguo do possessivo de 3.ª pessoa

As formas *seu*, *sua*, *seus*, *suas* aplicam-se indiferentemente ao possuidor da 3.ª pessoa do singular ou da 3.ª do plural, seja este possuidor masculino ou feminino.

O fato de concordar o possessivo unicamente com o substantivo denotador do objeto possuído provoca, não raro, dúvida a respeito do possuidor.

Para evitar qualquer ambiguidade, o português nos oferece o recurso de precisar a pessoa do possuidor com a substituição de *seu*(*s*), *sua*(*s*), pelas formas *dele*(*s*), *dela*(*s*), *de você*(*s*), *do*(*s*) *senhor*(*es*), *da*(*s*) *senhora*(*s*) e outras expressões de tratamento.

Por exemplo, a frase:

> Em casual encontro com Júlia, Pedro fez comentários sobre os **seus exames.**

tem um anunciado equívoco: os comentários de Pedro podem ter sido feitos sobre os exames de Júlia; ou sobre os exames dele, Pedro; ou, ainda, sobre os exames de ambos.

Assim sendo, o locutor deverá expressar-se, conforme a intenção que tenha:

> Em casual encontro com Júlia, Pedro fez comentários sobre os **exames dela.**

> Em casual encontro com Júlia, Pedro fez comentários sobre os **exames dele.**

> Em casual encontro com Júlia, Pedro fez comentários sobre os **exames deles.**

Reforço dos possessivos

O valor possessivo destes pronomes nem sempre é suficientemente forte. Quando há necessidade de realçar a ideia de posse — quer visando à clareza, quer à ênfase —, costuma-se reforçá-los:

a) com a palavra *próprio* ou *mesmo*:

> Mais unidos sigamos e não tarda
> Que eu ache a vida em **tua própria morte.**
> (Guimarães Passos, *VS*, 46.)

> Era ela mesma; eram os **seus mesmos braços.**
> (Machado de Assis, *OC*, II, 484.)

b) com as expressões *dele*(*s*), *dela*(*s*), no caso do possessivo da 3.ª pessoa:

> Montaigne explica pelo **seu** modo **dele** a variedade deste livro.
> (Machado de Assis, *OC*, II, 556.)

> Domingos Botelho, avisado da rejeição do filho, respondeu que fizesse ele a sua vontade; mas que a **sua** vitória **dele**, sobre os protetores e os corrompidos pelo ouro do fidalgo de Viseu, estava plenamente obtida.
> (C. Castelo Branco, *OS*, I, 415.)

Valores dos possessivos

O PRONOME POSSESSIVO não exprime sempre uma relação de posse ou pertinência, real ou figurada. Na língua moderna, tem ele assumido múltiplos valores, por vezes bem distanciados daquele sentido originário.

Mencione-se o seu emprego:

a) como indefinido:

> Tinha tido **o seu orgulho, a sua calma, a sua certeza.**
> (M. Torga, *V*, 216.)

> Tenho tido **os meus vícios**.
> (Alves Redol, *BC*, 43.)

> A senhora há de ter tido **seus apertos** de dinheiro, disse Rubião.
> (Machado de Assis, *OC*, I, 630.)

b) para indicar aproximação numérica:

> Revejo sempre uma rapariga que só uma vez fitei, tinha eu **meus vinte anos**.
> (A. F. Schmidt, *GB*, 251.)

> Ela media, como um marchante, **o meu metro e oitenta de altura** e pesava, com o mesmo rigor, **os meus setenta e sete quilos**.
> (F. Namora, *RT*, 90.)

> Entrou uma mulherzinha de **seus quarenta anos**, decidida e de passo firme.
> (F. Sabino, *HN*, 164.)

c) para designar um hábito:

> Neste instante, a Judite voltou-se e, abandonando as companheiras, veio desfazer o cumprimento com **um repente dos seus**.
> (Almada Negreiros, *NG*, 110.)

> Nos **nossos dias**, a baianinha chegava logo depois do almoço, muito leve e flexível, a passo rápido.
> (Ribeiro Couto, *NC*, 89.)

Era lindo o bicho, com **sua calma** de passarinho manso.
(R. Braga, *CCE*, 85.)

Sente-se em todos esses empregos do POSSESSIVO uma certa carga afetiva, mais acentuada nos que passamos agora a examinar.

Valores afetivos

1. Variados são os matizes afetivos expressos pelos POSSESSIVOS. Servem, por vezes, para acentuar um sentimento:

a) de deferência, de respeito, de polidez:

"— Quer alguma coisa, **minha senhora**?"
(Eça de Queirós, *OF*, I, 1037.)

Adeus! — Bons dias, **meu Comandante**,
A nossa sorte... morrer, talvez...
E o rude velho segue pra diante
E o rude velho segue pra diante:
— Morrer, **meu Amo**, só uma vez!
(A. Nobre, *S*, 106.)

— Não posso deixá-lo um instante, **meu Fidalgo**.
(A. Arinos, *OC*, 436.)

— Não é assim, **meus respeitáveis senhores**?
(Ó. Ribas, *EMT*, 123.)

b) de intimidade, de amizade:

— Hoje, **meu caro Antônio**, temos de festejar a presença do meu rapaz.
(Sttau Monteiro, *APJ*, 203.)

— Dispõe de mim, **meu velho**, estou às suas ordens, bem sabes.
(A. Azevedo, *CFM*, 6.)

— Não há nada mais certo, **meu amigo** — respondia D. Clara.
(A. de Assis Júnior, *SM*, 76.)

c) de simpatia, de interesse (com referência a personagem de uma narrativa, a autor de leitura frequente, a clubes ou associações de que seja sócio ou aficionado, etc.):

— Não sei para onde vou mandar o **meu herói**... — disse com um falso sorriso.

(É. Veríssimo, *LS*, 139.)

Ora bem, deixa-me transcrever **o meu Saint-Exupéry**.

(F. Namora, *RT*, 190.)

Isto feito, meteu-se na cama, rezou uma ode d**o seu Horácio** e fechou os olhos. Nem por isso dormiu. Tentou então uma página d**o seu Cervantes**, outra d**o seu Erasmo**, fechou novamente os olhos, até que dormiu.

(Machado de Assis, *OC*, I, 953.)

— Onde está **o meu Tenentes do Diabo**?

(J. Lins do Rego, *E*, 282.)

d) de ironia, de malícia, de sarcasmo:

Todos aqueles santos varões comiam, bebiam **o seu vinho do Porto** na copa.

(Eça de Queirós, *O*, II, 17.)

Na mesa do major jantei **o meu frango**, comi **a minha boa posta de robalo**, trabalho que afundou em mais de duas horas.

(J. C. de Carvalho, *CL*, 133.)

Em casa de Norberto, as senhoras tinham as delicadezas do sexo, bebiam **seu chá**, faziam **sua malha** e eram madrinhas das filhas dos criados mais próximos.

(J. Saramago, *LC*, 54.)

Observe-se que, nos dois últimos casos, o POSSESSIVO vem normalmente acompanhado do artigo definido.

2. De acentuado caráter afetivo é também a construção em que uma forma feminina plural do pronome completa a expressão *fazer* (ou *dizer*) *uma das* = praticar uma ação ou dizer algo particular, geralmente passível de crítica:

Com aquele gênio esquentado é capaz de **fazer uma das dele**.

(Castro Soromenho, *TM*, 175.)

> As criadas, junto da porta, casquinaram uns risinhos abafados e o Barbaças voltou-se para elas, disposto a **dizer uma das suas**.
> (F. Namora, *TJ*, 210.)

> — Você andou por aí **fazendo das suas**.
> (J. Lins do Rego, *MR*, 229.)

Nosso de modéstia e de majestade

Paralelamente ao emprego do pronome pessoal *nós* por *eu* nas fórmulas de modéstia e de majestade que estudamos, aparece o do POSSESSIVO *nosso*(*a*) por *meu* (*minha*).

Comparem-se estes exemplos:

a) de modéstia:

> Este livro nada mais pretende ser do que um pequeno ensaio. Foi **nosso** escopo encontrar apoio na história do Brasil, na formação e crescimento da sociedade brasileira, para colocar a língua no seu verdadeiro lugar: expressão da sociedade, inseparável da história da civilização.
> (S. da Silva Neto, *IELPB*, 11.)

b) de majestade:

> Mandamos que os ciganos, assi homens como mulheres, nem outras pessoas, de qualquer nação que sejam, que com eles andarem, não entrem em **nossos** Reinos e Senhorios.
> (Ordenações Filipinas, livro V, título 69.)

Vosso de cerimônia

O uso do pronome pessoal *vós* como tratamento cerimonioso aplicado a um indivíduo ou a um auditório qualificado leva, naturalmente, a igual emprego do POSSESSIVO *vosso*(*a*). Exemplos:

> Nunca **vosso** avô, meu senhor e marido, achou que me não fosse possível compreender o ânimo dum grande português.
> (J. Régio, *ERS*, 69.)

> Levareis, Senhores Delegados, aos vossos Governos, à vossa Pátria, estas declarações que são a expressão sincera dos sentimentos do Governo e do Povo Brasileiro.
> (Barão do Rio Branco, *D*, 98.)

Observação:

Quanto ao emprego das formas de tratamento cerimonioso em que se fixaram os POSSESSIVOS *Sua* e *Vossa* (tipo: *Sua Excelência*, *Vossa Excelência*), veja-se o que dissemos ao estudarmos os PRONOMES PESSOAIS (Pronomes de tratamento).

Substantivação dos possessivos

Os POSSESSIVOS, quando substantivados, designam:

a) no singular, o que pertence a uma pessoa:

> — Eu não tenho mais ambições que fazer fanga e ganhar o que puder, até ter um bocado **de meu**.
> (Alves Redol, *F*, 281.)

> A rapariga não tinha um minuto **de seu**.
> (A. Rangel, *IV*, 61.)

> Eu não tenho **de meu** um momento.
> (Almeida Garrett, *O*, I, 1415.)

b) no plural, os parentes de alguém, seus companheiros, compatriotas ou correligionários:

> Peço-te que transmitas, em nome de todos **os meus**, sinceros agradecimentos a D. Maria Júlia e a todos **os teus**.
> (E. da Cunha, *OC*, II, 705.)

> Saudades a todos **os teus**.
> (R. Correia, *PCP*, 623.)

> Não me podia a Sorte dar guarida
> Por não ser eu d**os seus**.
> (F. Pessoa, *OP*, 12.)

> Impugnaram-na apaixonadamente Dâmaso e **os seus**; defenderam-na com brio e vivacidade Moura Seco, Teodoro e os inimigos do arcipreste.
> (A. Ribeiro, *AFPB*, 264.)

Emprego do possessivo pelo pronome oblíquo tônico

Em certas locuções prepositivas, o pronome oblíquo tônico, que deve seguir a preposição e com ela formar um complemento nominal do substantivo anterior, é normalmente substituído pelo PRONOME POSSESSIVO correspondente. Assim:

em frente **de ti**	=	em **tua** frente
ao lado **de mim**	=	ao **meu** lado
em favor **de nós**	=	em **nosso** favor
por causa **de você**	=	por **sua** causa

Veja-se, por exemplo, este passo, no qual a expressão *em teu louvor* equivale a *em louvor de ti*:

Negrinho do Pastoreio,
Venho acender a velinha
Que palpita **em teu louvor**.
(A. Meyer, *P*, 125.)

PRONOMES DEMONSTRATIVOS

1. Os PRONOMES DEMONSTRATIVOS situam a pessoa ou a coisa designada relativamente às pessoas gramaticais. Podem situá-la no espaço ou no tempo:

Lia coisas incríveis para **aquele lugar** e **aquele tempo**.
(C. dos Anjos, *DR*, 105.)

A capacidade de mostrar um objeto sem nomeá-lo, a chamada FUNÇÃO DEÍCTICA (do grego *deiktikós* = próprio para demonstrar, demonstrativo), é a que caracteriza fundamentalmente esta classe de pronomes.

2. Mas os DEMONSTRATIVOS empregam-se também para lembrar ao ouvinte ou ao leitor o que já foi mencionado ou o que se vai mencionar:

A ternura não embarga a discrição nem **esta** diminui **aquela**.
(Machado de Assis, *OC*, I, 1124.)

O mal foi **este**: criar os filhos como dois príncipes.
(M. Torga, *V*, 309.)

É a sua FUNÇÃO ANAFÓRICA (do grego *anaphorikós* = que faz lembrar, que traz à memória).

FORMAS DOS PRONOMES DEMONSTRATIVOS

1. Os PRONOMES DEMONSTRATIVOS apresentam formas variáveis e formas invariáveis, ou neutras:

Variáveis				Invariáveis
Masculino		Feminino		
este	estes	esta	estas	isto
esse	esses	essa	essas	isso
aquele	aqueles	aquela	aquelas	aquilo

2. As formas variáveis (*este*, *esse*, *aquele*, etc.) podem funcionar como pronomes adjetivos e como pronomes substantivos:

> **Este** livro é meu.
> Meu livro é **este**.

3. As formas invariáveis (*isto*, *isso*, *aquilo*) são sempre pronomes substantivos.

4. Estes DEMONSTRATIVOS combinam-se com as preposições *de* e *em*, tomando as formas: *deste*, *desta*, *disto*; *neste*, *nesta*, *nisto*; *desse*, *dessa*, *disso*; *nesse*, *nessa*, *nisso*; *daquele*, *daquela*, *daquilo*; *naquele*, *naquela*, *naquilo*.
Aquele, *aquela* e *aquilo* contraem-se ainda com a preposição *a*, dando: *àquele*, *àquela* e *àquilo*.

5. Podem também ser DEMONSTRATIVOS *o* (*a*, *os*, *as*), *mesmo*, *próprio*, *semelhante* e *tal*, como veremos adiante.

VALORES GERAIS

Considerando-os em suas relações com as pessoas do discurso, podemos estabelecer as seguintes características gerais para os PRONOMES DEMONSTRATIVOS:

1.º) *Este*, *esta* e *isto* indicam:

a) o que está perto da pessoa que fala:

> **Esta casa** estará cheia de flores!
> Cá te espero amanhã! Não te demores!
> (E. de Castro, *UV*, 59.)

> As mãos que trago, as mãos são **estas**.
> (C. Meireles, *OP*, 216.)

b) o tempo presente em relação à pessoa que fala:

> **Esta tarde** para mim tem uma doçura nova.
> (Ribeiro Couto, *PR*, 83.)

> **Neste momento** há um rapaz que gosta de mim, um inglês.
> (U. Tavares Rodrigues, *NR*, 13.)

2.º) *Esse*, *essa* e *isso* designam:

a) o que está perto da pessoa a quem se fala:

> — Que susto você me pregou, entrando aqui com **essa cara** de alma do outro do mundo!
> (C. dos Anjos, *DR*, 32.)

> — Ficas aí um pedaço a descansar e a remoer **essas fúrias. Isso**, agora, ainda incha um bocado.
> (F. Namora, *NM*, 122.)

> **Essas** tuas **fúrias** avulso, **esse** teu **calor**, **esse riso**, **essa amizade** mesmo nos ódios que tinhas, procuro-lhes em vão só, que os teus olhos estão fechados para sempre.
> (Luandino Vieira, *NM*, 30.)

b) o tempo passado ou futuro com relação à época em que se coloca a pessoa que fala:

> Bons tempos, Manuel, **esses que já lá vão**!
> (A. Nobre, *S*, 51.)

> **Desses longes** imaginados, **dessas expectativas** de sonho, passava ele ao exame da situação da Europa em geral e da Alemanha em particular.
> (G. Amado, *DP*, 92.)

3.º) *Aquele*, *aquela* e *aquilo* denotam:

a) o que está afastado tanto da pessoa que fala como da pessoa a quem se fala:

> — Olhem **aquele monte** ali em frente. É longe, não é?
> (G. Ramos, *AOH*, 107.)

— Qualquer dia dizem assim: ali **naquela casa** viveu o Paulino.
(Castro Soromenho, *C*, 116.)

b) um afastamento no tempo de modo vago, ou uma época remota:

Naquele tempo a fogueira crepitava até horas mortas.
(C. dos Anjos, *DR*, 46.)

— **Naquele tempo** era uma boa casa de banho.
— **Naquele tempo**, filho... Ora, **naquele tempo**!
(M. J. de Carvalho, *TM*, 41.)

— **Naquele tempo** as pernas não me pesavam.
(Castro Soromenho, *C*, 118.)

Resumindo, podemos apresentar no seguinte quadro os valores básicos dessas formas pronominais para a pessoa que fala ou escreve:

Demonstrativo	Pessoa	Espaço	Tempo
este	1.ª	situação próxima	presente
esse	2.ª	situação intermediária ou distante	passado ou futuro pouco distante
aquele	3.ª	situação longínqua	passado vago ou remoto

DIVERSIDADE DE EMPREGO

Estas distinções que nos oferece o sistema ternário dos demonstrativos em português não são, porém, rigorosamente obedecidas na prática.

Com frequência, na linguagem animada, nos transportamos pelo pensamento a regiões ou a épocas distantes, a fim de nos referirmos a pessoas ou a objetos que nos interessam particularmente como se estivéssemos em sua presença. Linguisticamente, esta aproximação mental traduz-se pelo emprego do pronome *este* (*esta*, *isto*) onde seria de esperar *esse* ou *aquele*.

Sirva de exemplo esta frase de um personagem do romance *Fogo morto*, de José Lins do Rego, em que o advérbio *lá* se aplica a sua casa, da qual no momento estava ausente:

— Eu só queria estar lá para receber **estes cachorros** a chicote.
(*FM*, 296.)

Ao contrário, uma atitude de desinteresse ou de desagrado para com algo que esteja perto de nós pode levar-nos a expressar tal sentimento pelo uso do demonstrativo *esse* em lugar de *este*. Assim, no seguinte passo de Ferreira de Castro:

> O guarda-livros, num repelão, ordenou:
> — Tire **esse** bandido da minha frente, João! Tome conta dele!
> (*OC*, I, 300.)

EMPREGOS PARTICULARES

1. *Este* (*esta*, *isto*) é a forma de que nos servimos para chamar a atenção sobre aquilo que dissemos ou que vamos dizer:

> — Justamente, traz uma comunicação reservada, reservadíssima; negócios pessoais. Dá licença?
> **Dizendo isto**, Rubião meteu a carta no bolso; o médico saiu; ele respirou.
> (Machado de Assis, *OC*, I, 564.)

> Minha tristeza é **esta** —
> A das coisas reais.
> (F. Pessoa, *OP*, 100.)

2. Para aludirmos ao que por nós foi antes mencionado, costumamos usar também o demonstrativo *esse* (*essa*, *isso*):

> Não havia que pedir de fiado nas lojas; a lareira teria sempre lume. **Nisso**, ao menos, o Agostinho Serra abria bem as mãos.
> (Alves Redol, *G*, 94.)

> — **A isso** eu chamaria complexo de Carlitos.
> (C. dos Anjos, *MS*, 383.)

3. *Esse* (*essa*, *isso*) é a forma que empregamos quando nos referimos ao que foi dito por nosso interlocutor:

> — As minhas meditações foram sempre pessoais e intransmissíveis.
> — Sempre. É **nisso** que és extraordinária.
> (M. J. de Carvalho, *PSB*, 56.)

> — Você, perdendo a noite, é capaz de não dormir de dia?
> — Já tenho feito **isso**.
> (Machado de Assis, *OC*, II, 586.)

4. Tradicionalmente, usa-se nisto no sentindo de "então", "nesse momento":

> **Nisto**, ouvimos vozes e passos.
> (A. Abelaira, *TM*, 112.)

> Entardeceu.
> **Nisto** correu voz que a noiva estava chorando.
> (Simões Lopes Neto, *CGLS*, 210.)

Escritores modernos, entretanto, empregam também *nisso*:

> **Nisso** a orquestra, a boa orquestra romântica dos restaurantes da velha guarda, atacou "Parabéns para você"...
> (C. Drummond de Andrade, *CB*, 20.)

> **Nisso** bateram à porta.
> (Ribeiro Couto, *NC*, 261.)

5. Em certas expressões o uso fixou determinada forma do demonstrativo, nem sempre de acordo com o seu sentido básico. É o caso das locuções: *além disso*, *isto é*, *isto de*, *por isso* (raramente *por isto*), *nem por isso*.

POSIÇÃO DO PRONOME ADJETIVO DEMONSTRATIVO

1. O DEMONSTRATIVO, quando PRONOME ADJETIVO, precede normalmente o substantivo que determina:

> Meu pobre coração, **nessa** eterna **ansiedade**,
> **Nesse** eterno **sofrer**, eterno arrastaria
> **Esta** triste, **esta** longa, **esta** eterna **saudade**.
> (M. Pederneiras, *LSMV*, 53.)

> **Estes homens** e **estas mulheres** nasceram para trabalhar.
> (J. Saramago, *LC*, 327.)

2. Pode, no entanto, vir posposto ao substantivo para melhor especificar o que se disse anteriormente:

> Por outro lado, Siá Bina era ainda comadre de Nhô Felício, pois batizara um filho dele, há poucos anos, **filho esse** do segundo casamento.
> (Ribeiro Couto, *C*, 145.)

> A recepção esteve muito cacete e o Dr. Martiniano Lopes me pegou no terraço para ler um longo discurso que vai pronunciar na Ordem dos Economistas; **martírio esse** que durou uma hora de relógio.
> (C. Drummond de Andrade, *CA*, 128.)

3. Usa-se para determinar o aposto, geralmente quando este salienta uma característica marcante da pessoa ou do objeto:

> Amanhã, seriam os comentários na rodinha do sura antipático, sem rabo ainda, sem voz ainda, pescoço pelado, e já metido a galo. Na do sura e na do garnisé branco — **esse**, então, um afeminado de marca, com aquela vozinha esganiçada e o passinho miúdo.
> (M. Palmério, *VC*, 99.)

> Arlequim é o D. Quixote, **esse** livro admirável onde se experimentam ao ar livre, de dia e de noite, e através de todas as eventualidades os preceitos da Honra e das outras teorias.
> (Almada Negreiros, *OC*, III, 90.)

> Chamava-se "Terminus", porque o proprietário fizera em tempos a sua viagem à Europa, "Terminus" em luzinhas bem nítidas, bem fortes, com um halo, **esse** muito límpido, a uni-las.
> (M. J. de Carvalho, *TM*, 10.)

4. *Esse* (e mais raramente *este*) emprega-se também para pôr em relevo um substantivo que lhe venha anteposto:

> O padre, **esse** andava de coração em aleluia.
> (M. Torga, *CM*, 47.)

> O sacrificador, **esse**, ficara rodando por aí, e seu desejo seria não voltar para casa nem para dentro de si mesmo.
> (C. Drummond de Andrade, *CB*, 30.)

> Maria José, **essa**, se comportava no polo oposto, calada e carrancuda.
> (A. Ribeiro, *M*, 289.)

ALUSÃO A TERMOS PRECEDENTES

1. Quando queremos aludir, discriminadamente, a termos já mencionados, servimo-nos do DEMONSTRATIVO *aquele* para o referido em primeiro lugar, e do DEMONSTRATIVO *este* para o que foi nomeado por último:

> A ternura não embarga a discrição nem **esta** diminui **aquela**.
> (Machado de Assis, *OC*, I, 1124.)

> Porém de que serve a piedade sem a caridade?
> ou antes, pode **aquela** existir sem **esta**?
> (Almeida Garrett, *O*, I, 721.)

2. Por vezes, os DEMONSTRATIVOS alternados têm valor indefinido:

> E vimos isto: homens de todas as idades, tamanhos e cores, uns em mangas de camisa, outros de jaqueta, outros metidos em sobrecasacas esfrangalhadas; atitudes diversas, uns de cócoras, outros com as mãos apoiadas nos joelhos, **estes** sentados em pedras, **aqueles** encostados ao muro, e todos com os olhos fixos no centro, e as almas debruçadas das pupilas.
> (Machado de Assis, *OC*, I, 525.)

> Outras mulheres, assentadas sobre as esteiras, ladeavam a cama onde momentos antes repousou o corpo. **Esta** soluçava a um canto; **aquela** lacrimejava em silêncio junto a um móvel...
> (A. de Assis Júnior, *SM*, 56.)

> Depois vieram outros e outros, **estes** fincados de leve, **aqueles** até à cabeça.
> (Monteiro Lobato, *U*, 110.)

3. Observe-se também a ocorrência de dois DEMONSTRATIVOS em construções nas quais o predicativo introduzido por *aquele* melhor esclarece o sujeito, expresso por um substantivo determinado por *este* ou *esse*:

> **Este** homem foi **aquele** que me dizia "que não me afligisse que eu ainda estava muito novo para curar-me".
> (A. Nobre, *CL*, 144.)

> Mas **esses** atos são justamente **aqueles** que os psiquiatras designam como características de qualquer perturbação mental.
> (T. Barreto, *QV*, 39.)

Por vezes omite-se o substantivo:

> **Essa** é **aquela** Lélia.
> (G. Cruls, *QR*, 498.)

REFORÇO DOS DEMONSTRATIVOS

Quando, por motivo de clareza ou de ênfase, queremos precisar a situação das pessoas ou das coisas a que nos referimos, usamos acompanhar o DEMONSTRATIVO de algum gesto indicador, ou reforçá-lo:

a) com os advérbios *aqui*, *aí*, *ali*, *cá*, *lá*, *acolá*:

> — Espera aí. **Este aqui** já pagou. Agora vocês é que vão engolir tudo, se maltratarem este rapaz.
> (C. Drummond de Andrade, *CB*, 33.)

> — E **esse pacotinho aí**, Seu Xixi?
> — Encomenda: é o relógio do Seu Gustavinho Solé.
> (M. Palmério, *VC*, 17.)

> **Esse aí** sabia mesmo para ensinar aos outros?
> (Pepetela, *AN*, 23.)

> — **Isto aqui** não pode dar saúde a ninguém; basta olhar-se para aquele embondeiro...
> (A. de Assis Júnior, *SM*, 199.)

b) com as palavras *mesmo* e *próprio*:

> — O Relógio da Sé em casa de Serralheiro?
> — **Esse mesmo.**
> — O da Matriz?
> — **Esse próprio.**
> (D. F. M. de Melo, *AD*, 16.)

> — Recusei. Não sei se fiz bem.
> — É por causa da mulher.
> — **Isso mesmo.**
> (O. Lins, *FP*, 72.)

c) com o pronome *outro*, possibilitando as aglutinações *estoutro*, *essoutro*, *aqueloutro*, evitadas, em geral, no português contemporâneo.

VALORES AFETIVOS

1. Os DEMONSTRATIVOS reúnem o sentido de atualização ao de determinação. São verdadeiros "gestos verbais", acompanhados em geral de entoação particular e, não raro, de gestos físicos.

A capacidade de fazerem aproximar ou distanciar no espaço e no tempo as pessoas e as coisas a que se referem permite a estes pronomes expressarem variados matizes afetivos, em especial os irônicos.

2. Nos exemplos a seguir, servem para intensificar, de acordo com a entoação e o contexto, os sentimentos de:

a) surpresa, espanto:

> Passam vinte anos: chega Ele;
> Veem-se (Pasmo) Ele e Ela:
> — Santo Deus! **este** é **aquele**?!...
> — Mas, meu Deus! **esta** é **aquela**?!...
> (Fontoura Xavier, *O*, 172.)

> — **Essa** agora!
> (J. de Sena, *SF*, 518.)

> Ainda mais **esta**! Onde estaria o padre?
> (A. Santos, *P*, 74.)

b) admiração, apreço:

> — Que gente tinha o Pestana, dizia um. Nunca pensei que houvesse homens com **aquela** coragem.
> (J. Lins do Rego, *MR*, 97.)

> **Aquilo** é que são homens fortes.
> (Ferreira de Castro, *OC*, I, 154.)

> **Aquilo** são pés de veludo!
> (M. Torga, *NCM*, 27.)

c) indignação:

> — É tudo claro como água: **este** cão roubou-me. Acabo ainda hoje com **este** malandro! **Isto** não fica assim.
> (F. Namora, *NM*, 193.)

> Oiço a voz tosca do pai, a insultar:
> — **Esta** parva!... **Esta** burra!...
> (Luandino Vieira, *NM*, 119.)

— **Aquilo** é uma terra de línguas peçonhentas. Deus os confunda a todos.

(A. Ribeiro, *M*, 346.)

d) pena, comiseração:

Quem mora ali? Mora ela,
Aquela!, —
Que nessa triste viela
Foi a flor da Mouraria!

(A. Botto, *OA*, 225.)

Aquela mulher, flor de poesia, era agora **aquilo**.

(A. M. Machado, *HR*, 67.)

— Há aqui falta de cuidado e asseio — disse consigo —; **esta** pobre mulher vive aqui quase abandonada...

(A. de Assis Júnior, *SM*, 192.)

e) ironia, malícia:

Tem um decote pequeno,
Um ar modesto e tranquilo;
Mas vá-se lá descobrir
Coisa pior do que **aquilo**!

(F. Pessoa, *QGP*, n.º 251.)

— É um malandro, **esse** Barbaças!

(F. Namora, *TJ*, 193.)

— **Este** Brás! **Este** Brás! Não lhes digo nada!

(A. de Alcântara Machado, *NP*, 57.)

f) sarcasmo, desprezo:

Isso era até uma vergonha!

(M. Torga, *NCM*, 91.)

Aquela desavergonhada da Helena não anda a dizer que é a ela que o tio quer e é a ela que leva para o Rio?!

(A. Ribeiro, *M*, 349-350.)

— Depois transformaram a senhora **nisso**, D. Adélia. Um trapo, uma velha sem-vergonha.
(G. Ramos, *A*, 136.)

3. Digno de nota é o acentuado valor irônico, por vezes fortemente depreciativo, dos neutros *isto*, *isso* e *aquilo*, quando aplicados a pessoas, como nestes passos:

Ninguém sabe onde ele anda, Seu Coronel! **Aquilo** é um desgraçado.
(J. Lins do Rego, *ME*, 80.)

Aquilo, aquele pobre homenzinho amarelento, dessorado, chocho...
(U. Tavares Rodrigues, *JE*, 158.)

Como estivesse a contemplá-lo, à porta, parou um homem, entrou, e olhou com interesse para o retrato. O lojista reparou na expressão; podia ser algum miguelista, mas também podia ser um colecionador...
— Quanto pede o senhor por **isto**?
— **Isto**? Há de perdoar; quer saber quanto peço pelo meu rico senhor D. Miguel?
(Machado de Assis, *OC*, I, 908.)

Mas, pelos contrastes que não raro se observam nos empregos afetivos, podem esses DEMONSTRATIVOS expressar também alto apreço por determinada pessoa.
Assim:

Aquilo é que dava um deputado às direitas!
(C. Castelo Branco, *QA*, 19.)

— Bonita mulher. Como **aquilo** vê-se pouco. Ele teve sorte.
(Castro Soromenho, *C*, 160.)

— Como cozinheira não há outra e **aquilo**... é o apuro de asseio.
(Alves Redol, *G*, 95.)

4. Entre os valores afetivos cabe ressaltar o sentido intensivo, superlativante, que o demonstrativo adquire em frases do tipo[8]:

---

[8] Sobre estas construções, leia-se Maria Manuela Moreno de Oliveira. *Processos de intensificação no português contemporâneo*. Lisboa, Centro de Estudos Filológicos, 1962, p. 35-38.

Qual o quê! Queriam monte. Monte num dia **daqueles**!
(M. Torga, *CM*, 72.)

Ninguém é operado assim com **essa** pressa.
(J. Paço d'Arcos, *CVL*, 365.)

Outro homem não podia existir com **aquela** força nos braços, **aquele** riso na boca e **aquele** calor no peito.
(Adonias Filho, *LBB*, 86.)

5. As formas femininas *esta* e *essa* fixaram-se em construções elípticas do tipo:

Ora **essa**!	**Essa** é boa!
Essa, não!	**Essa** cá me fica!
Mais **esta**!...	**Esta** é fina!

6. Fixa também aparece a forma neutra na locução *isto* (ou *isso*) *de*, que equivale a "com referência a", "no tocante a", "a respeito de":

— Ah! meu caro Rubião, **isto de** política pode ser comparado à paixão de Nosso Senhor Jesus Cristo; não falta nada, nem o discípulo que nega, nem o discípulo que vende.
(Machado de Assis, *OC*, I, 642.)

— **Isso de** letras é na escola...
(M. Torga, *V*, 174.)

— **Isto de** filhos é um aborrecimento!
(Ó. Ribas, *EMT*, 165.)

O(S), A(S) COMO DEMONSTRATIVOS

O DEMONSTRATIVO *o* (*a*, *os*, *as*) é sempre pronome substantivo e emprega-se nos seguintes casos:

a) quando vem determinado por uma oração ou, mais raramente, por uma expressão adjetiva, e tem o significado de *aquele*(s), *aquela*(s), *aquilo*:

O homem que ri, liberta-se. **O** que faz rir, esconde-se.
(A. M. Machado, *CJ*, 228.)

— Não vejo **a** que esperei!
— Virá ainda.
(E. Castro, *UV*, 76.)

Ingrata para **os** da terra,
boa para **os** que não são.
(C. Pena Filho, *LG*, 120.)

Era terrível **o** que se passava.
(M. Torga, *NCM*, 20.)

b) quando, no singular masculino, equivale a *isto*, *isso*, *aquilo*, e exerce as funções de objeto direto ou de predicativo, referindo-se a um substantivo, a um adjetivo, ao sentido geral de uma frase ou de um termo dela:

O valor de uma desilusão, sabia-**o** ela.
(M. Torga, *NCM*, 153.)

Não cuides que não era sincero, era-**o**.
(Machado de Assis, *OC*, I, 893.)

Seguia-o com o olhar sem me atrever a evitá-**lo**.
(A. Santos, *P*, 125.)

Ser feliz é **o** que importa,
Não importa como **o** ser!
(F. Pessoa, *QGP*, n.º 82.)

SUBSTITUTOS DOS PRONOMES DEMONSTRATIVOS

Podem também funcionar como DEMONSTRATIVOS as palavras *tal*, *mesmo*, *próprio* e *semelhante*.

1. *Tal* é DEMONSTRATIVO quando sinônimo:

a) de "este", "esta", "isto", "esse", "essa", "isso", "aquele", "aquela", "aquilo":

Tal foi a primeira conclusão do Palha; mas vieram outras hipóteses.
(Machado de Assis, *OC*, I, 602.)

— Quando **tal** ouvi, respirei...
(A. de Assis Júnior, *SM*, 176.)

Como era possível que nunca tivesse dado por **tal**?
(M. J. de Carvalho, *TM*, 57.)

b) de "semelhante":

> Houve tudo quanto se faz em **tais** ocasiões.
> (Machado de Assis, *OC*, II, 197.)
>
> A causa verdadeira de **tal** medo, não a sabia dizer.
> (M. Torga, *CM*, 151.)
>
> **Tal** situação contundia-a fortemente, e fazia diminuir aquele vigor e energia com que a conhecemos.
> (A. Assis Júnior, *SM*, 198.)

2. *Mesmo* e *próprio* são DEMONSTRATIVOS quando têm o sentido de "exato", "idêntico", "em pessoa":

> Eu não posso viver muito tempo na **mesma** casa, na **mesma** rua, no **mesmo** sítio.
> (Luandino Vieira, *JV*, 62.)
>
> — Foi a **própria** Carmélia quem me fez o convite.
> (C. dos Anjos, *DR*, 161.)

3. *Semelhante* serve de DEMONSTRATIVO de identidade:

> O Lucas reparou nisso e doeu-se intimamente de **semelhante** descuido.
> (M. Torga, *CM*, 84.)
>
> Tudo o que disse foi, sem dúvida, convencional, e nem a jovem Aurora podia deixar de recorrer às fórmulas que se usam em **semelhantes** conjunturas.
> (C. dos Anjos, *DR*, 284.)

PRONOMES RELATIVOS

São assim chamados porque se referem, de regra geral, a um termo anterior — O ANTECEDENTE.

FORMAS DOS PRONOMES RELATIVOS

Os PRONOMES RELATIVOS apresentam:

a) formas variáveis e formas invariáveis:

Variáveis				Invariáveis
Masculino		Feminino		
o qual	os quais	a qual	as quais	que
cujo	cujos	cuja	cujas	quem
quanto	quantos	—	quantas	onde

b) formas simples: *que*, *quem*, *cujo*, *quanto* e *onde*; e forma composta: *o qual*.

Observação:

Antecedido das preposições *a* e *de*, o pronome *onde* com elas se aglutina, produzindo as formas *aonde* e *donde*.

NATUREZA DO ANTECEDENTE

O ANTECEDENTE do PRONOME RELATIVO pode ser:

a) um SUBSTANTIVO:

> Deem-me **as cigarras que** eu ouvi menino.
> (M. Bandeira, *PP*, I, 387.)

b) um PRONOME:

> Não serás **tu que** o vês assim?
> (A. Sérgio, *D*, 31.)

c) um ADJETIVO:

> As opiniões têm como as frutas o seu tempo de madureza em que se tornam doces de **azedas** ou **adstringentes que** dantes eram.
> (Marquês de Maricá, *M*, 166.)

d) um ADVÉRBIO:

> **Lá, por onde** se perde a fantasia
> No sonho da beleza; **lá, aonde**
> A noite tem mais luz que o nosso dia...
> (A. de Quental, *SC*, 61.)

e) uma ORAÇÃO (de regra resumida pelo demonstrativo *o*):

> Só a febre aumenta um pouco, **o que** não admirará ninguém.
> (A. Nobre, *CI*, 145-6.)

> "Acomodar-se-iam num sítio pequeno,
> **o que** parecia difícil a Fabiano,
> criado solto no mato."
> (G. Ramos, *VS*, 172.)

FUNÇÃO SINTÁTICA DOS PRONOMES RELATIVOS

Os PRONOMES RELATIVOS assumem um duplo papel no período com representarem um determinado antecedente e servirem de elo subordinante da oração que iniciam. Por isso, ao contrário das conjunções, que são meros conectivos, e não exercem nenhuma função interna nas orações por elas introduzidas, estes pronomes desempenham sempre uma função sintática nas orações a que pertencem. Podem ser:

1. SUJEITO:

> Quero ver do alto o horizonte,
> **Que** foge sempre de mim.
> (O. Mariano, *TVP*, II, 434.)

[*que* = sujeito de *foge*].

2. OBJETO DIRETO:

> —Já não se lembra da picardia **que** me fez?
> (A. Ribeiro, *M*, 67.)

[*que* = objeto direto de *fez*].

3. OBJETO INDIRETO:

> Eu aguardava com uma ansiedade medonha esta cheia **de que** tanto se falava.
> (J. Lins do Rego, *ME*, 58.)

[*de que* = objeto indireto de *se falava*].

4. PREDICATIVO:

Não conheço **quem** fui no **que** hoje sou.
(F. Pessoa, *OP*, 91.)

[*quem* e *que* = predicativos do sujeito *eu*, oculto].

5. ADJUNTO ADNOMINAL:

Há pessoas **cuja** aversão e desprezo honram mais que os seus louvores e amizade.
(Marquês de Maricá, *M*, 223.)

[*cuja* = adjunto adnominal de *aversão* e *desprezo*, mas em concordância apenas com o primeiro substantivo, o mais próximo].

6. COMPLEMENTO NOMINAL:

Lembrava-me de que deixara toda a minha vida ao acaso e que não pusera ao estudo e ao trabalho com a força **de que** era capaz.
(Lima Barreto, *REIC*, 287.)

[*de que* = complemento nominal de *capaz*].

7. ADJUNTO ADVERBIAL:

Entrava-se de barco pelo corredor da velha casa de cômodos **onde** eu morava.
(M. Quintana, *P*, 92.)

[*onde* = adjunto adverbial de *morava*].

8. AGENTE DA PASSIVA:

— Sim, sua adorável pupila, a quem amo, a quem idolatro e **por quem** sou correspondido com igual ardor!
(A. Azevedo)

[*por quem* = agente da passiva do verbo *corresponder*].

Observação:

Note-se que o RELATIVO *cujo* funciona sempre como adjunto adnominal; e o relativo *onde*, apenas como adjunto adverbial.

PRONOMES RELATIVOS SEM ANTECEDENTE

1. Os PRONOMES RELATIVOS *quem* e *onde* podem ser empregados sem antecedente em frases como as seguintes:

> **Quem** tem amor, e tem calma,
> tem calma... Não tem amor...
> (A. Tavares, *PC*, 81.)

> Passeias **onde** não ando,
> Andas sem eu te encontrar.
> (F. Pessoa, *QGP*, n.º 47.)

Denominam-se, então, RELATIVOS INDEFINIDOS.

2. Nestes casos de emprego absoluto dos RELATIVOS, muitos gramáticos admitem a existência de um antecedente interno, desenvolvendo, para efeito de análise, *quem* em *aquele que*, e *onde* em *no lugar em que*. Assim, os exemplos citados se interpretariam:

> **Aquele que** tem amor...
> Passeias **no lugar em que** não ando...

3. O antecedente do RELATIVO *quanto*(*s*) costuma ser omitido:

> Hoje penso **quanto** faço.
> (F. Pessoa, *OP*, 92.)

> Saibam **quantos** este meu verso virem
> Que te amo...
> (O. de Andrade, *PR*, 167.)

VALORES E EMPREGOS DOS RELATIVOS

Que

1. *Que* é o RELATIVO básico. Usa-se com referência a pessoa ou coisa, no singular ou no plural, e pode iniciar orações ADJETIVAS RESTRITIVAS e EXPLICATIVAS:

> — Não diz nada **que se aproveite**, esse rapaz!
> (A. Bessa Luís, *QR*, 134.)

O ministro, **que acabava de jantar**, fumava calado e pacífico.
(Machado de Assis, *OC*, I, 638.)

2. O antecedente do RELATIVO pode ser o sentido de uma expressão ou oração anterior:

E seu cabelo em cachos, cachos d'uvas,
E negro como a capa das viúvas...
(À maneira o trará das virgens de Belém
Que a Nossa Senhora ficava tão bem!)
(A. Nobre, *S*, 39.)

Neste caso, o *que* vem geralmente antecedido do demonstrativo *o* ou da palavra *coisa* ou equivalente, que resumem a expressão ou oração a que o RELATIVO se refere:

Vendia cautelas, **o que** requer muito cálculo, muito olho e muita porfia.
(J. de Araújo Correia, *FX*, 54.)

Achou-se mais prudente que eu me safasse pelos fundos do prédio, **o que** fiz tão depressa quanto pude.
(C. dos Anjos, *MS*, 328.)

Ela então consentiu que eu erguesse seu rosto, **gesto que** não me haviam autorizado.
(N. Piñon, *CP*, 65.)

3. Por vezes, o antecedente do *que* não vem expresso:

Esta palavra doeu-me muito, e não achei logo **que** lhe replicasse.
(Machado de Assis, *OC*, I, 826.)

A uma pergunta assim, a rapariga nem sabia **que** responder.
(M. Torga, *NCM*, 184.)

Qual, o qual

1. Nas orações ADJETIVAS EXPLICATIVAS, o pronome *que*, com antecedente substantivo, pode ser substituído por *o qual* (*a qual*, *os quais*, *as quais*):

Sei que estou plagiando nosso famoso **cronista, o qual**, certa vez, deu-lhe na telha fazer essa comunicação ao jornal e aos leitores.
(C. Drummond de Andrade, *CB*, 57.)

Durante o seu domínio, todavia, acentua-se a evolução do **latim vulgar**, falado na península, **o qual** vinha de há muito diversificando-se em dialetos vários.

(J. Cortesão, *FDFP*, 42.)

Clareava: uma luz baça, em **neblina**, através d**a qual** apareciam serranias distantes e o mar liso, esbranquiçado, luzindo a trechos.

(Coelho Netto, *OS*, I, 173.)

2. Esta substituição pode ser um recurso de estilo, isto é, pode ser aconselhada pela clareza, pela eufonia, pelo ritmo do enunciado. Mas há casos em que a língua exige o emprego da forma *o qual*.
Precisando melhor:

a) o RELATIVO *que* emprega-se, preferentemente, depois das preposições monossilábicas *a*, *com*, *de*, *em* e *por*:

A verdade é um postigo
A que ninguém vem falar.

(F. Pessoa, *QGP*, n.º 21.)

As artes **com que** o bacharel flautista vingou insinuar-se na estima de D. Maria I e Pedro III, não as sei eu.

(C. Castelo Branco, *OS*, I, 322.)

Indicou-lhe um hotel, **de que** a viúva tomou nota num caderninho.

(C. Drummond de Andrade, *CA*, 137.)

Havia ocasiões **em que** me revoltava.

(L. Jardim, *MPM*, 96.)

A maneira **por que** ele falava é que era apaixonada, dolorosa, comovente.

(Machado de Assis, *OC*, II, 112.)

b) as demais preposições simples, essenciais ou acidentais, bem como as locuções prepositivas, constroem-se obrigatória ou predominantemente com o pronome *o qual*:

Tinha vindo para se libertar do abismo **sobre o qual** sua negra alma vivia debruçada.

(M. Torga, *NCM*, 49.)

Uma visita de dez minutos apenas, **durante os quais** D. Benedita disse quatro palavras no princípio:
— Vamos para o Norte.
(Machado de Assis, *OC*, II, 316.)

"O livro tinha numa página a figura de um bicho corcunda **ao lado do qual**, em letras graúdas, destacava-se esta palavra: ESTÔMAGO."
(G. Amado, *HMI*, 42.)

Timbrava em manter em casa uma autoridade áspera, **perante a qual** todos os seus tinham de se curvar passivamente.
(R. M. F. de Andrade, *V*, 9.)

c) *o qual* é também a forma usada como partitivo após certos indefinidos, numerais e superlativos:

O Luís, que cuidava da horta de cima, era pai de uns sete ou oito, **alguns dos quais** já principiavam a ajudá-lo.
(R. M. F. de Andrade, *V*, 135.)

Cinco cadeiras **das quais uma** de braços no centro do semicírculo.
(Costa Andrade, *NVNT*, 13.)

Os filhos, quatro crianças, **a mais velha das quais** teria oito anos, rodeavam-no aos gritos.
(Artur Azevedo, *CFM*, 5.)

3. *Qual*, quando repetido simetricamente, é INDEFINIDO, e equivale a *um... outro*:

— Imagine uma cachoeira de ideias e imagens, **qual** mais original, **qual** mais bela, às vezes extravagante, às vezes sublime.
(Machado de Assis, *OC*, II, 326.)

Um carrega quatro grandes tábuas ao ombro; outro grimpa, com risco de vida, a precária torre do enguiçado elevador; **qual** bate o martelo; **qual** despeja nas formas o cimento, **qual** mira a planta, **qual** usa a pá, **qual** serra (o bárbaro) os galhos de uma jovem mangueira, **qual** ajusta, neste momento, um pedaço de madeira na serra circular.
(R. Braga, *CCE*, 249.)

Quem

1. Na língua contemporânea, *quem* só se emprega com referência a pessoa ou a alguma coisa personificada:

   Feliz é **quem** tiver netos
   De **quem** tu sejas avó!
   (F. Pessoa, *QGP*, n.º 118.)

   A mim **quem** converteu foi o sofrimento.
   (Coelho Neto, *OS*, I, 105.)

2. Como simples RELATIVO, isto é, com referência a um antecedente explícito, *quem* equivale a "o qual" e vem sempre antecedido de preposição:

   A senhora **a quem** cumprimentara era a esposa do tenente-coronel Veiga.
   (Machado de Assis, *OC*, II, 172.)

   Nada como o mexe-mexe caseiro da mulher **de quem** se gosta — José de Arimateia imaginava.
   (M. Palmério, *CB*, 25.)

   Advirta-se, porém, que a língua moderna substitui por *sem o* (*a*) *qual* a dissonante combinação *sem quem*, de emprego corrente no português antigo e médio.

3. Repetido, em fórmulas alternadas, *quem* corresponde ao INDEFINIDO *um... outro*. Esta construção, que não era rara no português médio (cf. Camões. *Lusíadas*, I, 92; IV, 5), só aparece, modernamente, em autores de expressão artificial:

   Quem no Rostro pasmando se extasia;
   Quem pelo cúneo aos redobrados vivas
   Da plebe e dos patrícios embasbaca;
   Outro em sangue de irmãos folga ensopar-se...
   (Odorico Mendes, *VB*, 125.)

Cujo

Cujo é, a um tempo, RELATIVO e POSSESSIVO, equivalente pelo sentido a *do qual, de quem, de que*. Emprega-se apenas como pronome adjetivo e concorda com a coisa possuída em gênero e número:

Convento d'águas do Mar, ó verde Convento,
Cuja Abadessa secular é a Lua
E **cujo** Padre-capelão é o Vento
(A. Nobre, *S*, 28.)

Herculano é para mim, nas letras, depois de Camões, a figura em **cujo** espírito e em **cuja** obra sinto com plenitude o gênio heroico de Portugal.
(G. Amado, *TL*, 36.)

Quanto

Quanto, como simples relativo, tem por antecedente os pronomes indefinidos *tudo*, *todos* (ou *todas*), que podem ser omitidos. Daí o seu valor também indefinido:

Em tudo **quanto** olhei fiquei em parte.
(F. Pessoa, *OP*, 231.)

Soprava dum lado, do outro, e tudo **quanto** foi de garrancho e folha seca se juntou num canto só.
(L. Jardim, *BA*, 115.)

Entre **quantos** te rodeiam,
Tu não enxergas teus pais.
(Gonçalves Dias, *PCP*, 385.)

Onde

1. Como desempenha normalmente a função de adjunto adverbial (= o lugar em que, no qual), *onde* costuma ser considerado por alguns gramáticos ADVÉRBIO RELATIVO:

Sob o mar sem borrasca, **onde** enfim se descansa.
(A. Nobre, *S*, 90.)

Ainda não sei mesmo **onde** vou buscar as flores.
(Luandino Vieira, *NM*, 29.)

O mundo ia pouco além do quarteirão de poucas casas e largos terrenos devolutos, **onde** o lixo subia, **onde** o capim crescia, **onde** catávamos melões de São Caetano, **onde** os pirilampos surgiam aos milhares ao cair da tarde, **onde** o orvalho brilhava como pedras preciosas nas belas manhãs de inverno.

(Marques Rebelo, *SMAP*, 33.)

2. Embora a ponderável razão de maior clareza idiomática justifique o contraste que a disciplina gramatical procura estabelecer, na língua culta contemporânea, entre *onde* (= o lugar em que) e *aonde* (= o lugar a que), cumpre ressaltar que esta distinção, praticamente anulada na linguagem coloquial, já não era rigorosa nos clássicos.[9]

   Não é, pois, de estranhar o emprego de uma forma por outra em passos como os seguintes:

   Vela ao entrares no porto
   Aonde o gigante está!

   (Fagundes Varela, *VA*, 76.)

   Não perceberam ainda **onde** quero chegar.

   (Alves Redol, *BC*, 47.)

   Nem mesmo a concorrência de ambas as formas num só enunciado:

   Mas **aonde** te vais agora,
   Onde vais, esposo meu?[10]

   (Machado de Assis, *OC*, III, 109.)

   Ela quem é, meu coração? Responde!
   Nada me dizes. **Onde** mora? **Aonde**?

   (Teixeira de Pascoaes, *OC*, III, 14.)

PRONOMES INTERROGATIVOS

1. Chamam-se INTERROGATIVOS os pronomes *que*, *quem*, *qual* e *quanto*, empregados para formular uma pergunta direta ou indireta:

---

9 Sobre o emprego indiscriminado de *onde* e *aonde*, consulte-se a abundante exemplificação coligida pelo professor Aurélio Buarque de Holanda, inserta em sua edição dos *Contos gauchescos e lendas do sul*, de Simões Lopes Neto, 5.ª ed., Porto Alegre, Globo, 1957, p. 79-82.

10 Na edição de 1902 das *Poesias completas* (Rio de Janeiro – Paris, Garnier, p. 207) lê-se *vás* em ambos os versos.

> **Que** trabalho estão fazendo?
> Diga-me **que** trabalho estão fazendo.
>
> **Quem** disse tal coisa?
> Ignoramos **quem** disse tal coisa.
>
> **Qual** dos livros preferes?
> Não sei **qual** dos livros preferes.
>
> **Quantos** passageiros desembarcaram?
> Pergunte **quantos** passageiros desembarcaram.

2. Os PRONOMES INTERROGATIVOS estão estreitamente ligados aos pronomes indefinidos. Em uns e outros a significação é indeterminada, embora, no caso dos interrogativos, a resposta, em geral, venha esclarecer o que foi perguntado.

FLEXÃO DOS INTERROGATIVOS

Os INTERROGATIVOS *que* e *quem* são invariáveis. *Qual* flexiona-se em número (*qual, quais*); *quanto*, em gênero e em número (*quanto, quanta, quantos, quantas*).

VALOR E EMPREGO DOS INTERROGATIVOS

Que

1. O INTERROGATIVO *que* pode ser:

a) pronome substantivo, quando significa "que coisa":

> **Que** tenciona fazer quando sair daqui?
> (A. Abelaira, *TM*, 86.)
>
> Mas não sei **que** disse a estrela...
> (A. Tavares, *PC*, 9.)

b) pronome adjetivo, quando significa "que espécie de", e neste caso refere-se a pessoas ou a coisas:

> **Que** mal me havia de fazer?
> (M. Torga, *NCM*, 47.)
>
> Não sei **que** vento mau turvou de todo o lago.
> (A. de Guimaraens, *OC*, 56.)

2. Para dar maior ênfase à pergunta, em lugar de *que* pronome substantivo, usa-se *o que*:

> O mundo? **O que** é o mundo, ó meu amor?
> (F. Espanca, *S*, 90.)

> Não sei **o que** o trouxe aqui.
> (C. de Oliveira, *AC*, 17.)

3. Tanto uma como outra forma pode ser reforçada por *é que*:

> — **Que é que** o senhor está fazendo? gritou-lhe.
> (C. Lispector, *ME*, 313.)

> **O que é que** eu vejo, nestas tardes tristes?
> (Teixeira de Pascoaes, *OC*, III, 24.)

Observação:

Nenhuma razão assiste aos que condenam a anteposição do *o* ao *que* interrogativo, como exaustivamente mostraram Heráclito Graça, em *Factos da linguagem*. Rio de Janeiro. Livraria de Viúva Azevedo, 1904, p. 367-383; e Said Ali, em *Dificuldades da língua portuguesa*. 5.ª ed. Rio de Janeiro, Acadêmica, 1957, p. 12-20; e *Gramática histórica da língua portuguesa*. 3.ª ed. São Paulo, Melhoramentos, 1964, p. 112-114.

Quem

1. O INTERROGATIVO *quem* é pronome substantivo e refere-se apenas a pessoas ou a algo personificado:

> **Quem** não a canta? **Quem**? **Quem** não a canta e sente?
> (J. de Lima, *OC*, I, 212.)

> Perguntei ao doutor **quem** era a velha.
> (J. de Araújo Correia, *FX*, 56.)

> Mas a Ideia **quem** é? **Quem** foi que a viu,
> Jamais, a essa encoberta peregrina?
> (A. de Quental, *SC*, 59.)

2. Em orações com o verbo *ser*, pode servir de predicativo a um sujeito no plural:

> **Quem** sois vós, meus irmãos e meus algozes?
> (A. de Quental, *SC*, 92.)

> Sabem, acaso, os vultos, **quem** vão sendo?
> (C. Meireles, *OP*, 320.)

Qual

1. O INTERROGATIVO *qual* tem valor seletivo e pode referir-se tanto a pessoas como a coisas. Usa-se geralmente como pronome adjetivo, mas nem sempre com o substantivo contíguo. Nas perguntas feitas com o verbo *ser*, costuma-se empregar o verbo depois de *qual*:

> — **Qual** é o hotel, em que rua fica?
> (U. Tavares Rodrigues, *NR*, 76.)

> Padre Manuel perguntou ao escudeiro do comendador **qual** era a situação de D. Ana Vaz.
> (C. Castelo Branco, *OS*, II, 247.)

2. A ideia seletiva pode ser reforçada pelo emprego da expressão *qual dos* (*das* ou *de*), anteposta a substantivo ou a pronome no plural, bem como a numeral:

> **Qual dos senhores** é pai dum menino que está de cócoras no jardim há mais de meia hora?
> (A. M. Machado, *JT*, 51.)

> **Qual deles** tinha coragem para começar?
> (F. Namora, *TJ*, 293.)

> — Então, moça? **qual** foi **dos nove**?
> (C. Castelo Branco, *BP*, 25.)

Quanto

O INTERROGATIVO *quanto* é um quantitativo indefinido. Refere-se a pessoas e a coisas e usa-se quer como pronome substantivo, quer como pronome adjetivo:

> — **Quanto** devo?
> (G. Ramos, *A*, 167.)

> **Quantas sementes** lhe dás tu?
> (F. Namora, *TJ*, 158.)

EMPREGO EXCLAMATIVO DOS INTERROGATIVOS

Estes pronomes são também frequentemente usados nas exclamações, que não passam muitas vezes de interrogações impregnadas de admiração. Conforme a curva tonal e o contexto, podem assumir então os mais variados matizes afetivos.

Comparem-se as frases seguintes:

> **Que** inocência! **Que** aurora! **Que** alegria!
> (Teixeira de Pascoaes, *OC*, III, 140.)

> — **Que** vovozinha **que** nada! explodiu amarga a aniversariante.
> (C. Lispector, *LF*, 58.)

> — Coitada!... **quem** diria... **quem** imaginaria que acabaria assim!?...
> (A. de Assis Júnior, *SM*, 52.)

> **Quem** me dera ser homem!
> (B. Santareno, *TPM*, 101.)

> **Quais** feitios, **qual** vida!
> (M. Torga, *CM*, 50.)

> — E Sigefredo tem esperneado muito?
> — **Qual** nada! Anda no mundo da lua.
> (C. dos Anjos *M*, 295.)

> **Quanto** sonho a nascer já desfeito!
> (F. Espanca, *S*, 81.)

> Ai, **quanto** veludo e seda,
> e **quantos** finos brocados!
> (C. Meireles, *OP*, 669.)

PRONOMES INDEFINIDOS

Chamam-se INDEFINIDOS os pronomes que se aplicam à 3.ª pessoa gramatical, quando considerada de um modo vago e indeterminado.

FORMAS DOS PRONOMES INDEFINIDOS

Os PRONOMES INDEFINIDOS apresentam formas variáveis e invariáveis:

VARIÁVEIS				INVARIÁVEIS
MASCULINO		FEMININO		
algum	alguns	alguma	algumas	alguém
nenhum	nenhuns	nenhuma	nenhumas	ninguém
todo	todos	toda	todas	tudo
outro	outros	outra	outras	outrem
muito	muitos	muita	muitas	nada
pouco	poucos	pouca	poucas	cada
certo	certos	certa	certas	algo
vário	vários	vária	várias	
tanto	tantos	tanta	tantas	
quanto	quantos	quanta	quantas	
qualquer	quaisquer	qualquer	quaisquer	

LOCUÇÕES PRONOMINAIS INDEFINIDAS

Dá-se o nome de LOCUÇÕES PRONOMINAIS INDEFINIDAS aos grupos de palavras que equivalem a PRONOMES INDEFINIDOS: *cada um*, *cada qual*, *quem quer que*, *todo aquele que*, *seja quem for*, *seja qual for*, etc.

PRONOMES INDEFINIDOS SUBSTANTIVOS E ADJETIVOS

1. Os INDEFINIDOS *alguém*, *ninguém*, *outrem*, *algo* e *nada* só se usam como pronomes substantivos:

E se **alguém** fosse avisar a Guarda?
(M. Torga, *NCM*, 52.)

Ninguém ainda inventou fósforos contra o vento?
(A. Abelaira, *QPN*, 25.)

Outrem a repetiu [a frase do discurso], até que muita gente a fez sua.
(Machado de Assis, *OC*, I, 921.)

Minha Teresa tem **algo** a me dizer, não é?
(J. Amado, *TBCG*, 289.)

Não devo **nada** a ninguém.
(Alves Redol, *BC*, 43.)

2. *Tudo* é normalmente pronome substantivo, mas tem valor de adjetivo nas combinações *tudo isto, tudo isso, tudo aquilo, tudo o que, tudo o mais* e semelhantes:

Subia as escadas que levavam à torre do palácio, meditando em **tudo isto**.
(Alves Redol, *BC*, 58.)

Hoje, **tudo isso**, pássaros e estrelas caídas do céu, são memórias.
(J. C. de Carvalho, *NMAI*, 51.)

Pensando bem, **tudo aquilo**, era muito estranho.
(A. Meyer, *SI*, 25.)

3. *Algum, nenhum, todo, outro, muito, pouco, vário, tanto* e *quanto* são pronomes adjetivos que, em certos casos, se empregam como pronomes substantivos. Assim nestes períodos:

Todos estavam admirados.
(Castro Soromenho, *TM*, 186.)

Quando nos tornamos a ver, **nenhum** teve para o **outro** a mínima palavra, ficamos a um banco, lado a lado, em expansivo silêncio.
(R. Pompeia, *A*, 205.)

4. *Certo* só se usa como pronome adjetivo:

Certos homens ergueram-se acima do seu tempo, acima da civilização.
(A. Abelaira, *TM*, 79.)

Em **certo ponto** a água cobria um homem.
(R. Pompeia, *A*, 47.)

5. Também os INDEFINIDOS *cada* e *qualquer*, de acordo com a boa tradição da língua, devem sempre vir acompanhados de substantivo, pronome ou numeral cardinal:

Cada coisa a seu tempo tem seu tempo.
(F. Pessoa, *OP*, 206.)

Está certo, **cada qual** como Deus o fez.
(G. Ramos, *AOH*, 111.)

Amava a Deus em **cada uma** das suas criaturas.
(B. Santareno, *TPM*, 47.)

Certas palavras não podem ser ditas em **qualquer lugar** e **hora qualquer**.
(C. Drummond de Andrade, *MA*, 143.)

Qualquer caminho
Em **qualquer ponto** seu em dois se parte.
(F. Pessoa, *OP*, 476.)

OPOSIÇÕES SISTEMÁTICAS ENTRE OS INDEFINIDOS

Observam-se algumas oposições sistemáticas na classe dos PRONOMES INDEFINIDOS. São bastante nítidas, por exemplo, as que se verificam:

a) entre o caráter afirmativo da série:

algum alguém algo

e o negativo da série:

nenhum ninguém nada

b) entre o caráter de totalidade inclusiva de:

tudo todo

e o de totalidade exclusiva de:

nada nenhum

c) entre a presença de ideia de pessoa em:

alguém ninguém

e a ausência dessa ideia em:

algo nada

d) entre o valor particularizante de:

certo

e a total ausência de particularização de:

qualquer

Outras oposições privativas podem ser ainda assinaladas nesta classe tão heterogênea de pronomes (as de *certo* / *qualquer*, *muito* / *pouco*, *outro* / *outrem*, etc.), com vista a apresentá-la, de maneira mais coerente e, assim, justificar-lhe, em parte pelo menos, a tradicional e unitária conceituação.

VALORES DE ALGUNS INDEFINIDOS

Algum e nenhum

1. Anteposto a um substantivo, *algum* tem valor positivo. É, como dissemos, o contrário de *nenhum*:

> — Com ele podes arranjar **alguma coisa**.
> (Castro Soromenho, *TM*, 248.)

> Não havia nele senão aspiração à grandeza verdadeira; **nenhum cabotinismo**, **nenhuma vaidade**, e sim um compreensível orgulho.
> (A. F. Schmidt, *F*, 237.)

2. Posposto a um substantivo, *algum* assumiu, na língua moderna, significação negativa, mais forte do que a expressa por *nenhum*. Em geral, o INDEFINIDO adquire este valor em frases onde já existem formas negativas, como *não*, *nem*, *sem*:

> Já não morria naquele dia e não tinha **pressa alguma** em chegar a casa.
> (Ferreira de Castro, *OC*, II, 694.)

> Não escreveu, que eu saiba, **livro algum**.
> (A. F. Schmidt, *GB*, 71-72.)

No português antigo e médio, podia dar-se a posposição de *algum* com sentido positivo. Veja-se, por exemplo, este passo de *Os lusíadas*, em que a expressão *refresco algum* deve ser entendida como "algum refresco":

> Desta gente **refresco algum** tomamos
> E do rio fresca água; mas com tudo
> Nenhum sinal aqui da Índia achamos
> No povo, com nós outros quase mudo.
> (Camões, *Lus.*, V, 69.)

3. No feminino, aparece em construções de acentuado valor afetivo:

> O lavrador ainda levantou a cabeça para fazer **alguma das dele**.
> (Alves Redol, *BC*, 354.)

> **Alguma** ele andou fazendo.
> (F. Sabino, *ME*, 31.)

> — Você quer sair da casa? Por **alguma** é?
> (Eça de Queirós, *O*, I, 89.)

4. Reforçado por negativa, *nenhum* pode equivaler ao INDEFINIDO *um*:

> Esse capitão **não** foi **nenhum** oficial de patente, mas um autêntico capitão de terra e mar de Quatrocentos, ao mesmo tempo piloto dos mares de Noroeste e regedor de capitania.
> (V. Nemésio, *CI*, 205.)

> Eu, Marília, **não** fui **nenhum** vaqueiro
> Fui honrado pastor da tua aldeia.
> (T. A. Gonzaga, *OC*, I, 137.)

Cada

1. Como dissemos, deve-se empregar o INDEFINIDO *cada* apenas como PRONOME ADJETIVO. Quando falta o substantivo, usa-se *cada um* (*uma*), *cada qual*:

> Lá no fundo **cada um** espera o milagre.
> (C. de Oliveira, *PB*, 156.)

> **Cada qual** sabe de sua vida.
> (J. Amado, *MM*, 95.)

2. *Cada* pode preceder um numeral cardinal para indicar discriminação entre unidades, ou entre grupos ou séries de unidades:

De **cada dúzia** de ovos que vendia, a metade era lucro.
Vinha ver-me **cada três** dias.

3. Tem acentuado valor intensivo em frases do tipo:

A ti era o Chiado que te fazia mal! Apanhavas ali **cada constipação**...
(V. Vitorino, *F*, 160.)

— Você tem **cada uma**!
(G. Ramos, *AOH*, 75.)

Observação:

Na linguagem informal é cada dia mais frequente o emprego substantivo deste pronome em construções como a seguinte:

Estas águas-fortes custam dez mil cruzeiros **cada**.

Certo

1. *Certo* é PRONOME INDEFINIDO quando anteposto a um substantivo. Caracteriza-o a capacidade de particularizar o ser expresso pelo substantivo, distinguindo-o dos outros da espécie, mas sem identificá-lo.
Dispensa, em geral, o artigo indefinido. A presença deste torna a expressão menos vaga e dá-lhe um matiz afetivo.
Assim:

Sílvio não pede um amor qualquer, adventício ou anônimo; pede **um certo amor**, nomeado e predestinado.
(Machado de Assis, *OC*, II, 552.)

No fim de contas, tinha **uma certa mágoa** da forma como a tratara.
(J. Paço d'Arcos, *CVL*, 765.)

No rostinho enrugado e emurchecido, havia ainda uma **certa graça e vivacidade** de menina.
(É. Veríssimo, *A*, II, 306.)

2. É adjetivo, com o significado de "seguro", "verdadeiro", "exato", "fiel", "constante":

a) quando posposto ao substantivo:

— **Idade certa** não sei.
(G. França de Lima, *JV*, 35.)

Homens de **piso certo**, seus passos derivam de suas lagoas interiores de resignação.

(A. Santos, *P.* 177.)

— Não há **carreira** mais **certa**.

(Alves Redol, *F*, 279.)

b) em comparações intensivas, geralmente antecedido de *tão*:

Acredita que é **tão certo** como Deus estar no céu!

(M. Torga)

Estou **tão certo** do que digo como da luz que nos alumia.

(A. Ribeiro)

Neste caso pode ser seguido de substantivo:

Mais certo amigo é João do que Pedro, **tão certo amigo** é João como Paulo.

(Sousa da Silveira, *LP*, 244.)

Nada

1. *Nada* significa "nenhuma coisa", mas equivale a "alguma coisa" em frases interrogativas negativas do tipo:

— O capitão não come **nada**?
— Eu agradeço, minha senhora.

(J. Lins do Rego, *FM*, 317.)

De tempos em tempos aparecia, perguntava se eu não queria **nada**.

(M. de Andrade, *CMB*, 285.)

2. Junto a um adjetivo ou a um verbo intransitivo pode ter força adverbial:

— Não foi **nada caro**, tive um grande desconto.

(A. Abelaira, *QPN*, 14.)

Não tinha um ar **nada inocente**. Mesmo **nada**.

(J. Cardoso Pires, *D*, 298.)

O cavalo não **correu nada**.

Outro

1. Cumpre distinguir as expressões:

a) *outro dia*, ou *o outro dia* = um dia passado mas próximo:

> — **Outro dia** fui à casa do Sebastião e lá aceitei um café.
> (C. Drummond de Andrade, *FA*, 209.)

> Contou-me a Ana, **o outro dia**,
> Que Deus, somente o veria
> Quem fosse Anjo, ninguém mais.
> (A. Corrêa d'Oliveira, *M*, 92.)

b) *no outro dia*, ou *ao outro dia* = no dia seguinte:

> **No outro dia**, de volta do campo, encontrei no alpendre João Nogueira, Padilha e Azevedo Gondim.
> (G. Ramos, *SB*, 52.)

> **No outro dia**, o terceiro, Elmira não pôde sair mais cedo.
> (A. de Assis Júnior, *SM*, 204.)

> **Ao outro dia**, ao almoço, Amélia estava pálida, com as olheiras até ao meio da face.
> (Eça de Queirós, *O*, I, 69.)

> Partiu o navio, **ao outro dia** de manhã.
> (M. Ferreira, *HB*, 135.)

2. Em expressões denotadoras de reciprocidade, como *um ao outro*, *um do outro*, *um para o outro*, conserva-se em geral a forma masculina, ainda que aplicada a indivíduos de sexos diferentes:

> Compreendi que um vínculo de simpatia moral nos ligava **um ao outro**; com a diferença que o que era em mim paixão específica, era nela uma simples eleição de caráter.
> (Machado de Assis, *OC*, II, 496.)

> A Judite dava toda a atenção ao seu par, a uma distância perigosa **um do outro**.
> (Almada Negreiros, *NG*, 93.)

Sentou-se no canapé e ficamos a olhar **um para o outro**, ela desfeita em graça, eu desmentindo Shelley com todas as forças sexagenárias restantes.

(Machado de Assis, *OC*, I, 1129.)

3. *Outro* pode empregar-se como adjetivo na acepção de "diferente", "mudado", "novo":

Não sabia que assim tão **outra** voltarias:
Eras de negro olhar, de olhar azul tu voltas.

(A. de Guimaraens, *OC*, 105.)

Era **outro** homem, fora fundido **noutro** cadinho.

(Ferreira de Castro, *OC*, II, 93.)

Entrei em casa **outro** homem: calmo e bem humorado.

(R. M. F. de Andrade, *V*, 127.)

Qualquer

Tem por vezes sentido pejorativo, particularmente quando precedido de artigo indefinido:

Não é **uma qualquer coisa**, não!

(Luandino Vieira, *NM*, 116.)

Ele não era **um qualquer**.

(M. Ferreira, *HB*, 47.)

— Júlio, se eu te falo assim é porque não te vejo como **um qualquer**.

(J. Lins do Rego, *E*, 253.)

A tonalidade depreciativa torna-se mais forte se o indefinido vem posposto a um nome de pessoa:

Já não era **uma Judite qualquer**, era a Judite do Antunes.

(Almada Negreiros, *NG*, 86.)

Hoje é isto que o senhor vê: **um Pestana qualquer** acha-se com o direito de ser deputado.

(J. Lins do Rego, *MR*, 239.)

Todo

No capítulo 9, estudamos o emprego do artigo com este INDEFINIDO. Aqui acrescentaremos o seguinte:

1. No singular e posposto ao substantivo, *todo* indica a totalidade das partes:

> Toda a obra é vã, e vã **a obra toda.**
> (F. Pessoa, *OP*, 486.)
>
> O conflito acordou **o colégio todo.**
> (G. Amado, *HMI*, 163.)

2. Também indica a totalidade das partes, quando, no singular, antecede um pronome pessoal:

> **Todo ele** evidenciava um cansaço íntimo.
> (M. Torga, *V*, 105.)
>
> A casa, **toda** ela, gelava.
> (C. de Oliveira, *AC*, 81.)

3. No plural, anteposto ou não, designa a totalidade numérica:

> **Todos os homens** caminhavam em silêncio.
> (Ferreira de Castro, *OC*, I, 446.)
>
> **As culpas todas** eram deles; aguentassem com elas!
> (A. Peixoto, *RC*, 449.)

4. Anteposto a um elemento nominal, aposto ou predicativo, emprega-se com o sentido de "inteiramente", "em todas as suas partes", "muito":

> Silva estendeu a guia de trânsito a Vasconcelos, levantando-se da secretária com um sorriso, **todo amável.**
> (Castro Soromenho, *TM*, 132.)
>
> Paisagem desconhecida, Manuel da Bouça era **todo olhos** para a várzea que atravessavam.
> (Ferreira de Castro, *OC*, 390.)

Eras **toda graça e incompreensão.**
(Ribeiro Couto, *PR*, 226.)

Tudo

Refere-se normalmente a coisas, mas pode aplicar-se também a pessoas:

Não se fala noutra coisa, e está **tudo** furioso.
(A. de Quental, *C*, 358.)

Fidélia chegou, Tristão e a madrinha chegaram, **tudo** chegou.
(Machado de Assis, *OC*, I, 1069.)

Aqui na pensão e na casa da lagoa **tudo** dorme.
(J. Cardoso Pires, *D*, 339.)

Enfim, **tudo aquilo** era a mesma gente, exceto o Antunes.
(Almada Negreiros, *NG, 92.)*

Capítulo 12

Numerais

ESPÉCIES DE NUMERAIS

1. Para indicarmos uma quantidade exata de pessoas ou coisas, ou para assinalarmos o lugar que elas ocupam numa série, empregamos uma classe especial de palavras — os NUMERAIS.

Os NUMERAIS podem ser CARDINAIS, ORDINAIS, MULTIPLICATIVOS e FRACIONÁRIOS.

2. Os NUMERAIS CARDINAIS são os números básicos. Servem para designar:

a) a quantidade em si mesma, caso em que valem por verdadeiros substantivos:

> **Dois** e **dois** são **quatro**.

b) uma quantidade certa de pessoas ou coisas, caso em que acompanham um substantivo à semelhança dos adjetivos:

> Geraldo Alonso levantou-se, deu **três passos** para a frente.
> (O. Lins, *FP*, 158.)

> Botou a **cinco cântaros** o mel... e a **dois lagares** o azeite.
> (A. Ribeiro, *M*, 44.)

3. Os NUMERAIS ORDINAIS indicam a ordem de sucessão dos seres ou objetos numa dada série. Equivalem a adjetivos, que, no entanto, se substantivam facilmente:

> A senhora Basília de Cedofeita, uma alfarrabista, era viúva e entendida em **primeiras edições**.
> (A. Bessa Luís, *OM*, 126.)

Foi aí que se tornou **a primeira** de sua classe.
(A. de Alcântara Machado, *NP*, 125.)

4. Os NUMERAIS MULTIPLICATIVOS indicam o aumento proporcional da quantidade, a sua multiplicação. Podem equivaler a adjetivos e, com mais frequência, a substantivos, por virem geralmente antecedidos de artigo:

É **um duplo receber**, que é **um duplo dar**.
(J. M. de Macedo, *RQ*, 2.)

Tinha **o dobro** da minha grossura e era vermelho como malagueta.
(Ferreira de Castro, *OC*, I, 154.)

5. Os NUMERAIS FRACIONÁRIOS exprimem a diminuição proporcional da quantidade, a sua divisão:

Já pagamos **a metade** da dívida.
Só recebeu **dois terços** do ordenado.

NUMERAIS COLETIVOS

Assim se denominam certos NUMERAIS que, como os substantivos coletivos, designam um conjunto de pessoas ou coisas. Caracterizam-se, no entanto, por denotarem o número de seres rigorosamente exato. É o caso de *novena*, *dezena*, *década*, *dúzia*, *centena*, *cento*, *lustro*, *milhar*, *milheiro*, *par*.

FLEXÃO DOS NUMERAIS

CARDINAIS

1. Os NUMERAIS CARDINAIS *um*, *dois*, e as centenas a partir de *duzentos* variam em gênero:

um	uma	duzentos	duzentas
dois	duas	trezentos	trezentas

2. *Milhão*, *bilhão* (ou *bilião*), *trilhão*, etc. comportam-se como substantivos e variam em número:

dois milhões	vinte trilhões

3. *Ambos*, que substitui o CARDINAL *os dois*, varia em gênero:

ambos os pés	ambas as mãos

4. Os outros CARDINAIS são invariáveis.

ORDINAIS

Os NUMERAIS ORDINAIS variam em gênero e número:

primeiro	primeira	primeiros	primeiras
vigésimo	vigésima	vigésimos	vigésimas

MULTIPLICATIVOS

1. Os NUMERAIS MULTIPLICATIVOS são invariáveis quando equivalem a substantivos:

Podia ser meu avô, tem **o triplo** da minha idade.

Empregados com o valor de adjetivos flexionam-se em gênero e em número:

Costuma tomar o remédio em **doses duplas**.

2. As formas multiplicativas *dúplice*, *tríplice*, etc. variam apenas em número:

Deram-se alguns saltos **tríplices**.

FRACIONÁRIOS

1. Os NUMERAIS FRACIONÁRIOS concordam com os cardinais que indicam o número das partes:

Subscrevi **um terço** e Carlos **dois terços** do capital.

2. *Meio* concorda em gênero com o designativo da quantidade de que é fração:

Comprou **três quilos e meio** de carne.
Andou duas **léguas e meia** a pé.

Observação:

No Brasil, em lugar de *meio-dia e meia* (hora), diz-se normalmente *meio-dia e meio*:

Meio-dia e meio... nada de Luzardo.
(Gilberto Amado, *DP*, 147.)

NUMERAIS COLETIVOS

Todos os NUMERAIS COLETIVOS flexionam-se em número:

três décadas / cinco dúzias
dois milheiros / quatro lustros

VALORES E EMPREGOS DOS CARDINAIS

1. Na lista dos CARDINAIS costuma-se incluir *zero* (0), que equivale a um substantivo, geralmente usado em aposição:

   grau **zero** / desinência **zero**

2. *Cem*, forma reduzida de *cento*, usa-se como um adjetivo invariável:

   cem rapazes / **cem** meninas

   Cento é também invariável. Emprega-se hoje apenas:

a) na designação dos números entre *cem* e *duzentos*:

   cento e dois homens / **cento e duas** mulheres

b) precedido do artigo, com valor de substantivo:

   Comprou **um cento** de bananas.
   Pagou caro pel**o cento** de peras.

c) na expressão *cem por cento*.

3. Usa-se ainda *conto* (antigamente = um milhão de réis) no sentido de "mil escudos" (em Portugal) e "mil reais" (no Brasil):

   A gravura custou **dois contos**.

4. *Bilhão* (que também se escreve *bilião*) significava outrora "um milhão de milhões", valor que ainda conserva em Portugal, Grã-Bretanha, Alemanha e no mundo de língua espanhola. No Brasil, na França, nos Estados Unidos e em outros países representa hoje "mil milhões".

Observação:

No Brasil *quatorze* alterna com *catorze*, que é a forma normal portuguesa. Em Portugal empregam-se normalmente *dezasseis*, *dezassete* e *dezanove*, variantes desusadas no Brasil.

CARDINAL COMO INDEFINIDO

O emprego do número determinado pelo indeterminado é um dos processos de superlativação preferidos pelas línguas românicas.

Sirva de exemplo o CARDINAL *mil*, desde os começos da língua largamente usado para expressar a indeterminação exagerada:

Em abril, chuvas **mil**.

EMPREGO DA CONJUNÇÃO *E* COM OS CARDINAIS

1. A conjunção *e* é sempre intercalada entre as centenas, as dezenas e as unidades:

trinta **e** cinco
trezentos **e** quarenta **e** nove

2. Não se emprega a conjunção entre os milhares e as centenas, salvo quando o número terminar numa centena com dois zeros:

1892 = mil oitocentos **e** noventa **e** dois
1800 = mil **e** oitocentos

3. Em números muito grandes, a conjunção *e* emprega-se entre os membros da mesma ordem de unidades, e omite-se quando se passa de uma ordem a outra:

293.572 = duzentos **e** noventa **e** três mil quinhentos **e** setenta **e** dois
332.415.741.211 = trezentos **e** trinta **e** dois bilhões, quatrocentos **e** quinze milhões, setecentos **e** quarenta **e** um mil duzentos **e** onze

VALORES E EMPREGOS DOS ORDINAIS

1. Ao lado de *primeiro*, que é forma própria do ORDINAL, a língua portuguesa conserva o latinismo *primo* (*-a*), empregado:

a) seja como substantivo, para designar parentesco (*os primos*) e, na forma feminina (*a prima*), "a primeira das horas canônicas" e "a mais elevada corda" de alguns instrumentos;

b) seja como adjetivo, fixado em compostos como *obra-prima* e *matéria-prima*, ou em expressões como *números primos*.

2. Certos ORDINAIS, empregados com frequência para exprimir uma qualidade, tornam-se verdadeiros adjetivos. Comparem-se:

Um material de **primeira categoria** [= superior].
Um artigo de **segunda qualidade** [= inferior].

3. Como em certos jogos as cartas, pedras ou pontos são designados pelas palavras *ás*, *duque*, *terno*, *quadra*, a forma *ás*, equivalente a *primeiro*, passou a designar os campeões, especialmente dos esportes:

Os **ases** do automobilismo.

EMPREGO DOS CARDINAIS PELOS ORDINAIS

Em alguns casos, o NUMERAL ORDINAL é substituído pelo CARDINAL correspondente.

Assim:

1.º) Na designação de papas e soberanos, bem como na de séculos e de partes em que se divide uma obra, usam-se os ORDINAIS até *décimo*, e daí por diante o CARDINAL, sempre que o numeral vier depois do substantivo:

Gregório VII (sétimo)	João XXIII (vinte e três)
Pedro II (segundo)	Luís XIV (quatorze)
Século X (décimo)	Século XX (vinte)
Ato III (terceiro)	Capítulo XI (onze)
Canto VI (sexto)	Tomo XV (quinze)

Quando o numeral antecede o substantivo, emprega-se, porém, o ORDINAL:

Décimo século	Vigésimo século
Terceiro ato	Décimo primeiro capítulo
Sexto Canto	Décimo quinto tomo

2.º) Na numeração de artigos de leis, decretos e portarias, usa-se o ORDINAL até *nono*, e o CARDINAL de *dez* em diante:

Artigo 1.º (primeiro)	Artigo 10 (dez)
Artigo 9.º (nono)	Artigo 41 (quarenta e um)

3.º) Nas referências aos dias do mês, usam-se os CARDINAIS, salvo na designação do primeiro dia, em que é de regra o ORDINAL. Também na indicação dos anos e das horas empregam-se os CARDINAIS:

> Chegaremos às **seis horas** do dia **primeiro de maio**.
> São **duas horas** da tarde do dia **vinte e oito de julho** de **mil novecentos e oitenta e três**.

4.º) Na enumeração de páginas e de folhas de um livro, assim como na de casas, apartamentos, quartos de hotel, cabines de navio, poltronas de casas de diversões e equivalentes empregam-se os CARDINAIS. Nestes casos sente-se a omissão da palavra *número*:

Página 3 (três)	Casa 31 (trinta e um)
Folha 8 (oito)	Apartamento 102 (cento e dois)
Cabine 2 (dois)	Quarto 18 (dezoito)

Se o numeral vier anteposto, usa-se o ORDINAL:

Terceira página	Segunda cabine
Oitava folha	Trigésima primeira casa

EMPREGO DOS MULTIPLICATIVOS

Dos MULTIPLICATIVOS apenas *dobro*, *duplo* e *triplo* são de uso corrente. Os demais pertencem à linguagem erudita. Em seu lugar, emprega-se o numeral cardinal seguido da palavra *vezes*: *quatro vezes*, *oito vezes*, *doze vezes*, etc.

EMPREGO DOS FRACIONÁRIOS

1. Os NÚMEROS FRACIONÁRIOS apresentam as formas próprias *meio* (ou *metade*) e *terço*. Os demais são expressos:

a) pelo ORDINAL correspondente, quando este se compõe de um só radical: *quarto*, *quinto*, *décimo*, *vigésimo*, *milésimo*, etc.;

b) pelo CARDINAL correspondente, seguido da palavra *avos*, quando o ORDINAL é uma forma composta: *treze avos*, *dezoito avos*, *vinte e três avos*, *cento e quinze avos*.

2. Excetuando-se *meio*, os NUMERAIS FRACIONÁRIOS vêm antecedidos de um cardinal, que designa o número de partes da unidade: *um terço*, *três quintos*, *cinco treze avos*.

Observações:

1.ª) No Brasil, a expressão *meia dúzia* (não raro reduzida a *meia*) substitui o cardinal *seis*, principalmente quando se enunciam números de telefone.

2.ª) A forma fracionária *duodécimo* é de uso normal, na linguagem administrativa, nas áreas em que a distribuição orçamentária se processa por parcelas mensais:

O Departamento já recebeu o **segundo duodécimo.**

QUADROS DOS NUMERAIS

NUMERAIS CARDINAIS E ORDINAIS

Algarismos		Cardinais	Ordinais
Romanos	Arábicos		
I	1	um	primeiro
II	2	dois	segundo
III	3	três	terceiro
IV	4	quatro	quarto
V	5	cinco	quinto
VI	6	seis	sexto
VII	7	sete	sétimo
VIII	8	oito	oitavo
IX	9	nove	nono
X	10	dez	décimo
XI	11	onze	undécimo ou décimo primeiro
XII	12	doze	duodécimo ou décimo segundo
XIII	13	treze	décimo terceiro
XIV	14	quatorze	décimo quarto
XV	15	quinze	décimo quinto
XVI	16	dezesseis	décimo sexto
XVII	17	dezessete	décimo sétimo
XVIII	18	dezoito	décimo oitavo
XIX	19	dezenove	décimo nono
XX	20	vinte	vigésimo
XXI	21	vinte e um	vigésimo primeiro
XXX	30	trinta	trigésimo
XL	40	quarenta	quadragésimo
L	50	cinquenta	quinquagésimo
LX	60	sessenta	sexagésimo
LXX	70	setenta	septuagésimo

Algarismos		Cardinais	Ordinais
Romanos	Arábicos		
LXXX	80	oitenta	octogésimo
XC	90	noventa	nonagésimo
C	100	cem	centésimo
CC	200	duzentos	ducentésimo
CCC	300	trezentos	trecentésimo
CD	400	quatrocentos	quadringentésimo
D	500	quinhentos	quingentésimo
DC	600	seiscentos	seiscentésimo ou sexcentésimo
DCC	700	setecentos	septingentésimo
DCCC	800	oitocentos	octingentésimo
CM	900	novecentos	nongentésimo
M	1 000	mil	milésimo
$\overline{X}$	10 000	dez mil	dez milésimos
$\overline{C}$	100 000	cem mil	cem milésimos
$\overline{M}$	1 000 000	um milhão	milionésimo
$\overline{\overline{M}}$	1 000 000 000	um bilhão	bilionésimo

NUMERAIS MULTIPLICATIVOS E FRACIONÁRIOS

Multiplicativos	Fracionários
duplo, dobro, dúplice	meio ou metade
triplo, tríplice	terço
quádruplo	quarto
quíntuplo	quinto
sêxtuplo	sexto
séptuplo	sétimo
óctuplo	oitavo
nônuplo	nono
décuplo	décimo
undécuplo	undécimo ou onze avos
duodécuplo	duodécimo ou doze avos
cêntuplo	centésimo

Capítulo 13

Verbo

NOÇÕES PRELIMINARES

1. VERBO é uma palavra de forma variável que exprime o que se passa, isto é, um acontecimento representado no tempo:

   Um dia, Aparício **desapareceu** para sempre.
   (A. Meyer, *SI*, 25.)

   A mulher **foi educada** por minha mãe.
   (Machado de Assis, *OC*, I, 343.)

   Como **estavam** velhos!
   (A. Bessa Luís, *S*, 189.)

   Anoitecera já de todo.
   (C. de Oliveira, *AC*, 19.)

2. O VERBO não tem, sintaticamente, uma função que lhe seja *privativa*, pois também o SUBSTANTIVO e o ADJETIVO podem ser núcleos do predicado. Individualiza-se, no entanto, pela *função obrigatória* de predicado, a única que desempenha na estrutura oracional.[1]

[1] Daí a definição de A. Maria Barrenechea: "Os verbos são as palavras que têm a função obrigatória de predicado e um regime próprio" (Las clases de palabras en español como clases funcionales. *Romance Philology*, 17:306-307, 1963).

FLEXÕES DO VERBO

O VERBO apresenta as variações de NÚMERO, de PESSOA, de MODO, de TEMPO, de ASPECTO e de VOZ.

NÚMEROS

Como as outras palavras variáveis, o verbo admite dois números: o SINGULAR e o PLURAL. Dizemos que um verbo está no singular quando ele se refere a uma só pessoa ou coisa e, no plural, quando tem por sujeito mais de uma pessoa ou coisa. Exemplo:

SINGULAR	estudo	estudas	estuda
PLURAL	estudamos	estudais	estudam

PESSOAS

O verbo possui três PESSOAS relacionadas diretamente com a pessoa gramatical que lhe serve de sujeito.

1. A primeira é aquela que fala e corresponde aos pronomes pessoais *eu* (singular) e *nós* (plural):

    estudo estudamos

2. A segunda é aquela a quem se fala e corresponde aos pronomes pessoais *tu* (singular) e *vós* (plural):

    estudas estudais

3. A terceira é aquela de quem se fala e corresponde aos pronomes pessoais *ele*, *ela* (singular) *eles*, *elas* (plural):

    estuda estudam

MODOS

Chamam-se MODOS as diferentes formas que toma o verbo para indicar a atitude (de certeza, de dúvida, de suposição, de mando, etc.) da pessoa que fala em relação ao fato que enuncia.

Há três modos em português: o INDICATIVO, o SUBJUNTIVO e o IMPERATIVO. Dos seus valores e empregos tratamos, com o necessário desenvolvimento, adiante, neste mesmo capítulo, onde também estudamos as FORMAS NOMINAIS do verbo: o INFINITIVO, o GERÚNDIO e o PARTICÍPIO.

TEMPOS

TEMPO é a variação que indica o momento em que se dá o fato expresso pelo verbo.

Os três tempos naturais são o PRESENTE, o PRETÉRITO (ou PASSADO) e o FUTURO, que designam, respectivamente, um fato ocorrido *no momento em que se fala, antes do momento em que se fala* e *após o momento em que se fala.*

O PRESENTE é indivisível, mas o PRETÉRITO e o FUTURO subdividem-se no MODO INDICATIVO e no SUBJUNTIVO, como se vê do seguinte esquema:

- INDICATIVO
  - Presente: **estudo**
  - Pretérito
    - imperfeito: **estudava**
    - perfeito
      - simples: **estudei**
      - composto: **tenho estudado**
    - mais-que-perfeito
      - simples: **estudara**
      - composto: **tinha** ou **havia estudado**
  - Futuro
    - do presente
      - simples: **estudarei**
      - composto: **terei** ou **haverei estudado**
    - do pretérito[2]
      - simples: **estudaria**
      - composto: **teria** ou **haveria estudado**

- SUBJUNTIVO
  - Presente: **estude**
  - Pretérito
    - imperfeito: **estudasse**
    - perfeito: **tenha** ou **haja estudado**
    - mais-que-perfeito: **tivesse** ou **houvesse estudado**
  - Futuro
    - simples: **estudar**
    - composto: **tiver** ou **houver estudado**

- IMPERATIVO
  - Presente
    - **estuda** (tu), **estude** (você), **estudemos** (nós), **estudai** (vós), **estudem** (vocês).

---

[2] De acordo com a *Nomenclatura Gramatical Brasileira* — e afastando-nos neste ponto deliberadamente da tradição gramatical portuguesa — adotamos esta designação, em lugar de MODO CONDICIONAL, por a julgarmos mais adequada. Veja-se o que dizemos na página 478 (Observação 3.ª), ao tratarmos do emprego deste tempo.

ASPECTOS

1. Diferente das categorias do TEMPO, do MODO e da VOZ, o ASPECTO designa "uma categoria gramatical que manifesta o ponto de vista do qual o locutor considera a ação expressa pelo verbo". Pode ele considerá-la como *concluída*, isto é, observada no seu término, no seu resultado; ou pode considerá-la como *não concluída*, ou seja, observada na sua duração, na sua repetição.[3]
É a clara distinção que se verifica em português entre as formas verbais classificadas como PERFEITAS ou MAIS-QUE-PERFEITAS, de um lado, e as IMPERFEITAS, de outro.

2. Além dessa distinção básica, que divide o verbo, gramaticalmente, em dois grandes grupos de formas, costumam alguns estudiosos alargar o conceito de ASPECTO, nele incluindo valores semânticos pertinentes ao verbo ou ao contexto.
Assim, nestas frases:

João **começou a comer**.
João **continua a comer**.
João **acabou de comer**.

não há, a bem dizer, uma oposição gramatical de aspecto. É o próprio significado dos auxiliares que transmite ao contexto os sentidos INCOATIVO, PERMANSIVO e CONCLUSIVO.
Dentro dessa lata conceituação, poderíamos distinguir, entre outras, as seguintes oposições aspectuais:

1.ª) ASPECTO PONTUAL / ASPECTO DURATIVO. A oposição aspectual caracteriza-se neste caso pela menor ou maior extensão de tempo ocupada pela ação verbal. Assim:

Aspecto pontual	**Acabo de ler** *Os lusíadas.*
Aspecto durativo	**Continuo a ler** *Os lusíadas.*

2.ª) ASPECTO CONTÍNUO / ASPECTO DESCONTÍNUO. Aqui a oposição aspectual incide sobre o processo de desenvolvimento da ação:

Aspecto contínuo	**Vou lendo** *Os lusíadas.*
Aspecto descontínuo	**Voltei a ler** *Os lusíadas.*

[3] Conrad Bureau. In *Dictionnaire de la linguistique: sous la direction de Georges Mounin.* Paris, P.U.F., 1974, p. 41.

3.ª) ASPECTO INCOATIVO / ASPECTO CONCLUSIVO. O aspecto incoativo exprime um processo considerado em sua fase inicial; o aspecto conclusivo ou terminativo expressa um processo observado em sua fase final:

Aspecto incoativo	**Comecei a ler** *Os lusíadas.*
Aspecto conclusivo	**Acabei de ler** *Os lusíadas.*

3. São também de natureza aspectual as oposições entre:
a) FORMA SIMPLES / PERÍFRASE DURATIVA:

leio / estou lendo (ou **estou a ler**)

A perífrase de *estar* + GERÚNDIO (ou INFINITIVO precedido da preposição *a*), que designa o "aspecto do momento rigoroso" (Said Ali), estende-se a todos os modos e tempos do sistema verbal e pode ser substituída por outras perífrases, formadas com os auxiliares de movimento (*andar*, *ir*, *vir*, *viver*, etc.) ou de implicação (*continuar*, *ficar*, etc.):

Ando lendo (ou **a ler**).	**Continuo lendo** (ou **a ler**).
Vai lendo.	**Ficou lendo** (ou **a ler**).

b) *Ser / estar*:

Ele **foi ferido.**	Ele **está ferido.**

A oposição *ser / estar* corresponde a dois tipos de passividade. *Ser* forma a passiva de ação; *estar*, a passiva de estado.[4]

Como vemos, tais oposições se baseiam fundamentalmente na diversidade de formação das perífrases verbais.
De um modo geral, pode-se dizer que as perífrases construídas com o PARTICÍPIO exprimem o aspecto acabado, concluído; e as construídas com o INFINITIVO ou o GERÚNDIO expressam o aspecto inacabado, não concluído.
Dos seus principais valores aspectuais trataremos adiante ao estudarmos os VERBOS AUXILIARES e as FORMAS NOMINAIS do verbo.

[4] Quanto às construções com *ser* e *estar* em espanhol, mas com interesse para o português, veja-se a monografia de Ricardo Navas Ruiz. *Ser y estar. Estudio sobre el sistema atributivo del español.* Salamanca, Acta Salmanticensia, 1963.

Observações:

1.ª) Estudiosos há que, seguindo o eslavista Agrel, distinguem ASPECTO de MODALIDADE DE AÇÃO, considerando o primeiro a categoria gramatical que opõe a ação concluída à não concluída, e a segunda toda oposição expressa por meios lexicais, o que abrange um número ilimitado de possibilidades semânticas. Veja-se a respeito: Robert Martin. *Temps et aspect. Essai sur l'emploi des temps narratifs en moyen français.* Paris, Klincksieck, 1971. p. 56; ———. Temps et aspect en français moderne. Quelques remarques inspirées para la lecture de *Verbe et adverbe* de M. A. Klum. *Travaux de Linguistique et de Littérature*, 3(1): 67-79, especialmente p. 76-79; L. Jenaro Maclennan. *El problema del aspecto verbal. Estudio crítico de sus presupuestos.* Madrid, Gredos, 1962, p.146-150; Arne Klum. Verbe et adverbe. *Etude sur le système verbal indicatif et sur le système de certains adverbes de temps à la lumière des relations verbo-adverbiales dans la prose du français contemporain.* Stockholm, Almqvist & Wiksell, 1961, p. 107 passim; Ataliba T. de Castilho. *Introdução ao estudo do aspecto verbal na língua portuguesa.* Marília, Faculdade de Filosofia, Ciências e Letras, 1968, p. 39-44; Claudino Cella. *Système verbal français et système verbal portugais. Etude comparative.* Metz, Université de Metz, 1978, p. 61-65 (com larga bibliografia sobre o assunto).

2.ª) É hoje vastíssima a bibliografia sobre aspecto verbal. Além da que se contém nas obras citadas na observação anterior, veja-se a que dá Marc Wilmet em *Etudes de morpho-syntaxe verbale.* Paris, Klincksieck, 1976, p. 153; e em: Aspect grammatical, aspect sémantique, aspect lexical: un problème de limites. In *La Notion d'Aspect.* Colloque organisé par le Centre d'Analyse Syntaxique de l'Université de Metz. Actes publiés par Jean David et Robert Martin. Paris, Klincksiek, 1980, p. 51-52. Estas Atas reproduzem o texto das comunicações de Eugenio Coseriu, Martín S. Ruipérez, Joe Larochette, Gérard Moignet, Marc Wilmet, Maurice Gross, Jean-Marie Zemb, Gérold Stahl, J. Hoepelman - C. Rohrer, Frédéric Nef, Antoine Culioli, J.-P. Desclés, Bernard Pottier e representam uma súmula conclusiva das principais questões concernentes ao aspecto em geral.

VOZES

O fato expresso pelo verbo pode ser representado de três formas:

a) como *praticado* pelo sujeito:

> João **feriu** Pedro.
> Não **vejo** rosas neste jardim.

b) como *sofrido* pelo sujeito:

> Pedro **foi ferido** por João.
> Não **se veem** [= são vistas] rosas neste jardim.

c) como *praticado* e *sofrido* pelo sujeito:

> João **feriu-se.**
> **Dei-me** pressa em sair.

No primeiro caso, diz-se que o verbo está na VOZ ATIVA; no segundo, na VOZ PASSIVA; no terceiro, na VOZ REFLEXIVA.

Como se verifica dos exemplos acima, o objeto direto da VOZ ATIVA corresponde ao sujeito da VOZ PASSIVA; e, na VOZ REFLEXIVA, o objeto direto ou indireto é a mesma pessoa do sujeito. Logo, para que um verbo admita transformação de voz, é necessário que ele seja TRANSITIVO.

Voz passiva. Exprime-se a VOZ PASSIVA:

a) com o VERBO AUXILIAR *ser* e o PARTICÍPIO do verbo que se quer conjugar:

> Pedro **foi ferido** por João.

b) com o PRONOME APASSIVADOR *se* e uma terceira pessoa verbal, singular ou plural, em concordância com o sujeito:

> Não **se vê** [=é vista] **uma rosa** neste jardim.
> Não **se veem** [são vistas] **rosas** neste jardim.

Voz reflexiva. Exprime-se a VOZ REFLEXIVA juntando-se às formas verbais da voz ativa os pronomes oblíquos *me*, *te*, *nos*, *vos* e *se* (singular e plural):

> Eu **me feri** [=a mim mesmo]
> Tu **te feriste** [= a ti mesmo]
> Ele **se feriu** [= a si mesmo]
> Nós **nos ferimos** [= a nós mesmos]
> Vós **vos feristes** [= a vós mesmos]
> Eles **se feriram** [= a si mesmos]

Observações:

1.ª) Além do verbo *ser*, há outros auxiliares que, combinados com um particípio, podem formar a VOZ PASSIVA. Estão nesse caso certos verbos que exprimem estado (*estar*, *andar*, *viver*, etc.), mudança de estado (*ficar*) e movimento (*ir*, *vir*):

> Os homens já **estavam tocados** pela fé.
> **Ficou atormentado** pelo remorso.
> Os pais **vinham acompanhados** dos filhos.

2.ª) Nas formas da VOZ PASSIVA, o particípio concorda em gênero e número com o sujeito:

Ele foi **ferido**	**Eles** foram **feridos.**
Ela foi **ferida**	**Elas** foram **feridas.**

FORMAS RIZOTÔNICAS E ARRIZOTÔNICAS

Em certas formas verbais, o acento tônico recai no radical. Assim:

ando	andas	anda	andam
ande	andes	ande	andem

Em outras, o acento tônico recai na terminação. Assim:

andamos	andais	andou	andar
andemos	andeis	andava	andará

Às primeiras damos o nome de FORMAS RIZOTÔNICAS; às segundas, de FORMAS ARRIZOTÔNICAS.

CLASSIFICAÇÃO DO VERBO

1. Quanto à FLEXÃO, o verbo pode ser REGULAR, IRREGULAR, DEFECTIVO e ABUNDANTE.
   Os REGULARES flexionam-se de acordo com o PARADIGMA, modelo que representa o tipo comum da conjugação. Tomando-se, por exemplo, *cantar*, *vender* e *partir* como paradigmas da 1.ª, 2.ª e 3.ª conjugações, verificamos que todos os verbos regulares da 1.ª conjugação formam os seus tempos como *cantar*; os da 2.ª, como *vender*; os da 3.ª como *partir*.
   São IRREGULARES os verbos que se afastam do paradigma de sua conjugação, como *dar*, *estar*, *fazer*, *ser*, *pedir*, *ir* e vários outros, que no lugar próprio estudaremos.
   VERBOS DEFECTIVOS são aqueles que não têm certas formas, como *abolir*, *falir* e mais alguns de que tratamos adiante. Entre os DEFECTIVOS costumam os gramáticos incluir os UNIPESSOAIS, especialmente os IMPESSOAIS, usados apenas na 3.ª pessoa do singular: *chover*, *ventar*, etc.
   ABUNDANTES são os verbos que possuem duas ou mais formas equivalentes. De regra, essa abundância ocorre no particípio. Assim, o verbo *aceitar* apresenta os particípios *aceitado*, *aceito* e *aceite*; o verbo *entregar*, os particípios *entregado* e *entregue*; o verbo *matar*, os particípios *matado* e *morto*.

Observação:

A *Nomenclatura Gramatical Brasileira* distingue VERBOS IRREGULARES de VERBOS ANÔMALOS, aplicando a última denominação a verbos como *estar*, *haver*, *ser*, *ter*, *ir*, *vir* e *pôr*, cujas profundas irregularidades não se enquadram em classificação alguma. Esta distinção não é adotada pela *Nomenclatura Gramatical Portuguesa.*

2. Quanto à FUNÇÃO, o verbo pode ser PRINCIPAL ou AUXILIAR.
PRINCIPAL, é o verbo de significação plena, nuclear de uma oração. Assim:

Estudei português.
Haverá uma solução para o caso.
Comprei um livro.

AUXILIAR é aquele que, desprovido total ou parcialmente da acepção própria, se junta a formas nominais de um verbo principal, constituindo com elas locuções que apresentam matizes significativos especiais. Assim:

Tenho estudado português.
Há de haver uma solução para o caso.
Um livro **foi comprado** por mim.

Os AUXILIARES mais comuns são *ter*, *haver*, *ser* e *estar*, de que apresentamos, adiante, a conjugação completa.

CONJUGAÇÕES

CONJUGAR um verbo é dizê-lo em todos os modos, tempos, pessoas, números e vozes. O agrupamento de todas essas flexões, segundo uma ordem determinada, chama-se CONJUGAÇÃO.

Há três conjugações em português, caracterizadas pela VOGAL TEMÁTICA.

A 1.ª conjugação compreende os verbos que têm a vogal temática *-a-*:

estud-**a**-r fic-**a**-r rem-**a**-r

A 2.ª conjugação abarca os verbos que têm a vogal temática *-e-*:

receb-**e**-r dev-**e**-r tem-**e**-r

À 3.ª conjugação pertencem os verbos que têm a vogal temática *-i-*:

dorm-**i**-r part-**i**-r sorr-**i**-r

Como as vogais temáticas se apresentam com maior nitidez no infinitivo, costuma-se indicar pela TERMINAÇÃO deste (= VOGAL TEMÁTICA + SUFIXO *-r*) a conjugação a que pertence um dado verbo. Assim, os verbos de infinitivo terminado em *-ar* são da 1.ª conjugação; os de infinitivo em *-er*, da 2.ª; os de infinitivo em *-ir*, da 3.ª.

TEMPOS SIMPLES

Estrutura do verbo

1. Examinemos os seguintes tempos do indicativo do verbo *cantar*:

PRESENTE	PRETÉRITO IMPERFEITO	PRETÉRITO MAIS-QUE-PERFEITO
canto	cantava	cantara
cantas	cantavas	cantaras
canta	cantava	cantara
cantamos	cantávamos	cantáramos
cantais	cantáveis	cantáreis
cantam	cantavam	cantaram

Verificamos que todas as suas formas se irmanam pelo RADICAL *cant-*, a parte invariável que lhes dá a base comum de significação.

Verificamos também que a esse RADICAL VERBAL se junta, em cada forma, uma TERMINAÇÃO, da qual participa pelo menos um dos seguintes elementos:

a) a VOGAL TEMÁTICA *-a-*, característica dos verbos da 1.ª conjugação:

cant-**a** cant-**a**-va cant-**a**-ra

b) o SUFIXO TEMPORAL (ou MODO-TEMPORAL), que indica o tempo e o modo:

cant-a-**va** cant-a-**ra**

c) a DESINÊNCIA PESSOAL (ou NÚMERO-PESSOAL), que identifica a pessoa e o número:

cant-**o** cant-a-va-**s** cant-á-ra-**mos**

2. Todo o mecanismo da formação dos tempos simples repousa na combinação harmônica desses três elementos flexivos com um determinado radical verbal. Muitas vezes falta um deles, como:

a) a VOGAL TEMÁTICA, no presente do subjuntivo e, em decorrência, nas formas do imperativo dele derivadas: *cante*, *cantes*, *cante*, etc.;
b) o SUFIXO TEMPORAL, no presente e no pretérito perfeito do indicativo, bem como nas formas do imperativo derivadas do presente do indicativo: *canto*, *cantas*, *canta*, etc.; *cantei*, *cantaste*, *cantou*, etc.; *canta* (tu), *cantai* (vós);
c) a DESINÊNCIA PESSOAL, na 3.ª pessoa do singular do presente do indicativo (*canta*); na 1.ª e na 3.ª pessoa do singular do imperfeito (*cantava*), do mais-que-perfeito (*cantara*) e do futuro do pretérito (*cantaria*) do indicativo; e nestas mesmas pessoas do presente (*cante*), do imperfeito (*cantasse*) e do futuro (*cantar*) do subjuntivo, assim como nas do infinitivo pessoal (*cantar*).

Mas, salvo no caso em que a falta de DESINÊNCIA iguala duas pessoas de um só tempo, perturbando a clareza, a ausência de qualquer desses elementos flexivos é sempre um sinal particularizante, pois caracteriza a forma lacunosa pelo seu contraste com as que não o são.

Formação dos tempos simples

1. Com exceção do infinitivo pessoal, os tempos simples dos verbos portugueses correspondem a formações existentes no latim clássico ou no latim vulgar, que sofreram, com os séculos, naturais alterações fonéticas. O estudo dessa evolução é matéria que pertence à chamada gramática histórica e excede, naturalmente, os limites deste livro de natureza sincrônica. Podemos, no entanto, adotar aqui um vulgarizado artifício didático para melhor apreendermos o mecanismo das conjugações.
   Consiste tal artifício em admitir que o verbo apresente três tempos PRIMITIVOS, sendo os outros deles DERIVADOS.
   São tempos primitivos: o PRESENTE DO INDICATIVO, o PRETÉRITO PERFEITO DO INDICATIVO e o INFINITIVO IMPESSOAL.

2. Para mostrar a valia didática deste processo formativo, tomemos como exemplo os verbos *cantar*, *vender* e *partir*, e separemos nos seus tempos simples o RADICAL, ou o TEMA (= RADICAL + VOGAL TEMÁTICA), da TERMINAÇÃO, incluindo nesta o SUFIXO TEMPORAL e a DESINÊNCIA NÚMERO-PESSOAL.

Derivados do presente do indicativo

Do PRESENTE DO INDICATIVO formam-se o IMPERFEITO DO INDICATIVO, o PRESENTE DO SUBJUNTIVO e o IMPERATIVO.

1.º) IMPERFEITO DO INDICATIVO. É formado do radical do presente acrescido:

a) na 1.ª conjugação, das terminações *-ava, -avas, -ava, -ávamos, -áveis, -avam* (constituídas da vogal temática *-a-* + sufixo temporal *-va-* + desinências pessoais);
b) na 3.ª conjugação, das terminações *-ia, -ias, -ia, -íamos, -íeis, -iam* (constituídas da vogal temática *-i-* + sufixo temporal *-a-* + desinências pessoais);
c) na 2.ª conjugação, das mesmas terminações da 3.ª, por ter a vogal temática *-e-* passado a *-i-* antes de *-a-*.

Assim, nos verbos *cantar*, *vender* e *partir*, temos:

	1.ª CONJUGAÇÃO	2.ª CONJUGAÇÃO	3.ª CONJUGAÇÃO
RADICAL DO PRESENTE	**cant-**	**vend-**	**part-**
PRETÉRITO IMPERFEITO DO INDICATIVO	cant-ava cant-avas cant-ava cant-ávamos cant-áveis cant-avam	vend-ia vend-ias vend-ia vend-íamos vend-íeis vend-iam	part-ia part-ias part-ia part-íamos part-íeis part-iam

Observação:

Fogem à regra acima os verbos *ser*, *ter*, *vir* e *pôr*, que fazem no IMPERFEITO *era*, *tinha*, *vinha* e *punha*, respectivamente.

2.º) PRESENTE DO SUBJUNTIVO. Forma-se do radical da 1.ª pessoa do presente do indicativo, substituindo-se a desinência *-o* pelas flexões próprias do presente do subjuntivo: *-e*, *-es*, *-emos*, *-eis*, *-em*, nos verbos da 1.ª conjugação; *-a*, *-as*, *-a*, *-amos*, *-ais*, *-am*, nos verbos da 2.ª e da 3.ª conjugação.

Assim:

PRESENTE DO INDICATIVO	1.ª CONJUGAÇÃO	2.ª CONJUGAÇÃO	3.ª CONJUGAÇÃO
1.ª pessoa do singular	**cant-o**	**vend-o**	**part-o**
PRESENTE DO SUBJUNTIVO	cant-e cant-es cant-e cant-emos cant-eis cant-em	vend-a vend-as vend-a vend-amos vend-ais vend-am	part-a part-as part-a part-amos part-ais part-am

1.ª) Dentre todos os verbos da língua apenas os seguintes não obedecem à regra anterior: *haver*, *ser*, *estar*, *dar*, *ir*, *querer* e *saber*, que fazem no presente do subjuntivo: *haja*, *seja*, *esteja*, *dê*, *vá*, *queira* e *saiba*.

2.ª) Os verbos defectivos em que a 1.ª pessoa do presente do indicativo caiu em desuso não têm presente do subjuntivo.

3.º) IMPERATIVO. O imperativo afirmativo só possui formas próprias de 2.ª pessoa do singular e 2.ª pessoa do plural, derivadas das correspondentes do presente do indicativo com a supressão do *-s* final.

Assim:

canta(s)	vende(s)	parte(s)
cantai(s)	vendei(s)	parti(s)

Observações:

1.ª) Excetua-se o verbo *ser*, que faz *sê* (tu) e *sede* (vós).

2.ª) Costumam perder o *-e* na 2.ª pessoa do singular do imperativo afirmativo os verbos *dizer*, *fazer*, *trazer* e os terminados em *-uzir*: *dize* (ou *diz*) tu, *faze* (ou *faz*) tu, *traze* (ou *traz*) tu, *aduze* (ou *aduz*) tu, *traduze* (ou *traduz*) tu.

As outras pessoas do imperativo afirmativo, bem como todas as do imperativo negativo, são supridas pelos equivalentes do presente do subjuntivo, com o pronome posposto, quando usado.

Derivados do pretérito perfeito do indicativo

Do tema do PRETÉRITO PERFEITO formam-se os seguintes tempos simples:

1.º) o MAIS-QUE-PERFEITO DO INDICATIVO, juntando-se as terminações (= sufixo temporal *-ra-* + desinências pessoais) *-ra*, *-ras*, *-ra*, *-ramos*, *-reis*, *-ram*:

	1.ª CONJUGAÇÃO	**2.ª CONJUGAÇÃO**	**3.ª CONJUGAÇÃO**
RADICAL DO PERFEITO + VOGAL TEMÁTICA	**canta-**	**vende-**	**parti-**
PRETÉRITO MAIS-QUE-PERFEITO DO INDICATIVO	canta-ra canta-ras canta-ra cantá-ramos cantá-reis canta-ram	vende-ra vende-ras vende-ra vendê-ramos vendê-reis vende-ram	parti-ra parti-ras parti-ra partí-ramos partí-reis parti-ram

2.º) o IMPERFEITO DO SUBJUNTIVO, juntando-se as terminações (= sufixo temporal *-sse-* + desinências pessoais) *-sse*, *-sses*, *-sse*, *-ssemos*, *-sseis*, *-ssem*:

	1.ª CONJUGAÇÃO	2.ª CONJUGAÇÃO	3.ª CONJUGAÇÃO
RADICAL DO PERFEITO + VOGAL TEMÁTICA	**canta-**	**vende-**	**parti-**
PRETÉRITO IMPERFEITO DO SUBJUNTIVO	canta-sse canta-sses canta-sse cantá-ssemos cantá-sseis canta-ssem	vende-sse vende-sses vende-sse vendê-ssemos vendê-sseis vende-ssem	parti-sse parti-sses parti-sse partí-ssemos partí-sseis parti-ssem

3.º) o FUTURO DO SUBJUNTIVO, juntando-se as terminações (= sufixo temporal *-r-* + desinências pessoais) *-r*, *-res*, *-r*, *-rmos*, *-rdes*, *-rem*:

	1.ª CONJUGAÇÃO	2.ª CONJUGAÇÃO	3.ª CONJUGAÇÃO
RADICAL DO PERFEITO + VOGAL TEMÁTICA	**canta-**	**vende-**	**parti-**
PRETÉRITO IMPERFEITO DO SUBJUNTIVO	canta-r canta-res canta-r canta-rmos canta-rdes canta-rem	vende-r vende-res vende-r vende-rmos vende-rdes vende-rem	parti-r parti-res parti-r parti-rmos parti-rdes parti-rem

Observações:

1.ª) O TEMA do pretérito perfeito pode ser obtido suprimindo-se a desinência da 2.ª pessoa do singular ou da 1.ª pessoa do plural:

canta(ste)	fize(ste)	vie(ste)	puse(ste)
canta(mos)	fize(mos)	vie(mos)	puse(mos)

2.ª) Embora as suas formas sejam quase sempre idênticas, o futuro do subjuntivo e o infinitivo pessoal têm origem diversa, que deve ser conhecida para evitar-se a frequente confusão que se estabelece nos poucos verbos em que as formas são distintas: *fizer* — *fazer*; *for* — *ser*; *souber* — *saber*, etc.

Derivados do infinitivo impessoal

Do INFINITIVO IMPESSOAL formam-se os dois futuros simples do indicativo, o infinitivo pessoal, o gerúndio e o particípio.

1.º) O FUTURO DO PRESENTE, com o simples acréscimo das terminações *-ei*, *-ás*, *-á*, *-emos*, *-eis*, *-ão*:

	1.ª CONJUGAÇÃO	2.ª CONJUGAÇÃO	3.ª CONJUGAÇÃO
INFINITIVO IMPESSOAL	**cantar**	**vender**	**partir**
FUTURO DO PRESENTE	cantar-ei cantar-ás cantar-á cantar-emos cantar-eis cantar-ão	vender-ei vender-ás vender-á vender-emos vender-eis vender-ão	partir-ei partir-ás partir-á partir-emos partir-eis partir-ão

2.º) O FUTURO DO PRETÉRITO, com o acréscimo das terminações *-ia*, *-ias*, *-ia*, *-íamos*, *-íeis*, *-iam*:

	1.ª CONJUGAÇÃO	2.ª CONJUGAÇÃO	3.ª CONJUGAÇÃO
INFINITIVO IMPESSOAL	**cantar**	**vender**	**partir**
FUTURO DO PRETÉRITO	cantar-ia cantar-ias cantar-ia cantar-íamos cantar-íeis cantar-iam	vender-ia vender-ias vender-ia vender-íamos vender-íeis vender-iam	partir-ia partir-ias partir-ia partir-íamos partir-íeis partir-iam

Observações:

1.ª) Não seguem esta regra os verbos *dizer*, *fazer* e *trazer*, cujas formas do FUTURO DO PRESENTE e DO PRETÉRITO são, respectivamente: *direi*, *diria*, *farei*, *faria*, *trarei*, *traria*.

2.ª) O FUTURO DO PRESENTE e o FUTURO DO PRETÉRITO são formados pela aglutinação do INFINITIVO do verbo principal às formas reduzidas do PRESENTE e do IMPERFEITO DO INDICATIVO do auxiliar *haver*: *amar* + *hei*, *amar* + *hia* (por *havia*), etc.

3.º) O INFINITIVO PESSOAL, com o acréscimo das desinências pessoais: *-es* (2.ª pessoa do singular), *-mos*, *-des*, *-em*:

	1.ª CONJUGAÇÃO	2.ª CONJUGAÇÃO	3.ª CONJUGAÇÃO
INFINITIVO IMPESSOAL	**cantar**	**vender**	**partir**
FUTURO PESSOAL	cantar cantar-es cantar cantar-mos cantar-des cantar-em	vender vender-es vender vender-mos vender-des vender-em	partir partir-es partir partir-mos partir-des partir-em

4.º) O GERÚNDIO forma-se substituindo-se o sufixo *-r* do infinitivo pelo sufixo *-ndo*:

	1.ª CONJUGAÇÃO	2.ª CONJUGAÇÃO	3.ª CONJUGAÇÃO
INFINITIVO IMPESSOAL	**canta-r**	**vende-r**	**parti-r**
GERÚNDIO	canta-ndo	vende-ndo	parti-ndo

5.º) O PARTICÍPIO forma-se substituindo-se o sufixo *-r* do infinitivo pelo sufixo *-do*, sendo de notar que, por influência da vogal temática da 3.ª conjugação, a da 2.ª passou a *-i-*:

	1.ª CONJUGAÇÃO	2.ª CONJUGAÇÃO	3.ª CONJUGAÇÃO
INFINITIVO IMPESSOAL	**canta-r**	**vende-r**	**parti-r**
PARTICÍPIO	canta-do	vendi-do	parti-do

Observação:

Os verbos *dizer*, *escrever*, *fazer*, *ver*, *pôr*, *abrir*, *cobrir*, *vir* e seus derivados formam o PARTICÍPIO irregularmente: *dito*, *escrito*, *feito*, *visto*, *posto*, *aberto*, *coberto*, *vindo*. Dos derivados exclui-se *prover*, cujo PARTICÍPIO é *provido*.

VERBOS AUXILIARES E O SEU EMPREGO

1. Os conjuntos formados de um verbo auxiliar com um verbo principal chamam-se LOCUÇÕES VERBAIS. Nas LOCUÇÕES VERBAIS conjuga-se apenas o auxiliar, pois o verbo principal vem sempre numa das formas nominais: no PARTICÍPIO, no GERÚNDIO, ou no INFINITIVO IMPESSOAL.

2. Os AUXILIARES de uso mais frequente são *ter*, *haver*, *ser* e *estar*.[5]

Ter e **haver** empregam-se:

a) com o PARTICÍPIO do verbo principal, para formar os tempos compostos da voz ativa, denotadores de um fato acabado, repetido ou contínuo:

> **Tenho feito** exercícios.
> **Havíamos comprado** livros.

b) com o INFINITIVO do verbo principal antecedido da preposição de, para exprimir, respectivamente, a obrigatoriedade ou o firme propósito de realizar o fato:

> **Tenho de fazer** exercícios.
> **Havemos de comprar** livros.

Ser emprega-se com o PARTICÍPIO do verbo principal, para formar os tempos da voz passiva de ação:

> Exercícios **foram feitos** por mim.
> Livros **serão comprados** por nós.

Estar emprega-se:

a) com o PARTICÍPIO do verbo principal, para formar tempos da voz passiva de estado:

> **Estou arrependido** do que fiz.
> **Estamos impressionados** com o fato.

---

[5] Como não há uniformidade de critério linguístico para determinação dos limites da auxiliaridade, costuma variar de gramática para gramática o elenco de verbos auxiliares. Sobre o assunto, no âmbito da língua portuguesa, o estudo mais desenvolvido é o de Lúcia Maria Pinheiro Lobato. *L'Auxiliarité en langue portugaise* (tese de doutorado apresentada à Universidade de Paris-III, Paris, 1970, mimeografado). Menção particular merecem também os trabalhos de: Eunice Pontes. *Verbos auxiliares em português*. Petrópolis, 1973, onde a auxiliaridade, principalmente dos verbos que se constroem com infinitivo, é estudada à luz da gramática transformacional; e de Eduardo Paiva Raposo. *A construção "união de orações" na gramática do português* (dissertação de doutoramento apresentada à Universidade de Lisboa, Lisboa, 1981, mimeografado), em que se examinam do ponto de vista da gramática relacional as construções de infinitivo com verbos como *fazer*, *mandar*, *deixar*, *ver*, *sentir* e *ouvir*.

b) com o GERÚNDIO, ou com o INFINITIVO do verbo principal antecedido da preposição *a*, para indicar uma ação durativa, continuada:

> **Estava ouvindo** música.
> **Estava a ouvir** música.

c) com o INFINITIVO do verbo principal antecedido da preposição *para*, para exprimir a iminência de um acontecimento, ou o intuito de realizar a ação expressa pelo verbo principal:

> O avião **está para chegar**.
> Há dias **estou para visitá-lo**.

d) com o INFINITIVO do verbo principal antecedido da preposição *por*, para indicar que uma ação que já deveria ter sido realizada ainda não o foi:

> O trabalho **está por terminar**.
> A carta **ficou por escrever**.

Distinção importante

A construção de *estar* (ou *andar*) + GERÚNDIO, preferida no Brasil, é a mais antiga no idioma e ainda tem vitalidade em dialetos centro-meridionais de Portugal (principalmente no Alentejo e no Algarve), nos Açores[6] e nos países africanos de língua portuguesa.

No português-padrão e nos dialetos setentrionais de Portugal predomina hoje a construção, de sentido idêntico, formada de *estar* (ou *andar*) + PREPOSIÇÃO *a* + INFINITIVO, que aparece, vez por outra, na pena de escritores brasileiros. Comparem-se estes exemplos, colhidos na obra de Adonias Filho:

> **Estava a passar** a cera no cordão e **a ouvir** Gonçalo Cintra quando se ergueu de um salto.
> (*LBB*, 126.)

> Três meses ali **estava**, João Joanes, **a pescar** com Pé de Vento, **a visitar** os vizinhos, **a ajoelhar-se** na sepultura da mulher.
> (*LBB*, 133.)

---

[6] Veja-se M. de Paiva Boléo. *Estudos de linguística portuguesa e românica*, I. Coimbra, Acta Universitatis Conimbrigensis, 1974, p. 425; ——. *Revista Portuguesa de Filologia*, p. 17:971, 1975-1978.

> O filho lá **estava**, correndo na areia, **a brincar** com outros meninos. (*LBB*, 15.)

3. Além dos quatro verbos estudados, outros há que podem funcionar como auxiliares. Estão neste caso os verbos *ir*, *vir*, *andar*, *ficar*, *acabar* e mais alguns que se ligam ao INFINITIVO do verbo principal para expressar matizes de tempo ou para marcar certos aspectos do desenvolvimento da ação. Assim:

Ir emprega-se:

a) com o GERÚNDIO do verbo principal, para indicar que a ação se realiza progressivamente ou por etapas sucessivas:

> O navio **ia encostando** no cais (pouco a pouco).
> Os convidados **iam chegando** de automóvel (sucessivamente).

b) com o INFINITIVO do verbo principal, para exprimir o firme propósito de executar a ação, ou a certeza de que ela será realizada em futuro próximo:

> **Vou procurar** um médico.
> O navio **vai partir**.

Vir emprega-se:

a) com o GERÚNDIO do verbo principal, para indicar que a ação se desenvolve gradualmente (compare-se a construção similar com *ir*):

> **Vinha rompendo** a madrugada.
> **Venho tratando** desse assunto.

b) com o INFINITIVO do verbo principal, para indicar movimento em direção a determinado fim ou intenção de realizar um ato:

> **Veio fazer** compras.
> **Vieste interromper**-me o trabalho.

c) com o INFINITIVO do verbo principal antecedido da preposição *a*, para expressar o resultado final da ação:

> **Vim a saber** dessas coisas muito tarde.
> **Veio a dar** com os burros n'água.

d) com o INFINITIVO do verbo principal antecedido da preposição *de*, para indicar o término recente da ação:

Vinha de ajustar contas com o imigrante.
(J. Cardoso Pires, *D*, 290.)

Minha intenção era saudar os jangadeiros que **vêm de chegar**.
(A. F. Schmidt, *GB*, 56.)

Esta última construção, que desde o século passado se documenta em bons escritores do idioma, tem sido condenada por alguns gramáticos como galicismo.

Andar, à semelhança de *estar*, emprega-se com o GERÚNDIO, ou com o INFINITIVO do verbo principal antecedido da preposição *a*, para indicar uma ação durativa, continuada:

Ando lendo os clássicos.
Ando a ler os clássicos.

A primeira construção, como dissemos, é a mais usada no Brasil; a segunda, a preferida em Portugal.

Ficar, além de se juntar ao PARTICÍPIO para formar a voz passiva denotadora de mudança de estado (*ficou molhado*), emprega-se:

a) com o GERÚNDIO, ou com o INFINITIVO do verbo principal antecedido da preposição *a*, para indicar uma ação durativa costumeira, ou mais longa do que a expressa por *estar*; comparem-se:

Ficava cantando	**Ficou esperando**
Estava cantando	**Esteve esperando**
Ficava a cantar	**Ficou a esperar**
Estava a cantar	**Esteve a esperar**

b) com o INFINITIVO do verbo principal antecedido da preposição *por*, para indicar que uma ação que deveria ter sido realizada não o foi:

O trabalho **ficou por terminar**.

Compare-se à construção paralela com *estar*:

O trabalho **está por terminar**.

Acabar emprega-se com o INFINITIVO do verbo principal antecedido da preposição *de*, para indicar uma ação recém-concluída:

O avião **acabou de aterrissar**.
Os convidados **acabaram de chegar**.

CONJUGAÇÃO DOS VERBOS *TER, HAVER, SER* E *ESTAR*

Modo indicativo

Presente			
tenho	hei	sou	estou
tens	hás	és	estás
tem	há	é	está
temos	havemos	somos	estamos
tendes	haveis	sois	estais
têm	hão	são	estão

Pretérito imperfeito			
tinha	havia	era	estava
tinhas	havias	eras	estavas
tinha	havia	era	estava
tínhamos	havíamos	éramos	estávamos
tínheis	havíeis	éreis	estáveis
tinham	haviam	eram	estavam

Pretérito perfeito			
tive	houve	fui	estive
tiveste	houveste	foste	estiveste
teve	houve	foi	esteve
tivemos	houvemos	fomos	estivemos
tivestes	houvestes	fostes	estivestes
tiveram	houveram	foram	estiveram

Pretérito mais-que-perfeito			
tivera	houvera	fora	estivera
tiveras	houveras	foras	estiveras
tivera	houvera	fora	estivera
tivéramos	houvéramos	fôramos	estivéramos
tivéreis	houvéreis	fôreis	estivéreis
tiveram	houveram	foram	estiveram

Futuro do presente			
terei	haverei	serei	estarei
terás	haverás	serás	estarás
terá	haverá	será	estará
teremos	haveremos	seremos	estaremos
tereis	havereis	sereis	estareis
terão	haverão	serão	estarão

Futuro do pretérito			
teria	haveria	seria	estaria
terias	haverias	serias	estarias
teria	haveria	seria	estaria
teríamos	haveríamos	seríamos	estaríamos
teríeis	haveríeis	seríeis	estaríeis
teriam	haveriam	seriam	estariam

Modo subjuntivo

Presente			
tenha	haja	seja	esteja
tenhas	hajas	sejas	estejas
tenha	haja	seja	esteja
tenhamos	hajamos	sejamos	estejamos
tenhais	hajais	sejais	estejais
tenham	hajam	sejam	estejam

Pretérito imperfeito			
tivesse	houvesse	fosse	estivesse
tivesses	houvesses	fosses	estivesses
tivesse	houvesse	fosse	estivesse
tivéssemos	houvéssemos	fôssemos	estivéssemos
tivésseis	houvésseis	fôsseis	estivésseis
tivessem	houvessem	fossem	estivessem

Futuro			
tiver	houver	for	estiver
tiveres	houveres	fores	estiveres
tiver	houver	for	estiver
tivermos	houvermos	formos	estivermos
tiverdes	houverdes	fordes	estiverdes
tiverem	houverem	forem	estiverem

Modo imperativo

Afirmativo			
tem (tu)	(desusado)	sê (tu)	está (tu)
tenha (você)	haja (você)	seja (você)	esteja (você)
tenhamos (nós)	hajamos (nós)	sejamos (nós)	estejamos (nós)
tende (vós)	havei (vós)	sede (vós)	estai (vós)
tenham (vocês)	hajam (vocês)	sejam vocês)	estejam (vocês)

Negativo	
não tenhas (tu)	não sejas (tu)
não tenha (você)	não seja (você)
não tenhamos (nós)	não sejamos (nós)
não tenhais (vós)	não sejais (vós)
não tenham (vocês)	não sejam (vocês)
não hajas (tu)	não estejas (tu)
não haja (você)	não esteja (você)
não hajamos (nós)	não estejamos (nós)
não hajais (vós)	não estejais (vós)
não hajam (vocês)	não estejam (vocês)

Formas nominais

Infinitivo impessoal			
ter	haver	ser	estar

INFINITIVO PESSOAL			
ter	haver	ser	estar
teres	haveres	seres	estares
ter	haver	ser	estar
termos	havermos	sermos	estarmos
terdes	haverdes	serdes	estardes
terem	haverem	serem	estarem

GERÚNDIO			
tendo	havendo	sendo	estando

PARTICÍPIO			
tido	havido	sido	estado

FORMAÇÃO DOS TEMPOS COMPOSTOS

Entre os TEMPOS COMPOSTOS da voz ativa merecem realce particular aqueles que são constituídos de formas do verbo *ter* (ou, mais raramente, *haver*) com o PARTICÍPIO do verbo que se quer conjugar, porque é costume incluí-los nos próprios paradigmas de conjugação.

Eis os tempos em causa:

Modo indicativo

1.º) PRETÉRITO PERFEITO COMPOSTO. Formado do PRESENTE DO INDICATIVO do verbo *ter* com o PARTICÍPIO do verbo principal:

tenho cantado	tenho vendido	tenho partido
tens cantado	tens vendido	tens partido
tem cantado	tem vendido	tem partido
temos cantado	temos vendido	temos partido
tendes cantado	tendes vendido	tendes partido
têm cantado	têm vendido	têm partido

2.º) Pretérito mais-que-perfeito composto. Formado do imperfeito do indicativo do verbo *ter* (ou *haver*) com o particípio do verbo principal:

tinha cantado	tinha vendido	tinha partido
tinhas cantado	tinhas vendido	tinhas partido
tinha cantado	tinha vendido	tinha partido
tínhamos cantado	tínhamos vendido	tínhamos partido
tínheis cantado	tínheis vendido	tínheis partido
tinham cantado	tinham vendido	tinham partido

3.º) Futuro do presente composto. Formado do futuro do presente simples do verbo *ter* (ou *haver*) com o particípio do verbo principal:

terei cantado	terei vendido	terei partido
terás cantado	terás vendido	terás partido
terá cantado	terá vendido	terá partido
teremos cantado	teremos vendido	teremos partido
tereis cantado	tereis vendido	tereis partido
terão cantado	terão vendido	terão partido

4.º) Futuro do pretérito composto. Formado do futuro do pretérito simples do verbo *ter* (ou *haver*) com o particípio do verbo principal:

teria cantado	teria vendido	teria partido
terias cantado	terias vendido	terias partido
teria cantado	teria vendido	teria partido
teríamos cantado	teríamos vendido	teríamos partido
teríeis cantado	teríeis vendido	teríeis partido
teriam cantado	teriam vendido	teriam partido

Modo subjuntivo

1.º) Pretérito perfeito. Formado do presente do subjuntivo do verbo *ter* (ou *haver*) com o particípio do verbo principal:

tenha cantado	tenha vendido	tenha partido
tenhas cantado	tenhas vendido	tenhas partido
tenha cantado	tenha vendido	tenha partido
tenhamos cantado	tenhamos vendido	tenhamos partido
tenhais cantado	tenhais vendido	tenhais partido
tenham cantado	tenham vendido	tenham partido

2.º) PRETÉRITO MAIS-QUE-PERFEITO. Formado do IMPERFEITO DO SUBJUNTIVO do verbo *ter* (ou *haver*) com o PARTICÍPIO do verbo principal:

tivesse cantado	tivesse vendido	tivesse partido
tivesses cantado	tivesses vendido	tivesses partido
tivesse cantado	tivesse vendido	tivesse partido
tivéssemos cantado	tivéssemos vendido	tivéssemos partido
tivésseis cantado	tivésseis vendido	tivésseis partido
tivessem cantado	tivessem vendido	tivessem partido

3.º) FUTURO COMPOSTO. Formado do FUTURO SIMPLES DO SUBJUNTIVO do verbo *ter* (ou *haver*) com o PARTICÍPIO do verbo principal:

tiver cantado	tiver vendido	tiver partido
tiveres cantado	tiveres vendido	tiveres partido
tiver cantado	tiver vendido	tiver partido
tivermos cantado	tivermos vendido	tivermos partido
tiverdes cantado	tiverdes vendido	tiverdes partido
tiverem cantado	tiverem vendido	tiverem partido

Formas nominais

1.º) INFINITIVO IMPESSOAL COMPOSTO (PRETÉRITO IMPESSOAL). Formado do INFINITIVO IMPESSOAL do verbo *ter* (ou *haver*) com o PARTICÍPIO do verbo principal:

ter cantado	ter vendido	ter partido

2.º) INFINITIVO PESSOAL COMPOSTO (PRETÉRITO PESSOAL). Formado do INFINITIVO PESSOAL do verbo *ter* (ou *haver*) com o PARTICÍPIO do verbo principal:

ter cantado	ter vendido	ter partido
teres cantado	teres vendido	teres partido
ter cantado	ter vendido	ter partido
termos cantado	termos vendido	termos partido
terdes cantado	terdes vendido	terdes partido
terem cantado	terem vendido	terem partido

3.º) GERÚNDIO COMPOSTO (PRETÉRITO). Formado do GERÚNDIO do verbo *ter* (ou *haver*) com o PARTICÍPIO do verbo principal:

tendo cantado	tendo vendido	tendo partido

CONJUGAÇÃO DOS VERBOS REGULARES

Como dissemos, são REGULARES os verbos que se flexionam de acordo com o PARADIGMA de sua conjugação. Assim, tomando os verbos *cantar*, *vender* e *partir* como paradigmas, respectivamente, da 1.ª, 2.ª e 3.ª conjugações, verificamos que todos os verbos regulares da 1.ª conjugação formam os seus tempos pelo modelo de *cantar*; os da 2.ª, pelo de *vender*; os da 3.ª, pelo de *partir*.

CONJUGAÇÃO DA VOZ PASSIVA

(Modelo: *ser louvado*)

Modo indicativo

Presente	Pretérito imperfeito
sou louvado (-a)	era louvado (-a)
és louvado (-a)	eras louvado (-a)
é louvado (-a)	era louvado (-a)
somos louvados (-as)	éramos louvados (-as)
sois louvados (-as)	éreis louvados (-as)
são louvados (-as)	eram louvados (-as)

Pretérito perfeito (simples)	Pretérito perfeito (composto)
fui louvado (-a)	tenho sido louvado (-a)
foste louvado (-a)	tens sido louvado (-a)
foi louvado (-a)	tem sido louvado (-a)
fomos louvados (-as)	temos sido louvados (-as)
fostes louvados (-as)	tendes sido louvados (-as)
foram louvados (-as)	têm sido louvados (-as)

Pretérito mais-que-perfeito (simples)	Pretérito mais-que-perfeito (composto)
fora louvado (-a)	tinha sido louvado (-a)
foras louvado (-a)	tinhas sido louvado (-a)
fora louvado (-a)	tinha sido louvado (-a)
fôramos louvados (-as)	tínhamos sido louvados (-as)
fôreis louvados (-as)	tínheis sido louvados (-as)
foram louvados (-as)	tinham sido louvados (-as)

Futuro do presente (simples)	Futuro do presente (composto)
serei louvado (-a) serás louvado (-a) será louvado (-a) seremos louvados (-as) sereis louvados (-as) serão louvados (-as)	terei sido louvado (a) terás sido louvado (-a) terá sido louvado (-a) teremos sido louvados (-as) tereis sido louvados (-as) terão sido louvados (-as)

Futuro do pretérito (simples)	Futuro do pretérito (composto)
seria louvado (-a) serias louvado (-a) seria louvado (-a) seríamos louvados (-as) seríeis louvados (-as) seriam louvados (-as)	teria sido louvado (a) terias sido louvado (-a) teria sido louvado (-a) teríamos sido louvados (-as) teríeis sido louvados (-as) teriam sido louvados (-as)

Modo subjuntivo

Presente	Pretérito imperfeito
seja louvado (-a) sejas louvado (-a) seja louvado (-a) sejamos louvados (-as) sejais louvados (-as) sejam louvados (-as)	fosse louvado (-a) fosses louvado (-a) fosse louvado (-a) fôssemos louvados (-as) fôsseis louvados (-as) fossem louvados (-as)

Pretérito perfeito	Pretérito mais-que-perfeito
tenha sido louvado (-a) tenhas sido louvado (-a) tenha sido louvado (-a) tenhamos sido louvados (-as) tenhais sido louvados (-as) tenham sido louvados (-as)	tivesse sido louvado (-a) tivesses sido louvado (-a) tivesse sido louvado (-a) tivéssemos sido louvados (-as) tivésseis sido louvados (-as) tivessem sido louvados (-as)

Futuro (simples)	Futuro (composto)
for louvado (-a) fores louvado (-a) for louvado (-a) formos louvados (-as) fordes louvados (-as) forem louvados (-as)	tiver sido louvado (-a) tiveres sido louvado (-a) tiver sido louvado (-a) tivermos sido louvados (-as) tiverdes sido louvados (-as) tiverem sido louvados (-as)

Formas nominais

INFINITIVO IMPESSOAL PRESENTE	INFINITIVO IMPESSOAL PRETÉRITO
ser louvado (-a)	ter sido louvado (-a)

INFINITIVO PESSOAL PRESENTE	INFINITIVO PESSOAL PRETÉRITO
ser louvado (-a)	ter sido louvado (-a)
seres louvado (-a)	teres sido louvado (-a)
ser louvado (-a)	ter sido louvado (-a)
sermos louvados (-as)	termos sido louvados (-as)
serdes louvados (-as)	terdes sido louvados (-as)
serem louvados (-as)	terem sido louvados (-as)

GERÚNDIO PRESENTE	GERÚNDIO PRETÉRITO
sendo louvado (-a, -os, -as)	tendo sido louvado (-a, -os, -as)

PARTICÍPIO
louvado (-a, -os, -as)

Observações:

1.ª) Só há uma forma simples na voz passiva, que é o PARTICÍPIO. Colocamos, no entanto, entre parênteses, as designações SIMPLES e COMPOSTO para lembrar a correspondência das formas assim nomeadas com as da voz ativa, que apresentam semelhante oposição.

2.ª) Na voz passiva não se usa o IMPERATIVO.

VOZ REFLEXIVA

Na VOZ REFLEXIVA o verbo vem acompanhado de um pronome oblíquo que lhe serve de objeto direto ou, mais raramente, de objeto indireto e representa a mesma pessoa que o sujeito. Assim:

> Eu **me lavo** (ou **lavo-me**).
> Ele **se deu** o trabalho de vir a minha casa (ou **deu-se**).

A próclise é preferida no Brasil, a ênclise em Portugal.

O verbo reflexivo pode indicar também a reciprocidade, isto é, uma ação mútua de dois ou mais sujeitos:

> Pedro, Paulo e eu **nos estimamos** (**estimamo-nos**) [= mutuamente].

> Os dias **se sucedem** (**sucedem-se**) [= um ao outro] calmos.

Verbo reflexivo e verbo pronominal

Muitos verbos são conjugados com pronomes átonos, à semelhança dos reflexivos, sem que tenham exatamente o seu sentido. São os chamados VERBOS PRONOMINAIS, de que podemos distinguir dois tipos:

a) os que só se usam na forma pronominal, como:

apiedar-se	queixar-se
condoer-se	suicidar-se

b) os que se usam também na forma simples, mas esta difere ou pelo sentido ou pela construção da forma pronominal, como, por exemplo:

debater [= discutir]	enganar alguém
debater-se [= agitar-se]	enganar-se com alguém

Observação:

Distingue-se, na prática, o verbo reflexivo do verbo pronominal porque ao primeiro se podem acrescentar, conforme a pessoa, as expressões *a mim mesmo*, *a ti mesmo*, *a si mesmo*, etc. Quando o reflexivo tem valor recíproco, as expressões reforçativas passam a ser *um ao outro*, *reciprocamente*, *mutuamente*, etc.

Assim:

Feri-me **a mim mesmo.**

Amavam-se **um ao outro.**

CONJUGAÇÃO DE UM VERBO REFLEXIVO

(Modelo: *lavar-se*)

Modo indicativo

COM O PRONOME ENCLÍTICO OU MESOCLÍTICO	COM O PRONOME PROCLÍTICO
Presente	
lavo-me	eu me lavo
lavas-te	tu te lavas
lava-se	ele se lava
lavamo-nos	nós nos lavamos
lavais-vos	vós vos lavais
lavam-se	eles se lavam

COM O PRONOME ENCLÍTICO OU MESOCLÍTICO	COM O PRONOME PROCLÍTICO
Pretérito imperfeito	
lavava-me	eu me lavava
lavavas-te	tu te lavavas
lavava-se	ele se lavava
lavávamo-nos	nós nos lavávamos
laváveis-vos	vós vos laváveis
lavavam-se	eles se lavavam
Pretérito perfeito simples	
lavei-me	eu me lavei
lavaste-te	tu te lavaste
lavou-se	ele se lavou
lavamo-nos	nós nos lavamos
lavastes-vos	vós vos lavastes
lavaram-se	eles se lavaram
Pretérito perfeito composto	
tenho-me lavado	eu me tenho lavado
tens-te lavado	tu te tens lavado
tem-se lavado	ele se tem lavado
temo-nos lavado	nós nos temos lavado
tendes-vos lavado	vós vos tendes lavado
têm-se lavado	eles se têm lavado
Pretérito mais-que-perfeito simples	
lavara-me	eu me lavara
lavaras-te	tu te lavaras
lavara-se	ele se lavara
laváramo-nos	nós nos laváramos
laváreis-vos	vós vos laváreis
lavaram-se	eles se lavaram
Pretérito mais-que-perfeito composto	
tinha-me lavado	eu me tinha lavado
tinhas-te lavado	tu te tinhas lavado
tinha-se lavado	ele se tinha lavado
tínhamo-nos lavado	nós nos tínhamos lavado
tínheis-vos lavado	vós vos tínheis lavado
tinham-se lavado	eles se tinham lavado

COM O PRONOME ENCLÍTICO OU MESOCLÍTICO	COM O PRONOME PROCLÍTICO
Futuro do presente simples	
lavar-me-ei	eu me lavarei
lavar-te-ás	tu te lavarás
lavar-se-á	ele se lavará
lavar-nos-emos	nós nos lavaremos
lavar-vos-eis	vós vos lavareis
lavar-se-ão	eles se lavarão
Futuro do presente composto	
ter-me-ei lavado	eu me terei lavado
ter-te-ás lavado	tu te terás lavado
ter-se-á lavado	ele se terá lavado
ter-nos-emos lavado	nós nos teremos lavado
ter-vos-eis lavado	vós vos tereis lavado
ter-se-ão lavado	eles se terão lavado
Futuro do pretérito simples	
lavar-me-ia	eu me lavaria
lavar-te-ias	tu te lavarias
lavar-se-ia	ele se lavaria
lavar-nos-íamos	nós nos lavaríamos
lavar-vos-íeis	vós vos lavaríeis
lavar-se-iam	eles se lavariam
Futuro do pretérito composto	
ter-me-ia lavado	eu me teria lavado
ter-te-ias lavado	tu te terias lavado
ter-se-ia lavado	ele se teria lavado
ter-nos-íamos lavado	nós nos teríamos lavado
ter-vos-íeis lavado	vós vos teríeis lavado
ter-se-iam lavado	eles se teriam lavado

Modo subjuntivo

COM O PRONOME ENCLÍTICO	COM O PRONOME PROCLÍTICO
Presente	
lave-me	eu me lave
laves-te	tu te laves
lave-se	ele se lave
lavemo-nos	nós nos lavemos
laveis-vos	vós vos laveis
lavem-se	eles se lavem

Com o pronome enclítico	Com o pronome proclítico
Pretérito imperfeito	
lavasse-me	eu me lavasse
lavasses-te	tu te lavasses
lavasse-se	ele se lavasse
lavássemo-nos	nós nos lavássemos
lavásseis-vos	vós vos lavásseis
lavassem-se	eles se lavassem
Pretérito perfeito	
(Não se usa com o pronome enclítico)	eu me tenha lavado
	tu te tenhas lavado
	ele se tenha lavado
	nós nos tenhamos lavado
	vós vos tenhais lavado
	eles se tenham lavado
Pretérito mais-que-perfeito	
tivesse-me lavado	eu me tivesse lavado
tivesses-te lavado	tu te tivesses lavado
tivesse-se lavado	ele se tivesse lavado
tivéssemo-nos lavado	nós nos tivéssemos lavado
tivésseis-vos lavado	vós vos tivésseis lavado
tivessem-se lavado	eles se tivessem lavado
Futuro simples	
(Não se usa com o pronome enclítico)	eu me lavar
	tu te lavares
	ele se lavar
	nós nos lavarmos
	vós vos lavardes
	eles se lavarem
Futuro composto	
(Não se usa com o pronome enclítico)	eu me tiver lavado
	tu te tiveres lavado
	ele se tiver lavado
	nós nos tivermos lavado
	vós vos tiverdes lavado
	eles se tiverem lavado

Modo imperativo

COM O PRONOME ENCLÍTICO	COM O PRONOME PROCLÍTICO
Afirmativo	
lava-te lave-se lavemo-nos lavai-vos lavem-se	(Não pode vir proclítico o pronome)
Negativo	
(Não pode vir enclítico o pronome)	não te laves não se lave não nos lavemos não vos laveis não se lavem

Formas nominais

COM O PRONOME ENCLÍTICO	COM O PRONOME PROCLÍTICO
Infinitivo impessoal presente	
lavar-se	— se lavar
Infinitivo impessoal pretérito	
ter-se lavado	— se ter lavado
Infinitivo pessoal presente	
lavar-me lavares-te lavar-se lavarmo-nos lavardes-vos lavarem-se	eu me lavar tu te lavares ele se lavar nós nos lavarmos vós vos lavardes eles se lavarem
Infinitivo pessoal pretérito	
ter-me lavado teres-te lavado ter-se lavado termo-nos lavado terdes-vos lavado terem-se lavado	eu me ter lavado tu te teres lavado ele se ter lavado nós nos termos lavado vós vos terdes lavado eles se terem lavado

Com o pronome enclítico	Com o pronome proclítico
Gerúndio presente	
lavando-se	— se lavando
Gerúndio pretérito	
tendo-se lavado	— se tendo lavado
Particípio	
O pronome oblíquo não pode vir posposto ao particípio	

Observações:

1.ª) Note-se que, em todas as 1as. pessoas do plural deste paradigma, quando o pronome é enclítico, o *-s* final da desinência *-mos* é omitido (em virtude de uma antiga assimilação à nasal inicial do pronome seguinte).

2.ª) Nas formas do modo indicativo, quando o pronome sujeito vem expresso, a ênclise do pronome oblíquo é a construção preferida em Portugal e a próclise, a normal no Brasil. Veja-se o que dissemos a propósito da colocação dos pronomes átonos no capítulo 11.

CONJUGAÇÃO DOS VERBOS IRREGULARES

Irregularidade verbal

A irregularidade de um verbo pode estar na flexão ou no radical.

Se examinarmos, por exemplo, a 1.ª pessoa do PRESENTE DO INDICATIVO dos verbos *dar* e *medir*, verificamos que:

a) a forma *dou* não recebe a desinência normal *-o* da referida pessoa;

b) a forma *meço* apresenta o radical *meç-*, distinto do radical *med-*, que aparece no INFINITIVO e em outras formas do verbo: *med-ir*, *med-es*, *med-i*, *med-ira*, etc.

Dar e *medir* são, pois, VERBOS IRREGULARES.

Se examinarmos, por outro lado, o PRETÉRITO IMPERFEITO DO INDICATIVO dos verbos em causa, observamos que as formas:

a) *dava*, *davas*, *dava*, *dávamos*, *dáveis*, *davam* se enquadram no paradigma dos verbos regulares da 1.ª conjugação;

b) *media*, *medias*, *media*, *medíamos*, *medíeis*, *mediam*, por sua vez, incorporam-se ao paradigma dos verbos regulares da 3.ª conjugação;

Vemos, assim, que num verbo irregular pode haver determinadas formas perfeitamente regulares.

Observação:

Para mais fácil conhecimento dos verbos irregulares, convém ter em mente o que dissemos sobre a formação dos tempos simples. Excetuando-se a anomalia que apontamos na conjugação dos verbos *dar*, *estar*, *haver*, *querer*, *saber*, *ser* e *ir*, a irregularidade dos demais é sempre constante nas formas de cada um dos grupos:

1.º GRUPO	2.º GRUPO	3.º GRUPO
Pres. do indicativo Pres. do subjuntivo Imperativo	Pretérito perfeito do indicativo Pret. mais-que-perf. do indicativo Pret. imperfeito do subjuntivo Futuro do subjuntivo	Futuro do presente Futuro do pretérito

Atentando-se, pois, nas formas do PRESENTE, do PRETÉRITO PERFEITO e do FUTURO DO PRESENTE do MODO INDICATIVO, sabe-se se um verbo é ou não irregular e, também, como conjugá-lo nos tempos de cada um dos três grupos.

Irregularidade verbal e discordância gráfica

É necessário não confundir irregularidade verbal com certas discordâncias gráficas que aparecem em formas do mesmo verbo e que visam apenas a indicar-lhes a uniformidade de pronúncia dentro das convenções do nosso sistema de escrita.

Assim:

a) os verbos da 1.ª conjugação cujos radicais terminem em *-c*, *-ç* e *-g* mudam tais letras, respectivamente, em *-qu*, *-c* e *-gu* sempre que se lhes segue um *-e*:

ficar — fiquei
justiçar — justicei
chegar — cheguei

b) os verbos da 2.ª e da 3.ª conjugação cujos radicais terminem em *-c*, *-g* e *-gu* mudam tais letras, respectivamente, em *-ç*, *-j* e *-g* sempre que se lhes segue um *-o* ou um *-a*:

vencer — venço — vença
tanger — tanjo — tanja
erguer — ergo — erga
restringir — restrinjo — restrinja
extinguir — extingo — extinga

São, como vemos, simples acomodações gráficas, que não implicam irregularidade do verbo.

Verbos com alternância vocálica

Muitos verbos da língua portuguesa apresentam diferenças de timbre na vogal do radical conforme nele recaia ou não o acento tônico. Estas diferenças não são exatamente as mesmas na variante europeia e na variante brasileira da língua portuguesa, devido sobretudo ao fenômeno da redução das vogais em sílaba átona, a que nos referimos no capítulo sobre fonética e fonologia. Assim, às formas *levamos* e *levais* — com [ə] fechado no português normal de Portugal e com [e] semifechado no português do Brasil — contrapõem-se *levo*, *levas*, *leva* e *levam*, com *e* semiaberto [ɛ]; às formas *rogamos* e *rogais* — com [u] no português de Portugal e com [o] semifechado no português do Brasil — opõem-se *rogo*, *rogas*, *roga* e *rogam*, com *o* semiaberto[ɔ]. Às vezes a alternância vocálica observa-se nas próprias formas rizotônicas. Por exemplo: *subo*, em contraste com *sobes*, *sobe* e *sobem*; *firo*, em oposição a *feres*, *fere* e *ferem*.

Por sofrerem tais mutações vocálicas no radical, esses verbos, ou melhor, os pertencentes à 3.ª conjugação, vêm de regra incluídos no elenco dos VERBOS IRREGULARES. Cumpre ponderar, no entanto, que essas alternâncias são características do idioma; os verbos que as apresentam não formam exceções, mas a norma dentro da nossa complexa morfologia. Saliente-se, ainda, que não é lógico que se considerem regulares verbos como *beber* e *mover*, que, nas formas rizotônicas, apresentam, respectivamente, as alternâncias: *a*) de [ə] fechado no português normal de Portugal e de *e* semifechado [e] no português do Brasil com *e* semiaberto [ɛ]; *b*) de [u] fechado no português normal de Portugal e *o* semifechado [o] no português do Brasil com *o* semiaberto [ɔ]; e, de outro lado, se tenham por irregulares verbos como *frigir* e *acudir*, que alternam [i] com *e* semiaberto [ɛ] e [u] com *o* semiaberto [ɔ]. Há flagrante semelhança nos casos citados. Apenas em *beber* e *mover* não se distinguem na escrita (fato meramente gráfico, por conseguinte) aquelas oposições de fonemas vocálicos a que nos referimos.

Uma palavra deve ainda ser dita com referência aos verbos de qualquer conjugação que têm no radical a vogal *a*.

No português do Brasil não se observa nenhuma alternância na referida vogal, que apresenta o mesmo timbre aberto nas formas rizotônicas e arrizotônicas, embora nestas últimas, naturalmente, ela se articule com menos intensidade. Assim: *lavo*, *lavas*, *lava*, *lavamos*, *lavais*, *lavam*; *lave*, *laves*, *lave*, *lavemos*, *laveis*, *lavem* (sempre com o *a* tônico ou pretônico aberto).

No português de Portugal, porém, a vogal radical *a*, sujeita, nas formas arrizotônicas, ao fenômeno da redução vocálica, apresenta, regularmente, o timbre [ɑ]. Temos assim: *lavo*, *lavas*, *lava*, *lavam*; *lave*, *laves*, *lave*, *lavem* (com *a* tônico aberto [a]), mas *lavamos, lavais; lavemos, laveis; lavai* (com *a* pretônico semifechado [α]).

Quando a vogal radical é a nasal [α̃], grafada *an* ou *am*, não se registra qualquer alternância nem no português do Brasil nem no de Portugal, pois a vogal é sempre semifechada, como se disse no capítulo dedicado à Fonética. Assim: *canto, cante, cantamos, cantemos*, etc. (sempre com [α̃]).

Feitas essas considerações, examinemos os principais tipos de alternância vocálica dos verbos em que existem formas rizotônicas: O PRESENTE DO INDICATIVO, O PRESENTE DO SUBJUNTIVO, O IMPERATIVO AFIRMATIVO e O IMPERATIVO NEGATIVO.

De 1.ª conjugação

(Modelos: *levar* e *lograr)*

INDICATIVO PRESENTE	SUBJUNTIVO PRESENTE	IMPERATIVO AFIRMATIVO	IMPERATIVO NEGATIVO
levo	leve	—	—
levas	leves	leva	não leves
leva	leve	leve	não leve
levamos	levemos	levemos	não levemos
levais	leveis	levai	não leveis
levam	levem	levem	não levem
logro	logre	—	—
logras	logres	logra	não logres
logra	logre	logre	não logre
logramos	logremos	logremos	não logremos
lograis	logreis	lograi	não logreis
logram	logrem	logrem	não logrem

Verificamos que, no primeiro, à vogal fechada [ə] do português normal de Portugal e à semifechada [e] do português normal do Brasil, que aparecem na 1.ª e 2.ª pessoas do plural, corresponde a semiaberta [ɛ] na 1.ª, 2.ª e 3.ª pessoas do singular e na 3.ª do plural. No segundo, há uma mutação semelhante: à vogal fechada [u] do português normal de Portugal e à semifechada [o] do português normal do Brasil, existentes nas formas arrizotônicas, corresponde a semiaberta [ɔ] nas formas rizotônicas.

Observações:

1.ª) Seguem o modelo de *levar* os verbos da 1.ª conjugação que têm *e* gráfico[7] no radical, a menos que esta vogal:

a) faça parte do ditongo escrito *ei* — e pronunciado [ej] no português do Brasil e [ɑj] no português normal de Portugal —, como em *cheirar*, por exemplo: *cheiro, cheiras, cheira*, etc. (sempre com [e] ou [ɑ]);

b) esteja seguida de consoante nasal articulada ([m], [n] ou [ɲ]): *remo, remas, rema*, etc.; *ordeno, ordenas, ordena*, etc.; *empenho, empenhas, empenha*, etc. (no português do Brasil, sempre com [e]; no português de Portugal, com [e] ou [ɑ] antes de [ɲ] nas formas rizotônicas, e com [ə] nas arrizotônicas);

c) venha seguida de consoante palatal ([ʃ], [ʒ] ou [λ]: *fecho, fechas, fecha*, etc.; *desejo, desejas, deseja*, etc.; *aparelho, aparelhas, aparelha*, etc. (no português do Brasil, sempre com [e]; no português de Portugal, com [e] ou [ɑ] nas formas rizotônicas, e com [ə] nas arrizotônicas);

Apenas os verbos *invejar, embrechar, frechar* e *vexar*, dentre os que ao [e] segue uma consoante palatal, apresentam a vogal [ɛ] nas formas rizotônicas.

2.ª) Embora não se enquadre em nenhuma das exceções apontadas, o verbo *chegar* (e seus derivados, como *achegar, aconchegar*, etc.) conserva a vogal semifechada [e] em todas as formas rizotônicas.

3.ª) Seguem o modelo de *lograr* os verbos da 1.ª conjugação que têm *o* gráfico[7] no radical, salvo nos casos em que esta vogal:

a) faz parte do ditongo *oi* (seguido de consoante) e do antigo ditongo *ou*: *pernoito, pernoitas, pernoita*, etc.; *douro, douras, doura*, etc. (sempre com [o]);

b) antecede consoante nasal articulada ([m], [n], [ɲ]: *tomo, tomas, toma*, etc.; *leciono, lecionas, leciona*, etc.; *sonho, sonhas, sonha*, etc. (no português do Brasil, sempre com [o]; no português de Portugal, com [o] nas formas rizotônicas e com [u] nas arrizotônicas);

c) pertence a verbos terminados em *-oar*, como *voar*: *voo, voas, voa*, etc. (tanto no português do Brasil como no de Portugal, com [o] nas formas rizotônicas e com [u] nas arrizotônicas.

4.ª) Os verbos que apresentam no radical *e* [ẽ] ou *o* [õ] nasal conservam estas vogais em todas as formas: *tento, tentas, tenta*, etc.; *conto, contas, conta*, etc.

---

7 Como dissemos, no português europeu normal, as vogais radicais escritas *o, e*, soam [ə], [u], nas formas arrizotônicas. Os infinitivos *levar* e *lograr* são, pois, pronunciados [lə'var] e [lu'grar].

De 2.ª conjugação

(Modelos: *dever e mover)*

INDICATIVO PRESENTE	SUBJUNTIVO PRESENTE	IMPERATIVO AFIRMATIVO	IMPERATIVO NEGATIVO
devo	deva	—	—
deves	devas	deve	não devas
deve	deva	deva	não deva
devemos	devamos	devamos	não devamos
deveis	devais	devei	não devais
devem	devam	devam	não devam
movo	mova	—	—
moves	movas	move	não movas
move	mova	mova	não mova
movemos	movamos	movamos	não movamos
moveis	movais	movei	não movais
movem	movam	movam	não movam

Verificamos que:

a) no PRESENTE DO INDICATIVO, as formas rizotônicas apresentam uma alternância da vogal semifechada [e] e [o] da 1.ª pessoa do singular com a vogal semiaberta [ɛ] e [ɔ] da 2.ª e 3.ª pessoas do singular e da 3.ª do plural; nas formas arrizotônicas observa-se a distinção entre as vogais átonas fechadas [ə] e [u] do português de Portugal e as semifechadas [e] e [o] do português do Brasil.

b) no PRESENTE DO SUBJUNTIVO, o português do Brasil mantém em todas as formas a vogal [e] ou [o], conservada no português de Portugal somente nas formas rizotônicas, pois nas arrizotônicas se dá a redução normal a [ə] ou [u].

c) no IMPERATIVO AFIRMATIVO, a 2.ª pessoa do singular, em correspondência com a do PRESENTE DO INDICATIVO, tem a vogal semiaberta [ɛ] ou [ɔ]; no português do Brasil, a 2.ª pessoa do plural, forma arrizotônica, e as formas derivadas do PRESENTE DO SUBJUNTIVO (3.ª do singular, 1.ª e 3.ª do plural e todas as pessoas do IMPERATIVO NEGATIVO) conservam a vogal semifechada [e] ou [o] deste tempo; no português de Portugal, as formas rizotônicas derivadas do PRESENTE DO SUBJUNTIVO mantêm a vogal semifechada [e] ou [u], mas as formas arrizotônicas apresentam a redução a [ə] ou [u].

Observações:

1.ª) Seguem o modelo de *dever* os verbos da 2.ª conjugação que têm *e* gráfico no radical, com exceção:

a) do verbo *querer*, cujo PRESENTE DO SUBJUNTIVO é irregular (*queira*, *queiras*, etc.) e que, no PRESENTE DO INDICATIVO, apresenta todas as formas rizotônicas com *e* semiaberto [ɛ]: *quero*, *queres*, *quer*, *querem*.
b) no português do Brasil, dos verbos em que o *e* antecede uma consoante nasal, como *temer*: *temo*, *temes*, *teme*, etc. (sempre com [e]); no português de Portugal estes verbos seguem o modelo de *dever*.

2.ª) Seguem o modelo de *mover* os verbos da 2.ª conjugação que têm *o* gráfico no radical, com exceção:
a) do verbo *poder*, em que a vogal semiaberta [ɔ] aparece também na 1.ª pessoa do singular do PRESENTE DO INDICATIVO e, consequentemente, em todas as formas rizotônicas do PRESENTE DO SUBJUNTIVO: *posso*, *podes*, *pode*, *podem*; *possa*, *possas*, *possa*, *possam*;
b) no português do Brasil, dos verbos em que o *o* antecede consoante nasal, a exemplo de *comer*: *como*, *comes*, *come*, etc. (sempre com [o]); no português normal de Portugal estes verbos seguem o modelo de *mover*.

Note-se que em algumas regiões do Brasil os verbos em que o *o* do radical antecede consoante nasal seguem também o modelo de *mover*.

3.ª) Os verbos que apresentam no radical *e* [ẽ] ou [õ] nasal conservam estas vogais em todas as formas: *encho*, *enches*, *enche*, etc.; *rompo*, *rompes*, *rompe*, etc.

De 3.ª conjugação

(Modelos: *servir e dormir)*

INDICATIVO	SUBJUNTIVO	IMPERATIVO	
PRESENTE	PRESENTE	AFIRMATIVO	NEGATIVO
sirvo	sirva	—	—
serves	sirvas	serve	não sirvas
serve	sirva	sirva	não sirva
servimos	sirvamos	sirvamos	não sirvamos
servis	sirvais	servi	não sirvais
servem	sirvam	sirvam	não sirvam
durmo	durma	—	—
dormes	durmas	dorme	não durmas
dorme	durma	durma	não durma
dormimos	durmamos	durmamos	não durmamos
dormis	durmais	dormi	não durmais
dormem	durmam	durmam	não durmam

Notamos que, nesses verbos, as vogais do radical alternam de modo ainda mais sensível.

Assim:

a) no PRESENTE DO INDICATIVO, as formas rizotônicas apresentam uma alternância da vogal fechada [i] ou [u] da 1.ª pessoa do singular com a vogal semiaberta [ɛ] ou [ɔ] da 2.ª e 3.ª pessoas do singular e da 3.ª do plural; nas formas arrizotônicas observa-se a redução vocálica normal a [ə] ou [u] no português europeu e uma oscilação entre [e/i] ou [o/u] no português do Brasil, com predominância da vogal fechada [i] ou [u] por influência assimilatória da vogal tônica;
b) no PRESENTE DO SUBJUNTIVO, derivado da 1.ª pessoa do PRESENTE DO INDICATIVO, mantêm-se em todas as formas as vogais daquela pessoa, [i] ou [u], conforme o caso;
c) no IMPERATIVO AFIRMATIVO, a 2.ª pessoa do singular, em correspondência com a do PRESENTE DO INDICATIVO, tem a vogal [ɛ] ou [ɔ]; a 2.ª do plural, em consonância com a do PRESENTE DO INDICATIVO, apresenta a vogal [ə] ou [u], no português de Portugal, e [e/i] ou [o/u], no português do Brasil; as formas derivadas do PRESENTE DO SUBJUNTIVO (3.ª do singular, 1.ª e 3.ª do plural e todas as pessoas do IMPERATIVO NEGATIVO) conservam a vogal [i] ou [u] deste tempo.

Observações:

1.ª) Seguem o modelo de *servir* os verbos da 3.ª conjugação que têm *e* gráfico no INFINITIVO. Assim:

aderir	conferir	digerir	ingerir	repelir
advertir	convergir	discernir	inserir	repetir
aferir	deferir	divergir	preferir	seguir
compelir	desferir	ferir	referir	sugerir
competir	despir	inferir	refletir	vestir

e também *mentir* e *sentir*.

Excetuam-se, no entanto:

a) os verbos *medir*, *pedir*, *despedir* e *impedir*, que apresentam *e* semiaberto [ɛ] em todas as formas rizotônicas do PRESENTE DO INDICATIVO e, por conseguinte, nas do PRESENTE DO SUBJUNTIVO e dos IMPERATIVOS AFIRMATIVO e NEGATIVO: *meço*, *medes*, *mede*, *medem*; *meça*, *meças*, *meça*, *meçam*, etc.; *peço*, *pedes*, *pede*, *pedem*; *peça*, *peças*, *peça*, *peçam*, etc.
b) os verbos *agredir*, *denegrir*, *prevenir*, *progredir*, *regredir* e *transgredir*, que apresentam [i] nas quatro formas rizotônicas do PRESENTE DO INDICATIVO, em todo o

PRESENTE DO SUBJUNTIVO e nas formas dos IMPERATIVOS AFIRMATIVO e NEGATIVO dele derivadas:

Indicativo	**Subjuntivo**	**Imperativo**	
presente	**presente**	**Afirmativo**	**Negativo**
agrido	agrida	—	—
agrides	agridas	agride	não agridas
agride	agrida	agrida	não agrida
agredimos	agridamos	agridamos	não agridamos
agredis	agridais	agredi	não agridais
agridem	agridam	agridam	não agridam

2.ª) Seguem o modelo de *dormir* os verbos da 3.ª conjugação que tem *o* gráfico no INFINITIVO: *tossir*, *engolir*, *cobrir* (e seus derivados, como *descobrir*, *encobrir* e *recobrir*). Excetuam-se, porém:

a) os verbos em que o *o* corresponde ao antigo ditongo [ew], caso em que se conserva como [e] em toda a conjugação: *ouço*, *ouves*, *ouve*, etc.;

b) os verbos *polir* e *sortir*, que apresentam [u] nas formas rizotônicas, formas, aliás, de pouco uso: *pulo*, *pules*, *pule*, *pulem*; *surto*, *surtes*, *surte*, *surtem*.

Modelos: *frigir* e *acudir*

Indicativo	**Subjuntivo**	**Imperativo**	
presente	**presente**	**Afirmativo**	**Negativo**
frijo	frija	—	—
freges	frijas	frege	não frijas
frege	frija	frija	não frija
frigimos	frijamos	frijamos	não frijamos
frigis	frijais	frigi	não frijais
fregem	frijam	frijam	não frijam
acudo	acuda	—	—
acodes	acudas	acode	não acudas
acode	acuda	acuda	não acuda
acudimos	acudamos	acudamos	não acudamos
acudis	acudais	acudi	não acudais
acodem	acudam	acudam	não acudam

Vemos que, embora tenham [i] e [u] no radical, os verbos *frigir* e *acudir* se comportam como se fossem verbos com *e* e *o* gráficos no INFINITIVO, conjugando-se nos quatro tempos mencionados pelos modelos de *servir* e *dormir*.

Observações:

1.ª) Seguem o modelo de *acudir* os seguintes verbos:

bulir	cuspir	fugir	subir
consumir	escapulir	sacudir	sumir

Na língua corrente é também esta a conjugação dos verbos *entupir* e *desentupir*, que num registro mais culto apresentam, por vezes, as formas regulares *entupo*, *entupes*, *entupe*, *entupem*; *desentupo*, *desentupes*, *desentupe*, *desentupem*.

2.ª) Os verbos *construir*, *destruir* e *reconstruir*, dependendo de uma maior ou menor formalização da linguagem, podem ser conjugados: *construo*, *construis* ou *constróis*, *construi* ou *constrói*, *construem* ou *constroem*, etc. Os outros derivados do latim *struĕre*, como *instruir* e *obstruir*, só conhecem a conjugação regular: *instruo*, *instruis*, *instrui*, *instruem*; *obstruo*, *obstruis*, *obstrui*, *obstruem*.

3.ª) Não apresentam alternância vocálica, isto é, conservam o [u] do radical em toda a conjugação, entre outros menos usuais, os verbos:

aludir	curtir	influir	resumir
assumir	iludir	presumir	urdir

e seus derivados.

Pelo modelo de *influir* conjugam-se os demais verbos terminados em *-uir*: *anuir*, *arguir*, *atribuir*, *constituir*, *destituir*, *diluir*, *diminuir*, *estatuir*, *imbuir*, *instituir*, *restituir*, *redarguir* e *ruir*.

4.ª) Os verbos *aspergir* e *submergir* têm *e* semifechado [e] na 1.ª pessoa do singular do PRESENTE DO INDICATIVO e, consequentemente, em todo o PRESENTE DO SUBJUNTIVO. Na 2.ª e 3.ª pessoas do singular e na 3.ª do plural, a exemplo de *servir*, apresentam *e* semiaberto [ɛ].

Outros tipos de irregularidade

1.ª conjugação

Embora seja a mais rica em número de verbos, a 1.ª conjugação é a mais pobre em número de verbos irregulares. Além de *estar*, cuja conjugação estudamos, há apenas os seguintes:

Dar

Apresenta irregularidades nestes tempos:

Modo indicativo

Presente	Pretérito perfeito	Pretérito mais-que-perfeito
dou	dei	dera
dás	deste	deras
dá	deu	dera
damos	demos	déramos
dais	destes	déreis
dão	deram	deram

Modo subjuntivo

Presente	Pretérito imperfeito	Futuro
dê	desse	der
dês	desses	deres
dê	desse	der
demos	déssemos	dermos
deis	désseis	derdes
deem	dessem	derem

Modo imperativo

Afirmativo	Negativo
dá	não dês
dê	não dê
demos	não demos
dai	não deis
deem	não deem

No mais, conjuga-se como um verbo regular da 1.ª conjugação.

Note-se que o derivado *circundar* não apresenta nenhuma destas irregularidades. Segue em tudo o paradigma dos verbos regulares da 1.ª conjugação.

Verbos terminados em *-ear* e *-iar*

1. Os verbos terminados em *-ear* recebem *i* depois do *e* nas formas rizotônicas. Sirva de exemplo o verbo *passear*, que assim se conjuga no presente do indicativo, no presente do subjuntivo e nos imperativos afirmativo e negativo:

INDICATIVO	SUBJUNTIVO	IMPERATIVO	
PRESENTE	PRESENTE	AFIRMATIVO	NEGATIVO
passeio	passeie	—	—
passeias	passeies	passeia	não passeies
passeia	passeie	passeie	não passeie
passeamos	passeemos	passeemos	não passeemos
passeais	passeeis	passeai	não passeeis
passeiam	passeiem	passeiem	não passeiem

2. Os verbos terminados em *-iar* são, em geral, regulares.
Sirva de modelo o verbo *anunciar*:

INDICATIVO	SUBJUNTIVO	IMPERATIVO	
PRESENTE	PRESENTE	AFIRMATIVO	NEGATIVO
anuncio	anuncie	—	—
anuncias	anuncies	anuncia	não anuncies
anuncia	anuncie	anuncie	não anuncie
anunciamos	anunciemos	anunciemos	não anunciemos
anunciais	anuncieis	anunciai	não anuncieis
anunciam	anunciem	anunciem	não anunciem

Observação:

O verbo *mobiliar* (do português do Brasil) apresenta, nas formas rizotônicas, o acento na sílaba *bi*: PRESENTE DO INDICATIVO: *mobílio*, *mobílias*, *mobília*, *mobíliam*; PRESENTE DO SUBJUNTIVO: *mobílie*, *mobílies*, *mobílie*, *mobíliem*; etc. Mas, em verdade, tal anomalia é mais gráfica do que fonética. Este verbo também se escreve *mobilhar*, variante gráfica admitida pelo Vocabulário Oficial e que melhor reproduz a sua pronúncia corrente. Advirta-se, ainda, que em Portugal a forma preferida é *mobilar*, conjugada regularmente.

3. Por analogia com os verbos em *-ear* (já que na pronúncia se confundem o *e* e o *i* reduzidos), cinco verbos de infinitivo em *-iar* mudam o [i] em [ej] nas formas rizotônicas. São eles: *ansiar*, *incendiar*, *mediar*, *odiar* e *remediar*. Tomemos, como exemplo, o verbo *incendiar*:

INDICATIVO	SUBJUNTIVO	IMPERATIVO	
PRESENTE	PRESENTE	AFIRMATIVO	NEGATIVO
incendeio	incendeie	—	—
incendeias	incendeies	incendeia	não incendeies
incendeia	incendeie	incendeie	não incendeie
incendiamos	incendiemos	incendiemos	não incendiemos
incendiais	incendieis	incendiai	não incendieis
incendeiam	incendeiem	incendeiem	não incendeiem

Os demais verbos em *-iar* são regulares na língua culta do Brasil.

4. Finalmente, há um grupo de verbos em *-iar* que, no português de Portugal e na língua popular do Brasil, não seguem uma norma fixa, antes vacilam entre os modelos de *anunciar* e *incendiar*. São, entre outros, os verbos *agenciar*, *comerciar*, *negociar*, *obsequiar*, *premiar* e *sentenciar*.

Observações:

1.ª) *Criar*, em qualquer acepção, conjuga-se como verbo regular em *-iar*: *crio*, *crias*, *cria*, *criamos*, etc.

2.ª) Convém distinguir, cuidadosamente, certos verbos terminados em *-ear* e *-iar*, de forma muito parecida, mas de sentido diverso. Entre outros: *afear* (relacionado com *feio*) e *afiar* (relacionado com *fio*), *enfrear* (relacionado com *freio*) e *enfriar* (com *frio*), *estear* (relacionado com *esteio*) e *estiar* (com *estio*), *estrear* (relacionado com *estreia*) e *estriar* (com *estria*), *mear* (relacionado com *meio*) e *miar* (com *mio*, *miado*), *pear* (relacionado com *peia*) e *piar* (com *pio*), *vadear* (relacionado com *vau*) e *vadiar* (com *vadio*).

2.ª conjugação

Além dos verbos *haver*, *ser* e *ter*, já conhecidos, devem ser mencionados os seguintes:

Caber

Apresenta irregularidades no PRESENTE e no PRETÉRITO PERFEITO DO INDICATIVO, irregularidades que se transmitem às formas deles derivadas.

MODO INDICATIVO

PRESENTE	**PRETÉRITO PERFEITO**	**PRETÉRITO MAIS-QUE-PERFEITO**
caibo	coube	coubera
cabes	coubeste	couberas
cabe	coube	coubera
cabemos	coubemos	coubéramos
cabeis	coubestes	coubéreis
cabem	couberam	couberam

MODO SUBJUNTIVO

PRESENTE	PRETÉRITO IMPERFEITO	FUTURO
caiba	coubesse	couber
caibas	coubesses	couberes
caiba	coubesse	couber
caibamos	coubéssemos	coubermos
caibais	coubésseis	couberdes
caibam	coubessem	couberem

Observação:

No sentido próprio este verbo não admite IMPERATIVO.

Crer e ler

São irregulares no PRESENTE DO INDICATIVO e, em decorrência, no PRESENTE DO SUBJUNTIVO e nos IMPERATIVOS AFIRMATIVO e NEGATIVO.

INDICATIVO PRESENTE	SUBJUNTIVO PRESENTE	IMPERATIVO	
		AFIRMATIVO	NEGATIVO
creio	creia	—	—
crês	creias	crê	não creias
crê	creia	creia	não creia
cremos	creiamos	creiamos	não creiamos
credes	creiais	crede	não creiais
creem	creiam	creiam	não creiam
leio	leia	—	—
lês	leias	lê	não leias
lê	leia	leia	não leia
lemos	leiamos	leiamos	não leiamos
ledes	leiais	lede	não leiais
leem	leiam	leiam	não leiam

Observação:

Assim também se conjugam os derivados destes verbos, como *descrer*, *reler*, etc.

Dizer

Apenas o PRETÉRITO IMPERFEITO DO INDICATIVO e o GERÚNDIO são regulares neste verbo. Estas as suas formas simples:

Modo indicativo

Presente	Pretérito imperfeito	Pretérito perfeito
digo	dizia	disse
dizes	dizias	disseste
diz	dizia	disse
dizemos	dizíamos	dissemos
dizeis	dizíeis	dissestes
dizem	diziam	disseram

Pretérito mais-que-perfeito	Futuro do presente	Futuro do pretérito
dissera	direi	diria
disseras	dirás	dirias
dissera	dirá	diria
disséramos	diremos	diríamos
disséreis	direis	diríeis
disseram	dirão	diriam

Modo subjuntivo

Presente	Pretérito imperfeito	Futuro
diga	dissesse	disser
digas	dissesses	disseres
diga	dissesse	disser
digamos	disséssemos	dissermos
digais	dissésseis	disserdes
digam	dissessem	disserem

Modo imperativo

Afirmativo	Negativo
dize	não digas
diga	não diga
digamos	não digamos
dizei	não digais
digam	não digam

FORMAS NOMINAIS

INFINITIVO IMPESSOAL	INFINITIVO PESSOAL	GERÚNDIO	PARTICÍPIO
dizer	dizer dizeres dizer dizermos dizerdes dizerem	dizendo	dito

Observação:

Segundo o modelo de *dizer* conjugam-se os verbos dele formados: *bendizer*, *desdizer*, *contradizer*, *maldizer*, *predizer*, etc.

Fazer

Também neste verbo só o PRETÉRITO IMPERFEITO DO INDICATIVO e o GERÚNDIO são regulares. As formas simples conjugam-se:

MODO INDICATIVO

PRESENTE	PRETÉRITO IMPERFEITO	PRETÉRITO PERFEITO
faço	fazia	fiz
fazes	fazias	fizeste
faz	fazia	fez
fazemos	fazíamos	fizemos
fazeis	fazíeis	fizestes
fazem	faziam	fizeram

PRETÉRITO MAIS-QUE-PERFEITO	FUTURO DO PRESENTE	FUTURO DO PRETÉRITO
fizera	farei	faria
fizeras	farás	farias
fizera	fará	faria
fizéramos	faremos	faríamos
fizéreis	fareis	faríeis
fizeram	farão	fariam

MODO SUBJUNTIVO

PRESENTE	PRETÉRITO IMPERFEITO	FUTURO
faça	fizesse	fizer
faças	fizesses	fizeres
faça	fizesse	fizer
façamos	fizéssemos	fizermos
façais	fizésseis	fizerdes
façam	fizessem	fizerem

MODO IMPERATIVO

AFIRMATIVO	NEGATIVO
faze	não faças
faça	não faça
façamos	não façamos
fazei	não façais
façam	não façam

FORMAS NOMINAIS

INFINITIVO IMPESSOAL	INFINITIVO PESSOAL	GERÚNDIO	PARTICÍPIO
fazer	fazer fazeres fazer fazermos fazerdes fazerem	fazendo	feito

Observação:

Por *fazer* se conjugam os seus compostos e derivados, como *afazer*, *contrafazer*, *desfazer*, *liquefazer*, *perfazer*, *rarefazer*, *refazer* e *satisfazer*.

Perder

Oferece irregularidade no PRESENTE DO INDICATIVO e esta se transmite às formas derivadas do PRESENTE DO SUBJUNTIVO e dos IMPERATIVOS AFIRMATIVO e NEGATIVO.

Eis as suas formas irregulares:

INDICATIVO PRESENTE	SUBJUNTIVO PRESENTE	IMPERATIVO AFIRMATIVO	IMPERATIVO NEGATIVO
perco	perca	—	—
perdes	percas	perde	não percas
perde	perca	perca	não perca
perdemos	percamos	percamos	não percamos
perdeis	percais	perdei	não percais
perdem	percam	percam	não percam

Poder

Apresenta irregularidades no PRESENTE e no PRETÉRITO PERFEITO DO INDICATIVO e, em consequência, nas formas derivadas destes dois tempos:

MODO INDICATIVO

PRESENTE	PRETÉRITO PERFEITO	PRETÉRITO MAIS-QUE-PERFEITO
posso	pude	pudera
podes	pudeste	puderas
pode	pôde	pudera
podemos	pudemos	pudéramos
podeis	pudestes	pudéreis
podem	puderam	puderam

MODO SUBJUNTIVO

PRESENTE	PRETÉRITO IMPERFEITO	FUTURO
possa	pudesse	puder
possas	pudesses	puderes
possa	pudesse	puder
possamos	pudéssemos	pudermos
possais	pudésseis	puderdes
possam	pudessem	puderem

Observação:

É desusado o IMPERATIVO deste verbo.

Pôr

Pôr, forma contrata do antigo *poer* (ou *põer*, derivado do latim *ponere*), é o único verbo da língua que tem o INFINITIVO irregular.

MODO INDICATIVO

Presente	Pretérito imperfeito	Pretérito perfeito
ponho	punha	pus
pões	punhas	puseste
põe	punha	pôs
pomos	púnhamos	pusemos
pondes	púnheis	pusestes
põem	punham	puseram

Pretérito mais-que-perfeito	Futuro do presente	Futuro do pretérito
pusera	porei	poria
puseras	porás	porias
pusera	porá	poria
puséramos	poremos	poríamos
puséreis	poreis	poríeis
puserem	porão	poriam

MODO SUBJUNTIVO

Presente	Pretérito imperfeito	Futuro
ponha	pusesse	puser
ponhas	pusesses	puseres
ponha	pusesse	puser
ponhamos	puséssemos	pusermos
ponhais	pusésseis	puserdes
ponham	pusessem	puserem

MODO IMPERATIVO

Afirmativo	Negativo
põe	não ponhas
ponha	não ponha
ponhamos	não ponhamos
ponde	não ponhais
ponham	não ponham

FORMAS NOMINAIS

INFINITIVO IMPESSOAL	INFINITIVO PESSOAL	GERÚNDIO	PARTICÍPIO
pôr	pôr pores pôr pormos pordes porem	pondo	posto

Observações:

1.ª) *Pôr* (antigo *poer*) é um verbo anômalo da 2.ª conjugação, que perdeu sua vogal *-e-* no INFINITIVO PESSOAL e em outros tempos. Esta vogal conservou-se, no entanto, em várias formas do verbo: *pus-e-ste*, *pus-e-mos*, *pus-e-ra*, *pus-e-sse*, etc.

2.ª) Pelo paradigma de *pôr* se conjugam todos os seus derivados: *antepor*, *apor*, *compor*, *contrapor*, *decompor*, *depor*, *descompor*, *dispor*, *expor*, *impor*, *opor*, *propor*, *repor*, *supor*, *transpor*, etc.

3.ª) Pela anomalia que este verbo apresenta no INFINITIVO, certos gramáticos preferem incluí-lo numa 4.ª conjugação, que seria formada por ele e seus derivados.

Prazer

Empregado apenas na 3.ª pessoa, este verbo apresenta as seguintes formas irregulares:

MODO INDICATIVO

PRESENTE	PRETÉRITO PERFEITO	PRETÉRITO MAIS-QUE-PERFEITO
praz	prouve	prouvera

MODO SUBJUNTIVO

PRETÉRITO IMPERFEITO	FUTURO
prouvesse	prouver

Observações:

1.ª) As outras formas, inclusive o PRESENTE DO SUBJUNTIVO (= *praza*), são regulares. Por *prazer* se conjugam *aprazer* e *desprazer*.

2.ª) O derivado *comprazer*, além de não ser unipessoal, é regular no PRETÉRITO PERFEITO e nos tempos formados do seu radical. Assim, *comprazi*, *comprazeste*, *comprazeu*, etc.; *comprazera*, *comprazeras*, *comprazera*, etc.; *comprazesse*, *comprazesses*, *comprazesse*, etc.; *comprazer*, *comprazeres*, *comprazer*, etc.

Querer

Oferece irregularidades nos seguintes tempos:

MODO INDICATIVO

PRESENTE	**PRETÉRITO PERFEITO**	**PRETÉRITO MAIS-QUE-PERFEITO**
quero	quis	quisera
queres	quiseste	quiseras
quer	quis	quisera
queremos	quisemos	quiséramos
quereis	quisestes	quiséreis
querem	quiseram	quiseram

MODO SUBJUNTIVO

PRESENTE	**PRETÉRITO IMPERFEITO**	**FUTURO**
queira	quisesse	quiser
queiras	quisesses	quiseres
queira	quisesse	quiser
queiramos	quiséssemos	quisermos
queirais	quisésseis	quiserdes
queiram	quisessem	quiserem

Observações:

1.ª) A par de *quer*, 3.ª pessoa do singular do PRESENTE DO INDICATIVO, emprega-se também *quere* no português europeu, quando a forma verbal vem acompanhada de um pronome enclítico: *quere-a*.

2.ª) É desusado o IMPERATIVO deste verbo.

3.ª) O derivado *requerer* faz *requeiro* na 1.ª pessoa do PRESENTE DO INDICATIVO e é regular no PRETÉRITO PERFEITO e nos tempos formados do seu radical: *requeri*, *requereste*, *requereu*, etc.; *requerera*, *requereras*, *requerera*, etc.; *requeresse*, *requeresses*, *requeresse*, etc.; *requerer*, *requereres*, *requerer*, etc. Além disso, emprega-se no IMPERATIVO.

4.ª) *Bem-querer* e *malquerer* fazem no PARTICÍPIO *benquisto* e *malquisto*, respectivamente.

Saber

Formas irregulares:

MODO INDICATIVO

PRESENTE	PRETÉRITO PERFEITO	PRETÉRITO MAIS-QUE-PERFEITO
sei	soube	soubera
sabes	soubeste	souberas
sabe	soube	soubera
sabemos	soubemos	soubéramos
sabeis	soubestes	soubéreis
sabem	souberam	souberam

MODO SUBJUNTIVO

PRESENTE	PRETÉRITO IMPERFEITO	FUTURO
saiba	soubesse	souber
saibas	soubesses	souberes
saiba	soubesse	souber
saibamos	soubéssemos	soubermos
saibais	soubésseis	souberdes
saibam	soubessem	souberem

MODO IMPERATIVO

AFIRMATIVO	NEGATIVO
sabe	não saibas
saiba	não saiba
saibamos	não saibamos
sabei	não saibais
saibam	não saibam

Trazer

É regular apenas no PRETÉRITO IMPERFEITO DO INDICATIVO e nas FORMAS NOMINAIS.

Esta a sua conjugação:

Modo indicativo

Presente	Pretérito imperfeito	Pretérito perfeito
trago	trazia	trouxe
trazes	trazias	trouxeste
traz	trazia	trouxe
trazemos	trazíamos	trouxemos
trazeis	trazíeis	trouxestes
trazem	traziam	trouxeram

Pretérito mais-que-perfeito	Futuro do presente	Futuro do pretérito
trouxera	trarei	traria
trouxeras	trarás	trarias
trouxera	trará	traria
trouxéramos	traremos	traríamos
trouxéreis	trareis	traríeis
trouxeram	trarão	trariam

Modo subjuntivo

Presente	Pretérito imperfeito	Futuro
traga	trouxesse	trouxer
tragas	trouxesses	trouxeres
traga	trouxesse	trouxer
tragamos	trouxéssemos	trouxermos
tragais	trouxésseis	trouxerdes
tragam	trouxessem	trouxerem

Modo imperativo

Afirmativo	Negativo
traze	não tragas
traga	não traga
tragamos	não tragamos
trazei	não tragais
tragam	não tragam

Sobre a complexa morfologia de *trazer*, e em particular sobre as variadas formas de pretérito perfeito que ainda se conservam na linguagem popular, consultem-se especialmente F. Adolfo Coelho. *Theoria da conjugação em latim e portuguez*. Lisboa, s./e., 1870, p. 109-110; Joseph M. Piel. A flexão verbal do português. Separata de *Biblos*, XX. Coimbra, 1945, p. 24, 37, 38 passim. Uma bibliografia sobre o tema pode ler-se em Celso Cunha. *Cancioneiro de Martin Codax*. Rio de Janeiro, Imprensa Nacional, 1956, p. 171.

Valer

Apresenta irregularidade na 1.ª pessoa do PRESENTE DO INDICATIVO, irregularidade que se transmite ao PRESENTE DO SUBJUNTIVO e às formas do IMPERATIVO dele derivadas. Assim:

INDICATIVO	SUBJUNTIVO	IMPERATIVO	
PRESENTE	PRESENTE	AFIRMATIVO	NEGATIVO
valho	valha	—	—
vales	valhas	vale	não valhas
vale	valha	valha	não valha
valemos	valhamos	valhamos	não valhamos
valeis	valhais	valei	não valhais
valem	valham	valham	não valham

Observação:

Por *valer* se conjugam *desvaler* e *equivaler*.

Ver

É irregular no PRESENTE e no PRETÉRITO PERFEITO DO INDICATIVO, nas formas deles derivadas, assim como no PARTICÍPIO, que é *visto*.

Enumeremos tais formas irregulares:

MODO INDICATIVO

PRESENTE	PRETÉRITO PERFEITO	PRETÉRITO MAIS-QUE-PERFEITO
vejo	vi	vira
vês	viste	viras
vê	viu	vira
vemos	vimos	víramos
vedes	vistes	víreis
veem	viram	viram

Modo subjuntivo

Presente	Pretérito imperfeito	Futuro
veja	visse	vir
vejas	visses	vires
veja	visse	vir
vejamos	víssemos	virmos
vejais	vísseis	virdes
vejam	vissem	virem

Modo imperativo

Afirmativo	Negativo
vê	não vejas
veja	não veja
vejamos	não vejamos
vede	não vejais
vejam	não vejam

Observações:

1.ª) Assim se conjugam *antever*, *entrever*, *prever* e *rever*.

2.ª) *Prover*, embora formado de *ver*, é regular no pretérito perfeito do indicativo e nas formas dele derivadas: *provi*, *proveste*, *proveu*, etc.; *provera*, *proveras*, *provera*, etc.; *provesse*, *provesses*, *provesse*, etc.; *prover*, *proveres*, *prover*, etc. O particípio é *provido*, também regular.

Por *prover* conjuga-se o seu derivado *desprover*.

3.ª conjugação

Excluídos os que sofrem apenas mutação da vogal do radical, que estudamos no início deste capítulo, restam ainda alguns verbos da 3.ª conjugação cujas irregularidades devem ser conhecidas. São eles:

Ir

É verbo anômalo, somente regular no pretérito imperfeito, no futuro do presente e no futuro do pretérito do modo indicativo: *ia*, *irei*, *iria*; nas formas nominais — infinitivo: *ir*; gerúndio: *indo*; particípio: *ido*.

Suas formas do pretérito perfeito do indicativo e dos tempos dele derivados identificam-se com as correspondentes do verbo *ser*: *fui*, *fora*, *fosse* e *for*.

Nos demais tempos simples é assim conjugado:

INDICATIVO PRESENTE	SUBJUNTIVO PRESENTE	IMPERATIVO	
		AFIRMATIVO	NEGATIVO
vou	vá	—	—
vais	vás	vai	não vás
vai	vá	vá	não vá
vamos	vamos	vamos	não vamos
ides	vades	ide	não vades
vão	vão	vão	não vão

Medir e Pedir

Além da alternância vocálica entre as formas rizotônicas e arrizotônicas, estes verbos apresentam modificação do radical *med-* e *ped-* na 1.ª pessoa do PRESENTE DO INDICATIVO e, consequentemente, no PRESENTE DO SUBJUNTIVO e nas pessoas do IMPERATIVO dele derivadas.

INDICATIVO PRESENTE	SUBJUNTIVO PRESENTE	IMPERATIVO	
		AFIRMATIVO	NEGATIVO
meço	meça	—	—
medes	meças	mede	não meças
mede	meça	meça	não meça
medimos	meçamos	meçamos	não meçamos
medis	meçais	medi	não meçais
medem	meçam	meçam	não meçam
peço	peça	—	—
pedes	peças	pede	não peças
pede	peça	peça	não peça
pedimos	peçamos	peçamos	não peçamos
pedis	peçais	pedi	não peçais
pedem	peçam	peçam	não peçam

Observações:

1.ª) Por *medir* conjuga-se *desmedir*.

2.ª) Conjugam-se por *pedir*, embora dele não sejam derivados, os verbos *despedir*, *expedir* e *impedir*, bem como os que destes se formam: *desimpedir*, *reexpedir*, etc.

Ouvir

Irregularidade semelhante à anterior. O radical *ouv-* muda-se em *ouç-* na 1.ª pessoa do PRESENTE DO INDICATIVO e, em decorrência, em todo o PRESENTE DO SUBJUNTIVO e nas pessoas do IMPERATIVO dele derivadas.

Assim:

INDICATIVO	SUBJUNTIVO	IMPERATIVO	
PRESENTE	PRESENTE	AFIRMATIVO	NEGATIVO
ouço	ouça	—	—
ouves	ouças	ouve	não ouças
ouve	ouça	ouça	não ouça
ouvimos	ouçamos	ouçamos	não ouçamos
ouvis	ouçais	ouvi	não ouçais
ouvem	ouçam	ouçam	não ouçam

Observação:

Em Portugal, ao lado de *ouço*, há *oiço* para a 1.ª pessoa do singular do PRESENTE DO INDICATIVO. Esta dualidade fonética estende-se a todo o PRESENTE DO SUBJUNTIVO e às pessoas do IMPERATIVO dele derivadas: *ouça* ou *oiça*, *ouças* ou *oiças*, etc.

Rir

Apresenta irregularidades nos seguintes tempos:

INDICATIVO	SUBJUNTIVO	IMPERATIVO	
PRESENTE	PRESENTE	AFIRMATIVO	NEGATIVO
rio	ria	—	—
ris	rias	ri	não rias
ri	ria	ria	não ria
rimos	riamos	riamos	não riamos
rides	riais	ride	não riais
riem	riam	riam	não riam

Pelo modelo de *rir* conjuga-se *sorrir*.

Vir

É verbo anômalo, assim conjugado nos tempos simples:

MODO INDICATIVO

PRESENTE	PRETÉRITO IMPERFEITO	PRETÉRITO PERFEITO
venho	vinha	vim
vens	vinhas	vieste
vem	vinha	veio
vimos	vínhamos	viemos
vindes	vínheis	viestes
vêm	vinham	vieram

PRETÉRITO MAIS-QUE-PERFEITO	FUTURO DO PRESENTE	FUTURO DO PRETÉRITO
viera	virei	viria
vieras	virás	virias
viera	virá	viria
viéramos	viremos	viríamos
viéreis	vireis	viríeis
vieram	virão	viriam

MODO SUBJUNTIVO

PRESENTE	PRETÉRITO IMPERFEITO	FUTURO
venha	viesse	vier
venhas	viesses	vieres
venha	viesse	vier
venhamos	viéssemos	viermos
venhais	viésseis	vierdes
venham	viessem	vierem

MODO IMPERATIVO

AFIRMATIVO	NEGATIVO
vem	não venhas
venha	não venha
venhamos	não venhamos
vinde	não venhais
venham	não venham

FORMAS NOMINAIS

INFINITIVO IMPESSOAL	INFINITIVO PESSOAL	GERÚNDIO	PARTICÍPIO
vir	vir vires vir virmos virdes virem	vindo	vindo

Observação:

Por este verbo se conjugam todos os seus derivados, como *advir*, *avir*, *convir*, *desavir*, *intervir*, *provir* e *sobrevir*.

Verbos terminados em *-uzir*

Os verbos assim terminados, como *aduzir*, *conduzir*, *deduzir*, *induzir*, *introduzir*, *luzir*, *produzir*, *reduzir*, *reluzir*, *traduzir*, etc., não apresentam a vogal *-e* na 3.ª pessoa do singular do PRESENTE DO INDICATIVO: (ele) *aduz*, *conduz*, *deduz*, *induz*, *introduz*, etc.

Verbos de particípio irregular

Há alguns verbos da 2.ª e da 3.ª conjugação que possuem apenas particípio irregular, não tendo conhecido jamais a forma regular em *-ido*. São os seguintes:

INFINITIVO	PARTICÍPIO	INFINITIVO	PARTICÍPIO
dizer	dito	pôr	posto
escrever	escrito	abrir	aberto
fazer	feito	cobrir	coberto
ver	visto	vir	vindo

Observações:

1.ª) Também os derivados destes verbos apresentam somente o particípio irregular. Assim, *desdito*, de *desdizer*; *reescrito*, de *reescrever*; *contrafeito*, de *contrafazer*; *previsto*, de *prever*; *imposto*, de *impor*; *entreaberto*, de *entreabrir*; *descoberto*, de *descobrir*; *convindo*, de *convir*, etc.

2.ª) *Desabrido* não é particípio regular de *desabrir*, mas forma reduzida de *dessaborido*, "sem sabor", provavelmente de origem espanhola. Usa-se apenas como adjetivo, na acepção de "rude", "violento", "descontrolado": *palavras* ***desabridas***, *ventos* ***desabridos***, *discurso* ***desabrido***.

3.ª) Neste grupo devemos incluir três verbos da 1.ª conjugação — *ganhar*, *gastar* e *pagar* — era assim que se usavam normalmente os dois particípios. Atualmente se prefere, tanto nas construções com o auxiliar *ser* como naquelas em que entra o auxiliar *ter*, as formas irregulares *ganho*, *gasto* e *pago*, aliás, a última substituiu completamente o antigo *pagado*.

Verbos abundantes

Vimos que são chamados ABUNDANTES os verbos que possuem duas ou mais formas equivalentes. Vimos também que, na quase totalidade dos casos, essa abundância ocorre apenas no PARTICÍPIO, o qual, em certos verbos, se apresenta com uma forma reduzida ou anormal ao lado da forma regular em *-ado* ou *-ido*.

De regra, a forma regular emprega-se na constituição dos tempos compostos da VOZ ATIVA, isto é, acompanhada dos auxiliares *ter* ou *haver*; a irregular usa-se, de preferência, na formação dos tempos da VOZ PASSIVA, ou seja, acompanhada do auxiliar *ser*.

Examinemos os principais verbos ABUNDANTES no particípio.

De 1.ª conjugação

INFINITIVO	PARTICÍPIO REGULAR	PARTICÍPIO IRREGULAR
aceitar	aceitado	aceito, aceite
entregar	entregado	entregue
enxugar	enxugado	enxuto
expressar	expressado	expresso
expulsar	expulsado	expulso
isentar	isentado	isento
matar	matado	morto
salvar	salvado	salvo
soltar	soltado	solto
vagar	vagado	vago

De 2.ª conjugação

INFINITIVO	PARTICÍPIO REGULAR	PARTICÍPIO IRREGULAR
acender	acendido	aceso
benzer	benzido	bento
eleger	elegido	eleito
incorrer	incorrido	incurso
morrer	morrido	morto
prender	prendido	preso
romper	rompido	roto
suspender	suspendido	suspenso

De 3.ª conjugação

INFINITIVO	PARTICÍPIO REGULAR	PARTICÍPIO IRREGULAR
emergir	emergido	emerso
exprimir	exprimido	expresso
extinguir	extinguido	extinto
frigir	frigido	frito
imergir	imergido	imerso
imprimir	imprimido	impresso
inserir	inserido	inserto
omitir	omitido	omisso
submergir	submergido	submerso

Observações:

1.ª) Somente as formas irregulares se usam como adjetivos e são elas as únicas que se combinam com os verbos *estar*, *ficar*, *andar*, *ir* e *vir*.

2.ª) A forma *aceite* é mais usada em Portugal.

3.ª) *Morto* é particípio de *morrer* e estendeu-se também a *matar*.

4.ª) O particípio *rompido* usa-se também com o auxiliar *ser*. Ex.: ***Foram rompidas*** *nossas relações*. *Roto* emprega-se mais como adjetivo.

5.ª) *Imprimir* possui duplo particípio quando significa "estampar", "gravar". Na acepção de "produzir movimento", "infundir", usa-se apenas o particípio em *-ido*. Dir-se-á, por exemplo: *Este livro* ***foi impresso*** *no Brasil*. Mas, por outro lado: ***Foi imprimida*** *enorme velocidade ao carro*.

6.ª) Pelo modelo de *entregue*, formou-se *empregue*, de uso frequente em Portugal e na linguagem popular do Brasil.

7.ª) Muitos particípios irregulares, que outrora serviam para formar tempos compostos, caíram em desuso. Entre outros, estão nesse caso: *cinto*, do verbo *cingir*; *colheito* do verbo *colher*; *despeso*, do verbo *despender*. Alguns, como *absoluto* (de *absolver*) e *resoluto* (de *resolver*), continuam na língua, mas com valor de adjetivos.

Verbos impessoais, unipessoais e defectivos

Há verbos que são usados apenas em alguns tempos, modos ou pessoas.

As razões que provocam a falta de certas formas verbais são múltiplas e nem sempre apreensíveis.

Muitas vezes é a própria ideia expressa pelo verbo que não pode aplicar-se a determinadas pessoas. Assim, no seu significado próprio, os verbos que exprimem fenômenos da natureza, como *chover*, *trovejar*, *ventar*, só aparecem na 3.ª pessoa do singular; os que indicam vozes de animais, como *ganir*, *ladrar*, *zurrar*, normalmente só se empregam na 3.ª pessoa do singular e do plural.

Aos primeiros chamamos IMPESSOAIS; aos últimos UNIPESSOAIS.

Outras vezes o desuso de uma forma verbal é ocasionado por sua pronúncia desagradável ou por prestar-se a confusão com uma forma de outro verbo, de emprego mais frequente. A razões de ordem eufônica atribui-se, por exemplo, a falta da 1.ª pessoa do singular do PRESENTE DO INDICATIVO e, consequentemente, de todas as pessoas do PRESENTE DO SUBJUNTIVO do verbo *abolir*; pela homofonia com formas do verbo *falar*, justifica-se a inexistência das formas rizotônicas do verbo *falir*. Mas, como a própria caracterização do que é agradável ou desagradável ao ouvido é sempre difícil, pois está condicionada ao gosto pessoal, há frequentes discordâncias entre os gramáticos em estabelecer os casos de lacuna verbal aconselhados por motivos eufônicos. Não raro, não se vislumbra mesmo razão maior do que o simples desuso de uma forma para que ela continue sendo evitada pelos que falam ou escrevem.

Aos verbos que não têm a conjugação completa consagrada pelo uso damos o nome de DEFECTIVOS.

Verbos impessoais

Não tendo sujeito, os VERBOS IMPESSOAIS são invariavelmente usados na 3.ª pessoa do singular. Assim:

a) os verbos que exprimem fenômenos da natureza, como:

alvorecer	chover	nevar	saraivar
amanhecer	chuviscar	orvalhar	trovejar
anoitecer	estiar	relampejar	ventar

b) o verbo *haver* na acepção de "existir" e o verbo *fazer* quando indica tempo decorrido:

> **Houve** momentos de pânico.
> **Faz** cinco anos que não o vejo.

c) certos verbos que indicam necessidade, conveniência ou sensações, quando regidos de preposição em frases do tipo:

> **Basta** de provocações!
> **Chega** de lamúrias.
> **Dói**-me do lado esquerdo.

Verbos unipessoais

São, como dissemos, UNIPESSOAIS os verbos que, pelo sentido, só admitem um sujeito da 3.ª pessoa do singular ou do plural.

Assim:

a) os verbos que exprimem uma ação ou um estado peculiar a determinado animal, como *ladrar*, *rosnar*, *galopar*, *trotar*, *pipilar*, *zurrar*:

> **Zumbem** à porta insetos variegados.
> Os periquitos verdes **grazinavam**.
> Os sapos **coaxavam** nas águas mortas.
> Borboletas tontas **esvoaçavam** de ramo em ramo.
> Os potros **galopavam** incontidos.

b) os verbos que indicam necessidade, conveniência, sensações, quando têm por sujeito um substantivo, ou uma oração substantiva, seja reduzida de infinitivo, seja iniciada pela integrante *que*:

> **Urgem** as providências prometidas.
> **Convém** sair mais cedo.
> **Pareceu**-me que ele chorava.

c) os verbos *acontecer*, *concernir*, *grassar* e outros, como *constar* (= ser constituído), *assentar* (= ajustar uma vestimenta), etc.:

> **Aconteceu** o que eu esperava.
> O exemplo não **concerne** ao caso.
> As epidemias **grassavam** na região.
> O livro **consta** de duas partes.
> Os vestidos **assentaram**-lhe bem.

Observação:

É claro que, em sentido figurado, tanto os verbos que exprimem fenômenos da natureza como os que designam vozes de animais podem aparecer em todas as pessoas.

Vejam-se estes exemplos literários:

> Os oficiais **anoiteceram** e não **amanheceram** na propriedade.
> (J. Lins do Rego, *ME*, 70.)

> Tanto **ladras**, **rosnei** com os meus botões, que trincas a língua.
> (A. Ribeiro, *ES*, 189.)

Por outro lado, convém ter presente que, nos casos de personificação, como as fábulas, tais verbos podem ser empregados, com o significado próprio, em todas as pessoas.

Verbos defectivos

Os VERBOS DEFECTIVOS, em sua grande maioria pertencentes à 3.ª conjugação, podem ser distribuídos por dois grupos principais:

1.º grupo. Verbos que não possuem a 1.ª pessoa do PRESENTE DO INDICATIVO e, consequentemente, nenhuma das pessoas do PRESENTE DO SUBJUNTIVO nem as formas do IMPERATIVO que delas se derivam, isto é, todas as do IMPERATIVO NEGATIVO e três do IMPERATIVO AFIRMATIVO: a 3.ª pessoa do singular e a 1.ª e 3.ª do plural.

Sirva de exemplo o verbo *banir*:

INDICATIVO PRESENTE	SUBJUNTIVO PRESENTE	IMPERATIVO	
		AFIRMATIVO	NEGATIVO
—	—		
banes	—	bane	—
bane	—	—	—
banimos	—	—	—
banis	—	bani	—
banem	—	—	—

Pelo modelo de *banir* conjugam-se, entre outros, os seguintes verbos:

abolir	carpir	exaurir	imergir
aturdir	colorir	fremir	jungir
brandir	demolir	fulgir	retorquir
brunir	emergir	haurir	ungir

2.º grupo. Verbos que, no PRESENTE DO INDICATIVO, só se conjugam nas formas arrizotônicas e não possuem, portanto, nenhuma das pessoas do PRESENTE DO SUBJUNTIVO nem do IMPERATIVO NEGATIVO; e, no IMPERATIVO AFIRMATIVO, apresentam apenas a 2.ª pessoa do plural.

Sirva de exemplo o verbo *falir*:

INDICATIVO PRESENTE	SUBJUNTIVO PRESENTE	IMPERATIVO	
		AFIRMATIVO	NEGATIVO
—	—		
—	—	—	—
—	—	—	—
falimos	—	—	—
falis	—	fali	—
—	—	—	—

Pelo modelo de *falir* conjugam-se, entre outros, os seguintes verbos da 3.ª conjugação:

aguerrir	delinquir	empedernir	puir
combalir	descomedir-se	foragir-se	remir
comedir-se	embair	fornir	renhir

bem como o verbo *adequar* da 1.ª conjugação, e *precaver-se* e *reaver*, da 2.ª.

Outros casos de defectividade

1. Os verbos *adequar* e *antiquar* usam-se quase que exclusivamente no INFINITIVO PESSOAL e no PARTICÍPIO. *Transir* só aparece no PARTICÍPIO *transido*:

   Estava **transido** de frio.

2. *Soer* praticamente só se emprega nas seguintes formas: *sói*, *soem* (do PRESENTE DO INDICATIVO) e *soía*, *soías*, *soía*, *soíamos*, *soíeis*, *soíam* (do IMPERFEITO DO INDICATIVO).

3. *Precaver-se*, como dissemos, só possui as formas arrizotônicas do PRESENTE DO INDICATIVO: *precavemo-nos*, *precaveis-vos*; a 2.ª pessoa do plural do IMPERATIVO AFIRMATIVO: *precavei-vos*; e nenhuma do PRESENTE DO SUBJUNTIVO e do IMPERATIVO NEGATIVO. É um verbo regular, não dependendo nem de *ver*, nem de *vir*. Faz, por conseguinte, *precavi-me*, *precaveste-te*, *precaveu-se*, etc., no PRETÉRITO PERFEITO DO INDICATIVO; *precavesse-me*, *precavesses-te*, *precavesse-se*, etc., no IMPERFEITO DO SUBJUNTIVO, de acordo com o paradigma dos verbos da 2.ª conjugação.

4. *Haver*, mesmo quando pessoal, não se usa na 2.ª pessoa do singular do IMPERATIVO AFIRMATIVO.

5. Há certos verbos que são desusados no PARTICÍPIO e, consequentemente, nos tempos compostos. É o caso de *concernir*, *esplender* e alguns mais.

Substitutos dos defectivos

As carências de um VERBO DEFECTIVO podem ser supridas pelo emprego de formas verbais ou de perífrases sinônimas. Diremos, por exemplo, *redimo* e *abro falência*, em lugar da lacunosa primeira pessoa do PRESENTE DO INDICATIVO dos verbos *remir* e *falir*; *acautelo-me*, ou *precato-me*, pela equivalente pessoa de *precaver-se*; e assim por diante.

SINTAXE DOS MODOS E DOS TEMPOS

Entende-se por MODO, como vimos, a propriedade que tem o verbo de indicar a atitude (de certeza, de dúvida, de suposição, de mando, etc.) da pessoa que fala em relação ao fato que enuncia; e, por TEMPO, a de localizar o processo verbal no momento de sua ocorrência, referindo-o seja à pessoa que fala, seja a outro fato em causa.

MODO INDICATIVO

Com o MODO INDICATIVO exprime-se, em geral, uma ação ou um estado considerados na sua realidade ou na sua certeza, quer em referência ao presente, quer ao passado ou ao futuro. É, fundamentalmente, o modo da oração principal.

Emprego dos tempos do indicativo

Presente

O PRESENTE DO INDICATIVO emprega-se:

1.º) para enunciar um fato atual, isto é, que ocorre no momento em que se fala (PRESENTE MOMENTÂNEO):

> **Cai** chuva. **É** noite. Uma pequena brisa
> **Substitui** o calor.
> (F. Pessoa, *OP*, 474.)

> O céu **está** limpo, não **há** nenhuma nuvem acima de nós.
> (R. Braga, *CR*, 51.)

2.º) para indicar ações e estados permanentes ou assim considerados, como seja uma verdade científica, um dogma, um artigo de lei (PRESENTE DURATIVO):

> A Terra **gira** em torno do próprio eixo.

> Deus **é** Pai! Pai de toda a criatura:
> E a todo o ser o seu amor **assiste**:
> De seus filhos o mal sempre **é lembrado**...
> (A. de Quental, *SC*, 4.)

> A lei não **distingue** entre nacionais e estrangeiros quanto à aquisição e ao gozo dos direitos civis.
> (*Código Civil Brasileiro*, Art. 3.º)

3.º) para expressar uma ação habitual ou uma faculdade do sujeito, ainda que não estejam sendo exercidas no momento em que se fala (PRESENTE HABITUAL ou FREQUENTATIVO):

> **Sou** tímido: quando me vejo diante de senhoras, **emburro**, **digo** besteiras.
> (G. Ramos, *A*, 31.)

> **Como** pouquíssimo...
> (M. Torga, *V*, 50.)

4.º) para dar vivacidade a fatos ocorridos no passado (PRESENTE HISTÓRICO ou NARRATIVO), como nesta descrição de um carnaval antigo, inserta num romance de Marques Rebelo:

> A Avenida **é** o mar dos foliões. Serpentinas **cortam** o ar carregado de éter, **rolam** das sacadas, **pendem** das árvores e dos fios, **unem** com os seus matizes os automóveis do corso. "**Sai** da frente! **Sai** da frente!" — o grupo dos cartolas **empurra** para passar, com a corneta que **arrebenta** os ouvidos. O chão **é** um espesso tapete de confetes. **Há** uma loucura de pandeiros, de cantos e chocalhos...
> E o corso movimentava-se vagarosamente com estampidos de motores.
> (*M*, 48 e 51.)

5.º) para marcar um fato futuro, mas próximo; caso em que, para impedir qualquer ambiguidade, se faz acompanhar geralmente de um adjunto adverbial:

> Amanhã mesmo **vou** para Belo Horizonte e lá **pego** o avião do Rio.
> (A. Callado, *MC*, 19.)

> Outro dia eu **volto**, talvez depois de amanhã, ou na primavera.
> (A. Bessa Luís, *QR*, 277.)

Valores afetivos

1. Ao empregarmos o PRESENTE HISTÓRICO ou NARRATIVO (denominações provenientes do seu tradicional e largo uso nas narrativas históricas), imaginamo-nos no passado, visualizando os fatos que descrevemos ou narramos. É um processo de dramatização linguística de alta eficiência, se utilizado de forma adequada e sóbria, pois que o seu valor expressivo decorre da

aparente impropriedade, de ser acidental num contexto organizado com formas normais do pretérito. O abuso que dele fazem alguns romancistas contemporâneos é contraproducente: torna invariável o estilo e, com isso, elimina a sua intensidade particular.

Como nos ensinam aqueles que o souberam usar com mestria, quando se emprega o presente histórico numa série de orações absolutas, ou coordenadas, deve a última oração conter o verbo novamente no pretérito.

Observe-se, porém, que, sendo o período composto por subordinação, não se deve empregar na principal o pretérito e na subordinada o presente histórico, ou vice-versa. Não são de imitar exemplos clássicos, como o seguinte:

> **Vi** logo por sinais e por acenos
> Que com isto se **alegra** grandemente.
> (Camões, *Lus.*, V, 29.)

2. O emprego comedido do presente para designar uma ação futura pode ser um meio expressivo de valioso efeito por emprestar a certeza da atualidade a um fato por ocorrer. É particularmente sensível tal expressividade em afirmações condicionadas do tipo:

> Se ele partir amanhã, **sigo** com ele.
> Se ele **parte** amanhã, **sigo** com ele.
> Mais um passo e **és** um homem morto!

3. É forma delicada de linguagem, e denota intimidade entre pessoas, um pedido feito no presente do indicativo quando, logicamente, deveria sê-lo no imperativo ou no futuro. Exemplo:

> Você me **resolve** isto amanhã (= **Resolva**-me isto amanhã; ou: Você me **resolverá** isto amanhã.)

4. Para atenuar a rudeza do tom imperativo, costuma-se empregar o presente do verbo *querer* seguido do infinitivo do verbo principal:

> — **Quer sentar**-se, minha senhora?...
> (C. Castelo Branco, *CC*, 198.)

> — **Quer** me **dar** minha carteira?
> (C. Drummond de Andrade, *OC*, 921.)

Pretérito imperfeito

A própria denominação deste tempo — PRETÉRITO IMPERFEITO — ensina-nos o seu valor fundamental: o de designar um fato passado, mas não concluído (*imperfeito* = não perfeito, inacabado). Encerra, pois, uma ideia de continuidade, de duração do processo verbal mais acentuada do que os outros tempos pretéritos, razão por que se presta especialmente para descrições e narrações de acontecimentos passados. Empregamo-lo, assim:

1.º) quando, pelo pensamento, nos transportamos a uma época passada e descrevemos o que então era presente:

> Debaixo de um itapicuru, eu **fumava**, **pensava** e **apreciava** a tropilha de cavalos, que **retouçavam** no gramado vasto. A cerca **impedia** que eles me vissem. E alguns **estavam** muito perto.
> (Guimarães Rosa, *S*, 216.)

> O frio **ia aumentando** e o vento **despenteava** o cabelo de ambos.
> (M. J. de Carvalho, *AV*, 104.)

2.º) para indicar, entre ações simultâneas, a que se estava processando quando sobreveio a outra:

> **Falava** alto, e algumas mulheres acordaram.
> (M. Torga, *V*, 183.)

> Quando se **aproximava** a Noite para me servir o sono, meteram-me num conflito...
> (A. M. Machado, *CJ*, 165.)

3.º) para denotar uma ação passada habitual ou repetida (IMPERFEITO FREQUENTATIVO):

> Se o cacique **marchava**, a tribo inteira o **acompanhava**.
> (J. Cortesão, *IHB*, II, 178.)

> Quando eu não a **esperava**, e ela **aparecia**, o coração **vinha**-me à boca, dando pancadas emotivas.
> (L. Jardim, *MP*, 36.)

4.º) para designar fatos passados concebidos como contínuos ou permanentes:

As índias **adaptavam**-se mais facilmente à civilização, pois se **consideravam** elevadas pela união com os brancos, que não as **desdenhavam**.

(A. Peixoto, *NHLB*, 38.)

Sentou-se no muro que **dava** para o rio, o jornal nas mãos.

(A. Abelaira, *CF*, 173.)

5.º) pelo futuro do pretérito, para denotar um fato que seria consequência certa e imediata de outro, que não ocorreu, ou não poderia ocorrer:

— O patrão é porque não tem força. Tivesse ele os meios e isto **virava** um fazendão.

(Monteiro Lobato, *U*, 236.)

— Se eu não fosse mulher, **ia** também!

(M. Torga, *V*, 307.)

6.º) pelo presente do indicativo, como forma de polidez para atenuar uma afirmação ou um pedido (IMPERFEITO DE CORTESIA):

— Tive alta ontem, e **vinha** agradecer a V. Ex.ª.

(M. Torga, *V*, 279.)

Diz-lhe:

— Pedro, eu **vinha** exclusivamente para tratar de negócios.

(C. dos Anjos, *M*, 192.)

7.º) para situar vagamente no tempo contos, lendas, fábulas, etc. (caso em que se usa o imperfeito do verbo *ser*, com sentido existencial):

Era uma vez uma mulher que queria ver a beleza.

(G. de Almeida, *N*, 25.)

Era uma vez uma rapariga chamada Judite.

(Almada Negreiros, *NG*, 13.)

Valores afetivos

1. Por expressar um fato inacabado, impreciso, em contínua realização na linha do passado para o presente, o IMPERFEITO é, como dissemos, o tempo que

melhor se presta a descrições e narrações, sendo de notar que nas narrações serve menos para enumerar os fatos do que para explicá-los com minúcias. "O imperfeito faz ver sucessivamente os diversos momentos da ação, que, à semelhança de um panorama em movimento, se desenrola diante de nossos olhos: é o presente no passado" (C.-M. Robert).

Com os escritores naturalistas este imperfeito descritivo assume importância capital na língua literária e é, hoje, um dos recursos mais eficazes de que dispõem os romancistas do idioma. Veja-se, por exemplo, o seguinte passo do romance *Mar morto*, de Jorge Amado:

> Como um monstro estranho um guindaste atravessou a chuva e o vento, carregando fardos. A chuva **açoitava** sem piedade os homens negros da estiva. O vento **passava** veloz, assoviando, derrubando coisas, amedrontando as mulheres. A chuva **embaciava** tudo, **fechava** até os olhos dos homens. Só os guindastes se **moviam** negros.
> (*MM*, 18.)

Este outro, do romance *Vindima*, de Miguel Torga:

> Outros ranchos **desciam** por outros caminhos em direção a outras quintas. **Vinham** numa nuvem de pó e num redemoinho de som de todos os lados da serra. Nos rostos ossudos de cada bando **lia**-se a mesma felicidade nómada de ciganos libertos, com os haveres uma saca. **Cantavam**, **riam**, **paravam** a dançar nas encruzilhadas, **comiam**, **bebiam**, sem horas e sem ave-marias. E do Senhor Jesus a Terra-feita, de Favaios a Vale de Mendiz, **era** um poço de alegria, de cantigas e de sol. A grande festa do mosto **ia** começar.
> (*V*, 15.)

E também este, de *A vida verdadeira de Domingos Xavier*, de José Luandino Vieira:

> Francisco João desceu sem as olhar. O mar **vinha** de longe, murmurante, se roçar nos pés da areia. **Trazia** o bom cheiro da costa angolana... Na praia, as cubatas dos pescadores se **desenhavam** na sombra... Redes **dormiam** embaixo da capa das folhas de coqueiros na praia deserta e canoas **descansavam** das longas viagens nos seus dormentes de mafumeira... Mulheres **sopravam** seus fogareiros de lata, **assavam** peixe ou **cozinhavam** panela de feijão. Velhos pescadores **cachimbavam** nas portas ou **filosofavam** em grupo. Moças de panos, com cheiro de

> mar e sol, **riam** em suas conversas. E, no fim da tarde calma, o fumo e o murmúrio das falas **subiam** da sanzala à beira-mar.
> (*VVDX*, 40-41.)

2. Relevância particular tem o IMPERFEITO DO INDICATIVO no chamado DISCURSO INDIRETO LIVRE, em que autor e personagem se confundem na narração viva de um fato. Leia-se o que, a propósito de tal meio de expressão, escrevemos no capítulo 20.

Além dos empregos a que nos referimos, o IMPERFEITO pode ter outros, já que, sendo um tempo relativo, o seu valor temporal é comandado pelos verbos com os quais se relaciona ou pelas expressões temporais que o acompanham. Nos casos em que a época ou a data em que ocorre a ação vem claramente mencionada, ele pode indicar até um só fato preciso.

Assim:

> **Em um momento do século XVII colocava**-se o autor da *Ulisseia* acima do Camões!
> (J. Ribeiro, *PE*, 8.)

> **Às 6 horas em ponto batia** à sua porta.
> (M. de Sá-Carneiro, *CF*, 230.)

> **No dia seguinte** Geraldo Viramundo **era expulso** do seminário.
> (F. Sabino, *GM*, 42.)

> **Dentro em pouco** os capinhas, salvando a pulos as trincheiras, **fugiam** à velocidade espantosa do animal...
> (Rebelo da Silva, *CL*, 177.)

Pretérito perfeito

Ao contrário do que ocorre em algumas línguas românicas, há em português clara distinção no emprego das duas formas do PRETÉRITO PERFEITO: a SIMPLES e a COMPOSTA, constituída do presente do indicativo do auxiliar *ter* e do particípio do verbo principal.

A FORMA SIMPLES indica uma ação que se produziu em certo momento do passado. É a que se emprega para "descrever o passado tal como aparece a um observador situado no presente e que o considera do presente":

> **Jantei** com um apetite devorador e **dormi** como um anjo.
> (M. Torga, *V*, 108.)

Ergui-me tonto, e **vi** em rebolo no chão os dois faroleiros.
(Monteiro Lobato, *U*, 103.)

A FORMA COMPOSTA exprime geralmente a repetição de um ato ou a sua continuidade até o presente em que falamos. Exemplos:

— **Tenho lutado** contra a adversidade e **tenho compreendido** os homens.
(Cochat Osório, *CV*, 134.)

Tenho escrito bastantes poemas.
(F. Pessoa, *OP*, 175.)

— Eu **tenho cruzado** o nosso Estado em caprichoso ziguezague.
(Simões Lopes Neto, *CGLS*, 123.)

Em síntese:

O PRETÉRITO PERFEITO SIMPLES, denotador de uma ação completamente concluída, afasta-se do presente; o PRETÉRITO PERFEITO COMPOSTO, expressão de um fato repetido ou contínuo, aproxima-se do presente.[8]

Observações:

1.ª) Para exprimir uma ação repetida ou contínua, o PRETÉRITO PERFEITO SIMPLES exige sempre o acompanhamento de advérbios ou locuções adverbiais, como *sempre*, *frequentemente*, *várias vezes*, *muitas vezes*, *todos os dias*, etc. Assim:

Os homens do mar **tiveram sempre** uma grande ternura pelas aves.
(R. Brandão, *P*, 164.)

Ai, **quantas noites**
no fundo da casa
lavei essa mão,
poli-a, **escovei**-a.
(C. Drummond de Andrade, *R*. 71.)

Em tais casos, a ideia de repetição ou continuidade é dada não pelo verbo mas pelo advérbio que o modifica.

---

[8] Veja-se Manuel de Paiva Boléo. *O perfeito e o pretérito em português em confronto com as outras línguas românicas* (*Estudo de caráter sintático-estilístico*). Coimbra, Biblioteca da Universidade, 1936.

2.ª) Na linguagem coloquial não é raro o emprego do PRETÉRITO PERFEITO SIMPLES pelo FUTURO DO PRESENTE COMPOSTO. Assim:

> Quando virmos, lá em baixo, o clarão da fogueira, já ele **morreu**... (= terá morrido).
>
> (Sttau Monteiro, *FHL*, 162.)

Distinções entre o pretérito imperfeito e o perfeito

Convém ter presentes as seguintes distinções de emprego do PRETÉRITO IMPERFEITO e do PRETÉRITO PERFEITO SIMPLES DO INDICATIVO:

a) o PRETÉRITO IMPERFEITO exprime o fato passado habitual; o PRETÉRITO PERFEITO, o não habitual:

> Quando o **via**, **cumprimentava**-o.
> Quando o **vi**, **cumprimentei**-o.

b) o PRETÉRITO IMPERFEITO exprime a ação durativa, e não a limita no tempo; o PRETÉRITO PERFEITO, ao contrário, indica a ação momentânea, definida no tempo. Comparem-se estes dois exemplos:

> O mancebo **desprezava** o perigo e pago até da morte pelos sorrisos, que seus olhos **furtavam** de longe, **levava** o arrojo a arrepiar a testa do touro com a ponta da lança.

> O mancebo **desprezou** o perigo e pago até da morte pelos sorrisos, que seus olhos **furtaram** de longe, **levou** o arrojo a arrepiar a testa do touro com a ponta da lança.

Pretérito mais-que-perfeito

1. O pretérito MAIS-QUE-PERFEITO indica uma ação que ocorreu antes de outra ação já passada:

> O monólogo **tornara-se** tão fastidioso que o Barbaças desinteressou-se.
>
> (F. Namora, *TJ*, 193.)

> Quando voltei
> as casuarinas **tinham desaparecido** da cidade.
>
> (Agostinho Neto, *SE*, 121.)

Samuel aproximou-se para avisar que o táxi **tinha chegado**.
(C. Drummond de Andrade, *CA*, 130.)

2. Além desse valor normal, o MAIS-QUE-PERFEITO pode denotar:

a) um fato vagamente situado no passado, em frases como as seguintes:

Casara, **tivera** filhos, mas nada disso o **tocara** por dentro.
(M. Torga, *NCM*, 55.)

Até que afinal **conseguira** o meu carneiro para montar.
(J. Lins do Rego, *ME*, 73.)

No céu azul as últimas arribações **tinham desaparecido**.
(G. Ramos, *VS*, 177.)

b) um fato passado em relação ao momento presente, quando se deseja atenuar uma afirmação ou um pedido:

— Eu **tinha vindo** para convencê-lo de que Pedro é seu amigo e pedir-lhe que apoiasse Hermeto.
(C. dos Anjos, *M*, 243.)

3. Na linguagem literária emprega-se, vez por outra, o MAIS-QUE-PERFEITO SIMPLES em lugar:

a) do FUTURO DO PRETÉRITO (SIMPLES ou COMPOSTO):

Um pouco mais de sol — e **fora** [= teria sido] brasa,
Um pouco mais de azul — e **fora** [= teria sido] além,
Para atingir, faltou-me um golpe de asa...
(M. de Sá-Carneiro, *P*, 69.)

Oh! se lutei!... mas **devera** [= deveria]
Expor-te em pública praça,
Como um alvo à populaça,
Um alvo aos dictérios seus!
(Gonçalves Dias, *PCPE*, 270.)

b) do PRETÉRITO IMPERFEITO DO SUBJUNTIVO:

Sê propícia para mim, socorre
Quem te adorara, se adorar **pudera**!
(A. de Guimaraens, *OC*, 139.)

> Assistimos à divina Tragédia, como se **fôramos**, no prodigioso quadro, os últimos personagens póstumos do Mestre.
> (Teixeira de Pascoaes, *VE*, 193.)

Na linguagem corrente este emprego fixou-se em certas frases exclamativas:

> Quem me **dera**! [= Quem me desse!]
> **Prouvera** a Deus! [= Prouvesse a Deus!]
> **Pudera**!
> **Tomara** (que)!

Exemplos literários:

> Quem me **dera** ser como Casimiro Lopes!
> (G. Ramos, *SB*, 178.)

> **Prouvera** a Deus que eu não soubesse tanto!
> (F. Pessoa, *OP*, 544.)

> **Tomara** eu ser-lhe útil.
> (J. de Araújo Correa, *FX*, 53.)

Futuro do presente

1. O FUTURO DO PRESENTE SIMPLES emprega-se:

1.º) para indicar fatos certos ou prováveis, posteriores ao momento em que se fala:

> As aulas **começarão** depois de amanhã.
> (C. dos Anjos, *DR*, 222.)

> **Mudaremos** de casa. Uma casa inteiramente nua quando lá entrarmos.
> (A. Abelaira, *QPN*, 19.)

> Não **escreverei** o poema.
> (Agostinho Neto, *SE*, 98.)

2.º) para exprimir a incerteza (probabilidade, dúvida, suposição) sobre fatos atuais:

— "Meu Anjo!" — dizem de mim.
Serei, talvez, porque enfim
Eu vejo Deus em meus Pais...
(A. Correia d'Oliveira, *M*, 91.)

Há uma várzea no meu sonho,
Mas não sei onde **será**...
(A. Meyer, *P*, 265.)

— Quem está aqui? **Será** um ladrão?
(G. Ramos, *Ins.*, 9.)

— **Será** que desta vez ele fica mesmo?
(M. Torga, *CM*, 47.)

3.º) como forma polida de presente:

Não, não posso ser acusado. **Dirá** o senhor: mas como foi que aconteceram? E eu lhe **direi**: sei lá. Aconteceram: eis tudo.
(C. Drummond de Andrade, *CA*, 141.)

— E que vou eu fazer para Angola, não me **dirá**?
(J. Paço d'Arcos, *CVL*, 699.)

4.º) como expressão de uma súplica, de um desejo, de uma ordem, caso em que o tom de voz pode atenuar ou reforçar o caráter imperativo:

Lerás porém algum dia
Meus versos, d'alma arrancados,
D'amargo pranto banhados...
(Gonçalves Dias, *PCPE*, 273.)

Morrerás da tua beleza!
(Teixeira de Pascoaes, *OC*, VII, 88.)

Honrarás pai e mãe.

5.º) nas afirmações condicionadas, quando se referem a fatos de realização provável:

Vem, dizia ele na última carta; se não vieres depressa, **acharás** tua mãe morta!
(Machado de Assis, *OC*, I, 444.)

— Se pensares bem, **verás** que não é isto.
(Sttau Monteiro, *APJ*, 87.)

Se assim fizeres, **dominarás** como rainha.
(Ó. Ribas, *U*, 21.)

Observações:

1.ª) Convém atentar nos efeitos estilísticos opositivos: se o emprego do presente pelo futuro empresta ao fato a ideia de certeza, o uso do futuro pelo presente provoca efeito contrário, por transformar o certo em possível.

2.ª) Em alguns escritores modernos, talvez por influência francesa, vai encontrando guarida o emprego do futuro para indicar que uma ação foi posterior a outra no passado. Assim:

> João casou-se em 1922, mas Pedro **esperará** ainda dez anos para constituir família.

Tal uso se assemelha ao do presente histórico.

Substitutos do futuro do presente simples

Na língua falada o FUTURO SIMPLES é de emprego relativamente raro. Preferimos, na conversação, substituí-lo por locuções constituídas:

a) do PRESENTE DO INDICATIVO do verbo *haver* + PREPOSIÇÃO *de* + INFINITIVO do verbo principal, para exprimir a intenção de realizar um ato futuro[9]:

Ai roupas que **hei de vestir**,
Ai gestos que **hei de fazer**,
Ai frases que **hei de tecer**,
Ai palavras que **hei de ouvir**...
(J. Régio, *ED*, 30.)

Hei de castigá-los; **havemos de castigá**-los.
(Machado de Assis, *OC*, I, 653.)

— Eu sou novo e sei trabalhar... **Hei de arranjar** emprego...
(Cochat Osório, *CV*, 226.)

---

[9] Sobre outros valores desta perífrase, principalmente quando o sujeito não é da 1.ª pessoa, veja-se João de Almeida. *Introdução ao estudo das perífrases verbais de infinitivo*. São Paulo, ILHPA-HUCITEC, 1980, p. 142-147.

b) do PRESENTE DO INDICATIVO do verbo *ter* + PREPOSIÇÃO *de* + INFINITIVO do verbo principal, para indicar uma ação futura de caráter obrigatório, independente, pois, da vontade do sujeito[10]:

> **Temos de recriar** de novo o mundo...
> (T. da Silveira, *PC*, 341.)

> Aquela hora **tinha de chegar**.
> (J. Paço d'Arcos, *CVL*, 1187.)

> **Temos de resolver** isso em primeiro lugar.
> (Pepetela, *M*. 130.)

c) do PRESENTE DO INDICATIVO do verbo *ir* + INFINITIVO do verbo principal, para indicar uma ação futura imediata:

> — **Vamos entrar** no mar.
> (Adonias Filho, *LBB*, 113.)

> **Vai casar** com o meu melhor amigo.
> (A. Abelaira, *CF*, 234.)

> O gerente foi demitido e o Costa **vai substituí**-lo.
> (Ferreira de Castro, *OC*, II, 613.)

2. O FUTURO DO PRESENTE COMPOSTO emprega-se:
1.º) para indicar que uma ação futura estará consumada antes de outra:

> Amanhã procure o dr. Alcebíades, disse o dr. Viriato. Já **terei conversado** com ele.
> (Autran Dourado, *IP*, 23.)

> Dentro de uns cinco dias **tereis acabado** o esqueleto do segundo andar e então me olhareis de cima.
> (R. Braga, *CCE*, 250.)

> Os homens serão prisioneiros das estruturas que **terão criado**.
> (Pepetela, *M*, 122.)

---

[10] Quanto à distinção estilística entre *ter de* e *ter que* seguidos de INFINITIVO, leiam-se as considerações de João de Almeida. *Obra cit.*, p. 148-154, onde se justifica a vernaculidade da segunda construção, posta em dúvida por alguns gramáticos.

2.º) para exprimir a certeza de uma ação futura:

> Pelágio! se dentro de oito dias não houvermos voltado, ora a Deus por nós, que **teremos dormido** o nosso último sono.
> (A. Herculano, *E*, 180.)

> Só o Direito perdurará e não **terá sido** vão o esforço da minha vida inteira.
> (J. Paço d'Arcos, *CVL*, 721.)

3.º) para exprimir a incerteza (probabilidade, dúvida, suposição) sobre fatos passados:

> **Terá passado** o furacão?
> (C. dos Anjos, *DR*, 191.)

> Quanto tempo **terá levado** ele a fazer este caminho?
> (J. Cardoso Pires, *D*, 340.)

> Não sei se me engano, mas creio que nem uma só vez ele **terá falhado**.
> (M. Bandeira, *AA*, 345.)

> O cão regressa do fundo da praia — alguém o **terá abandonado**?
> (V. Ferreira, *NN*, 89.)

Futuro do pretérito

1. O FUTURO DO PRETÉRITO SIMPLES emprega-se:

1.º) para designar ações posteriores à época de que se fala:

> Tens a certeza de que, passadas as primeiras semanas, não **lamentaria** tamanho sacrifício?
> (A. Abelaira, *NC*, 155.)

> Depois de instalada, a Academia **se transformaria** em sua outra casa.
> (T. Martins Moreira, *VVT*, 43.)

2.º) para exprimir a incerteza (probabilidade, dúvida, suposição) sobre fatos passados:

> Quem **seria** aquele sujeitinho que estava de pé, encostado ao balcão, todo importante no terno de casimira?
> (M. Palmério, *VC*, 34.)

Era ela, **seria** ela?
(M. J. de Carvalho, *AV*, 91.)

Eu **teria**, talvez, uns doze anos.
(J. de Sena, *NAD*, 196.)

3.º) como forma polida de presente, em geral denotadora de desejo:

Seríeis capazes, minhas Senhoras,
De amar um homem deste feitio?
(A. Nobre, *S*, 79.)

Desejaríamos ouvi-lo sobre o crime.
(C. Drummond de Andrade, *BV*, 103.)

4.º) em certas frases interrogativas e exclamativas, para denotar surpresa ou indignação:

O nosso amor morreu... Quem o **diria**?
(F. Espanca, *S*, 168.)

Seria possível que assim se desvanecessem as esperanças da iminente vitória da verdade à calúnia, urdida contra o pobre moço!...
(D. Olímpio, *LH*, 158.)

5.º) nas afirmações condicionadas, quando se referem a fatos que não se realizaram e que, provavelmente, não se realizarão:

Se não houvesse diferenças, nós **seríamos** uma pessoa só.
(G. Ramos, *SB*, 102.)

Se o meu avô Sebastião pudesse assistir ao meu enleio, **ficaria envergonhado** de mim, pensei naquele momento.
(Alves Redol, *F*, 154.)

Qual a mulher que, se pudesse, o senhor **levaria** para uma volta ao cosmos?
(C. Drummond de Andrade, *BV*, 105.)

Se tivessem ouvido o conselho, essa desgraça não se **daria**.
(Ó. Ribas, *EMT*, 117.)

Observações:

1.ª) Como dissemos, o FUTURO DO PRETÉRITO pode ser substituído pelo IMPERFEITO DO INDICATIVO nas afirmações condicionadas. Comparem-se as seguintes asserções:

Sem a sua interferência, eu **estaria** perdido.
Sem a sua interferência, eu **estava** perdido.

Na primeira, o fato principal (*estar perdido*) é apresentado como consequência provável da condição que não ocorreu; na segunda, ele aparece como o efeito imediato e inelutável dela.

Frequente é também esta substituição com os verbos modais, como *poder*, *dever*, *saber*, *querer*, *desejar*, *sugerir*, etc.

Que móveis lhe *sugeria* para uma sala?
(M. J. de Carvalho, *AV*, 104.)

Que palavras um sujeito **podia usar** para responder ao Vieirinha?
(F. Namora, *TJ*, 261.)

2.ª) Sobre o uso do MAIS-QUE-PERFEITO SIMPLES pelo FUTURO DO PRETÉRITO, leia-se o que dissemos ao tratar daquele tempo.

3.ª) A *Nomenclatura Gramatical Brasileira* eliminou a denominação de MODO CONDICIONAL para o FUTURO DO PRETÉRITO. Apesar de, no projeto de *Nomenclatura Gramatical Portuguesa* não se ter adotado esta última designação, decidimos optar pelo seu emprego nesta obra porque, em nossa opinião, se trata de um tempo (e não de um modo) que só se diferencia do FUTURO DO PRESENTE por se referir a fatos passados, ao passo que o último se relaciona com fatos presentes. E acrescente-se que ambos aparecem nas asserções condicionadas, dependendo o emprego de um ou de outro do sentido da oração condicionante. Comparem-se:

Se ele vier, não **sairei**.
Se ele viesse, não **sairia**.

2. O FUTURO DO PRETÉRITO COMPOSTO emprega-se:

1.º) para indicar que um fato teria acontecido no passado, mediante certa condição:

Teria sido diferente, se eu o amasse?
(C. dos Anjos, *M*, 143.)

Se eu estivesse cá, nada disso se **teria passado**.
(Castro Soromenho, *TM*, 242.)

Ter-lhe-**ia rido** na cara se não fossem os posteriores acontecimentos.
(M. J. de Carvalho, *AV*, 109.)

2.º) para exprimir a possibilidade de um fato passado:

— Sem ti, quem sabe? **teria sido** uma grande cantora.
(A. Abelaira, *B*, 163.)

Calculou que a costureira **teria ido** por ali.
(Machado de Assis, *OC*, I, 637.)

3.º) para indicar a incerteza sobre fatos passados, em certas frases interrogativas que dispensam a resposta do interlocutor:

Aquele malandro os **teria engolido**?
(C. Drummond de Andrade, *CA*, 144.)

Que **teria acontecido** para que Margarida não viesse nem uma vez ao muro?
(V. Nemésio, *MTC*, 111.)

— Quem **teria escrito**? Perdiam-se num silêncio de cogitações.
(J. Amado, *GCC*, 128.)

MODO SUBJUNTIVO

Indicativo e subjuntivo

1. Quando nos servimos do MODO INDICATIVO, consideramos o fato expresso pelo verbo como *certo*, *real*, seja no presente, seja no passado, seja no futuro.
   Ao empregarmos o MODO SUBJUNTIVO, é completamente diversa a nossa atitude. Encaramos, então, a existência ou não existência do fato como uma coisa *incerta*, *duvidosa*, *eventual* ou, mesmo, *irreal*.
   Comparem-se, por exemplo, estas frases:

TEMPO	MODO INDICATIVO	MODO SUBJUNTIVO
PRESENTE	Afirmo que ela estuda	Duvido que ela estude
IMPERFEITO	Afirmei que ela estudava	Duvidei que ela estudasse
PERFEITO	Afirmo que ela estudou (ou tem estudado)	Duvido que ela tenha estudado
MAIS-QUE-PERFEITO	Afirmava que ela tinha estudado (ou estudara)	Duvidava que ela tivesse estudado

2. Em decorrência dessas distinções, podemos, desde já, estabelecer os seguintes princípios gerais, norteadores do emprego dos dois modos nas orações subordinadas substantivas:

1.º) O INDICATIVO é usado geralmente nas orações que completam o sentido de verbos como *afirmar*, *compreender*, *comprovar*, *crer* (no sentido afirmativo), *dizer*, *pensar*, *ver*, *verificar*.

2.º) O SUBJUNTIVO é o modo exigido nas orações que dependem de verbos cujo sentido está ligado à ideia de ordem, de proibição, de desejo, de vontade, de súplica, de condição e outras correlatas. É o caso, por exemplo, dos verbos *desejar*, *duvidar*, *implorar*, *lamentar*, *negar*, *ordenar*, *pedir*, *proibir*, *querer*, *rogar* e *suplicar*.

Emprego do subjuntivo

Como o próprio nome indica, o SUBJUNTIVO (do latim *subjunctivus* "que serve para ligar, para subordinar") denota que uma ação, ainda não realizada, é concebida como dependente de outra, expressa ou subentendida. Daí o seu emprego normal na oração subordinada. Quando usado em orações absolutas, ou orações principais, envolve sempre a ação verbal de um matiz afetivo que acentua fortemente a expressão da vontade do indivíduo que fala. A *Nomenclatura Gramatical Portuguesa* preferiu a SUBJUNTIVO a designação sinônima CONJUNTIVO (do latim *conjunctivus* "que serve para ligar").

Subjuntivo independente

Empregado em orações absolutas, em orações coordenadas ou em orações principais, o SUBJUNTIVO pode exprimir, além das noções imperativas que examinaremos adiante:

a) um desejo, um anelo:

> **Chovam** hinos de glória na tua alma!
> (A. de Quental, *SC*, 35.)

> Que as horas **voltem** sempre, as mesmas horas!
> (A. Meyer, *P*, 254.)

b) uma hipótese, uma concessão:

> **Seja** a minha agonia uma centelha
> De glória!...
> (O. Bilac, *T*, 197.)

Que a tua música
seja o ritmo de uma conquista!
E que o teu ritmo
seja a cadência de uma vida nova!
(F. J. Tenreiro, *OP*, 62.)

c) uma dúvida (geralmente precedido do advérbio *talvez*):

Paula talvez lhe **telefonasse** à noite.
(M. J. de Carvalho, *PSB*, 34.)

Um cachorro talvez **rosnasse** ou **mordesse**.
(Adonias Filho, *LBB*, 101.)

d) uma ordem, uma proibição (na 3.ª pessoa):

Que **levem** tudo no caixão:
A alma e o suporte!
(M. Torga, *CH*, 31.)

Que não se **apague** este lume!
(A. Meyer, *P*, 126.)

e) uma exclamação denotadora de indignação:

Raios **partam** a vida e quem lá ande!
(F. Pessoa, *OP*, 316.)

— Diabos te **levem**!
(F. Botelho, *X*, 198.)

Observações:

1.ª) Vemos que estas orações geralmente se iniciam por *que*, partícula de classificação difícil, pois o seu valor, no caso, é mais afetivo do que lógico. É uma espécie de prefixo conjuncional, peculiar ao subjuntivo.

2.ª) A exclamação *viva!* é um antigo subjuntivo, que outrora concordava sempre com o sujeito. Hoje a concordância é facultativa, porque o singular adquiriu o valor de interjeição:

Viva os heróis!
Vivam os heróis!

3.ª) Observe-se, por fim, que alguns linguistas, principalmente os da escola gerativo-transformacional, negam a existência do SUBJUNTIVO INDEPENDENTE, interpretando-o como o efeito do apagamento, na superfície, da oração principal. Leia-se, a propósito, I. Hub Faria. Conjuntivo e a restrição da frase-mais-alta. Separata do *Boletim de Filologia*, XXIII, Lisboa, 1974.

Subjuntivo subordinado

O SUBJUNTIVO é por excelência o modo da oração subordinada. Emprega-se tanto nas SUBORDINADAS SUBSTANTIVAS, como nas ADJETIVAS e nas ADVERBIAIS.

Nas orações substantivas

Usa-se geralmente o SUBJUNTIVO quando a ORAÇÃO PRINCIPAL exprime:

a) a *vontade* (nos matizes que vão do *comando* ao *desejo*) com referência ao fato de que se fala:

> Não quero que ele me **julgue** sem pudor, uma mulher de prendas desoladas, nada tendo a defender.
> (N. Piñon, *CC*, 145.)

> Em todo o caso, gostava que me **considerasse** um amigo.
> (M. J. de Carvalho, *AV*, 119.)

b) um *sentimento*, ou uma *apreciação* que se emite com referência ao próprio fato em causa:

> — Pior será que nos **enxotem** daqui...
> (A. Peixoto, *RC*, 273.)

> — Eu bem queria que tu **fosses** como empregado.
> (Ferreira de Castro, *OC*, I, 94.)

c) a *dúvida* que se tem quanto à realidade do fato enunciado:

> Receava que eu me **tornasse** ingrato, que o **tratasse** mal na velhice.
> (A. Abelaira, *NC*, 14.)

> — Não acredito que ela **chore** aqui.
> (Autran Dourado, *TA*, 75.)

Nas orações adjetivas

O SUBJUNTIVO é de regra nas ORAÇÕES ADJETIVAS que exprimem:

a) um fim que se pretende alcançar, uma consequência:

> Humana, mulher, a companheira tentava chamá-lo a uma realidade que **reanimasse** fogueiras mortas, sonhos desfeitos.
> (M. Torga, *NCM*, 59.)

> — Portanto, quero coisa de igreja, coisa pia, que **dê** gosto a um bom sacerdote como é padre Estêvão.
> (A. Callado, *MC*, 99.)

b) um fato improvável:

> Ainda que eu discordasse deles não diria nada para os não aborrecer, mas que sabia eu que **pudesse contrariar** essa opinião de amigos?
> (Machado de Assis, *OC*, I, 1081.)

> Gerson saiu rapidamente, e durante bastante tempo não houve quem o **convencesse** a voltar lá.
> (A. Bessa Luís, *AM*, 139.)

> Tristão podia resolver esta minha luta interior cantando alguma coisa que me **obrigasse** a ouvi-lo.
> (Machado de Assis, *OC*, I, 1098.)

c) uma hipótese, uma conjectura, uma simulação:

> Então não havia um direito que lhe **garantisse** a sua casa?
> (J. Lins do Rego, *FM*, 159.)

> Estaria ali para dar esperança aos que a **tivessem** perdido?
> (M. J. de Carvalho, *AV*, 138.)

> Sonhara apenas com uma fazenda de gado onde **pudesse viver** no trato da criação, sentindo o cheiro da terra, o contato com a natureza, tendo a companhia de uma mulher ("Ah, Alzira" — suspirou) a quem **amasse** e com quem **partilhasse** de tudo isso.
> (J. Condé, *C*, 10.)

Nas orações adverbiais

1. Nas orações SUBORDINADAS ADVERBIAIS O SUBJUNTIVO, em geral, não tem valor próprio. É um mero instrumento sintático de emprego regulado por certas conjunções.

   Em princípio, podemos dizer que o SUBJUNTIVO é de regra depois das conjunções:

a) CAUSAIS, que negam a ideia da causa (*não porque*, *não que*):

> Não que não **quisesse** amar, mas amar menos, sem tanto sofrimento.
> (L. Fagundes Telles, *DA*, 107.)

> Eu deixei-me ir atrás daquela ternura, não que a **compartisse**, mas fazia-me bem.
> (Machado de Assis, *OC*, I, 1124.)

> Foi a única coisa grandiosa da minha vida. Não porque me **sentisse** apaixonado, ela também não se apaixonara por mim.
> (A. Abelaira, *B*, 49.)

b) CONCESSIVAS (*embora*, *ainda que*, *conquanto*, *posto que*, *mesmo que*, *se bem que*, etc.):

> O povo não gosta de assassinos, embora **inveje** os valentes.
> (C. Drummond de Andrade, *CA*, 7.)

> — Ainda que o morto se **chamasse** Adalardo, não seria o nosso.
> (G. França de Lima, *JV*, 19.)

> Por muito que eu **desejasse** ter aqui uma burra, não trocava a amizade do Barbaças por todas as burras desta freguesia.
> (F. Namora, *TJ*, 165.)

c) FINAIS (*para que*, *a fim de que*, *porque*):

> Para que tudo **retomasse** a quietude inicial, e os coelhos se **resolvessem** a vir gozar a fresca, seriam precisas horas, e então já não teria luz.
> (M. Torga, *NCM*, 64.)

> Rubião não entendeu; mas o sócio explicou-lhe que era útil desligarem já a sociedade, a fim de que ele sozinho **liquidasse** a casa.
> (Machado de Assis, *OC*, I, 670.)

d) TEMPORAIS, que marcam a anterioridade (*antes que*, *até que* e semelhantes):

> — Vamos embora, antes que nos **veja**.
> (Machado de Assis, *OC*, I, 1030.)

> Deu para frequentar, pela manhã, a rua Erê e fica a conversar com Emília até que eu me **levante**.
> (C. dos Anjos, *DR*, 183.)

Usa-se também o SUBJUNTIVO, em razão de ser o modo do eventual e do imaginário, nas:

a) ORAÇÕES COMPARATIVAS iniciadas pela hipotética *como se*:

> As pernas tremiam-me como se todos os nervos me **estivessem golpeados**.
> (C. Castelo Branco, *OS*, I, 761.)

> Cantavam os galos no poleiro como se **fosse** de madrugada.
> (J. Lins do Rego, *FM*, 135.)

b) ORAÇÕES CONDICIONAIS, em que a condição é irrealizável ou hipotética:

> Se lhe **tivessem dado** ensino, encontraria meio de entendê-la.
> (G. Ramos, *VS*, 47.)

> Ó morte, dava-te a vida,
> Se tu lha **fosses levar**!...
> (Guerra Junqueiro, *S*, 74.)

> Se **viesse** o sol, tudo mudava.
> (É. Veríssimo, *LS*, 138.)

c) ORAÇÕES CONSECUTIVAS que exprimem "simplesmente uma concepção, um fim a que se pretende ou pretenderia chegar, e não uma realidade" (Epifânio Dias):

> — Que quer vomecê? — perguntou rudemente, de longe, interrompendo a marcha de modo que ela **pudesse** chegar até junto dele.
> (F. Namora, *TJ*, 70.)

> Pôs-lhe uma nota voluntariamente seca, em maneira que lhe **apagasse** a cor generosa da lembrança.
> (Machado de Assis, *OC*, I, 1122.)

Substitutos do subjuntivo

Por vezes a construção com o SUBJUNTIVO é pesada ou malsoante. Convém, nesses casos, substituí-la por uma forma expressional equivalente.

Entre os substitutos possíveis do SUBJUNTIVO, devem ser mencionados:

1. O INFINITIVO. Comparem-se estas frases:

   O professor mandou **que** o aluno **lesse** um romance.
   O professor mandou o aluno **ler** um romance.
   Exortava os companheiros **a que continuassem** a resistência.
   Exortava os companheiros **a continuarem** a resistência.

2. O GERÚNDIO, principalmente nas orações condicionais. Comparem-se estas frases:

   Se seguisses o caminho normal, chegarias primeiro.
   Seguindo o caminho normal, chegarias primeiro.
   Se andarmos depressa, ainda o alcançaremos.
   Andando depressa, ainda o alcançaremos.

3. Um SUBSTANTIVO ABSTRATO. Comparem-se estas frases:

   Se tivesses voltado, serias bem recebido.
   Tua volta seria bem recebida.

   Acredito **que ele esteja inocente**.
   Acredito em **sua inocência**.

4. Uma CONSTRUÇÃO ELÍPTICA. Comparem-se estas frases:

   Quer sejam ricos ou pobres, quer sejam brancos ou pretos, são todos iguais perante a lei.
   Ricos ou pobres, brancos ou pretos, todos são iguais perante a lei.
   Se fosse de ferro, a ponte suportaria o peso.
   De ferro, a ponte suportaria o peso.

Observação:

Quanto à substituição do IMPERFEITO DO SUBJUNTIVO pelo MAIS-QUE-PERFEITO DO INDICATIVO, veja-se o que dissemos ao tratar deste tempo.

Tempos do subjuntivo

Dissemos anteriormente que as formas do SUBJUNTIVO enunciam a ação do verbo como eventual, incerta, ou irreal, em dependência estreita com a vontade, a imaginação ou o sentimento daquele que as emprega. Por isso, as noções temporais que encerram não são precisas como as expressas pelas formas do INDICATIVO, denotadoras de ações concebidas em sua realidade.[11]

Feita essa advertência, examinemos os principais valores dos tempos do SUBJUNTIVO.

1. O PRESENTE DO SUBJUNTIVO pode indicar um fato:

a) presente:

> Não quer dizer que **se conheçam** os homens quando se duvida deles.
> (A. Bessa Luís, *QR*, 33.)

> Pena é que os meninos **estejam** tão mal providos de roupa.
> (O. Lara Resende, *BD*, 128.)

b) futuro:

> No dia em que não **faça** mais uma criança sorrir, vou vender abacaxi na feira.
> (N. Piñon, *CC*, 152.)

> Meus olhos **apodreçam** se abençoar você.
> (Adonias Filho, *LP*, 140.)

2. O IMPERFEITO DO SUBJUNTIVO pode ter o valor:

a) de passado:

> Todos os domingos, **chovesse** ou **fizesse** sol, estava eu lá.
> (H. Sales, *DBFM*, 112.)

---

[11] A modalidade subjuntiva é, por princípio, uma modalidade de oposição à modalidade indicativa. Logo, "os tempos do subjuntivo não representam noções de época da forma por que o fazem os do indicativo. Pode-se, no entanto, falar de certos hábitos de concordância dos tempos, que não procedem de um automatismo rígido e puramente formal, antes resultam do funcionamento de mecanismos delicados e complexos". (Gérard Moignet. *Essai sur le mode subjonctif en latin post-classique et en ancien français*, I. Paris-Alger, P. U. F., 1959, p. 131.)

Não havia intenção que ele não lhe **confessasse**, conselho que lhe não **pedisse**.

(A. Bessa Luís, *S*, 58.)

Cuido que **quisesse** mostrar-me as cartas do rapaz, uma só que **fosse**, ou um trecho, uma linha, mas o temor de enfadar fez calar o desejo.

(Machado de Assis, *OC*, I, 1059.)

b) de futuro:

Alberto era inteligente e se não se **deixasse** engazupar, talvez aquilo até lhe **fosse** um bem...

(Ferreira de Castro, *OC*, I, 87.)

Aos domingos, treinava o discurso destinado ao pretendente que **chegasse** primeiro.

(N. Piñon, *CC*, 144.)

c) de presente:

Tivesses coração, terias tudo.

(Guimarães Passos, *VS*, 166.)

Como imaginar um ser que não **precisasse** de nada?

(C. Lispector, *ME*, 148.)

3. O PRETÉRITO PERFEITO DO SUBJUNTIVO pode exprimir um fato:

a) passado (supostamente concluído):

— Espero que você **tenha encontrado** esse alguém na rua, depois daquela cena patética do carro.

(F. Sabino, *EM*, 193.)

Espero que não a **tenha ofendido**.

(M. J. de Carvalho, *AV*, 109.)

b) futuro (terminado em relação a outro fato futuro):

Espero que João **tenha feito** o exame quando eu voltar.

4. O PRETÉRITO MAIS-QUE-PERFEITO DO SUBJUNTIVO pode indicar:

a) uma ação anterior a outra ação passada (dentro do sentido eventual do modo subjuntivo):

> Esperei-a um pouco, até que **tivesse terminado** sua *toillette* e pudéssemos sair juntos.
> (C. dos Anjos, *DR*, 167.)

> Estaria ali para dar esperança aos que a **tivessem perdido**.
> (M. J. de Carvalho, *AV*, 135.)

b) uma ação irreal no passado:

> Se a vitória os **houvesse coroado** com os seus favores, não lhes faltaria o aplauso do mundo e a solicitude dos grandes advogados.
> (R. Barbosa, *EDS*, 794.)

> E a arca estremecia como se de novo **se houvessem aberto** as cataratas do céu.
> (Machado de Assis, *OC*, II, 303.)

5. O FUTURO DO SUBJUNTIVO SIMPLES marca a eventualidade no futuro, e emprega-se em orações SUBORDINADAS:

a) ADVERBIAIS (CONDICIONAIS, CONFORMATIVAS e TEMPORAIS), cuja PRINCIPAL vem enunciada no futuro ou no presente:

> Se **quiser**, irei vê-lo.
> Se **quiser** vê-lo, vá a sua casa.

> Farei conforme **mandares**.
> Faça como **souber**.

> Quando **puder**, passarei por aqui.
> Quando **puder**, venha ver-me.

b) ADJETIVAS, dependentes de uma PRINCIPAL também enunciada no futuro ou no presente:

> Direi uma palavra amiga aos que me **ajudarem**.
> Diga uma palavra amiga aos que o **ajudarem**.

6. O FUTURO DO SUBJUNTIVO COMPOSTO indica um fato futuro como terminado em relação a outro fato futuro (dentro do sentido geral do MODO SUBJUNTIVO):

> — D. Sancha, peço-lhe que não leia este livro; ou, se o **houver lido** até aqui, abandone o resto.
>
> (Machado de Assis, *OC*, 855.)

> Quando **tiverdes acabado**, sereis desalojados de vosso precário pouso e devolvidos às vossas favelas.
>
> (R. Braga, *CCE*, 250.)

MODO IMPERATIVO

Formas do imperativo

1. Há em português, como sabemos, dois IMPERATIVOS: um AFIRMATIVO, outro NEGATIVO.
O IMPERATIVO AFIRMATIVO possui formas próprias somente para as segundas pessoas do singular (sujeito *tu*) e do plural (sujeito *vós*). As demais pessoas são expressas pelas formas correspondentes do presente do subjuntivo.
O IMPERATIVO NEGATIVO não tem nenhuma forma própria. É integralmente suprido pelo presente do subjuntivo.

2. Como no IMPERATIVO o indivíduo que fala se dirige a um interlocutor, só admite este modo as pessoas que indicam *aquele a quem se fala*, isto é:
a) as 2as. pessoas do singular e do plural;
b) as 3as. pessoas do singular e do plural, quando o sujeito é expresso por pronome de tratamento, como *você, o senhor, Vossa Senhoria*, etc.;
c) a 1a. pessoa do plural, que no caso denota estar o indivíduo que fala disposto a associar-se ao cumprimento da ordem, conselho ou súplica que dirige a outros.

3. Cumpre distinguir das correspondentes do IMPERATIVO certas formas do PRESENTE DO SUBJUNTIVO empregadas sem a anteposição do *que*. O IMPERATIVO, no caso, exprime ordem, ou exortação; o SUBJUNTIVO, desejo, ou anelo. Assim:

> **Caiam** de bruços! (IMPERATIVO)
> **Caiam** sobre vós as bênçãos divinas! (SUBJUNTIVO)

Emprego do modo imperativo

1. Embora a palavra IMPERATIVO esteja ligada, pela origem, ao latim *imperare* "comandar", não é para ordem ou comando que, na maioria dos casos, nos servimos desse modo. Há, como veremos, outros meios mais eficazes para expressarmos tal noção. Quando empregamos o IMPERATIVO, em geral, temos o intuito de exortar o nosso interlocutor a cumprir a ação indicada pelo verbo. É, pois, mais o modo da exortação, do conselho, do convite, do que propriamente do comando, da ordem.

2. Tanto o IMPERATIVO AFIRMATIVO como o NEGATIVO usam-se somente em orações absolutas, em orações principais, ou em orações coordenadas. Ambos podem exprimir:

a) uma ordem, um comando:

> **Cala**-te, **não** lhe **digas** nada.
> (C. de Oliveira, *AC*, 98.)

> **Cavem**, **cavem** depressa!
> (L. Jardim, *MP*, 47.)

b) uma exortação, um conselho:

> **Sê** todo em cada coisa. **Põe** quanto és
> No mínimo que fazes.
> (F. Pessoa, *OP*, 239.)

> **Não olhes** para trás quando tomares
> o caminho sonâmbulo que desce.
> **Caminha** — e **esquece**.
> (G. de Almeida, *PV*, 24.)

c) um convite, uma solicitação:

> Georges! **anda** ver meu país de romarias
> E procissões!
> (A. Nobre, *S*, 32.)

> **Vinde** ver! **Vinde** ouvir, homens de terra estranha!
> (O. Mariano, *TVP*, I, 273.)

d) uma súplica:

> **Sossegai**, **esfriai**, olhos febris.
> (C. Pessanha, *C*, 44.)
>
> Jesus, **valha-me** Nossa Senhora!
> (B. Santareno, *TPM*, 25.)
>
> **Não** me **deixes** só, meu filho!...
> (Luandino Vieira, *NM*, 82.)

3. Emprega-se também o IMPERATIVO para sugerir uma hipótese em lugar de asserções condicionadas expressa por *se* + FUTURO DO SUBJUNTIVO:

> **Leia** este livro, e conhecerá o Brasil.
> [Se ler este livro, conhecerá o Brasil.]
>
> **Suprima** a vírgula, e o sentido ficará mais claro.
> [Se suprimir a vírgula, o sentido ficará mais claro.]

Note-se que a voz se eleva no fim da primeira oração, e retoma a segunda em tom sensivelmente mais baixo.

4. Esses diversos valores dependem do significado do verbo, do sentido geral do contexto e, principalmente, da entoação que dermos à frase imperativa. Por exemplo, em frases como:

> **Desce** daí, moço!
> (C. Drummond de Andrade, *FA*, 64.)
>
> **Deixe**-me ficar sozinha.
> (Alves Redol, *BC*, 56.)
>
> **Saiam** da chuva, meninos!
> (L. Jardim, *MP*, 47.)

conforme o tom da voz, a noção de comando pode enfraquecer-se até chegar à de súplica.

5. Releva ponderar ainda que o IMPERATIVO é enunciado no tempo presente, mas na realidade este "presente do imperativo" tem valor de um futuro, pois a ação que exprime está por realizar-se.

Substitutos do imperativo

A língua oferece-nos outros meios para exprimir os diversos matizes apresentados pelo IMPERATIVO.

Assim:

1. Uma ordem pode ser enunciada por frases nominais, ou por simples interjeições:

Fogo! Silêncio! Avante! Mãos ao alto!

Saliente-se, porém, que nessas frases, em que a supressão do verbo reforça o tom de comando, as palavras ou locuções vocabulares perdem o seu valor próprio para denotar uma ideia verbal de ação. Podemos, portanto, estabelecer as seguintes equivalências:

Fogo! [= Atire! Faça fogo!]
Silêncio! [= Cale-se! Faça silêncio!]
Avante! [= Siga avante!]
Mãos ao alto! [= Levante as mãos! Ponha as mãos ao alto!]

2. Certos tempos do INDICATIVO, como dissemos ao estudar este modo, podem ser utilizados com valor de IMPERATIVO.

Assim:

a) com o PRESENTE atenuamos a rudeza da forma imperativa em frases como:

O senhor me **traz** o dinheiro amanhã. [= **Traga**-me o dinheiro amanhã.]
Você **toma** o remédio indicado. [= **Tome** o remédio indicado.]

b) com o FUTURO DO PRESENTE SIMPLES atenuamos ou reforçamos o caráter imperativo de frases do tipo:

Tu **irás** comigo. [= **Vem** comigo.]
Não **matarás**. [= Não **mates**.]

de acordo com a entoação que lhes emprestarmos.

3. O IMPERFEITO DO SUBJUNTIVO transforma a ordem numa simples sugestão em frases como as seguintes:

(E) se você se **calasse**!? [= **Cale-se!**]
(E) se **chegasses** na hora exata!? [= **Chega** na hora exata.]

Exemplos literários:

E se **fosses** dar leis para a cozinha?
(M. Torga, *V*, 298.)

E se **tentasses** compreender?
(J. Régio, *SM*, 275.)

4. Com o valor de IMPERATIVO IMPESSOAL, usam-se:

a) o INFINITIVO (principalmente na expressão de um comando, de uma proibição):

Marchar!
Direita, **volver!**
Sublinhar os verbos do texto.
Não assinar a prova.
Não falar ao motorista com o carro em movimento.
Não fumar.

b) o GERÚNDIO (construção elíptica, frequente na linguagem popular, de valor geralmente depreciativo para quem recebe a ordem):

Andando! [= **Vá andando! Ande!**]
Correndo! [= **Vá correndo! Corra!**]

5. Ressalta sobremaneira o sentido do verbo a perífrase formada de *ir* (no IMPERATIVO) e do verbo principal (no INFINITIVO):

— Não **vá** se **afogar**, moço.
(A. M. Machado, *JT*, 72.)

— Não **vá** me **dizer** que foi o Diabo.
(O. Lara Resende, *BD*, 121.)

6. Em frases de entoação interrogativa, usa-se não raro o INFINITIVO do verbo que exprime a ordem antecedido de formas do PRESENTE ou do IMPERFEITO DO INDICATIVO do verbo *querer*:

Quer levantar-se? [= **Levante**-se!]
Queria fechar a janela? [= **Feche** a janela!]

7. Para se fazer sentir a intervenção do indivíduo que fala, costuma-se subordinar o verbo denotador da ação que deve ser cumprida a outro verbo, o qual marca a vontade do locutor:

> **Quero** que **retornes** ao Colégio. [= **Retorna** ao Colégio.]
> **Ordeno**-te que me **respondas**. [= **Responde**-me.]

Reforço ou atenuação da ordem

Além dos processos que examinamos, dispõe a língua de variados recursos estilísticos para reforçar ou atenuar a vontade expressa pelo IMPERATIVO. A sua eficácia, porém, está sempre condicionada ao tom de voz, que é, nas formas afetivas da linguagem, um elemento essencial.

Reforço

Pode também ser obtido pelo emprego:

a) da forma verbal repetida:

> — **Calai-vos!** Pela Virgem! **calai-vos!**
> (Machado de Assis, *OC*, II, 1114.)

> — **Vá** embora, **vá** embora, gritou de repente.
> (D. Silveira de Queirós, *FS*, 118.)

> — **Sente-se**, meu amigo, **sente-se**.
> (O. Mendes, *P*, 166.)

> — **Fale, fale**, que eu vou ouvindo...
> (D. Mourão-Ferreira, *I*, 44.)

b) de um advérbio, de uma expressão de insistência, ou de imprecações:

> **Escreva por amor de Deus imediatamente** para Barcelona!...
> (M. de Sá-Carneiro, *CFP*, II, 9.)

> — **Abre** a porta, **cachorro**, senão te mando fogo.
> (J. Lins do Rego, *C*, 269.)

> — Ora, **vá amolar o boi** — disse Marta.
> (A. Callado, *MC*, 123.)

— **Deixe-me dormir, seu bêbado.**
(C. de Oliveira, *PB*, 21.)

c) da 3.ª pessoa do subjuntivo aplicada ao interlocutor:

Pega... Pega... Lá se foi... Que o **leve** o diabo.
(Martins Pena, *T*, I, 36.)

Atenuação

Por dever social e moral, geralmente evitamos ferir a suscetibilidade de nosso interlocutor com a rudeza de uma ordem. Entre os numerosos meios de que nos servimos para enfraquecer a noção de comando, devemos ressaltar (além dos já estudados), pela sua eficiência, o emprego de fórmulas de polidez ou de civilidade, tais como: *por favor*, *por gentileza*, *digne-se de*, *tenha a bondade de*, etc.:

— **Fale** mais alto, **por favor!**
(F. Botelho, *X*, 177.)

Entrem, por favor, que não ocupam lugar — exclamava Seu Pio.
(A. F. Schmidt, *GB*, 165.)

— **Tenham a bondade de sentar** e **esperar** um momento [= Sentem-se e esperem um momento].
(R. Braga, *CCE*, 272.)

É claro que também aqui o tom de voz é de suma importância. Qualquer dessas frases pode, não obstante as fórmulas de cortesia empregadas, tornar-se rude e seca, ou mesmo insolente, com a simples mudança de entoação.

EMPREGO DAS FORMAS NOMINAIS

Características gerais

São FORMAS NOMINAIS do verbo o INFINITIVO, o GERÚNDIO e o PARTICÍPIO.

Caracterizam-se todas por não poderem exprimir por si nem o tempo nem o modo. O seu valor temporal e modal está sempre em dependência do contexto em que aparecem.

Distinguem-se, fundamentalmente, pelas seguintes peculiaridades:

a) O INFINITIVO apresenta o processo verbal em potência; exprime a ideia da ação, aproximando-se, assim, do substantivo:

> Não **dizer** nada, **chorar**
> Até o pranto **coalhar**
> Na retina.
> (M. Torga, *CH*, 29.)

> **Sofrer** por **sofrer**,
> Somente eu sofria.
> (C. Meireles, *OP*, 581.)

b) O GERÚNDIO apresenta o processo verbal em curso e desempenha funções exercidas pelo advérbio ou pelo adjetivo:

> **Metendo** o barco pela terra dentro, é mesmo possível ir mais além.
> (M. Torga, *P*, 86.)

> Ouvia-se o cantar de carros de boi, **chorando**, de muito longe.
> (J. Lins do Rego, *FM*, 146.)

c) O PARTICÍPIO apresenta o resultado do processo verbal; acumula as características de verbo com as de adjetivo, podendo, em certos casos, receber como este as desinências *-a* de feminino e *-s* de plural:

> Umas vezes, tais gaiolas
> Vão **penduradas** nos muros.
> (J. Cabral de Melo Neto, *AP*, 32.)

> Uma das cenas fora **filmada** numa loja do bairro, ampla, bem **iluminada**, com prateleiras **carregadas** dos mais diversos produtos.
> (Sttau Monteiro, *APJ*, 47.)

> Tens os olhos **encovados**,
> De fundos visos **cercados**,
> Sinistros sulcos **deixados**
> Por atros vícios talvez;
> A fronte escura e **abatida**,
> Roxa a boca **comprimida**,
> A face magra **tingida**
> Da morte na palidez.
> (Fagundes Varela, *PC*, I, 211.)

Acrescente-se, ainda, que:

a) o INFINITIVO e o GERÚNDIO possuem, ao lado da forma simples, uma forma composta, que exprime a ação concluída; apresentam, pois, internamente, uma oposição de ASPECTO:

	ASPECTO NÃO CONCLUÍDO	ASPECTO CONCLUÍDO
INFINITIVO	ler	ter lido
GERÚNDIO	lendo	tendo lido

b) o INFINITIVO assume, em português, duas formas: uma não flexionada; outra flexionada, como qualquer forma pessoal do verbo;
c) o GERÚNDIO é invariável;
d) o PARTICÍPIO não se flexiona em pessoa.

Feitas essas considerações de ordem geral, passemos ao exame de alguns dos valores e empregos particulares das FORMAS NOMINAIS.

Emprego do infinitivo

Infinitivo impessoal e infinitivo pessoal

A par do INFINITIVO IMPESSOAL, isto é, do infinitivo que não tem sujeito, porque não se refere a uma pessoa gramatical, conhece a língua portuguesa o INFINITIVO PESSOAL, que tem sujeito próprio e pode ou não flexionar-se.

Assim, em:

> Se **criar** é **criar-se**,
> **cantar** é **ser**.
> (E. Moura, *IP*, 187.)
>
> **Amar** é a eterna inocência.
> (F. Pessoa, *OP*, 139.)

o INFINITIVO é IMPESSOAL.

Já nas frases:

> O difícil é **estarmos** atentos.
> (V. Ferreira, *NN*, 128.)
>
> Indispensável os meninos **entrarem** no bom caminho, **saberem** cortar mandacaru para o gado, consertar cercas, amansar brabos.
> (G. Ramos, *VS*, 31.)

estamos diante de formas do INFINITIVO PESSOAL.

O INFINITIVO PESSOAL FLEXIONADO possui, como dissemos, desinências especiais para as três pessoas do plural e para a 2.ª pessoa do singular.

Emprego distintivo

O emprego das formas flexionada e não flexionada do INFINITIVO é uma das questões mais controvertidas da sintaxe portuguesa. Numerosas têm sido as regras propostas pelos gramáticos para orientar com precisão o uso seletivo das duas formas. Quase todas, porém, submetidas a um exame mais acurado, revelaram-se insuficientes ou irreais. Em verdade, os escritores das diversas fases da língua portuguesa nunca se pautaram, no caso, por exclusivas razões de lógica gramatical, mas se viram sempre, no ato da escolha, influenciados por ponderáveis motivos de ordem estilística, tais como o ritmo da frase, a ênfase do enunciado, a clareza da expressão.

Por tudo isso, parece-nos mais acertado falar não de regras, mas de tendências que se observam no emprego de uma e de outra forma do INFINITIVO.

São algumas destas tendências que passamos a indicar.

Emprego da forma não flexionada

1. O INFINITIVO conserva a forma NÃO FLEXIONADA:

1.º) quando é IMPESSOAL, ou seja, quando não se refere a nenhum sujeito:

> **Viver** é **exprimir**-se.
> (G. Amado, *TL*, 9.)

> **Jurar** falso é grande crime.
> (A. Ribeiro, *V*, 415.)

> **Amar** os homens é sempre uma alegria dolorosa.
> (Luandino Vieira, *NM*, 135.)

2.º) quando tem valor de imperativo:

> E Deus responde — "**Marchar!**"
> (Castro Alves, *EF*, 2.)

> — **Formar!** — ordenou o sipaio Jacinto.
> (Castro Soromenho, *V*, 197.)

> Se o indez morre, **deixá**-lo...
> (M. de Sá-Carneiro, *P*, 142.)

3.º) quando, em frase nominal de acentuado caráter afetivo, tem sentido narrativo ou descritivo (INFINITIVO DE NARRAÇÃO):

> O pai nos cabarés, nas casas das mulheres, gastando com raparigas, jogando nos hotéis, nos bares, com amigos bebendo. A mãe **a fenecer** em casa, **a ouvir** e **a obedecer**.
>
> (J. Amado, *GCC*, 277.)

> Mais dois dias. E Catarina **a piorar**.
>
> (Ó. Ribas, *U*, 243.)

4.º) quando, precedido da preposição *de*, serve de complemento nominal a adjetivos como *fácil*, *possível*, *bom*, *raro* e outros semelhantes.[12]

> Já não transitam pelo correio aquelas cartas de letra miudinha, **impossíveis de ler**, **gratas de ler**, pois derramavas nelas uma intacta ternura...
>
> (C. Drummond de Andrade, *CB*, 137.)

> Há decisões **fáceis de manter**, lembranças **difíceis de afastar**.
>
> (J. Paço d'Arcos, *CVL*, 890.)

5.º) quando, regido da preposição *a*, equivale a um gerúndio em locuções formadas com os verbos *estar*, *andar*, *ficar*, *viver* e semelhantes:

> Olha, triste viuvinha, já **estou a ouvir** teus passos nos surdos corredores da memória.
>
> (Luandino Vieira, *NANV*, 80.)

---

[12] Este emprego da forma não flexionada deve ser incluído, como ensina Theodoro Henrique Maurer Jr., entre aqueles nos quais o INFINITIVO depende "de um adjetivo, de um substantivo ou de um verbo em construções em que corresponde a um supino em *-u* ou a um infinitivo passivo da língua latina. Exemplos: '*As crianças são fáceis de contentar*'; '*Estas nozes são boas de abrir*'; '*Ficaram algumas peças por cortar*'; '*Havia muitas cartas que escrever*'; '*Tais resultados eram de prever*'; '*Ele mandou podar as figueiras*'; '*Contas a pagar*'". (*O infinito flexionado português; estudo histórico-descritivo*. São Paulo. Companhia Editora Nacional / USP, 1968, p. 236.)
Para o ilustre filólogo paulista, que neste ponto acompanha o pensamento de Nyrop e Ferdinand Brunot, o infinitivo não apresenta em tais construções o sentido passivo que costumam atribuir-lhe os gramáticos, mas "um sentido geral, em que a ideia de voz ativa ou passiva se apaga". (*Ibid.*, p. 139.)

Andam a montar casa.
(J. Paço d'Arcos, *CVL*, 704.)

E, porque conheceu que o vento era mais da madrugada que da noite, **ficou a esperar** a manhã.
(Adonias Filho, *LBB*, 118.)

2. É também normal o emprego do INFINITIVO NÃO FLEXIONADO:

1.º) quando pertence a uma locução verbal e não está distanciado do seu auxiliar:

Os galos **começaram a cantar**.
(A. Arinos, *OC*, 456.)

— Amanhã **vamos passar** o dia no Oiteiro.
(J. Lins do Rego, *ME*, 121.)

Importavam menos as palavras, essas talvez **pudessem esquecer**-se, porque outras se lhes **viriam sobrepor** e **cobri**-las, e **assimilá**-las.
(Alves Redol, *BC*, 57.)

2.º) quando depende dos auxiliares causativos (*deixar*, *mandar*, *fazer* e sinônimos) ou sensitivos (*ver*, *ouvir*, *sentir* e sinônimos) e vem imediatamente depois desses verbos ou apenas separado deles por seu sujeito, expresso por um pronome oblíquo:

— **Deixas correr** os dias como as águas do Paraíba?
(Machado de Assis, *OC*, II, 119.)

E as lágrimas que choro, branca e calma,
Ninguém as **vê brotar** dentro da alma!
(F. Espanca, *S*, 18.)

Esta **viu**-os **ir** pouco a pouco.
(Machado de Assis, *OC*, II, 509.)

Neste caso, costuma ocorrer também a forma flexionada, quando entre o auxiliar e o infinitivo se insere o sujeito deste, expresso por substantivo ou equivalente:

Domingos **mandou** os homens **levantarem-se**.
(Castro Soromenho, *C*, 56.)

> **Vi** teus vestidos **brilharem**
> sem qualquer clarão do dia.
>
> (C. Meireles, *OP*, 615.)

> Finalmente, **viu** os três pastores **pegarem** nos alforjes e **dirigirem**-se ao regato, para **lavar** as mãos.
>
> (Ferreira de Castro, *OC*, I, 404.)

E, mais raramente, quando o sujeito é um pronome oblíquo:

> Ele **viu**-as **entrarem**, **prostrarem**-se de braços estendidos, chorando, e não se comoveu...
>
> (Coelho Netto, *OS*, I, 1328.)

Construções do tipo:

> **Vi surgirem** os primeiros brotos nas árvores, **nascerem** as primeiras flores, e **chegarem** enfim os frutos inocentes e verdes.
>
> (A. F. Schmidt, *AP*, 170.)

não são comuns e explicam-se pelo realce que, no caso, se concede ao sujeito do infinitivo.

Emprego da forma flexionada

O infinitivo assume a forma FLEXIONADA:

1.º) quando tem sujeito claramente expresso:

> Mas o curioso é **tu** não **perceberes** que não houve nunca "ilusão" alguma.
>
> (V. Ferreira, *NN*, 312.)

> Vila Nova lembrou que o melhor era **irem todos** logo falar ao Bom Jesus.
>
> (A. Arinos, *OC*, 207.)

2.º) quando se refere a um agente não expresso, que se quer dar a conhecer pela desinência verbal:

> — Acho melhor não **fazeres** questão.
>
> (Ferreira de Castro, *OC*, I, 94.)

Bom seria **andarmos** nus como as feras.
(Adonias Filho, *LBB*, 108.)

3.º) quando, na 3.ª pessoa do plural, indica a indeterminação do sujeito:

Ouvi **dizerem** que Maria Jeroma, de todas a mais impressionante, pelo ar desafrontado e pela pintura na cara, ganhara o sertão.
(G. Amado, *HMI*, 143.)

— O culpado de tudo é aquele tal de Doutor Reinaldo. Por que não deixou **levarem** a sujeita para o Recife?
(J. Condé, *TC*, 247.)

4.º) quando se quer dar à frase maior ênfase ou harmonia:

Tomar um tema e trabalhá-lo em variações ou, como na forma sonata, tomar dois temas e opô-los, fazê-los **lutarem**, **embolarem**, **ferirem**-se e **estraçalharem**-se e dar a vitória a um ou, ao contrário, apaziguá-los num entendimento de todo repouso... creio que não pode haver maior delícia em matéria de arte.
(M. Bandeira, *PP*, II, 37.)

Aqueles homens gotejantes de suor, bêbedos de calor, desvairados de insolação, / a **quebrarem,** / a **espicaçarem,** / a **torturarem** a pedra, / pareciam um punhado de demônios revoltados na sua impotência contra o impassível gigante.
(A. Azevedo, *C*, 66.)

Observação:

O uso do infinitivo flexionado parece ser mais frequente no português europeu do que no do Brasil em razão da vitalidade, em Portugal, do tratamento *tu* e, por consequência, da flexão correspondente a esta pessoa no infinitivo pessoal. Predominando na maior parte do Brasil o tratamento íntimo *você*, que se constrói com o verbo na 3.ª pessoa do singular — pessoa desprovida de desinência, ou melhor, com desinência zero Ø —, daí decorre a identificação desta forma do infinitivo pessoal com a do impessoal.

Conclusão

Como vemos, "a escolha da forma infinitiva depende de cogitarmos somente da ação ou do intuito ou necessidade de pormos em evidência o agente da ação" (Said Ali)[13]. No primeiro caso, preferimos o INFINITIVO NÃO FLEXIONADO; no segundo, o FLEXIONADO.

Trata-se, pois, de um emprego seletivo, mais do terreno da estilística do que, propriamente, da gramática.

Emprego do gerúndio

Forma simples e composta

Vimos que o GERÚNDIO apresenta duas formas: uma SIMPLES (*lendo*), outra COMPOSTA (*tendo* ou *havendo lido*).

A forma COMPOSTA é de caráter perfeito e indica uma ação concluída anteriormente à que exprime o verbo da oração principal:

> Não **tendo conseguido** dormir, fui escaldar um chá na cozinha e dei de cara com a Rosa e a Idalina.
> (O. Lara Resende, *BD*, 112.)

> Já o sol, **tendo dado** volta às ameias da catedral, vinha muito baixo, por alta fresta, espojar-se no meio dos casacos pretos e vestes eclesiásticas.
> (A. Ribeiro, *AFPB*, 265.)

> Sem que eu soubesse, ele acabava de chegar do Rio, **havendo regressado** às pressas, por causa de complicações políticas.
> (C. dos Anjos, *M*, 126.)

A forma SIMPLES expressa uma ação em curso, que pode ser imediatamente anterior ou posterior à do verbo da oração principal, ou contemporânea dela.

---

[13] Said Ali. *Gramática secundária da língua portuguesa*. São Paulo, Melhoramentos, s. d., p. 180. Sobre a origem e o emprego das formas flexionada e não flexionada do infinitivo, consulte-se a excelente monografia histórico-descritiva de Theodoro Henrique Maurer Jr.: *O infinitivo flexionado português; estudo histórico-descritivo*. São Paulo, Companhia Editora Nacional / USP, 1968. A propósito, leiam-se também: Said Ali. *Dificuldades da língua portuguesa*. 5ª. ed. Rio de Janeiro, Acadêmica, 1957, p. 55-76; Holger Sten. L'Infinitivo impessoal et l'infinitivo pessoal en portugais moderne. *Boletim de Filologia*, 13: 83-142, 201-256, 1952; Maurice Molho. Le problème de l'infinitif en portugais. *Bulletin Hispanique*, 61: 26-73, 1959; Knud Togeby. L'enigmatique infinitif personnel en portugais. *Studia Neophilologica*, 27: 211-218, 1955; José Maria Rodrigues. Sobre o uso do infinitivo impessoal e do pessoal em *Os lusíadas*. *Boletim de Filologia*, *1*: 3-7, 177-184, 1932-1933; *2*: 1-2, 1933-1934; Zdenek Hampejs. Nota sintático-estilística sobre o infinitivo flexionado português. *Revista Brasileira de Filologia*, *5*: 115-118, 1959-1960; Jacinto do Prado Coelho. O infinito absoluto no Romanceiro Popular. *Boletim de Filologia*, *11*: 133-140, 1950.

Este valor temporal do GERÚNDIO depende quase sempre de sua colocação na frase.

Gerúndio anteposto à oração principal

Colocado no início do período, o GERÚNDIO exprime:

a) uma ação realizada imediatamente antes da indicada na oração principal:

> **Proferindo** estas palavras, o gardingo atravessou rapidamente a caverna e desapareceu nas trevas exteriores.
> (A. Herculano, *E*, 180.)

> **Ganhando** a praça, o engenheiro suspirou livre.
> (A. M. Machado, *HR*, 41.)

b) uma ação que teve começo antes ou no momento da indicada na oração principal e ainda continua:

> **Estalando** de dor de cabeça, insone, tenho o coração vazio e amargo.
> (O. Lara Resende, *BD*, 51.)

> **Estremecendo**, vejo um casal de sessenta anos.
> (A. Abelaira, *QPN*, 131.)

Gerúndio ao lado do verbo principal

Colocado junto do verbo principal, o GERÚNDIO expressa de regra uma ação simultânea, correspondente a um adjunto adverbial de modo:

> Maciel ouvia **sorrindo**.
> (Machado de Assis, *OC*, II, 506.)

> Chorou **soluçando** sobre a cabeça do cão.
> (Castro Soromenho, *TM*, 203.)

> Arrastou-se penosamente, **gatinhando** na areia.
> (C. de Oliveira, *AC*, 91.)

Gerúndio posposto à oração principal

Colocado depois da oração principal, o GERÚNDIO indica uma ação posterior e equivale, na maioria das vezes, a uma oração coordenada iniciada pela conjunção *e*:

As trajectórias recomeçaram, **processando**-se a um ritmo regular.
(F. Botelho, *X*, 158.)

No regresso para os musseques elas cantavam-na bem perto da casa, **deturpando** intencionalmente a letra da canção.
(A. Santos, *KOP*, 53.)

No quintal as folhas fugiam com o vento, **dançando** no ar em reviravoltas de brinquedo.
(L. Jardim, *MP*, 47.)

Gerúndio antecedido da preposição em

Precedido da preposição *em*, o GERÚNDIO marca enfaticamente a anterioridade imediata da ação com referência à do verbo principal:

Eu tinha umas asas brancas,
Asas que um anjo me deu,
Que, **em** me eu **cansando** da terra,
Batia-as, voava ao céu.
(Almeida Garrett, *O*, II, 123.)

Em se lhe **dando** corda, ressurgia nele o tagarela da cidade.
(Monteiro Lobato, *U*, 127.)

Construções afetivas

1. O aspecto inacabado do GERÚNDIO permite-lhe exprimir a ideia de progressão indefinida, naturalmente mais acentuada se a forma vier repetida, como nestes passos:

Viajando, viajando, esquecia-se o mal e o bem.
(Adonias Filho, *LBB*, 101.)

Andando, andando, escureceu-nos.
(A. Ribeiro, *M*, 137.)

2. Na linguagem popular, já o dissemos, o GERÚNDIO substitui por vezes a forma IMPERATIVA:

Andando! [= Vá andando! Ande!]

O gerúndio na locução verbal

O GERÚNDIO combina-se com os auxiliares *estar*, *andar*, *ir* e *vir*, para marcar diferentes aspectos da execução do processo verbal.

1. **Estar** seguido de GERÚNDIO indica uma ação durativa num momento rigoroso:

   Estavam todos **dormindo**,
   Estavam todos deitados,
   Dormindo,
   Profundamente.
   (M. Bandeira, *PP*, I, 211.)

   Estas delongas **estão afligindo** a curiosidade de quem me ler.
   (C. Castelo Branco, *OS*, I, 461.)

2. **Andar** seguido de GERÚNDIO indica uma ação durativa em que predomina a ideia de intensidade ou de movimento reiterado:

   João Fanhoso **andava amanhecendo** sem entusiasmo, sem coragem para enfrentar os problemas que enchiam aqueles dias compridos.
   (M. Palmério, *VC*, 97.)

   Andei buscando esse dia
   pelos humildes caminhos...
   (C. Meireles, *OP*, 277.)

   A população **andava** agora **vivendo** dias grandes de chuva, ainda meio arrelampada com aquela prodigalidade da natureza.
   (M. Ferreira, *HB*, 146.)

3. **Ir** seguido de GERÚNDIO expressa uma ação durativa que se realiza progressivamente ou por etapas sucessivas:

   Chamas novas e belas **vão raiando**,
   Vão-se acendendo os límpidos altares
   E as almas **vão sorrindo** e **vão orando**...
   (Cruz e Sousa, *OC*, 218.)

   Vagaroso, o tempo **foi passando**.
   (M. Torga, *NCM*, 21.)

A terra **ia crescendo** e a mata **fechando**-se cada vez mais.
(Ferreira de Castro, *OC*, I, 125.)

4. **Vir** seguido de GERÚNDIO expressa uma ação durativa que se desenvolve gradualmente em direção à época ou ao lugar em que nos encontramos:

Vinha amanhecendo, ainda havia um resto de escuridão, era difícil enxergar as coisas afastadas.
(G. Ramos, *AOH*, 109.)

A noite **vem chegando** de mansinho.
(F. Namora, *RT*, 86.)

Emprego do particípio

Elemento de tempos compostos

O PARTICÍPIO desempenha importantíssimo papel no sistema do verbo com permitir a formação dos tempos compostos que exprimem o aspecto conclusivo do processo verbal.

Emprega-se:

a) com os auxiliares *ter* e *haver*, para formar os tempos compostos da voz ativa:

Temos estudado muito.
Havia escrito várias cartas.

b) com o auxiliar *ser*, para formar os tempos da voz passiva de ação:

A carta **foi escrita** por mim.

c) com o auxiliar *estar*, para formar tempos da voz passiva de estado:

Estamos impressionados com a situação.

Particípio sem auxiliar

1. Desacompanhado de auxiliar, o PARTICÍPIO exprime fundamentalmente o estado resultante de uma ação acabada:

Achada a solução do problema, não mais torturou a cabeça.
(A. Arinos, *OC*, 456.)

Crucificada em mim, sobre os meus braços,
Hei de poisar a boca nos teus passos
Pra não serem pisados por ninguém.
(F. Espanca, *S*, 115.)

Meia légua **andada**, todos eram irmãos.
(J. Saramago, *MC*, 303.)

Chegada a casa, não os encontrou.
(J. Paço d'Arcos, *CVL*, 358.)

2. O PARTICÍPIO dos VERBOS TRANSITIVOS tem de regra valor passivo:

Lidas uma e outra, procedeu-se às assinaturas.
(J. Paço d'Arcos, *CVL*, 550.)

Pouco a pouco os bichos se finavam, **devorados** pelo carrapato.
(G. Ramos, *VS*, 177.)

3. O PARTICÍPIO dos VERBOS INTRANSITIVOS tem quase sempre valor ativo:

Chegado aos pés, olhava-me para cima.
(V. Ferreira, *NN*, 66.)

Era um burrinho pedrês, miúdo e resignado, **vindo** de Passa Tempo, Conceição do Serro, ou não sei onde no sertão.
(Guimarães Rosa, *S*, 7.)

4. Exprimindo embora o resultado de uma ação acabada, o PARTICÍPIO não indica por si próprio se a ação em causa é passada, presente ou futura. Só o contexto a que pertence precisa a sua relação temporal. Assim, a mesma forma pode expressar:

a) ação passada:

Aberta uma exceção, estávamos perdidos.

b) ação presente:

Aberta uma exceção, estamos perdidos.

c) ação futura:

Aberta uma exceção, estaremos perdidos.

Nos casos acima, vemos que a oração de PARTICÍPIO tem sujeito diferente da principal e estabelece, para com esta, uma relação de anterioridade. Mas a relação temporal entre as duas orações pode ser de simultaneidade, principalmente se o sujeito for o mesmo:

> **Embaraçado**, não **consegui** chegar à porta.
> (O. Lara Resende, *BD*, 121.)

> **Rodeada** do bando, Mariana **comia** em paz na cozinha o caldo caridoso.
> (M. Torga, *NCM*, 126.)

> **Deitada** na terra, a chuva na manta, Imboti não **enxerga** o céu de nuvens pesadas e escuras.
> (Adonias Filho, *LP*, 24.)

5. Quando o PARTICÍPIO exprime apenas o estado, sem estabelecer nenhuma relação temporal, ele se confunde com o adjetivo:

> O vento **enfurecido** açoitava a rancharia.
> (A. Meyer, *SI*, 15.)

> Os gritos das gentes **desoladas** atroavam a vila **revolvida**.
> (V. Nemésio, *MTC*, 365.)

> O corpo **torturado** do tratorista caíra em cima dos presos já **adormecidos** àquela hora da noite.
> (Luandino Vieira, *VVDX*, 76.)

CONCORDÂNCIA VERBAL

1. A solidariedade entre o verbo e o sujeito, que ele faz viver no tempo, exterioriza-se na CONCORDÂNCIA, isto é, na variabilidade do verbo para conformar-se ao número e à pessoa do sujeito.

2. A CONCORDÂNCIA evita a repetição do sujeito, que pode ser indicada pela flexão verbal a ele ajustada:

> **Eu acabei** por adormecer no regaço de minha tia. Quando **acordei**, já era tarde, não **vi** meu pai.
> (A. Ribeiro, *CRG*, 257.)

— **Tu tens** razão. Agora, tudo se clareou para mim. Não **precisas voltar** aqui. Não quero que **te exponhas.**
(J. Montello, *DP*, 296.)

A chuva caía violenta no quintal, **ensopava** a areia vermelha dos caminhos e **invadia** mesmo a cela, colando-lhe a roupa no corpo dorido.
(Luandino Vieira, *VVDX*, 72.)

REGRAS GERAIS

Com um só sujeito

O verbo concorda em número e pessoa com o seu sujeito, venha ele claro ou subentendido:

A paisagem ficou espiritualizada.
Tinha adquirido uma alma. E **uma nova poesia**
Desceu do céu, **subiu** do mar, **cantou** na estrada...
(M. Bandeira, *PP*, 70.)

Nada **sou**, nada **posso**, nada **sigo.**
Trago, por ilusão, meu ser comigo.
(F. Pessoa, *OP*, 675.)

Vieste de um país que não **conheço.**
(C. Nejar, *OP*, I, 26.)

Com mais de um sujeito

O verbo que tem mais de um sujeito (SUJEITO COMPOSTO) vai para o plural e, quanto à pessoa, irá:

a) para a 1.ª pessoa do plural, se entre os sujeitos figurar um da 1.ª pessoa:

Só **eu e Florêncio ficamos calados**, à margem.
(C. dos Anjos, *DR*, 39.)

Tu por um lado **e eu** por outro o **acautelaremos** das horas más.
(A. Ribeiro, *V*, 415.)

b) para a 2.ª pessoa do plural, se, não existindo sujeito da 1.ª pessoa, houver um da 2.ª:

> **Nuvem sólida, rosa virginal, água branca**
> **E tu, antiga sinfonia aérea,**
> **Pertenceis** ao anjo, não a mim.
>
> (M. Mendes, *P*, 164.)

> **Tu ou os teus filhos vereis** a revolução dos espíritos e costumes.
>
> (C. Castelo Branco, *J*, I, 21.)

c) para a 3.ª pessoa do plural, se os sujeitos forem da 3.ª pessoa:

> Quando **o Loas e a filha chegaram** às proximidades da courela, logo se **anunciaram.**
>
> (F. Namora, *TJ*, 227.)

> **Mestre Gaudêncio curandeiro, seu Libório cantador, o cego preto Firmino e Das Dores exigiram** a história dos tatus, que saiu deste modo.
>
> (G. Ramos, *AOH*, 76.)

Observação:

Na linguagem corrente do Brasil, evitam-se as formas do sujeito composto que levam o verbo à 2.ª pessoa do plural, em virtude do desuso do tratamento *vós* e, também, da substituição do tratamento *tu* por *você*, na maior parte do país.

Em lugar da 2.ª pessoa do plural, encontramos, vez por outra, tanto em Portugal como no Brasil, o verbo na 3.ª pessoa do plural, quando um dos sujeitos é da 2.ª pessoa do singular (*tu*) e os demais da 3.ª pessoa:

> Em que língua **tu e ele falavam**?
>
> (R. Fonseca, *C*, 35.)

> Mas **nem tu, nem os teus ulemas e cacizes entendem** estas cousas.
>
> (A. Herculano, *MC*, I, 91.)

> — **O Pomar e tu** os **esperam.**
>
> (F. Namora, *NM*, 242.)

> — **Tu e o Chico levem** o Sr. Alves para casa.
>
> (Castro Soromenho, *C*, 198.)

CASOS PARTICULARES

Com um só sujeito

O sujeito é uma expressão partitiva

Quando o sujeito é constituído por expressão partitiva (como: *parte de, uma porção de, o grosso de, o resto de, metade de* e equivalentes) e um substantivo ou pronome plural, o verbo pode ir para o singular ou para o plural:

> **A maior parte deles** já não **vai** à fábrica!
> (B. Santareno, *TPM*, 40.)

> **A maior parte destes quartos não tinham** teto, nem portas, nem pavimento.
> (C. Castelo Branco, *OS*, I, 196.)

> **Uma porção de moleques me olhavam** admirados.
> (J. Lins do Rego, *ME*, 29.)

> Para meu desapontamento, **a maioria dos nomes** anotados não **dispunha** de telefone, ou **eram** casas comerciais, que não queriam conversa.
> (C. Drummond de Andrade, *BV*, 12.)

Observação:

A cada uma destas possibilidades corresponde um novo matiz da expressão. Deixamos o verbo no singular quando queremos destacar o conjunto como uma unidade. Levamos o verbo ao plural para evidenciarmos os vários elementos que compõem o todo.

O sujeito denota quantidade aproximada

Quando o sujeito, indicador de quantidade aproximada, é formado de um *número plural* precedido das expressões *cerca de, mais de, menos de* e similares, o verbo vai normalmente para o plural:

> Ainda assim, **restavam cerca de cem viragos**...
> (J. Ribeiro, *FE*, 53.)

> ...e afinal, depois de tanto trabalho, de tantas palavras e canseiras, **fugirem-lhe** nada **menos de três!**
> (Ferreira de Castro, *OC*, I, 85.)

Observação:

Enquanto o sujeito de que participa a expressão *menos de dois* leva o verbo ao plural, o sujeito formado pelas expressões *mais de um* ou *mais que um*, seguidas de substantivo, deixa o verbo de regra no singular:

> A gauchada estava dividida no julgamento da carreira; **mais de um torena coçou** o punho da adaga, **mais de um desapresilhou** a pistola, **mais de um virou** as esporas para o peito do pé...
> (Simões Lopes Neto, *CGLS*, 331.)

> **Mais de um sujeito correu** na salvação do pescoço-pelado.
> (J. C. de Carvalho, *CLH*, 137.)

Emprega-se, porém, o verbo no plural quando tais expressões vêm repetidas, ou quando nelas haja ideia de reciprocidade. Assim:

> Mais de um velho, mais de uma criança não **puderam fugir** a tempo.
> Mais de um orador **se criticaram** mutuamente na ocasião.

O sujeito é o pronome relativo que

1. O verbo que tem como sujeito o pronome relativo *que* concorda em número e pessoa com o antecedente deste pronome:

> Fui **eu que** lhe **pedi** que não viesse.
> (J. Montello, *DP*, 245.)

> Sou **eu que** lhe **peço**.
> (Castro Soromenho, *TM*, 244.)

> És **tu que vais** acompanhá-lo.
> (Alves Redol, *BC*, 343.)

> Não és **tu que** me **dás** felicidade.
> (M. de Andrade, *PC*, 253.)

> Foram **eles que criaram** o Brasil, **que** o **tornaram** independente, **que deram** maior brilho ao nosso passado.
> (G. Amado, *TL*, 193.)

2. Se o antecedente do relativo *que* é um demonstrativo, que serve de predicativo ou aposto de um pronome pessoal sujeito, o verbo do relativo pode:

a) concordar com o pronome pessoal sujeito, principalmente quando o antecedente é o demonstrativo *o* (*a, os, as*):

> Não somos **nós os que vamos chamar** esses leais companheiros de além-mundo.
>
> (R. Barbosa, *EDS*, 680.)

> Ou talvez Ngunga tivesse um poder misterioso e esteja agora em todos nós, **nós os que recusamos viver** no arame farpado, **nós os que recusamos** o mundo dos patrões e dos criados, **nós os que queremos** o mel para todos.
>
> (Pepetela, *AN*, 59.)

b) ir para a 3.ª pessoa, em concordância com o demonstrativo, se não há interesse em acentuar a íntima relação entre o predicativo e o sujeito:

> Fui **Essa que** nas ruas **esmolou**
> E fui **a que habitou** Paços Reais...
>
> (F. Espanca, *S*, 103.)

> Eu sou **aquele que veio** do imenso rio.
>
> (M. de Andrade, *PC*, 352.)

3. Quando o relativo *que* vem antecedido das expressões *um dos, uma das* (+ substantivo), o verbo de que ele é sujeito vai para a 3.ª pessoa do plural ou, mais raramente, para a 3.ª pessoa do singular:

> És **um dos** raros homens **que têm** o mundo nas mãos.
>
> (A. Abelaira, *NC*, 121.)

> **Uma das** coisas **que** mais me **impressionam** é a terrível carreira em que nos excedemos.
>
> (G. Amado, *TL*, 8.)

> Foi **um dos** poucos no seu tempo **que reconheceu** a originalidade e importância da literatura brasileira.
>
> (J. Ribeiro, *AC*, 326.)

Acurvado sobre a mesa esconsa de seu lavor mercantil, era, aí mesmo, **um dos** primeiros homens doutos **que escrevia** em português sem mácula.

(C. Castelo Branco, *BE*, 213.)

Observação:

O verbo no singular destaca o sujeito do grupo em relação ao qual vem mencionado, ao contrário do que ocorre se construirmos a oração com o verbo no plural.

4. Depois de (*um*) *dos que* (= um daqueles que) o verbo vai normalmente para a 3.ª pessoa do plural:

Ela passou-se para outro mais decidido, **um dos que moravam** no quartinho dos grandes.

(J. Lins do Rego, *D*, 107.)

Naqueles dias a meninada do colégio interessava-se vivamente pelos concursos e eu era **um dos que** não **perdiam** o bate-boca das arguições.

(M. Bandeira, *PP*, II, 360-361.)

Por vezes omite-se o *um*:

Não sou **dos que acreditam** no direito divino da velhice.

(J. Nabuco, *A*, 294.)

Eu fui **dos que se meteram** ao lodo.

(Alves Redol, *BSL*, 325.)

João Guimarães Alves foi **dos que se perderam** na distância.

(C. Drummond de Andrade, *OC*, 527.)

São raros exemplos literários contemporâneos como estes:

O homem fora **um dos que** não **resistira** a tal sortilégio.

(F. Namora, *CS*, 168.)

O bispo de Silves foi **um dos que caiu** no erro funesto.

(A. Ribeiro, *PSP*, 250.)

O sujeito é o pronome relativo quem

1. O pronome relativo *quem* constrói-se, de regra, com o verbo na 3.ª pessoa do singular:

> És tu **quem murmura** nas águas,
> Tu és **quem respira** por mim.
> (M. Mendes, *P*, 181.)

> E não fui eu **quem** te **salvou?**
> (D. Mourão-Ferreira, *I*, 91.)

2. Não faltam, porém, exemplos de bons autores em que o verbo concorda com o pronome pessoal, sujeito da oração anterior. Neste caso, põe-se em relevo, sem rodeios mentais, o sujeito efetivo da ação expressa pelo verbo:

> Não sou **eu quem descrevo**. Eu sou a tela
> E oculta mão colora alguém em mim.
> (F. Pessoa, *OP*, 55.)

> Eram os filhos, estudantes nas Faculdades da Bahia, **quem** os **obrigavam** a abandonar os hábitos frugais.
> (J. Amado, *GCC*, 249.)

É esta a construção preferida da linguagem popular.

O sujeito é um pronome interrogativo, demonstrativo ou indefinido plural, seguido de de *(ou* dentre*)* nós *(ou* vós*)*

Se o sujeito é formado por algum dos pronomes interrogativos (*quais? quantos?*), dos demonstrativos (*estes, esses, aqueles*) ou dos indefinidos no plural (*alguns, muitos, poucos, quaisquer, vários*), seguido de uma das expressões *de nós, de vós, dentre nós* ou *dentre vós*, o verbo pode ficar na 3.ª pessoa do plural ou concordar com o pronome pessoal que designa o todo:

> Mas, **quantos, dentre nós**, ainda **estão** vivos, devotam à vida a mesma paixão de outrora?
> (N. Piñon, *FD*, 47-48.)

> **Quantos dentre vós** que me ouvis não **tereis** tomado parte em romagens a Aparecida?
> (A. Arinos, *OC*, 770.)

> **Quais de vós sois**, como eu, desterrados no meio do gênero humano?
> (A. Herculano, *E*, 170.)

> **Muitos de nós andam** por aí, querendo puxar conversa com vocês.
> (C. Drummond de Andrade, *CB*, 163.)

> Estou falando, portanto, com **aqueles dentre vós que trabalham** na construção em frente de minha janela.
> (R. Braga, *CCE*, 249.)

Se o interrogativo ou o indefinido estiver no singular, também no singular deverá ficar o verbo:

> Quando as nuvens começaram a existir,
> **qual de nós estava** presente?
> (C. Meireles, *OP*, 299.)

> **Nenhum de vós,** ao meu enterro,
> **Irá** mais dândi, olhai! do que eu!
> (A. Nobre, *S*, 83.)

O sujeito é um plural aparente

Os nomes de lugar, e também os títulos de obras, que têm forma de plural são tratados como singular, se não vierem acompanhados de artigo:

> Mas **Vassouras** é que não o **esquecerá** tão cedo.
> (R. Correia, *PCP*, 492.)

> Comparado, por exemplo, com *Agosto azul*, ***Regressos*** **acusa** nalguns capítulos uma ligeira variação de timbre.
> (U. Tavares Rodrigues, *MTG*, 50.)

> ***Alegrias de Nossa Senhora*** **tem** a sua história.
> (M. Bandeira, *PP*, II, 70.)

Quando esses nomes são precedidos de artigo, o verbo assume normalmente a forma plural:

> **Os Estados Unidos**, então, por sua vez, **tentam** uma demonstração espetacular.
> (U. Tavares Rodrigues, *JE*, 308.)

As ***Memórias Póstumas de Brás Cubas*** lhe **davam** uma outra dimensão.

(T. Martins Moreira, *VVT*, 38.)

O sujeito é indeterminado

Nas orações de sujeito indeterminado, já o dissemos, o verbo vai para a 3.ª pessoa do plural:

— **Pediram**-me que a procurasse.

(F. Botelho, *X*, 203.)

Estavam botando o búzio para os que ficavam mais distantes.

(J. Lins do Rego, *ME*, 60.)

Se, no entanto, a indeterminação do sujeito for indicada pelo pronome *se*, o verbo fica na 3.ª pessoa do singular:

Veio a hora do chá. Depois **cantou-se** e **tocou-se** ainda.

(Machado de Assis, *OC*, II, 106.)

Ainda **se vivia** num mundo de certezas.

(A. Bessa Luís, *OM*, 296.)

Concordância do verbo ser

1. Em alguns casos o verbo *ser* concorda com o predicativo.
   Assim:

   1.º) Nas orações começadas pelos pronomes interrogativos substantivos *que?* e *quem?*:

— **Que são seis meses**?

(Machado de Assis, *OC*, I, 1041.)

Quem teriam sido os primeiros deuses?

(A. Sérgio, *E*, IV, 245.)

Quis saber **quem eram meus pais** e **o que faziam**.

(Machado de Assis, *OC*, II, 567.)

2.º) Quando o sujeito do verbo *ser* é um dos pronomes *isto, isso, aquilo, tudo* ou *o* (= aquilo) e o predicativo vem expresso por um substantivo no plural:

Tudo isto eram sintomas graves.
(Machado de Assis, *OC*, II, 280.)

— **Isto** não **são conversas** para ti, pequena.
(F. Namora, *TJ*, 196.)

O que há de novo nelas **são as cores.**
(M. Bandeira, *AA*, 51.)

Tudo na vida **são verdades** de relação.
(U. Tavares Rodrigues, *JE*, 309.)

Tal concordância explica-se pela tendência que tem o nosso espírito de preferir destacar como sujeito o que representamos por palavra nocional, pois esta alude a realidades mais evidentes.

Mas, neste caso, também não é raro aparecer o verbo no singular, em concordância com o pronome demonstrativo ou com o indefinido:

Tudo é flores no presente.
(Gonçalves Dias, *PCP*, 230.)

Se calhar, **tudo é símbolos.**
(F. Pessoa, *OP*, 352.)

Tudo era os estudos, brincadeiras.
(Luandino Vieira, *VE*, 49.)

Nestes exemplos, os três escritores, com o singular (isto é, colocando o verbo em concordância com o pronome indefinido), procuram realçar um conjunto, e não os elementos que o compõem, a fim de sugerir-nos as diferentes realidades transformadas numa só coisa.

Atente-se no efeito estilístico provocado pelo contraste de concordância neste passo de Camilo Castelo Branco:

Há neles muita lágrima, e **o que** não **é lágrimas são algemas.**

3.º) Quando o sujeito é uma expressão de sentido coletivo, como *o resto, o mais*:

O resto são atributos sem importância.
(M. Torga, *V*, 214.)

O mais são casas esparsas.
(C. Drummond de Andrade, *CA*, 73.)

4.º) Nas orações impessoais:

São duas horas da noite.
(A. Botto, *AO*, 141.)

Eram quase **oito horas.**
(A. F. Schmidt, *GB*, 133.)

Observação:

Empregados com referência às horas do dia, os verbos *dar, bater, soar* e sinônimos concordam com o número que indica as horas:

Soaram doze horas por igrejas daqueles vales.
(C. Castelo Branco, *QA*, 163.)

Batiam oito horas quando ele acordou e abriu as janelas.
(Machado de Assis, *OC*, I, 92.)

Quando há o sujeito *relógio* (ou *sino, sineta*, etc.), o verbo naturalmente concorda com ele:

O sino da Matriz bateu seis horas.
(A. Meyer, *P*, 159.)

O relógio de uma das igrejas bateu duas horas.
(Ferreira de Castro, *OC*, I, 571.)

2. Se o sujeito for nome de pessoa ou pronome pessoal, o verbo normalmente concorda com ele, qualquer que seja o número do predicativo:

Ovídio é muitos poetas ao mesmo tempo, e todos excelentes.
(A. F. de Castilho, *AO*, 25.)

Todo **eu era** olhos e coração.
(Machado de Assis, *OC*, I, 742.)

Não é rara, porém, a concordância com o predicativo plural quando este representa partes do corpo da pessoa nomeada no sujeito:

Santinha **eram dois olhos míopes, quatro incisivos claros à flor da boca.**

(M. Bandeira, *PP*, I, 403.)

3. Quando o sujeito é constituído de uma expressão numérica que se considera em sua totalidade, o verbo *ser* fica no singular:

Oito anos sempre **é** alguma coisa.

(C. Drummond de Andrade, *CA*, 146.)

— **Dez contos**?! Não **será** demais?

(Almada Negreiros, *NG*, 80.)

4. Nas frases em que ocorre a locução invariável *é que*, o verbo concorda com o substantivo ou pronome que a precede, pois são eles efetivamente o seu sujeito:

Tu é que **deves escolher** o sítio.

(Alves Redol, *BC*, 343.)

Eu é que **estou escutando** o assobio no escuro.

(C. Lispector, *AV*, 94.)

Observações:

1.ª) A locução de realce *é que* é invariável e vem sempre colocada entre o sujeito da oração e o verbo a que ele se refere.

Assim:

José **é que** trabalhou, mas os irmãos **é que** se aproveitaram do seu esforço.

É uma construção fixa, e não deve ser confundida com outra semelhante, mas móvel, em que o verbo *ser* antecede o sujeito e passa, naturalmente, a concordar com ele e a harmonizar-se com o tempo dos outros verbos.

Compare-se, por exemplo, ao anterior o seguinte período:

José **é que** trabalhou, mas **foram** os irmãos **que** se aproveitaram do seu esforço.

Ou este:

Foi José **que** trabalhou, mas os irmãos **é que** se aproveitaram do seu esforço.

2.ª) Também não deve ser confundido com a expressão de realce *é que* o encontro da forma verbal *é* com a conjunção integrante *que* em contextos do tipo:

> Bom **é que** não haja mais discussões.
> O certo **é que** ele não voltará.

equivalentes a:

> **É** bom **que** não haja mais discussões.
> **Que** ele não voltará **é** o certo.

3.ª) Sobre estas e outras construções em que se dá a concorrência das formas *é* e *que* e sobre a interpretação cabível em cada caso, vejam-se José Oiticica. *Manual de análise* (*léxica e sintática*). 6.ª ed. refundida. Rio de Janeiro, Francisco Alves, 1942, p. 235-237; ——. Sobre a expressão "é que". *Revista Filológica*, 7 (27): 217-225, 1944; João Malaca Casteleiro. Sintaxe e semântica das construções enfáticas com *é que*. *Boletim de Filologia*, 25: 97-166, 1976-1979.

Com mais de um sujeito

Concordância com o sujeito mais próximo

Vimos que o adjetivo que modifica vários substantivos pode, em certos casos, concordar com o substantivo mais próximo. Também o verbo que tem mais de um sujeito pode concordar com o sujeito mais próximo:

a) quando os sujeitos vêm depois dele:

> Que te **seja** propício **o astro e a flor,**
> Que a teus pés **se incline a Terra e o Mar**.
> (F. Espanca, *S*, 163.)

> **Habita**-me **o espaço e a desolação**.
> (V. Ferreira, *A*, 24.)

> Rua da União onde todas as tardes **passava a preta das bananas** com o xale vistoso de pano da Costa
> **E o vendedor de roletes de cana.**
> (M. Bandeira, *PP*, I, 200.)

b) quando os sujeitos são sinônimos ou quase sinônimos:

> **A conciliação, a harmonia** entre uns e outros **é possível.**
> (A. Abelaira, *NC*, 178.)

Todo o seu comentário, toda a sua exegese e todo o seu exame crítico vinha insuflado dessa virtude elucidativa em que a sua contribuição pessoal se fazia sentir, ainda que no campo da hipótese ou da conjectura.

(Joaquim Ribeiro, in J. Ribeiro, *CD*², III.)

O amor e a admiração nas crianças **compraz-se** dos extremos.

(A. Ribeiro, *CRG*, 86.)

c) quando há uma enumeração gradativa:

A mesma coisa, o mesmo ato, a mesma palavra provocava ora risadas, ora castigos.

(Monteiro Lobato, *N*, 4.)

O grotesco, o pobre, o sem forças, era triturado agora na pressão dessa grande cidade, ininterrupta de gente, de casos que profundamente a excluíam.

(A. Bessa Luís, *AM*, 54.)

d) quando os sujeitos são interpretados como se constituíssem em conjunto uma qualidade, uma atitude:

A grandeza e a significação das coisas **resulta** do grau de transcendência que encerram.

(M. Torga, *TU*, 63.)

Morro, **se a graça e a misericórdia de Deus** me não **acode**.

(C. Castelo Branco, *CE*, 40.)

Infinitivos sujeitos

Quando os sujeitos são dois ou mais infinitivos, o verbo fica no singular:

Olhar e ver era para mim um recurso de defesa.

(J. Lins do Rego, *P*, 93.)

Fazer e escrever é a mesma coisa.

(J. de Araújo Correia, *FX*, 52.)

Vê-lo e amá-lo foi obra de um minuto.

(R. de Queirós, *CCE*, 95.)

Mas o verbo pode ir para o plural quando os infinitivos exprimem ideias nitidamente contrárias:

> Em sua vida, à porfia,
> **Se alternam rir e chorar.**
> (A. de Oliveira, *Póst.*, 43.)

Sujeitos resumidos por um pronome indefinido

Quando os sujeitos são resumidos por um pronome indefinido (como *tudo, nada, ninguém*), o verbo fica no singular, em concordância com esse pronome:

> O pasto, as várzeas, a caatinga, o marmeleiral esquelético, **era tudo** de um cinzento de borralho.
> (R. de Queirós, *TR*, 15.)

> Letras, ciências, costumes, instituições, **nada** disso **é** nacional.
> (Eça de Queirós, *O*, II, 1108.)

A mesma concordância se faz quando o pronome anuncia os sujeitos:

> **Tudo** o **fazia** lembrar-se dela: a manhã, os pássaros, o mar, o azul do céu, as flores, os campos, os jardins, a relva, as casas, as fontes, sobretudo as fontes, principalmente as fontes.
> (Almada Negreiros, *NG*, 112.)

> E não só dos homens se arreceava — **tudo temia**: o sol do verão, o frio do inverno, os frutos que ela colhia, as flores com que se enfeitava.
> (Coelho Netto, *OS*, I, 1420.)

Sujeitos representantes da mesma pessoa ou coisa

Quando os sujeitos, por palavras diferentes, representam uma só pessoa ou uma só coisa, o verbo fica naturalmente no singular:

> **A Ideia, o sumo Bem, o verbo, a Essência,**
> Só **se revela** aos homens e às nações
> No céu incorruptível da Consciência!
> (A. de Quental, *SC*, 62.)

> **Esse primeiro palpitar da seiva, essa revelação da consciência a si própria,** nunca mais me **esqueceu**, nem achei que lhe fosse comparável qualquer outra sensação da mesma espécie.
> (Machado de Assis, *OC*, I, 741.)

Sujeitos ligados por ou *e por* nem

1. Quando o sujeito composto é formado de substantivos no singular ligados pelas conjunções *ou* ou *nem*, o verbo costuma ir:

a) para o plural, se o fato expresso pelo verbo pode ser atribuído a todos os sujeitos:

> **O mal ou o bem** dali **teriam de vir.**
> (D. Silveira de Queirós, *MLR*, 188.)

> Por muito que **o tempo ou a paisagem se repetissem**, essa teimosia apenas a aproximava da harmonia caprichosa da paisagem da sua infância, lá onde os cheiros, os dias e as cores nunca chegavam a sedimentar.
> (F. Namora, *TJ*, 301.)

> É a nobre dama recém-chegada, à qual **nem o cansaço de trabalhosa jornada nem o hábito dos cômodos do mundo puderam impedir** acompanhasse na oração aquelas que o trato de poucas horas já lhe fazia amar como irmãs.
> (A. Herculano, *E*, 130.)

> **Nem a monotonia nem o tédio a fariam** capitular agora.
> (C. dos Anjos, *M*, 235.)

b) para o *singular*, se o fato expresso pelo verbo só pode ser atribuído a um dos sujeitos, isto é, se há ideia de alternativa:

> Fui devagar, mas **o pé ou o espelho traiu-me.**
> (Machado de Assis, *OC*, I, 763.)

> **Nem tormenta nem tormento**
> nos **poderia parar.**
> (C. Meireles, *OP*, 141.)

2. Nota-se, porém, na linguagem coloquial uma tendência de anular tais distinções, principalmente quando os sujeitos estão ligados pela conjunção *nem*. Encontra-se frequentemente o plural onde seria de esperar o singular. Assim:

> **Nem João nem Carlos serão eleitos** presidente do clube.

O cargo de presidente é exercido por um só indivíduo. Logo, o verbo deveria marcar alternância.

Outras vezes, faz-se a concordância com o sujeito mais próximo, embora a ação se refira a cada um dos sujeitos.

Assim:

> **Nem o sol, nem o vento, nem o ruído das águas, nem mesmo a preocupação** de que eu pudesse persegui-los **perturbava** o aconchego.
> (D. Silveira de Queirós, *EHT*, 53.)

> **Nem eu, nem tu, nem ela, nem qualquer outra pessoa desta história poderia responder** mais, tão certo é que o destino, como todos os dramaturgos, não anuncia as peripécias nem o desfecho.
> (Machado de Assis, *OC*, I, 805.)

3. Se os sujeitos ligados por *ou* ou por *nem* não são da mesma pessoa, isto é, se entre eles há algum expresso por pronome da 1.ª ou da 2.ª pessoa, o verbo irá normalmente para o plural e para a pessoa que tiver precedência.

> **Ou ela ou eu havemos de abandonar** para sempre esta casa; e isto hoje mesmo.
> (B. Guimarães, *EI*, 56.)

> **Nem tu nem eu soubemos ser** nós uma única vez.
> (A. Abelaira, *B*, 122.)

4. As expressões *um* ou *outro* e *nem um nem outro*, empregadas como pronome substantivo ou como pronome adjetivo, exigem normalmente o verbo no singular:

> **Um ou outro porco era** cevado e as salgadeiras de Corrocovo suavizaram o inverno.
> (C. de Oliveira, *CD*, 96.)

> Só **um ou outro menino usava** sapatos; a maioria, de tamanco ou descalça.
> (G. Amado, *HMI*, 57.)

> **Nem um nem outro havia idealizado** previamente este encontro.
> (T. da Silveira, *SC*, 220.)

> Anteontem perguntou-me qual deles levaria; respondi-lhe que **um ou outro** lhe **ficava** bem.
> (Machado de Assis, *OC*, II, 280.)

Não é rara, porém, a construção com o verbo no plural quando as expressões se empregam como pronome substantivo:

> Mas **nem um nem outro puderam compreender** logo toda a extensão e a gravidade do mal.
> (A. Arinos, *OC*, 325.)

> **Nem um nem outro desejavam** questionar.
> (J. Paço d'Arcos, *CVL*, 1145.)

A locução um e outro

A locução *um e outro* pode levar o verbo ao plural ou, com menos frequência, ao singular:

> **Um e outro tinham** a sola rota.
> (Machado de Assis, *OC*, III, 1000.)

> **Uma e outra obedecia** logo e, à que fazia ouvidos moucos, ele enviava uma pedrada.
> (Ferreira de Castro, *OC*, I, 364.)

As duas construções são admissíveis ainda quando a locução é usada como pronome adjetivo, caso em que precede sempre um substantivo no singular:

> Mas **uma e outra cousa duraram** apenas rápido instante.
> (A. Herculano, *E*, 207.)

> **Uma e outra cousa existiam** em estado latente, mas existiam.
> (Machado de Assis, *OC*, II, 287.)

> **Um e outro jugo** nos **é** odioso; contra ambos protestamos.
> (A. de Quental, *P*, I, 167.)

Sujeito ligados por com

Quando os sujeitos vêm unidos pela partícula *com*, o verbo pode usar-se no plural ou em concordância com o primeiro sujeito, segundo a valorização expressiva que dermos ao elemento regido de *com*.

Assim, o verbo irá normalmente:

a) para o *plural*, quando os sujeitos estão em pé de igualdade, e a partícula *com* os enlaça como se fosse a conjunção *e*:

> **O mestre com o boleeiro fizeram** a emenda.
> (J. Lins do Rego, *FM*, 94.)

> **Garcilaso com Boscán e Petrarca são** os poetas favoritos do grande épico.
> (J. Ribeiro, *F*, 294.)

> **O pontífice, com todos os membros do consistório**, mal **puderam sair** suplentes.
> (Machado de Assis, *OC*, III, 582.)

b) para o número do primeiro sujeito, quando pretendemos realçá-lo em detrimento do segundo, reduzido à condição de adjunto adverbial de companhia:

> O **Coronel Lula de Holanda**, de preto, com a mulher e a filha, sobranceiro, de cabeça erguida, **mostrava-se** à canalha de olhos compridos, com a família na seda.
> (J. Lins do Rego, *FM*, 229.)

> **A viúva**, com o resto da família, **mudara-se** para Vila Isabel, desde o rompimento.
> (Ribeiro Couto, *NC*, 71.)

Sujeitos ligados por conjunção comparativa

Quando dois sujeitos estão unidos por uma das conjunções comparativas *como*, *assim como*, *bem como* e equivalentes, a concordância depende da interpretação que dermos ao conjunto:

Assim, o verbo concordará:

a) *Com o primeiro sujeito*, se quisermos destacá-lo:

> **O nome**, como o corpo, **é** nós também.
> (V. Ferreira, *A*, 20.)

> **O dólar**, como a girafa, **não existe.**
> (C. Drummond de Andrade, *FA*, 89.)

Neste caso, a conjunção conserva pleno o seu valor comparativo; e o segundo termo vem enunciado entre pausas, que se marcam, na escrita, por vírgulas.

b) *Com os dois sujeitos englobadamente* (isto é: o verbo irá para o plural), se os considerarmos termos que se adicionam, que se reforçam, interpretação que normalmente damos, por exemplo, a estruturas correlativas do tipo *tanto... como*:

> É inútil acrescentar que **tanto ele como eu esperamos** que você nos dê sempre notícias.
>
> (Ribeiro Couto, *C*, 202.)

> **Tanto um como outro se ocupavam** em mercadejar.
>
> (A. Ribeiro, *PSP*, 265.)

> É um homem excelente, e **tanto Emília como Francisquinha** o **estimam** muito, a seu modo.
>
> (C. dos Anjos, *DR*, 128.)

Entre os sujeitos não há pausa; logo, não devem ser separados, na escrita, por vírgula.

De modo semelhante se comportam os sujeitos ligados por série aditiva enfática (*não só... mas* [*senão* ou *como*] *também*):

> Qualquer se persuadirá de que **não só a nação mas também o príncipe estariam** pobres.
>
> (A. Herculano, *HP*, III, 303.)

REGÊNCIA VERBAL

REGÊNCIA

Em geral, as palavras de uma oração são interdependentes, isto é, relacionam-se entre si para formar um todo significativo.

Essa relação necessária que se estabelece entre duas palavras, uma das quais serve de complemento a outra, é o que se chama REGÊNCIA. A palavra dependente denomina-se REGIDA, e o termo a que ela se subordina, REGENTE.

As relações de REGÊNCIA podem ser indicadas:

a) pela ordem por que se dispõem os termos na oração;

b) pelas preposições, cuja função é justamente a de ligar palavras estabelecendo entre elas um nexo de dependência;

c) pelas conjunções subordinativas, quando se trata de um período composto.

Em outros capítulos deste livro, estudamos parceladamente tais relações: complementos pedidos por substantivos, por adjetivos, por verbos, por advérbios e, mesmo, por orações. Procuraremos, agora, precisar melhor as formas que assume a REGÊNCIA VERBAL.

Observação:

A REGÊNCIA é o movimento lógico irreversível de um termo regente a um regido. Reconhece-se o termo regido por ser aquele que é necessariamente exigido pelo outro. Por exemplo: a conjunção *embora* pede o verbo no subjuntivo, mas o verbo no subjuntivo não exige obrigatoriamente a conjunção *embora*; logo a conjunção é o termo regente, e a forma verbal o termo regido. Sobre o conceito de REGÊNCIA e suas relações com o de CONCORDÂNCIA, veja-se Louis Hjelmslev. La notion de rection. *Acta Linguística*, *1*: 10-23, 1939.

REGÊNCIA VERBAL

Vimos que, quanto à predicação, os verbos nocionais se dividem em INTRANSITIVOS e TRANSITIVOS.

Os INTRANSITIVOS expressam uma ideia completa:

A criança **dormiu**. Pedro **viajou**.

Os TRANSITIVOS, mais numerosos, exigem sempre o acompanhamento de uma palavra de valor substantivo (OBJETO DIRETO ou INDIRETO) para integrar-lhes o sentido:

O menino **comprou um livro**.
O velho **carecia de roupa**.
Pedro **deu um presente ao amigo**.

A ligação do verbo com o seu complemento, isto é, a REGÊNCIA VERBAL, pode, como nos mostram os exemplos acima, fazer-se:

a) *diretamente*, sem uma preposição intermédia, quando o complemento é OBJETO DIRETO;
b) *indiretamente*, mediante o emprego de uma preposição, quando o complemento é OBJETO INDIRETO.

Diversidade e igualdade de regência

Verbos há que admitem mais de uma regência. Em geral, a diversidade de regência corresponde a uma variação significativa do verbo. Assim:

Aspirar [= sorver, respirar] **o ar de montanha.**
Aspirar [= desejar, pretender] **a um alto cargo.**

Alguns verbos, no entanto, usam-se na mesma acepção com mais de uma regência. Assim:

Meditar **num assunto.**
Meditar **sobre um assunto.**

Outros, finalmente, mudam de significação, sem variar de regência. Assim:

Carecer [= não ter] **de dinheiro.**
Carecer [= precisar] **de dinheiro.**

Observação:

No estudo da regência verbal cumpre não esquecer os seguintes fatos:

1.º) O OBJETO INDIRETO só não vem preposicionado quando é expresso pelos pronomes pessoais oblíquos *me*, *te*, *se*, *lhe*, *nos*, *vos* e *lhes*.

2.º) Somente as preposições que ligam complementos a um verbo (OBJETO INDIRETO) ou a um nome (COMPLEMENTO NOMINAL) estabelecem relações de regência. Por isso, convém distingui-las, com clareza, das que encabeçam ADJUNTOS ADVERBIAIS ou ADJUNTOS ADNOMINAIS.

3.º) Os VERBOS INTRANSITIVOS podem, em certos casos, ser seguidos de OBJETO DIRETO. De regra, isso se dá quando o substantivo, núcleo do objeto, é formado da mesma raiz ou contém o sentido fundamental do verbo. Exemplos:

Viver **uma vida alegre.**
Chorar **lágrimas de amargura.**

4.º) Também VERBOS TRANSITIVOS costumam ser usados intransitivamente:

O pior cego é o que não **quer ver.**
Ele é manhoso: não **afirma** nem **nega.**

5.º) Muitas vezes, a regência de um verbo estende-se aos substantivos e aos adjetivos cognatos:

Obedecer **ao chefe.**
Obediência **ao chefe.**
Obediente **ao chefe.**

Contentar-se **com a sorte.**
Contentamento **com a sorte.**
Contente **com a sorte.**

Regência de alguns verbos

Aspirar

1.º) É TRANSITIVO DIRETO quando significa "sorver", "respirar":

> **Aspirando o frescor do seu vestido...**
> (C. Pessanha, *C*, 82.)

> Destampava as panelas, especulava o que se ia comer, **aspirava** com gosto **o perfume do refogado** — da salsa, do alho, da cebolinha.
> (O. Lara Resende, *RG*, 36.)

> Arregaçou o focinho, **aspirou o ar** lentamente, com vontade de subir a ladeira e perseguir os preás, que pulavam e corriam em liberdade.
> (G. Ramos, *VS*, 130-131.)

2.º) É TRANSITIVO INDIRETO na acepção de "pretender", "desejar". Neste caso, o OBJETO INDIRETO vem introduzido pela preposição *a* (ou *por*), não admitindo a substituição pela forma pronominal *lhe* (ou *lhes*), mas somente por *a ele*(*s*) ou *a ela*(*s*):

> Sua vigilância exasperava-me, no íntimo, fazendo-me **aspirar**, com ânsia, **à libertação**.
> (C. dos Anjos, *DR*, 407.)

> **Aspiramos a uma terra pacífica.**
> (C. Drummond de Andrade, *OC*, 830.)

> E a mim, que **aspiro a ele**, a mim, que o amo,
> Que anseio por mais vida e maior brilho,
> Há de negar-me o termo deste anseio?
> (A. de Quental, *SC*, 10.)

Advirta-se, porém, que, embora invariavelmente condenado pelos gramáticos, o regime direto se insinua, vez por outra, na pena de escritores brasileiros modernos e contemporâneos:

> Ele sente, ele **aspira**, ele deseja
> **A grande zona da imortal bonança.**
> (Cruz e Sousa, *OC*, 212.)

Oh! **o que** eu não **aspirava**, no titanismo das minhas ânsias de moço, para o meu país!

(G. Amado, *PP*, 49.)

Assistir

1.º) Uma longa tradição gramatical ensina que este verbo é TRANSITIVO INDIRETO no sentido de "estar presente", "presenciar". Com tal significado, deve o OBJETO INDIRETO ser encabeçado pela preposição *a*, e, se for expresso por pronome de 3.ª pessoa, exigirá a forma *a ele*(*s*) ou *a ela*(*s*), e não *lhe*(*s*). Assim:

Assisti **a algumas touradas.**

(A. F. Schmidt, *AP*, 175.)

Não é propósito nosso descrevermos uma corrida de touros. Todos têm **assistido a elas** e sabem de memória o que o espetáculo oferece de notável.

(Rebelo da Silva, *CL*, 177.)

Na linguagem coloquial brasileira, o verbo constrói-se, em tal acepção, de preferência com OBJETO DIRETO (cf.: *assistir o jogo*, *um filme*), e escritores modernos têm dado acolhida à regência gramaticalmente condenada. Sirvam de exemplo estes dois passos:

Trata-se de um filme **que** eu **assistia.**

(C. Lispector, *AV*, 32.)

Dava dinheiro e corrompia para fazer passar de novo e sempre as fitas **que** não **assistira.**

(Autran Dourado, *IP*, 38.)

2.º) É TRANSITIVO INDIRETO na acepção de "favorecer", "caber (direito ou razão, a alguém)", mas, neste caso, pode construir-se com a forma pronominal *lhe*(*s*):

Ao dono da loja assiste razão de gabar-se, como o fez, por sua iniciativa.

(C. Drummond de Andrade, *CB*, 94.)

Que direito **lhe assistia** de julgar Jacinto?

(U. Tavares Rodrigues, *NR*, 31.)

3.º) Usa-se, indiferentemente, como TRANSITIVO DIRETO ou INDIRETO nos sentidos de "acompanhar", "ajudar", "prestar assistência", "socorrer":

> Deus bom, que **assiste os coitados.**
> (C. dos Anjos, *DR*, 129.)

> Continuarei a **assisti-la** com a discrição requerida pela sua sensibilidade.
> (J. Paço d'Arcos, *CVL*, 695.)

> — Só esta manhã é que tivemos o doutor no Pomar; veio **assistir à filha do Manuel Calmeiro.**
> (F. Namora, *NM*, 216-217.)

> O encarregado **era assistido por dois homens de bordo**, um deles de olhos muito brancos.
> (B. Lopes, *C*, 64.)

> E ali ficava, animando-o a seu modo, enquanto punha em ordem o quarto, **assistida pelo cão**, que se acomodava ao lado da cama.
> (J. Montello, *DP*, 255.)

4.º) No sentido de "morar", "residir", "habitar", o locativo vem introduzido pela preposição *em*:

> Dois daqueles **assistiam no termo de Vila Nova da Rainha.**
> (A. Arinos, *OC*, 407.)

> — Você então está **assistindo** por aqui, **neste começo de Gerais?**
> (Guimarães Rosa, *CB*, II, 493.)

Este emprego do verbo *assistir*, muito frequente nos clássicos, tem sabor arcaizante num contexto literário contemporâneo.

Chamar

Ressaltem-se os seguintes valores e empregos:
1.º) Com o significado de "fazer vir", "convocar", usa-se com OBJETO DIRETO:

> O presidente do banco **chamou-o** para uma conversa penosa.
> (C. Drummond de Andrade, *CA*, 139.)

É claro que **chamei o sacristão** e lhe pedi silêncio.
(C. de Oliveira, *AC*, 29.)

2.º) Na acepção de "invocar", pede OBJETO INDIRETO encabeçado pela preposição *por*:

As tias **chamavam por Santa Bárbara e por São Jerônimo.**
(O. Lara Resende, *PM*, 97.)

Tanto valeu tanger a campainha da ordem como **chamar pelo miraculoso padre Antônio.**
(A. Ribeiro, *V*, 421.)

O Negrinho **chamou pela Virgem sua madrinha e Senhora Nossa.**
(Simões Lopes Neto, *CGLS*, 333.)

3.º) No sentido de "qualificar", "apelidar", "dar nome", constrói-se:

a) com OBJETO DIRETO + PREDICATIVO:

O povo **chamava-o maluco.**
(J. Lins do Rego, *U*, 127.)

b) com OBJETO DIRETO + PREDICATIVO, precedido da preposição *de*[14]:

Chamaram-no de mentiroso, de ingrato e de vítima.
(C. Drummond de Andrade, *CB*, 71.)

c) com OBJETO INDIRETO + PREDICATIVO:

Chama-lhe amizade, se preferires.
(F. Namora, *RT*, 173.)

d) com OBJETO INDIRETO + PREDICATIVO (precedido da preposição *de*):

Chamava-lhe sempre **de miúdo.**
(Luandino Vieira, *L*, 22.)

---

[14] Esta construção, desusada em Portugal e condenada pelos puristas, é a predominante na linguagem coloquial brasileira e tende a sê-lo também na expressão literária modernista.

4.º) Pode ser INTRANSITIVO, quando equivale a "dar ou fazer sinal com a voz ou o gesto, para que alguém venha":

> **Chamasse**, gritando, José Balbino invadiria o quarto.
> (Adonias Filho, *LBB*, 53.)

> — **Chamou**? pergunta-me o guarda.
> — Não **chamei**.
> (V. Ferreira, *NN*, 78.)

Neste sentido também se usa com objeto indireto precedido da preposição *por* (*per*):

> Sampaio correu a porta e **chamou pelos sipaios**.
> (Castro Soromenho, *TM*, 215.)

> — Ela **chamou por mim**, Barbaças!
> (F. Namora, *TJ*, 45.)

Ensinar

1.º) Na língua atual, constrói-se preferentemente com OBJETO DIRETO de "coisa" e INDIRETO de "pessoa":

> Vou dizer que o Antoninho andou pelas portas a **ensinar-vos a lição** e a prometer-vos peitas.
> (A. Ribeiro, *V*, 410.)

> E eu **lhe ensinei a pura alegria**.
> (Luandino Vieira, *NANV*, 200.)

> Se **lhe ensinassem um ofício**, podia fazer um pedaço.
> (J. Lins do Rego, *MR*, 13.)

2.º) Quando a "coisa" ensinada vem expressa por um infinitivo precedido da preposição *a*, a língua atual oferece-nos dois tipos de construção:

a) *ensinar-lhe a* + INFINITIVO;
b) *ensiná-lo a* + INFINITIVO.

Comparem-se estes exemplos:

> Em vão **ensinara-lhe a proteger** os animais das pragas e dos vendavais.
> (N. Pinõn, *CC*, 52.)

> Tinha de o convencer, de **o ensinar a ver** claro.
> (U. Tavares Rodrigues, *PC*, 154.)

3.º) Quando se silencia a "coisa" ensinada, a denominação da "pessoa" costuma funcionar como OBJETO DIRETO:

> Uma moça formada de anel no dedo **podia ensinar as meninas** até o curso secundário.
> (J. Lins do Rego, *MVA*, 189.)

> Sem que o Antunes **a tivesse ensinado**, ela tinha aprendido com ele a ver-se de uma maneira diversa da que costumava nos clubes.
> (Almada Negreiros, *NG*, 85.)

4.º) Nos sentidos de "castigar", "bater", "adestrar", "amestrar", "educar", usa-se normalmente com OBJETO DIRETO:

> A tarimba é que viria **ensiná-lo**.
> (Machado de Assis, *OC*, II, 482.)

> Era seu luxo montá-lo na vila, exibindo-o em dias de feira no apuro da maestria com que **o mandara ensinar**.
> (Alves Redol, *MB*, 263.)

5.º) Apontem-se ainda as construções:

a) com OBJETO DIRETO de "coisa" explícito e OBJETO INDIRETO de "pessoa" não expresso:

> Não basta o **que** a vida **ensina**.
> (Ó. Soares, *DF*, I, XIII.)

> Tu deves **ensinar o** que eu hei de fazer.
> (Almada Negreiros, *NG*, 85.)

b) com OBJETO INDIRETO de "pessoa" explícito e com o OBJETO DIRETO de "coisa" calado:

> Pode ser mesmo que em alguma ocasião **lhe tivesse ensinado** mal...
> (Machado de Assis, *OC*, II, 534.)

> Foi ao lado do motorista para **lhe ensinar**.
> (Almada Negreiros, *NG*, 81.)

c) como INTRANSITIVO:

> Na vossa terra não há quem **ensine**?
> (F. Namora, *TJ*, 294.)
>
> Como mestra, a vida **ensina** mal.
> (Ó. Soares, *DF*, I, XIII.)

Esquecer

1.º) Na acepção própria de "olvidar", "sair da lembrança", este verbo constrói-se, tradicionalmente:

a) seja com OBJETO DIRETO:

> **Esqueci um ramo de flores** no sobretudo.
> (C. Drummond de Andrade, *R*, 9.)
>
> — Pois é, não deve deixar que **o esqueçam**.
> (J. Paço d'Arcos, *CVL*, 722.)
>
> Eu não **esqueço o bem** que ele me fez.
> (Castro Soromenho, *TM*, 244-245.)

b) seja com OBJETO INDIRETO introduzido pela preposição *de*, quando pronominal:

> Tendo de lutar para obter melhoria de situação, **foi-se esquecendo dos deveres religiosos**.
> (C. Drummond de Andrade, *CA*, 123.)
>
> Diabo: o Barbaças **esquecia-se de deixar as rações** na manjedoura.
> (F. Namora, *TJ*, 325.)

2.º) Do cruzamento destas duas construções resultou uma terceira, sem o pronome reflexivo, mas com o OBJETO introduzido por *de*:

> **Esqueceu os deveres religiosos**
> **Esqueceu-se dos deveres religiosos**
> ↓
> **Esqueceu dos deveres religiosos**

Tal construção, considerada viciosa pelos gramáticos, mas muito frequente no colóquio diário dos brasileiros, já se vem insinuando na linguagem literária, principalmente quando o complemento de *esquecer* é um infinitivo. Sirvam de exemplo estes passos:

> Guma **esquece de tudo**, e se deixa ir no doce acalanto dessa toada tão bela.
> (J. Amado, *MM*, 55.)

> Ah, sim, **esqueci de confessar** quando a vi.
> (N. Piñon, *SA*, 155.)

3.º) Também não é raro na língua atual o tipo sintático *esquecer-se que*, com elipse da preposição:

> — Toma esta chave, e não **te esqueças que** o seu poder é sobrenatural.
> (G. Amado, *TL*, 5.)

> — Um homem acostuma-se a tudo, sim, a tudo, até a **esquecer-se que** é um homem...
> (Castro Soromenho, *C*, 66.)

> — **Esquece-se que** não tenho outra companhia...
> (Alves Redol, *BC*, 296.)

4.º) À semelhança de *lembrar-se*, o verbo *esquecer-se* admite uma construção de estrutura diversa das que até agora examinamos. Os elementos que nestas funcionam como OBJETO (DIRETO ou INDIRETO) vão figurar nela como sujeito:

> E o pior é que **me esqueceu tudo**, valha-me Deus!
> (J. Régio, *SM*, 303.)

> **Esqueceram-me todas as mágoas**, e comecei a gostar desse Belmiro que olhava para o salão como se estivesse contemplando o mar.
> (C. dos Anjos, *DR*, 116.)

5.º) Finalmente, do cruzamento das construções

> **Esqueci-me de tudo**

e

> **Esqueceu-me tudo**,

resultou uma nova:

> **Esqueceu-me de tudo.**[15]

Comparem-se estes exemplos:

> Não **lhes esqueça de regarem** o passeio adiante da porta.
> (Almeida Garrett, *O*, II, 1262.)

> **Esqueceu-me de citar** no texto a formação de *empós*, justaposição de *em* e *pos*, que é o *post* latino.
> (M. Barreto, *FLP*, 98.)

Interessar

1.º) Usa-se, indiferentemente, como TRANSITIVO DIRETO ou INDIRETO, nas acepções de "dizer respeito a", "importar", "ser proveitoso", "ser do interesse de":

> Pensei que **os interessasse** estar ao corrente disto.
> (C. de Oliveira, *AC*, 161.)

> — Fiz uma visita à mulher, o caso **interessou-me**. E também **o** há de **interessar a si**.
> (F. Namora, *RT*, 39.)

> E eu calculei que talvez a transação **lhe interessasse**.
> (G. Ramos, *SB*, 20.)

> O mundo mudava, e **a Ternura** não **interessava** mais viver depois que tudo ficara diferente.
> (A. M. Machado, *JT*, 220.)

2.º) É TRANSITIVO DIRETO quando significa:

a) "captar ou prender o espírito, a atenção, a curiosidade"; "excitar a":

> Ele percebeu então que falara demais, a ponto de **interessá-la**, e olhou-a rapidamente de lado.
> (C. Lispector, *ME*, 178.)

---

[15] Esta construção é desusada dos escritores contemporâneos, quer portugueses, quer brasileiros.

As histórias de Zefinha não **o interessavam.**
(J. Lins do Rego, *MVA*, 318.)

b) "alcançar", "ofender", "ferir":

O ferimento **interessou a aorta.**
(A. Nascentes, *PR*, 231.)

A facada **interessou o pulmão direito.**
(Caldas Aulete, *DCLP*, 986.)

3.º) Emprega-se com OBJETO INDIRETO introduzido pela preposição *em* nos sentidos de "ter interesse", "tirar utilidade, lucro ou proveito":

O rei **interessava em que os concelhos fossem poderosos e livres.**
(A. Herculano, *MC*, II, 78-79.)

É lícito supor que desejava prolongar a luta, porque **interessava em residir na corte de Roma.**
(A. Herculano, *OEIP*, II, 50.)

4.º) É TRANSITIVO DIRETO e INDIRETO quando significa:
a) "dar a alguém parte num negócio ou nos lucros":

Interessei-o nesta empresa.
(M. de Sousa Lima, *GP*, 294.)

Interessei meu irmão na charutaria.
(A. Nascentes, *PR*, 231.)

b) "atrair", "provocar o interesse ou a curiosidade de":

Foi fácil para ele **interessar toda a cidade na incrível figurinha de Shirley Temple.**
(Autran Dourado, *IP*, 38.)

A princípio tentara **interessá-lo nos problemas sociais** que o entusiasmavam.
(Castro Soromenho, *TM*, 171.)

Josefina, é verdade que nunca se aproximou de mim para **me interessar nos seus enigmas.**
(A. Bessa Luís, *M*, 296.)

5.º) No sentido de "empenhar-se", "tomar interesse por", tem forma reflexa e faz-se acompanhar de OBJETO INDIRETO encabeçado por uma das preposições *em* ou *por*:

> **Interesso-me em aspirar** todos os aromas que recendem das essências angélicas.
> (C. Castelo Branco, *OS*, I, 509.)

> Zazá não **se interessava** muito **pelo futebol**.
> (Ribeiro Couto, *NC*, 46.)

> **Interessavam-se** as três, humanamente, **pelos alunos, pelos seus casos familiares, pelas inclinações que revelavam, pelas suas singularidades físicas e espirituais.**
> (U. Tavares Rodrigues, *PC*, 198.)

Lembrar

O verbo *lembrar(-se)* apresenta os mesmos tipos de construção que o seu antônimo *esquecer(-se)*.

Assim:

1.º) Com o sentido de "trazer à lembrança", "evocar", "sugerir", "recordar-se" é TRANSITIVO DIRETO:

> O monte **lembrava um lençol esburacado.**
> (A. Ribeiro, *M*, 147.)

> **Lembrei dias de ventanias, sóis de correrias.**
> (Luandino Vieira, *NANV*, 194.)

> **Lembro-a** hoje, com os seus cabelos brancos...
> (A. F. Schmidt, *F*, 43.)

2.º) Na acepção de "sugerir a lembrança", "fazer recordar", "advertir", constrói-se com OBJETO DIRETO e INDIRETO:

> E ali era ele quem mandava, não precisava de **o lembrar à filha.**
> (Alves Redol, *BC*, 29.)

> Para **me lembrar ao senhor**? Para **lembrá-lo a mim**? Nosso entendimento se tornou tão fácil que dispensa a operação da lembrança.
> (C. Drummond de Andrade, *CB*, 153.)

3.º) Com o sentido de "vir à memória", que é o mais usual, admite, à semelhança de *esquecer*, três modelos de construção:

a) **Lembro-me do acontecimento.**
b) **Lembra-me o acontecimento.**
c) **Lembra-me do acontecimento.**

O primeiro é o mais frequente, seja na linguagem coloquial, seja na literária:

> — Já não **se lembra da picardia** que me fez?
> (A. Ribeiro, *M*, 67.)

> Nisto o meu companheiro **lembra-se de cantar.**
> (U. Tavares Rodrigues, *JE*, 167.)

> — Já não **se lembra de mim**, naturalmente...
> (M. Lopes, *FVL*, 85.)

> Eu **me lembro do outro cajueiro** que era menor e morreu há tanto tempo. Eu **me lembro dos pés de pinha...**
> (R. Braga, *CCE*, 321.)

> **Lembra-te**, Belmiro, **de que essas bodas são impossíveis.**
> (C. dos Anjos, *DR*, 44-45.)

Quando o OBJETO INDIRETO vem expresso por uma oração desenvolvida, como no último exemplo, a preposição *de* pode faltar:

> **Lembro-me que** certa vez **juntei uma porção de artigos médicos sobre o assunto.**
> (R. Braga, *CCE*, 49.)

> **Lembrou-me que teria de passar junto de três ou quatro casas conhecidas.**
> (F. Namora, *HD*, 53.)

> **Lembro-me que devo voltar à missa solene...**
> (A. Schmidt, *F*, 37.)

O segundo modelo sintático é mais usado em Portugal do que no Brasil, onde o seu emprego se circunscreve à linguagem formal:

> **O filme** já não **me lembra.**
> (V. Ferreira, *NN*, 74.)

> Não **me lembra o motivo que alegou.**
> (C. Drummond de Andrade, *CB*, 57.)

O terceiro, cruzamento dos dois esquemas anteriores, é de emprego raro na língua atual:

> Voltei depois que ela entrou em casa, e só muito abaixo é que **me lembrou de ver as horas**.
> (Machado de Assis, *OC*, II, 648.)

> Já **me lembrou de** o **esperar** no caminho **e pendurar** pelo gasnete no galho de um sobreiro.
> (C. Castelo Branco, *OS*, I, 401.)

4.º) Paralelamente à construção *esquecer de* (*alguém* ou *alguma coisa*), aparece na linguagem coloquial brasileira *lembrar de* (*alguém* ou *alguma coisa*), regência também tida por viciosa.

Um exemplo literário:

> **Lembrava do negro velho Macário** que fora escravo do capitão Tomás e que morrera servindo na casa.
> (J. Lins do Rego, *FM*, 55.) [16]

Obedecer (e desobedecer)

1.º) Na língua culta moderna, fixou-se como TRANSITIVO INDIRETO:

> Só os lavradores, e alguns, **têm obedecido a este preceito**!
> (Alves Redol, *BC*, 48.)

> Mas todos **obedeciam a ele**. Ah! Quem disse que não **obedeciam**?
> (G. Ramos, *VS*, 29.)

2.º) Admite, no entanto, VOZ PASSIVA:

> Sofreste tanto que até perdeste a consciência do teu império; estás pronta a obedecer; admiras-te de **seres obedecida**.
> (Machado de Assis, *OC*, III, 1044.)

---

[16] Cf. Luís Carlos Lessa. *Obra cit.*, p. 192-193, onde se mencionam mais exemplos literários desta construção condenada.

Depois de outras muitas e reiteradas ordens **foi** enfim **obedecida**.
(M. Barreto, *CP*, 303.)

Esta construção corresponde ao antigo regime TRANSITIVO DIRETO do verbo, que ainda se documenta em escritores do século passado:

— Meu tio Campelo ordenou-me e eu **o obedeço**.
(J. de Alencar, *OC*, III, 1243.)

3.º) Não é raro o seu emprego como INTRANSITIVO:

Restitua o dinheiro àquela menina. Se ainda o tem. **Obedeci**.
(J. Rodrigues Miguéis, *GTC*, 135.)

A ruína vem muitas vezes dessas naturezas feitas para **obedecer**.
(A. Bessa Luís, *M*, 261.)

Você é o único que **não obedece**!
(C. Lispector, *ME*, 202.)

4.º) Idêntica é a construção do antônimo *desobedecer*.

Perdoar

1.º) Na língua culta de hoje, constrói-se, preferentemente, com OBJETO DIRETO de "coisa" e OBJETO INDIRETO de "pessoa":

Crimes da terra, como **perdoá-los**?
(C. Drummond de Andrade, *R*, 78.)

Perdoai o nosso erro.
(J. Régio, *SM*, 94.)

Ela **perdoara-lhe.**
(J. Paço d'Arcos, *CVL*, 718.)

Perdoem-lhe esse riso.
(Machado de Assis, *OC*, I, 600.)

2.º) Na VOZ PASSIVA pode o sujeito corresponder também ao OBJETO INDIRETO da ativa:

Todos os demais pecados te **serão perdoados.**
(Vianna Moog, *T*, 353.)

Outras vezes penso o contrário: só **serei perdoada**, se não te amar.
(A. Abelaira, *B*, 127.)

Entre nós, não **se perdoa** a incompetência verbal.
(N. Piñon, *CC*, 26.)

3.º) A construção com OBJETO DIRETO de "pessoa", normal no português antigo e médio, é frequente na linguagem coloquial brasileira, razão por que alguns escritores atuais não têm dúvida em acolhê-la[17]:

A velha tia Neném não **perdoava ninguém.**
(J. Lins do Rego, *U*, 221.)

Ele **havia perdoado os infames.**
(D. Silveira de Queirós, *M*, 367.)

Ela é Maria e Deus **a perdoa** por não odiar o mar.
(Adonias Filho, *LBB*, 110.)

Responder

Entre as diversas construções que admite, apontem-se as seguintes:

1.º) Na acepção de "dar resposta", "dizer ou escrever em resposta", emprega-se, geralmente:

a) com OBJETO INDIRETO em relação à pergunta:

O Faustino **teve de responder às próprias perguntas.**
(M. Torga, *CM*, 24.)

Por onde erraria a verdadeira Cecília, que, **respondendo à indagação de um curioso**, admitiu ser seu principal defeito uma certa ausência do mundo?
(C. Drummond de Andrade, *CB*, 150.)

---

[17] Veja-se, a propósito, Luís Carlos Lessa. *Obra cit.*, p. 197-198, onde se aduz abonação convincente.

b) com OBJETO DIRETO para exprimir a resposta:

> O homem comum não **responderia o** que ele me responde, se lhe pergunto a que hora gosta de escrever.
>
> ....
>
> Nenhum escritor comum, igualmente, **responderia isso.**
>
> (C. Drummond de Andrade, *CB*, 72.)

> O homem **respondeu qualquer coisa de ininteligível.**
>
> (J. Rodrigues Miguéis, *GTC*, 106.)

podendo, naturalmente, usar-se na passiva:

> ... um violento panfleto contra o Brasil que **foi** vitoriosamente **respondido** por De Ângelis.
>
> (E. Prado, *IA*, 145.)

c) com OBJETO DIRETO e INDIRETO:

> Quando lhe perguntei por que motivo ninguém o via há um mês, **respondeu-me que estava passando por uma transformação.**
>
> (Machado de Assis, *OC*, II, 83.)

> **Respondi-lhe que já tinha lido a receita** em qualquer parte.
>
> (J. Cardoso Pires, *D*, 295.)

2.º) Na acepção de "replicar", "retorquir", usa-se, normalmente, com OBJETO INDIRETO:

> Quase que **lhe respondera** com escárnio.
>
> (J. Paço d'Arcos, *CVL*, 706.)

> **À linguagem do deputado** o jovem médico **respondeu** com igual franqueza.
>
> (Machado de Assis, *OC*, II, 60.)

Não é raro, porém, o emprego INTRANSITIVO:

> **Respondia** sem revolta ou renúncia na voz.
>
> (M. Torga, *CM*, 14.)

> Nascimento não **respondeu** logo.
>
> (H. Sales, *C*, 209.)

O guarda gritara duas vezes, espaçadas, e como o da Administração não **respondera**, calou-se.
(Castro Soromenho, *TM*, 251.)

Respondeu muito à vontade e com presteza.
(C. dos Anjos, *M*, 170.)

3.º) Na acepção de "repetir a voz, o som", "dizer, cantar ou tocar em resposta" é INTRANSITIVO:

João Fanhoso cantou outra vez. O mesmo canto rachado de taquaraçu, alto e que ia longe. Mas desta vez **responderam**...
Longe, bem longe, outro canto **respondeu**. E outro. E outro.
(M. Palmério, *VC*, 102.)

Fr. José, depois de ter invocado Nossa Senhora do Salvamento, encetou o terço e as monjas **responderam**.
(A. Ribeiro, *ES*, 210.)

4.º) No sentido, hoje pouco usual, de "corresponder", "equivaler", "condizer" constrói-se com OBJETO INDIRETO:

Quis puxar as mãos de Capitu, para obrigá-la a vir atrás delas, mas ainda agora a ação não **respondeu à intenção**.
(Machado de Assis, *OC*, I, 769.)

O movimento bem visível da dobadoira era regular, e **respondia ao movimento quase imperceptível das mãos da velha**.
(Almeida Garrett, *O*, I, 55.)

Legítimo português é *reclamo*, do gênero masculino, que **responde** cabalmente **ao francês** *une réclame*.
(R. Barbosa, *R*, 184.)

5.º) Quando significa "ser ou ficar responsável", "responsabilizar-se", "fazer as vezes (de alguém)", exige complemento introduzido pela preposição *por*:

Parecia que outro personagem **respondia por ele**, a fim de deixá-lo à vontade.
(A. M. Machado, *JT*, 112.)

Nunca me aconteceu **responder por cântara quebrada.**
(A. Bessa Luís, *QR*, 226.)

Um dia será o conjunto
e não o pormenor e a parcela
que **responderá por nós.**
(O. Mendes, *LFNF*, 119.)

Visar

1.º) É TRANSITIVO DIRETO nas acepções de:

a) "mirar", "apontar (arma de fogo)":

Sem perda de tempo, Jenner disparou um terceiro tiro, e sem demora outro, **visando o alvo** de baixo para cima.
(H. Sales, *AM*, 44.)

O cano da arma aflorou sobre as hastes do feno, **visando o intruso**, precisamente no instante em que Alice, espreitando o silêncio das imediações da casa, transpunha o umbral da porta.
(F. Namora, *TJ*, 330.)

b) "dar ou pôr o visto (em algum documento)":

Visar um passaporte.
Visar o diploma.

2.º) No sentido de "ter em vista", "ter por objetivo", "pretender", pode construir-se:

a) com OBJETO INDIRETO introduzido pela preposição *a*:

Não **visava a lucros** e, sim, ajudar o próximo.
(J. Amado, *MG*, 80-81.)

— Não acha que, **visando a Custódio**, o Figueiró busca atingir você?
(C. dos Anjos, *M*, 170.)

b) com OBJETO DIRETO:

Concentro-me sem **visar nenhum objeto** — e sinto-me tomado por uma luz.
(C. Lispector, *SV*, 35.)

O balde de água fria **visava** também **uma finalidade concreta.**
(M. Torga, *V*, 214.)

Esta última construção, condenada por alguns gramáticos, é a dominante na linguagem coloquial e tende a dominar também na língua literária, principalmente quando o complemento vem expresso por uma oração reduzida de infinitivo:

O ataque **visava cortar a retaguarda da linha de frente.**
(E. da Cunha, *OC*, II, 399.)

— Numa palavra, essa revolução **visa derrubar as oligarquias** que nos infelicitam!
(É. Veríssimo, *A*, II, 485.)

SINTAXE DO VERBO *HAVER*

O verbo *haver*, conforme o seu significado, pode empregar-se em todas as pessoas ou apenas na 3.ª pessoa do singular.

1. Emprega-se em todas as pessoas:

a) quando é AUXILIAR (com sentido equivalente a *ter*) de VERBO PESSOAL, quer junto a particípio, quer junto a infinitivo antecedido da preposição *de*:

Também a mim me **hão ferido.**
(J. Régio, *F*, 56.)

Outros **haverão de ter**
O que **houvermos de perder.**
(F. Pessoa, *OP*, 17.)

b) quando é VERBO PRINCIPAL, com as significações de "conseguir", "obter", "alcançar", "adquirir":

Donde **houveste**, ó pélago revolto,
Esse rugido teu?
(Gonçalves Dias, *PCPE*, 191.)

— Tão nobre és, como os melhores, e rico; porque a ninguém mais que a ti devem de pertencer as terras que teu avô Diogo Álvares conquistou ao gentio para El-Rei, de quem as **houvemos** nós e nossos pais.
(J. de Alencar, *OC*, II, 422-423.)

c) quando é VERBO PRINCIPAL, com a forma reflexa, nas acepções de "portar-se", "proceder", "comportar-se", "conduzir-se":

> Talvez passasse por cima de tudo, da maneira como ele a tratara, da dureza com que **se houvera** e se lembrasse de que ele era o seu pai.
> (J. Paço d'Arcos, *CVL*, 702.)

> Soares **houve-se** como pôde na singular situação em que se achava.
> (Machado de Assis, *OC*, II, 51.)

d) quando é VERBO PRINCIPAL, também com a forma reflexa, no sentido de "entender-se", "avir-se", "ajustar contas":

> Que para as excomunhões e interditos de Roma, el-rei lá **se haveria com eles**, que podia.
> (Almeida Garrett, *O*, I, 308.)

> O mestre padeiro, que era do mesmo sangue do patrão, que **se houvesse com ele**.
> (J. Lins do Rego, *MR*, 34.)

e) quando é VERBO PRINCIPAL, acompanhado de infinitivo sem preposição, com o sentido equivalente a "ser possível":

> Não **há** negá-lo, o apito é de uso geral e comum.
> (Machado de Assis, *OC*, III, 536.)

> Não **há** julgá-lo de outro estofo, vendo-o trazer consigo de Nápoles uma gentil italiana, e dois filhinhos, que aposentou em Lisboa num palacete de Belém.
> (C. Castelo Branco, *OS*, I, 229.)

2. É raro nos escritores modernos, mas muito frequente nos do português antigo e médio, o uso pessoal do verbo *haver*, como verbo principal, nas acepções de:

a) "ter", "possuir":

> Aos que o bem fizeram, **hei** inveja.
> (A. Ferreira, *C*, v. 688.)

b) "julgar", "pensar", "considerar", "ter para si":

O que eu **hei** por gram crueza.
(C. Falcão, *C*, v. 763.)

Isto é: o que eu julgo (ou considero) grande crueldade.

3. Comparem-se as expressões:

a) *haver por bem* = "dignar-se", "resolver", "assentar", "julgar oportuno ou conveniente":

> O coronel, que neste momento lia na rede as folhas recém-chegadas, **houve por bem** interromper a ingestão de um flamante discurso sobre a questão do Amapá para acudir em apoio ao fedelho.
> (Monteiro Lobato, *U*, 178.)

> O sino da igreja badalava freneticamente desde cedo, apinhado de macacos, ainda que o vigário **houvesse por bem** suspender a missa naquela manhã, porque havia macaco escondido até na sacristia.
> (F. Sabino. *HN*, 147.)

b) *haver mister* = "precisar", "necessitar":

> Não **há mister** mais que um módulo ou matiz para os descontar como poesia de lei.
> (J. Ribeiro, *PE*, 19.)

> Deus o auxilie e ilustre, e a todos nós, que bem o **havemos mister**.
> (Almeida Garrett, *O*, I, 1086.)

4. Emprega-se como IMPESSOAL, isto é, sem sujeito, quando significa "existir", ou quando indicar tempo decorrido. Nestes casos, em qualquer tempo, conjuga-se tão somente na 3.ª pessoa do singular:

> **Há** trovoadas em toda a parte...
> (M. Torga, *V*, 158.)

> **Havia** simples marinheiros; **havia** inferiores; **havia** escreventes e operários de bordo.
> (Lima Barreto, *TFPQ*, 279.)

> Tinha adoecido, **havia** quinze dias.
> (M. Torga, *NCM*, 16.)

Há oito dias que não via Guma.
(J. Amado, *MM*, 20.)

— **Há** dois dias que não vem trabalhar!
(Luandino Vieira, *NM*, 129.)

5. Quando o verbo *haver* exprime existência e vem acompanhado dos auxiliares *ir*, *dever*, *poder*, etc., a locução assim formada é, naturalmente, impessoal.

— Eu não sei, senhor doutor, mas **deve haver** leis.
(Eça de Queirós, *O*, I, 164.)

— **Deve haver** muitas diferenças entre nós.
(G. Ramos, *SB*, 102.)

Podia haver complicações, quem sabe?
(C. dos Anjos, *M*, 193.)

Observação:

O verbo *haver*, quando sinônimo de "existir", constrói-se de modo diverso deste. Nesta acepção, *haver* não tem sujeito e é transitivo direto, sendo o seu objeto o nome da coisa existente ou, a substituí-lo, o pronome pessoal *o* (*a*, *lo*, *la*). *Existir*, ao contrário, é intransitivo e possui sujeito, expresso pelo nome da coisa existente.

Dir-se-á, pois:

Há tantas folhas pelas calçadas!
Existem tantas folhas pelas calçadas!

Construções do tipo

Houveram muitas lágrimas de alegria.
(C. Castelo Branco, *V*, 82.)

Ali **haviam vários deputados** que conversavam de política.
(Machado de Assis, *OC*, II, 67-68.)

embora se documentem em alguns dos melhores escritores da língua, especialmente do século passado, não devem ser hoje imitadas.

Capítulo 14

Advérbio

1. O ADVÉRBIO é, fundamentalmente, um modificador do verbo:

> **Logo depois, recomeçara a chover.**
> (O. Lins, *FP*, 63.)

> Você **compreendeu**-me **mal.**
> (Almada Negreiros, *NG*, 61.)

> **O** almoço **decorria agora lentamente**.
> (A. Santos, *K*, 103.)

2. A essa função básica, geral, certos advérbios acrescentam outras que lhe são privativas.
Assim, os chamados ADVÉRBIOS DE INTENSIDADE e formas semanticamente correlatas podem reforçar o sentido:

a) de um adjetivo:

> Antes de partir, teve com o padre uma derradeira conversa, **muito edificante e vasta.**
> (Guimarães Rosa, *S*, 346.)

> Olhei Maria, desesperado, mas ela sorria, sorria um longínquo **tão feliz** sorrir de olhos semicerrados...
> (Luandino Vieira, *NM*, 105.)

> Ficara **completamente imóvel.**
> (Branquinho da Fonseca, *B*, 70.)

b) de um advérbio:

— Mas passei a noite mal! **bem mal**!
(J. Régio, *JA*, 102.)

Já **bem pertinho** estavam Masseu e Ângelo.
(L. Jardim, *AMCA*, 49.)

O homem caminhava **muito devagar.**
(S. de Mello Breyner Andresen, *CE*, 156.)

3. Saliente-se ainda que alguns advérbios aparecem, não raro, modificando toda a oração[1]:

Infelizmente, nem o médico lhes podia valer.
(M. Torga, *NCM*, 150.)

Possivelmente, não haverá ceia este ano.
(V. Ferreira, *A*, 137.)

— Eu me recuso, **simplesmente.**
(F. Sabino, *EM*, 84.)

Neste último emprego, vêm geralmente destacados no início ou no fim da oração, de cujos termos se separam por uma pausa nítida, marcada na escrita por vírgula.

Observação:

Sob a denominação de ADVÉRBIOS reúnem-se, tradicionalmente, numa classe heterogênea, palavras de natureza nominal e pronominal com distribuição e funções às vezes muito diversas. Por esta razão, nota-se entre os linguistas modernos uma tendência de reexaminar o conceito de advérbio, limitando-o seja do ponto de vista funcional, seja do ponto de vista semântico. Bernard Pottier chega mesmo a eliminar a denominação de seu léxico linguístico (Cf. *Introduction à l'étude de la morpho-syntaxe espagnole*, 3.ª ed. Paris, Ediciones Hispanoamericanas, 1964, p. 78.)

CLASSIFICAÇÃO DOS ADVÉRBIOS

Os ADVÉRBIOS recebem a denominação da circunstância ou de outra ideia acessória que expressam.

[1] É o que a *Nomenclatura Gramatical Portuguesa* chama ADVÉRBIOS DE ORAÇÃO.

A *Nomenclatura Gramatical Brasileira* distingue as seguintes espécies:

a) ADVÉRBIOS DE AFIRMAÇÃO: *sim, certamente, efetivamente, realmente*, etc.;

b) ADVÉRBIOS DE DÚVIDA: *acaso, porventura, possivelmente, provavelmente, quiçá, talvez*, etc.;

c) ADVÉRBIOS DE INTENSIDADE: *assaz, bastante, bem, demais, mais, menos, muito, pouco, quanto, quão, quase, tanto, tão*, etc.;

d) ADVÉRBIOS DE LUGAR: *abaixo, acima, adiante, aí, além, ali, aquém, aqui, atrás, através, cá, defronte, dentro, detrás, fora, junto, lá, longe, onde, perto*, etc.;

e) ADVÉRBIOS DE MODO: *assim, bem, debalde, depressa, devagar, mal, melhor, pior* e quase todos os terminados em *-mente: fielmente, levemente*, etc.;

f) ADVÉRBIO DE NEGAÇÃO: *não;*

g) ADVÉRBIOS DE TEMPO: *agora, ainda, amanhã, anteontem, antes, breve, cedo, depois, então, hoje, já, jamais, logo, nunca, ontem, outrora, sempre, tarde*, etc.

A *Nomenclatura Gramatical Portuguesa* acrescenta a essa lista três outras espécies:

a) ADVÉRBIOS DE ORDEM: *primeiramente, ultimamente, depois*, etc.;

b) ADVÉRBIOS DE EXCLUSÃO; e

c) ADVÉRBIOS DE DESIGNAÇÃO.

Os dois últimos foram incluídos pela *Nomenclatura Gramatical Brasileira* num grupo à parte, inominado, em razão de não apresentarem as características normais dos advérbios, quais sejam as de modificar o verbo, o adjetivo ou outro advérbio. Deles trataremos adiante sob a denominação de PALAVRAS DENOTATIVAS.

ADVÉRBIOS INTERROGATIVOS

Por se empregarem nas interrogações diretas e indiretas, os seguintes advérbios de causa, de lugar, de modo e de tempo são chamados INTERROGATIVOS:

a) DE CAUSA: *por que*?

> **Por que** não vieste à festa?
> Não sei **por que** não vieste à festa.

b) DE LUGAR: *onde*?

> **Onde** está o livro?
> Ignoro **onde** está o livro.

c) DE MODO: *como*?

> **Como** vais de saúde?
> Dize-me **como** vais de saúde.

d) DE TEMPO: *quando*?

> **Quando** voltas aqui?
> Quero saber **quando** voltas aqui.

ADVÉRBIO RELATIVO

Como dissemos na página 365, o relativo *onde*, por desempenhar normalmente a função de adjunto adverbial (= o lugar em que, no qual), é considerado por alguns gramáticos ADVÉRBIO RELATIVO, designação que não consta da *Nomenclatura Gramatical Brasileira*, mas que foi acolhida pela *Portuguesa*.

LOCUÇÃO ADVERBIAL

1. Denomina-se LOCUÇÃO ADVERBIAL o conjunto de duas ou mais palavras que funciona como advérbio. De regra, as LOCUÇÕES ADVERBIAIS formam-se da associação de uma preposição com um substantivo, com um adjetivo ou com um advérbio.
Assim:

> Fernanda sorriu **em silêncio.**
> (É. Veríssimo, *LS*, 133.)

> Sorrindo mais, obedeceu **de novo.**
> (Ferreira de Castro, *OC*, I, 4.)

> — Vou começar **por aqui!**...
> (M. da Fonseca, *SV*, 133.)

Mas há formações mais complexas, como:

> **De onde em onde,** para, sussurra frases incompletas.
> (M. da Fonseca, *SV*, 209.)

> O cachimbo de água passou **de mão em mão.**
> (Castro Soromenho, *V*, 205.)

> Respondi-lhe que aquilo devia ser alguma ideia de minha mulher, que **de vez em quando** tem uma.
> (R. Braga, *CCE*, 97.)

> Só **de longe em longe** se ouvia, vindo das muralhas, o grito de ronda dos soldados.
> (S. de Mello Breyner Andresen, *CE*, 184-185.)

2. À semelhança dos advérbios, as LOCUÇÕES ADVERBIAIS podem ser:

a) DE AFIRMAÇÃO (ou DÚVIDA): *com certeza, por certo, sem dúvida.*
Atente-se na distinção:

> **Com certeza** [= provavelmente] ele virá.
> Ele virá **com certeza** [= com segurança].

b) DE INTENSIDADE: *de muito, de pouco, de todo*, etc.;

c) DE LUGAR: *à direita, à esquerda, à distância, ao lado, de dentro, de cima, de longe, de perto, em cima, para dentro, para onde, por ali, por aqui, por dentro, por fora, por onde, por perto*, etc.;

d) DE MODO: *à toa, à vontade, ao contrário, ao léu, às avessas, às claras, às direitas, às pressas, com gosto, com amor, de bom grado, de cor, de má vontade, de regra, em geral, em silêncio, em vão, gota a gota, passo a passo, por acaso*, etc.;

e) DE NEGAÇÃO: *de forma alguma, de modo nenhum*, etc.;

f) DE TEMPO: *à noite, à tarde, à tardinha, de dia, de manhã, de noite, de quando em quando, de vez em quando, de tempos em tempos, em breve, pela manhã*, etc.

Observação:

Quando uma preposição vem antes do advérbio, não muda a natureza deste; forma com ele uma LOCUÇÃO ADVERBIAL: *de dentro, por detrás*, etc.

Se, ao contrário, a preposição vem depois de um advérbio ou de uma locução adverbial, o grupo inteiro transforma-se numa LOCUÇÃO PREPOSITIVA: *dentro de, por detrás de*, etc.

COLOCAÇÃO DOS ADVÉRBIOS

1. Os ADVÉRBIOS que modificam um ADJETIVO, um PARTICÍPIO isolado, ou um outro ADVÉRBIO colocam-se de regra antes destes:

> — Por que me escondeu um segredo **tão grande**?
> (Ribeiro Couto, *C*, 195.)

> **Muito apressado**, num visível nervosismo, veio de casa até ali.
> (M. da Fonseca, *SV*, 193.)

> — O teu pai está **muito mal.**
> (Castro Soromenho, *TM*, 206.)

2. Dos ADVÉRBIOS que modificam o VERBO:

a) os DE MODO colocam-se normalmente depois dele:

A mãe e a irmã choravam **tristemente**...
(R. Correia, *PCP*, 309.)

Ela ouvia-o **atentamente.**
(Almada Negreiros, *NG*, 61.)

Quatro jovens vestidas de panos escuros entram **vagarosamente** no local vindas dos lados dos espectadores.
(Costa Andrade, *NVNT*, 13.)

b) os DE TEMPO e DE LUGAR podem colocar-se antes ou depois do VERBO:

De manhã, acordei **cedo.**
(Machado de Assis, *OC*, II, 537.)

Hei de atirar com esse tipo **de cá para fora.**
(J. Paço d'Arcos, *CVL*, 683.)

Cá fora era noite.
(Luandino Vieira, *VVDX*, 73.)

Aqui outrora retumbaram hinos.
(R. Correia, *PCP*, 196.)

A minha sombra há de ficar **aqui**!
(A. dos Anjos, *E*, 21.)

c) o DE NEGAÇÃO antecede sempre o VERBO:

— Então **não** se cava a terra?... **não** se lavra?... **não** se aduba?... **não** se semeia ?...
(A. Ribeiro, *CRG*, 66.)

3. O realce do ADJUNTO ADVERBIAL é expresso de regra por sua antecipação ao verbo:

No dia seguinte, pela manhã, a cozinheira foi ajeitar a lata de lixo para o caminhão, e recebeu uma bicada voraz no dedo.
(C. Drummond de Andrade, *CB*, 30.)

De longe e **reverenciosamente** as cortejei.
(C. Castelo Branco, *OS*, 451.)

> **Lá ao fundo, à cabeceira,** uma cruz, sobranceira, encerrava o círculo de assistentes.
>
> (A. de Assis Júnior, *SM*, 56.)

REPETIÇÃO DE ADVÉRBIOS EM *-MENTE*

1. Quando numa frase dois ou mais advérbios em *-mente* modificam a mesma palavra, pode-se, para tornar mais leve o enunciado, juntar o sufixo apenas ao último deles:

> Dir-se-ia que tudo naquele paraíso murado se movimentava **lúdica** e **religiosamente.**
>
> (M. Torga, *CM*, 176.)

> É longa a estrada... Aos ríspidos estalos
> Do impaciente látego, os cavalos
> Correm **veloz, larga** e **fogosamente...**
>
> (R. Correia, *PCP*, 123.)

2. Se, no entanto, a intenção é realçar as circunstâncias expressas pelos advérbios, costuma-se omitir a conjunção *e* e acrescentar o sufixo a cada um dos advérbios:

> Apenas, Nhô Augusto se confessou aos seus pretos tutelares, **longamente**, **humanamente**, e foi essa a primeira vez.
>
> (Guimarães Rosa, *S*, 351.)

> Cerrou os olhos **profundamente**, **angustiadamente**, sufocado de comoção.
>
> (V. Ferreira, *CF*, 73.)

> De repente, pus-me de pé e aproximei-me **lentamente, ritmadamente, voluptuosamente**, da janela.
>
> (F. Namora, *RT*, 169.)

Observação:

Sobre as fronteiras nem sempre nítidas entre o adjetivo e o advérbio, a que aludimos no capítulo 10, e em particular sobre os tipos de construção com advérbios sucessivos, sua origem e seu emprego, consultem-se especialmente Harri Meier (*Ensaios de filologia românica*. Lisboa, Revista de Portugal, 1948, p. 55-114) e Bernard Pottier (*Linguística moderna y filología hispánica*. Madrid, Gredos, 1968, p. 217-231), que trazem bibliografia referente à questão. Quanto aos valores estilísticos dos advérbios em *-mente* nos escritores modernos da língua, vejam-se Rodrigues Lapa. *Estilística da língua portuguesa*, 4.ª ed. Rio de Janeiro, Acadêmica, 1965, p. 180-184; Ernesto Guerra da Cal, *Lengua y estilo de Eça de Queiroz*. Coimbra, Acta Universitatis Conimbrigensis, 1954, p. 168-194; Maria Helena de Novais Paiva. *Contribuição para uma estilística da ironia*. Lisboa, Centro de Estudos Filológicos, 1961, p. 267-272; Maria Manuela Moreno de Oliveira. *Processos de intensificação no português contemporâneo*. Lisboa, Centro de Estudos Filológicos, 1962, p. 136-140. Sobre o emprego em espanhol dos advérbios em *-mente*, veja-se em particular Esteban Rafael Egea. *Los advérbios en -mente en el español contemporáneo*. Bogotá, Instituto Caro y Cuervo, 1979, que examina criticamente toda a bibliografia anterior.

GRADAÇÃO DOS ADVÉRBIOS

Certos advérbios, principalmente os de modo, são suscetíveis de gradação. Podem apresentar um COMPARATIVO e um SUPERLATIVO, formados por processos análogos aos que observamos na flexão correspondente dos adjetivos.

GRAU COMPARATIVO

Forma-se o COMPARATIVO:

a) DE SUPERIORIDADE — antepondo *mais* e pospondo *que* ou *do que* ao advérbio:

O filho andava **mais depressa que** (ou **do que**) o pai.

b) DE IGUALDADE — antepondo *tão* e pospondo *como* ou *quanto* ao advérbio:

O filho andava **tão depressa como** (ou **quanto**) o pai.

c) DE INFERIORIDADE — antepondo *menos* e pospondo *que* ou *do que* ao advérbio:

O pai andava **menos depressa do que** (ou **que**) o filho.

GRAU SUPERLATIVO

Forma-se o SUPERLATIVO ABSOLUTO:

a) SINTÉTICO — com o acréscimo de sufixo:

muitíssimo pouquíssimo

sendo de notar que nos advérbios em *-mente* esta terminação se pospõe à forma superlativa feminina do adjetivo de que se deriva o advérbio:

		SUPERLATIVO
ADJETIVO	lento	lentíssimo
ADVÉRBIO	lentamente	lentissimamente

b) ANALÍTICO — com a ajuda de um advérbio indicador de excesso:

> Machado, o funcionário e diretor de repartição, **muito mal** se conhece.
>
> (T. Martins Moreira, *VVT,* 78.)

> Sábado, deu-me uma palmada de alegria, muito satisfeito, exclamando "vai belo, vai belo! vai **muitíssimo bem**".
>
> (A. Nobre, *CI*, 147.)

> — Fizeste **bem mal, muito mal** mesmo — repreendeu Elmira.
>
> (A. de Assis Júnior, *SM*, 205.)

OUTRAS FORMAS DE COMPARATIVO E SUPERLATIVO

1. *Melhor* e *pior* podem ser COMPARATIVOS dos adjetivos *bom* e *mau* e, também, dos advérbios *bem* e *mal.* Neste caso são, naturalmente, invariáveis.

> Quem escreveu **melhor**? Quem escreveu bem no Brasil?
>
> (Graça Aranha, *OC*, 708.)

> — E o professor não estaria aqui **pior**?
>
> (F. Botelho, *X*, 150.)

> — O velho está cada vez **pior.**
>
> (Castro Soromenho, *C*, 228.)

Não raro, tais formas comparativas são intensificadas com um dos advérbios *muito, bem, bastante,* etc.:

> — Meus irmãos, tudo no mundo **bem melhor** se entenderia, se houvesse mais bem-querer.
>
> (L. Jardim, *AMCA*, 52.)

2. A par dessas formas anômalas, existem os COMPARATIVOS regulares *mais bem* e *mais mal*, usados, de preferência, antes de adjetivos-particípios:

   As paredes da sala estão **mais bem pintadas** que as dos quartos.
   Não pode haver um projeto **mais mal executado** do que este.

   Advirta-se, porém, que na posposição só se empregam as formas sintéticas:

   As paredes das salas estão **pintadas melhor** que as dos quartos.
   Não pode haver um projeto **executado pior** do que este.

3. No SUPERLATIVO ABSOLUTO SINTÉTICO, *bem* apresenta a forma *otimamente*; e *mal*, a forma *pessimamente:*

   Maria está passando **otimamente.**
   O cavalo correu **pessimamente.**

4. *Muito* e *pouco*, quando advérbios, têm como COMPARATIVOS *mais* e *menos*, e como SUPERLATIVOS *o mais* ou *muitíssimo* e *o menos* ou *pouquíssimo*, respectivamente:

   — Dom Juan, quando **menos** pensava, lá se foi para as profundas do Inferno.
   (Artur Azevedo, *CFM*, 9.)

   — Imagina tu que a Clara tem um tipo encantador, que a trata **muitíssimo** bem e que... que... a ajuda...
   (Sttau Monteiro, *APJ*, 138.)

   O certo é que tinha em mente gastar **o menos possível** com o enterro.
   (A. Ribeiro, *V*, 368.)

   Esse tipo de publicação, **pouquíssimo** difundido entre nós, é todavia da maior importância e largamente praticado em outros países.
   (E. Pereira Filho, in *TPB*, de Gândavo, 13.)

5. O SUPERLATIVO INTENSIVO, denotador dos limites da possibilidade, forma-se antepondo *o mais* ou *o menos* ao advérbio e pospondo-lhe a palavra *possível* ou uma expressão (ou oração) de sentido equivalente:

   O administrador ia **o mais depressa possível.**
   (Castro Soromenho, *TM*, 181.)

Escreveram entretanto a D. Madalena, pedindo-lhe que os tirasse daquele purgatório **o mais cedo possível.**
(Rebelo da Silva, *CL*, 72.)

— Não quero saber dos santos óleos da teologia; desejo sair daqui **o mais cedo que puder**, ou já...
(Machado de Assis, *OC*, I, 794.)

REPETIÇÃO DO ADVÉRBIO

Como a do adjetivo, a repetição do advérbio é uma forma de intensificá-lo:

Vê-se **logo logo** a intenção!...
(M. da Fonseca, *SV*, 30.)

— Pois não lhe digam nada, mas vão buscá-lo**, já, já**, não se demorem.
(Machado de Assis, *OC*, I, 800.)

E estive **quase quase** a ir de rastos, beijar os degraus da escada...
(Machado de Assis, OC, I, 689.)

DIMINUTIVO COM VALOR SUPERLATIVO

Na linguagem coloquial é comum o advérbio assumir uma forma diminutiva (com os sufixos *-inho* e *-zinho*), que tem valor de SUPERLATIVO:

Vem **cedinho**, vem logo que amanheça!
(E. de Castro, *UV*, 59.)

Era mais de meia-noite quando ele entrou lento, **devagarinho.**
(Coelho Netto, *OS*, I, 243.)

— Só faltaram os mapas de Marte, diz **baixinho.**
(M. J. de Carvalho, *TM*, 190.)

ADVÉRBIOS QUE NÃO SE FLEXIONAM EM GRAU

Como sucede com alguns adjetivos, há advérbios que não se flexionam em grau porque o próprio significado não admite variação de intensidade. Entre outros, apontem-se: *aqui, aí, ali, lá, hoje, amanhã, diariamente, anualmente* e formações semelhantes.

PALAVRAS DENOTATIVAS[2]

1. Certas palavras, por vezes enquadradas impropriamente entre os advérbios, passaram a ter, com a *Nomenclatura Gramatical Brasileira*, classificação à parte, mas sem nome especial.
São palavras que denotam, por exemplo:

a) INCLUSÃO: *até, inclusive, mesmo, também*, etc.:

> Tudo na Vida engana, **até** a Glória.
> (A. Nobre, *D*, 114.)

> Os bichos sentem, o mato sente **também**, quando se fala sem modos, sem carinho e sem perdão.
> (L. Jardim, *AMCA*, 52.)

b) EXCLUSÃO: *apenas, salvo, senão, só, somente*, etc.:

> Da família **só** elas duas subsistiam.
> (J. Montello, *DP*, 382.)

> Às vezes interrompia-o **apenas** com um gestozinho frio e elegante.
> (A. Bessa Luís, *AM*, 360.)

c) DESIGNAÇÃO: *eis*:

> **Eis** o dia, **eis** o sol, o esposo amado!
> (A. de Quental, *SC*, 4.)

> Subamos ainda e **eis**-nos na grande Praça de Vila-Rica.
> (A. Arinos, *OC*, 820.)

d) REALCE: *cá, lá, é que, só*, etc.:

> Pior eu sei **lá,** Manuel, pior que uma desgraça!
> (A. Nobre, *S*, 51.)

---

[2] A denominação PALAVRAS DENOTATIVAS foi proposta pelo professor José Oiticica em seu *Manual de análise (léxica e sintática)*, 6.ª ed. refundida. Rio de Janeiro, Francisco Alves, 1942, p. 50-55. À falta de uma designação mais precisa e mais generalizada, adotamos provisoriamente esta, embora reconhecendo que "denotar" é próprio das unidades lexicais em geral.

— Eu **cá** tenho mais medo do sol que dos leões.
(Castro Soromenho, *C*, 204.)

e) RETIFICAÇÃO: *aliás, ou antes, isto é, ou melhor*, etc.:

— Sinto que ele me escapa, **ou melhor**: que nunca me pertenceu.
(A. Abelaira, *CF*, 226.)

De repente nasci, **isto é,** senti necessidade de escrever.
(C. Drummond de Andrade, *CA*, 200.)

f) SITUAÇÃO: *afinal, agora, então, mas*, etc.:

Desculpe-me... **Mas** sente-se mal?
(A. Abelaira, *NC*, 40.)

— **Então** conheceu o meu irmão?
(É. Veríssimo, *A*, II, 463.)

— **Afinal**, ela não tem culpa de ser filha de ministro.
(F. Sabino, *EM*, 85.)

2. Como vemos, tais palavras não devem ser incluídas entre os advérbios. Não modificam o verbo, nem o adjetivo, nem outro advérbio. São por vezes de classificação extremamente difícil. Por isso, na análise, convém dizer apenas: "palavra ou locução denotadora de exclusão, de realce, de retificação", etc.

3. A *Nomenclatura Gramatical Portuguesa* admite a existência dos ADVÉRBIOS DE EXCLUSÃO e DE INCLUSÃO e considera ADVÉRBIOS DE ORAÇÃO o que denominamos PALAVRAS DENOTATIVAS DE SITUAÇÃO.

Capítulo 15

Preposição

FUNÇÃO DAS PREPOSIÇÕES

Chamam-se PREPOSIÇÕES as palavras invariáveis que relacionam dois termos de uma oração, de tal modo que o sentido do primeiro (ANTECEDENTE) é explicado ou completado pelo segundo (CONSEQUENTE).

Assim:

ANTECEDENTE	PREPOSIÇÃO	CONSEQUENTE
Vou	a	Roma
Chegaram	a	tempo
Todos saíram	de	casa
Chorava	de	dor
Estive	com	Pedro
Concordo	com	você

FORMA DAS PREPOSIÇÕES

Quanto à forma, as PREPOSIÇÕES podem ser:

a) SIMPLES, quando expressas por um só vocábulo;

b) COMPOSTAS (ou LOCUÇÕES PREPOSITIVAS), quando constituídas de dois ou mais vocábulos, sendo o último deles uma PREPOSIÇÃO SIMPLES (geralmente *de*).

PREPOSIÇÕES SIMPLES

As PREPOSIÇÕES SIMPLES são:

a	com	em	por (per)
ante	contra	entre	sem
após	de	para	sob
até	desde	perante	sobre
			trás

Tais PREPOSIÇÕES se denominam também ESSENCIAIS, para se distinguirem de certas palavras que, pertencendo normalmente a outras classes, funcionam às vezes como preposições e, por isso, se dizem PREPOSIÇÕES ACIDENTAIS. Assim: *afora, conforme, consoante, durante, exceto, fora, mediante, menos, não obstante, salvo, segundo, senão, tirante, visto*, etc.

LOCUÇÕES PREPOSITIVAS

Eis algumas LOCUÇÕES PREPOSITIVAS:

abaixo de	a par com	embaixo de	para cima de
acerca de	apesar de	em cima de	para com
acima de	a respeito de	em frente a	perto de
a despeito de	atrás de	em frente de	por baixo de
adiante de	através de	em lugar de	por causa de
a fim de	de acordo com	em redor de	por cima de
além de	debaixo de	em torno de	por detrás de
antes de	de cima de	em vez de	por diante de
ao lado de	defronte de	graças a	por entre
ao longo de	dentro de	junto a	por trás de
ao redor de	depois de	junto de	por sobre
a par de	diante de	para baixo de	

SIGNIFICAÇÃO DAS PREPOSIÇÕES

1. A relação que se estabelece entre palavras ligadas por intermédio de PREPOSIÇÃO pode implicar movimento ou não movimento; melhor dizendo: pode exprimir um movimento ou uma situação daí resultante.
Nos exemplos atrás mencionados, a ideia de movimento está presente em:

Vou **a** Roma.
Todos saíram **de** casa.

São marcadas pela ausência de movimento as relações que as PREPOSIÇÕES *a*, *de* e *com* estabelecem nas seguintes frases:

Chegaram **a** tempo.
Chorava **de** dor.

Estive **com** Pedro.
Concordo **com** você.

2. Tanto o MOVIMENTO como a SITUAÇÃO (termo que adotaremos daqui por diante para indicar a falta de movimento na relação estabelecida) podem ser considerados com referência ao ESPAÇO, ao TEMPO e à NOÇÃO.
   A PREPOSIÇÃO *de*, por exemplo, estabelece uma relação:

a) ESPACIAL em:

Todos saíram **de** casa.

b) TEMPORAL em:

Trabalha **de** 8 às 8 todos os dias.

c) NOCIONAL em:

Chorava **de** dor.
Livro **de** Pedro.

Nos três casos a PREPOSIÇÃO *de* relaciona palavras à base de uma ideia central: "movimento de afastamento de um limite", "procedência". Em outros casos, mais raros, predomina a noção daí derivada, de "situação longe de". Os matizes significativos que esta preposição pode adquirir em contextos diversos derivarão sempre desse conteúdo significativo fundamental e das suas possibilidades de aplicação aos campos espacial, temporal ou nocional, com a presença ou a ausência de movimento.

3. Na expressão de relações preposicionais com ideia de movimento considerado globalmente, importa levar em conta um ponto limite (A), em referência ao qual o movimento será de aproximação (B → A) ou de afastamento (A → C):

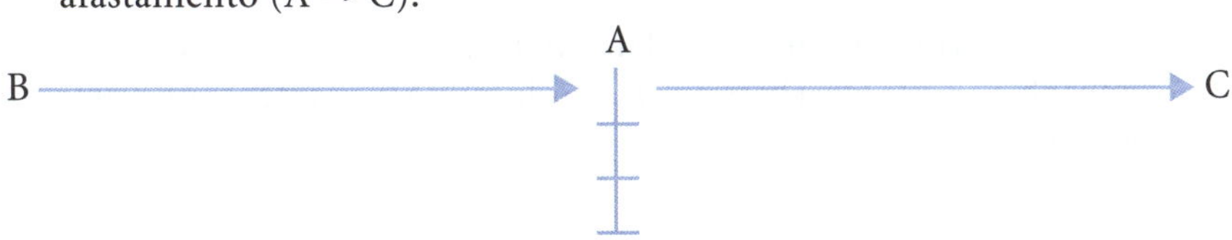

Vou **a** Roma.
Trabalharei **até** amanhã.
Foi **para** o Norte.

Venho **de** Roma.
Estou aqui **desde** ontem.
Saíram **pela** porta.

4. Recapitulando e sintetizando, podemos concluir que, embora as preposições apresentem grande variedade de usos, bastante diferenciados no discurso, é possível estabelecer para cada uma delas uma significação fundamental, marcada pela expressão de movimento ou de situação resultante (ausência de movimento) e aplicável aos campos espacial, temporal e nocional. Esquematizando:

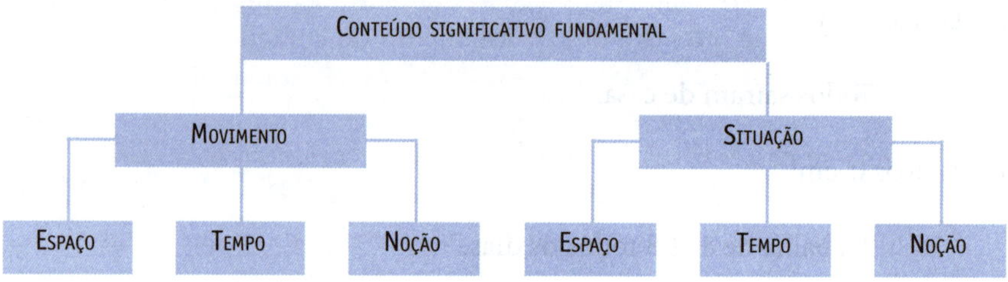

Esta subdivisão possibilita a análise do sistema funcional das preposições em português, sem que precisemos levar em conta os variados matizes significativos que podem adquirir em decorrência do contexto em que vêm inseridas.[1]

CONTEÚDO SIGNIFICATIVO E FUNÇÃO RELACIONAL

1. Comparando as frases

> Viajei **com** Pedro
> Concordo **com** você,

observamos que, em ambas, a PREPOSIÇÃO *com* tem como antecedente uma forma verbal (*viajei* e *concordo*), ligada por ela a um consequente, que, no primeiro caso, é um termo acessório (*com Pedro* = ADJUNTO ADVERBIAL) e, no segundo, um termo integrante (*com você* = OBJETO INDIRETO) da oração.

2. A PREPOSIÇÃO *com* exprime, fundamentalmente, a ideia de "associação", "companhia". E esta ideia básica, sentimo-la muito mais intensa no primeiro exemplo,

---

[1] Para a elaboração deste capítulo inspiramo-nos fundamentalmente nas obras de Bernard Pottier: *Systématique des éléments de relation. Etude de morphosyntaxe structurale romane.* Paris, Klincksieck, 1962; *Sobre la natureza del caso y la preposición* e *Espacio y tiempo en el sistema de las preposiciones*, estudos incluídos no livro *Linguistica moderna y filología hispánica*. Madrid, Gredos, p. 137-153. Na mesma linha é o ensaio de María Luísa López. *Problemas y métodos en el análisis de las preposiciones*. Madrid, Gredos, 1970.

Viajei **com** Pedro,

do que no segundo,

Concordo **com** você.

Aqui o uso da partícula *com* após o verbo *concordar*, por ser construção já fixada no idioma, provoca um esvaecimento do conteúdo significativo de "associação", "companhia", em favor da função relacional pura.

3. Costuma-se nesses casos desprezar o sentido da PREPOSIÇÃO, e considerá-la um simples elo sintático, vazio de conteúdo nocional.[2]
Cumpre, no entanto, salientar que as relações sintáticas que se fazem por intermédio de PREPOSIÇÃO OBRIGATÓRIA selecionam determinadas PREPOSIÇÕES exatamente por causa do seu significado básico.
Assim, o verbo *concordar* elege a PREPOSIÇÃO *com* em virtude das afinidades que existem entre o sentido do próprio verbo e a ideia de "associação" inerente a *com*.
O OBJETO INDIRETO, que em geral é introduzido pelas preposições *a* ou *para*, corresponde a um "movimento em direção a", coincidente com a base significativa daquelas preposições.

4. Completamente distinto é o caso do OBJETO DIRETO PREPOSICIONADO, em que o emprego de PREPOSIÇÃO não obrigatória transmite à relação um vigor novo, pois o reforço que advém do conteúdo significativo da preposição é sempre um elemento intensificador e clarificador da relação verbo-objeto:

Conhecer da natureza quanto seja mister, para adorar com discernimento **a Deus.**
(R. Barbosa, *EDS*, 653.)

Vejo Deus pelos teus olhos, Maria, e beijo **a Deus**, na tua face.
(Teixeira de Pascoaes, *OC*, VII, 91.)

[2] A respeito escreve Bernard Pottier, que tem sistematicamente combatido esta interpretação: "Até já se pôde dizer que há preposições que chegam a não ter significação (a propósito do *de* francês), o que não tem justificativa: se existe um morfema em uma língua, está ele condicionado e, portanto, desempenha um papel na *estrutura* da língua" (*Linguistica moderna y filología hispánica*, p. 145).

> — Duas blasfêmias, menina; a primeira é que não se deve amar **a ninguém** como **a Deus.**
>
> (Machado de Assis, *OC*, I, 662.)

5. Em resumo: a maior ou menor intensidade significativa da PREPOSIÇÃO depende do tipo de RELAÇÃO SINTÁTICA por ela estabelecida. Essa RELAÇÃO, como esclareceremos a seguir, pode ser FIXA, NECESSÁRIA OU LIVRE.

Relações fixas

Examinando as relações sintáticas estabelecidas, nas frases abaixo, pelas PREPOSIÇÕES marcadas em negrito:

> O rapaz entrou no café da Rua Luís **de** Camões.
>
> (C. Drummond de Andrade, *CB*, 30.)

> Necessariamente hão **de** vencer eles.
>
> (C. Castelo Branco, *OS*, I, 653.)

> Porém poesia não sai mais de mim senão de longe **em** longe.
>
> (M. de Andrade, *CMB*, 214.)

> — Então, sigo em frente até dar **com** eles.
>
> (A. Ribeiro, *V*, 438.)

verificamos que o uso associou de tal forma as PREPOSIÇÕES a determinadas palavras (ou grupo de palavras), que esses elementos não mais se desvinculam: passam a constituir um todo significativo, uma verdadeira palavra composta.

Nesses casos, a primitiva função relacional e o sentido mesmo da PREPOSIÇÃO se esvaziam profundamente, vindo a preponderar tanto na organização da frase como no valor significativo o conjunto léxico resultante da fixação da relação sintática preposicional.

Em *dar com* (= "topar"), por exemplo, a preposição, fixada à forma verbal, não lhe acrescenta apenas novos matizes conotativos, mas altera-lhe a própria denotação.

Relações necessárias

Nas orações:

> — Eu já nem me lembro **de** nada...
>
> (M. Torga, *NCM*, 49.)

— Foi vontade **de** Deus.
(G. Ramos, *SB*, 129.)

Ontem fui **a** Cambridge.
(U. Tavares Rodrigues, *JE*, 135.)

Um magro procurava saber se a minha roupa preta tinha sido feita **por** alfaiate.
(J. Lins do Rego, *D*, 23.)

as preposições relacionam ao termo principal um consequente sintaticamente necessário:

lembro-me **de** nada (verbo + objeto indireto)
vontade **de** Deus (substantivo + complemento nominal)
fui **a** Cambridge (verbo + adjunto adverbial necessário)[3]
feita **por** alfaiate (particípio + agente da passiva)

Em tais casos, intensifica-se a função relacional das preposições com prejuízo do seu conteúdo significativo, reduzido, então, aos traços característicos mínimos.

Daí o relevo, no plano expressivo, da relação sintática em si.

Relações livres

A comparação dos enunciados:

Encontrar **com um amigo.**
Encontrar **um amigo**.
Procurar **por alguém**.
Procurar **alguém.**

[3] A *Nomenclatura Gramatical Brasileira* não distingue os advérbios e locuções adverbiais de valor puramente acidental dos que são necessários ao entendimento da oração. Considera, pois, ADJUNTO ADVERBIAL, ou seja um termo acessório dela, o COMPLEMENTO DIRECIONAL que aparece em frases como *Fui a Cambridge, Vim de Lisboa, Voltei do colégio*. Julgamos que a *Nomenclatura* deve ser revista neste ponto e que Antenor Nascentes tem razão quando afirma que, "tratando-se de verbos intransitivos de movimento, o complemento de direção não pode ser considerado elemento meramente acessório" (*O problema da regência*, 2.ª ed., Rio de Janeiro, Freitas Bastos, 1960, p. 17-18).

mostra-nos que a presença da PREPOSIÇÃO (possível, mas não necessária sintaticamente) acrescenta, às relações que estabelece, as ideias de "associação" (*com*) e de "movimento que tende a completar-se numa direção determinada" (*por*).

O emprego da PREPOSIÇÃO em relações livres é, normalmente, recurso de alto valor estilístico, por assumir ela na construção sintática a plenitude de seu conteúdo significativo.

VALORES DAS PREPOSIÇÕES

A

1. *Movimento* = direção a um limite:

a) no espaço:

> Do Leme **ao** Posto 6, a viagem é proporcionada aos recursos menores de que disponho.
>
> (C. Drummond de Andrade, *CB*, 40.)

> Rompo **à** frente, tomo a mão esquerda.
>
> (A. Ribeiro, *M*, 59.)

> Nunca tinha visto com bons olhos aquelas idas do alferes **à** casa de nhá Venância.
>
> (M. Ferreira, *HB*, 71.)

b) no tempo:

> — Daqui **a** uma semana o senhor vai lá em casa.
>
> (C. Drummond de Andrade, *BV*, 18.)

> Lá de ano **a** ano é que vinha procurá-la.
>
> (M. Torga, *B*, 30.)

> Daí que de tempos **a** tempos tenha de dar-se uma nova ruptura, que apanhe desprevenida a norma retificadora.
>
> (F. Namora, *E*, 64.)

c) na noção:

> A sua vida com o marido vai de mal **a** pior.
>
> (J. Paço d'Arcos, *CVL*, 937.)

Aquele trabalho em dia destinado **a** descanso causava má impressão e censuravam-no por ali com certo azedume.
(R. M. F. de Andrade, *V*, 133.)

A prova estava em que durante os nossos encontros nunca deixara entrever tendência **ao** mal.
(Ribeiro Couto, *C*, 148.)

2. *Situação* = coincidência, concomitância:

a) no espaço:

Santos cumpriu tudo **à** risca.
(Machado de Assis, *OC*, I, 1928.)

O que está **ao** pé é igual ao que está **ao** longe.
(V. Ferreira, *NN*, 43.)

A mulher adormeceu **ao** seu lado.
(N. Piñon, *SA*, 146.)

Meu pai, **à** cabeceira, saboreava a goles extensos a alegria dos convivas.
(Machado de Assis, *OC*, I, 431.)

b) no tempo:

À sobremesa, antes que ele pedisse, o garçom trouxe as garrafas e a taça.
(C. Drummond de Andrade, *CB*, 20.)

Ao entardecer, avistei uma povoação...
(C. Castelo Branco, *OS*, I, 164.)

A tantos de novembro houve breves períodos de calmaria intermitente.
(M. Lopes, *FVL*, 118.)

c) na noção:

Amanhã, **a** frio, poderei dizer-te o contrário.
(Pepetela, *M*, 182.)

— Não podemos gastar dinheiro **à** toa.
(O. Lins, *FP*, 157.)

Os outros dois também não pareciam mais **à** vontade.
(Alves Redol, *BC*, 203.)

ANTE

Situação = anterioridade relativa a um limite:

a) no espaço:

Foi pelo corredor fora quase pé **ante** pé, para não acordar os filhos.
(U. Tavares Rodrigues, *PC*, 160.)

Parou **ante** o corpo de sua mãe que esfriava lentamente nas extremidades.
(A. M. Machado, *HR*, 194.)

A imagem de Carlos Maria veio postar-se **ante** ela, com os seus grandes olhos de espectro querido e aborrecido.
(Machado de Assis, *OC*, I, 646.)

b) no tempo (substituída por *antes de*):

Tenho de estar de volta **antes d**as sete horas.
(M. J. de Carvalho, *AV*, 84.)

Antes de chegar lá parou e voltou-se para mim com as mãos a tapar a boca.
(L. B. Honwana, *NMCT*, 15.)

Antes de seguir, hei de escrever-te outra vez.
(E. da Cunha, *OC*, II, 668.)

c) na noção:

Ante a súbita ideia, Alberto hesitou.
(Ferreira de Castro, *OC*, I, 265.)

Ante a nova aliança daqueles territórios soberanos, o povo manifestou-se aos gritos.
(N. Piñon, *SA*, 25.)

Ante a recordação de todas elas, esforça-se o poeta por mostrar-se equânime, generoso mesmo.
(D. Mourão-Ferreira, *HL*, 249.)

APÓS

Situação = posterioridade relativamente a um limite próximo. No discurso, pode adquirir o efeito secundário de "consequência":
a) no espaço:

Seguiam logo **após do** capitão-mor.
(José de Alencar)

Após eles, iam ficando medas de cereal, restolhos — uma terra saqueada.
(F. Namora, *TJ*, 152.)

Luzia foi subindo **após** eles, sem esforço, lentamente, até a primeira volta da ladeira.
(D. Olímpio, *LH*, 274.)

Enxota Ardila **após** as mulheres.
(M. da Fonseca, *SV*, 221.)

b) no tempo:

Após meia hora de caminho, vislumbrou a luz amortecida no cimo do cerro do Valmurado.
(M. da Fonseca, *SV*, 164.)

Após a afirmativa, o Gigi lembrou-se da alegria dos colegas e começou a pular, a gritar.
(A. Santos, *K*, 31.)

Após alguns momentos, levantou-se grave, a fisionomia desfeita, e se dirigiu à mãe.
(A. M. Machado, *HR*, 267.)

ATÉ

Movimento = aproximação de um limite com insistência nele:

a) no espaço:

> Arrastou-se **até** ao quarto.
> (U. Tavares Rodrigues, *PC*, 160.)

> Subiu o Quembo **até** chegar ao Contuba.
> (Pepetela, *AN*, 16.)

> Macambira adiantou-se **até** a acácia, sentou-se no banco.
> (Coelho Netto, *OS*, I, 1237.)

b) no tempo:

> Saúde eu tenho, mas não sei se serei Ministro **até** a semana que vem.
> (C. Drummond de Andrade, *CB*, 121.)

> Todos passaram a dar-lhe a dignidade que lhe negavam **até** ali.
> (M. Torga, *CM,* 96.)

> **Até** meados do mês ventou.
> (M. Lopes, *FVL*, 63.)

Observações:

1.ª) No português moderno, esta preposição, quando rege substantivo acompanhado de artigo, pode vir, ou não, seguida da preposição *a*:

> Ir ao Porto ou, com mais calor familiar, ir **até ao Porto** ou ir **até o Porto**, é sempre uma festa para o duriense — até nos casos em que a festa envolve necessidade.
> (J. de Araújo Correia, *PP*.)

Pode-se dizer que, de um modo geral, o português europeu usa, atualmente, *até* com a preposição *a*, ao passo que no português do Brasil há uma sensível preferência para a outra construção, a de *até* diretamente ligada ao termo regido.

2.ª) Cumpre distinguir a preposição *até*, que indica movimento, da palavra de forma idêntica, denotadora de inclusão, que estudamos à página 566. Quanto à diferença de construção de uma e outra com o pronome pessoal, leia-se o que escrevemos na p. 314.

COM

Situação = adição, associação, companhia, comunidade, simultaneidade. Em certos contextos, pode exprimir as noções de modo, meio, causa, concessão:

a) na noção:

> Rir dos outros é sinal de pobreza de espírito. Deve-se rir **com** alguém, não de alguém, como dizia Dickens.
> (G. Amado, *DP*, 254.)

> — Vou amanhã de manhã **com** o Rocha.
> (Castro Soromenho, *TM*, 242.)

> A proposta foi recebida **com** reserva.
> (C. Drummond de Andrade, *CB*, 125.)

> Saio do hotel **com** o sol já alto.
> (U. Tavares Rodrigues, *JE*, 273.)

CONTRA

Movimento = direção a um limite próximo, direção contrária. A noção de oposição, hostilidade, é um efeito secundário de sentido decorrente do contexto:

a) no espaço:

> Aturdida, a rapariga aperta-se **contra** ele.
> (Alves Redol, *MB*, 329.)

> Maria projetou o corpo **contra** a parede do celeiro e desviou a cara.
> (L. B. Honwana, *NMCT*, 51.)

> Eu castigava a mão **contra** o meu próprio rosto
> E **contra** a minha sombra erguia a lança em riste...
> (O. Bilac, *T*, 175.)

b) na noção:

> Era assim, caudalosamente, que os garotos reagiam **contra** alguém que punha desconfiança nas histórias do Choa.
> (A. Santos, *K*, 16.)

> Revoltei-me **contra** o seu despotismo e não esperei por ele.
> (Branquinho da Fonseca, *B*, 66.)

> Começaram a surgir argumentos **contra** eles.
> (A. Peixoto, *RC*, 259.)

DE

Movimento = afastamento de um ponto, de um limite, procedência, origem. As noções de causa, posse, etc., daí derivadas, podem prevalecer em razão do contexto[4]:

a) no espaço:

> Vinha **de** longe o mar...
> Vinha **de** longe, **d**os confins do medo...
> (M. Torga, *API*, 65.)

> O silêncio sobe **d**a terra magoada,
> O silêncio desce **d**o céu luminoso.
> (E. Moura, *IP*, 25.)

> O Tonecas e o Neco tinham chegado **d**a Floresta, com as gaiolas de bordão, e explicavam algo, excitados.
> (A. Santos, *K*, 17.)

b) no tempo:

> Roma fala **d**o passado ao presente.
> (A. A. de Melo Franco, *AR*, 27.)

> Como pudera desaparecer **de** um momento para outro?
> (J. Montello, *LD*, 199.)

> O comissário partiu **de** manhã com um pequeno grupo.
> (Pepetela, *M*, 75.)

c) na noção:

> Mais do que a sombra **d**o teu vulto, vi
> o claro outrora **d**o teu riso largo...
> (A. Renault, *LSL*, XLVI.)

[4] Sobre as múltiplas e matizadas noções que esta preposição pode assumir no discurso, veja-se, especialmente, Sousa da Silveira. *Sintaxe da preposição* de. Rio de Janeiro, Simões, 1951.

Ela vem falar **d**a agricultura, isto é, **d**a atividade fundamental **d**o seu grupo, que nela assenta a defesa **de** todos os seus valores, materiais e morais.

(A. Margarido, *ELNA*, 317.)

Lá dentro, as discípulas recomeçam o barulho **d**o trabalho, **d**os risos e cantigas.

(Luandino Vieira, *L*, 15.)

DESDE

Movimento = afastamento de um limite com insistência no ponto de partida (intensivo de *de*):

a) no espaço:

Desde longe, sob o céu limpo de nuvens, a intensa claridade arroxeada do poente, irradia como uma assombração.

(M. da Fonseca, *SV*, 204.)

Desde o Luita ao posto, ou seja ao rio Cuílo, toda essa planície pode dizer-se que era uma só senzala.

(Castro Soromenho, *C*, 224.)

Dessa calamidade partilharam todas as regiões banhadas pelo Atlântico **desde** as Flandres até o estreito de Gibraltar.

(J. Cortesão, *FDFP*, 28.)

Esse maciço dos Andes, esse compridíssimo levantamento da crosta da terra, próximo ao Oceano Pacífico, vem **desde** a Patagônia até o Alasca.

(Monteiro Lobato, *GDB*, 107.)

b) no tempo:

— Já a trago debaixo de olho **desde** o Santo Antônio.

(M. Torga, *V*, 21.)

Desde o ano passado guardara essa mágoa.

(A. M. Machado, *HR*, 272.)

O céu azul não tinha nuvens e **desde** manhãzinha a cidade estava debaixo de um calor asfixiante.

(Luandino Vieira, *VVDX*, 53.)

EM

1. *Movimento* = superação de um limite de interioridade; alcance de uma situação dentro de:

a) no espaço:

> A notícia corria a medo, de casa **em** casa, provocando a fuga de muita gente.
>
> (Adonias Filho, *F*, 36.)

> Os Garcias entraram **em** casa calados.
>
> (V. Nemésio, *MTC*, 194.)

> Os serventes caminhavam **em** todas as direções transportando padiolas de cimento.
>
> (A. Santos, *K*, 56.)

b) no tempo:

> Nazário visitava-as de quando **em** quando.
>
> (Coelho Netto, *OS*, I, 81.)

> A cicatriz da testa pusera-se mais vermelha e mexia-se de vez **em** quando; também de vez **em** quando ele cerrava os punhos num sinal de desespero.
>
> (Alves Redol, *MB*, 178.)

c) na noção:

> Meu ser desfolha-se **em** íntimas lembranças, que revivem...
>
> (Teixeira de Pascoaes, *OC*, VII, 140.)

> E a lagoa entrou **em** festa.
>
> (A. M. Machado, *JT*, 21.)

> D. Jovita embuchava e fervia **em** ira, as faces afogueadas, os olhos duros.
>
> (Castro Soromenho, *TM*, 125-6.)

2. *Situação* = posição no interior de, dentro dos limites de, em contato com, em cima de:

a) no espaço:

> Um gato vive um pouco **nas** poltronas, **no** cimento ao sol, **no** telhado sob a lua.
>
> (C. Drummond de Andrade, *CB*, 43.)

> Trazia **no** sangue
> O calor humano da amizade.
>
> (Agostinho Neto, *SE*, 106.)

> Ângelo estava estirado **na** casa.
>
> (V. Nemésio, *MTC*, 124.)

b) no tempo:

> Tudo aconteceu **em** 24 horas.
>
> (C. Drummond de Andrade, *CB*, 125.)

> **Em** 1815 voltou meu pai.
>
> (C. Castelo Branco, *OS*, I, 183.)

> — Sabe quanto custava, **em** quarenta e um, um quilo de uvas?...
>
> (Luandino Vieira, *NANV*, 102.)

c) na noção:

> Somos muitos Severinos
> Iguais **em** tudo e **na** sina.
>
> (J. Cabral de Melo Neto, *DA*, 172.)

> Pareceu-lhe que toda a povoação estava **em** chamas.
>
> (Castro Soromenho, *TM*, 255.)

> Um vasto silêncio de cúpulas, de largas superfícies nuas, afoga-me **em** pesadelo.
>
> (V. Ferreira, *A*, 239.)

ENTRE

Situação = posição no interior de dois limites indicados, interioridade:

a) no espaço:

Convém intercalar este capítulo **entre** a primeira oração e a segunda do capítulo CXXIX.

(Machado de Assis, *OC*, I, 531.)

Os seus olhos encontraram-se com a máscara que estava pendurada na parede **entre** duas lanças.

(Castro Soromenho, *V*, 190.)

Entrou a criada com uma travessa onde fumegava um galo assado, **entre** batatas loiras.

(Branquinho da Fonseca, *B*, 37.)

b) no tempo:

Todos os barcos se perdem
entre o passado e o futuro.

(C. Meireles, *OP*, 37.)

A terra nativa lá continuava ainda a acenar. Mas a alma dele ia-se dividindo **entre** o passado e o presente, escanchada sobre o oceano.

(M. Torga, *TU*, 47.)

— O instante **entre** as lágrimas
e o respeito.
Entre a memória
e o primeiro passo
do depois!

(F. Costa Andrade, *NVNT*, 23.)

c) na noção:

Entre o sonho e o desejo
quando nos veremos,
tarde ou cedo?

(Agostinho Neto, *SE*, 111.)

Prossiga ela sempre dividida
entre compensações e desenganos.

(V. de Morais, *LS*, 74.)

PARA

Movimento = tendência para um limite, finalidade, direção, perspectiva. Distingue-se de *a* por comportar um traço significativo que implica maior destaque do ponto de partida com predominância da ideia de direção sobre a do término do movimento:

a) no espaço:

> Agora, não lhe interessava ir **para** o Huamba.
> (Castro Soromenho, *TM*, 200.)

> Eu ia arrastado não sabia **para** onde, ele ia levado **para** onde o chamava a obsessão.
> (Branquinho da Fonseca, *B*, 65.)

> Quando meu Pai deixou Juiz de Fora e mudou-se **para** o Rio veio morar com suas irmãs.
> (P. Nava, *BO*, 335.)

b) no tempo:

> Caindo o sol, a costureira dobrou a costura, **para** o dia seguinte.
> (Machado de Assis, *OC*, II, 538.)

> — Quando está melhor, quando vai descer à rua, padre?
> — Lá **para** o fim da semana.
> (A. Abelaira, *BI*, 35.)

> O nordeste, de um momento **para** outro, varreu as nuvens em direção ao Sul.
> (M. Lopes, *FVL*, 118.)

c) na noção:

> Deram-lhe o formulário **para** preencher à máquina e reconhecer a firma.
> (C. Drummond de Andrade, *CB*, 111.)

> Cala-se **para** não mentir.
> (A. Abelaira, *BI*, 95.)

Se trazia qualquer coisa, trazia também assunto **para** conversa.
(M. Lopes, *FVL*, 185.)

PERANTE

Situação = posição de anterioridade relativamente a um limite, presença, confronto (intensivo de *ante*):

a) no espaço:

Permaneceu calada **perante** o olhar escuro de Leonardo.
(A. Abelaira, *CF*, 228.)

— Perderias totalmente o prestígio **perante** eles.
(Pepetela, *M*, 142.)

Poupando-o, queriam colocá-lo mal **perante** companheiros que tinham gramado cadeia.
(C. dos Anjos, *M*, 47.)

b) na noção:

Um arrependimento tardio, **perante** o irremediável.
(U. Tavares Rodrigues, *PC*, 151.)

Perante a grandeza e o poder do Céu, a esperança era o melhor compromisso dos homens para com a vida.
(M. Lopes, *FVL*, 14.)

Vejo a sua trêmula palidez, à luz da lua nova, e o seu aspecto desgrenhado, **perante** o mistério e a dor.
(Teixeira de Pascoaes, *OC*, VII, 77.)

POR (PER)

1. *Movimento* = percurso de uma extensão entre limites, através de, duração:

a) no espaço:

Vai-se **por** aí devagarinho.
(Coelho Netto, *OS*, I, 217.)

Pela quinta, ia um movimento desabitual.
(C. de Oliveira, *CD*, 56.)

A rapariga arrastou-se **pel**o capim, fugindo devagarinho.
(L. B. Honwana, *NMCT*, 93.)

b) no tempo:

Daqui **por** seis meses quero beber água dele.
(Alves Redol, *BC*, 267.)

Mas a permanência em casa do nortista me parecia intolerável **por** muito tempo.
(R. M. F. de Andrade, *V*, 146.)

Devorou-o **por** semanas uma febre ligeira, mas impertinente.
(R. Pompeia, *A*, 235.)

c) na noção:

Este lia os jornais, artigo **por** artigo, pontuando-os com exclamações, com gestos de ombros, com uma ou duas pancadinhas na mesa.
(Machado de Assis, *OC*, II, 535.)

A sua morte porém era caprichosa, queria comer a presa devagar, pedaço **por** pedaço, sem pressa, sem precipitação.
(J. Lins do Rego, *U*, 300.)

A noite desfê-los, um **por** um, logo que os vultos se curvaram sobre os degraus das rochas.
(F. Namora, *NM*, 147.)

2. *Situação* = resultado do movimento de aproximação a um limite:
a) no espaço:

Por cima delas, lá em cima, perto da lâmpada do teto, a cara fitava-me, atenta, sorrindo satisfeita.
(L. B. Honwana, *NMCT*, 54.)

— Vai de calção **por** baixo.
(F. Sabino, *EM*, 101.)

b) no tempo:

Pelo crepúsculo, a chuvada esmoreceu.
(C. de Oliveira, *CD*, 169.)

Era **pel**os anos de 1861 ou 1862.
(Machado de Assis, *OC*, II, 585.)

Pela madrugada, a ventania vibra com um fragor subterrâneo de sentimentos à solta.
(M. da Fonseca, *SV*, 202.)

c) na noção:

Volto-me **por** acaso.
(U. Tavares Rodrigues, *JE*, 168.)

— Estou preso; antes que te digam que **por** alguma indignidade, previno: **por** ter dado uma lição ao Malheiro.
(R. Pompeia, *A*, 146.)

Por ti ardem círios.
(Luandino Vieira, *NM*, 55.)

SEM

Situação = subtração, ausência, desacompanhamento:
a) na noção:

É próprio do gato sair **sem** pedir licença, voltar **sem** dar satisfações.
(C. Drummond de Andrade, *CB*, 43.)

O sol subia no céu azul **sem** nuvens.
(Luandino Vieira, *VVDX*, 16.)

Sem o espírito de simpatia, tudo se amesquinha e diminui.
(M. Torga, *P*, 120.)

SOB

Situação = posição de inferioridade em relação a um limite (no sentido concreto ou no figurado):
a) no espaço:

Sob um céu nórdico, opalino, cruzavam-se as gaivotas.
(U. Tavares Rodrigues, *JE*, 150.)

O vento da noite roçava sombras duplas gemendo docemente, **sob** uma chuva de jasmins-do-cabo.
(P. Nava, *BO*, 158.)

Sob a camisa, a água escorre-lhe para o peito e para as costas.
(M. da Fonseca, *SV*, 244.)

b) no tempo:

Sob os Filipes, os Ramires, amuados, bebem e caçam nas suas terras.
(Eça de Queirós, *O*, I, 1157.)

A Companhia só voltou a se instalar no Brasil em 1841, **sob** Pedro II Imperador.
(A. A. de Melo Franco, *AR*, 359.)

Sob D. Manuel floresceram as artes e as letras em Portugal como **sob** Leão X na Itália.
(Caldas Aulete, *DCLP*, s.v.)

c) na noção:

Sob o aspecto faunístico, o Novo Mundo trouxe grande decepção aos seus descobridores.
(G. Cruls, *HA*, 95.)

Sob certos aspectos, foi ele, não há dúvida, "o último lusíada".
(D. Mourão-Ferreira, *HL*, 161.)

Mas o tempo arrasta-se, afunda-o de novo **sob** o revolutear dos pensamentos.
(M. da Fonseca, *SV*, 229.)

SOBRE

Situação = posição de superioridade em relação a um limite (no sentido concreto ou no figurado), com contato, com aproximação, ou com alguma distância; tempo aproximado:

a) no espaço:

Veio a criada e pôs quatro taças **sobre** a mesa.
(Branquinho da Fonseca, *B*, 46.)

Considerai o espaço imenso a vossos pés e **sobre** vossa cabeça.
(A. Arinos, *OC*, 748.)

Cruzou os braços **sobre** o peito e apertou as mãos às costas.
(L. B. Honwana, *NMCT*, 51.)

b) no tempo:

Entrementes foi acabando o ano e já era **sobre** o Natal.
(Simões Lopes Neto, *CGLS*, 255.)

Sobre tarde descíamos à praia ou íamos ao Passeio Público, fazendo ele os seus cálculos, eu os meus sonhos.
(Machado de Assis, *OC*, I, 838.)

Sobre a madrugada o sipaio Tipoia chegou às imediações da aldeia do capita Oxenda.
(Castro Soromenho, *V*, 147.)

c) na noção:

Pouco de preciso se conhece **sobre** a distribuição dos Lusitanos no território.
(J. Cortesão, *FDFP*, 35.)

Preferiu, porém, tomar a sopa inteirinha, antes de me interpelar **sobre** o que pretendia.
(R. M. F. de Andrade, *V*, 122.)

Conversavam alegremente **sobre** os acontecimentos do dia.
(A. Santos, *K*, 15.)

TRÁS

A PREPOSIÇÃO *trás*, que indica situação posterior, arcaizou-se. Na língua atual é substituída pelas locuções *atrás de* e *depois de*; mais raramente, por sua sinônima *após*.

O sentido originário desta preposição era "além de", que subsiste nos compostos *Trás-os-Montes* e *trasanteontem*.

Capítulo 16

Conjunção

CONJUNÇÃO COORDENATIVA E SUBORDINATIVA

1. CONJUNÇÕES são os vocábulos gramaticais que servem para relacionar duas orações ou dois termos semelhantes da mesma oração.
   As CONJUNÇÕES que relacionam termos ou orações de idêntica função gramatical têm o nome de COORDENATIVAS. Comparem-se os seguintes dizeres:

   > O tempo **e** a maré não esperam por ninguém.
   > Ouvi primeiro **e** falai por derradeiro.

   Denominam-se SUBORDINATIVAS as CONJUNÇÕES que ligam duas orações, uma das quais determina ou completa o sentido da outra. Comparem-se:

   > Eram três da tarde **quando** cheguei às arenas romanas.
   > (U. Tavares Rodrigues, *JE*, 183.)

   > Pediram-me **que** definisse o Arpoador.
   > (C. Drummond de Andrade, *CB*, 106.)

2. Compreende-se facilmente a diferença entre as conjunções coordenativas e as subordinativas quando se comparam construções de orações a construções de nomes.
   Assim, nestes enunciados,

Estudar **e** trabalhar	O estudo **e** o trabalho
Estudar **ou** trabalhar	O estudo **ou** o trabalho

vê-se que a CONJUNÇÃO COORDENATIVA não se altera com a mudança de construção, pois liga elementos independentes, estabelecendo entre eles relações de adição, no primeiro caso, e de igualdade ou de alternância, no segundo. Já nos enunciados seguintes,

> **Depois que** tiveres estudado, podes trabalhar
> **Após** o estudo, o trabalho

observa-se a dependência do primeiro elemento ao segundo.
No último exemplo, em lugar da conjunção subordinativa (*depois que*), aparece uma preposição (*após*), indicadora da dependência de um termo da oração a outro.

CONJUNÇÕES COORDENATIVAS

Dividem-se as CONJUNÇÕES COORDENATIVAS em:

1. ADITIVAS, que servem para ligar simplesmente dois termos ou duas orações de idêntica função. São as conjunções *e*, *nem* [= e não]:

> Leonor voltou-se **e** desfaleceu.
> (G. Ramos, *I*, 81.)

> Ele não me agradece, **nem** eu lhe dou tempo.
> (F. Botelho, *X*, 41.)

2. ADVERSATIVAS, que ligam dois termos ou duas orações de igual função, acrescentando-lhes, porém, uma ideia de contraste: *mas*, *porém*, *todavia*, *contudo*, *no entanto*, *entretanto*:

> Apetece cantar, **mas** ninguém canta.
> (M. Torga, *CH*, 44.)

> Não havia muitas casas — nenhum edifício de apartamentos, **porém** sobravam grandes, extensos terrenos baldios.
> (A. F. Schmidt, *AP*, 20.)

3. ALTERNATIVAS, que ligam dois termos ou orações de sentido distinto, indicando que, ao cumprir-se um fato, o outro não se cumpre. São as conjunções *ou* (repetida ou não) e, quando repetidas, *ora*, *quer*, *seja*, *nem*, etc.:

O Antunes das duas uma: **ou** não compreendia bem **ou** não ouvia nada do que lhe dizia o seu companheiro.
(Almada Negreiros, *NG*, 19.)

Ora lia, **ora** fingia ler para impressionar aos demais passageiros.
(A. F. Schmidt, *AP*, 74.)

4. Conclusivas, que servem para ligar à anterior uma oração que exprime conclusão, consequência. São: *logo*, *pois*, *portanto*, *por conseguinte*, *por isso*, *assim*, etc.:

Conheci, **pois**, Ari Ferreira, quando comecei a trabalhar em Clínica Médica, **portanto** em 1924.
(P. Nava, *BM*, 329.)

Nas duas frases a experiência é a mesma. Na primeira não instrui, **logo** prejudica.
(Almada Negreiros, *NG*, 150.)

5. Explicativas, que ligam duas orações, a segunda das quais justifica a ideia contida na primeira. São as conjunções *que*, *porque*, *pois*, *porquanto*, em exemplos como:

Vamos comer, Açucena, **que** estou morrendo de fome.
(Adonias Filho, *LP*, 109.)

Dorme cá, **pois** quero mostrar-lhe as minhas fazendas.
(A. Ribeiro, *M*, 43.)

Posição das conjunções coordenativas

1. Das conjunções coordenativas, apenas *mas* aparece obrigatoriamente no começo da oração; *porém*, *todavia*, *contudo*, *entretanto* e *no entanto* podem vir no início da oração ou após um dos seus termos:

É noite, **mas** toda a noite se pesca.
(R. Brandão, *P*, 139.)

A igreja também era velha, **porém** não tinha o mesmo prestígio.
(C. Drummond de Andrade, *CA*, 200.)

Este último período poderia ser também enunciado:

> A igreja também era velha; não tinha, **porém**, o mesmo prestígio.
> A igreja também era velha; não tinha o mesmo prestígio, **porém.**

2. *Pois*, quando CONJUNÇÃO CONCLUSIVA, vem sempre posposta a um termo da oração a que pertence:

> Era, **pois**, um homem de grande caráter e foi, **pois**, também um grande estilista.
> (J. Ribeiro, *PE*, 17.)

> Para ali estavam, **pois**, horas sem conto, esperando, inutilmente, ludibriarem-se a si próprios.
> (F. Namora, *CS*, 83.)

3. As CONCLUSIVAS *logo*, *portanto* e *por conseguinte* podem variar de posição, conforme o ritmo, a entoação, a harmonia da frase.

Valores particulares

Certas CONJUNÇÕES COORDENATIVAS podem, no discurso, assumir variados matizes significativos de acordo com a relação que estabelecem entre os membros (palavras e orações) coordenados.

1. *E*[1], por exemplo, pode:
a) ter valor adversativo:

> Tanto tenho aprendido **e** não sei nada.
> (F. Espanca, *S*, 61.)

> Era M. C. um homem feio **e** extremamente inteligente.
> (A. F. Schmidt, *GB*, 246.)

---

[1] A propósito dos valores que esta conjunção assume no discurso, consultem-se Rocha Lima. Em torno da conjunção "e". *Studia*, *9*, 87-96, 1979; *10*: 117-126, 1980; Adriano da Gama Kury. A valorização estilística da conjunção "e" em Graciliano Ramos. In *Miscelânea em honra de Rocha Lima.* Rio de Janeiro, Colégio Pedro II, 1980, p. 35-44; M. Rodrigues Lapa. *Estilística da língua portuguesa*, 4.ª ed., Rio de Janeiro, Acadêmica, 1965, p. 201-205.

A conjunção coordenativa *e*, por exemplo, pode ter valor adversativo, fronteiriço (próximo), por vezes, do valor concessivo. fronteiriço, por vezes, do concessivo:

> Torço as orelhas **e** não dão sangue.
> (A. Peixoto, *RC*, 451.)

> Fui, como as ervas, **e** não me arrancaram.
> (F. Pessoa, *OP*, 328.)

b) indicar uma consequência, uma conclusão:

> Qualquer movimento, **e** será um homem morto.
> (Adonias Filho, *LP*, 26.)

> Embarco amanhã, **e** venho dizer-lhe adeus.
> (M. Torga, *CM*, 51.)

c) expressar uma finalidade:

> Ia decorá-la **e** transmiti-la ao irmão e à cachorra.
> (G. Ramos, *VS*, 84.)

> No elevador, em frente ao espelho, levou um lenço aos olhos **e** retocou a pintura.
> (Sttau Monteiro, *APJ*, 184.)

d) ter valor consecutivo:

> Esperei mais algumas palavras. Não vieram — **e** saí desapontado.
> (G. Ramos, *I*, 62.)

> Estou sonhando, **e** não quero que me acordem.
> (C. Castelo Branco, *QA*, 203.)

e) introduzir uma explicação enfática:

> Você ignora que quem os cose sou eu, **e** muito eu.
> (Machado de Assis, *OC*, II, 538.)

> Que perdoava tudo, menos que lhe mordessem na reputação das filhas. Estavam casadas, **e** muito bem casadas.
> (M. Torga, *CM*, 99.)

f) iniciar frases de alta intensidade afetiva, com o valor próximo ao de interjeições:

> — El-rei preso! **E** não se levanta este Minho a livrá-lo!...
> (C. Castelo Branco, *BP*, 170.)

> — **E** os críticos! **E** os leitores! **E** a glória! Esgaravataram tudo, rasparam tudo, recolheram todas as minhas sobras, pensaram tudo por mim, não me deixam respirar.
> (A. Meyer, *MA*, 237.)

g) facilitar a passagem de uma ideia a outra, mesmo que não relacionadas, quando vem repetido ritmicamente em fórmulas paralelísticas que imitam o chamado estilo bíblico:

> **E** a minha terra se chamará a terra de Jafé, **e** a tua se chamará a terra de Sem; **e** iremos às tendas um do outro, e partiremos o pão da alegria e da concórdia.
> (Machado de Assis, *OC*, II, 302.)

2. *Mas* é outra partícula que apresenta múltiplos valores afetivos.[2] Além da ideia básica de oposição, de contraste, pode exprimir, por exemplo, as:

a) de restrição:

> Continuou a conversa interrompida com a senhora gorda, que tinha muitos brilhantes, **mas** uma terrível falta de ouvido, porque não se pode ter tudo.
> (M. J. de Carvalho, *PSB*, 145.)

> — Vai, se queres, disse-me este, **mas** temporariamente.
> (Machado de Assis, *OC*, I, 547.)

b) de retificação:

---

[2] Sobre os valores desta conjunção, leiam-se Sousa da Silveira. *Lições de português*, 8.ª ed., Rio de Janeiro, Livros de Portugal, 1972, p. 240-245; M. Rodrigues Lapa. *Estilística da língua portuguesa*, p. 205-208; C. Coelho Pereira Leite. A linguagem: um jogo de valores. In *Actas del XI Congreso Internacional de Linguistica y Filología Románicas*, I, Madrid, C.S.I.C., 1968, p. 245-254. Sobre o *mas* empregado como palavra de situação, veja-se o que dissemos no capítulo 14.

Eram mãos nuas, quietas, essas mãos; serenas, modestas e avessas a qualquer exibicionismo. **Mas** não acanhadas, isso nunca.

(M. J. de Carvalho, *PSB*, 138.)

— O major, hoje, parece que tem uma ideia, um pensamento muito forte.

— Tenho, filho, não de hoje, **mas** de há muito tempo.

(Lima Barreto, *TFPQ*, 94.)

c) de atenuação ou compensação:

Vinha um pouco transtornado, **mas** dissimulava, afetando sossego e até alegria.

(Machado de Assis, *OC*, I, 541.)

Uma luz bruxuleante **mas** teimosa continuava a brilhar nos seus olhos.

(M. Torga, *V*, 252.)

d) de adição:

Anoitece, **mas** a vida não cessa.

(R. Brandão, *P*, 150.)

Era bela, **mas** principalmente rara.

(Machado de Assis, *OC*, I, 639.)

e outras mais.

É particularmente importante o emprego desta conjunção (assim como o de *porém*) para mudar a sequência de um assunto, geralmente com o fim de retomar o fio do enunciado anterior que ficara suspenso. Assim:

Mas continua. Não te esqueças do que estavas a contar.

(D. Mourão-Ferreira, *I*, 69.)

Mas os dias foram passando.

(J. Lins do Rego, *U*, 16.)

Um dia, **porém**, o Duro regressou à terra.

(M. Torga, *CM*, 131.)

CONJUNÇÕES SUBORDINATIVAS

1. As CONJUNÇÕES SUBORDINATIVAS classificam-se em CAUSAIS, CONCESSIVAS, CONDICIONAIS, FINAIS, TEMPORAIS, COMPARATIVAS, CONSECUTIVAS e INTEGRANTES.
As CAUSAIS, CONCESSIVAS, CONDICIONAIS, FINAIS, TEMPORAIS, COMPARATIVAS e CONSECUTIVAS iniciam orações adverbiais.
As INTEGRANTES introduzem orações substantivas.

2. A *Nomenclatura Gramatical Brasileira* inclui ainda as conjunções CONFORMATIVAS e PROPORCIONAIS, que a *Nomenclatura Gramatical Portuguesa* não distingue das COMPARATIVAS.

Observação:

Saliente-se que as COMPARATIVAS e CONSECUTIVAS introduzem orações subordinadas adverbiais, mas vêm geralmente correlacionadas com um termo de outra oração.

Exemplifiquemos:

1. CAUSAIS (iniciam uma oração subordinada denotadora de causa): *porque*, *pois*, *porquanto*, *como* [= porque], *pois que*, *por isso que*, *já que*, *uma vez que*, *visto que*, *visto como*, *que*, etc.:

> Tenho continuado a poetar, **porque** decididamente se me renovou o estro.
> (A. de Quental, *C*, 357.)

> Tio Couto estava sombrio, **pois** aparecera um investigador da polícia perguntando por Gervásio.
> (É. Veríssimo, *LS*, 137.)

> **Como** as pernas trôpegas exigiam repouso, descia raro à cidade.
> (G. Ramos, *I*, 195.)

2. CONCESSIVAS (iniciam uma oração subordinada em que se admite um fato contrário à ação principal, mas incapaz de impedi-la): *embora*, *conquanto*, *ainda que*, *mesmo que*, *posto que*, *bem que*, *se bem que*, *por mais que*, *por menos que*, *apesar de que*, *nem que*, *que*, etc.:

> Não saberei nunca escrever sobre ele, **embora** tenha tentado mais de uma vez.
> (F. Sabino, *G*, II, 76.)

Bandeira livre e bandeira oficial foram comuns, **posto que** em graus diversos, a todo o Brasil.

(J. Cortesão, *IHB*, II, 228.)

Nem que a matassem, confessava.

(A. Ribeiro, *M*, 344.)

3. Condicionais (iniciam uma oração subordinada em que se indica uma hipótese ou uma condição necessária para que seja realizado ou não o fato principal): *se, caso, contanto que, salvo se, sem que* [= se não], *dado que, desde que, a menos que, a não ser que*, etc.:

   Se aquele entrasse, também os outros poderiam tentar...

   (Branquinho da Fonseca, *MS*, 41.)

   — A entrevista ficou marcada para as quatro da tarde, **caso** você não prefira ir à noite.

   (C. dos Anjos, *M*, 160.)

4. Finais (iniciam uma oração subordinada que indica a finalidade da oração principal): *para que, a fim de que, porque* [= para que]:

   Não bastava a sua boa vontade **para que** tudo se arranjasse.

   (Almada Negreiros, *NG*, 82.)

   Recolheu a carta e a sobrecarta, para mostrá-las a Rubião, **a fim de que** ele visse bem que não era nada.

   (Machado de Assis, *OC*, I, 646.)

5. Temporais (iniciam uma oração subordinada indicadora de circunstância de tempo): *quando, antes que, depois que, até que, logo que, sempre que, assim que, desde que, todas as vezes que, cada vez que, apenas, mal, que* [= desde que], etc.:

   Quando tio Severino voltou da fazenda, trouxe para Luciana um periquito.

   (G. Ramos, *Ins.*, 79.)

   Sempre que posso, vou onde as recordações me chamam.

   (M. Torga, *TU*, 149.)

   Tio Cosme vivia com minha mãe, **desde que** ela enviuvou.

   (Machado de Assis, *OC*, I, 734.)

> **Enquanto** Tamar e a irmã estavam no colégio, uma rapariga fugiu de lá.
>
> (A. Bessa Luís, *AM*, 89.)

6. CONSECUTIVAS (iniciam uma oração na qual se indica a consequência do que foi declarado na anterior): *que* (combinada com uma das palavras *tal, tanto, tão* ou *tamanho*, presentes ou latentes na oração anterior), *de forma que, de maneira que, de modo que, de sorte que*, etc.:

> Deu um filão de tal sorte, **que** eram carros e carros de volfrâmio estreme.
>
> (M. Torga, *CM*, 191.)

> Foi tão ágil e rápida a saída **que** Jandira achou graça.
>
> (C. dos Anjos, *DR*, 108.)

> O frio é tanto, é tamanho
Que a pena cai-me da mão...
>
> (A. Gil, *LJ*, 143.)

> Ainda hoje os marmeleiros carregam, **que** é uma temeridade.
>
> (Simões Lopes Neto, *CGLS*, 138.)

7. COMPARATIVAS (iniciam uma oração que encerra o segundo membro de uma comparação, de um confronto): *que, do que* (depois de *mais, menos, maior, menor, melhor* e *pior*), *qual* (depois de *tal*), *quanto* (depois de *tanto*), *como, assim como, bem como, como se, que nem*:

> Mais **do que** as palavras, falavam os fatos.
>
> (M. Torga, *V*, 278.)

> Unidas, **bem como** as penas
Das duas asas pequenas
De um passarinho do céu...
Como um casal de rolinhas,
Como a tribo de andorinhas
Da tarde no frouxo véu.
>
> (Castro Alves, *EF*, 125.)

> Surgiu, **como** se viesse doutro mundo, inesperada e pálida.
>
> (C. de Oliveira, *AC*, 159.)

> Ele comeu-a **que nem** confeitos.
>
> (C. Castelo Branco, *OS*, I, 368.)

8. INTEGRANTES (servem para introduzir uma oração que funciona como SUJEITO, OBJETO DIRETO, OBJETO INDIRETO, PREDICATIVO, COMPLEMENTO NOMINAL ou APOSTO de uma outra oração). São as conjunções *que* e *se:*

> Não sei, sequer, **se** me viste,
> Não vou jurar **que** me vias.
> (J. Régio, *F*, 54.)

Quando o verbo exprime uma certeza, usa-se *que*:

> Tenho certeza de **que** gosta de mim.
> (C. dos Anjos, *DR*, 103.)

> — Tive medo, vi **que** tinha feito uma doidice.
> (G. Ramos, *AOH*, 34.)

> João Garcia garantiu **que** sim, **que** voltava.
> (V. Nemésio, *MTC*, 61.)

Quando o verbo exprime incerteza, usa-se *se*. Por exemplo:

a) numa dúvida:

> Ninguém sabia **se** estava ferido ou **se** ferira alguém.
> (L. Jardim, *MP*, 54.)

> Vê **se** me entendes.
> (M. Torga, *TU*, 156.)

b) numa interrogação indireta:

> Não sei **se** sentirá saudades, não sei **se** pensará em mim.
> (A. Abelaira, *NC*, 26.)

> Pergunto a Deus **se** estou viva,
> **se** estou sonhando ou acordada.
> (C. Meireles, *OP*, 417.)

Conjunções conformativas e proporcionais

Como dissemos, a *Nomenclatura Gramatical Brasileira* distingue ainda, entre as CONJUNÇÕES SUBORDINATIVAS, as CONFORMATIVAS e as PROPORCIONAIS.

1. As CONFORMATIVAS iniciam uma oração subordinada em que se exprime a conformidade de um pensamento com o da oração principal. São as conjunções *conforme*, *como* [= conforme], *segundo*, *consoante*, etc.:

   O som de uma sineta, **conforme** o capricho do vento, aproximava-se ou perdia-se ao longe.
   (A. Meyer, *SI*, 50.)

   Como ia dizendo, o seu raciocínio não está certo.
   (C. de Oliveira, *CD*, 111.)

   Cada um tinha razão levando a vida **consoante** a criação da sua alma.
   (M. Lopes, *FVL*, 167.)

2. As PROPORCIONAIS iniciam uma oração subordinada em que se menciona um fato realizado ou para realizar-se simultaneamente com o da oração principal. São as conjunções *à medida que, ao passo que, à proporção que, enquanto, quanto mais... mais, quanto mais... tanto mais, quanto mais... menos, quanto mais... tanto menos, quanto menos... menos, quanto menos... tanto menos, quanto menos... mais, quanto menos... tanto mais*:

   À medida que avançavam, iam penetrando no coração da trovoada.
   (M. Torga, *V*, 295.)

   Tornavam-se agressivos, os nervos cada vez mais tensos, **à proporção que** o tempo passava.
   (Adonias Filho, *LBB*, 103.)

   Quanto mais se distingue, **mais** se funde.
   (V. Nemésio, *SOP*, 336.)

Polissemia conjuncional

Algumas conjunções subordinativas (*que*, *como*, *porque*, *se*, etc.) podem pertencer a mais de uma classe. Sendo assim, o seu valor está condicionado ao contexto em que se inserem, nem sempre isento de ambiguidades, pois que há circunstâncias fronteiriças: a condição da concessão, o fim da consequência, etc.

Locução conjuntiva

Como vimos, há numerosas conjunções formadas da partícula *que* antecedida de advérbios, de preposições e de particípios: *desde que, antes que, já que, até que, sem que, dado que, posto que, visto que*, etc.

São as chamadas LOCUÇÕES CONJUNTIVAS.

Capítulo 17

Interjeição

INTERJEIÇÃO é uma espécie de grito com que traduzimos de modo vivo nossas emoções.

A mesma reação emotiva pode ser expressa por mais de uma interjeição. Inversamente, uma só interjeição pode corresponder a sentimentos variados e, até, opostos. O valor de cada forma interjectiva depende fundamentalmente do contexto e da entoação.

CLASSIFICAÇÃO DAS INTERJEIÇÕES

Classificam-se as INTERJEIÇÕES segundo o sentimento que denotam. Entre as mais usadas, podemos enumerar as:

a) DE ALEGRIA: *ah! oh ! oba! opa!*
b) DE ANIMAÇÃO: *avante! coragem! eia! vamos!*
c) DE APLAUSO: *bis! bem! bravo! viva!*
d) DE DESEJO: *oh! oxalá!*
e) DE DOR: *ai! ui!*
f) DE ESPANTO ou SURPRESA: *ah! chi! ih! oh! ué! puxa!*
g) DE IMPACIÊNCIA: *hum! hem!*
h) DE INVOCAÇÃO: *alô! ô! ó! olá! psiu! psit!*
i) DE SILÊNCIO: *psiu! silêncio!*
j) DE SUSPENSÃO: *alto! basta! alto lá!*
l) DE TERROR: *ui! uh!*

LOCUÇÃO INTERJECTIVA

Além das interjeições expressas por um só vocábulo, há outras formadas por grupos de duas ou mais palavras. São as LOCUÇÕES INTERJECTIVAS. Exemplos: *ai de mim! ora, bolas! raios te partam! valha-me Deus!*

Observações:

1.ª) Não incluímos a INTERJEIÇÃO entre as classes de palavras pela razão aduzida no capítulo 5.

Com efeito, traduzindo sentimentos súbitos e espontâneos, são as interjeições gritos instintivos, equivalendo a frases emocionais.

2.ª) Na escrita, as interjeições vêm de regra acompanhadas do ponto de exclamação (!).

Capítulo 18

O período e sua construção

PERÍODO SIMPLES E PERÍODO COMPOSTO

No capítulo 7, fizemos a análise interna da oração. Examinamos, aí, os seus TERMOS ESSENCIAIS, INTEGRANTES e ACESSÓRIOS; e, para tal estudo, servimo-nos sobretudo de PERÍODOS SIMPLES, isto é, de períodos constituídos de uma só oração, chamada ABSOLUTA.

Incidentemente, porém, mostramos que os TERMOS ESSENCIAIS, INTEGRANTES e ACESSÓRIOS de uma oração podem ser representados por outra ORAÇÃO. É agora o momento de examinarmos mais detidamente esse ponto.

COMPOSIÇÃO DO PERÍODO

1. Tomemos o seguinte período:

> As horas passam, os homens caem,
> a poesia fica.
>
> (E. Moura, *IP*, 169.)

Vemos que ele é composto de três orações:

> 1.ª = As horas passam,
> 2.ª = os homens caem,
> 3.ª = a poesia fica.

Vemos, ainda, que as três orações são da *mesma natureza*, pois:

a) são autônomas, INDEPENDENTES, isto é, cada uma tem sentido próprio;

b) não funcionam como TERMOS de outra oração, nem a eles se referem: apenas, uma pode enriquecer com o seu sentido a *totalidade* da outra.

A tais orações autônomas dá-se o nome de COORDENADAS, e o período por elas formado diz-se COMPOSTO POR COORDENAÇÃO.

2. Examinemos agora este período:

> O meu André não lhe disse que temos aí um holandês que trouxe material novo...?
>
> (V. Nemésio, *MTC*, 363.)

Aqui, também, estamos diante de um período de três orações:

1.ª = O meu André não lhe disse
2.ª = que temos aí um holandês
3.ª = que trouxe material novo.

Mas a sua estrutura é diferente da do anterior, pois:

a) a primeira oração contém a declaração *principal* do período, rege-se por si, e não desempenha nenhuma função sintática em outra oração do período; chama-se, por isso, ORAÇÃO PRINCIPAL;
b) a segunda oração tem sua existência dependente da primeira, de cujo verbo é OBJETO DIRETO; funciona, assim, como TERMO INTEGRANTE dela;
c) a terceira oração tem sua existência dependente da segunda, de cujo objeto direto é ADJUNTO ADNOMINAL; funciona, por conseguinte, como TERMO ACESSÓRIO dela.

As orações sem autonomia gramatical, isto é, as orações que funcionam como termos essenciais, integrantes ou acessórios de outra oração, chamam-se SUBORDINADAS. O período constituído de orações SUBORDINADAS e uma oração PRINCIPAL denomina-se COMPOSTO POR SUBORDINAÇÃO.

3. Vejamos, por fim, este período:

> Moleque Nicanor arregalou os olhos, e eu pensei que ia ouvir as pancadas do seu coração.
>
> (Guimarães Rosa, *S*, 216.)

Ainda aqui temos um período composto de três orações:

1.ª = Moleque Nicanor arregalou os olhos,
2.ª = e eu pensei
3.ª = que ia ouvir as pancadas do seu coração.

Sua estrutura é, porém, distinta das duas que examinamos, ou melhor, é uma espécie de combinação delas, pois:

a) as duas primeiras orações são COORDENADAS (a primeira é COORDENADA ASSINDÉTICA; a segunda, COORDENADA SINDÉTICA ADITIVA);
b) a última é SUBORDINADA, uma vez que funciona como OBJETO DIRETO da oração anterior.

O período que apresenta orações COORDENADAS e SUBORDINADAS diz-se composto por COORDENAÇÃO e SUBORDINAÇÃO.

CARACTERÍSTICAS DA ORAÇÃO PRINCIPAL

Uma ORAÇÃO SUBORDINADA pode depender de um termo de outra ORAÇÃO SUBORDINADA.

No período de Vitorino Nemésio, antes citado, vimos que a ORAÇÃO SUBORDINADA:

> que trouxe material novo

é adjunto adnominal do objeto direto (*um holandês*) da ORAÇÃO SUBORDINADA

> que temos aí um holandês,

a qual, por sua vez, é objeto direto da ORAÇÃO PRINCIPAL:

> O meu André não lhe disse.

Neste caso, alguns gramáticos consideram a 2.ª oração, simultaneamente, SUBORDINADA e PRINCIPAL: SUBORDINADA em relação à 1.ª; PRINCIPAL com referência à 3.ª.

Tal classificação tem o inconveniente de se basear em dois critérios; ou melhor, fazer predominar o critério semântico sobre o sintático.

Em verdade, a ORAÇÃO PRINCIPAL (ou um de seus termos) serve sempre de suporte a uma ORAÇÃO SUBORDINADA. Mas não é esta a sua característica essencial; e, sim, o fato de *não exercer nenhuma função sintática em outra oração do período.* Ora, no PERÍODO COMPOSTO POR SUBORDINAÇÃO só há uma que preenche tal condição. A esta, pois, se deve reservar, com exclusividade, o nome de PRINCIPAL.

Observação:

A *Nomenclatura Gramatical Portuguesa* eliminou a designação de ORAÇÃO PRINCIPAL sob o argumento de não fazer falta ao estudo desses processos e de "dar ensejo a duplas interpretações, quer no plano lógico, quer no plano gramatical".

CONCLUSÃO

Na análise de um PERÍODO COMPOSTO, cumpre, pois, ter em mente que:

a) a ORAÇÃO PRINCIPAL não exerce nenhuma função sintática em outra oração do período;
b) a ORAÇÃO SUBORDINADA desempenha sempre uma função sintática (SUJEITO, OBJETO DIRETO, OBJETO INDIRETO, PREDICATIVO, COMPLEMENTO NOMINAL, AGENTE DA PASSIVA, ADJUNTO ADNOMINAL, ADJUNTO ADVERBIAL ou APOSTO) em outra oração, pois que dela é um termo ou parte de um termo;
c) a ORAÇÃO COORDENADA, como a PRINCIPAL, nunca é termo de outra oração nem a ela se refere; pode relacionar-se com outra COORDENADA, mas em sua integridade.

COORDENAÇÃO

ORAÇÕES COORDENADAS SINDÉTICAS E ASSINDÉTICAS

As ORAÇÕES COORDENADAS podem estar:

a) simplesmente justapostas, isto é, colocadas uma ao lado da outra, sem qualquer conectivo que as enlace:

> Será uma vida nova, / começará hoje, / não haverá nada para trás. /
> (A. Abelaira, *QPN*, 19.)

b) ligadas por uma CONJUNÇÃO COORDENATIVA:

> A Grécia seduzia-o, / **mas** Roma dominava-o. /
> (Graça Aranha, *OC*, 701.)

No primeiro caso, dizemos que a ORAÇÃO COORDENADA é ASSINDÉTICA, ou seja, desprovida de conectivo. No segundo, dizemos que ela é SINDÉTICA, e a esta denominação acrescentamos a da espécie da CONJUNÇÃO COORDENATIVA que a inicia.

ORAÇÕES COORDENADAS SINDÉTICAS

Classificam-se, pois, as ORAÇÕES COORDENADAS SINDÉTICAS em:

1. COORDENADA SINDÉTICA ADITIVA, se a conjunção é ADITIVA:

> Insisti no oferecimento da madeira, / **e ele estremeceu.** /
> (G. Ramos, *SB*, 29.)

Não é chuva, / **nem é gente,** /
Nem é vento com certeza. /
(A. Gil, *LJ*, 24.)

2. COORDENADA SINDÉTICA ADVERSATIVA, se a conjunção é ADVERSATIVA:

Estava frio, / **mas ela não o sentia.** /
(M. J. de Carvalho, *TGM*, 75.)

Ele não exigira dos filhos devoção à lavoura, / **porém nenhum deixara de seguir a fatalidade pela terra.** /
(N. Piñon, *SA*, 102-103.)

3. COORDENADA SINDÉTICA ALTERNATIVA, se a conjunção é ALTERNATIVA:

O bode tinha descido com o senhor / **ou tinha ficado na ribanceira?** /
(G. Ramos, *AOH*, 48.)

Ou eu me engano muito / ou a égua manqueja. /
(C. de Oliveira, *AC*, 23.)

Todas as casas sertanejas são humildes, / **quer sejam de palha só / ou de palha e taipa** / como a dos pobres, / **quer sejam de taipa e telha** / como a dos abastados.
(G. Barroso, *TS*, 181.)

4. COORDENADA SINDÉTICA CONCLUSIVA, se a conjunção é CONCLUSIVA:

Ouço música, / **logo ainda não me enterraram.** /
(P. Mendes Campos, *AB*, 67.)

Não pacteia com a ordem; / **é, pois, uma rebelde.** /
(J. Ribeiro, *PE*, 95.)

Queria casar a filha, bem ao gosto dela, / **não punha, portanto, nenhum obstáculo ao programa de Olga.** /
(Lima Barreto, *TFPQ*, 86.)

5. COORDENADA SINDÉTICA EXPLICATIVA, se a conjunção é EXPLICATIVA:

— Eh, camarada, espere um pouco, / **que isto acaba-se já.** /
(F. Namora, *NM*, 233.)

Um pouquinho só lhe bastava no momento, / **pois estava com fome.** /
(A. M. Machado, *JT*, 105.)

Observação:

No mesmo período podem ocorrer ORAÇÕES COORDENADAS SINDÉTICAS de vários tipos:

O menino olhava, / **mas não falava, / nem lamuriava.** /
(J. de Araújo Correia, *FX*, 34.)

Tentei detê-los por mais tempo; / **eles porém tinham pressa, / ou estavam desconfiados.** /
(R. de Queirós, *CCE*, 159.)

Como dissemos, nem todas as conjunções coordenativas encabeçam a oração. A conclusiva *pois* vem sempre posposta a um de seus termos. As adversativas *porém, contudo, no entanto, entretanto* e *todavia*, bem como as conclusivas *logo, portanto* e *por conseguinte*, podem variar de posição, conforme o ritmo, a entoação, a harmonia da frase.

SUBORDINAÇÃO

A ORAÇÃO SUBORDINADA COMO TERMO DE OUTRA ORAÇÃO

Dissemos que as ORAÇÕES SUBORDINADAS funcionam sempre como TERMOS ESSENCIAIS, INTEGRANTES ou ACESSÓRIOS de outra oração. Esclareçamos melhor tais equivalências.

1. No seguinte exemplo,

   É necessária **tua vinda urgente.**

   o sujeito da oração é *tua vinda urgente,* TERMO ESSENCIAL, cujo núcleo é o substantivo *vinda.*
   Mas, em lugar dessa construção com base no substantivo *vinda,* poderíamos dizer:

   É necessário **que venhas urgente.**

   O sujeito seria, então, *que venhas urgente,* termo essencial representado por oração.

2. Neste exemplo,

   Ninguém esperava **a tua vinda.**

   o objeto direto de *esperava* é *a tua vinda*, TERMO INTEGRANTE, cujo núcleo é o substantivo *vinda.*
   Em vez dessa construção nominal, poderíamos ter dito:

   Ninguém esperava **que viesses.**

   Com isso, o objeto direto de *esperava* passaria a ser *que viesses*, TERMO INTEGRANTE representado por uma oração.

3. Neste exemplo,

   Não desaprendi as lições **recebidas.**

   o adjunto adnominal, TERMO ACESSÓRIO, está expresso pelo adjetivo *recebidas.*
   Mas, se quiséssemos, poderíamos ter substituído o adjetivo *recebidas* por *que recebi.*

   Não desaprendi as lições **que recebi.**

   Teríamos, neste caso, como adjunto adnominal de *lições* a oração *que recebi.*
   Por outras palavras: teríamos um TERMO ACESSÓRIO representado por uma oração.

4. Neste exemplo,

   Ainda não o tinha visto **depois da volta.**

   são três os adjuntos adverbiais (TERMOS ACESSÓRIOS) da oração:

a) **ainda** — adjunto adverbial de tempo;
b) **não** — adjunto adverbial de negação;
c) **depois da volta** — adjunto adverbial de tempo.

Em lugar da expressão adverbial de tempo *depois da volta*, poderíamos ter empregado uma oração — *depois que voltara*:

Ainda não o tinha visto **depois que voltara.**

Depois que voltara, adjunto adverbial de *tinha visto*, é, pois, um TERMO ACESSÓRIO representado por uma oração.

5. Do que dissemos uma conclusão se impõe: o PERÍODO COMPOSTO POR SUBORDINAÇÃO é, na essência, equivalente a um PERÍODO SIMPLES. Distingue-os apenas o fato de os TERMOS (ESSENCIAIS, INTEGRANTES e ACESSÓRIOS) deste serem representados naquele por ORAÇÕES.

CLASSIFICAÇÃO DAS ORAÇÕES SUBORDINADAS

As ORAÇÕES SUBORDINADAS classificam-se em SUBSTANTIVAS, ADJETIVAS e ADVERBIAIS, porque as funções que desempenham são comparáveis às exercidas por substantivos, adjetivos e advérbios.

Orações subordinadas substantivas

As ORAÇÕES SUBORDINADAS SUBSTANTIVAS vêm normalmente introduzidas pela CONJUNÇÃO INTEGRANTE *que* (às vezes, por *se*) e, segundo o seu valor sintático, podem ser:

1. SUBJETIVAS, quando exercem a função de sujeito:

É certo / **que a presença do dono o sossegava um pouco**. /
(M. Torga, *B*, 52-53.)

2. OBJETIVAS DIRETAS, quando exercem a função de objeto direto:

Respondi-lhe / **que já tinha lido a receita em qualquer parte**. /
(J. Cardoso Pires, *D*, 295.)

Não sei / **se padre Bernardino concordará comigo**. /
(O. Lara Resende, *BD*, 109.)

3. OBJETIVAS INDIRETAS, quando exercem a função de objeto indireto:

Não me esqueço / **de que estavas doente** / quando ele nasceu.
(J. Montello, *SC*, 31.)

4. COMPLETIVAS NOMINAIS, quando exercem a função de complemento nominal:

Calipso! Ele tem a mania / **de que alho faz bem à saúde!** /
(A. Abelaira, *NC*, 155.)

5. PREDICATIVAS, quando exercem a função de predicativo:

A verdade é / **que eu ia falar outra vez de Noêmia**. /
(A. Bessa Luís, *AM*, 39.)

6. APOSITIVAS, quando exercem a função de aposto:

> É preciso que o pecador reconheça ao menos isto: / **que a Moral católica está certa / e é irrepreensível.** /
> (O. Lara Resende, *BD*, 163.)

7. AGENTES DA PASSIVA, quando exercem a função de agente da passiva:

> — As ordens são dadas / **por quem pode.** /
> (F. Namora, *NM*, 215.)

Observação:

As orações que desempenham a função de agente da passiva iniciam-se por pronomes indefinidos (*quem*, *quantos*, *qualquer*, etc.) precedidos de uma das preposições *por* ou *de*.

Omissão da integrante que

Depois de certos verbos que exprimem uma ordem, um desejo ou uma súplica, a língua portuguesa permite a omissão da INTEGRANTE *que*:

> Penso / **daria um sofrível monge,** / se não fossem estes nervos miseráveis.
> (A. de Quental, *C*, 337.)

> Queira Deus / **não voltes mais triste...** /
> (M. Bandeira, *PP*, 348.)

> Olhar o Brasil como hóspedes em casa alheia, que as regras mandam / **se coloquem** tanto quanto possível **no ponto de vista do anfitrião.** /
> (M. Torga, *TU*, 21.)

Orações subordinadas adjetivas

As ORAÇÕES SUBORDINADAS ADJETIVAS vêm normalmente introduzidas por um PRONOME RELATIVO, e exercem a função de ADJUNTO ADNOMINAL de um substantivo ou pronome antecedente:

> Susana, / **que não se sentia bem,** / estava de cama.
> (M. Torga, *V*, 178.)

> O / **que tu vês** / é belo; / mais belo o / **que suspeitas**; / e o / **que ignoras** / muito mais belo ainda.
>
> (R. Brandão, *H*, 3.)[1]

Relação com o termo antecedente

A ORAÇÃO SUBORDINADA ADJETIVA pode, como todo ADJUNTO ADNOMINAL, depender de qualquer termo da oração, cujo núcleo seja um substantivo ou um pronome: SUJEITO, PREDICATIVO, COMPLEMENTO NOMINAL, OBJETO DIRETO, OBJETO INDIRETO, AGENTE DA PASSIVA, ADJUNTO ADVERBIAL, APOSTO e, até mesmo, VOCATIVO.

1. Neste período de Fernando Pessoa,

> Deu-lho a criada
> Velha / **que o trouxe ao colo**. /
>
> (*OP*, 77.)

a ORAÇÃO ADJETIVA — *que o trouxe ao colo* — está funcionando como ADJUNTO ADNOMINAL de *criada*, SUJEITO de *deu-lho.*

2. Neste período de Agustina Bessa Luís,

> Era uma cachopa um tanto atarracada, / **que usava meias palmilhadas e anéis de latão**. /
>
> (*AM*, 92.)

a ORAÇÃO ADJETIVA — *que usava meias palmilhadas e anéis de latão* — está funcionando como ADJUNTO ADNOMINAL do substantivo *cachopa*, núcleo do PREDICATIVO da oração anterior.

3. Neste período de Machado de Assis,

> Na petição de privilégio / **que então redigi** / chamei a atenção do governo para este resultado, verdadeiramente cristão.

a ORAÇÃO ADJETIVA — *que então redigi* — está funcionando como ADJUNTO ADNOMINAL de *de privilégio,* COMPLEMENTO NOMINAL.

---

[1] Frase que Raul Brandão diz ser de autor desconhecido.

4. Neste período de Carlos de Oliveira,

> Iria remediar o / **que pudesse.** /
> (*CD*, 90.)

a ORAÇÃO ADJETIVA — *que pudesse* — está funcionando como ADJUNTO ADNOMINAL do pronome *o*, OBJETO DIRETO de *iria remediar*.

5. Neste período de Jorge Amado,

> É mesmo porque vem um apito triste do navio, um pedido de socorro, e a lei do cais manda que se atenda aos / **que no mar pedem socorro.** /
> (*MM*, 74.)

a ORAÇÃO ADJETIVA — *que no mar pedem socorro* — está funcionando como ADJUNTO ADNOMINAL do pronome *os*, núcleo do OBJETO INDIRETO *aos*.

6. Neste período de Manuel Bandeira,

> O *clou* da festa no Conservatório de Canto Orfeônico foi a saudação lida por um menino / **que é um prodígio.** /
> (*AA*, 106.)

a ORAÇÃO ADJETIVA — *que é um prodígio* — está funcionando como ADJUNTO ADNOMINAL de *menino*, núcleo do AGENTE DA PASSIVA *por um menino*.

7. Neste período de Antônio Nobre,

> Na vida / **que a Dor povoa,** /
> Há só uma cousa boa,
> Que é dormir, dormir, dormir...
> (*S*, 113.)

a ORAÇÃO ADJETIVA — *que a Dor povoa* — está funcionando como ADJUNTO ADNOMINAL de *vida*, núcleo do ADJUNTO ADVERBIAL *na vida*.

8. Neste período de Machado de Assis,

> Entroncou-se na família daquele meu famoso homônimo, o capitão-mor Brás Cubas, / **que fundou a Vila de São Vicente.** /
> (OC, I, 417.)

a ORAÇÃO ADJETIVA — *que fundou a vila de São Vicente* — está funcionando como ADJUNTO ADNOMINAL de *capitão-mor Brás Cubas*, APOSTO.

9. Neste período do *Romance da nau Catarineta*,

> Renego de ti, demônio, / **que me estavas a tentar**. /

a ORAÇÃO ADJETIVA — *que me estavas a tentar* — está funcionando como ADJUNTO ADNOMINAL de *demônio*, VOCATIVO.

Orações adjetivas restritivas e explicativas

Quanto ao sentido, as SUBORDINADAS ADJETIVAS classificam-se em RESTRITIVAS e EXPLICATIVAS.

1. As RESTRITIVAS, como o nome indica, restringem, limitam, precisam a significação do substantivo (ou pronome) antecedente. São, por conseguinte, indispensáveis ao sentido da frase; e, como se ligam ao antecedente sem pausa, dele não se separam, na escrita, por vírgula. Exemplos:

> És um dos raros homens / **que têm o mundo nas mãos.** /
> (A. Abelaira, *NC*, 121.)

> Certamente não perdoa o abandono / **que lhe votei**. /
> (N. Piñon, *FD*, 98.)

2. As EXPLICATIVAS acrescentam ao antecedente uma qualidade acessória, isto é, esclarecem melhor a sua significação, à semelhança de um aposto. Mas, por isso mesmo, não são indispensáveis ao sentido *essencial* da frase. Na fala, separam-se do antecedente por uma pausa, indicada na escrita por vírgula:

> Tio Cosme, / **que era advogado,** / confiava-lhe a cópia de papéis de autos.
> (Machado de Assis, *OC*, I, 734.)

> Eu, / **que não tenho nenhuma certeza**, / sou mais certo ou menos certo?
> (F. Pessoa, *OP*, 324.)

Orações subordinadas adverbiais

Funcionam como ADJUNTO ADVERBIAL de outras orações e vêm, normalmente, introduzidas por uma das CONJUNÇÕES SUBORDINATIVAS (com exclusão das INTE-

GRANTES que, vimos, iniciam ORAÇÕES SUBSTANTIVAS). Segundo a conjunção ou locução conjuntiva que as encabece, classificam-se em:

1. CAUSAIS, se a conjunção é subordinativa causal:

> Não veste com luxo / **porque o tio não é rico**. /
> (Machado de Assis, *OC*, II, 204.)
>
> / **Como anoitecesse**, / recolhi-me pouco depois e deitei-me.
> (Monteiro Lobato, *U*, 204.)
>
> Ceamos à lareira, / **que a noite estava fria**. /
> (A. Ribeiro, *M*, 44.)

2. CONCESSIVAS, se a conjunção é subordinativa concessiva:

> / **Ainda que não dessem dinheiro,** / poderiam colaborar com um ou outro trabalho.
> (O. Lara Resende, *BD*, 134.)
>
> O Albino, / **posto que homem correntão**, / ficou varado.
> (A. Ribeiro, *M*, 99.)
>
> A regra era ir sempre desacompanhado, / **mesmo que levasse o gado até os confins da serra**. /
> (M. Torga, *B*, 101.)

Observação:

Nas ORAÇÕES CONCESSIVAS, a conjunção subordinativa pode:

a) vir intensificada em *por mais que*, *por maior que*, *por melhor que*, *por menos que*, *por menor que*, *por pior que*; ou *mais que*, *maior que*, *melhor que*, *menos que*, *menor que*, *pior que*, etc.:

> / **Por mais que quisesse**, / não conseguia decidir-se por nenhum.
> (M. Torga, *CM*, 36.)

b) ficar reduzida à palavra *que*, com antecipação do predicativo:

> / **Padre que seja**, / se for vigário na roça, é preciso que monte a cavalo.
> (Machado de Assis, *OC*, I, 735.)

Advirta-se, porém, que não é pacífica a análise que propomos para essas fórmulas concessivas. Filólogos eminentes, como os professores Sousa da Silveira (*Lições de português.* 8ª. ed. Rio de Janeiro, Livros de Portugal, 1972, p. 166) e Martinz de Aguiar (cf. Evanildo Bechara. *Moderna gramática portuguesa,* 21.ª ed. São Paulo, Companhia Editora Nacional, 1976, p. 230) consideram que, em tais construções, o *que* é um pronome relativo em função de predicativo.

3. Condicionais, se a conjunção é subordinativa condicional:

> Tudo vale a pena /
> **Se a alma não é pequena.** /
> (F. Pessoa, *OP*, 19.)
>
> — Eles não dormem, / **sem que primeiro a mãe lhes cante a** *berceuse* **de Jocelyn.** /
> (É. Veríssimo, *A*, I, 83.)
>
> Trago uma caixa de metralhadoras para os Gregos, / **caso eles estejam em perigo de ser batidos pelos Troianos.** /
> (A. Abelaira, *NC*, 69.)

4. Finais, se a conjunção é subordinativa final:

> Viera um vestido de Marta, / **para que a vestissem com ele.** /
> (J. Lins do Rego, *A-M*, 343.)
>
> Deu-me Deus o seu gládio, / **porque eu faça**
> **A sua santa guerra.** /
> (F. Pessoa, *OP*, 11.)
>
> Fiz-lhe sinal / **que se calasse.** /
> (Machado de Assis, *OC*, I, 525.)

5. Temporais, se a conjunção é subordinativa temporal:

> / **Quando estiou,** / partiram.
> (C. de Oliveira, *AC*, 19.)
>
> Renovaram a fogueira / **até que chegasse a luz da manhã.** /
> (Adonias Filho, *LBB*, 111.)
>
> / **Mal sentiu rumores dentro de casa,** / ergueu-se.
> (M. Torga, *V*, 269.)

6. CONSECUTIVAS, se a conjunção é subordinativa consecutiva:

> Há segredos, de natureza tal, / **que é imperdoável imprudência** / descobri-los.
>
> (M. de Maricá, *M*, 416.)
>
> Falava com tanta naturalidade, / **que se convencia a si mesmo**. /
>
> (M. Torga, *V*, 157.)
>
> Era uma voz tão grave, / **que metia medo**. /
>
> (A. Meyer, *SI*, 12.)
>
> O sino tocava / **que se desfazia. /**
>
> (M. Torga, *CM*, 65.)

A conjunção pode vir omitida, como nestes versos de Emílio Moura:

> O chamado é tão grave, / **não comporta lágrimas**; /
> o caminho é tão longo, / **não chegarias nunca**. /
>
> (*IP*, 171.)

7. COMPARATIVAS, se a conjunção é subordinativa comparativa:

> Não, meu coração não é maior / **que o mundo**. /
>
> (C. Drummond de Andrade, *R*, 60.)
>
> Jurou-lhes que essa orquestra da morte foi muito menos triste / **do que podia parecer**. /
>
> (Machado de Assis, *OC*, I, 416.)
>
> Ó choupo magro e velhinho,
> Corcundinha, todo aos nós,
> És tal / **qual meu Avozinho:** /
> Falta-te apenas a voz.
>
> (A. Nobre, *S*, 47.)
>
> Começaste a correr / **que nem uma louca**. /
>
> (A. Abelaira, *QPN*, 190.)
>
> O lavrador revirou os olhos e começou a tremer / **como se tivesse uma sezão**. /
>
> (J. de Araújo Correia, *FX*, 28.)

Observações:

1.ª) O primeiro membro da comparação pode estar oculto: [*tal*] *qual*, [*tal*] *como*, etc.:

> Havia já dous anos que nos não víamos, e eu via-a agora não / **qual era,** / mas / **qual fora,** / **quais fôramos ambos,** / porque um Ezequias misterioso fizera recuar o sol até os dias juvenis.
>
> (Machado de Assis, *OC*, I, 419.)

2.ª) Costuma-se omitir o predicado da ORAÇÃO SUBORDINADA COMPARATIVA, quando repete uma forma do verbo da oração principal. Assim:

> Teus olhos são negros, negros,
> / **como as noites sem luar...** /
>
> (Castro Alves, *EF*, 35.)

Isto é: como as noites sem luar [são negras].

> Tu vais a correr sozinho,
> Ribeirinho, / **como eu**. /
>
> (F. Pessoa, *QGP*, n.º 112.)

Ou seja: como eu [vou a correr sozinho].

Orações conformativas e proporcionais

Como na classificação das conjunções subordinativas a Nomenclatura Gramatical Brasileira inclui as conformativas e as proporcionais, consequentemente admite ela a existência de ORAÇÕES SUBORDINADAS ADVERBIAIS:

1. CONFORMATIVAS, quando a conjunção que as inicia é subordinativa conformativa:

> / **Conforme declarei**, / Madalena possuía um excelente coração.
>
> (G. Ramos, *SB*, 122.)

> As distâncias hoje em dia, / **como sabe,** / contam pouco.
>
> (M. Torga, *V*, 278.)

> Exteriormente era modesto, / **segundo convém aos sabedores**. /
>
> (Machado de Assis, *OC*, II, 256.)

2. PROPORCIONAIS, quando encabeçadas por conjunção subordinativa proporcional:

> / **À medida que o tempo decorria** / as figuras iam tomando maior vulto na sua retina.
> (J. Paço d'Arcos, *CVL*, 295.)
>
> Choviam os ditos / **ao passo que ela seguia pelas mesas.** /
> (Almada Negreiros, *NG*, 92.)
>
> Duas ou três funcionárias aproximaram-se, / **enquanto o servidor** / que fizera a pergunta / **ia dando o fora.** /
> (C. Drummond de Andrade, *CB*, 38.)

Observação:

Estas orações podem estar em correlação com um membro da oração principal em construções do tipo: *quanto mais... tanto mais, quanto mais... tanto menos, quanto menos... tanto menos, quanto menos ... tanto mais*:

> / **Quanto mais o conheço,** / tanto mais o admiro.

Como nestas orações não raro se omitem as palavras *quanto* e *tanto*, é necessário examinar com atenção o período em que elas ocorrem para classificá-las com acerto. Por exemplo, nas construções:

> / **Quanto mais o conheço,** / mais o admiro.
> / **Mais o conheço,** / tanto mais o admiro.
> / **Mais o conheço,** / mais o admiro.

a primeira oração é sempre a SUBORDINADA ADVERBIAL PROPORCIONAL; e a segunda, a PRINCIPAL.

Orações reduzidas

Orações desenvolvidas e orações reduzidas

Estudamos até aqui as ORAÇÕES SUBORDINADAS encabeçadas por nexo subordinativo (pronomes relativos ou conjunções subordinativas), com o verbo sempre numa FORMA FINITA (do indicativo ou do subjuntivo).

Vejamos agora outro tipo de oração subordinada — a REDUZIDA —, isto é, a oração dependente que não se inicia por relativo nem por conjunção subordinativa, e que tem o verbo numa das FORMAS NOMINAIS — O INFINITIVO, O GERÚNDIO, ou o PARTICÍPIO. Assim:

1. Neste período de Machado de Assis,

   Todos nós havemos de morrer; basta / **estarmos vivos.** /
   (*OC*, I, 420.)

   a oração *estarmos vivos* tem valor SUBSTANTIVO. Não a encabeça, porém, a integrante *que*, nem o seu verbo se apresenta numa forma finita, mas na do INFINITIVO PESSOAL.
   A oração denomina-se, por isso, SUBSTANTIVA REDUZIDA DE INFINITIVO, e pode ser equiparada à oração subordinada desenvolvida *que estejamos vivos*:

   Todos nós havemos de morrer; basta / **que estejamos vivos.** /

2. Neste período de Augusto Frederico Schmidt,

   Era o sortilégio, a sedução / **ferindo os corações.** /
   (*AP*, 17.)

   a oração *ferindo os corações* tem valor adjetivo. Não vem, no entanto, encabeçada por pronome relativo, nem traz o verbo numa forma finita, mas na do gerúndio.
   A oração denomina-se, neste caso, ADJETIVA REDUZIDA DE GERÚNDIO, e corresponde à oração desenvolvida *que feria os corações*:

   Era o sortilégio, a sedução / **que feria os corações.** /

3. Neste período de Manuel da Fonseca,

   / **Ansiado**, / agarrou-se à árvore.
   (*FC*, 126.)

   a oração *ansiado* tem valor ADVERBIAL. Não está, porém, encabeçada por conjunção subordinativa, nem traz o verbo numa forma finita, mas na do PARTICÍPIO.
   A oração denomina-se, então, ADVERBIAL REDUZIDA DE PARTICÍPIO, e equivale à oração desenvolvida *porque estava ansiado*:

   / **Porque estava ansiado**, / agarrou-se à árvore.

Verifica-se do exposto que as ORAÇÕES SUBORDINADAS SUBSTANTIVAS, ADJETIVAS e ADVERBIAIS podem estar:

1.º) DESENVOLVIDAS, quando encabeçadas por nexo subordinativo e com verbo num tempo do indicativo ou do subjuntivo:
a) seja numa forma simples:

> — Creio / **que não há gente inocente.** /
> (M. J. de Carvalho, *AV*, 126.)

> Não tinha dinheiro / **que chegasse.** /
> (V. Nemésio, *MTC*, 372.)

> Eram sete e meia da noite, / **quando avistamos as luzes de Benfica.** /
> (F. Sabino, *HN*, 31.)

b) seja numa locução verbal:

> Disse / **que ia pôr tudo em pratos limpos**, / não disse?
> (U. Tavares Rodrigues, *NS*, 84.)

> Vou deitar ao papel as reminiscências / **que me vierem vindo.** /
> (Machado de Assis, *OC*, I, 731.)

> Vira-os a bordo, / **como estava a ver o próprio Vicar.** /
> (Adonias Filho, *LBB*, 84.)

2.º) REDUZIDAS, quando não apresentam nexo subordinativo e têm o verbo no infinitivo, no gerúndio ou no particípio:
a) seja numa forma simples:

> Os homens do grupo do curral afastaram-se / **para Maria passar.** /
> (L. B. Honwana, *NMCT*, 51.)

> / **Chegando à rua,** / arrependi-me de ter saído.
> (Machado de Assis, *OC*, I, 483.)

> Que seria do futuro se trocássemos esses hábitos / **consagrados pela experiência** / e nos deixássemos arrastar pelos falsos profetas?
> (A. Abelaira, *NC*, 211.)

b) seja numa locução verbal:

> Bernardo estava certo / **de não poder confiar nas boas intenções dele.** /
>
> (O. Lins, *FP*, 183.)
>
> O que me lembrou esta data foi, / **estando a beber café**, / o pregão de um vendedor de vassouras e espanadores.
>
> (Machado de Assis, *OC*, I, 1029.)

Orações reduzidas de infinitivo

As ORAÇÕES REDUZIDAS DE INFINITIVO podem vir ou não regidas de preposição e, como as desenvolvidas, classificam-se em:

Substantivas

1. SUBJETIVAS:

> É preciso / **caminhar o passo certo.** /
>
> (Costa Andrade, *NVNT*, 30.)

2. OBJETIVAS DIRETAS:

> Espero também / **poder confiar em ti.** /
>
> (J. Régio, *SM*, 57.)

3. OBJETIVAS INDIRETAS:

> Encarregara-a / **de anunciar-se pessoalmente.** /
>
> (N. Piñon, *FD*, 69.)

4. COMPLETIVAS NOMINAIS:

> Estou ansioso / **por ir vê-lo.** /
>
> (A. de Quental, *C*, 228.)

5. PREDICATIVAS:

> A sua intenção era / **comunicar a Augusta o resultado da conversa com o pretendente.** /
>
> (Machado de Assis, *OC*, II, 97.)

6. Apositivas:

A coragem é isto: / **meter o pássaro do medo na capanga.** /
(Luandino Vieira, *NM*, 116.)

Adjetivas

Mas a visão logo se desvaneceu, ficando apenas os vidros, / **a ocultarem, com o seu brilho, o** / que lá dentro existia. /
(Ferreira de Castro, *OC*, I, 136.)

Aqueles homens gotejantes de suor, bêbedos de calor, desvairados de insolação, / **a quebrarem,** / **a espicaçarem,** / **a torturarem a pedra,** / pareciam um punhado de demônios revoltados na sua impotência contra o impassível gigante.
(A. Azevedo, *C*, 66.)

Observação:

As orações adjetivas reduzidas de infinitivo são mais frequentes no português europeu. No português do Brasil empregam-se de preferência as adjetivas reduzidas de gerúndio.

Adverbiais

1. Causais:

/ **Por serem trivialidades quotidianas tais virtudes,** / ninguém repara nelas.
(M. Torga, *TU*, 63.)

2. Concessivas:

/ **Mesmo sem saber** / se jamais chegarei, apetece-me rir e cantar em honra da beleza das coisas.
(S. de Mello Breyner Andresen, *CE*, 102.)

3. Condicionais:

/ **A não ser isto,** / eu preferia ficar na sombra, e trabalhar como simples soldado.
(J. de Alencar, *CD*, 30.)

4. Consecutivas:

> O mancebo desprezava o perigo e pago até da morte pelos sorrisos, que seus olhos furtavam de longe, levou o arrojo / **a arrepiar a testa do touro com a ponta da lança.** /
>
> (Rebelo da Silva, *CL*, 178.)

5. Finais:

> Conheces-lhe a vida / **para poderes afirmar tal coisa.** /
>
> (A. Abelaira, *CF*, 148,)

6. Temporais:

> Viajante que deixaste
> As ondas do Panamá,
> Vela / **ao entrares no porto** /
> Aonde o gigante está!
>
> (Fagundes Varela, *VA*, 76.)

Orações reduzidas de gerúndio

Podem ser adjetivas ou adverbiais.

Adjetivas

> Virou-se e viu a mulher / **dando com a mão / fazendo sinal** / para que ele voltasse.
>
> (L. Jardim, *BA*, 18.)

> Perdeu o desfile da milícia triunfante, / **marchando a quatro de fundo.** /
>
> (J. Saramago, *MC*, 348.)

> Viu um grupo de homens / **conversando.** /
>
> (Pepetela, *NA*, 42.)

Observação:

O emprego do gerúndio com valor de oração adjetiva tem sido considerado por certos gramáticos um galicismo intolerável. Cumpre, no entanto, acentuar que é antiga no idioma a construção quando o gerúndio expressa a ideia de atividade atual e passageira.

Veja-se este exemplo de D. Denis, trovador que poetou em fins do século XIII e princípios do século XIV:

> Ela tragia na mão
> um papagai mui fremoso,
> **cantando** [= que cantava] mui saboroso...

Construção em tudo semelhante à que vigorou na língua até começos do século XVIII e que continua no português do Brasil:

> Vi um menino / **cantando**. /

Distinto deste é o emprego, cada vez mais frequente nos dias que correm, do gerúndio como representante de uma ORAÇÃO ADJETIVA que designa um modo de ser ou uma atividade permanente do substantivo a que se refere, construção que é um simples decalque do francês:

> Meu coração é um pórtico partido /
> **Dando excessivamente sobre o mar**. /
> (F. Pessoa, *OP*, 54.)

> De onde estava via as torres da igreja metodista, / **erguendo-se acima da massa de arvoredo dum jardim**. /
> (É. Veríssimo, *LS*, 133.)

Adverbiais

Como o GERÚNDIO tem principalmente significado temporal, as REDUZIDAS por ele formadas correspondem, na maioria dos casos, a ORAÇÕES SUBORDINADAS ADVERBIAIS TEMPORAIS. Comparem-se, por exemplo:

> / **Passando hoje pela porta do meu compadre José Amaro,** / ele me convidou para tomar conta de sua causa.
> (J. Lins do Rego, *FM*, 279.)

Mas podem equivaler também a outras ORAÇÕES SUBORDINADAS ADVERBIAIS:

1. CAUSAIS:

> / **Pressentindo** / que as suas intenções haviam sido adivinhadas, Macedo tentou minorar a situação.
> (Ferreira de Castro, *OC*, I, 89.)

2. CONCESSIVAS:

> Aqui mesmo, / **ainda não sendo padre,** / se quiser florear com outros rapazes, e não souber, há de queixar-se de você, Mana Glória.
> (Machado de Assis, *OC*, I, 735.)

3. CONDICIONAIS:

> **Pensando bem,** / tudo aquilo era muito estranho.
> (A. Meyer, *SI*, 25.)

Orações reduzidas de particípio

Como as REDUZIDAS DE GERÚNDIO, as DE PARTICÍPIO podem ser ADJETIVAS ou ADVERBIAIS.

Adjetivas

> As rosas brancas agrestes /
> **Trazidas do fim dos montes** /
> Vós mas tirastes, que as destes...
> (F. Pessoa, *OP*, 118.)

Adverbiais

São mais comuns as TEMPORAIS:

> / **Acabada a cerimônia,** / demos a volta ao adro.
> (V. Nemésio, *SOP*, 90.)

> / **Armadas as barracas**, / **abrigados caminheiros e camaradas**, / roncou a tormenta.
> (A. Amoroso Lima, *AA*, 47.)

Não raro, ocorrem também as:

1. CAUSAIS:

> / **Desesperado**, / parecia um doido por toda a casa.
> (M. Torga, *NCM*, 36.)

2. Concessivas:

> Creio, porém, que, / **ainda admitidas as exagerações do *Jornal do Comércio*,** / pode-se assegurar que a guerra está concluída.
> (J. de Alencar, *OC*, IV, 1331.)

3. Condicionais:

> / **Dada essa hipótese,** / espero de nossos amigos dedicados que não sofrerão impassíveis uma oposição injusta.
> (J. de Alencar, *CD*, 33.)

Capítulo 19

Figuras de sintaxe

Nem sempre as frases se organizam com absoluta coesão gramatical. O empenho de maior expressividade leva-nos, com frequência, a superabundâncias, a desvios, a lacunas nas estruturas frásicas tidas por modelares. Em tais construções a coesão gramatical é substituída por uma coesão significativa, condicionada pelo contexto geral e pela situação.

Os processos expressivos que provocam essas particularidades de construção denominam-se FIGURAS DE SINTAXE.

Examinemos as principais:

ELIPSE

1. ELIPSE é a omissão de um termo que o contexto ou a situação permitem facilmente suprir:

> À esquerda, panos de velhos muros, à direita o campo deserto.
> (V. Ferreira, *A*, 273.)

> Ao redor, bons pastos, boa gente, terra boa para arroz.
> (Guimarães Rosa, *S*, 123.)

> A lua, um pequeno disco branco só, lá em cima.
> (Luandino Vieira, *VVDX*, 73.)

> — O senhor está preso.
> — Preso, eu?!
> (C. Drummond de Andrade, *CB*, 93.)

2. A ELIPSE é responsável por numerosos casos de DERIVAÇÃO IMPRÓPRIA, nos quais o termo expresso absorve o conteúdo significativo do termo omitido:

a (cidade) **capital**	**uma** (igreja) **catedral**
um (dente) **canino**	**uma** (carta) **circular**
um (navio a) **vapor**	**uma folha** (de papel)

A ELIPSE COMO PROCESSO GRAMATICAL

1. Em gramática, a ELIPSE de um termo deve ser invocada apenas quando manifesta. E, ainda assim, com extrema prudência.
São correntes, por exemplo, as ELIPSES:

a) do sujeito:

> Ternura sacudiu os ombros, no susto. Ergueu a cabeça, fixou Manuel:
> — Para onde? — exclamou.
>
> (A. M. Machado, *JT*, 135.)

> Levantei-me de mansinho, e mais manso que um ladrão me vesti. Abri a porta da rua, e com cautela a fechei. Num rufo corri ao macho que estava, à mão de largar, no grande alpendre e deitei-lhe o aparelho. E, sem ruído, sem voltar a cabeça, vergonhoso de mim, saí daquela terra.
>
> (A. Ribeiro, *M*, 46.)

b) do verbo (parcial ou total):

> Vão os dois em diálogo peripatético, ele em passo largo, ela no voo.
>
> (C. Drummond de Andrade, *CB*, 26.)

> Vida ruim, a nossa...
>
> (Alves Redol, *G*, 105.)

> Um senhor. Até na miséria, um senhor.
>
> (F. Namora, *RT*, 16.)

c) da preposição que introduz certos adjuntos:

> Miguel foi atrás dela, **mãos nos bolsos,** falando calmo.
>
> (Luandino Vieira, *VVDX*, 69.)

Olegário debruçou-se sobre ele, **os olhos cheios de espanto,** outro homem naquele momento.

(Adonias Filho, *F*, 40.)

O Bento move-se no assento, **os braços bem apoiados na mesa, a cabeça baixa.**

(F. Botelho, *X*, 200.)

d) da preposição *de* antes da integrante que introduz as orações objetivas indiretas e as completivas nominais:

Bem me **lembro que** ainda eu mesmo alcancei a casa de dona Rosinha em cuja porta de entrada passei horas seguidas espiando a maré humana.

(A. F. Schmidt, *GB*, 44.)

Tem **medo que** fique alguém fora da malhada!...

(Alves Redol, *G*, 65.)

Uma vez **certa que** morria, ordenou o que prometera a si mesma.

(Machado de Assis, *OC*, II, 497.)

e) da conjunção integrante *que*:

Não **cuideis seja** a masmorra...
Não **cuideis seja** o degredo...

(C. Meireles, *OP*, 862.)

Querendo poupar à moça e a mim tal vexame, **solicitei fosse** a pena comutada, senão em substância, pelo menos em grau.

(C. dos Anjos, *DR*, 279.)

Hoje me **disseram ele era** um dos bons.

(Luandino Vieira, *VVDX*, 21.)

2. Na análise dessas e de outras orações manifestamente incompletas convém repor os elementos omitidos. Mas seria uma arbitrariedade pretender reconstruir, nas mesmas bases, formas expressivas elaboradas dentro de princípios linguísticos diversos.
É o caso, por exemplo, da FRASE NOMINAL, organizada sem verbo e, justamente por isso, mais incisiva:

> Que talento, que bom gosto, uma delícia!
> (A. Meyer, *MA*, 153.)

> Oh, a nudez da noite! Que esplendor!
> (Teixeira de Pascoaes, *OC*, I, 50.)

> Roma em chamas, que espetáculo!
> (R. Pompeia, *A*, 144.)

> A noite, o vento baixo, algumas estrelas.
> (Adonias Filho, *LP*, 101.)

> Primavera. Manhã. Que eflúvio de violetas!
> (C. Pessanha, *C*, 52.)

A ELIPSE COMO PROCESSO ESTILÍSTICO

Recurso condensador da expressão, a elipse é naturalmente usada de preferência naqueles tipos de enunciado que se devem caracterizar pela concisão ou pela rapidez.

Seus efeitos estilísticos são, portanto, apreciáveis:

a) na descrição esquemática de ambientes, de estados de alma, de perfis:

> Subiu a escada. A cama arrumada. O quarto. O cheiro do jasmineiro. E a voz de uma das filhas, embaixo:
> — Papai! O telefone...
> (A. M. Machado, *CJ*, 119.)

> E o trabalho, as esperanças perdidas, a magreza, a fome de todo o ano. Sezões e tifos. Sonhos e raivas encobertos em xales e saias escuras, em fatos de bombazina de contrabando, gente de luto.
> (F. Namora, *NM*, 155.)

> Sentou-se na cama a arfar, a gritar que morria. Uma espuma sanguinolenta na boca. Abafava. Escarros de sangue. O coração a falhar. Injeções nas veias. Sangria. Um caixão e quatro velas.
> (Cochat Osório, *CV*, 153.)

b) em anotações rápidas, como as de um diário íntimo, de um caderno de notas:

> Outubro, 10 — Depressão. Hipocondria. Reações súbitas de ódio. Depois, desalento. Pelo menos, antes havia um mistério algo excitante. Agora, mais melancolia, apenas.
> (C. dos Anjos, *M*, 143.)

> Paris da guerra! De dia apenas o movimento diminuído 25% e os ônibus desaparecidos. Mas imensa gente. Mulheres lindas, muitas — e deliciosamente vestidas. Militares.

ou mais sugestiva:

> Poucos feridos. Rara gente de luto. Nenhuma tristeza. Muitos espetáculos. Cafés do centro, cheios.
> (M. de Sá-Carneiro, *C*, 91.)

c) na enunciação de pensamentos condensados, provérbios, divisas, ditos sentenciosos ou irônicos:

> Cada dia, cada via; cada vida, cada lida.
> (Luandino Vieira, *JV*, 63.)

> Uma vida nova numa terra nova.
> (Castro Soromenho, *V*, 50.)

> — Meu dito, meu feito.
> (Machado de Assis, *OC*, I, 634.)

> A paciência da Esfinge. Que paciência!
> (A. M. Machado, *CJ*, 244.)

d) nas enumerações, onde a inexistência do artigo, como dissemos no capítulo 9, costuma sugerir as ideias de acumulação, de dispersão:

> Jantares, danças, luminárias, músicas, tudo houve para celebrar tão fausto acontecimento.
> (Machado de Assis, *OC*, I, 281.)

> Quando voltar, à tardinha, minha pele vai estar que é só boi, vaca, ovelha, leite, couro, remédio, pasto, fumaça, sal, sol, suor.
> (A. C. Resende, *LD*, 1.)

> Cristais retinem de medo,
> Precipitam-se estilhaços,
> Chovem garras, manchas, laços...
> Planos, quebras e espaços
> Vertiginam em segredo.
> (M. de Sá-Carneiro, *P*, 76.)

ZEUGMA

1. A ZEUGMA é uma das formas da elipse. Consiste em fazer participar de dois ou mais enunciados um termo expresso apenas em um deles:

> Na vida dela houve só mudança de personagens; na dele mudança de personagens e de cenários.
>
> (J. Paço d'Arcos, *CVL*, 249.)

Isto é: na dele **houve** mudança de personagens e de cenários.
Podemos denominar SIMPLES a zeugma em que o termo omitido é exatamente o mesmo empregado na oração anterior, como no exemplo de Joaquim Paço d'Arcos.

2. Com mais frequência, a designação aplica-se à chamada zeugma COMPLEXA, que abarca principalmente os casos em que se subentende um verbo já expresso, mas sob outra flexão.
Assim:

> A igreja era grande e pobre. Os altares, humildes.
>
> (C. Drummond de Andrade, *R*, 181.)

Entenda-se:

> Os altares **eram** humildes.

3. A ZEUGMA tem na oração comparativa um campo privilegiado de produção de efeitos estilísticos, como nos mostram estes exemplos:

> Unidas, bem como as penas
> Das duas asas pequenas
> De um passarinho do céu...
> Como um casal de rolinhas,
> Como a tribo de andorinhas
> Da tarde no frouxo véu.
>
> (Castro Alves, *EF*, 125.)

> O perene mistério, que atravessa
> Como um suspiro céus e corações...
>
> (F. Pessoa, *OP*, 423.)

PLEONASMO

1. Pleonasmo é a superabundância de palavras para enunciar uma ideia, como se vê nestes passos, em que se procura reproduzir a fala popular:

> — **Sai** lá **para fora**, João.
> (M. Torga, *NCM*, 228.)

> — **Entra pra dentro**, Carlinhos.
> (J. Lins do Rego, *ME*, 186.)

> — Só o Clemente falou aqui direito. A gente **volta para trás**.
> (F. Namora, *NM*, 146.)

2. Cumpre acentuar que o pleonasmo é a reiteração da *ideia*. A repetição da mesma palavra é um recurso de ênfase e, segundo a forma por que se disponha no período ou na oração, tem na retórica nome especial. Não é, porém, um pleonasmo.

PLEONASMO VICIOSO

O pleonasmo só se justifica para dar maior relevo, para emprestar maior vigor a um pensamento ou sentimento. Quando nada acrescenta à força da expressão, quando resulta apenas da ignorância do sentido exato dos termos empregados, ou de negligência, é uma falta grosseira.

Estão neste caso frases como:

> Fazer uma **breve alocução**.
> Ter o **monopólio exclusivo**.
> Ser o **principal protagonista**.

Em todas elas o adjetivo representa uma demasia condenável: *alocução* é um "discurso breve"; não há *monopólio* que não seja "exclusivo"; e *protagonista* significa "principal personagem".

PLEONASMO E EPÍTETO DE NATUREZA

Cumpre, no entanto, distinguir dessas redundâncias viciosas o emprego do adjetivo como epíteto de natureza em expressões do tipo *céu azul*, *fria neve*, *prado verde*, *mar salgado*, *noite escura* e equivalentes. Comparem-se estes exemplos:

Ó **mar salgado,** quanto do teu sal
São lágrimas de Portugal!
(F. Pessoa, *OP*, 19.)

E a Noite sou eu própria! **A Noite escura**!!
(F. Espanca, *S*, 41.)

Aqui não se trata de inútil reiteração da ideia que já se continha no substantivo. O adjetivo insiste sobre o caráter intrínseco, normal ou dominante do objeto. É uma forma de ênfase, um recurso literário.

OBJETO PLEONÁSTICO

1. Vimos que, para dar realce ao OBJETO DIRETO, é costume colocá-lo no início da frase e, depois, repeti-lo com a forma pronominal *o* (*a*, *os*, *as*), como nestes passos:

As posições, conquistara-**as** umas após outras.
(C. dos Anjos, *M*, 163.)

Paisagens, quero-**as** comigo.
(F. Pessoa, *OP*, 531.)

Meu saco de ilusões, bem cheio tive-**o**.
(M. Quintana, *P*, 115.)

2. Com a mesma finalidade de ênfase, o pronome *lhe* (*lhes*) pode reiterar o OBJETO INDIRETO expresso por um sintagma nominal colocado no início da frase, como nos provérbios:

Ao homem mesquinho basta-**lhe** um burrinho.
Ao pobre não **lhe** prometas e **ao rico** não **lhe** faltes.

3. Também para ressaltar o OBJETO (DIRETO ou INDIRETO), usa-se fazer acompanhar um pronome átono da correspondente forma tônica regida da preposição *a*:

Uma mulher preconceituosa que prefere tudo a que digam que o marido a deixou, ou que ela **o** deixou **a ele**.
(M. J. de Carvalho, *TM*, 188.)

A mim não **me** enganas tu.
(M. Torga, *NCM*, 36.)

Luzia, por que a ventura
A mim me queres negar?
(J. Cardoso, *SE*, 91.)

A mim até **me** pareceu que o sarrão fosse dela.
(M. Lopes, *FVL*, 162.)

HIPÉRBATO

Hipérbato (do grego *hypérbaton* "inversão", "transposição") é a separação de palavras que pertencem ao mesmo sintagma, pela intercalação de um membro frásico, como nestes passos:

Essas que ao vento vêm
Belas chuvas de junho!
(J. Cardoso, *SE*, 16.)

Que arcanjo **teus sonhos** veio
Velar, **maternos**, um dia?
(F. Pessoa, *OP*, 11.)

Em sentido corrente, porém, hipérbato é termo genérico para designar toda inversão de ordem normal das palavras na oração, ou da ordem das orações no período, com finalidade expressiva.

ANÁSTROFE

Anástrofe (do grego *anastrophé* "mudança de posição", "inversão", "transposição") é o tipo de inversão que consiste na anteposição do determinante (preposição + substantivo) ao determinado, como nestes passos:

Vingai a pátria ou valentes
Da pátria tombai **no chão**!
(Fagundes Varela, *PC*, I, 159.)

Mas esse astro que fulgente
Das águias brilhara **à frente**,
Do Capitólio baixou.
(Soares de Passos, *P*, 91-92.)

PROLEPSE

Prolepse (do grego *prólepsis* "ação de tomar antes"), figura também conhecida como antecipação, consiste na deslocação de um termo de uma oração para outra que a preceda, com o que adquire excepcional realce:

> **Os pastores** parece que vivem no fim do mundo.
> (Ferreira de Castro, *OC*, I, 435.)

> — **O próprio ministro** dizem que não gostou do ato.
> (Machado de Assis, *OC*, I, 643.)

> Nas porteiras ou nos terreiros das fazendas, **as pessoas que a gente vê** parece que brincam de tomar conta da natureza.
> (Ribeiro Couto, *C*, 32.)

SÍNQUISE

Sínquise (do grego *sýgchysis* "confusão", "mistura") é a inversão de tal modo violenta das palavras de uma frase, que torna difícil a sua interpretação.

É o que se observa, por exemplo, nesta quadra do soneto "Taça de coral", de Alberto de Oliveira:

> Lícias, pastor — enquanto o sol recebe,
> Mugindo, o manso armento e ao largo espraia,
> Em sede abrasa, qual de amor por Febe
> — Sede também, sede maior, desmaia.
> (*P*, II, 111.)

Entenda-se:

> "Lícias, pastor, enquanto o manso armento recebe o sol e, mugindo, espraia ao largo —, abrasa em sede, qual desmaia de amor por Febe, sede também, sede maior."

ASSÍNDETO

Dizemos que há assíndeto (do grego *asýndeton* "não unido", "não ligado") quando as orações de um período ou as palavras de uma oração se sucedem sem conjunção coordenativa que poderia enlaçá-las. É um vigoroso processo de encadeamento do enunciado, que reclama do leitor ou do ouvinte uma atenção maior no exame de cada fato, mantido em sua individualidade, em sua independência, por força das pausas rítmicas:

> A barca vinha perto, chegou, atracou, entramos.
> (Machado de Assis, *OC*, I, 1067.)

> Lavava roupas da Baixa, vestia, usava, lavava outra vez, levava.
> (Luandino Vieira, *JV*, 103.)

> — Veio, esteve aqui, arranjou-se-lhe o emprego que ele queria, embarcou, acabou-se.
> (J. de Sena, *SF*, 512.)

> Arcos de flores, fachos purpurinos,
> Trons festivais, bandeiras desfraldadas,
> Girândolas, clarins, atropeladas
> Legiões de povo, bimbalhar de sinos...
> (R. Correia, *PCP*, 196.)

> Fulgem as velhas almas namoradas...
> — Almas tristes, severas, resignadas,
> De guerreiros, de santos, de poetas.
> (C. Pessanha, *C*, 48.)

POLISSÍNDETO

O POLISSÍNDETO (do grego *polys ndeton* "que contém muitas conjunções") é o contrário do assíndeto, ou seja, é o emprego reiterado de conjunções coordenativas, especialmente das aditivas:

> Como uma horda de seres vivos, cobríamos gradualmente a terra. Ocupados como quem lavra a existência, **e** planta, **e** colhe, **e** mata, **e** vive, **e** morre, **e** come.
> (C. Lispector, *FC*, 92.)

> Fui cisne, **e** lírio, **e** águia, **e** catedral!
> (F. Espanca, *S*, 59.)

> O quinhão que me coube é humilde, pior do que isto: nulo. **Nem** glória, **nem** amores, **nem** santidade, **nem** heroísmo.
> (O. Lara Resende, *BD*, 10.)

Com o POLISSÍNDETO interpenetram-se os elementos coordenados; a expressão adquire assim uma continuidade, uma fluidez, que a tornam particularmente apta para sugerir movimentos ininterruptos ou vertiginosos, como nos mostram os exemplos citados, e também o seguinte, de Vinícius de Morais:

> **E** crescer, **e** saber, **e** ser, **e** haver
> **E** perder, **e** sofrer, **e** ter horror
> De ser **e** amar, **e** se sentir maldito...
> (*LS*, 119.)

É a este emprego da conjunção que se costuma chamar *e* DE MOVIMENTO.[1]

Por vezes, a repetição é simétrica rítmica, e o polissíndeto passa a ser o recurso característico do chamado estilo bíblico.

Veja-se este exemplo:

> **E** a minha terra se chamará terra de Jafé, **e** a tua se chamará terra de Sem; **e** iremos às tendas um do outro, **e** partiremos o pão da alegria e da concórdia.
> (Machado de Assis, *OC*, II, 302.)

ANACOLUTO

ANACOLUTO é a mudança de construção sintática no meio do enunciado, geralmente depois de uma pausa sensível, como nestes exemplos:

> **No berço,** pendente dos ramos floridos,
> Em que eu pequenino feliz dormitava:
> **Quem é que esse berço** com todo o cuidado
> Cantando cantigas **alegre embalava**?
> (C. de Abreu, *O*, 78.)

> **Umas carabinas** que guardava atrás do guarda-roupa, **a gente brincava com elas,** de tão imprestáveis.
> (J. Lins do Rego, *ME*, 136.)

---

[1] Sobre o chamado *e* DE MOVIMENTO, leiam-se Ernesto Guerra da Cal. *Obra cit.*, p. 256; Raymond Cantel. *Les sermons de Vieira. Etude du style.* Paris, Ediciones Hispano-Americanas, 1959, p. 337; Rocha Lima. *Subsídios para o estudo da partícula "e" em algumas construções da língua portuguesa.* Rio de Janeiro, 1975, p. 49-50 e 59-60 (mimeografado).

Bom! bom! **eu parece-me** que ainda não ofendi ninguém!
(J. Régio, *SM*, 105.)

No primeiro exemplo, observamos que a oração iniciada por *no berço* não teve seguimento normal no 3.º verso, que devia continuá-la, e, em consequência, aquela expressão ficou solta no período.

Também no exemplo de José Lins do Rego a expressão *umas carabinas* ficou desligada do resto da oração principal.

No exemplo de José Régio foi o pronome *eu*, que se anunciava como sujeito do verbo seguinte, o elemento que ficou sem função. Com a imprevista estrutura assumida pela frase, a primeira pessoa, por ele representada, passou a objeto indireto (*me*).

O ANACOLUTO é um fenômeno muito comum, especialmente na linguagem falada, e pode ser assim explicado: "depois de uma pausa, aquele que fala ou escreve abstrai-se do começo do enunciado e continua a exprimir-se como se iniciasse uma nova frase".[2]

SILEPSE

SILEPSE (do grego *sýllepsis*, "ação de reunir, de tomar em conjunto") é a concordância que se faz não com a forma gramatical das palavras, mas com o seu sentido, com a ideia que elas expressam.

Segundo a acepção originária, o termo SILEPSE deveria referir-se apenas à concordância de número. Cedo, porém, ele passou a ser aplicado a certas anomalias formais na concordância de gênero e pessoa e, hoje, abarca praticamente todo o campo da CONCORDÂNCIA IDEOLÓGICA.

SILEPSE DE NÚMERO

1. Pode ocorrer a SILEPSE DE NÚMERO com todo substantivo singular concebido como plural e, particularmente, com os termos coletivos.
   Assim, neste passo de Machado de Assis:

   Deu-me notícias **da gente Aguiar; estão bons.**
   (*OC*, I, 1093.)

---

[2] Maurice Dessaintes. *L'Analyse grammaticale. Au seuil de la stylistique.* Namur-Bruxelles--Tournai, La Procure, 1962, p. 371.

A ocorrência desta SILEPSE vai-se acentuando à medida que o verbo se distancia do sujeito coletivo, sendo particularmente comum quando, na oração, o coletivo está subentendido.

Assim:

> — É o costume, mulher! É o costume **desta gente,** quando **gostam** dum branco **querem**-no para padrinho dos filhos ...
>
> (Luandino Vieira, *NM*, 12.)

> Já toda **a gente** estava indignada. **Queriam ouvir.**
>
> (M. Torga, *CM*, 88.)

> — E **o povo** de Maravalha? perguntava ele aos canoeiros.
> — **Estão** em São Miguel.
>
> (J. Lins do Rego, *ME*, 63.)

2. Há também SILEPSE DE NÚMERO quando o sujeito da oração é um dos pronomes *nós* e *vós*, aplicados a uma só pessoa, e permanecem no singular os adjetivos e particípios que a eles se referem.

Assim:

> **Propelido** por essas ideias e sentimentos, pelas conveniências de **nossas** funções no Ginásio do Estado nesta capital, e **animado** pelo acolhimento que teve o **nosso** curso de gramática expositiva, **pusemos** mão diligente neste trabalho, que ora **entregamos receoso** à mocidade estudiosa e aos homens de letras do **nosso** país.
>
> (E. C. Pereira, *GH*, IV.)

> **Sois injusto** comigo.
>
> (A. Herculano, *MC*, II, 35.)

SILEPSE DE GÊNERO

Sabemos que as expressões de tratamento *Vossa Majestade*, *Vossa Excelência*, *Vossa Senhoria*, etc. têm forma gramatical feminina, mas aplicam-se com frequência a pessoas do sexo masculino. Neste caso, quando funciona como predicativo, o adjetivo que a elas se refere vai sempre para o masculino:

> — Imediatamente, pode **Vossa Excelência** ficar **descansado!...**
>
> (B. Santareno, *TPM*, 119.)

— **V. Ex.ª** parece **magoado**...
(C. Drummond de Andrade, *CB*, 119.)

SILEPSE DE PESSOA

1. Quando a pessoa que fala ou escreve se inclui num sujeito enunciado na 3.ª pessoa do plural, o verbo pode ir para a 1.ª pessoa do plural:

— Deixa lá, que ainda **havemos de ser** felizes **os dois,** com a nossa casinha e as nossas coisas.
(Almada Negreiros, *NG*, 89.)

Todos entramos imediatamente.
(O. Lara Resende, *BD*, 25.)

Estava designada a noite dum baile em casa de Rita Emília, quando **os convidados recebemos** aviso da súbita doença de Francisco José de Sousa.
(C. Castelo Branco, *OS*, I, 504.)

Sós **os quatro velhos** — o desembargador com os três — **fazíamos** planos futuros.
(Machado de Assis, *OC*, I, 1126.)

2. Se no sujeito expresso na 3.ª pessoa do plural queremos abranger a pessoa a quem nos dirigimos, é lícito usarmos a 2.ª pessoa do plural:

Os dois ora **estais** reunidos
numa aliança bem maior
que o simples elo da terra.
(C. Drummond de Andrade, *R*, 197.)

Mas suponho que **todos sois** da mesma opinião! **Todos acordais** em me condenar e abandonar.
(J. Régio, *ERS*, 83.)

3. No português popular, tanto da Europa como do Brasil e de África, a palavra *gente* costuma levar o verbo para a 1.ª pessoa do plural:

— **A gente** precisa de mostrar às raparigas que não **somos** nenhuns miseráveis.
(F. Namora, *TJ*, 94.)

— No fundo **a gente** se consolava, **pensávamos** em nós mesmos.
(Autran Dourado, *IP*, 27.)

— **A gente perdemos** sempre, mas nunca que **desistimos**...
(Luandino Vieira, *NANV*, 200.)

Capítulo 20

Discurso direto, discurso indireto e discurso indireto livre

ESTRUTURAS DE REPRODUÇÃO DE ENUNCIAÇÕES

Para dar-nos a conhecer os pensamentos e as palavras de personagens reais ou fictícios, dispõe o narrador de três moldes linguísticos diversos, conhecidos pelos nomes de:

a) DISCURSO (ou ESTILO) DIRETO;

b) DISCURSO (ou ESTILO) INDIRETO;

c) DISCURSO (ou ESTILO) INDIRETO LIVRE.

DISCURSO DIRETO

Examinando este passo das *Memórias póstumas de Brás Cubas*, de Machado de Assis:

> Virgília replicou:
> — **Promete que algum dia me fará baronesa?**
> (*OC*, I, 462.)

verificamos que o narrador, após introduzir a personagem, Virgília, deixou-a expressar-se por si mesma, limitando-se a reproduzir-lhe as palavras como ela as teria efetivamente selecionado, organizado e emitido.

Também neste trecho do romance *O manto*, de Agustina Bessa Luís:

> — **Posso levar uma rosa**? pergunta o poeta Adriano, avançando a mão para o meio da mesa.
>
> (*M*, 130.)

ou neste outro de *A chaga*, de Castro Soromenho:

> Lourenço continuou, sem olhar para o seu velho companheiro:
> — **A morte das cousas que criamos é que nos faz sofrer.**
>
> (*C*, 117.)

ocorre a reprodução textual das falas dos personagens.

A essa forma de expressão, em que o personagem é chamado a apresentar as suas próprias palavras, denominamos DISCURSO DIRETO.

Nos exemplos acima, distinguimos claramente os narradores — Machado de Assis, Agustina Bessa Luís e Castro Soromenho — dos locutores: Virgília, o poeta Adriano e Lourenço. Mas narrador e locutor podem confundir-se em casos como o das narrativas memorialistas feitas na primeira pessoa.

Assim, na fala de Riobaldo, o personagem-narrador do romance *Grande sertão — veredas*, de Guimarães Rosa:

> Explico ao senhor: o diabo vige dentro do homem, os crespos do homem — ou é o homem arruinado, ou o homem dos avessos.
>
> ....
>
> Bem, o diabo regula seu estado preto, nas criaturas, nas mulheres, nos homens. Até: nas crianças — eu digo. Pois não é ditado: "menino — trem do diabo"?
>
> (*GS-V*, 12.)

Características do discurso direto

1. No plano formal, um enunciado em discurso direto é marcado, geralmente, pela presença de verbos do tipo *dizer, afirmar, ponderar, sugerir, perguntar, indagar, responder* e sinônimos, que podem introduzi-lo, arrematá-lo, ou nele se inserir:

> Meneou a cabeça com ar triste e **acrescentou**:
> — O homem acostuma-se a tudo, sim, a tudo, até a esquecer-se que é um homem...
>
> (Castro Soromenho, *C*, 66.)

> É esta a gaveta? — **perguntou ele.**
>
> (O. Lins, *V*, 53.)

— Penso — **disse meu pai** — que te darás melhor em Letras.
(V. Ferreira, *A*, 26.)

Quando falta um desses verbos *dicendi*, cabe ao contexto e a recursos gráficos — tais como os dois-pontos, as aspas, o travessão e a mudança de linha — a função de indicar a fala da personagem. É o que observamos nestes passos:

> "Todos vamos ficando diferentes, e vinte e cinco anos é uma vida."
> "Para muitos é mais do que isso."
> "Claro que é."
> (M. J. de Carvalho, *TM*, 49.)

> O amigo abraçou-o. E logo recuou com certo espanto: — o seu chapéu, Zé Maria?
> — Ah, não uso mais!...
> — Felizardo!
> (A. M. Machado, *HR*, 47.)

2. No PLANO EXPRESSIVO, a força da narração em DISCURSO DIRETO provém essencialmente de sua capacidade de atualizar o episódio, fazendo emergir da situação a personagem, tornando-a viva para o ouvinte, à maneira de uma cena teatral, em que o narrador desempenha a mera função de indicador das falas. Estas, na reprodução direta, ganham naturalidade e vivacidade, enriquecidas por elementos linguísticos tais como exclamações, interrogações, interjeições, vocativos e imperativos, que costumam impregnar de emotividade a expressão oral.
   Observe-se, também, que a variedade de verbos introdutores oferecida pela língua portuguesa aos seus usuários permite a quem se sirva do DISCURSO DIRETO caracterizar, com precisão e colorido, a atitude da personagem cuja fala vai ser textualmente reproduzida.
   Daí ser esta a forma de relatar preferentemente adotada nos atos diários de comunicação e nos estilos literários narrativos em que os autores pretendem representar diante dos que os leem "a comédia humana, com a maior naturalidade possível" (E. Zola).

DISCURSO INDIRETO

Tomemos como exemplo esta frase de Machado de Assis:

> José Dias deixou-se estar calado, suspirou e acabou **confessando que não era médico.**
> (*OC*, I, 733.)

Ao contrário do que observamos nos enunciados em discurso direto, o narrador (Machado de Assis) incorpora aqui, ao seu próprio falar, uma informação da personagem (José Dias), contentando-se em transmitir ao leitor apenas o seu conteúdo, sem nenhum respeito à forma linguística que teria sido realmente empregada.

Este processo de reproduzir enunciados chama-se DISCURSO INDIRETO.

Observação:

Também, neste caso, narrador e personagem podem confundir-se num só:

> Engrosso a voz e **afirmo que sou estudante.**
> (G. Ramos, *Ins.*, 182.)

Características do discurso indireto

1. No PLANO FORMAL, verifica-se que, introduzidas também por um verbo declarativo (*dizer, afirmar, ponderar, confessar, responder*, etc.), as falas das personagens aparecem, no entanto, numa oração subordinada substantiva, em geral desenvolvida:

   > João Garcia garantiu **que sim, que voltava.**
   > (V. Nemésio, *MTC*, 11.)

   Nestas orações, como vimos, pode ocorrer a elipse da conjunção integrante:

   > Como supunha **fôssemos ter ainda uma quinzena de atividade e pudéssemos esgotar o programa**, demorara-me alguns dias em Machado e em Eça.
   > (C. dos Anjos, *DR*, 283.)

   A integrante falta, naturalmente, quando, numa construção em DISCURSO INDIRETO, a subordinada substantiva assume a forma reduzida:

   > Foi nesse sertão primitivo e rude que Arinos me contou **ter sentido talvez a maior, a mais pura das sensações de arte.**
   > (A. Amoroso Lima, *AA*, 40.)

2. No PLANO EXPRESSIVO, assinale-se, em primeiro lugar, que o emprego do DISCURSO INDIRETO pressupõe um tipo de relato de caráter predominantemente informativo e intelectivo, sem a feição teatral e atualizadora do DISCURSO DIRETO. O diálogo é incorporado à narração mediante uma forte subordinação semântico-sintática estabelecida por meio de nexos e correspondências

verbais entre a frase reproduzida e a frase introdutora. Como, na passagem ao DISCURSO INDIRETO, todas as formas de DISCURSO DIRETO de primeira ou de segunda pessoa se apresentam em terceira pessoa, dá-se em geral um esvaecimento das realidades concretas de tempo e lugar a que as pessoas e coisas referidas estariam vinculadas.

Em síntese: no DISCURSO INDIRETO o narrador subordina a si a personagem, com retirar-lhe a forma própria e afetivamente matizada da expressão. Mas não se conclua daí que tal modalidade de discurso seja uma construção estilística pobre. O seu uso ressalta o pensamento, a essência significativa do enunciado reproduzido, deixando em segundo plano as circunstâncias e os detalhes acessórios que o envolvem.

É, na verdade, do emprego sabiamente dosado de um e outro tipo de discurso que os bons escritores extraem da narrativa os mais variados efeitos artísticos, em consonância com intenções expressivas que só a análise em profundidade de uma dada obra pode revelar.

Transposição do discurso direto para o indireto

1. Do confronto destas duas frases,

— A senhora **vai sair** — disse ela olhando-o muito. (Eça de Queirós, *O*, I, 878.)	Ela disse olhando-o muito que a senhora **ia sair**.

verifica-se que, ao passar-se de um tipo de relato para outro, certos elementos do enunciado se modificam, por acomodação ao novo molde sintático.

2. As principais transposições que ocorrem são:

DISCURSO DIRETO	DISCURSO INDIRETO
a) enunciado em 1.ª ou em 2.ª pessoa:	a) enunciado em 3.ª pessoa:
— **Preciso** de dinheiro, disse o capitão. (A. Bessa Luís, *M*, 151.)	Disse o capitão que **precisava** de dinheiro.
— **Não achas** melhor tirar esse poncho? — perguntou-lhe Rodrigo (É. Veríssimo, *A*, II, 323.)	Perguntou-lhe Rodrigo se [**ele**] **não achava** melhor tirar aquele poncho.
b) verbo enunciado no presente:	b) verbo enunciado no imperfeito:
— **Sou** a Julieta — disse, hesitante. (A. Abelaira, *B*, 81.)	Disse, hesitante, que **era** a Julieta.

DISCURSO DIRETO	DISCURSO INDIRETO
c) verbo enunciado no pretérito perfeito:	c) verbo enunciado no pretérito mais-que-perfeito:
— Nem banho **tomei,** ela esclarecia. (N. Piñon, *CP*, 82.)	Ela esclarecia que nem banho **tinha tomado**.
d) verbo enunciado no futuro do presente:	d) verbo enunciado no futuro do pretérito (condicional):
— Que **será** feito do senhor padre Brito? perguntou D. Joaquina Gansoso. (Eça de Queirós, *O*, I, 43.)	Perguntou D. Joaquina Gansoso que **seria feito** do senhor padre Brito.
e) verbo no modo imperativo:	e) verbo no modo subjuntivo:
— **Não faça** escândalo — disse a outra. (O. Lins, *V*, 100.)	Disse a outra que **não fizesse** escândalo.
f) enunciado justaposto:	f) enunciado subordinado, geralmente introduzido pela integrante *que*:
— **Foi um tempo** velhaco — disse, concordante e enfastiado. (F. Namora, *NM*, 213.)	Disse, concordante e enfastiado, **que** tinha sido um tempo velhaco.
g) enunciado em forma interrogativa direta:	g) enunciado em forma interrogativa indireta:
— "**Lá é bom**?" — perguntei. (Guimarães Rosa, *GS-V*, 103.)	Perguntei **se lá era bom**.
h) pronome demonstrativo de 1.ª pessoa (*este, esta, isto*) ou de 2.ª (*esse, essa, isso*):	h) pronome demonstrativo de 3.ª pessoa (*aquele, aquela, aquilo*):
— Não abro a porta a **estas** horas a ninguém — disse Gracia. (A. Bessa Luís, *M*, 266.)	Disse Gracia que não abria a porta **àquelas** horas a ninguém.
— **Isso** é um número muito comprido, respondeu Cesária. (G. Ramos, *AOH*, 108.)	Cesária respondeu que **aquilo** era um número muito comprido.
i) advérbio de lugar *aqui*:	i) advérbio de lugar *ali*:
— **Aqui** amanhece muito cedo — disse Sales. (Castro Soromenho, *C*, 199.)	Disse Sales que **ali** amanhecia muito cedo.

DISCURSO INDIRETO LIVRE

Na moderna literatura narrativa, tem sido amplamente utilizado um terceiro processo de reprodução de enunciados, resultante da conciliação dos dois anteriormente descritos. É o chamado DISCURSO INDIRETO LIVRE[1], forma de expressão que, em vez de apresentar a personagem em sua voz própria (DISCURSO DIRETO), ou de informar objetivamente o leitor sobre o que ele teria dito (DISCURSO INDIRETO), aproxima narrador e personagem, dando-nos a impressão de que passam a falar em uníssono.

Comparem-se estes exemplos:

> O tronco fora bom. Mas dera aqueles azedos e infelizes frutos, sem capacidade sequer para uma boa alegria. Como pudera ela dar à luz aqueles seres risonhos, fracos, sem austeridade? O rancor roncava no seu peito vazio. **Uns comunistas, era o que eram; uns comunistas.** Olhou-os com sua cólera de velha. Pareciam ratos se acotovelando, a sua família.
>
> (C. Lispector, *LF*, 56.)

> Um empregado de farda amarrotada pegou na mala e também na chave da qual ele se esquecera de tomar posse, começou a subir a escada depois de explicar que o elevador estava avariado havia quase uma semana e na terra ninguém sabia consertá-lo, era preciso virem de Lisboa. **Ora primeiro que se resolvessem... Uma maçada.**
>
> (M. J. de Carvalho, *TM*, 12.)

> Não era a primeira vez que sucedia aquilo — o fiasco daquele engano. Amanhã, seriam os comentários na rodinha do sura antipático, sem rabo ainda, sem voz ainda, pescoço pelado, e já metido a galo. Na do sura e na do garnisé branco — **esse, então, um afeminado de marca, com aquela vozinha esganiçada e o passinho miúdo**.
>
> João Fanhoso fechou os olhos, mal-humorado. A sola dos pés doía, doía. **Calo miserável!**
>
> (M. Palmério, *VC*, 99.)

---

[1] Este molde linguístico tem recebido variadas denominações. Charles Bally, o primeiro que o analisou, deu-lhe o nome de ESTILO INDIRETO LIVRE. T. Kalepky chamou-o DISCURSO VELADO; Leo Spitzer serviu-se das designações DISCURSO MÍMICO, DISCURSO IRÔNICO e DISCURSO CÊNICO; E. Lorck usou a expressão DISCURSO REVIVIDO, que teve fortuna, especialmente na Itália, onde Nicola Vita sugeriu a denominação DISCURSO NARRATIVO; O. Jespersen caracterizou-o como DISCURSO REPRESENTADO e E. Lerch preferiu chamá-lo DISCURSO DIRETO IMPROPRIAMENTE DITO, mas nenhuma dessas designações conseguiu vulgarizar-se como a de Bally.

Características do discurso indireto livre

1. No PLANO FORMAL, verifica-se que o emprego do DISCURSO INDIRETO LIVRE "pressupõe duas condições: a absoluta liberdade sintática do escritor (fator gramatical) e a sua completa adesão à vida do personagem (fator estético)"[2]. Os exemplos dados deixam-nos perceber com nitidez os traços mais salientes deste terceiro tipo de construção.
   Assim, examinando os enunciados em negrito, comprovamos:
   a) que eles aparecem liberados de qualquer liame subordinativo, embora mantenham as transposições características do DISCURSO INDIRETO;
   b) ao contrário do que acontece no DISCURSO INDIRETO, O INDIRETO LIVRE conserva as interrogações, as exclamações, as palavras e as frases do personagem na forma por que teriam sido realmente proferidas.

2. No PLANO EXPRESSIVO, devem ser realçados alguns valores desta construção híbrida:

1.º) Evitando, por um lado, o acúmulo de *quês*, ocorrente no DISCURSO INDIRETO, e, por outro, os cortes das aposições dialogadas, peculiares ao DISCURSO DIRETO, O DISCURSO INDIRETO LIVRE permite uma narrativa mais fluente, de ritmo e tom mais artisticamente elaborados.

2.º) O elo psíquico que se estabelece entre narrador e personagem neste molde frásico torna-o preferido dos escritores memorialistas em suas páginas de monólogo interior.

3.º) Para a apreensão da fala do personagem nos trechos em DISCURSO INDIRETO LIVRE, cobra importância o papel do contexto, pois que a passagem do que seja relato por parte do narrador a enunciado real do locutor é muitas vezes extremamente sutil, como nos mostra o passo de Mário Palmério atrás mencionado.

4.º) Finalmente, cumpre ressaltar que o DISCURSO INDIRETO LIVRE nem sempre aparece isolado em meio da narração. Sua "riqueza expressiva aumenta quando ele se relaciona, dentro do mesmo parágrafo, com os discursos direto e indireto puro", pois o emprego conjunto faz que para o enunciado confluam, "numa soma total, as características de três estilos diferentes entre si".[3]

---

[2] Nicola Vita in *Cultura Neolatina, 15*:18, Modena, 1955. Vem a propósito o lema naturalista, preconizado por Flaubert: "O artista deve ser na sua obra como Deus na Criação, invisível e todo-poderoso, que seja sentido em tudo, mas que não seja visto em nada." O ideal de perder-se o autor na sua criatura, este culto da impersonalidade dos naturalistas, haveria de encontrar no DISCURSO INDIRETO LIVRE a sua forma de expressão ideal. Zola é o próprio DISCURSO INDIRETO LIVRE "em carne e osso", no dizer de Charles Bally.

[3] G. Verdín Díaz. *Introducción al estilo indirecto libre en español.* Madrid, C. S. I. C., 1970, p. 149.

Capítulo 21

Pontuação

SINAIS PAUSAIS E SINAIS MELÓDICOS

A língua escrita não dispõe dos inumeráveis recursos rítmicos e melódicos da língua falada. Para suprir esta carência, ou melhor, para reconstituir aproximadamente o movimento vivo da elocução oral, serve-se da PONTUAÇÃO.

Os sinais de pontuação podem ser classificados em dois grupos:

O primeiro grupo compreende os sinais que, fundamentalmente, se destinam a marcar as PAUSAS:

a) a VÍRGULA (,)
b) o PONTO (.)
c) o PONTO E VÍRGULA (;)

O segundo grupo abarca os sinais cuja função essencial é marcar a MELODIA, a ENTOAÇÃO:

a) os DOIS-PONTOS (:)
b) o PONTO DE INTERROGAÇÃO (?)
c) o PONTO DE EXCLAMAÇÃO (!)
d) as RETICÊNCIAS (...)
e) as ASPAS (“ ”)
f) os PARÊNTESES (( ))
g) os COLCHETES ([ ])
h) o TRAVESSÃO (—)

Observações:

1.ª) Esta distinção, didaticamente cômoda, não é, porém, rigorosa. Em geral, os sinais de pontuação indicam, ao mesmo tempo, a pausa e a melodia.

2.ª) Outros sinais podem ter valor expressivo: o HÍFEN, o PARÁGRAFO, o emprego de letras maiúsculas e o uso de diversos tipos e cores dos caracteres de imprensa (ITÁLICO, VERSAL, VERSALETE, NEGRITO, etc.).

SINAIS QUE MARCAM SOBRETUDO A PAUSA

A vírgula

A VÍRGULA marca uma pausa de pequena duração. Emprega-se não só para separar elementos de uma oração, mas também orações de um só período.

1. No *interior da oração* serve:

1.º) Para separar elementos que exercem a mesma função sintática (sujeito composto, complementos, adjuntos), quando não vêm unidos pelas conjunções *e*, *ou* e *nem*. Exemplos:

> A sua fronte, a sua boca, o seu riso, as suas lágrimas, enchem-lhe a voz de formas e de cores...
>
> (Teixeira de Pascoaes, *OC*, VII, 83.)

> Os homens em geral são escravos; vivem presos às suas profissões, aos seus interesses, aos seus preconceitos.
>
> (G. Amado, *TL*, 12.)

> Achava os homens declamadores, grosseiros, cansativos, pesados, frívolos, chulos, triviais.
>
> (Machado de Assis, *OC*, I, 660-661.)

Observação:

Quando as conjunções *e*, *ou* e *nem* vêm repetidas numa enumeração, costuma-se separar por VÍRGULA os elementos coordenados, como nestes exemplos:

> Abrem-se lírios, e jasmins, e rosas.
>
> (A. de Oliveira, *P*, II, 344.)

> Vai o fero Itajuba perseguir-vos
> Por água ou terra, ou campos, ou florestas;
> Tremei!...
>
> (Gonçalves Dias, *PCPE*, 523.)

> Nem eu, nem tu, nem ela, nem qualquer outra pessoa desta história poderia responder mais.
>
> (Machado de Assis, *OC*, I, 805.)

2.º) Para separar elementos que exercem funções sintáticas diversas, geralmente com a finalidade de realçá-los. Em particular, a vírgula é usada:

a) para isolar o aposto, ou qualquer elemento de valor meramente explicativo:

> Alice, a menina, estava feliz.
> (F. Namora, *TJ*, 30.)

> A meu pai, com efeito, ninguém fazia falta.
> (O. Lara Resende, *RG*, 93.)

> Conheço, sim, o cansaço do nosso corpo.
> (F. J. Tenreiro, *OP*, 100.)

b) para isolar o vocativo:

> — Que ideias tétricas, minha senhora!
> (J. Paço d'Arcos, *CVL*, 366.)

> — D. Glória, a senhora persiste na ideia de meter o nosso Bentinho no seminário?
> (Machado de Assis, *OC*, I, 731.)

> — Como é que tu te chamas, ó rapaz?
> (L. B. Honwana, *NMCT*, 87.)

c) para isolar os elementos repetidos:

> — Nada, nada — dizia Vilaça todo amável — cá o nosso solzinho português sempre é melhor.
> (Eça de Queirós, *O*, II, 89.)

> Contigo, contigo, Antônio Machado,
> Fora bom passear.
> (C. Meireles, *OP*, 344.)

> — Só minha, minha, minha, eu quero!...
> (Luandino Vieira, *VE*, 86.)

d) para isolar o adjunto adverbial antecipado:

> Lá fora, a chuvada despenhou-se por fim.
> (C. de Oliveira, *AC*, 17.)

À noite, às vezes, fazia barulho.
(A. F. Schmidt, *AP*, 62.)

Fora, a ave agitou-se medonhamente.
(Ó. Ribas, *EMT*, 86.)

Observação:

Quando os adjuntos adverbiais são de pequeno corpo (um advérbio, por exemplo), costuma-se dispensar a VÍRGULA. A VÍRGULA é, porém, de regra quando se pretende realçá-los. Comparem-se estes passos:

Depois levaram Ricardo para a casa da mãe Avelina.
(J. Lins do Rego, *U*, 320.)

Depois, o engraçado são as passagens de nível, os aparelhos de sinalização, os vagões-cisternas...
(A. Abelaira, *D*, 30.)

Depois, tudo caiu em silêncio.
(Castro Soromenho, *TM*, 261.)

3.º) Emprega-se ainda a vírgula no interior da oração:

a) para separar, na datação de um escrito, o nome do lugar:

Paris, 22 de abril de 1983.

b) para indicar a supressão de uma palavra (geralmente o verbo) ou de um grupo de palavras:

No céu azul, dois fiapos de nuvens.
(A. F. Schmidt, *AP*, 176.)

A tarde, de ouro pálido, e o mar, tranquilo como o céu.
(G. Amado, *TL*, 33.)

Chuva, névoa, desconforto,
A imagem da minha vida!
(A. Botto, *AO*, 236.)

2. *Entre orações*, emprega-se a vírgula:

1.º) Para separar as orações coordenadas assindéticas:

Acendeu um cigarro, cruzou as pernas, estalou as unhas, demorou o olhar em Mana Maria.
(A. de Alcântara Machado, *NP*, 136.)

Pois eu caçava, visgava, alçapava.
(Luandino Vieira, *JV*, 74.)

Veio a hora do almoço, o céu cobriu-se de negro, a chuva desabou, contínua e pesada.
(A. Abelaira, *D*, 178.)

2.º) Para separar as orações coordenadas sindéticas, salvo as introduzidas pela conjunção *e*:

— Não me disseste, mas eu vi.
(A. Abelaira, *QPN*, 19.)

Ou elas tocavam, ou jogávamos os três, ou então lia-se alguma cousa.
(Machado de Assis, *OC*, II, 497.)

Não comas, que o tempo é chegado.
(J. Saramago, *MC*, 356.)

Observações:

1.ª) Separam-se geralmente por vírgula as orações coordenadas unidas pela conjunção *e*, quando têm sujeito diferente:

O sol já ia fraco, e a tarde era amena.
(Graça Aranha, *OC*, 148.)

A mulher morreu, e cada um dos filhos procurou o seu destino
(F. Namora, *TJ*, 23.)

Costuma-se também separar por vírgula as orações introduzidas por essa conjunção quando ela vem reiterada:

Comigo, o mundo canta, e cisma, e chora, e reza,
E sonha o que eu sonhar.
(Teixeira de Pascoaes, *OC*, III, 27.)

E eles riem, e eles cantam, e eles dançam.
(Ó. Ribas, *EMT*, 75.)

2.ª) Das CONJUNÇÕES ADVERSATIVAS, *mas* emprega-se sempre no começo da oração; *porém*, *todavia*, *contudo*, *entretanto* e *no entanto*, podem vir ora no início da oração, ora após um de seus termos. No primeiro caso, põe-se uma VÍRGULA antes da conjunção; no segundo, vem ela isolada por vírgulas. Compare-se este período de Machado de Assis:

— Vá aonde quiser, **mas** fique morando conosco.
(*OC*, I, 733.)

aos seguintes:

— Vá aonde quiser, **porém** fique morando conosco.
— Vá aonde quiser, fique, **porém**, morando conosco.

Em virtude da acentuada pausa que existe entre as orações acima, podem ser elas separadas, na escrita, por PONTO E VÍRGULA. Ao último período é mesmo a pontuação que melhor lhe convém:

— Vá aonde quiser; fique, **porém**, morando conosco.

3.ª) Quando CONJUNÇÃO CONCLUSIVA, *pois* vem sempre posposto a um termo da oração a que pertence e, portanto, isolado por VÍRGULAS:

Não pacteia com a ordem; é, **pois**, uma rebelde.
(J. Ribeiro, *PE*, 95.)

As demais conjunções conclusivas (*logo*, *portanto*, *por conseguinte*, etc.) podem encabeçar a oração, ou pospor-se a um dos seus termos. À semelhança das adversativas, escrevem-se, conforme o caso, com uma vírgula anteposta, ou entre vírgulas. Veja-se a Observação 2.ª ao PONTO E VÍRGULA.

3.º) Para isolar as orações intercaladas:

— Se o alienista tem razão, disse eu comigo, não haverá muito que lastimar o Quincas Borba.
(Machado de Assis, *OC*, I, 546.)

— Amanhã mesmo vou encerrá-lo, assegurei, um tanto espantado com a facilidade com que assumia aquele compromisso.
(C. dos Anjos, *DR*, 356.)

"Lá vem ele com as raízes", resmungou Paulino, baixando a cabeça.
(Castro Soromenho, *C*, 137.)

4.º) Para isolar as orações subordinadas adjetivas explicativas:

> O Loas, que tinha relações sobrenaturais, diagnosticara um espírito.
> (F. Namora, *TJ*, 24.)

> Eu, que tinha ido ensinar, agora me via diante de trinta examinadoras.
> (Genolino Amado, *RP*, 24.)

> D. Apolônia, que se habituara ao desdém das senhoras do Quinaxixe, não amolecia no entanto como patroa.
> (A. Santos, *P*, 66.)

Observação:

Como sabemos, as ORAÇÕES SUBORDINADAS ADJETIVAS classificam-se em RESTRITIVAS e EXPLICATIVAS.

As RESTRITIVAS, necessárias ao sentido da frase, ligam-se a um substantivo (ou pronome) antecedente sem pausa, razão por que dele não se separam, na escrita, por vírgula. Já as EXPLICATIVAS, denotadoras de uma qualidade acessória do antecedente — e, portanto, dispensáveis ao sentido essencial da frase —, separam-se dele por uma pausa, indicada na escrita por VÍRGULA.

Comparem-se, por exemplo, estes dois passos:

> Não se lembraria do beijo que me jogara de longe, dos cravos que me atirara...
> (Ribeiro Couto, *C*, 85.)

> Os dois espanhóis e meu tio, que o ouviam, olharam para mim.
> (J. de Sena, *SF*, 175.)

No primeiro, há duas orações adjetivas restritivas: *que me jogara de longe* e *que me atirara*; no segundo, uma oração adjetiva explicativa: *que o ouviam*. Daí a diversidade de pontuação.

5.º) Para separar as orações subordinadas adverbiais, principalmente quando antepostas à principal:

> Quando se levantou, os seus olhos tinham uma fria determinação.
> (F. Namora, *NM*, 243.)

> Se eu o tivesse amado, talvez o odiasse agora.
> (C. dos Anjos, *M*, 146.)

De tudo se lembrara nesse momento, porque de tudo queria esquecer depois...

(A. de Assis Júnior, *SM*, 140.)

6.º) Para separar as orações reduzidas de infinitivo, de gerúndio e de particípio, quando equivalentes a orações adverbiais:

A não ser isto, é uma paz regalada.

(Castro Soromenho, *C*, 225.)

Sendo tantos os mortos, enterram-nos onde calha.

(J. Saramago, *MC*, 221.)

Fatigado, ia dormir.

(Lima Barreto, *TFPQ*, 279.)

Conclusão

Finalizando as nossas observações, devemos acentuar o seguinte:

a) toda oração ou todo termo de oração de valor meramente explicativo pronunciam-se entre pausas; por isso são isolados por vírgulas, na escrita;
b) os termos essenciais e integrantes da oração ligam-se uns com os outros sem pausa; não podem, assim, ser separados por vírgula. Esta a razão por que não é admissível o uso da vírgula entre uma oração subordinada substantiva e a sua principal;
c) há uns poucos casos em que o emprego da vírgula não corresponde a uma pausa real na fala; é o que se observa, por exemplo, em respostas rápidas do tipo: *Sim, senhor. Não, senhor.*

O ponto

1. O PONTO assinala a pausa máxima da voz depois de um grupo fônico de final descendente.
   Emprega-se, pois, fundamentalmente, para indicar o término de uma ORAÇÃO DECLARATIVA, seja ela absoluta, seja a derradeira de um período composto:

Entardecer no Angico. Estou parada, sozinha, na frente da casa da estância, olhando para o poente. O sol parece uma grande laranja temporã, cujo sumo escorre pelas faces da tarde. O ar cheira a guaco queimado. Um silêncio de paina crepuscular envolve todas as coisas.

> A terra parece anestesiada. Raras estrelas começam a apontar no firmamento, mais adivinhadas do que propriamente visíveis. Sinto um langor de corpo e espírito. Decerto é a tardinha que me contagia com sua doce febre.
>
> (É. Veríssimo, *A*, III, 932.)

2. Quando os períodos (simples ou compostos) se encadeiam pelos pensamentos que expressam, sucedem-se uns aos outros na mesma linha. Diz-se, neste caso, que estão separados por um PONTO SIMPLES.

Observação:

O PONTO tem sido utilizado pelos escritores modernos onde os antigos poriam PONTO E VÍRGULA ou mesmo VÍRGULA. Trata-se de um eficiente recurso estilístico, quando usado adequada e sobriamente. Com a segmentação de períodos compostos em orações absolutas, ou com a transformação de termos destas em novas orações, obriga-se o leitor a ampliar as pausas entre os grupos fônicos de determinado texto, com o que lhe modifica a entoação e, consequentemente, o próprio sentido. As orações assim criadas adquirem um realce particular; ganham em afetividade e, não raro, passam a insinuar ideias e sentimentos, inexprimíveis numa pontuação normal e lógica. Leiam-se, por exemplo, estes passos:

> Era, na verdade, um mestre, o mestre. Mestre Goeldi.
>
> (M. Bandeira, *AA*, 60.)

> A tua presença provocou em mim o sentimento inédito que buscava. Fiquei transposto. Outro. Como desejava.
>
> (Almada Negreiros, *OC*, III, 61.)

> A música toca uma valsa lenta. O desânimo aumenta. Os minutos passam.
> A orquestra se cala. O vento está mais forte.
> Clarissa começa a ficar decepcionada. Decerto o poeta está doente. Ou com frio. Ou se esqueceu de aparecer.
>
> (É. Veríssimo, *ML*, 155-156.)

3. Quando se passa de um grupo a outro grupo de ideias, costuma-se marcar a transposição com um maior repouso da voz, o que, na escrita, se representa pelo PONTO-PARÁGRAFO. Deixa-se, então, em branco o resto da linha em que termina um dado grupo ideológico, e inicia-se o seguinte na linha abaixo, com o recuo de algumas letras.
Assim:

Lá embaixo era um mar que crescia.

Começara a chuviscar um pouco. E o carro subia mais para o alto, com destino à casa de Amâncio, que era a melhor da redondeza. O povo olhava feito besta para o carro com o dr. Juca deitado.

O usineiro gemia com as dores que não duravam a chegar.

Maria Augusta passava as mãos pela sua cabeça quase toda branca.

(J. Lins do Rego, *U*, 337.)

4. Ao ponto que encerra um enunciado escrito dá-se o nome de PONTO-FINAL.

Observações:

1.ª) Além de servir para marcar uma pausa longa, o ponto tem outra utilidade. É o sinal que se emprega depois de qualquer palavra escrita abreviadamente. Assim: *V. S.ª (Vossa Senhoria), dr. (doutor), C. F. C. (Conselho Federal de Cultura), I. N. I. C. (Instituto Nacional de Investigação Científica).*

Note-se que, se a palavra assim reduzida estiver no fim do período, este encerra-se com o ponto abreviativo, pois não se coloca outro ponto depois dele.

2.ª) Quanto ao uso de ponto depois do vocativo que encabeça cartas, requerimentos, ofícios, etc., vejam-se as nossas Observações aos DOIS-PONTOS.

O ponto e vírgula

1. Como o nome indica, este sinal serve de intermediário entre o PONTO e a VÍRGULA, podendo aproximar-se ora mais daquele, ora mais desta, segundo os valores pausais e melódicos que representa no texto. No primeiro caso, equivale a uma espécie de PONTO reduzido; no segundo, assemelha-se a uma VÍRGULA alongada.

2. Esta imprecisão do PONTO E VÍRGULA faz que o seu emprego dependa substancialmente do contexto. Entretanto, podemos estabelecer que, em princípio, ele é usado:

1.º) Para separar num período as orações da mesma natureza que tenham uma certa extensão:

Numa tarde de Outono murmuraste;
Toda a mágoa do Outono ele me trouxe...

(F. Espanca, *S*, 49.)

Não sabe mostrar-se magoada; é toda perdão e carinho.

(Machado de Assis, *OC*, I, 1051.)

2.º) Para separar partes de um período, das quais uma pelo menos esteja subdividida por VÍRGULA:

> Chamo-me Inácio; ele, Benedito.
> (Machado de Assis, *OC*, II, 680.)

> Era cedo ainda; mas, depois que saí da farmácia, fiquei ansioso por ver a Mercedes, e com receio de encontrar alguém que me complicasse a vida.
> (J. de Sena, *SF*, 201.)

3.º) Para separar os diversos itens de enunciados enumerativos (em leis, decretos, portarias, regulamentos, etc.). Sirva de exemplo o Título I (*Dos Fins da Educação*) da Lei de Diretrizes e Bases da Educação Nacional:

> Art. 1.º A educação nacional, inspirada nos princípios de liberdade e nos ideais de solidariedade humana, tem por fim:
> a) a compreensão dos direitos e deveres da pessoa humana, do cidadão, do Estado, da família e dos demais grupos que compõem a comunidade;
> b) o respeito à dignidade e às liberdades fundamentais do homem;
> c) o fortalecimento da unidade nacional e da solidariedade internacional;
> d) o desenvolvimento integral da personalidade humana e a sua participação na obra do bem comum;
> e) o preparo do indivíduo e da sociedade para o domínio dos recursos científicos e tecnológicos que lhes permitam utilizar as possibilidades e vencer as dificuldades do meio;
> f) a preservação e expansão do patrimônio cultural;
> g) a condenação a qualquer tratamento desigual por motivo de convicção filosófica, política ou religiosa, bem como a quaisquer preconceitos de classe ou de raça.

Observações:

1.ª) O ponto e vírgula divide longos períodos em partes menores à semelhança da CESURA, ou deflexão interna de um verso longo. Às vezes, os elementos separados são simétricos, e disso resulta um ritmado encadeamento do período, muito ao gosto do estilo oratório. Leia-se este passo de Rui Barbosa em louvor de Machado de Assis:

> Não é o clássico da língua; não é o mestre da frase; não é o árbitro das letras; não é o filósofo do romance; não é o mágico do conto; não é o joalheiro do verso, o exemplar sem rival entre os contemporâneos, da elegância e da graça, do aticismo e da singeleza no conceber e no dizer; é o que soube viver intensamente a arte, sem deixar de ser bom.
>
> (R. Barbosa, *EDS*, 676.)

2.ª) Em lugar da vírgula, costuma-se empregar o ponto e vírgula antes das conjunções adversativas (*mas, porém, todavia, contudo, no entanto*, etc.) e das conclusivas (*logo, portanto, por isso*, etc.) colocadas no início de uma oração coordenada. Com o alongamento da pausa, acentua-se o sentido adversativo (ou conclusivo) das referidas conjunções.

Comparem-se estes períodos:

> Pode a virtude ser perseguida, mas nunca desprezada.
> Pode a virtude ser perseguida; mas nunca desprezada.
>
> Ele anda muito ocupado, por isso não tem respondido às suas cartas.
> Ele anda muito ocupado; por isso não tem respondido às suas cartas.

Em certos casos, o tom enfático aconselha mesmo o uso do ponto em tal posição. É o que ocorre, por exemplo, neste passo de Rui Barbosa:

> Qual é a doença reinante? Bubões. Logo, *Tarantula cubensis.* Porque a mordedura desse aracnídeo gera sintoma de peste. Logo, a previne. Logo, há de curá-la.
>
> (*EDS*)

Valor melódico dos sinais pausais

Dizemos que a VÍRGULA, O PONTO e O PONTO E VÍRGULA marcam *sobretudo* — e não *exclusivamente* — a pausa. No correr de nosso estudo, ressaltamos até algumas de suas características melódicas.

É o momento de sintetizá-las:

a) o PONTO corresponde sempre à final descendente de um grupo fônico;
b) a VÍRGULA assinala que a voz fica em suspenso, à espera de que o período se complete;
c) o PONTO E VÍRGULA denota em geral uma débil inflexão suspensiva, suficiente, no entanto, para indicar que o período não está concluído.

SINAIS QUE MARCAM SOBRETUDO A MELODIA

Os dois-pontos

Os DOIS-PONTOS servem para marcar, na escrita, uma sensível suspensão da voz na melodia de uma frase não concluída. Empregam-se, pois, para anunciar:

1.º) uma citação (geralmente depois de verbo ou expressão que signifique *dizer, responder, perguntar* e sinônimos):

> Como ele nada dissesse, o pai perguntou:
> — Queres ou não queres ir?
> (É. Veríssimo, *A*, III, 675.)

> Nené pareceu por fim compreender, porque desviou o olhar e atalhou secamente:
> — Está bem. Vou-te arranjar o aumento.
> (A. Santos, *P*, 156.)

> Clemente voltou para dizer:
> — Não enxerguei ninguém, camarada. Era bicho.
> (F. Namora, *NM*, 112.)

2.º) uma enumeração explicativa:

> Não fosse ele, outros seriam: pajens, gente de guerra, vadios de estalagens, andejos das estradas.
> (Coelho Netto, *OS*, I, 1420.)

> Tínhamos dezenas de amigos: S. João, S. José, Santo Antônio, o beato João de Brito... mas nenhum deles era estabelecido e nenhum deles tinha conta no banco.
> (Sttau Monteiro, *APJ*, 13.)

> À sua volta, tudo lhe parece chorar: as árvores, o capim, os insetos.
> (Ó. Ribas, *EMT*, 104.)

3.º) um esclarecimento, uma síntese ou uma consequência do que foi enunciado:

> — A razão é clara: achava a sua conversação menos insossa que a dos outros homens.
> (Machado de Assis, *OC*, II, 495.)

E a felicidade traduz-se por isto: criarem-se hábitos.
(A Abelaira, *NC*, 154.)

Não era desgosto: era cansaço e vergonha.
(Cochat Osório, *CV*, 178.)

Eu em sua igreja não mando: só assisto e apoio.
(S. de Mello Breyner Andresen, *CE*, 11.)

Observação:

Depois do vocativo que encabeça cartas, requerimentos, ofícios, etc., costuma-se colocar DOIS-PONTOS, VÍRGULA ou PONTO, havendo escritores que, no caso, dispensam qualquer pontuação. Assim:

Prezado senhor:
Prezado senhor,
Prezado senhor.
Prezado senhor

Sendo o vocativo inicial emitido com entoação suspensiva, deve ser acompanhado, preferentemente, de DOIS-PONTOS ou de VÍRGULA, sinais denotadores daquele tipo de inflexão.

O ponto de interrogação

1. É o sinal que se usa no fim de qualquer interrogação direta, ainda que a pergunta não exija resposta:

— Então a coisa sai mesmo?
— Se sai? Já saiu! Não viu os jornais?
(É. Veríssimo, *A*, I, 253.)

— Vão para África, então? O Paulo decidiu-se?
(Luandino Vieira, *NM*, 52.)

Estará surdo? Estará a tentar irritar-me?
(Sttau Monteiro, *APJ*, 101.)

2. Nos casos em que a pergunta envolve dúvida, costuma-se fazer seguir de reticências o ponto de interrogação:

— Então?... que foi isso?... a comadre?...
(Artur Azevedo, *CFM*, 86.)

— Quem está aí?...
(Branquinho da Fonseca, *B*, 86.)

— Enfim, que direi?...
(A. de Assis Júnior, *SM*, 269.)

3. Nas perguntas que denotam surpresa, ou naquelas que não têm endereço nem resposta, empregam-se por vezes combinados o ponto de interrogação e o ponto de exclamação:

— Não digas isso! O branco... teu homem... vender-te?!
(Ó. Ribas, *EMT*, 14.)

— Ah, é a senhora?! Pois entre, a casa é sua...
(A. M. Machado, *HR*, 86.)

— Quem é que não conhece Coimbra?!!!
(Branquinho da Fonseca, *B*, 18.)

Observações:

1.ª) O ponto de interrogação nunca se usa no fim de uma interrogação indireta. Como salientamos no capítulo 7, a interrogação indireta termina com entoação descendente, exigindo, por isso, um ponto. Comparem-se:

— Quem chegou? [= interrogação direta]
— Diga-me quem chegou. [= interrogação indireta]

2.ª) Há escritores que, para acentuar, nos diálogos, a atitude de expectativa de um dos interlocutores, usam reduzir a sua réplica ao ponto de interrogação, seguido às vezes do ponto de exclamação.

Esses recursos de pontuação não têm apenas valor linguístico; visam a indicar também a expressão do corpo e do espírito que acompanha e valoriza a pausa linguística.

O ponto de exclamação

1. É o sinal que se pospõe a qualquer enunciado de entoação exclamativa. Mas, como a melodia das exclamações apresenta muitas variedades, o seu valor só pode ser depreendido do contexto. Cabe, pois, ao leitor a tarefa, extremamente delicada, de interpretar a intenção do escritor; de recriar, com apoio em um simples sinal, as diversas possibilidades de inflexão exclamativa e, em cada caso, escolher dentre elas a mais adequada — se se trata de uma

expressão de espanto, de surpresa, de alegria, de entusiasmo, de cólera, de dor, de súplica, ou de outra natureza.

2. Normalmente, emprega-se o ponto de exclamação:

a) depois de interjeições ou de termos equivalentes, como os vocativos intensivos, as apóstrofes:

> — Credo em cruz! gemeu Raimundo, assombrado.
> (G. Ramos, *AOH*, 147.)

> Que formosura tão de corte, de palácio, de aristocracia! Que pureza e correção de linhas! Que fidalguia de olhar e falar!
> (C. Castelo Branco, *OS*, I, 87.)

> — Adeus, senhor, adeus!
> (Ó. Ribas, *EMT*, 16.)

b) depois de um imperativo:

> — Não vás! Volta, meu filho! Não vás!
> (É. Veríssimo, *A*, II, 604.)

> Ide, ide de mim!
> (F. Pessoa, *OP*, 166.)

> — Agarrem!
> — Gentes, agarrem! agarrem!
> (Castro Soromenho, *V*, 113.)

3. Tão variado como o seu valor melódico é o valor pausal do ponto de exclamação. Para acentuar a inflexão da voz e a duração das pausas pedidas por certas formas exclamativas — ou para sugerir a mímica emocional que as acompanha —, alguns escritores usam de artifícios semelhantes aos que apontamos no emprego do ponto de interrogação. Costumam, assim:

a) juntar o ponto de exclamação ao de interrogação, para obter os efeitos que indicamos. Quando a entoação é predominantemente interrogativa, o ponto de interrogação antecede o de exclamação; quando é mais sensível o tom exclamativo, o de exclamação precede o de interrogação:

> Ah! minha Nossa Senhora, para que Felícia veio falar dessas histórias agora de noite!?
> (Coelho Netto, *OS*, I, 926.)

— Consentir?! Ele é isso?
(F. Namora, *NM*, 222.)

A referida combinação costuma ser seguida ou antecedida de reticências, o que lhe acrescenta uma nota de incerteza:

— Estás a ver se disfarças?!...
(Alves Redol, *F*, 223.)

— Coitada!... quem diria... quem imaginaria que acabaria assim!?...
(A. de Assis Júnior, *SM*, 52.)

b) repetir o ponto de exclamação, para marcar um reforço especial na duração, na intensidade ou na altura da voz:

— Varo-os como a cães!... Canalhas!!!... Hei de lhes acabar com a manha de andarem atrás de mim!... Não sou menino de mama! Carneirada!!!...
(Branquinho da Fonseca, *B*, 86.)

Ah! Pérfido! Se os teus não lhes respondem mais, para sempre!!!!!!! meus beijos emurchecerão! Triste! Triste da abandonada!...
(M. de Andrade, *OI*, 162.)

4. Às vezes, encadeiam-se em forma dialogada essas tentativas de notação mímica. Veja-se este exemplo de Antônio Nobre:

Enfim, feliz! — ? — ! Desesperado. — Vem!
(*S*, 128.)

As reticências

As RETICÊNCIAS marcam uma interrupção da frase e, consequentemente, a suspensão da sua melodia.

1. Empregam-se em casos muito variados. Assim:
a) para indicar que o narrador ou a personagem interrompe uma ideia que começou a exprimir, e passa a considerações acessórias:

Peça-lhe a sua felicidade, que eu não faço outra cousa... Uma vez que você não pode ser padre, e prefere as leis... As leis são belas, sem desfazer na teologia, que é melhor que tudo, como a vida eclesiástica é a mais santa... Por que não há de ir estudar leis fora daqui?
(Machado de Assis, *OC*, I, 757.)

"Quanto ao seu pai... Às vezes penso... Asseguro-lhe que é verdade. Penso que ela se esqueceu de tudo. Que teve uma crise de amnésia e *perdeu* determinados acontecimentos."

(M. J. de Carvalho, *TM*, 121.)

b) para marcar suspensões provocadas por hesitação, surpresa, dúvida ou timidez de quem fala:

— Homem, vê lá... Pensa bem no que vais fazer... — avisou o prior.
— A Raquel é boa rapariga... Mas a geração... Olha, eu não digo nada. Resolve tu...

(M. Torga, *NCM*, 142.)

— Você... tão sozinha... Não lhe ocorre, muitas vezes, que se um homem... Não tem vontade de casar-se...

(O. Lins, *V*, 19.)

— Eu... eu... queria... um agasalho — respondeu soluçando a miserável.

(Graça Aranha, *OC*, 164.)

c) para assinalar certas inflexões de natureza emocional (de alegria, de tristeza, de cólera, de sarcasmo, etc.):

— Há tempos que eu não chorava!... Pois me vieram lágrimas..., devagarinho, como gateando, subiram... tremiam sobre as pestanas, luziam um tempinho... e ainda quentes, no arranco do galope, lá caíam elas na polvadeira da estrada, como um pingo d'água perdido, que nem mosca nem formiga daria com ele!...

(Simões Lopes Neto, *CGLS*, 128.)

Mágoa de o ter perdido, amor ainda.
Ódio por ele? Não... não vale a pena...

(F. Espanca, *S*, 74.)

d) para indicar que a ideia que se pretende exprimir não se completa com o término gramatical da frase, e que deve ser suprida com a imaginação do leitor:

Duas horas te esperei.
Duas mais te esperaria.
Se gostas de mim não sei...
Algum dia há de ser dia...

(F. Pessoa, *QGP*, n.º 98.)

Garoa do meu São Paulo,
— Costureira de malditos —
Vem um rico, vem um branco,
São sempre brancos e ricos...
(M. de Andrade, *PC*, 385.)

2. Empregam-se também as RETICÊNCIAS para reproduzir, nos diálogos, não uma suspensão do tom da voz, mas o corte da frase de um personagem pela interferência da fala de outro:

— A senhora ia dizer que...
— Nada... nada... — atalhou a mulher.
(A. M. Machado, *HR*, 15.)

— Sempre tens vontade de pegar uma fanga?
— Se não tivesse...
— Ias-te embora...
(Alves Redol, *F*, 276.)

— Isso também conta. As raízes...
— Que raízes? — cortou José Paulino, bruscamente.
(Castro Soromenho, *C*, 121.)

Se a fala do personagem continua normalmente depois dessa interferência, costuma-se preceder o seguimento de reticências:

— O que me parece, aventurou o coronel, é que eles vieram ao cheiro dos cobres...
— Decerto.
... e que a tal D. Helena (Deus lhe perdoe!) não estava tão inocente como dizia.
(Machado de Assis, *OC*, II, 866.)

— Eu vi as ondas engolirem-no...
— Chega, meu marido, chega!...
— ... ele ainda voltou à tona duas vezes!
— Já acabou! Não se pensa mais, João.
— ... Eu não queria dizer, para não passar por doido...
(A. M. Machado, *HR*, 247.)

3. Usam-se ainda as RETICÊNCIAS antes de uma palavra ou de uma expressão que se quer realçar:

E as Pedras... essas... pisa-as toda a gente!...
(F. Espanca, *S*, 30.)

E teve um fim que nunca se soube... Pobrezinho...
Andaria nos doze anos. Filho único.
(Simões Lopes Neto, *CGLS*, 225.)

Observações:

1.ª) Como os outros sinais melódicos, as RETICÊNCIAS têm certo valor pausal, que é mais acentuado quando elas se combinam com outro sinal de pontuação.

Duas combinações são possíveis:

a) com um sinal pausal (VÍRGULA, ou PONTO E VÍRGULA). Neste caso as RETICÊNCIAS têm apenas valor melódico; a pausa é indicada pela VÍRGULA, ou pelo PONTO E VÍRGULA que as segue:

Passai, ó vagas..., mas passai de manso!
(Castro Alves, *OC*, 331.)

— É uma dos diabos, é...; mas não se acoquine, homem!
(Simões Lopes Neto, *CGLS*, 126.)

b) com um sinal melódico (PONTO DE INTERROGAÇÃO, ou PONTO DE EXCLAMAÇÃO, ou os dois conjugados). Neste caso, as RETICÊNCIAS prolongam a duração das inflexões interrogativa e exclamativa e lhes acrescentam certos matizes particulares, que indicamos ao estudarmos aqueles sinais.

2.ª) Não se devem confundir RETICÊNCIAS, que têm valor estilístico apreciável, com os três pontos que se empregam, como simples sinal tipográfico, para indicar que foram suprimidas palavras no início, no meio ou no fim de uma citação.

Modernamente, para evitar qualquer dúvida, tende a generalizar-se o uso de quatro pontos para marcar tais supressões, ficando os três pontos como sinal exclusivo das RETICÊNCIAS.

As aspas

1. Empregam-se principalmente:

a) no início e no fim de uma citação para distingui-la do resto do contexto:

Definiu César toda a figura da ambição quando disse aquelas palavras: "Antes o primeiro na aldeia do que o segundo em Roma."
(F. Pessoa, *LD*, 100.)

O poeta espera a hora da morte e só aspira a que ela "não seja vil, manchada de medo, submissão ou cálculo".
(M. Bandeira, *PP*, II, 1293.)

Ele me contou, com naturalidade, que, algum tempo antes, estivera bem próximo da morte, "acompanhado pela Virgem Maria".
(A. A. Melo Franco, AR, 187.)

b) para fazer sobressair termos ou expressões, geralmente não peculiares à linguagem normal de quem escreve (estrangeirismos, arcaísmos, neologismos, vulgarismos, etc.):

Era melhor que fosse "clown".
(É. Veríssimo, *C*, 227.)

É verdade que desde esses tempos remotos o "senhor" se adoçou em "sinhô", em "nhonhô", em "ioiô".
(G. Freyre, *OE*, 378.)

c) para acentuar o valor significativo de uma palavra ou expressão:

A palavra "nordeste" é hoje uma palavra desfigurada pela expressão "obras do Nordeste" que quer dizer: "obras contra as secas". E quase não sugere senão as secas.
(G. Freyre, *OE*, 611.)

Não é esse meu "abstrato". Ao não sensorial chamo eu "formal".
(A. Sérgio, *E*, VII, 45.)

O "leão espanhol" é a Espanha aspirando a dominar, ou a Império; sem essa significação, a Espanha, ou Castela, são apenas a "grifa".
(F. Pessoa, *SP*, 153.)

d) para realçar ironicamente uma palavra ou uma expressão:

— Está o mundo perdido, até a Judite já tem "arranjinho"!
(Almada Negreiros, *OC*, II, 135.)

Muda-se a face deste mundo inteiro,
Tudo transformam guerras e procelas:
E há sempre um "ela" na conversa deles,
E há sempre um "ele" na conversa delas.
(D. Andrade, *VEE*, 128.)

2. Usam-se também as ASPAS para indicar:

a) a significação de uma palavra ou de uma frase, em geral de língua estrangeira:

> Comentando largamente a definição de Banville, começa Gide pelos vocábulos "magia" e "sortilégio" (*sorcellerie)*
> (M. Bandeira, *PP*, II, 1275.)

> No Alentejo *fazenda* significa "rebanho de gado macho".
> (Leite de Vasconcelos, *LFP*, 274.)

b) nos diálogos, a mudança de interlocutor (emprego que em alguns escritores contemporâneos substitui o valor normal do TRAVESSÃO):

> "Como vê. Estava à sua espera."
> "Precisa *muito* de falar comigo?"
> "Precisar talvez seja exagero. *Muito*, nem pensar nisso. Apeteceu-me vê-lo, é mais verdadeiro."
> "É muito verdadeira?" perguntou ele.
> "Às vezes. É conforme."
> (M. J. de Carvalho, *TM*, 118.)

> "Vamos mudar de assunto", eu disse.
> "Você quer falar de amor?"
> "É. Quero falar de amor."
> (R. Fonseca, *C*, 79.)

c) o título de uma obra:

> Belinha acaba de ler "Elzira, a Morta Virgem".
> (É. Veríssimo, *C*, 197.)

> Já Velázquez, no século XVII, pintava quadros como as "Hilanderas" e as "Meninas", nos quais ignorantemente se profetizava, com três séculos de antecedência, o atual aparelho fotográfico.
> (Almada Negreiros, *OC*, V, 91.)

> Recebi do Vinícius o livrinho com o "Pátria Minha".
> (M. Bandeira, *PP*, II, 1450.)

Observações:

1.ª) Na escrita, em vez de isolarmos por aspas tais dizeres, costumamos sublinhá-los. Nas obras impressas os elementos sublinhados vêm em tipo diverso, preferentemente em itálico (ou grifo).

2.ª) No emprego das aspas, cumpre atender a estes preceitos, aprovados nos acordos ortográficos luso-brasileiros: "Quando a pausa coincide com o final da expressão ou sentença que se acha entre aspas, coloca-se o competente sinal de pontuação depois delas, se encerram apenas uma parte da proposição; quando, porém, as aspas abrangem todo o período, sentença, frase ou expressão, a respectiva notação fica abrangida por elas."

Os parênteses

1. Empregam-se os PARÊNTESES para intercalar num texto qualquer indicação acessória. Seja, por exemplo:

a) uma explicação dada ou uma circunstância mencionada incidentemente:

> Conseguia controlar a bola que me passavam (quando passavam) jogando em geral (quando deixavam) na ponta direita, por ser pequenino mas veloz.
>
> (F. Sabino, *ME*, 145.)

> É lá (no café) que se encontra a estalajadeira.
>
> (J. Cardoso Pires, *D*, 51.)

b) uma reflexão, um comentário à margem do que se afirma:

> Mais uma vez (tinha consciência disso) decidia o seu destino.
>
> (A. Alcântara Machado, *NP*, 151.)

> A minha guerra, como a dos que tinham partido (se é que tinham), começava agora.
>
> (J. de Sena, *SF*, 295.)

c) uma nota emocional, expressa geralmente em forma exclamativa ou interrogativa:

> Mais nada. Boas-Noites. Fecha a porta:
> (Que linda noite! Os cravos vão abrir...
> Faz tanto frio!) Apaga a luz! (Que importa?
> A roupa chega para me cobrir...)
>
> (A. Nobre, *S*, 172.)

> Havia a escola, que era azul e tinha
> Um mestre mau, de assustador pigarro...
> (Meu Deus! Que é isto? Que emoção a minha
> Quando estas coisas tão singelas narro?)
>
> (B. Lopes, *H*, 65.)

No perfil da lua,
Um nimbo mortal.
(Mas quem lê na névoa
o amargo sinal?)
(C. Meireles, *OP*, 796.)

Observação:

Entre as explicações e as circunstâncias acessórias que costumam ser escritas entre PARÊNTESES, incluem-se:

a) referências a datas, a indicações bibliográficas, etc.:

"Boa noite, Maria! Eu vou-me embora."
(Castro Alves, *Espumas fluctuantes. Poesias.* Bahia, 1870, p. 71.)

b) a citação textual de uma palavra ou frase traduzida:

Parece que o duunvirato jurisdicional (*duunviri* ou *quatuorviri juridicundo*), já muito cerceada a sua jurisdição nos últimos tempos do império, deixou de existir.
(S. da Silva Neto, *HLP*, 319.)

c) as indicações cênicas (numa peça de teatro):

1.ª JOVEM — Como te chamas?
PASTORINHO — (*Sorridente.*) Prometeu.
1.º JOVEM — E aquela voz que se ouve?
PASTORINHO — É meu pai. (*Ri.*)
2.ª JOVEM — E como se chama teu pai?
PASTORINHO — (*Dando uma gargalhada.*) Prometeu.
(Almada Negreiros, *OC*, III, 239.)

2. Usam-se também os parênteses para isolar orações intercaladas com verbos declarativos:

Quem és (lhe perguntei com grande abalo)
Fantasma a quem odeio e a quem amo?
(A. de Quental, *SC*, 79.)

Uma vez (contavam) a polícia tinha conseguido deitar a mão nele.
(Autran Dourado, *RB*, 196.)

o que se faz mais frequentemente por meio de vírgulas ou de travessões.

Observação:

A posição dos parênteses com referência aos sinais pausais obedece à seguinte norma: "Quando uma pausa coincide com o início da construção parentética, o respectivo sinal de pontuação deve ficar depois dos parênteses; mas, estando a proposição ou a frase inteira encerrada pelos parênteses, dentro deles se põe a competente notação" (*Formulário Ortográfico* oficial brasileiro).

Os colchetes

Os COLCHETES são uma variedade de PARÊNTESES, mas de uso restrito. Empregam-se:

a) quando, numa transcrição de texto alheio, o autor intercala observações próprias, como nesta nota de Sousa da Silveira a um passo de Casimiro de Abreu:

> Entenda-se, pois: "Obrigado! obrigado [pelo teu canto em que] tu respondes [à minha pergunta sobre o porvir (versos 11-12) e me acenas para o futuro (versos 14 e 85), embora o que eu percebo no horizonte me pareça apenas uma nuvem (verso 15)]".
>
> (C. de Abreu, *O*, 374.)

b) quando se quer isolar uma construção internamente já separada por PARÊNTESES, à semelhança do que ocorre com os segundos COLCHETES do exemplo anterior;

c) quando se deseja incluir, numa referência bibliográfica, indicação que não conste da obra citada, como neste exemplo:

> Dom Casmurro. Por Machado de Assis, da Academia Brasileira. H. Garnier, Livreiro-Editor — 71, Rua Moreira César, 71, Rio de Janeiro — 6, rue des Saints-Pères, 6 — Paris [1899].

Observação:

O uso dos COLCHETES é frequente nos trabalhos de linguística e de filologia.

Como dissemos no capítulo 3, coloca-se entre COLCHETES uma palavra transcrita foneticamente. Por exemplo:

> Mundo [‘mu˜du] fugir [fu’ʒir]

Também entre COLCHETES se colocam, nas edições críticas, os elementos que devem ser introduzidos no texto, encerrando-se entre PARÊNTESES os que dele devem ser eliminados.

O travessão

Emprega-se principalmente em dois casos:

1.º) Para indicar, nos diálogos, a mudança de interlocutor:

> — Ele não quer responder.
> — Mas por quê?
> — Diz que não está autorizado...
> (É. Veríssimo, *A*, II, 434.)

> — Quem é o seu tabelião, Dâmaso?
> — O Nunes, na Rua do Ouro... Por quê?
> — Oh! nada.
> (Eça de Queirós, *O*, II, 388.)

2.º) Para isolar, num contexto, palavras ou frases. Neste caso, em que desempenha função análoga à dos parênteses, usa-se geralmente o TRAVESSÃO DUPLO:

> — Acho — e retomou o discurso — que já assustamos demais o nosso jovem amigo.
> (J. de Sena, *G-C*, 179.)

> Abel, sem responder, sem voltar-se para mim, cinge mais forte — e não sem brandura — os meus dedos.
> (O. Lins, *A*, 64-65.)

Mas não é raro o emprego de um só TRAVESSÃO para destacar, enfaticamente a parte final de um enunciado:

> Porque é do português, pai de amplos mares,
> Querer, poder só isto:
> O inteiro mar ou a orla vã desfeita —
> O todo, ou o seu nada.
> (F. Pessoa, *OP*, 12.)

> Um povo é tanto mais elevado quanto mais se interessa pelas coisas inúteis — a filosofia e a arte.
> (G. Amado, *TL*, 16.)

Observações:

1.ª) Às vezes, para dar maior realce a uma conclusão, que representa a síntese do que se vinha dizendo, usa-se o TRAVESSÃO SIMPLES em lugar dos DOIS-PONTOS:

Deixai-me chorar mais e beber mais,
Perseguir doidamente os meus ideais,
E ter fé e sonhar — encher a alma.
(C. Pessanha, *C*, 40.)

No exemplo de Fernando Pessoa, atrás citado, o TRAVESSÃO SIMPLES tem o mesmo valor. Mas aí o seu emprego é especialmente aconselhável por mostrar que o elemento final conclusivo faz parte de uma construção mais ampla, já antecedida de DOIS-PONTOS.

2.ª) Emprega-se o travessão, e não o hífen, para ligar palavras ou grupos de palavras que se encadeiam em sintagmas do tipo: *A viagem Rio–Lisboa; o percurso Paris–Londres.*

Capítulo 22

Noções de versificação

ESTRUTURA DO VERSO

RITMO E VERSO

1. Examinemos estes versos do poeta Cruz e Sousa:

> **Vai**, Pere**gri**no do ca**mi**nho **san**to,
> **Faz** da tu'**al**ma **lâm**pada do **ce**go,
> Ilumi**nan**do, **pe**go sobre **pe**go,
> As invi**sí**veis ampli**dões** do **Pran**to.

Verificamos que as sílabas tônicas, marcadas com negrito, se repetem depois de uma, duas ou três sílabas átonas. Esta sucessão de sílabas fortes e fracas, com intervalos regulares, ou não muito espaçados (para que a reiteração possa ser esperada e sentida pelo nosso ouvido), é uma fonte do prazer a que chamamos RITMO.[1]

2. A contiguidade de sílabas tônicas prejudica o RITMO e, consequentemente, desagrada ao ouvido. Por isso, a sílaba anterior à última tônica é necessariamente átona. Tão forte é esta exigência rítmica que, mesmo sendo tônica no

[1] Esta definição que apresentamos tem finalidade meramente didática. Uma análise crítica das diversas conceituações de RITMO pode ver-se na recente e importante obra de Henri Meschonnic: *Critique du rythme: anthropologie historique du langage*. Paris, Verdier, 1982, com rica bibliografia.

vocábulo isolado, ela se atonifica pela posição. Por exemplo, nestes dissílabos de Casimiro de Abreu,

Tu ontem
Na dança,
Que cansa,
Voavas...

o pronome *tu*, monossílabo tônico, sofre uma deflexão de pronúncia, no primeiro verso, por ser obrigatoriamente acentuado, como sílaba final do verso, o *-õ* de *ontem*, que lhe está contíguo.

3. O RITMO é o elemento essencial do VERSO, pois este se caracteriza, em última análise, por ser *o período rítmico que se agrupa em séries numa composição poética*. Quando tais períodos rítmicos apresentam o mesmo número de sílabas em todo o poema, a versificação diz-se REGULAR. Se não há igualdade silábica entre eles, a versificação é IRREGULAR ou LIVRE.

OS LIMITES DO VERSO

1. A forma do verso é determinada pela combinação das sílabas, acentos e pausas, contando-se as sílabas até a última acentuada. Assim, têm igualmente dez sílabas métricas os seguintes versos de Augusto dos Anjos:

A es No Sob	ca tem a	la po for	dos de ma	la meu de	ti Pai, mí	dos sob ni	an es mas	ces tes ca	**trais** **ga** **mân**	 lhos dulas
1	**2**	**3**	**4**	**5**	**6**	**7**	**8**	**9**	**10**	

porque não se leva em conta a átona final da palavra *galhos*, nem tampouco as duas finais da palavra *camândulas*.[2]

[2] Este sistema de escandir o verso até o último acento tônico, segundo o modelo francês, foi introduzido em Portugal no século XVIII por Miguel do Couto Guerreiro (*Tratado de versificação portugueza*. Lisboa, Francisco Luiz Ameno, 1784, p. 6-7), mas só se vulgarizou em nossa métrica pelo enorme prestígio de Antônio Feliciano de Castilho, que o acolheu no seu *Tratado de metrificação portugueza*. Lisboa, Imprensa Nacional, 1851. Anteriormente, contavam-se os versos portugueses, à semelhança dos espanhóis e italianos, com base no verso grave, ou seja, considerando sempre no cômputo a existência de uma sílaba átona depois da última tônica.

2. O número de unidades silábicas que se contêm num verso, desde o seu início até a última sílaba tônica, é indicado por compostos gregos em que entra a forma do numeral seguida do elemento *-sílabo*: MONOSSÍLABO, DISSÍLABO, TRISSÍLABO, TETRASSÍLABO, PENTASSÍLABO, HEXASSÍLABO, HEPTASSÍLABO, OCTOSSÍLABO, ENEASSÍLABO, DECASSÍLABO, HENDECASSÍLABO e DODECASSÍLABO.
Vejamos agora como se contam estas unidades silábicas.

AS LIGAÇÕES RÍTMICAS

A melodia do verso exige que as palavras venham ligadas umas às outras mais estreitamente do que na prosa.

Sinalefa, elisão e crase

Comparemos estes versos de Olavo Bilac, todos com dez sílabas métricas:

Che	guei.	Che	gas	te.	Vi	nhas	fa	ti	ga	(da)
E	tris	te, e	tris	te e	fa	ti	ga	do eu	vi	(nha.)
Ti	nhas	a al	ma	de	so	nhos	po	vo	a	(da,)
E a al	ma	de	so	nhos	po	vo	a	da eu	ti	(nha...)
1	**2**	**3**	**4**	**5**	**6**	**7**	**8**	**9**	**10**	

Verificamos que no primeiro haverá sempre, de qualquer forma que o leiamos, dez sílabas até a última tônica. Nele a fronteira das sílabas é coincidente, seja numa leitura pausada ou acelerada, seja na prosa ou no verso, seja, enfim, numa emissão isolada das palavras, se abandonarmos a última sílaba átona.

Já não sucede o mesmo com os três outros versos, que só atingem aquela medida pela leitura numa só sílaba da vogal final de uma palavra com a vogal inicial da palavra seguinte.

Assim:

a) no segundo verso, temos de juntar numa só emissão de voz o *e* final de *triste* e a vogal da conjunção aditiva (duas vezes), bem como o *o* de *fatigado* e o ditongo do pronome *eu*;
b) no terceiro verso, ligamos o artigo *a* à vogal inicial de *alma*;
c) no quarto, finalmente, fundimos numa só sílaba as vogais da conjunção *e*, do artigo *a*, e a inicial do substantivo *alma*; e, também, a vogal final do adjetivo *povoada* e o ditongo constituído pelo pronome *eu*.

Na leitura destes versos, sentimos que há três soluções para obtermos a contração numa sílaba de duas ou mais vogais em contacto:

1.ª) A primeira vogal pode perder a sua autonomia silábica e tornar-se uma semivogal, que passa a formar ditongo com a vogal seguinte. É o que se observa, por exemplo, na pronúncia:

fa / ti / ga / **dwew** / [= fatigad**o eu**]

Dizemos que neste caso há SINALEFA.

2.ª) A primeira vogal pode desaparecer na pronúncia diante de uma vogal de natureza diversa. Por exemplo, na pronúncia:

fa / ti / ga / **dew** / [=fatigad**a eu**]

A este fenômeno chamamos ELISÃO.

3.ª) A primeira vogal pode ser igual à seguinte e com ela fundir-se numa só. É o que se dá, por exemplo, com a emissão:

Ti / nhas / **al** / ma / [= Tinhas **a al**ma]

Neste caso, verifica-se o que denominamos CRASE.

Ectlipse

Examinamos até aqui encontros vocálicos intervocabulares em que a primeira vogal é ORAL. Mas pode ocorrer que ela seja NASAL, e, neste caso, a regra é manter-se a autonomia silábica, isto é, o HIATO das vogais em contacto.

Há, porém, certos encontros de vogal nasal com vogal (oral ou nasal) que na própria língua corrente costumam ser resolvidos em DITONGO, ou mesmo em CRASE. É o que se observa, por exemplo, em ligações como *co'a*, *c'a*, *c'o* (= *com a*, *com o*), que a própria ortografia oficial admite que se escreva sem apóstrofo, com os elementos totalmente aglutinados (*coa*, *ca*, *co*). A esta fusão vocálica, facilitada pela perda da ressonância nasal da primeira vogal, dá-se o nome de ECTLIPSE.

De acordo com as necessidades métricas, os nossos poetas têm-se servido das duas soluções que a língua lhes oferece no particular: a conservação das duas vogais em sílabas distintas, ou a fusão delas numa só sílaba. Leiam-se, a propósito, estes versos de Casimiro de Abreu, todos de sete sílabas métricas:

Tudo muda **com os** anos:
A dor — em doce saudade,
Na velhice — a mocidade,
A crença — nos desenganos!

No primeiro, temos o encontro *com os* pronunciado em duas sílabas. Já nos seguintes versos do mesmo poeta, também de sete sílabas, por duas vezes dá-se a ECTLIPSE no encontro *com as* (*co'as*):

> — Jesus! Como eras bonita,
> **Co'as** tranças presas na fita,
> **Co'as** flores no samburá!

Observações:

1.ª) Como nos mostram os exemplos citados, para que um encontro vocálico intervocabular possa ser pronunciado em uma só sílaba, é necessário que a sua primeira vogal seja átona, ou capaz de atonificar-se pela próclise. Sendo tônica, a solução normal é o hiato com a vogal seguinte, seja esta tônica ou átona.

2.ª) Os termos SINALEFA e ELISÃO costumam ser empregados como sinônimos. É, porém, de toda a conveniência aplicá-los distintamente, como fazem os modernos estudiosos de versificação românica.

O hiato intervocabular

Desde os tempos antigos, os poetas têm procurado evitar o HIATO de vogais pertencentes a palavras distintas, encontro que os compêndios de métrica, invariavelmente, consideram um defeito grave no verso, por torná-lo frouxo. Cabe, no entanto, ponderar que nesta, como em outras questões, não se devem estabelecer normas de rigor absoluto, pois nem sempre o poeta quererá ceder à forma o pensamento e, em certos casos, o HIATO INTERVOCABULAR pode ser não um defeito, mas um recurso de alta expressividade para realçar determinada palavra, ou para nos obrigar a emitir o verso num tom pausado. Em alguns poetas torna-se até condenável o excessivo escrúpulo em evitá-lo. É o que se observa, por exemplo, na obra de Hermes Fontes, de méritos inegáveis, mas por vezes artificial. Citemos, a propósito, este seu dodecassílabo:

> Luz é saúde, e treva é incertez**a, é ân**sia, é doença —

em que, contra a realidade idiomática, temos de emitir numa só sílaba as vogais marcadas com negrito (*-a é ân-*).

Ora, quando num encontro concorrem duas vogais tônicas, elas não podem fundir-se numa sílaba nem no verso, nem na prosa. Mesmo se houver um enfraquecimento relativo da primeira vogal, como notamos no dissílabo de Casimiro de Abreu:

> Tu / on / (tem),

tal enfraquecimento não evitará, normalmente, a separação silábica das vogais.

Excluindo-se, porém, este caso em que o HIATO é inevitável, e outros excepcionais, em que ele vale como recurso de estilo, pode-se afirmar que, desde o século XVI, os poetas da língua manifestaram uma decidida e definitiva opção por solucionarem com SINALEFA ou ELISÃO os encontros vocálicos intervocabulares, a fim de conseguir para os seus versos uma estrutura mais contínua, mais fluente, mais plástica.[3]

A MEDIDA DAS PALAVRAS

Relativamente à contagem das sílabas no interior das palavras, temos de considerar, em primeiro plano, os fatores de ordem gramatical.

Como nos ensina a gramática, também no verso os DITONGOS e os TRITONGOS se contam em uma sílaba e as vogais em HIATO, em sílabas diferentes. Assim, nestes hendecassílabos de Castro Alves:

A	tar	de	mor	ri	a!	dos	ra	mos,	das	las	(cas,)
Das	pe	dras,	do	lí	quen,	das	he	ras,	dos	car	(dos,)
As	tre	vas	ras	tei	ras	com o	ven	tre	por	ter	(ra)
Sa	í	am	quais	ne	gros,	cru	éis	le	o	par	(dos.)
1	**2**	**3**	**4**	**5**	**6**	**7**	**8**	**9**	**10**	**11**	

a palavra *rasteiras* conta-se em três sílabas, e *quais*, em uma. Esse número de sílabas elas o terão igualmente na prosa, ou, mesmo, se tomadas isoladamente. O DITONGO [ej], que se contém na primeira, e o TRITONGO [waj], que apresenta a segunda, são, pois, as pronúncias normais desses encontros vocálicos em todas as formas da língua.

Por outro lado, as palavras *morria* e *saíam*, em que há os HIATOS /i-a/ e /a-í-a/, serão sempre emitidas em três sílabas, não importando o tipo de enunciado no qual apareçam.

Sinérese

Nas palavras que acabamos de examinar há perfeita coincidência da sílaba gramatical com a sílaba métrica. Mas esta concordância pode não existir, porque, em certas condições, o verso permite a criação de novos DITONGOS, ou melhor, admite que se ditonguem vogais que, na pronúncia normal, formam HIATO.

---

[3] Sobre o HIATO, a SINALEFA e a ELISÃO na métrica medieval e renascentista, consulte-se Celso Ferreira da Cunha. *Estudos de versificação portuguesa (séculos XIII a XVI)*. Paris. Centro Cultural Português, 1982, p. 1-168 e 273-319.

Por exemplo, palavras como *povoado* e *magoado* são tetrassílabos na língua corrente, já que apresentam o encontro *-oá-*, pronunciado de regra com as vogais em HIATO. Também no verso costumam ser assim emitidas, como nos mostram estes decassílabos de Olavo Bilac:

Ti E a al	nhas ma	a al de	ma so	de nhos	so po	nhos **vo**	po **a**	**vo** da eu	**a** ti	(da,) (nha...)
1	**2**	**3**	**4**	**5**	**6**	**7**	**8**	**9**	**10**	

e este heptassílabo de Augusto Gil:

Tão	ma	g**o**	**a**	do,	tão	lin	(do)
1	**2**	**3**	**4**	**5**	**6**	**7**	

Não é raro, porém, o emprego destas palavras no verso como trissílabos, com a transformação do HIATO /o-a/ (= /u-a/) no DITONGO [wa].

Compare-se ao que citamos anteriormente este heptassílabo de Augusto Gil:

Mas	o	seu	o	lhar	ma	g**oa**	(do)
1	**2**	**3**	**4**	**5**	**6**	**7**	

Ambos aparecem até na mesma estrofe:

> Gordo, nédio, bem trajado,
> Deveria ser feliz,
> Deveria estar sorrindo;
> Mas o seu olhar **magoado**,
> Tão **magoado**, tão lindo,
> Que não o é, bem no diz...

Esta passagem de um hiato a ditongo, por exigência métrica, chama-se SINÉRESE.

Diérese

Menos frequente do que a SINÉRESE é o fenômeno inverso, ou seja, a transformação de um DITONGO normal em HIATO. A esse alongamento silábico dá-se o nome de DIÉRESE.

Exemplifiquemos:

Na língua viva de nossos dias a palavra *saudade* é um trissílabo (*sau-da-de*), e como tal se emprega comumente quer na versificação erudita, quer na versificação popular. Mas, vez por outra, ainda aparece usada no verso com a antiga pronúncia tetrassilábica (*sa-u-da-de*). Citem-se, a propósito, estes heptassílabos de duas conhecidas quadrinhas:

Eu não quero, nem brincando,
Dizer adeus a ninguém:
Quem parte leva **saudades**,
Quem fica **saudades** tem.

A ausência tem uma filha,
Que se chama **saüdade**:
Eu sustento mãe e filha,
Bem contra minha vontade.

Na primeira, por duas vezes, temos a palavra em sua enunciação normal, trissílaba. Na segunda, empregada com DIÉRESE, devemos emiti-la em quatro sílabas: *sa-u-da-de.*

Crase, aférese, síncope e apócope

Além dos que estudamos, outros processos têm sido utilizados por nossos poetas para reduzir ou ampliar o número de sílabas de uma palavra, segundo as necessidades métricas. Entre os processos de redução vocabular, devem ser conhecidos:

1.º) A CRASE, ou seja, a fusão de duas vogais idênticas numa só, o que ocorre, por exemplo, com os dois *-aa-* contíguos de *Saara* neste decassílabo de Castro Alves:

Quan	do eu	pas	so	no	Saa	ra a	mor	ta	lha	(da)
1	**2**	**3**	**4**	**5**	**6**	**7**	**8**	**9**	**10**	

2.º) A AFÉRESE, ou seja, a supressão de sons no início da palavra. É o caso do emprego da forma *'Stamos* por *Estamos* neste decassílabo de Castro Alves:

'Sta	mos	em	ple	no	mar...	Do	fir	ma	men	(to)
1	**2**	**3**	**4**	**5**	**6**	**7**	**8**	**9**	**10**	

3.º) A SÍNCOPE, ou seja, a supressão de sons no meio da palavra, o que sucede na pronúncia *Esp'ranças* por *Esperanças* neste decassílabo de Casimiro de Abreu:

Es	p'ran	ças	al	tas...	Ei-	las	já	tão	ra	(sas)
1	**2**	**3**	**4**	**5**	**6**	**7**	**8**	**9**	**10**	

4.º) A APÓCOPE, ou seja, a supressão de sons no fim da palavra. Sirva de exemplo o emprego de *mármor* pela forma *mármore* neste decassílabo de Castro Alves:

Ar	tis	ta –	cor	ta o	már	mor	de	Car	ra	(ra)
1	**2**	**3**	**4**	**5**	**6**	**7**	**8**	**9**	**10**	

Observação:

Estes processos de redução silábica, muito do agrado dos poetas românticos, caíram em desuso com o parnasianismo.

A CESURA E A PAUSA FINAL[4]

1. O período rítmico formado pelo verso termina sempre numa PAUSA, que o delimita. Esta PAUSA pode consistir numa interrupção mais ou menos longa da cadeia falada, conforme assinale o final de verso, de estrofe, ou do próprio poema, caso em que é absoluta. Pode ser ela brevíssima, ou, mesmo, não passar de um simples abaixamento da voz nos pontos de separação dos versos, mas não pode faltar. Omiti-la é retirar o sinal determinador da extensão e unidade dos períodos rítmicos em que se estrutura o poema.

2. A CESURA é um descanso da voz no interior do verso. Ocorre principalmente nos versos longos, que ficam por ela divididos em GRUPOS FÔNICOS, como dissemos no capítulo 7.

[4] Sobre a diferença entre a PAUSA – "elemento essencial, determinador da extensão e unidade do verso", que impede "a sinalefa e permite que versos e hemistíquios terminem com final grave, aguda ou esdrúxula" – e a CESURA, "breve descanso" que "repugna o hiato", "aceita a sinalefa" e "não admite adição nem supressão alguma que afete o número de sílabas", veja-se Tomás Navarro Tomás. *Métrica española*. New York, Syracuse University, 1956, p. 14.

3. Comparem-se estes exemplos de Olavo Bilac:

Cheguei. // Chegaste. // Vinhas fatigada...

E um dia assim! // de um sol assim! // E assim a esfera...

Despencando os rosais, // sacudindo o arvoredo...

Quando o verso apresenta apenas uma CESURA, os dois GRUPOS FÔNICOS por ela formados recebem o nome de HEMISTÍQUIOS (= metades do verso), embora nem sempre contenham o mesmo número de sílabas.

Vejam-se estes exemplos de Alphonsus de Guimaraens:

E os arcanjos dirão // no azul ao vê-la,
Pensando em mim: // — "Por que não vieram juntos?"

Acentue-se, ainda, que, ao contrário da PAUSA FINAL do verso, a CESURA que recaia entre duas vogais não impede que elas se ditonguem ou, até, se fundam pela crase.

Compare-se este decassílabo de Camilo Pessanha:

E um lenço bordad**o**... // **E**sse hei de o levar...

que temos de ler com SINALEFA do *o* de *bordado* e o *E*- de *Esse*; e o segundo destes outros, do mesmo poeta, em que, apesar de recair a CESURA entre *oiro* e *o*, a emissão se faz com a crase dos dois *oo*:

Muda outra vez: // gorjeios estribilhos
Dum clarim de oir**o** // — **o** cheiro de junquilhos,
Vívido e agro! // — tocando a alvorada...

Cavalgamento (*enjambement*)

1. Dissemos que o verso finaliza sempre com uma pausa ou com uma deflexão da voz que, ainda que breve, deve ser suficientemente percebida como o sinal característico do término de um período rítmico.
   Geralmente a pausa final do verso coincide com uma pausa existente, ou possível, na estrutura sintática. É o que observamos nestes decassílabos do soneto *Nel mezzo del cammin...*, de Olavo Bilac:

Cheguei. Chegaste. Vinhas fatigada /
E triste, e triste e fatigado eu vinha. /
Tinhas a alma de sonhos povoada, /
E a alma de sonhos povoada eu tinha... /

2. Não raro, no entanto, os poetas servem-se de um recurso estilístico, de alto efeito quando usado comedidamente, recurso este que consiste em terminar o verso em discordância flagrante com a sintaxe, pela separação de palavras estreitamente unidas num grupo fônico. As palavras deslocadas para o verso seguinte adquirem, com isso, um realce extraordinário, como vemos neste passo do mesmo soneto de Bilac:

    E paramos de súbito **na estrada**
    Da vida: longos anos, **presa à minha**
    A tua mão, a vista deslumbrada
    Tive da luz que teu olhar continha.

   A esta bipartição do grupo fônico pela suspensão inesperada da voz em seu interior e pelo relevo do segundo elemento, ansiosamente esperado pelo ouvinte, dá-se o nome de CAVALGAMENTO ou, na designação francesa, *ENJAMBEMENT*.

O CAVALGAMENTO E A PAUSA FINAL

1. Em geral, nossos compêndios de versificação aconselham que, nos casos de CAVALGAMENTO, a leitura do verso se faça com a supressão da pausa final e, consequentemente, com o prolongamento do enunciado até a primeira depressão da voz no interior do verso seguinte.
   Esta forma de ler o verso que cavalga altera-lhe substancialmente o ritmo e modifica a figura tonal do poema. Nos poemas de versificação irregular, será apenas uma outra maneira de dispor a irregularidade de versos que já são flutuantes. Mas, naqueles estruturados com versos regulares, provoca uma mudança rítmica essencial, ou seja, a quebra da própria regularidade. Assim, o soneto de Olavo Bilac atrás mencionado não mais será uma sequência de catorze decassílabos, se lermos numa emissão contínua até a parte conclusiva o verso:

    E paramos de súbito na estrada
    Da vida:.................................

   o qual passará a ter treze sílabas métricas:

E	pa	ra	mos	de	sú	bi	to	na es	tra	da	da	vi	(da)
1	**2**	**3**	**4**	**5**	**6**	**7**	**8**	**9**	**10**	**11**	**12**	**13**	

2. A propósito, escreve Maurice Grammont: "Não é exato que o *ENJAMBEMENT* suprima, como dizem alguns, a pausa do fim do verso, nem que ele suprima

ou mesmo enfraqueça o último acento rítmico do verso; longe disso, a pausa final do verso que cavalga é tão nítida e tão longa como as outras, e o seu último acento rítmico é também forte. Tudo se reduz ao seguinte: enquanto nos versos comuns abaixamos a voz no fim de cada verso, deixamo-la interrompida e suspensa no fim daqueles que cavalgam. Daí resulta um aguçamento da atenção do auditor, que fica em ansiosa expectativa durante a pausa. E, como a voz não abaixou, ela deve, na parte excedente, aumentar de intensidade ou mudar de entoação".[5]

Desse fato decorre também que o CAVALGAMENTO, para surtir o efeito desejado, deve ter a parte conclusiva curta e constituída de palavra ou expressão de grande valor significativo.[6]

TIPOS DE VERSO

OS VERSOS TRADICIONAIS

Embora não faltem exemplos de versos de treze e mais sílabas desde a poesia dos trovadores galego-portugueses, podemos considerar o DODECASSÍLABO o verso mais longo normalmente empregado pelos poetas da língua antes da eclosão dos movimentos modernistas em Portugal e no Brasil.

Monossílabos

Os versos de uma sílaba são de uso raro. Geralmente aparecem combinados com outros maiores para obtenção de certos efeitos sonoros.

De Cassiano Ricardo são estes MONOSSÍLABOS, agrupados em dísticos:

> Rua
> torta.

---

[5] *Petit traité de versification française*, 3.ª ed., Paris, Armand Colin, 1916, p. 92-93. O eminente foneticista desenvolve melhor sua interpretação do cavalgamento em *Le vers français. Ses moyens d'expression. Son harmonie*, 2.ª ed., Paris, Champion, 1913, p. 33-58. Importante estudo sobre o assunto, e com interesse maior para a versificação portuguesa, é a *Estructura del encabalgamiento en la métrica española* (Madrid, Consejo Superior de Investigaciones Científicas, 1964), de Antonio Quilis, que em muitos pontos, contradiz Grammont.

[6] Na métrica francesa chama-se REJET as palavras do grupo fônico deslocadas para o verso seguinte. No exemplo de Olavo Bilac: as expressões *Da vida* e *A tua mão*. Em português, não há uma denominação tradicional para este segmento complementar. Manuel Said Ali, na sua *Versificação portuguesa* (Rio de Janeiro, MEC/INL, 1949, p. 23), propôs chamar-lhe PARTE EXCEDENTE, ou só EXCEDENTE, o que nos parece melhor.

Lua
morta.

Tua
porta.

Dissílabos

Como os MONOSSÍLABOS, os versos de duas sílabas não são frequentes. Também se empregam, de regra, em estrofes polimétricas para obtenção de efeitos expressivos.

Com DISSÍLABOS compôs Casimiro de Abreu o seu harmonioso poema *A valsa*:

Quem dera
Que sintas
As dores
De amores
Que louco
Senti!
Quem dera
Que sintas!...
— Não negues,
Não mintas...
Eu vi!...

Trissílabos

Com versos de três sílabas se fizeram alguns poemas nas literaturas de língua portuguesa, mas os TRISSÍLABOS costumam ser mais usados em estrofes compostas, geralmente combinados com HEPTASSÍLABOS, como neste passo de *Mimosa e bela*, de Gonçalves Dias:

Assim murcha a sensitiva,
Sempre viva,
Sempre esquiva,
Assim perde o colorido
Por um toque irrefletido,
Mal sentido...

Além do acento principal na 3.ª sílaba, podem os TRISSÍLABOS apresentar ou não um acento secundário na 1.ª sílaba:

Sempre **vi**va...
Que pa**de**ce...

Tetrassílabos

Podem apresentar três cadências, que documentamos com versos do poema *A lua*, de Antônio Botto:

a) acentuação na 2.ª e na 4.ª sílaba (mais comum):

> Na **noi**te **ne**gra

b) acentuação na 1.ª e na 4.ª sílaba:

> **Gen**te per**di**da

c) acentuação apenas na 4.ª sílaba:

> Nos cora**ções**

Como verbo auxiliar, o TETRASSÍLABO é usado de preferência em combinação com o HEPTASSÍLABO e com o DECASSÍLABO. Vejam-se estes exemplos de Gonçalves Dias:

> — Leda ao ver-me parecia,
> — Era boa e me sorria...
> **— Que riso o seu!**
>
> Tão belo o nosso amor! — foi só de um dia
> **Como uma flor!**
> Oh! que bem cedo o talismã quebraste
> **Do nosso amor!**

Pentassílabos

Desde a época trovadoresca, o PENTASSÍLABO, ou verso de REDONDILHA MENOR, tem sido usado nas quatro cadências possíveis no idioma, aqui documentadas com versos de João de Deus:

a) acentuação na 2.ª e na 5.ª sílaba (mais comum):

> Bo**ni**na do **va**le

b) acentuação na 1.ª, na 3.ª e na 5.ª sílaba:

> **Luz** dos **o**lhos **meus!**

c) acentuação na 3.ª e na 5.ª sílaba:

Ao rom**per** da au**ro**ra

d) acentuação na 1.ª e na 5.ª sílaba:

Pérola do **mar**

Hexassílabos

O verso de seis sílabas teve certa voga na poesia trovadoresca. Depois caiu em desuso, para ressurgir no século XVI em combinações com o DECASSÍLABO HEROICO, razão por que também se denomina HEROICO QUEBRADO. Readquiriu posteriormente sua autonomia e, hoje, tem largo emprego entre nossos poetas.

Pode apresentar as seguintes cadências, que documentamos com versos do poema "Perguntas", de Carlos Drummond de Andrade:

a) acentuação na 2.ª, na 4.ª e na 6.ª sílaba:

Ou **de**sse **mes**mo e**nig**ma

b) acentuação na 2.ª e na 6.ª sílaba:

Pro**pí**cios a nau**frá**gio

c) acentuação na 4.ª e na 6.ª sílaba:

De me incli**nar** a**fli**to

d) acentuação na 1.ª, na 4.ª e na 6.ª sílaba:

Desse ca**la**do ir**real**

e) acentuação na 1.ª, na 3.ª e na 6.ª sílaba:

Magras **re**ses, ca**mi**nhos

f) acentuação na 3.ª e na 6.ª sílaba:

Do pri**mei**ro re**tra**to

Heptassílabos

O verso de sete sílabas ou de REDONDILHA MAIOR foi sempre o verso popular, por excelência, das literaturas de língua portuguesa e espanhola. Verso básico da poesia popular, desde os trovadores medievais aos modernos cantadores do Nordeste brasileiro, o HEPTASSÍLABO nunca foi desprezado pelos poetas cultos, que dele se serviram por vezes em poemas de alta indagação filosófica.

O HEPTASSÍLABO é usado em oito movimentos rítmicos, que passamos a documentar com exemplos colhidos na obra de José Régio:

a) ritmo alternante de sílaba forte e fraca, ou seja, acentuação na 1.ª, na 3.ª, na 5.ª e na 7.ª sílaba:

> **Ve**lha, **gran**de, **tos**ca e **be**la.

b) variante do tipo anterior, com falta de acentuação na 1.ª sílaba:

> O lu**ar** no **mar** es**prai**a

c) variante do primeiro tipo, sem acentuação na 5.ª sílaba:

> Sinto os **o**lhos a tur**var**

d) variante também do primeiro tipo, sem acentuação na 1.ª e na 5.ª sílaba:

> Na amu**ra**da dum ve**lei**ro

e) acentuação na 4.ª e na 7.ª sílaba:

> Que me di**ri**a, afi**nal**,

f) variante do tipo precedente, com acentuação também na 2.ª sílaba:

> Nas **ne**gras **noi**tes de in**ver**no

g) variante do tipo e, com acentuação também na 1.ª sílaba:

> **Chou**pos tran**si**dos de **má**goa

h) acentuação na 2.ª, na 5.ª e na 7.ª sílaba:

> Da **ban**da de **lá** do **ri**o

A outra cadência possível dentro das peculiaridades fonéticas do idioma — o HEPTASSÍLABO com acentuação na 1.ª, na 5.ª e na 7.ª sílaba —, por sua raridade, não deve agradar ao ouvido dos poetas. Veja-se este exemplo, colhido num poema de Cecília Meireles:

> **So**bre o compri**men**to do **ar**

Octossílabos

O OCTOSSÍLABO foi um dos versos mais usados pelos trovadores galego-portugueses, principalmente nas cantigas de caráter cortês. Importado da poesia narrativa e didática do Norte e do Sul da França, onde apresentava de regra acento interno na 4.ª sílaba, conservou na Península predominantemente esta forma.

Com o declínio da poesia trovadoresca, o OCTOSSÍLABO caiu em desuso, tendo reaparecido em nossa literatura no século passado, novamente por influência francesa, em cuja versificação desempenha, como verso leve, o papel do nosso HEPTASSÍLABO.

Eis os seus movimentos rítmicos, documentados na prática de Alphonsus de Guimaraens:

a) ritmo alternante de sílaba fraca e forte, isto é, acentuação na 2.ª, na 4.ª, na 6.ª e na 8.ª sílaba:

> Bai**xa**va **len**to. A **noi**te **vi**nha.

b) variante do tipo anterior, sem acentuação na 6.ª sílaba:

> Es**pec**tros **chei**os de espe**ran**ça

c) variante do mesmo tipo, sem acentuação na 2.ª sílaba, mas podendo ter ou não a 1.ª sílaba acentuada:

> No campa**ná**rio, ao **sol** incer**to**
> **Bas**ta, tal**vez**, a **co**va e**nor**me

d) variante também do primeiro tipo, com acentuação interna apenas na 4.ª sílaba, ou na 1.ª e na 4.ª:

> O campa**ná**rio do de**ser**to
> **Chei**o de **lú**gubre mis**té**rio

e) variante ainda do primeiro tipo, sem acentuação na 4.ª sílaba:

> Paramos de **re**pen**te** à **por**ta

f) acentuação na 1.ª, na 3.ª, na 5.ª e na 8.ª sílaba:

> **E**ra **tar**de. O **sol** no po**en**te

g) variante do tipo anterior, sem acentuação na 1.ª sílaba:

> Com fa**di**gas, **suo**res e **pran**to

h) variante do mesmo tipo, sem acentuação na 3.ª sílaba:

> **Quan**do o Jubi**leu** se apro**xi**ma

i) acentuação na 2.ª, na 5.ª e na 8.ª sílaba:

> Em **on**das o **bas**to ca**be**lo

j) acentuação na 3.ª, na 6.ª e na 8.ª, podendo ter a 1.ª sílaba também forte:

> Entre**va**dos de **mui**tos **a**nos
> **Jun**to **des**te cai**xão** in**for**me

Eneassílabos

Há dois tipos de versos de nove sílabas, ambos com raízes antigas na literatura portuguesa:

1.º) O ENEASSÍLABO ANAPÉSTICO, que apresenta acentuação na 3.ª, na 6.ª e na 9.ª sílaba e, por cadência uniforme e pausada, se tem prestado a composições de hinos patrióticos e de poemas cuja expressividade ressalta da absoluta regularidade rítmica. Comparem-se estes versos do *Hino à Bandeira* (letra de Olavo Bilac):

> Contem**plan**do o teu **vul**to sa**gra**do,
> Compreen**de**mos o **nos**so de**ver**;
> E o Bra**sil**, por seus **fi**lhos a**ma**do,
> Pode**ro**so e fe**liz** há de **ser**.

Note-se que no ENEASSÍLABO ANAPÉSTICO é tão forte a intensidade da 3.ª, da 6.ª e da 9.ª sílaba, que todas as demais, ainda que de natureza tônica, nele se obscurecem em benefício daquelas.

2.º) O ENEASSÍLABO com acento interno fundamental na 4.ª sílaba, que, por exigência idiomática, recebe forçosamente um outro na 6.ª ou na 7.ª sílaba. Seus movimentos rítmicos são, pois, os seguintes, documentados com exemplos colhidos no *Só*, de Antônio Nobre:

a) acentuação na 4.ª, na 6.ª e na 9.ª sílaba, podendo ter a 1.ª ou a 2.ª sílaba também forte:

> O que no **Mun**do **cá** o espe**ra**va,
> A**deus**! ó **Lu**a, **Lu**a dos **Me**ses,
> **Lu**a dos **Ma**res, **o**ra por **nós**!...
> A**deus**! Na au**sên**cia **me**ses são **a**nos.

b) acentuação na 4.ª, na 7.ª e na 9.ª, com a possibilidade de ser a 1.ª ou a 2.ª também acentuada:

> A**deus**! Que es**tra**nha Vi**são** é a**que**la
> Que vem an**dan**do por **so**bre o **mar**?
> **To**dos ex**cla**mam de **mãos** para **e**la.
> "**No**ssa Se**nho**ra! que **vens** a an**dar**!"

Decassílabos

É longa e complexa a história do DECASSÍLABO nas literaturas de língua portuguesa. Em sua estrutura mais antiga possuía acento interno fundamental na 4.ª sílaba, assemelhando-se, portanto, ao verso primitivo da épica francesa.

Cedo, porém, apareceram outros tipos de DECASSÍLABO. Desenvolveu-se uma forma, na qual a acentuação interna, que por vezes recaía também na 6.ª sílaba, veio a basear-se essencialmente nela. E, posteriormente, com a dissolução do esquema inicial, surgiram ainda novas formas: os DECASSÍLABOS com acentuação interna fundamental na 5.ª e, mais raramente, na 3.ª sílaba.

Eram essas as formas conhecidas do verso de dez sílabas, quando, em princípios do século XVI, por influência italiana, se fixaram os dois tipos, que iriam predominar até os dias de hoje nas literaturas de língua portuguesa.

São eles:

a) o DECASSÍLABO chamado HEROICO, acentuado fundamentalmente na 6.ª e na 10.ª sílaba, mas com possibilidades de ter acentuações secundárias na 8.ª e numa das quatro primeiras sílabas:

> As **mi**nhas **mãos** ma**gri**tas, afi**la**das,
> Tão **bran**cas como a **á**gua da nas**cen**te,
> **Lem**bram **pá**lidas **ro**sas entor**na**das
> Dum re**ga**ço de In**fan**ta do O**rien**te.
> (F. Espanca)

b) o DECASSÍLABO chamado SÁFICO, que apresenta acentuação na 4.ª, na 8.ª e na 10.ª sílaba, podendo, naturalmente, ter a 1.ª ou a 2.ª também fortes:

> **Quan**do eu te **fu**jo e me des**vio cau**to
> Da **luz** de **fo**go que te **cer**ca, oh! **be**la,
> Con**ti**go **di**zes, suspi**ran**do a**mo**res
> "— Meu **Deus**! que **ge**lo, que frieza a**que**la!"
> (C. de Abreu)

Mas os antigos ritmos não se perderam. Mesmo os poetas do período clássico não os olvidaram totalmente. Foram, porém, os simbolistas e os modernistas que souberam reabilitá-los, mostrando os apreciáveis movimentos melódicos que se podem obter num poema com o emprego do DECASSÍLABO em suas variadas cadências.

Sirva de exemplo o soneto "No claustro de celas", de Camilo Pessanha:

> E **eis** quanto **res**ta do **idí**lio aca**ba**do
> — Prima**ve**ra que du**rou** um mo**men**to...
> Como vão **lon**ge as ma**nhãs** do con**ven**to!
> — Do a**le**gre conven**ti**nho abando**na**do...
>
> **Tu**do aca**bou**... **Anê**monas, hi**drân**geas,
> Si**lin**dras — **flo**res **tão** nossas a**mi**gas!
> No **claus**tro a**go**ra **vi**çam as ur**ti**gas,
> **Ro**jam-se **co**bras pelas **ve**lhas **lá**jeas.
>
> **So**bre a inscri**ção** do teu **no**me de**li**do!
> — Que os meus **o**lhos mal **po**dem sole**trar**,
> Can**sa**dos... E o a**ro**ma fene**ci**do
>
> Que se e**vo**la... do teu **no**me vul**gar**!
> Enobre**ceu**-o a quieta**ção** do ol**vi**do,
> Ó **do**ce, in**gê**nua, inscri**ção** tumu**lar**.

Destas formas renovadas merecem referência especial:

a) o DECASSÍLABO acentuado na 4.ª, na 7.ª e na 10.ª sílaba comumente chamado VERSO DE GAITA GALEGA, mas de longa tradição também na poesia italiana e espanhola:

> Já vai flo**rir** o po**mar** das ma**cei**ras...
> (C. Pessanha)

b) o DECASSÍLABO com acentuação na 3.ª, na 7.ª e na 10.ª sílaba:

Prima**ve**ra que du**rou** um mo**men**to...
(C. Pessanha)

c) o DECASSÍLABO com acentuação na 5.ª, na 7.ª (ou na 8.ª) e na 10.ª sílaba, forma que costumava assumir o antigo VERSO DE ARTE-MAIOR e cadência frequente do DECASSÍLABO francês:

Ao meu cora**ção** um **pe**so de **fe**rro
Eu hei de pren**der** na **vol**ta do **mar.**
(C. Pessanha)

O sonho pa**ssou**. Traz ma**goa**do o **rim,**
Ma**goa**da a ca**be**ça ex**pos**ta à humil**da**de.
(M. Bandeira)

Hendecassílabos

O HENDECASSÍLABO foi muito usado pelos nossos poetas românticos numa cadência sempre uniforme, ou seja, com acentuação na 2.ª, na 5.ª, na 8.ª e na 11.ª sílaba:

Nas **ho**ras ca**la**das das **noi**tes d'es**ti**o
Sen**ta**do so**zi**nho c'oa **fa**ce na **mão,**
Eu **cho**ro e so**lu**ço por **quem** me cha**ma**va
— "Oh **fi**lho que**ri**do do **meu** cora**ção**!" —
(C. de Abreu)

Este tipo de HENDECASSÍLABO nada mais é do que a simples restauração da forma por que se apresentava com mais frequência o VERSO DE ARTE-MAIOR, o verso longo, de quatro acentos, que servia aos poetas peninsulares em suas composições graves e solenes até princípios do século XVI, quando foi eclipsado pelo decassílabo de origem italiana.

Há outro tipo de HENDECASSÍLABO, empregado por Guerra Junqueiro, com acentuação fixa apenas na 5.ª e na 11.ª sílaba:

(Venho **mor**to, **mor**to!...) **dei**xa-me dei**tar**!
Ai, o teu me**ni**no, como es**tá** mu**da**do!
Minha **ve**lha **a**ma, como es**tá** mu**da**do!
Canta-lhe can**ti**gas de dor**mir**, so**nhar**?...

Neste século, o poeta Hermes Fontes tentou novos ritmos para o verso de onze sílabas, um dos quais particularmente agradável — o HENDECASSÍLABO com acentuação na 3.ª, na 7.ª e na 11.ª sílaba:

> Alvas **pé**talas do **lí**rio de tua **al**ma...
> Estas **car**tas — estas **flo**res desfo**lha**das...

Dodecassílabos

O DODECASSÍLABO é mais conhecido por VERSO ALEXANDRINO, provavelmente por ter sido o metro adotado num poema que teve larga voga na Idade Média, a versão do *Romance de Alexandre*, de Lambert le Tort, Alexandre de Bernay e Pierre de Saint-Cloud.

Esta denominação tem gerado numerosos equívocos, principalmente pelo fato de existirem, ainda hoje, dois tipos de ALEXANDRINO: o ALEXANDRINO FRANCÊS (de doze sílabas) e o ALEXANDRINO ESPANHOL (de treze sílabas), este último muito pouco cultivado pelos poetas de nossa língua.

O ALEXANDRINO FRANCÊS apresenta dois tipos ritmicamente bem distintos: o CLÁSSICO e o ROMÂNTICO.

O ALEXANDRINO chamado CLÁSSICO tem a CESURA no meio do verso, que fica assim dividido em dois HEMISTÍQUIOS de partes iguais (6 + 6). Daí resulta ser acentuado na 6.ª e na 12.ª sílaba, como se vê destes exemplos de Augusto de Lima:

> Nessas noites de **luz** // mais belas do que a au**ro**ra,
> As errantes vi**sões** // das almas pere**gri**nas
> Vão voando a can**tar** // pela amplidão a**fo**ra...

Como o ritmo de 6 + 6 tende a subdividir-se, por exigência da harmonia interna do verso, em 3 + 3 + 3 + 3, desenvolveu-se um tipo especial dentro do ALEXANDRINO CLÁSSICO — o chamado TETRÂMETRO —, que apresenta, além dos acentos principais (na 6.ª e na 12.ª), dois outros secundários (na 3.ª e na 9.ª). É o caso deste ALEXANDRINO de Alberto de Oliveira:

> Como **len**ços de **lon**ge a di**ze**rem-lhe a**deus**!

Os românticos franceses não desdenharam do clássico ritmo binário (6 + 6), nem do seu submúltiplo, o TETRÂMETRO (3 + 3 + 3 + 3), mas deram ênfase a uma forma pouco usada pelos clássicos, o ALEXANDRINO de ritmo ternário (4 + 4 + 4), em que a CESURA deixa de coincidir com o HEMISTÍQUIO. A este tipo de dodecassílabo dá-se o nome de TRÍMETRO, ou de ALEXANDRINO ROMÂNTICO. Leia-se, por exemplo, este verso de Camilo Pessanha:

Adorme**cei**. Não suspi**reis**. Não respi**reis**.

Vítor Hugo, que foi o grande reformador do ALEXANDRINO FRANCÊS, tentou ainda outras formas de TRÍMETRO, fazendo variar o número de sílabas de suas três partes (3 + 5 + 4, ou 4 + 5 + 3), mas estes ritmos não aparecem nos parnasianos portugueses e brasileiros, dos poetas da língua os que mais se utilizaram do dodecassílabo. Em verdade, os parnasianos nada inovaram no particular. Contentaram-se com as consagradas variações dos acentos secundários do ALEXANDRINO CLÁSSICO e com tímidas explorações da forma usual do ALEXANDRINO ROMÂNTICO. Por outro lado, seguiram rigorosamente dois princípios na juntura dos hemistíquios:

a) só empregavam palavra grave no final do primeiro hemistíquio se o segundo hemistíquio começasse por vogal, a fim de garantir a integridade do verso pela sinérese das duas vogais em contato, como nos mostra este verso de Amadeu Amaral:

Ora, crespa, refer**ve**; // **o**ra é um cristal sem ruga!

b) nunca usavam palavra esdrúxula no final do primeiro hemistíquio.

Finalmente, como os franceses, os poetas de nossa língua infringiram com frequência a regra arbitrária, de Boileau, que manda encerrar em cada hemistíquio uma unidade de sentido, seguindo até o exemplo daqueles na prática amiudada do CAVALGAMENTO (*ENJAMBEMENT*):

Bela! dizia eu, como **uma Feiticeira**
da Tessália, evocando a ensanguentada lua.
(Gomes Leal)

Oh! esse último olhar ao firmamento! **A vida**
Em surtos de paixão e febre repartida,
Toda, num só olhar, devorando as estrelas!
(O. Bilac)

No exemplo de Bilac observa-se o que Maurice Grammont chama *CONTRE-REJET*: a parte curta é a final de um verso e cavalga sobre todo o verso seguinte, ou, apenas, sobre o primeiro hemistíquio dele.

Observação:

O *Romance de Alexandre (Li Romans d'Alixandre)*, na versão mais vulgarizada na Idade Média, consta de cerca de vinte mil dodecassílabos, escritos em fins do século XII por Lambert le Tort de Châteaudun, Alexandre de Bernay, apelidado de Paris, e Pierre de Saint-Cloud. Aceita-se hoje que estes autores apenas amplificaram um poema anterior de Albéric de Pisançon, cuja fonte seria uma Epítome, feita no século IX, que resumiria a tradução latina de Julius Valerius (séc. IV) da obra do falso Calístenes (séc. II) sobre o herói macedônio. Albéric empregara o verso de oito sílabas, mas, cedo, um outro rimador refez o seu poema em decassílabos. Foi este texto, já amplificado, que serviu de base ao trabalho de refundição empreendido por Lambert le Tort e seus continuadores. O interesse do público pelo poema na versão dodecassilábica teria feito que o metro nele adotado se ligasse ao próprio tema da obra, e viesse a ser conhecido por ALEXANDRINO. Mas cabe advertir que o DODECASSÍLABO não foi usado pela primeira vez no *Romance de Alexandre*, como afirmam alguns. Nele já se haviam composto outros poemas, entre os quais a gesta *Le Pèlerinage de Charlemagne à Jérusalem*, que é do segundo quartel do século XII.

Na forma medieval, o ALEXANDRINO era um verso de doze sílabas, com cesura depois da 6.ª sílaba acentuada. Esta sílaba poderia ser seguida de uma inacentuada, que não se contava na medida do verso. O tipo em causa foi empregado em todo o domínio românico, e as *Cantigas de Santa Maria*, do rei D. Afonso X, o Sábio, dão-nos a prova de sua utilização na literatura galego-portuguesa.

O ALEXANDRINO podia ter assim doze, treze, ou mesmo, quatorze sílabas métricas (tipo este usual na Itália), caso o primeiro hemistíquio terminasse em palavra aguda, grave ou esdrúxula. Em francês, cujo léxico é formado essencialmente por palavras oxítonas, cedo se fixou como padrão o ALEXANDRINO de doze sílabas. Sendo o espanhol e o galego-português línguas em que predominam os paroxítonos, é natural que servisse de modelo o ALEXANDRINO de treze sílabas, forma ainda usual do verso no primeiro desses idiomas.

ISOSSILABISMO E VERSIFICAÇÃO FLUTUANTE

1. Estudamos até aqui a versificação portuguesa de base silábica, ou seja, aquela em que a sílaba é incontestavelmente a unidade de medida do verso.
Neste sistema de versificação as sílabas são sempre tratadas como isócronas, isto é, não diferenciadas para efeito métrico em longas e breves segundo o modelo quantitativo greco-latino. Daí a tendência ao ISOSSILABISMO — cada tipo de verso a acomodar-se em um número fixo de sílabas, limitado por um acento tônico final, obrigatório.

2. Há, porém, certas formas de versificação cultivadas nas literaturas de língua portuguesa que não obedecem ao princípio isossilábico.

Nas cantigas trovadorescas, por exemplo, especialmente nas paralelísticas e nos refrãos, a tendência ao ISOSSILABISMO era contrarregrada pela forte corrente nativa de VERSIFICAÇÃO ACENTUAL, em cuja estrutura se tornava irrelevante a igualdade silábica, pois que a perfeita ritmia auditiva provinha do número e da disposição dos acentos. Assim as "quatro altas" do VERSO DE ARTE-MAIOR igualavam linhas que podiam oscilar entre nove e treze sílabas. Outra forma de versificação não isossilábica é a chamada MÉTRICA BÁRBARA, tentativa de reproduzir os metros quantitativos latinos, em particular o HEXÂMETRO DACTÍLICO. Na literatura brasileira cultivou-a Carlos Magalhães de Azeredo, sensivelmente influenciado pela técnica de Giosuè Carducci.

O VERSO LIVRE

Tanto os METROS BÁRBAROS como os antigos VERSOS ACENTUAIS contrariam o princípio isossilábico, mas as flutuações que apresentam não excedem predeterminados limites. Não assim no VERSO LIVRE, posto em prática pelo grande poeta norte-americano Walt Whitman na obra *Folhas de relva* (*Leaves of Grass*, 1855), e que, a partir de 1886, iria dominar na poética dos simbolistas de língua francesa: Gustave Kahn, Jules Laforgue, Emile Verhaeren, Francis Vielé-Griffin, Henri de Régnier, Jean Moréas e tantos outros.

Gustave Kahn, poeta e principal teorizador do VERSO LIVRE, procurou estabelecer-lhe os princípios, que podem ser assim resumidos:

a) o verso deve possuir sua existência própria e interior consubstanciada numa coerente unidade semântica e rítmica;
b) a unidade do verso será então definida como o fragmento mais curto possível em que haja uma pausa da voz e uma conclusão de sentido;
c) a estrofe não terá mais um desenho preestabelecido, mas será condicionada pelo pensamento ou pelo sentimento;
d) a inversão e o cavalgamento são recursos que devem ser banidos do verso.

Tais princípios se consubstanciam, por exemplo, na *Ode marítima* de Fernando Pessoa, como nos mostra este passo:

> Ah, seja como for, seja por onde for, partir!
> Largar por aí fora, pelas ondas, pelo perigo, pelo mar,
> Ir para Longe, ir para Fora, para a Distância Abstrata,
> Indefinidamente, pelas noites misteriosas e fundas,
> Levado, como a poeira, plos ventos, plos vendavais!
> Ir, ir, ir, ir de vez!

e no poema *Os ombros suportam o mundo*, de Carlos Drummond de Andrade, cuja primeira estrofe é a seguinte:

Chega um tempo em que não se diz mais: meu Deus.
Tempo de absoluta depuração.
Tempo em que não se diz mais: meu amor.
Porque o amor resultou inútil.
E os olhos não choram.
E as mãos tecem apenas o rude trabalho.
E o coração está seco.

Mas, como bem salienta Henri Morier, não podemos dizer que exista *a priori* uma técnica uniforme do VERSO LIVRE.[7] Cada poeta procura forjar o seu próprio instrumento, não sendo raro o mesmo autor ensaiar várias técnicas, como documenta a obra dos principais poetas modernistas portugueses e brasileiros.

Advirta-se, por fim, que um verso só pode ser considerado LIVRE dentro de certos tipos de estrutura poemática, estrutura que representa sempre uma organização interativa. "A linha só é unidade poética se há poema. É o poema que faz o verso livre, e não o verso livre que faz o poema. Exatamente como nos versos métricos".[8]

Em resumo:

"No verso livre o fator que coordena artisticamente a palavra em seus grupos respectivos se funda na sucessão dos apoios psicossemânticos que o poeta, intuitiva ou intencionalmente, dispõe como efeito da harmonia interior que o orienta na criação de sua obra. Por seu próprio sentido individual, esta espécie de ritmo exige de parte do autor uma fina sensibilidade expressiva e um perfeito domínio do material linguístico".[9]

E concluamos com estas palavras de Pedro Henríquez Ureña:

"Reduzido a sua essência pura, sem apoios rítmicos acessórios, o verso conserva intacto seu poder de expressar, sua razão de existir. Os apoios rítmicos que a uns parecem necessários, a outros sobram ou estorvam. E tais apoios têm vida limitada: atravessam séculos e desaparecem. Desapareceu a quantidade nos velhos idiomas indo-europeus; desapareceu a aliteração nos germânicos... Não há formas universais nem eternas".[10]

---

[7] *Dictionnaire de poétique et de réthorique*, 2.ª ed., Paris, P. U. F., 1975, p. 1.119; e também *Le Rythme du vers libre symboliste*, 3 vols. Genève, Presses Académiques, 1943-1944.

[8] Henri Meschonnic. *Obra cit.*, p. 607.

[9] Tomás Navarro Tomás, *Obra cit.*, p. 444-445.

[10] En busca del verso puro. In *Estudios de versificación española*. Buenos Aires, Eudeba, 1961, p. 267-268.

A RIMA

1. Lendo esta quadrinha popular,

> Tanto limão, tanta l**ima**,
> Tanta silva, tanta am**ora**,
> Tanta menina bon**ita**...
> Meu pai sem ter uma n**ora**!

verificamos que:

a) o 1.º e o 3.º verso apresentam uma identidade de vogais a partir da última vogal tônica: **i-a** (*lima — bonita*);

b) o 2.º e o 4.º verso apresentam uma correspondência de sons finais ainda mais perfeita, pois, a partir da última vogal tônica, se igualam todos os fonemas (vogais e consoantes): **-ora** (*amora — nora*).

2. Esta identidade ou semelhança de sons em lugares determinados dos versos é o que se chama de rima.[11] Se a correspondência de sons é completa, a rima diz-se soante, consoante, ou, simplesmente, consonância. Se há conformidade apenas da vogal tônica, ou das vogais a partir da tônica, a rima denomina-se toante, assonante ou, simplesmente, assonância.

A RIMA E O ACENTO

Quanto à posição do acento tônico, as rimas, como as palavras, podem ser:

a) agudas:

> Vinhos dum vinhedo, frutos dum pom**ar**,
> Que no céu os anjos regam com lu**ar**...
> (Guerra Junqueiro)

b) graves:

> Calçou as sandálias, tocou-se de fl**ores**,
> Vestiu-se de Nossa Senhora das D**ores**.
> (A. Nobre)

[11] Sobre a rima na poesia de língua portuguesa, consultem-se especialmente: João da Silva Correia. *A rima e a sua acção linguística, literária e ideológica*. Lisboa, 1930 (conjunto de nove artigos publicados, durante o ano de 1930, em várias revistas portuguesas, enfeixados pelo autor num volume com capa própria); Mello Nóbrega. *Rima e poesia*. Rio de Janeiro, MEC/INL, 1965.

c) ESDRÚXULAS:

> No ar lento fumam gomas arom**áticas**
> Brilham as navetas, brilham as dalm**áticas**.
> (E. de Castro)

As rimas agudas são também chamadas RIMAS MASCULINAS; e as graves, RIMAS FEMININAS.

RIMA PERFEITA E RIMA IMPERFEITA

1. A rima é uma coincidência de sons, não de letras. Por exemplo, há RIMA SOANTE PERFEITA nestes versos de Alphonsus de Guimaraens:

> Céu puro que o sol tr**ouxe**
> Claro de norte a s**ul**,
> O teu olhar é d**oce**,
> Negro assim, qual se f**osse**
> Inteiramente az**ul**.

tanto entre *sul* e *azul*, como entre as formas *trouxe, doce e fosse*, que apresentam a mesma terminação grafada de três maneiras diferentes.

2. Perfeita é também a rima de *tem* com *mãe* nestes versos do poeta português Fernando Pessoa:

> Tão jovem! que jovem era!
> (Agora que idade t**em**?)
> Filho único, a mãe lhe dera
> Um nome e o mantivera:
> "O menino da sua m**ãe**." —

porque no falar lisboeta estas palavras soam normalmente [tãj] e [mãj].

3. Mas nem sempre há identidade absoluta entre os sons dispostos em rima, quer soante, quer toante. Algumas discordâncias têm sido mesmo largamente toleradas através dos tempos. Entre os casos de RIMA IMPERFEITA consagrados pelo uso, cabe mencionar:

a) o das vogais acentuadas *e* e *o* semiabertas com semifechadas, prática iniciada por Gil Vicente, no século XVI, e adotada desde então pelos poetas da língua:

Quem disse à estrela o caminho
Que ela há de seguir no **céu**?
A fabricar o seu ninho
Como é que a ave aprend**eu**?
(Almeida Garrett)

Pensar eu que o teu destino
Ligado ao meu outro f**ora**,
Pensar que te vejo ag**ora**,
Por culpa minha, infeliz...
(Gonçalves Dias)

b) o de vogal simples com ditongo (*a-ai, e-ei, ó-ói, u-ui*), como nestes versos de Casimiro de Abreu:

Meus tristes cantos comecei chorando,
Santas endeixas, doloridos **ais...**
E a turba andava! Só de vez em quando
Lânguido rosto se volvia atr**ás**!

Ó brisa linda e travessa,
No teu mais doce baf**ejo**,
Em seus lábios cor-de-rosa,
Bem de manso, dá-lhe um b**eijo**.

— Pés descalços, braços n**us** —
Atrás das asas ligeiras
Das borboletas az**uis**!

c) o de rima de vogal oral com vogal nasal:

De que ele, o sol, inunda
O mar, quando se p**õe,**
Imagem moribunda
De um coração que f**oi**...
(J. de Deus)

Observação:

A bem dizer, não existe nestes casos RIMA IMPERFEITA, mas RIMA PARCIAL. Na rima de vogal aberta com vogal fechada, bem como na de vogal oral com vogal nasal, há uma semi-homofonia vocálica, ou seja, identificam-se apenas os traços básicos dos fonemas em apreço, aqueles que os diferenciam fundamentalmente dos outros fonemas vocálicos. A rima de vogal simples com ditongo, a rigor, nem deve ser considerada RIMA IMPERFEITA, pois corresponde geralmente a uma efetiva igualdade fônica. Palavras como *atrás*, *vez*, *retrós* e *nus*, por exemplo, são pronunciadas [a'trajʃ], ['vejʃ], [re'trɔjʃ] e ['nujʃ] em muitas áreas da língua portuguesa, entre as quais o Rio de Janeiro. Lembre-se, a propósito, estas rimas usadas numa antiga marchinha carnavalesca carioca:

> Existem quatrocentas mil mulheres a **mais**
> Da Penha ao Posto S**eis**.
> São mais de dez mulheres para cada rap**az**:
> Só eu não tenho v**ez**...

RIMA POBRE E RIMA RICA

1. Consideram-se POBRES as rimas soantes feitas com terminações muito correntes no idioma, principalmente as de palavras da mesma classe gramatical. É o caso, por exemplo, dos infinitivos em *-ar*, dos particípios em *-ado*, dos gerúndios em *-ando*, dos diminutivos em *-inho*, dos advérbios em *-mente*, dos adjetivos em *-ante*, dos substantivos em *-ão* e *-eza*, das palavras primitivas com os seus derivados por prefixação: *amor-desamor*, *ver-rever*, etc.

2. São RICAS as rimas que se fazem com palavras de classe gramatical diversa ou de finais pouco frequentes, como nestes versos de Alphonsus de Guimaraens:

> O teu olhar, Senhora, é a estrela da **alva**
> Que entre alfombras de nuvens **irradia**:
> Salmo de amor, canto de alívio, e **salva**
> De palmas a saudar a luz do **dia...**

   Alguns metricistas preferem reservar a qualificação RICAS para as RIMAS com consoante de apoio, do tipo *dia-irradia.*

3. Denominam-se RARAS ou PRECIOSAS as rimas excepcionais, difíceis de encontrar. Foram procuradas sobretudo pelos poetas parnasianos e simbolistas. Veja-se, por exemplo, esta rima de *ditirambos* com *flambos*, que aparece nos *Helenos*, de B. Lopes.

> E, a rir, levamos entre **ditirambos**,
> Eu, no açafate, as provisões do lanche,
> Ela, um beijo a trinar nos lábios **flambos**!

E as de *cálix* com *digitális* e de *leque* com *Utreque*, empregadas nas *Horas* de Eugênio de Castro:

> Oh os seus olhos! suas unhas em amêndoa! e em **cálix**
> O seu colo! e os seus dedos de **digitális**! —
> Vai com suas aias, leva fino **leque**,
> Cauda de veludo pálido, de **Utreque**.

4. Por vezes, o poeta procura a raridade não só no campo fonético, mas também no morfológico. Do mesmo Eugênio de Castro são estes versos, em que rima um substantivo com uma forma verbo-pronominal:

> Eis que diz uma: — Meus chapins **descalça-mos**,
> Unge meus pés brancos com cheirosos **bálsamos**.

COMBINAÇÕES DE RIMAS

1. Os versos de um poema podem ser MONORRIMOS, isto é, podem terminar todos pela mesma consonância ou pela mesma assonância. É o que sucede comumente com os versos dos romances tradicionais, em que uma só assonância liga um número indefinido deles.

2. Mas, em geral, as combinações rímicas processam-se dentro de unidades menores do poema — as ESTROFES —, cujos principais tipos estudaremos adiante. Nas estrofes, as disposições mais frequentes de RIMAS são as seguintes:

a) RIMAS EMPARELHADAS, quando se sucedem duas a duas:

> Ele deixava atrás tanta recordaç**ão**!
> E o pesar, a saudade até no próprio ch**ão**,
> Debaixo dos seus pés, parece que gem**ia**,
> Levantava-se o sol, vinha rompendo o d**ia**,
> E o bosque, a selva, o campo, a pradaria em fl**or**
> Vestiam-se de luz, como um preito de am**or**.
> (A. de Oliveira)

b) RIMAS ALTERNADAS, quando, de um lado, rimam os versos ímpares (o 1.º com o 3.º, etc.); de outro, os versos pares (o 2.º com o 4.º, etc.):

> Tu és um beijo mat**erno**!
> Tu és um riso infant**il**,
> Sol entre as nuvens de inv**erno**,
> Rosa entre as flores de abr**il**!
> (J. de Deus)

c) RIMAS OPOSTAS ou INTERPOLADAS, quando o 1.º verso rima com o 4.º, e o 2.º com o 3.º:

Saudade! Olhar de minha mãe rez**ando**
E o pranto lento deslizando em **fio**...
Saudade! Amor da minha terra... O **rio**
Cantigas de águas claras soluç**ando**.
(Da Costa e Silva)

d) RIMAS ENCADEADAS, quando o 1.º verso rima com o 3.º; o 2.º com o 4.º e com o 6.º; o 5.º com o 7.º e o 9.º e assim por diante, como nestes versos do poema *Uma criatura*, de Machado de Assis:

Sei de uma criatura antiga e formid**ável**,
Que a si mesma devora os membros e as entr**anhas**
Com a sofreguidão da fome insaci**ável**.

Habita juntamente os vales e as mont**anhas**
E no mar, que se rasga, à maneira de ab**ismo**,
Espreguiça-se toda em convulsões estr**anhas**.

Traz impresso na fronte o obscuro despot**ismo**.
Cada olhar que despede, acerbo e mavioso,
Parece uma expansão de amor e de ego**ísmo**.

RIMA INTERIOR

Poetas houve que empregaram RIMAS INTERIORES, das quais alguns tipos merecem referência:

a) a chamada RIMA LEONINA, isto é, a correspondência de sons finais entre os dois hemistíquios de um verso:

Como são cheir**osas** as primeiras r**osas**!
(A. de Guimaraens)

b) a combinação rímica da palavra final de um verso com a palavra que termina o primeiro grupo fônico do verso seguinte:

Anjo sem pátria, branca fada err**ante**,
Perto ou dist**ante** que de mim tu vás,
Há de seguir-te uma saudade inf**inda**,
Hebreia l**inda**, que dormindo estás.
(T. Ribeiro)

c) a RIMA COM ECO, em que se repetem consonâncias dentro do mesmo grupo fônico:

> Donzel**a** bel**a**, que me insp**ira** a l**ira**
> Um c**anto** s**anto** de fremente amor
> Ao b**ardo** o c**ardo** da trem**enda** s**enda**
> Est**anca**, arr**anca**-lhe a terrível dor.
> (Castro Alves)

INDICAÇÃO ESQUEMÁTICA DAS RIMAS

Convencionalmente, indicam-se os versos com as letras do alfabeto. Aos versos presos pela mesma rima correspondem letras iguais. Assim o esquema das RIMAS EMPARELHADAS é *aa-bb-cc*, etc.; o das RIMAS ALTERNADAS é *ababab*, etc.; o das RIMAS OPOSTAS, *abba*; o das RIMAS ENCADEADAS, *aba-bcb-cdc*, etc.

VERSOS SEM RIMA

1. Elemento importantíssimo na poesia dos povos românicos, a rima serve principalmente a dois fins. É uma sonoridade, uma musicalidade que, introduzida no poema, satisfaz o ouvido. E é, por outro lado, uma forma de marcar enfaticamente o término do período rítmico formado pelo verso. Mas não constitui, como se tem dito, um elemento intrínseco, essencial do verso, tanto assim que era desusada na métrica latina de caráter culto e não faltam às literaturas modernas numerosos e admiráveis poemas compostos de versos BRANCOS, o que vale dizer — sem rima.

2. Até os poetas modernos, que, procurando despojar a poesia dos artifícios exteriores, relegaram a rima a uma situação secundária, só encontramos praticamente um verso — o DECASSÍLABO — a servir de base a um poema, sem o auxílio da rima. Veja-se, por exemplo, a estrofe inicial do *Cântico do Calvário*, de Fagundes Varela:

> Eras na vida a pomba predileta
> Que sobre um mar de angústia conduzia
> O ramo da esperança. — Eras a estrela
> Que entre as névoas do inverno cintilava
> Apontando o caminho ao pegureiro.
> Eras a messe de um dourado estio.
> Eras o idílio de um amor sublime.
> Eras a glória, — a inspiração, — a pátria,

O porvir de teu pai! — Ah! no entanto,
Pomba, — varou-te a flecha do destino!
Astro, — engoliu-te o temporal do norte!
Teto, caíste! Crença — já não vives!

3. Advirta-se, porém, que a inexistência da rima é geralmente compensada nesses poemas por uma série de recursos estilísticos de natureza fônica, léxica e sintático-semântica.

Observação:

A rima não é, como se tem afirmado, uma criação da poesia medieval. Embora não desempenhasse na versificação latina o importante papel que adquiriu, posteriormente, na rítmica românica, não se pode asseverar, sem prejuízo da verdade, que os poetas latinos a desconhecessem.

Ênio, que viveu de 238 a 169 antes de Cristo, dela já sabia extrair os mais expressivos efeitos, como nos mostram os seguintes fragmentos:

Haec omnia vidi inflamm**ari**,
Priamo vi vitam evit**ari**,
Iovis aram sanguine turp**ari**!
Caelum nit**escere**, arbores frond**escere**,
Vites laetificae pampinis pub**escere**,
Rami bacarum ubertate incurv**escere**...[12]

Não faltam exemplos de rima em Horácio, Vergílio e outros poetas do período clássico, mas é nos cantos de textura popular, como o *carmen*, que vamos encontrá-los com maior frequência, o que nos leva a considerar tal homofonia de sons finais um de seus elementos característicos.

O fato explica-se pelas necessidades do canto e, principalmente, pelo progressivo predomínio do acento de intensidade.

Numa versificação baseada na quantidade silábica e no acento de altura, como era a latina no período clássico, a rima teria forçosamente o caráter de puro adorno acidental — recurso lúdico ou de harmonia imitativa, quando não uma negligência. Nada, lembra J.-M. Meunier, poderia ser mais contrário ao princípio da métrica erudita do que volver, continuamente, às mesmas terminações. Obrigando a fixar a atenção em certas sílabas em detrimento do conjunto, essas rimas perturbavam a harmonia resultante da sucessão regular e do agrupamento variado das longas e das

[12] Cf. Alfred Ernout. *Recueil de textes latins archaïques*. Paris, Klincksieck, 1938, p. 178.

breves, sobre as quais incidia, ou o tempo forte métrico, ou o acento de altura. Nesta organização rítmica flexível e delicada, elas apareciam como notas discordantes e de tonalidade vulgar.[13]

Já numa versificação puramente silábica, o ritmo é o simples efeito da alternância de sílabas fortes e fracas, ou seja, impressionadas ou não pelo acento intensivo. A igualdade de som ou sons finais dos versos surge então como uma tosca forma de marcar-lhes o término. Gaston Paris chega a afirmar, com certo exagero, que "uma versificação simplesmente silábica não passa de um corpo sem alma; é necessariamente em tudo material, e só pode obter efeitos pelo meio brutal da rima".[14]

A partir do século IV da nossa era, a rima começa a ser empregada de forma sistemática. Aparece, então, na peça que finaliza as *Instructiones* de Comodiano e fixa-se, depois, nos hinos da liturgia cristã. Com o florescimento da poesia trovadoresca, nos séculos XII e XIII, ela assume uma importância capital e é explorada até os limites de seu poder expressivo. Basta para comprová-lo o fato de *Las Leys d'Amors*, tratado de poética do século XIV, enumerar 43 espécies de rimas utilizadas pelos trovadores occitânicos.

ESTROFAÇÃO

ESTROFE (do grego *strophé* "volta", "conversão") é um agrupamento rítmico formado de dois ou mais versos que, em geral, se combinam pela rima. Quanto maior o número de versos, tanto maior a possibilidade de variar a distribuição das rimas.

Eis os principais tipos de ESTROFE:

O DÍSTICO

É a menor estrofe, constituída de dois versos que rimam entre si, pelo esquema: *aa-bb*, etc.:

Filho meu, de nome escr**ito**
Da minh'alma no Infin**ito**.
Escrito a estrelas e s**angue**
No farol da lua l**angue**...
(Cruz e Sousa)

[13] Cf. *La Vie de Saint Alexis, poème français du XIe. siècle*. Paris, Droz, 1933, p. 101.

[14] Citado por J.-M. Meunier, à p. 96 da obra mencionada na nota anterior.

O TERCETO

É a estrofe de três versos, hoje mais usada na composição do SONETO, do qual trataremos adiante.

Os poemas estruturados em TERCETOS seguiram largo tempo o modelo célebre da *Divina comédia*, de Dante — a TERZA RIMA —, sequência de TERCETOS decassilábicos em rima ENCADEADA (esquema: *aba-bcb-cdc...*). O segundo verso do último TERCETO devia rimar com um verso final, remate do poema ou do canto (esquema: *xzx-z*).

Posteriormente, compuseram-se TERCETOS com outras combinações rímicas (*aab-ccb*, *abc-abc*, etc.), ou mesmo sem rima, como estes do poema *Rosa da montanha*, de Alphonsus de Guimaraens Filho:

> Um luar velho dói sobre o silêncio.
> As mãos furtivas despetalam mortes
> E o coração se perde em nostalgia.
>
> Fugir na noite inconsolável, ir
> Ao teu suplício, rosa da montanha,
> Ó delicada pétala de sangue!

A QUADRA

É a estrofe de quatro versos, os quais, na poesia culta, se apresentam geralmente em rima ALTERNADA (*abab*) ou OPOSTA (*abba*), como vimos anteriormente. Na literatura popular, onde vale por um verdadeiro poema de forma fixa, a QUADRA é, por via de regra, constituída de heptassílabos com uma só rima, do 2.º com o 4.º verso. Exemplo:

> O pouco que Deus nos deu
> Cabe numa mão fech**ada**:
> O pouco com Deus é muito,
> O muito sem Deus é n**ada**.

A QUINTILHA

É a estrofe de cinco versos. Em suas formas comuns, apresenta a combinação de duas rimas dispostas nas séries:

a) *abaab*:

> Além dos ares, tremulam**ente**,
> Que visão branca das nuvens s**ai**!

Luz entre franças, fria e sil**ente**;
Assim nos ares, tremulam**ente**,
Balão aceso subindo v**ai...**
(R. Correia)

b) *ababa*:

O tempo que eu hei sonh**ado**
Quanto tempo foi de v**ida**!
Ah, quanto do meu pass**ado**
Foi só a vida ment**ida**
De um futuro imagin**ado**!
(F. Pessoa)

c) *abbab*:

Mas, em vida tão esc**assa**,
Que esperança será f**orte**?
Fraqueza da humana s**orte**,
Que quanto da vida p**assa**
Está recitando a M**orte**.
(Camões)

A SEXTILHA

É a estrofe de seis versos. Nela a disposição das rimas pode variar muito. Gregório de Matos, por exemplo, usava o esquema *aabbcc*:

O namorado, todo almiscar**ado**,
Já de amor obrig**ado**,
Faz à dama um poema em um bilh**ete**.
Covarde o faz, e tímido o rem**ete**:
Se lhe responde branda, alegre o g**osta**,
E, se tirana, estima-lhe a resp**osta**.

Nas *Sextilhas de Frei Antão*, Gonçalves Dias rimou apenas os versos pares (*abcbdb*):

Mimoso tempo d'outrora
Qual nunca mais o ver**ei**,
Nem tão inteiros sujeitos,

Um ao outro dando a **lei**:
No Paço o rei ao vassalo,
Na Igreja o vassalo ao **rei**!

E assim fizeram outros poetas românticos, os quais preferiam, no entanto, o esquema *aabccb*:

Simpatia — são dois g**alhos**
Banhados de bons orv**alhos**
Nas mangueiras do jard**im**;
Bem longe às vezes nasc**idos**,
Mas que se juntam cresc**idos**
E que se abraçam por f**im**.
(C. de Abreu)

esquema também do agrado de Antônio Nobre:

Às vezes, passo horas int**eiras**,
Olhos fitos nestas bras**eiras**,
Sonhando o tempo que lá v**ai**;
E jornadeio em fantas**ia**
Essas jornadas que eu faz**ia**
Ao velho Douro, mais meu P**ai**.

Poetas contemporâneos continuam a empregar a SEXTILHA nas suas múltiplas combinações rímicas, algumas muito harmoniosas, como o tipo *ababab*:

Por água brava ou ser**ena**
Deixamos nosso cant**ar**,
Vendo a voz como é pequ**ena**
Sobre o comprimento do **ar**.
Se alguém ouvir temos p**ena**:
Só cantamos para o m**ar**...
(C. Meireles)

A ESTROFE DE SETE VERSOS

Frequente na poesia trovadoresca de caráter culto, a estrofe de sete versos teve menor fortuna a partir do Renascimento.

Aparece em composições ligeiras de poetas do período clássico, geralmente no esquema *abbaacc*, como nesta volta de uma cantiga de Camões:

Leva na cabeça o p**ote**,
o testo nas mãos de pr**ata**,
cinta de fina escarl**ata**,
sainho de chamal**ote**:
traz a vasquinha de c**ote**,
Mais branca que neve p**ura**;
vai fermosa, e não seg**ura**.

Poetas posteriores usaram outras combinações rímicas, entre as quais podem ser citadas as seguintes: *aabcbbc* (Álvares de Azevedo); *abababa*, *aabcddc*, *abbcddc* (Casimiro de Abreu); *abacbac* (Vicente de Carvalho); *aabaaca*, *abbacbc* (Fernando Pessoa); *abcdefd*, *ababcac*, *abcdbec*, *abcabbc* (Cecília Meireles).

A OITAVA

Da estrofe de oito versos há um tipo tradicionalmente fixo, a OITAVA HEROICA, e outro métrica e rimicamente variável, a OITAVA LÍRICA.

A OITAVA HEROICA é formada de oito decassílabos, os seis primeiros com rima alternada e os dois últimos com rima emparelhada (esquema: *abababcc*). Foi a estrofe empregada por Camões em *Os lusíadas*:

De Formião, filósofo eleg**ante**,
Vereis como Aníbal escarnec**ia**,
Quando das artes bélicas di**ante**
Dele com larga voz tratava e l**ia**.
A disciplina militar prest**ante**
Não se aprende, senhor, na fantas**ia**
Sonhando, imaginando ou estud**ando**,
Senão vendo, tratando e pelej**ando**.
(*Lus.*, X, 153)

A OITAVA LÍRICA admite grande variedade de combinações rímicas. Por vezes é uma simples justaposição de duas quadras. Assim nos esquemas *ababcdcd* e *abbacddc*. Para lhe dar estrutura mais orgânica, procuram os poetas ligar pela rima um verso da primeira metade com um verso da segunda, geralmente o 4.º com o 8º. Este, por exemplo, o caso dos esquemas:

a) *abbcaddc*:

Uma tarde cor-de-r**osa**...
Uma vila assim mod**esta**,
Assim tristonha como **esta**

De pescadores, tamb**ém**...
Sobre a planície aren**osa**
Por onde o Jordão der**iva**,
Pousa a sombra evocat**iva**
Das montanhas de Siqu**ém**...
(V. de Carvalho)

b) *ababcccb*:

Ama tudo o que é bel**eza**,
Quer da terra quer dos **céus**,
Ama toda a natur**eza**,
Ama o seu e nosso D**eus**;
Ama a doce melod**ia**,
Ama a noite como o d**ia**,
Ama instintiva a poes**ia**,
Que ela tem nos beijos s**eus**!
(Mendes Leal)

c) *aaabcccb*:

Os trêmulos l**umes**,
Da veiga os perf**umes**,
Da fonte os queix**umes**,
Dos prados a fl**or**,
Do mar a ardent**ia**,
Da noite a harmon**ia**,
Tudo isso é — poes**ia**!
Tudo isso é — am**or**!
(C. de Abreu)

Os poetas românticos preferiam, não raro, variantes desses tipos com falta de rima no 1.º e no 3.º verso, ou no 1.º e no 5.º, ou em todos os versos ímpares.

Não faltam também oitavas líricas em que os versos se distribuem por duas rimas, como nesta de Gomes Leal, que obedece ao esquema *abaaabab*:

Pegou no copo, com gr**aça**,
E brindou, em língua estr**anha**...
E a rainha, a vista b**aça**,
Como a um punhal que a tresp**assa**,
Encheu de prantos a t**aça**,

E o seu lenço de Bret**anha**...
Chorou baixo, ao ouvir, com gr**aça**,
Esse brinde, em língua estr**anha**!

A ESTROFE DE NOVE VERSOS

Embora tenha raízes antigas na literatura portuguesa, a estrofe de nove versos foi sempre pouco usada. Dela se serviu, por exemplo, Machado de Assis no poema *Visio* (esquema: *aabcdbcdb*), que assim principia:

Eras pálida. E os cab**elos**,
Aéreos, soltos nov**elos**,
Sobre as espáduas ca**íam**...
Os olhos meio cerr**ados**
De volúpia e de tern**ura**
Entre lágrimas luz**iam**...
E os braços entrelaç**ados**,
Como cingindo a vent**ura**,
Ao teu seio me cing**iam**...

Mais recentemente, empregou-a Fernando Pessoa em *O mostrengo* (esquema: *aabaacdcd*), cujo início é o seguinte:

O mostrengo que está no fim do m**ar**
Na noite de breu ergueu-se a vo**ar**;
A roda da nau voou três vezes,
Voou três vezes a chi**ar**,
E disse, "Quem é que ousou entr**ar**
Nas minhas cavernas que não desv**endo**,
Meus tetos negros do fim do m**undo**?"
E o homem do leme disse, trem**endo**,
"El-Rei D. João Seg**undo**!"

A DÉCIMA

Em geral, a DÉCIMA é a simples justaposição de uma QUADRA e uma SEXTILHA, ou de duas QUINTILHAS. No período clássico, a DÉCIMA em heptassílabos era usada para poesias ligeiras: cantigas, glosas, vilancetes e esparsas. Sá de Miranda empregou-a nos esquemas *abbacddccd* e *abaabcddcd*; Camões, na forma *abaabcdccd*; e Gregório de Matos, que dela se serviu largamente nas sátiras, preferia o tipo *abbaaccddc*, de que nos dá mostra a seguinte, endereçada "a um livreiro que havia comido um canteiro de alfaces com vinagre":

Levou um livreiro a d**ente**
De alface todo um cant**eiro**,
E comeu, sendo livr**eiro**,
Desencadernadam**ente**.
Porém, eu digo que m**ente**
A quem disso o quer tach**ar**;
Antes é para not**ar**
Que trabalhou como um m**ouro**,
Pois meter folhas no c**ouro**
Também é encadern**ar**.

A esse tipo de décima de setissílabos, agrupados no esquema rímico *abbaaccddc*, dá-se o nome de ESPINELA, por ser atribuída a sua invenção ao poeta espanhol Vicente Espinel.

A partir do romantismo, novos tipos de DÉCIMA têm aparecido, de regra com intercalações de versos brancos. Compare-se este exemplo de Castro Alves (esquema *abcbddeffe*):

Talhado para as grandezas,
Para crescer, criar, sub**ir**,
O Novo Mundo nos músculos
Sente a seiva do porv**ir**.
— Estatuário de col**ossos**
Cansado doutros esb**oços**,
Disse um dia Jeov**á**:
"Vai, Colombo, abre a cort**ina**
Da minha eterna ofic**ina**...
Tira a América de l**á**".

E este outro de Antônio Botto (esquema: *abcbdefghg*):

Se eu fosse alguém ou mandasse
Neste mundo de vil**eza**,
Só pensava numa coisa
— Acabar com a pobr**eza**.
Dar à vida outra feição
Mais igual, mais repartida,
Seria o meu grande sonho,
A minha grande alegr**ia**,
E a cada boca, num beijo,
Dar o pão de cada d**ia**.

ESTROFE SIMPLES E COMPOSTA

Chamam-se SIMPLES as estrofes formadas de versos de uma só medida, e COMPOSTAS as que combinam versos maiores com menores.

As combinações mais comuns são:

a) a do decassílabo com o hexassílabo;
b) a do hendecassílabo com o pentassílabo;
c) a do alexandrino com os versos de oito, de seis ou de quatro sílabas;
d) a do heptassílabo com os versos de três ou de quatro sílabas.

ESTROFE LIVRE

Denomina-se LIVRE ou POLIMÉTRICA a estrofe que apresenta versos de diferentes medidas e agrupados sem obediência a qualquer regra. Em verdade, a ESTROFE LIVRE é a negação da estrofe, no sentido tradicional dessa palavra.

POEMAS DE FORMA FIXA

Há poemas que têm uma forma fixa, isto é, submetida a regras determinadas quanto à combinação dos versos, das rimas ou das estrofes. Assim o SONETO, o RONDÓ, o RONDEL, a BALADA, o CANTO REAL, o VILANCETE, a VILANELA, a SEXTINA, o PANTUM, o HAICAI e a QUADRA popular. Dentre eles, merece um comentário particular o SONETO por sua longa vitalidade em várias literaturas, inclusive na portuguesa e na brasileira.

O SONETO

Há duas variedades de SONETO: o SONETO ITALIANO e o SONETO INGLÊS.

1. Compõe-se o SONETO ITALIANO de quatorze versos, geralmente decassílabos ou alexandrinos, agrupados em duas quadras e dois tercetos.
   As rimas das quadras são as mesmas. Um par de rimas serve a ambas, segundo um dos dois esquemas:

1.º) *abba-abba*, que é o mais usual e se pode ver, por exemplo, no soneto *No claustro de celas*, de Camilo Pessanha, reproduzido à página 704 deste livro.

2.º) *abab-abab*, disposição de rimas a que obedece, por exemplo, as do soneto *Remissão*, de Carlos Drummond de Andrade:

> Tua memória, pasto de poes**ia**,
> tua poesia, pasto dos vulg**ares**,
> vão se engastando numa coisa fr**ia**
> a que tu chamas: vida, e seus pes**ares**.

Mas, pesares de quê? pergunta**ria**,
se esse travo de angústia nos cant**ares**,
se o que dorme na base da ele**gia**
vai correndo e secando pelos **ares**.

2. Nos tercetos podem combinar-se duas ou, mais frequentemente, três rimas. Quando há apenas duas rimas, dispõem-se elas normalmente de forma alternada: *cdc-dcd*. Assim no soneto de Camilo Pessanha, atrás mencionado. Se as rimas são três, distribuem-se em geral nos esquemas:

1.º) *ccd-eed*, empregado preferentemente por Florbela Espanca, a exemplo destes tercetos de *Languidez*:

Fecho as pálpebras roxas, quase pr**etas**,
Que pousam sobre duas viol**etas**,
Asas leves cansadas de v**oar**...

E a minha boca tem uns beijos m**udos**...
E as minhas mãos, uns pálidos vel**udos**,
Traçam gestos de sonho pel**o ar**...

2.º) *cdc-ede*, que se documenta nos tercetos de *Lar paterno*, de Belmiro Braga:

Serras virentes, que não mais transp**onho**,
Na retina fiel ainda eu vos t**enho**,
E revejo, através de um brando s**onho**,

A casa onde nasci, as mansas r**eses**,
A várzea, o laranjal, a horta, o eng**enho**
E a cruz onde rezei por tantas v**ezes**...

3.º) *cde-cde*, que aparece nestes tercetos de *Zulmira*, de Raimundo Correia:

Não sei porque chorando toda a g**ente**,
Quando Zulmira se casou, est**ava**:
Belo era o noivo... que razões hav**ia**?

A mãe e a irmã choravam tristem**ente**;
Só o pai de Zulmira não chor**ava**...
E era o pai, afinal, quem mais sof**ria**!

Estas as principais disposições rímicas do SONETO ITALIANO, ou seja, da forma tradicional deste breve e afortunado poema.

3. O SONETO INGLÊS, modernamente introduzido nas literaturas de língua portuguesa, também consta de quatorze versos, mas distribuídos em três quadras e um dístico final, que se escrevem sem espacejamento. Obedece a um dos dois esquemas:
a) *ababbcbccdcd ee*;
b) *ababcdcdefef gg*.

Na literatura inglesa, o primeiro tipo é conhecido por SONETO SPENSERIANO (*spenserian sonnet*), por ter sido cultivado inicialmente pelo poeta Edmund Spenser (1552?-1599); o segundo denomina-se SONETO SHAKESPEARIANO (*Shakespearean sonnet*), ou, simplesmente, SONETO INGLÊS (*English sonnet*), por se haver tornado a forma mais usual do poema desde que dela se serviu o genial dramaturgo nos 154 espécimes do gênero que nos legou.

De Manuel Bandeira é este soneto shakespeariano:

SONETO INGLÊS N.º 2

Aceitar o castigo imerec**ido,**
Não por fraqueza, mas por altiv**ez.**
No tormento mais fundo o teu gem**ido**
Trocar num grito de ódio a quem o f**ez.**
As delícias da carne e pensam**ento**
Com que o instinto da espécie nos eng**ana**
Sobpor ao generoso sentim**ento**
De uma afeição mais simplesmente hum**ana.**
Não tremer de esperança nem de esp**anto.**
Nada pedir nem desejar, sen**ão**
A coragem de ser um novo s**anto**
Sem fé num mundo além do mundo. E ent**ão**
Morrer sem uma lágrima, que a v**ida**
Não vale a pena e a dor de ser viv**ida.**

Elenco e desenvolvimento das abreviaturas usadas

A. A. de Melo Franco, *AR* = Franco, Afonso Arinos de Melo. *Amor a Roma*. Rio de Janeiro, Nova Fronteira, 1982.

A. Abelaira, *B* = Abelaira, Augusto. *Bolor*. 3.ª ed. Amadora, Bertrand, 1974.

A. Abelaira, *BI* = ——. *As boas intenções*; romance. 2.ª ed. Amadora, Bertrand, 1971.

A. Abelaira, *CF* = ——. *A cidade das flores*; romance. Rio de Janeiro, Civilização Brasileira, 1972.

A. Abelaira, *D* = ——. *Os desertores*; romance. 3.ª ed. Amadora, Bertrand [1971].

A. Abelaira, *NC* = ——. *O nariz de Cleópatra*. Comédia em 3 atos. Amadora, Bertrand [1962].

A. Abelaira, *QPN* = ——. *Quatro paredes nuas*; contos. Amadora, Bertrand, 1972.

A. Abelaira, *TM* = ——. *O triunfo da morte*. Lisboa, Sá da Costa, 1981.

A. Amoroso Lima, *AA* = Lima, Alceu Amoroso [Tristão de Ataíde]. *Afonso Arinos*. Rio de Janeiro-Lisboa-Porto, 1922.

A. Arinos, *OC* = Arinos, Afonso. *Obra completa*. Rio de Janeiro, MEC/INL, 1969.

A. Azevedo, *C* = Azevedo, Aluísio. *O cortiço*. Segundo milheiro. Rio de Janeiro, Garnier, 1890.

A. Bessa Luís, *AM* = Luís, Agustina Bessa. *A muralha*; romance. Lisboa, Guimarães Editores, 1957.

A. Bessa Luís, *M* = ——. *O manto*; romance. Amadora, Bertrand, s. d.

A. Bessa Luís, *OM* = ——. *O mosteiro*; romance. 2.ª ed. Lisboa, Guimarães & Cia., 1980.

A. Bessa Luís, *QR* = ——. *As relações humanas: Os quatro rios*; romance. Lisboa, Guimarães Editores, s. d.

A. Bessa Luís, *S* = ——. *A sibila*; romance. 5.ª ed. Lisboa, Guimarães & Cia., s. d.

A. Botto, *C* = Botto, Antônio. *Canções*. Nova edição definitiva. Lisboa, Bertrand, 1941.

A. Botto, *OA* = ——. *Ódio e amor*. Lisboa, Ática, 1947.

A. Callado, *MC* = Callado, Antônio. *A madona de cedro*. 2.ª ed. Nova Fronteira, 1981.

A. Callado, *Q* = ——. *Quarup*; romance. 2.ª ed. Rio de Janeiro. Civilização Brasileira, 1967.

A. Carlos Resende, *LD* = Resende, Antônio Carlos. *O louva-a-deus*; novela. Porto Alegre, Globo, 1980.

A. Corrêa d'Oliveira, *M* = Oliveira, Antônio Corrêa d'. *Menino*. Paris-Lisboa, Aillaud & Bertrand; Rio de Janeiro, Francisco Alves, s. d.

A. Corrêa d'Oliveira, *VSVA* = ——. *Verbo ser e verbo amar*. Lisboa, Aillaud & Bertrand, 1926.

A. de Alcântara Machado, *NP* = Machado, Antônio de Alcântara. *Novelas paulistanas: Brás, Bexiga e Barra Funda; Laranja da China; Mana Maria; Contos avulsos*. 6.ª ed. Rio de Janeiro, José Olympio, 1979.

A. de Assis Júnior, *SM* = Assis Júnior, Antônio de. *O segredo da morta*; romance de costumes angolenses. 2.ª ed. Lisboa, Edições 70, 1979.

A. de Guimaraens, *OC* = Guimaraens, Alphonsus de. *Obra completa*. Rio de Janeiro, Aguilar, 1960.

A. de Oliveira, *P* = Oliveira, Alberto de. *Poesias*; 1.ª e 2.ª séries, edição melhorada. Rio de Janeiro, Garnier, 1912; 3.ª série. Rio de Janeiro, Francisco Alves, 1913; 4.ª série, 2.ª ed. Rio de Janeiro, Francisco Alves, 1928.

A. de Oliveira, *Póst.* = ——. *Póstuma*. Rio de Janeiro, Academia Brasileira de Letras, 1944.

A. de Quental, *C* = Quental, Antero de. *Cartas*. 2.ª ed. Coimbra, Imprensa da Universidade, 1921.

A. de Quental, *P* = ——. *Prosas*. Lisboa, Couto Martins-Coimbra, Imprensa da Universidade, 1923-1931. 3 v.

A. de Quental, *SC* = ——. *Sonetos completos*, publicados por J. P. Oliveira Martins. 2.ª ed. aumentada. Porto, Portuense, 1890.

A. Deodato, *POBD* = Deodato, Alberto. *Políticos e outros bichos domésticos*; crônicas. 2.ª ed. Belo Horizonte, Itatiaia, 1963.

A. dos Anjos, *E* = Anjos, Augusto dos. *Eu*. Rio de Janeiro, s. ed. 1912.

A. Frederico Schmidt, *AP* = Schmidt, Augusto Frederico. *Antologia de prosa*. Rio de Janeiro, Letras e Artes, 1964.

A. Frederico Schmidt, *F* = ——. *As florestas*; páginas de memórias. Rio de Janeiro, José Olympio, 1959.

A. Frederico Schmidt, *GB* = ——. *O galo branco*; páginas de memórias. Rio de Janeiro, José Olympio, 1957.

A. Frederico Schmidt, *PE* = ——. *Poesias escolhidas*. Rio de Janeiro, Améric-Edit., 1946.

A. Feliciano de Castilho, *AO* = Castilho, Antônio Feliciano de. *Os amores de P. Ovídio Nasão*. Rio de Janeiro, Ed. Bernardo Xavier Pinto de Souza, 1858. 4 t.

A. Feliciano de Castilho, *F* = ——. *Os fastos de Públio Ovídio Nasão*. Lisboa, Imprensa da Academia Real das Sciencias, 1862. 3 t.

A. Ferreira, *C* = Ferreira, Antônio. *Castro*. In Silveira, A. F. de Sousa da. *Textos quinhentistas*; estabelecidos e comentados por ——. Rio de Janeiro, Imprensa Nacional, 1945, p. 143-262.

A. Gil, *LJ* = Gil, Augusto. *Luar de janeiro*. 3.ª ed. Lisboa, Bertrand, 1917.

A. Herculano, *E* = Herculano, Alexandre. *Eurico, o presbítero*. 32.ª ed. Edição definitiva conforme com as edições da vida do Auctor, dirigida por David Lopes. Lisboa, Bertrand, s. d.

A. Herculano, *HP* = ——. *História de Portugal, desde o começo da monarchia até o fim do reinado de Afonso III*. 8.ª ed., dirigida por David Lopes. Lisboa, Aillaud & Bertrand, s. d. 8 t.

A. Herculano, *LN* = ——. *Lendas e narrativas*. 22.ª ed. Edição definitiva conforme com as edições da vida do Auctor, dirigida por David Lopes. Lisboa-Rio de Janeiro, Bertrand/Francisco Alves, s. d. 2 t.

A. Herculano, *MC* = ——. *O monge de Císter, ou a epocha de D. João I*. 19.ª ed. Edição definitiva conforme com as edições da vida do Auctor, dirigida por David Lopes. Lisboa, Bertrand, s. d. 2 t.

A. Herculano, *OEIP* = ——. *História da origem e estabelecimento da Inquisição em Portugal*; tentativa histórica. Lisboa, Imprensa Nacional, 1855-1864. 3 v.

A. M. Machado, *CJ* = Machado, Aníbal M. *Cadernos de João*. Rio de Janeiro, José Olympio, 1957.

A. M. Machado, *HR* = ——. *Histórias reunidas*. Rio de Janeiro, José Olympio, 1959.

A. M. Machado, *JT* = ——. *João Ternura*. Rio de Janeiro, José Olympio, 1965.

A. Magalhães, *OC* = Magalhães, Adelino. *Obra completa*. Rio de Janeiro, Aguilar, 1963.

A. Margarido, *ELNA* = Margarido, Alfredo. *Estudos sobre literaturas das nações africanas de língua portuguesa*. Lisboa, A Regra do Jogo, 1980.

A. Meyer, *CM* = Meyer, Augusto. *A chave e a máscara*. Rio de Janeiro, Ed. O Cruzeiro, 1964.

A. Meyer, *MA* = ——. *Machado de Assis* (1935-1958). Rio de Janeiro, São José, 1958.

A. Meyer, *P* = ——. *Poesias* (1922-1955). Rio de Janeiro, São José, 1957.

A. Meyer, *SI* = ——. *Segredos da infância*. Porto Alegre, Globo, 1949.

A. Nascentes, *PR* = NASCENTES, Antenor. *O problema da regência: regência integral e viva*. Rio de Janeiro, Freitas Bastos, 1944.

A. Nobre, *CI* = NOBRE, Antônio. *Cartas inéditas*. Coimbra, Presença, 1934.

A. Nobre, *D* = ——. *Despedidas* (1895-1899). Porto, s. ed., 1902.

A. Nobre, *S* = ——. *Só*. 2.ª ed. Lisboa, Guillard & Aillaud, 1898.

A. O'Neill, *SO* = O'NEILL, Alexandre. *A saca de orelhas*. Lisboa, Sá da Costa, 1979.

A. Patrício, *P* = PATRÍCIO, Antônio. *Poesias*. Lisboa, Ática, 1954.

A. Peixoto, *NHLB* = PEIXOTO, Afrânio. *Noções de história da literatura brasileira*. Rio de Janeiro, Francisco Alves, 1931.

A. Peixoto, *RC* = ——. *Romances completos*. Rio de Janeiro, Aguilar, 1962.

A. Rangel, *IV* = RANGEL, Alberto. *Inferno verde: scenas e scenários do Amazonas*. 3.ª ed. Tours, Typ. E. Arrault, 1920.

A. Renault, *LSL* = RENAULT, Abgar. *A lápide sob a lua*. Belo Horizonte, Universidade Federal de Minas Gerais, 1968.

A. Ribeiro, *AFPB* = RIBEIRO, Aquilino. *Andam faunos pelo bosque*; romance. Lisboa, Bertrand, 1962.

A. Ribeiro, *CRG* = ——. *Cinco réis de gente*; romance. 3.ª ed. Lisboa, Bertrand, s. d.

A. Ribeiro, *ES* = ——. *Estrada de Santiago*. Lisboa, Aillaud & Bertrand, 1922.

A. Ribeiro, *M* = ——. *O Malhadinhas – mina de diamantes*. Lisboa, Bertrand, 1958.

A. Ribeiro, *PSP* = ——. *Portugueses das sete partidas*. 3.ª ed. Lisboa, Bertrand, s. d.

A. Ribeiro, *SBAM* = ——. *São Banaboião, anacoreta e mártir*. 2.ª ed. Lisboa, Bertrand, s. d.

A. Ribeiro, *V* = ——. *Volfrâmio*. Nova ed. Lisboa, Bertrand, s. d.

A. Santos, *K* = SANTOS, Arnaldo. *Kinaxixe e outras prosas*. São Paulo, Ática, 1981.

A. Santos, *P* = ——. *Prosas*. Lisboa, Edições 70, 1977.

A. Sérgio, *D* = SÉRGIO, Antônio. *Obras completas: Democracia*. Lisboa, Sá da Costa, 1974.

A. Sérgio, *E* = ——. *Obras completas: ensaios*. Lisboa, Sá da Costa, 1972-1974. 8 t.

A. Tavares, *PC* = TAVARES, Adelmar. *Poesias completas*. Nova ed. Rio de Janeiro, São José, 1958.

Adonias Filho, *LP* = AGUIAR FILHO, Adonias. *Léguas da promissão*; novelas. Rio de Janeiro, Civilização Brasileira, 1968.

Adonias Filho, *LBB* = ——. *Luanda, Beira, Bahia*. Rio de Janeiro, Civilização Brasileira, 1971.

Adonias Filho, *F* = ——. *O forte*; romance. Rio de Janeiro, Civilização Brasileira, 1965.

Agostinho Neto, *SE* = AGOSTINHO NETO, Antônio. *Sagrada esperança*; poemas. 9.ª ed. Lisboa, Sá da Costa, 1979.

Almada Negreiros, *NG* = NEGREIROS, José de Almada. *Nome de guerra*. Lisboa, Verbo, 1972.

Almada Negreiros, *OC* = ——. *Obras completas*. Lisboa, Estampa, 1970-1972. 6 v.

Almeida Garrett, *O* = GARRETT, J. B. de Almeida. *Obras de Almeida Garrett*. Porto, Lello & Irmão, 1966. 2 v.

Almeida Garrett, *RCG* = ——. *Romanceiro e cancioneiro geral. I. Adozinda e outros*. Lisboa, Sociedade Propagadora de Conhe cimentos Úteis, 1843.

Alves Redol, *BC* = REDOL, Antônio Alves. *Barranco de cegos*. 4.ª ed. Lisboa, Europa-América, 1973.

Alves Redol, *BSL* = ——. *A barca dos sete lemes*. 6.ª ed. Lisboa, Europa-América, 1972.

Alves Redol, *C* = ——. *Constantino, guardador de vacas e de sonhos*. Lisboa, Europa-América, 1975.

Alves Redol, *F* = ——. *Fanga*, 8.ª ed. Lisboa, Europa-América, 1972.

Alves Redol, *FM* = ——. *Uma fenda na muralha*. 4.ª ed. Lisboa, Europa-América, 1976.

Alves Redol, *G* = ——. *Gaibéus*. 4.ª ed. Lisboa, Europa-América, 1975.

Alves Redol, *MB* = ——. *O muro branco*. 3.ª ed. Lisboa, Europa-América, 1976.

Artur Azevedo, *CFM* = AZEVEDO, Arthur. *Contos fora de moda*. 7.ª ed. Rio de Janeiro, Alhambra, 1982.

Autran Dourado, *IP* = DOURADO, Valdomiro Freitas Autran. *As imaginações pecaminosas*. Rio de Janeiro, Record, 1981.

Autran Dourado, *RB* = ——. *O risco do bordado*; romance. 6.ª ed. São Paulo-Rio de Janeiro, Difel, 1976.

Autran Dourado, *TA* = ——. *Tempo de amor*. [São Paulo] Difel, 1979.

Branquinho da Fonseca, *B* = FONSECA, Antônio José Branquinho da. *O barão*, 6.ª ed. Lisboa, Portugália, 1972.

Branquinho da Fonseca, *MS* = ——. *Mar santo*; novela. 3.ª ed. Lisboa, Portugália, 1964.

B. Guimarães, *EI* = GUIMARÃES, Bernardo. *A escrava Isaura*; romance. Rio de Janeiro, Garnier, 1875.

B. Lopes, *H* = LOPES, Bernardino da Costa. *Helenos*. Rio de Janeiro, s. ed., 1901.

B. Lopes da Silva, *C* = SILVA, Baltasar Lopes da. *Chiquinho*; romance. São Vicente-Cabo Verde, Claridade, 1947.

B. Santareno, *TPM* = SANTARENO, Bernardo. *A traição do padre Martinho*; narrativa dramática em dois actos. Lisboa, Ática, 1969.

Barão do Rio Branco, *D* = RIO BRANCO, José M. S. Paranhos Júnior, barão do. *Obras do Barão do Rio Branco, IX. Discursos*. Rio de Janeiro, Ministério das Relações Exteriores, 1948.

C. Castelo Branco, *BE* = BRANCO, Camillo Castello. *Bohemia do espírito*. Porto, Livraria Civilização, 1886.

C. Castelo Branco, *BP* = ——. *A brazileira de Prazins; Scenas do Minho*. Porto, Ernesto Chardron, 1883.

C. Castelo Branco, *CC* = ——. *Scenas contemporâneas*. 2.ª ed. Porto, Cruz Coutinho, 1862.

C. Castelo Branco, *CE* = ——. *Coisas espantosas*. 2.ª ed. Lisboa, Antônio Maria Pereira, 1864.

C. Castelo Branco, *J* = ——. *O judeu*; romance histórico. Porto, Casa de Viúva Moré, 1866.

C. Castelo Branco, *OS* = ——. *Obra selecta*. Organização, seleção, introdução e notas de Jacinto do Prado Coelho. Rio de Janeiro, Aguilar, 1960-1963. 2 v.

C. Castelo Branco, *QA* = ——. *A queda d'um anjo*. Edição definitiva, revista e corrigida pelo autor. Lisboa-Rio de Janeiro, Campos & Cia., 1887.

C. Castelo Branco, *RI* = ——. Prefacio biographico. In: CASTRO, Antônio Serrão de. *Os ratos da Inquisição*. Porto, Ernesto Chardron, 1883, p. 5-109.

C. Castelo Branco, *V* = ——. *Vingança*. Porto, Cruz Coutinho, 1863.

C. de Abreu, *O* = ABREU, Casimiro de. *Obras de Casimiro de Abreu*. Apuração e revisão do texto, escorço biográfico, notas e índices por Sousa da Silveira. 2.ª ed. Rio de Janeiro, MEC/Casa de Rui Barbosa, 1955.

C. de Oliveira, *AC* = OLIVEIRA, Carlos de. *Uma abelha na chuva*; romance. 8.ª ed. Lisboa, Sá da Costa, 1975.

C. de Oliveira, *CD* = ——. *Casa na duna*; romance. 5.ª ed. Lisboa, Sá da Costa, 1977.

C. de Oliveira, *PB* = ——. *Pequenos burgueses*; romance. 7.ª ed. Lisboa, Sá da Costa, 1981.

C. dos Anjos, *DR* = ANJOS, Ciro dos. *2 romances: O amanuense Belmiro; Abdias*. Rio de Janeiro, José Olympio, 1957.

C. dos Anjos, *M* = ——. *Montanha*; romance. Rio de Janeiro, 1956.

C. dos Anjos, *MS* = ——. *A menina do sobrado*. Rio de Janeiro, José Olympio/MEC, 1979.

C. Drummond de Andrade, *BV* = ANDRADE, Carlos Drummond de. *A bolsa & a vida*. Rio de Janeiro, Edições do Autor, 1962.

C. Drummond de Andrade, *CA* = ——. *Contos de aprendiz*. 2.ª ed. Rio de Janeiro, José Olympio, 1958.

C. Drummond de Andrade, *CB* = ——. *Cadeira de balanço*; crônicas. Rio de Janeiro, José Olympio, 1966.

C. Drummond de Andrade, *CJB* = ——. *Caminhos de João Brandão*. Rio de Janeiro, José Olympio, 1970.

C. Drummond de Andrade, *CM* = ——. *Confissões de Minas*. Rio de Janeiro, Améric-Edit., 1944.

C. Drummond de Andrade, *FA* = ——. *Fala, amendoeira.* Rio de Janeiro, José Olympio, 1957.

C. Drummond de Andrade, *IB* = ——. *As impurezas do branco.* Rio de Janeiro, José Olympio/MEC, 1973.

C. Drummond de Andrade, *MA* = ——. *Menino antigo (Boitempo II).* Rio de Janeiro, Sabiá/José Olympio/MEC, 1973.

C. Drummond de Andrade, *OC* = ——. *Obra completa.* Rio de Janeiro, Aguilar, 1964.

C. Drummond de Andrade, *R* = ——. *Reunião*; 10 livros de poesias. Rio de Janeiro, José Olympio, 1969.

C. Falcão, *C* = Falcão, Cristóvão. *Crisfal.* In Silveira, A. F. de Sousa da. *Textos quinhentistas; estabelecidos e comentados por* ——. Rio de Janeiro, Imprensa Nacional, 1945, p. 57-142.

C. Lispector, *AV* = Lispector, Clarice. *Água viva.* 4.ª ed. Rio de Janeiro, Nova Fronteira, 1980.

C. Lispector, *BF* = ——. *A bela e a fera.* 2.ª ed. Rio de Janeiro, Nova Fronteira, 1980.

C. Lispector, *FC* = ——. *Felicidade clandestina*; contos. 3.ª ed. Rio de Janeiro, Nova Fronteira, 1981.

C. Lispector, *HE* = ——. *A hora da estrela.* 4.ª ed. Rio de Janeiro, José Olympio, 1978.

C. Lispector, *LF* = ——. *Laços de família*; contos. Rio de Janeiro, Editora do Autor, 1965.

C. Lispector, *L* = ——. *O lustre*; romance. 5.ª ed. Rio de Janeiro, Nova Fronteira, 1982.

C. Lispector, *ME* = ——. *A maçã no escuro.* 6.ª ed. Rio de Janeiro, Nova Fronteira, 1981.

C. Lispector, *PSGH* = ——. *A paixão segundo GH*; romance. 7.ª ed. Rio de Janeiro, 1980.

C. Lispector, *SV* = ——. *Um sopro de vida (Pulsações).* 4.ª ed. Rio de Janeiro, Nova Fronteira, 1981.

C. M. da Costa, *OP* = Costa, Cláudio Manuel da. *Obras poéticas.* Nova edição... por João Ribeiro. Rio de Janeiro, Garnier, 1903. 2 t.

C. Meireles, *OP* = Meireles, Cecília. *Obra poética.* Rio de Janeiro, Aguilar, 1958.

C. Meireles, *Q, I* = Meireles, Cecília et alii. *Quadrante I*; crônicas. Rio de Janeiro, Editora do Autor, 1962.

C. Nejar, *OP* = Nejar, Carlos.

C. Pena Filho, *LG* = Pena Filho, Carlos. *Livro geral.* Recife, Universidade Federal de Pernambuco, 1969.

C. Pessanha, *C* = Pessanha, Camilo. *Clepsidra.* Lisboa, Ática, 1945.

Caldas Aulete, *DCLP* = Aulete, F. J. Caldas. *Diccionario contemporaneo da lingua portugueza*; feito sobre um plano inteiramente novo. Lisboa, Antônio Maria Pereira [1902]. 2 v.

Castro Alves, *EF* = Alves, Antônio de Castro. *Espumas fluctuantes*; poesias. Bahia, Typ. de Camillo de Lellis Masson, 1870.

Castro Alves, *OC* = ——. *Obra completa.* 3.ª ed. Rio de Janeiro, Aguilar, 1976.

Castro Soromenho, *C* = Soromenho, Fernando Monteiro de Castro. *A chaga*; romance. 2.ª ed. Lisboa, Sá da Costa, 1979.

Castro Soromenho, *TM* = ——. *Terra morta*; romance. Lisboa, Sá da Costa, s. d.

Castro Soromenho, *V* = ——. *Viragem.* 3.ª ed. Lisboa, Sá da Costa, 1979.

Cochat Osório, *CV* = Osório, Ernesto Cochat. *Capim verde*; contos, Luanda, Lello, 1957.

Coelho Netto, *OS* = Coelho Netto, Henrique Maximiano. *Obra seleta, I. Romances.* Rio de Janeiro, Aguilar, 1958.

Costa Andrade, *NVNT* = Andrade, Fernando Costa. *No velho ninguém toca.* Lisboa, Sá da Costa, 1974.

Cruz e Sousa, *OC* = Sousa, João da Cruz e. *Obra completa.* Rio de Janeiro. Aguilar, 1961.

D. Andrade, *VEE* = Andrade, Djalma. *Versos escolhidos e epigramas.* 3.ª ed. Belo Horizonte, Imprensa Oficial, 1952.

D. Mourão-Ferreira, *HL* = Mourão-Ferreira, David. *Hospital das letras*; ensaios. Lisboa, Guimarães Editores, 1966.

D. Mourão-Ferreira, *I* = ——. *O irmão*; peça em 2 atos. Lisboa, Guimarães Editores, 1965.

D. Olímpio, *LH* = Olímpio, Domingos. *Luzia homem.* Rio de Janeiro, Companhia Litho-Typographia, 1903.

D. Silveira de Queirós, *EHT* = Queirós, Dinah Silveira de. *Eles herdarão a terra.* Rio de Janeiro, GRD, 1960.

D. Silveira de Queirós, *FS* = ——. *Floradas na serra*; romance. 3.ª ed. Rio de Janeiro, José Olympio, 1955.

D. Silveira de Queirós, *M* = ——. *A muralha*. 3.ª ed. Rio de Janeiro, José Olympio, 1956.

D. Silveira de Queirós, *MLR* = ——. *Margarida La Rocque*. Rio de Janeiro, José Olympio, 1949.

D. Silveira de Queirós, *VI* = ——. *Verão dos infiéis*; romance. 2.ª ed. Rio de Janeiro, José Olympio/MEC, 1971.

Da Costa e Silva, *PC* = SILVA, Antônio Francisco da Costa e. *Poesias completas*. 2.ª ed. revista e anotada por Alberto da Costa e Silva. Rio de Janeiro, Cátedra/MEC, 1976.

E. C. Pereira, *GH* = PEREIRA, Eduardo Carlos. *Grammatica histórica*. 9.ª ed. São Paulo, Companhia Editora Nacional, 1935.

E. da Cunha, *OC* = CUNHA, Euclides da. *Obra completa*. Rio de Janeiro, Aguilar, 1966. 2 v.

E. de Castro, *OP* = CASTRO, Eugénio de. *Obras poéticas*. Lisboa, Lumen, 1927-1940; Barcelos, Portucalense, 1944. 10 v.

E. de Castro, *UV* = ——. *Últimos versos*. Lisboa, Bertrand, 1938.

E. Moura, *EP* = MOURA, Emílio. *Itinerário poético*; poemas reunidos. Belo Horizonte, Imprensa Oficial, 1969.

E. Pereira Filho, in *TPB*, de Gândavo = PEREIRA FILHO, Emanuel. In: GÂNDAVO, Pedro de Magalhães de. *Tratado da província do Brasil*. Edição crítica. MEC/INL, 1965.

E. Prado, *IA* = Prado, Eduardo. *A ilusão americana*. 3.ª ed. São Paulo, Escola Typ. Salesiana, 1902.

É. Veríssimo, *A* = VERÍSSIMO, Érico. *O tempo e o vento, III. O arquipélago*. 1.ª ed., 2.ª impr. Porto Alegre, Globo, 1962-1966. 3 v.

É. Veríssimo, *C* = ——. *Clarissa*. 6.ª ed. Porto Alegre, Globo, 1947.

É. Veríssimo, *GPCN* = ——. *Gato preto em campo de neve*. 9.ª ed. Rio de Janeiro-Porto Alegre-São Paulo, Globo, 1952.

É. Veríssimo, *LS* = ——. *Um lugar ao sol*. 2.ª ed. Porto Alegre, Globo, 1963.

É. Veríssimo, *ML* = ——. *Música ao longe*. 8.ª ed. Porto Alegre, 1947.

Eça de Queirós, *O* = *Obras de Eça de Queirós*. Porto, Lello & Irmão, 1958. 3 v.

F. A. Varnhagen, *CTA* = VARNHAGEN, Francisco Adolpho. *Cancioneirinho de trovas antigas coligidas de um grande cancioneiro da Biblioteca do Vaticano*. Viena, Typ. I. e R. do E. e da Corte, 1870.

F. Botelho, *X* = BOTELHO, Fernanda. *Xerazade e os outros*; romance (tragédia em forma de). Amadora, Bertrand, s. d.

F. de Castro, *ANE* = CASTRO, Fernanda de. *Asa no espaço*. Lisboa, Ática, 1955.

F. Espanca, *S* = ESPANCA, Florbela. *Sonetos*; edição integral. 10.ª ed. Porto, Tavares Martins, 1962.

F. J. Tenreiro, *OP* = TENREIRO, Francisco José. *Obra poética*. Lisboa, Associação dos Antigos Alunos do ISCSPU, 1967.

F. Namora, *CS* = NAMORA, Fernando. *Cidade solitária*; narrativas. 4.ª ed. Lisboa, Publicações Europa-América, 1969.

F. Namora, *DT* = ——. *Domingo à tarde*; romance. 11.ª ed. Amadora, Bertrand, 1975.

F. Namora, *E* = ——. *Encontros com Fernando Namora*. 2.ª ed. Amadora, Bertrand, 1981.

F. Namora, *HD* = ——. *O homem disfarçado*; romance. 6.ª ed. Lisboa, Europa-América, 1970.

F. Namora, *NM* = ——. *A noite e a madrugada*; romance. 5.ª ed. Paris, Europa-Brasil, 1968.

F. Namora, *RT* = ——. *O rio triste*; romance. Rio de Janeiro, Nórdica, 1982.

F. Namora, *TJ* = ——. *O trigo e o joio*. 12.ª ed. Amadora, Bertrand, 1974.

F. Pessoa, *LD* = PESSOA, Fernando. *Livro do desassossego por Bernardo Soares*. Recolha e transcrição dos textos: Maria Aliete Galhoz, Teresa Sobral Cunha. Prefácio e organização: Jacinto do Prado Coelho. Lisboa, Ática, 1982.

F. Pessoa, *OP* = ——. *Obra poética*. Organização, introdução e notas de Maria Aliete Dores Galhoz. Rio de Janeiro, Aguilar, 1960.

F. Pessoa, *QGP* = ——. *Quadras ao gosto popular*. Lisboa, Ática, 1965.

F. Pessoa, *SP* = ——. *Sobre Portugal: introdução ao problema nacional*. Recolha de textos:

dra. Maria Isabel Rocheta, dra. Maria Paula Morão. Introdução e organização: Joel Serrão. Lisboa, Ática, 1978.

F. Sabino, *EM* = SABINO, Fernando. *O encontro marcado*. 8.ª ed. Rio de Janeiro, Editora do Autor, 1966.

F. Sabino, *G* = ——. *Gente*. Rio de Janeiro, Record, 1975. 2 t.

F. Sabino, *GM* = ——. *O grande mentecapto*. Rio de Janeiro, Record [1979].

F. Sabino, *HN* = ——. *O homem nu*. 5.ª ed. Rio de Janeiro, Editora do Autor, 1963.

F. Sabino, *ME* = ——. *O menino no espelho*; romance. 2.ª ed. Rio de Janeiro, Record, 1982.

Fagundes Varela, *PC* = VARELA, L. N. Fagundes. *Poesias completas*. Organização e apuração do texto de Miécio Táti e E. Carreiro Guerra. São Paulo, Ed. Nacional, 1957. 3 v.

Fagundes Varela, *VA* = ——. *Vozes de America*; poesias. 2.ª ed. Porto, Typ. de Antonio José da Silva Teixeira, 1876.

Ferreira de Castro, *OC* = CASTRO, José Maria Ferreira de. *Obra completa*. Rio de Janeiro, Aguilar, 1958-1961. 3 v.

Fontoura Xavier, *O* = XAVIER, A. Fontoura. *Opalas*; edição definitiva, muito aumentada. Lisboa, Viúva Tavares Cardoso, 1905.

G. Amado, *DP* = AMADO, Gilberto. *Depois da política*. Rio de Janeiro, José Olympio, 1960.

G. Amado, *HMI* = ——. *História da minha infância*. 3.ª ed. Rio de Janeiro, José Olympio, 1966.

G. Amado, *PP* = ——. *Presença na política*. Rio de Janeiro, José Olympio, 1958.

G. Amado, *TL* = ——. *Três livros: A chave de Salomão e outros escritos, Grão de areia e estudos brasileiros, A dança sobre o abismo*. Rio de Janeiro, José Olympio, 1963.

G. Barroso, *TS* = BARROSO, Gustavo. *Terra de sol (Natureza e costumes do Norte)*. 5.ª ed. Rio de Janeiro, São José, 1956.

G. Cruls, *HA* = CRULS, Gastão. *Hileia amazônica*. 3.ª ed. Rio de Janeiro, José Olympio, 1958.

G. Cruls, *QR* = ——. *Quatro romances*. Rio de Janeiro, José Olympio, 1958.

G. de Almeida, *N* = ALMEIDA, Guilherme de. *Natalika*. Rio de Janeiro, Candeia Azul, 1924.

G. de Almeida, *PV* = ——. *Poesia vária*. 2.ª ed. São Paulo, Martins, 1963.

G. de Almeida, *TP* = ——. *Toda a poesia*. São Paulo, Martins, 1952. 7 t.

G. França de Lima, *JV* = LIMA, Geraldo França de. *Jazigo dos vivos*; romance. 2.ª ed. Rio de Janeiro, José Olympio, 1969.

G. Freyre, *OE* = FREYRE, Gilberto. *Obra escolhida*. Rio de Janeiro, Nova Aguilar, 1977.

G. Ramos, *A* = RAMOS, Graciliano. *Angústia*; romance. 3.ª ed. Rio de Janeiro, José Olympio, 1947.

G. Ramos, *AOH* = ——. *Alexandre e outros heróis*; obra póstuma. 4.ª ed. São Paulo, Martins, 1968.

G. Ramos, *C* = ——. *Caetés*; romance. 2.ª ed. Rio de Janeiro, José Olympio, 1947.

G. Ramos, *I* = ——. *Infância*, 9.ª ed. São Paulo, Martins, 1972.

G. Ramos, *Ins.* = ——. *Insônia*; contos. Rio de Janeiro, José Olympio, 1947.

G. Ramos, *SB* = ——. *São Bernardo*; romance. 3.ª ed. Rio de Janeiro, José Olympio, 1947.

G. Ramos, *VS* = ——. *Vidas secas*; romance. 2.ª ed. Rio de Janeiro, José Olympio, 1947.

Genolino Amado, *RP* = AMADO, Genolino. *O reino perdido. (Histórias de um professor de História)*. Rio de Janeiro, José Olympio, 1971.

Gonçalves Dias, *PCPE* = DIAS, António Gonçalves. *Poesia completa e prosa escolhida*. Rio de Janeiro, Aguilar, 1959.

Graça Aranha, *OC* = ARANHA, José Pereira da Graça. *Obra completa*. Rio de Janeiro, MEC/INL, 1969.

Guerra Junqueiro, *S* = JUNQUEIRO, Abílio Manuel de Guerra. *Os simples*. Porto, Typ. Occidental, 1892.

Guimarães Passos, *VS* = PASSOS, Sebastião Cícero dos Guimarães. *Versos de um simples* (1886-1891). Rio de Janeiro, s. ed., 1891.

Guimarães Rosa, *CB* = ROSA, João Guimarães. *Corpo de baile*; sete novelas. Rio de Janeiro, José Olympio, 1956. 2 v.

Guimarães Rosa, *GS-V* = ——. *Grande sertão: veredas*. 5.ª ed. Rio de Janeiro, José Olympio, 1967.

Guimarães Rosa, *PE* = ——. *Primeiras estórias*. Rio de Janeiro, José Olympio, 1962.

Guimarães Rosa, *S* = ——. *Sagarana*. 4.ª ed. Versão definitiva. Rio de Janeiro, José Olympio, 1956.

Guimarães Rosa, *T* = ——. *Tutameia. Terceiras estórias*. Rio de Janeiro, José Olympio, 1967.

H. Sales, *AM* = Sales, Herberto. *Além dos marimbus*. Rio de Janeiro, O Cruzeiro, 1961.

H. Sales, *C* = ——. *Cascalho*; romance. 4.ª ed. Rio de Janeiro, O Cruzeiro, 1966.

H. Sales, *DBFM* = ——. *Dados biográficos do finado Marcelino*; romance. Rio de Janeiro, O Cruzeiro, 1965.

H. Sales, *HO* = ——. *Histórias ordinárias*. Rio de Janeiro, O Cruzeiro, 1966.

I. Losa, *EO* = Losa, Ilse. *Encontro no outono*; contos. 2.ª ed. Lisboa, Portugália, 1966.

I. Lisboa, *MCN* = Lisboa, Irene. *Uma mão cheia de nada, outra de coisa nenhuma*; historietas. Lisboa, Portugália, s. d.

J. Amado, *GCC* = Amado, Jorge. *Gabriela, cravo e canela*; crônica de uma cidade do interior. 15.ª ed. São Paulo, Martins, 1960.

J. Amado, *MG* = ——. *O menino grapiúna*. Rio de Janeiro, Record, 1982.

J. Amado, *MM* = ——. *Mar morto*; romance. 18.ª ed. São Paulo, Martins, 1968.

J. Amado, *TBCG* = ——. *Teresa Batista cansada de guerra*. São Paulo, Martins, 1972.

J. Cabral de Melo Neto, *DA* = Melo Neto, João Cabral de. *Duas águas*; poemas reunidos. Rio de Janeiro, José Olympio, 1956.

J. Cabral de Melo Neto, *PC* = ——. *Poesias completas* (1940-1965). Rio de Janeiro, Sabiá, 1968.

J. Cândido de Carvalho, *CL* = Carvalho, José Cândido de. *O coronel e o lobisomem*. Rio de Janeiro, O Cruzeiro, 1964.

J. Cândido de Carvalho, *NMAI* = ——. *Não matem o arco-íris*. Rio de Janeiro, José Olympio, 1972.

J. Cardoso, *SE* = Cardozo, Joaquim. *Signo estrelado*. Rio de Janeiro, Livros de Portugal, 1960.

J. Cardoso Pires, *D* = Pires, José Cardoso. *O delfim*; romance. 3.ª ed. Lisboa, Moraes, 1969.

J. Condé, *C* = Condé, José. *As chuvas*. Rio de Janeiro, Civilização Brasileira, 1972.

J. Condé, *TC* = ——. *Terra de Caruaru*. 2.ª ed. [Rio de Janeiro] Bloch, 1968.

J. Cortesão, *CP* = Cortesão, Jaime. *Cancioneiro popular*. Porto, Renascença, 1914.

J. Cortesão, *FDFP* = ——. *Os factores democráticos na formação de Portugal*. 2.ª ed. Lisboa, Portugália, 1966.

J. Cortesão, *IHB* = ——. *Introdução à história das bandeiras*. Lisboa, Portugália, 1964. 2 v.

J. de Alencar, *CD* = Alencar, José de. In: Menezes, Raimundo de. *Cartas e documentos de José de Alencar*. São Paulo, Conselho Estadual de Cultura, 1967.

J. de Alencar, *G* = ——. *O Guarani*; romance brasileiro. Edição crítica por Darcy Damasceno. Rio de Janeiro, MEC/INL, 1958.

J. de Alencar, *OC* = ——. *Obra completa*. Rio de Janeiro, Aguilar, 1959-1960. 4 v.

J. de Araújo Correia, *FX* = Correia, João de Araújo. *Folhas de xisto*; contos. Régua, Imprensa do Douro, 1959.

J. de Deus, *CF* = Deus, João de. *Campo de flores;* poesias lyricas completas coordenadas sob as vistas do auctor por Teophilo Braga. 2.ª ed. – ne varietur. Lisboa, Imprensa Nacional, 1896.

J. de Deus, *FS* = ——. *Folhas soltas*. Porto, Magalhães & Moniz, 1876.

J. de Figueiredo, *C* = Figueiredo, Jackson de. *Correspondência*. Rio de Janeiro, A. B. C. [1938].

J. de Lima, *OC* = Lima, Jorge de. *Obra completa*. Rio de Janeiro, Aguilar, 1958. 1.º vol.

J. de Sena, *G-C* = Sena, Jorge de. *Os grão-capitães*; contos. 3.ª ed. Lisboa, Edições 70, 1982.

J. de Sena, *NAD* = ——. *Novas andanças do demônio*; contos. Lisboa, Portugália, 1966.

J. de Sena, *SF* = ——. *Sinais de fogo (Monte cativo - I)*; romance. 2.ª ed. Lisboa, Edições 70, 1971.

J. do Prado Coelho, *PHL* = Coelho, Jacinto do Prado. *Problemática da história literária.* Lisboa, Ática, 1961.

J. Lins do Rego, *A-M* = Rego, José Lins do. *Água-mãe.* 4.ª ed. Rio de Janeiro, José Olympio, 1956.

J. Lins do Rego, *C* = ——. *Cangaceiros.* Rio de Janeiro, José Olympio, 1953.

J. Lins do Rego, *D* = ——. *Doidinho.* 6.ª ed. Rio de Janeiro, José Olympio, 1956.

J. Lins do Rego, *E* = ——. *Eurídice.* 4.ª ed. Rio de Janeiro, José Olympio, 1956.

J. Lins do Rego, *FM* = ——. *Fogo morto.* 2.ª ed. Rio de Janeiro, José Olympio, 1944.

J. Lins do Rego, *ME* = ——. *Menino de engenho.* 6.ª ed. Rio de Janeiro, José Olympio, 1956.

J. Lins do Rego, *MR* = ——. *O moleque Ricardo.* 5.ª ed. Rio de Janeiro, José Olympio, 1956.

J. Lins do Rego, *MVA* = ——. *Meus verdes anos*; memórias. 2.ª ed. Rio de Janeiro, José Olympio, 1957.

J. Lins do Rego, *P* = ——. *Pureza.* 5.ª ed. Rio de Janeiro, José Olympio, 1956.

J. Lins do Rego, *RD* = ——. *Riacho doce.* 3.ª ed. Rio de Janeiro, José Olympio, 1956.

J. Lins do Rego, *U* = ——. *Usina.* 4.ª ed. Rio de Janeiro, José Olympio, 1956.

J. Manuel de Macedo, *RQ* = Macedo, Joaquim Manoel de. *O rio do quarto.* 3.ª ed. Rio de Janeiro, Garnier, 1901.

J. Montello, *A* = Montello, Josué. *Aleluia.* Rio de Janeiro, Nova Fronteira, 1982.

J. Montello, *DP* = ——. *Os degraus do paraíso*; romance. São Paulo, Martins, 1965.

J. Montello, *DVP* = ——. *Duas vezes perdida*; novelas. São Paulo, Martins, 1966.

J. Montello, *LE* = ——. *Labirinto de espelhos.* 2.ª ed. Rio de Janeiro, Nova Fronteira, 1983.

J. Montello, *PMA* = ——. *O presidente Machado de Assis.* São Paulo, Martins, 1961.

J. Montello, *SC* = ——. *O silêncio da confissão.* 2.ª ed. Rio de Janeiro, Nova Fronteira, 1980.

J. Montello, *TSL* = ——. *Os tambores de São Luís.* Rio de Janeiro, José Olympio/MEC, 1975.

J. Nabuco, *A* = Nabuco, Joaquim. *O abolicionismo.* Conferências e discursos abolicionistas. São Paulo, IPÊ, 1949.

J. Nabuco, *MF* = ——. *Minha formação*, São Paulo, IPÊ, 1947.

J. Paço d'Arcos, *CVL* = Arcos, Joaquim Paço d'. *Crónica da vida lisboeta.* Organização e introdução do prof. Antônio Soares Amora. Rio de Janeiro, Aguilar, 1974.

J. Régio, *CL* = Régio, José. *A chaga do lado*; sátiras e epigramas. 2.ª ed. Lisboa, Portugália, 1956.

J. Régio, *ED* = ——. *As encruzilhadas de Deus*; poema. 3.ª ed. Lisboa, Portugália, s. d.

J. Régio, *ERS* = ——. *El-Rei Sebastião*; poema espectacular em três actos. Coimbra, Atlântida, 1949.

J. Régio, *F* = ——. *Fado.* 2.ª ed. Lisboa, Portugália, 1957.

J. Régio, *JA* = ——. *Jacob e o anjo*; mistério em três actos, um prólogo e um epílogo. 2.ª ed. Vila do Conde, Edições "Ser", 1953.

J. Régio, *PDD* = ——. *Poemas de Deus e do Diabo.* 4.ª ed. Lisboa, Portugália, 1955.

J. Régio, *SM* = ——. *A salvação do mundo*; tragicomédia em três actos. Lisboa, Inquérito, 1954.

J. Ribeiro, *AC* = Ribeiro, João. *Autores contemporâneos.* Excerptos de escriptores brazileiros e portuguezes contemporâneos. 25.ª ed. refundida, annotada e actualizada. Rio de Janeiro, Francisco Alves, 1937.

J. Ribeiro, *CD*² = ——. *Cartas devolvidas.* 2.ª ed., com prefácio de Joaquim Ribeiro. Rio de Janeiro, São José, s. d.

J. Ribeiro, *F* = ——. *O fabordão;* crónica de vário assunto. Rio de Janeiro-Paris, Garnier, 1910.

J. Ribeiro, *FE* = ——. *Floresta de exemplos.* Rio de Janeiro, J. R. de Oliveira, 1931.

J. Ribeiro, *FL* = ——. *O folk-lore.* Estudos de literatura popular. Rio de Janeiro, Jacintho Ribeiro dos Santos, 1919.

J. Ribeiro, *PE* = ——. *Páginas de esthetica.* Lisboa, Clássica Editora, 1905.

J. Rodrigues Miguéis, *GTC* = Miguéis, José Rodrigues. *Gente de terceira classe*; contos e novelas. 2.ª ed. Lisboa, Estúdios Cor, 1971.

J. Saramago, *LC* = SARAMAGO, José. *Levantado do chão*. 3.ª ed. Lisboa, Ed. Caminho, 1982.

J. Saramago, *MC* = ——. *Memorial do convento*; romance. Lisboa, Ed. Caminho, 1982.

L. B. Honwana, *NMCT* = HONWANA, Luís Bernardo. *Nós matamos o cão-tinhoso*. São Paulo, Ática, 1980.

L. Fagundes Telles, *ABV* = TELLES, Lygia Fagundes. *Antes do baile verde*. 2.ª ed. Rio de Janeiro, José Olympio, 1971.

L. Fagundes Telles, *DA* = ——. *A disciplina do amor*. Rio de Janeiro, Nova Fronteira, 1980.

L. Fagundes Telles, *M* = ——. *Mistério*; ficções. Rio de Janeiro, Nova Fronteira, 1981.

L. Fagundes Telles, *SR* = ——. *Seminário dos ratos*. 3.ª ed. Rio de Janeiro, José Olympio, 1980.

L. Forjaz Trigueiros, *ME* = TRIGUEIROS, Luís Forjaz. *Monólogo em Éfeso*. Amadora, Bertrand, s. d.

L. Jardim, *AMCA* = JARDIM, Luís. *Aventuras do menino Chico de Assis*. Rio de Janeiro, José Olympio/INL, 1971.

L. Jardim, *BA* = ——. *O boi aruá*. Rio de Janeiro, Alba, 1940.

L. Jardim, *CTG* = ——. *Confissões do meu tio Gonzaga*; romance. 2.ª ed. Rio de Janeiro, José Olympio, 1966.

L. Jardim, *MP* = ——. *Maria perigosa*. 2.ª ed. revista e aumentada. Rio de Janeiro, José Olympio, 1959.

L. Jardim, *MPM* = ——. *O meu pequeno mundo: algumas lembranças de mim mesmo*. Rio de Janeiro, José Olympio, 1976.

Leite de Vasconcellos, *LFP* = VASCONCELLOS, José Leite de. *Lições de filosofia portuguesa*. 2.ª ed. Lisboa, Biblioteca Nacional, 1926.

Lima Barreto, *REIC* = BARRETO, Afonso Henriques de Lima. *Recordações do escrivão Isaías Caminha*. 2.ª ed. São Paulo, Brasiliense, 1961.

Lima Barreto, *TFPQ* = ——. *Triste fim de Policarpo Quaresma*. 3.ª ed. São Paulo, Brasiliense, 1965.

Luandino Vieira, *CI* = VIEIRA, José Luandino. *A cidade e a infância*; estórias. 2.ª ed. Lisboa, União dos Escritores Angolanos – Edições 70, 1977.

Luandino Vieira, *JV* = ——. *João Vêncio: os seus amores*; estória. Lisboa, Edições 70, 1979.

Luandino Vieira, *L* = ——. *Luanda*; estórias. São Paulo, Ática, 1982.

Luandino Vieira, *NANV* = ——. *No antigamente, na vida*; estórias. 3.ª ed. Lisboa, Edições 70, 1977.

Luandino Vieira, *NM* = ——. *Nós, os do Makulusu*. 3.ª ed. Lisboa, Sá da Costa, 1977.

Luandino Vieira, *VE* = ——. *Velhas estórias*; contos. 2.ª ed. Lisboa, Edições 70, 1976.

Luandino Vieira, *VVDX* = ——. *A vida verdadeira de Domingos Xavier*, São Paulo, Ática, s. d.

M. Bandeira, *AA* = BANDEIRA, Manuel. *Andorinha, andorinha*. Rio de Janeiro, José Olympio, 1966.

M. Bandeira, *PP* = ——. *Poesia e prosa*. Rio de Janeiro, Aguilar, 1958. 2 v.

M. Barreto, *CP* = BARRETO, Mário. *Cartas persas*, de Montesquieu. Versão portuguesa e anotações de ——. Rio de Janeiro-Paris, Garnier, 1923.

M. Barreto, *FLP* = ——. *Fatos da língua portuguesa*. Rio de Janeiro, Francisco Alves, 1916.

M. da Fonseca, *FC* = FONSECA, Manuel da. *O fogo e as cinzas*; contos. 2.ª ed. Lisboa, Portugália, 1965.

M. da Fonseca, *SV* = ——. *Seara de vento*, 9.ª ed. [Lisboa] Forja, 1979.

M. de Andrade, *CMB* = ANDRADE, Mário de. *Cartas de Mário de Andrade a Manuel Bandeira*. Rio de Janeiro, Simões, 1958.

M. de Andrade, *OI* = ——. *Obra imatura*. São Paulo, Martins, 1960.

M. de Andrade, *PC* = ——. *Poesias completas*. São Paulo, Martins, 1955.

M. de Sá-Carneiro, *C* = SÁ-CARNEIRO, Mário de. *Cartas de Mário de Sá-Carneiro a Luís de Montalvor, Cândida Ramos, Alfredo Guisado, José Pacheco*. Leitura, seleção e notas de Arnaldo Saraiva, Porto, Limiar, 1977.

M. de Sá-Carneiro, *CF* = ——. *Céu em fogo*; novelas. 2.ª ed. Lisboa, Ática, 1956.

M. de Sá-Carneiro, *CFP* = ——. *Cartas a Fernando Pessoa*. Lisboa, Ática, 1958-1959. 2 v.

M. de Sá-Carneiro, *CL* = ——. *A confissão de Lúcio*. 2.ª ed. Lisboa, Ática, 1945.

M. de Sá-Carneiro, *P* = ——. *Poesias*, Lisboa, Ática, 1953.

M. de Sousa Lima, *GP* = LIMA, Mário Pereira de Sousa. *Gramática portuguesa*. Edição revista e aumentada de acordo com o Programa Oficial, para as quatro séries. Rio de Janeiro, José Olympio, 1945.

M. Ferreira, *HB* = FERREIRA, Manuel. *Hora di bai*. São Paulo, Ática, 1980.

M. J. de Carvalho, *AV* = CARVALHO, Maria Judite de. *Os armários vazios*. 2.ª ed. Amadora, Bertrand, 1978.

M. J. de Carvalho, *PSB* = ——. *Paisagem sem barcos*. Lisboa, Arcádia, s. d.

M. J. de Carvalho, *TGM* = ——. *Tanta gente, Mariana...* 2.ª ed. Lisboa, Arcádia, 1960.

M. J. de Carvalho, *TM* = ——. *Tempo de mercês*. Lisboa, Seara Nova, 1973.

M. Lopes, *FVL* = LOPES, Manuel. *Os flagelados do vento leste*. São Paulo, Ática, 1979.

M. Mendes, *P* = MENDES, Murilo. *Poesias* (1925-1955). Rio de Janeiro, José Olympio, 1959.

M. Mesquita, *LT* = MESQUITA, Marcelino. *Leonor Teles*. Lisboa, s. ed., 1892.

M. Palmério, *CB* = PALMÉRIO, Mário. *Chapadão do Bugre*; romance. Rio de Janeiro, José Olympio, 1965.

M. Palmério, *VC* = ——. *Vila dos confins*. Rio de Janeiro, José Olympio, 1956.

M. Pederneiras, *LSMV* = PEDERNEIRAS, Mário. *Ao léu do sonho e à mercê da vida*. Rio de Janeiro, s. ed., 1912.

M. Quintana, *P* = QUINTANA, Mário. *Poesias*. 2.ª ed., 2.ª impr. Porto Alegre, Globo, 1975.

M. Rubião, *D* = RUBIÃO, Murilo. *Os dragões e outros contos*. Belo Horizonte, Edições MP, 1965.

M. Torga, *API* = TORGA, Miguel. *Alguns poemas ibéricos*. Coimbra, s. ed., 1952.

M. Torga, *B* = ——. *Bichos*. 9.ª ed. Coimbra, s. ed., 1978.

M. Torga, *CH* = ——. *Cântico do homem*; poesia, 3.ª ed. Coimbra, s. ed., 1954.

M. Torga, *CM* = ——. *Contos da montanha*. 2.ª ed. Rio de Janeiro, Pongetti, 1955.

M. Torga, *NCM* = ——. *Novos contos da montanha*. 3.ª ed. Coimbra, s. ed., 1952.

M. Torga, *P* = ——. *Portugal*. Coimbra, s. ed., 1950.

M. Torga, *TU* = ——. *Traço de união*; temas portugueses e brasileiros. Coimbra, s. ed., 1955.

M. Torga, *V* = ——. *Vindima*. 2.ª ed., refundida. Coimbra, s. ed., 1954.

Machado de Assis, *OC* = ASSIS, Joaquim Maria Machado de. *Obra completa*. Rio de Janeiro, Aguilar, 1959. 3 v.

Marquês de Maricá, *M* = MARICÁ, M. J. Pereira da Fonseca, marquês de. *Máximas, pensamentos e reflexões do marquês de Maricá*. Edição dirigida e anotada por Sousa da Silveira. Rio de Janeiro, MEC/Casa de Rui Barbosa, 1958.

Marques Rebelo, *M* = REBELO, Marques. *Marafa*. 3.ª ed. São Paulo, Martins, 1956.

Marques Rebelo, *SMAP* = ——. *Stela me abriu a porta*; contos. Porto Alegre, Globo, 1942.

Martins Pena, *T* = PENA, L. C. Martins. *Teatro*. Rio de Janeiro, MEC/INL, 1956. 2 v.

Monteiro Lobato, *GDB* = LOBATO, J. B. Monteiro. *Geografia de Dona Benta*. 2.ª ed. São Paulo, Brasiliense, 1950.

Monteiro Lobato, *N* = ——. *Negrinha*; contos. 3.ª ed. São Paulo, Brasiliense, 1951.

Monteiro Lobato, *U* = ——. *Urupês*. 12.ª ed. São Paulo, Brasiliense, 1962.

N. Piñon, *CC* = PIÑON, Nélida. *O calor das coisas*. Rio de Janeiro, Nova Fronteira, 1980.

N. Piñon, *CP* = ——. *A casa da paixão*. 3.ª ed. Rio de Janeiro, Record, 1978.

N. Piñon, *FD* = ——. *A força do destino*. 2.ª ed. Rio de Janeiro, Nova Fronteira, 1980.

N. Piñon, *SA* = ——. *Sala de armas*; contos. 2.ª ed. Rio de Janeiro, Nova Fronteira, 1981.

O. Bilac, *DN* = BILAC, Olavo. *A defesa nacional*; discursos. Rio de Janeiro, Biblioteca do Exército, 1965.

O. Bilac, *P* = ——. *Poesias infantis*. Rio de Janeiro, Garnier, 1904.

O. Bilac, *T* = ——. *Tarde*. Rio de Janeiro, Francisco Alves, 1919.

O. de Andrade, *PR* = Andrade, Oswald de. *Poesias reunidas*. São Paulo, Difusão Europeia do Livro, 1966.

O. Lara Resende, *BD* = Resende, Otto Lara. *O braço direito*; romance. Rio de Janeiro, Editora do Autor, 1963.

O. Lara Resende, *PM* = ——. *As pompas do mundo*. Rio de Janeiro, Ed. Rocco, 1975.

O. Lara Resende, *RG* = ——. *O retrato na gaveta*. 3.ª ed. Rio de Janeiro, Sabiá, 1971.

O. Lins, *A* = Lins, Osman. *Avalovara*; romance. 3.ª ed. São Paulo, Melhoramentos, 1975.

O. Lins, *FP* = ——. *O fiel e a pedra*; romance. 2.ª ed. São Paulo, Martins, 1967.

O. Lins, *V* = ——. *O visitante*; romance. 3.ª ed. São Paulo, Summus, 1979.

O. Mariano, *TVP* = Mariano, Olegário. *Toda uma vida de poesia*; poesias completas. Rio de Janeiro, José Olympio, 1957. 2 v.

O. Mendes, *LFNF* = Mendes, Orlando. *Lume florindo na forja*. Lisboa, Edições 70, 1980.

O. Mendes, *P* = ——. *Portagem*. São Paulo, Ática, 1981.

Ó. Ribas, *EMT* = Ribas, Óscar. *Ecos da minha terra: dramas angolanos*. Lisboa, Distribuidora Lello & Cia., s. d.

Ó. Ribas, *U* = ——. *Uanga: feitiço*; romance folclórico angolano. Lisboa, Lello & Cia. Distribuidores, s. d.

Ó. Soares, *DF* = Soares, Órris. *Dicionário de filosofia*, volume I – A-D. Rio de Janeiro, MEC/INL, 1952.

O. Mendes, *VB* = Mendes, Manuel Odorico. *Virgílio brazileiro*. Tradução do Poeta Latino. Rio de Janeiro-Paris, Garnier, s. d.

P. Mendes Campos, *AB* = Campos, Paulo Mendes. *O anjo bêbado*. Rio de Janeiro, Sabiá, 1969.

P. Nava, *BC* = Nava, Pedro. *Balão cativo*; 2.º volume de suas memórias. Rio de Janeiro, José Olympio, 1973.

P. Nava, *B-M* = ——. *Beira-mar*. Rio de Janeiro, José Olympio, 1978.

P. Nava, *BO* = ——. *Baú de ossos*; memórias I. 2.ª ed. Rio de Janeiro, José Olympio/Sabiá, 1974.

Pepetela, *NA* = Pepetela (Artur Carlos Pestana dos Santos). *As aventuras de Ngunga*. São Paulo, Ática, 1980.

Pepetela, *M* = ——. *Mayombe*; romance. São Paulo, Ática, 1982.

R. Barbosa, *EDS* = Barbosa, Rui. *Escritos e discursos seletos*. Seleção, organização e notas de Virgínia Côrtes de Lacerda. Rio de Janeiro, Aguilar, 1960.

R. Barbosa, *R* = ——. *Réplica do senador Ruy Barbosa às defesas da redação do projeto da Câmara dos Deputados*. Rio de Janeiro, Imprensa Nacional, 1904.

R. Braga, *CCE* = Braga, Rubem. *100 crônicas escolhidas*. Rio de Janeiro, José Olympio, 1958.

R. Braga, *CR* = ——. *A cidade e a roça e três primitivos*. 2.ª ed. Rio de Janeiro, 1964.

R. Brandão, *H* = Brandão, Raul. *Húmus*. 4.ª ed. Paris-Lisboa, Aillaud & Bertrand, s. d.

R. Brandão, *P* = ——. *Os pescadores*, Lisboa, Estúdios Cor, 1957.

R. Correia, *PCP* = Correia, Raimundo. *Poesia completa e prosa*. Texto, cronologia, notas e estudo biográfico por Waldir Ribeiro do Val. Rio de Janeiro, Aguilar, 1961.

R. Fonseca, *C* = Fonseca, Rubem. *O cobrador*, 2.ª ed. Rio de Janeiro, Nova Fronteira, 1980.

R. de Queirós, *CCE* = Queiroz, Rachel de. *100 crônicas escolhidas*. Rio de Janeiro, José Olympio, 1958.

R. de Queirós, *TR* = ——. *3 romances: O Quinze, João Miguel, Caminho de pedra*. 2.ª ed. Rio de Janeiro, José Olympio, 1957.

R. M. F. de Andrade, *V* = Andrade, Rodrigo M. F. de. *Velórios*. Belo Horizonte, Os Amigos do Livro, s. d.

R. Pompeia, *A* = Pompeia, Raul. *O Atheneu*; crônica de saudades, 4.ª ed. definitiva. Rio de Janeiro, Francisco Alves, s. d.

Rebelo da Silva, *CL* = Silva, Luís Augusto Rebello da. *Contos e lendas*. Lisboa, Mattos Moreira, 1873.

Ribeiro Couto, *C* = Couto, Rui Ribeiro. *Cabocla*; romance. 3.ª ed. Lisboa, Sá da Costa, 1945.

Ribeiro Couto, *NC* = ——. *Uma noite de chuva e outros contos*. Lisboa, Inquérito, 1944.

Ribeiro Couto, *PR* = ——. *Poesias reunidas*. Rio de Janeiro, José Olympio, 1960.

S. da Silva Neto, *HLP* = Silva Neto, Serafim P. da. *História da língua portuguesa*. 2.ª ed. Rio de Janeiro, Livros de Portugal, 1970.

S. da Silva Neto, *IELPB* = ——. *Introdução ao estudo da língua portuguesa no Brasil*. 2.ª ed. Rio de Janeiro, MEC/INL, 1963.

S. de Mello Breyner Andresen, *CE* = Andresen, Sophia de Mello Breyner. *Contos exemplares*. 6.ª ed. Lisboa, Portugália, s. d.

Said Ali, *DLP* = Ali, Manuel Said. *Dificuldades da língua portuguesa*. 5.ª ed. Rio de Janeiro, Livraria Acadêmica, 1957.

Said Ali, *GS* = ——. *Grammatica secundaria da língua portuguesa*. 4.ª ed. São Paulo, Melhoramentos, s. d.

Simões Lopes Neto, *CGLS* = Lopes Neto, J. Simões. *Contos gauchescos e lendas do Sul*. Ed. crítica por Aurélio Buarque de Holanda. 5.ª ed. Porto Alegre, Globo, 1957.

Soares de Passos, *P* = Passos, A. Augusto Soares de. *Poesias*. 9.ª ed. Porto, Chardron, 1909.

Sousa da Silveira, *LP* = Silveira, A. F. de Sousa da. *Lições de português*. 8.ª ed. Rio de Janeiro, Livros de Portugal, 1972.

Sttau Monteiro, *APJ* = Monteiro, Luís Sttau. *Angústia para o jantar*. 5.ª ed. Lisboa, Ática, 1967.

Sttau Monteiro, *FHL* = ——. *Felizmente há luar!*; teatro. 3.ª ed. Lisboa, Portugália, 1962.

T. Barreto, *QV* = Barreto, Tobias. *Questões vigentes*. In: *Obras completas*. Ed. do Estado de Sergipe, 1962. 9 t.

T. A. Gonzaga, *OC* = Gonzaga, Tomás Antônio. *Obras completas*. Edição crítica de M. Rodrigues Lapa. Rio de Janeiro, MEC/INL, 1957. 2 v.

T. da Silveira, *PC* = Silveira, Tasso da. *Puro canto*; poemas completos. Rio de Janeiro, GRD, 1962.

T. da Silveira, *SC* = ——. *Sombras do caos*. Rio de Janeiro, GRD, s. d.

T. Martins Moreira, *MP* = Moreira, Thiers Martins. *O menino e o palacete*. Rio de Janeiro, Simões, 1954.

T. Martins Moreira, *VVT* = ——. *Visão em vários tempos*. Rio de Janeiro, Livraria São José, 1970.

Teixeira de Pascoaes, *OC* = Pascoaes, Joaquim P. Teixeira de . *Obras completas*. Paris-Lisboa, Aillaud & Bertrand, s. d. 7 v.

Trindade Coelho, *AL* = Coelho, Trindade. *Ao leitor*. In: Deus, João de. *A cartilha maternal e a crítica*. Lisboa, Bertrand/José Bastos, 1897.

U. Tavares Rodrigues, *AM* = Rodrigues, Urbano Tavares. *As aves da madrugada*; novelas. Amadora, Bertrand, 1959.

U. Tavares Rodrigues, *JE* = ——. *Jornadas na Europa*. [Lisboa] Europa-América, 1958.

U. Tavares Rodrigues, *MTG* = ——. *Manuel Teixeira Gomes*; introdução ao estudo de sua obra. Lisboa, Portugália, 1950.

U. Tavares Rodrigues, *NR* = ——. *A noite roxa*; novelas. Amadora, Bertrand, 1956.

U. Tavares Rodrigues, *NS* = ——. *Nus e suplicantes*; novelas. Amadora, Bertrand, 1960.

U. Tavares Rodrigues, *PC* = ——. *Uma pedrada no charco*. Lisboa, Bertrand, 1957.

U. Tavares Rodrigues, *TO* = ——. *Terra ocupada*; novelas. Amadora, Bertrand, s. d.

U. Tavares Rodrigues, *VP* = ——. *Vida perigosa*; novelas. Lisboa, Bertrand, 1955.

V. de Moraes, *LS* = Moraes, Vinícius de. *Livro de sonetos*. 3.ª ed. Rio de Janeiro, Sabiá, 1968.

V. de Moraes, *PCP* = ——. *Poesias completas e prosa*. 2.ª ed. Rio de Janeiro, Nova Aguilar, 1980.

V. Ferreira, *A* = Ferreira, Vergílio. *Aparição*. 7.ª ed. Lisboa, Portugália, 1971.

V. Ferreira, *CF* = ——. *Cântico final*. Lisboa, Ulisseia, s. d.

V. Ferreira, *NN* = ——. *Nítido nulo*; romance, 2.ª ed. Lisboa, Portugália, 1972.

V. Nemésio, *CI* = Nemésio, Vitorino. *Corsário das ilhas*. Lisboa, Bertrand [1956].

V. Nemésio, *MPM* = ——. *O mistério do Paço de Milhafre*. Lisboa, Bertrand, 1949.

V. Nemésio, *MTC* = ——. *Mau tempo no canal*; romance. 5.ª ed. Amadora, Bertrand, s. d.

V. Nemésio, *SOP* = ——. *O segredo de Ouro Preto e outros caminhos*. Lisboa, Bertrand, 1954.
V. Nemésio, *VM* = ——. *Violão de morro*. Lisboa, Edições Panorama, 1968.
V. Vitorino, *F* = Vitorino, Virgínia, *Fascinação*. Lisboa, J. Rodrigues & Cia., 1933.
Visconde de Taunay, *I* = Taunay, Alfredo d'Escragnolle Taunay, visconde de. *Innocencia*. 4.ª ed. Rio de Janeiro, 1899.
Vianna Moog, *T* = Moog, Clodomir Viana. *Toia*; romance. 4.ª ed. Rio de Janeiro, Nova Fronteira, 1964.

Índice onomástico

A

B

C

D

E

F

M

N

O

P

Q

R

S

T

V

W

X

Z

Índice de assuntos

A

B

C

D

E

F

G

H

I

J

L

M

N

O

P

T

U

V

Z